Jürgen Schmude

Frankreich

London
Themse
North Downs
South Downs
Canterbury
Dover
Folkestone
Southampton
Portsmouth
Brighton
Newhaven
Hastings
England
Bournemouth
Exeter
Dartmoor
621
Torquay
Plymouth
Cornwall
Penzance
Truro
Land's End
Lizard Point
Start Point
Weymouth
Portland Bill
Newport
Wight
Tunnel
Kap Gris-Nez
Calais
Boulogne
Straße von Dover
Ostende
Brügge
Gent
Antwerpen
Dünkirchen (Dunkerque)
Brüssel (Bruxelles)
Belgien
Tourcoing
Roubaix
Lille
Tournai
Armentières
St-Omer
Béthune
Lens
Douai
Arras
Valenciennes
Namur
Cambrai
Maubeuge
Sambre
Somme
Abbeville
Amiens
Artois
Picardie
St-Quentin
Oise
Ardennen
Noyon
Laon
Charleville-Mézières
Sedan
Dieppe
Fécamp
Le Havre
Seinebucht
Honfleur
Deauville
Rouen
Beauvais
Les Andelys
Compiègne
Soissons
Reims
Argonnen
Der Kanal
172
Alderney
Kap Hague
Kanalinseln (G.-B.)
Guernsey
Jersey
St-Helier
Cherbourg
Cotentin
Bayeux
Caen
St-Lô
Coutances
Granville
Golf von St-Malo
Lisieux
Elbeuf
Évreux
Vernon
Senlis
Meaux
St-Denis
Epernay
Châlons-s.-Marne
Marne
Vitry
St-Germain-en-Laye
Paris
Versailles
Dreux
Camembert
Avranches
Mt-St-Michel
St-Malo
Lannion
Morlaix
Ouessant
Brest
Mts. d'Arrée
391
St-Brieuc
Dinard
Dinan
Fougères
Normandie
417
Alençon
Perche
Nogent-le-Rotrou
Chartres
Corbeil-Essonnes
Melun
Provins
Brie
Champagne
St-Dizier
Fontainebleau
Troyes
Bar-s.-Aube
Chaumont
Pte. de St Mathieu
Iroise
Douarnenez
Pte. du Raz
Quimper
Concarneau
Bretagne
Rennes
Vitré
Laval
Maine
Le Mans
Châteaudun
Orléans
Beauce
Montargis
Sens
Joigny
Auxerre
Chablis
Pte. de Penmarch
Lorient
Josselin
Vannes
Châteaubriant
Segré
Vendôme
Orléanais
Gien
Loire
Groix
Carnac
Quiberon
Belle-Ile
St-Nazaire
La Baule-Escoublac
Nantes
Angers
Anjou
Saumur
Tours
Blois
Sologne
Vierzon
Cosne
Avallon
Vézelay
Burgund
Dijon
593
Côte d'Or
Morvan
902
Beaune
Noirmoutier
Cholet
Chinon
Touraine
Indre
Cher
Issoudun
Bourges
Nevers
Nivernais
Bourbonnais
Berry
Châteauroux
Le Creusot
Chalon-s.-Saône
Yeu
La Roche-sur-Yon
285
Hauteurs de Gâtine
Vendée
Les Sables-d'Olonne
Châtellerault
Poitiers
Poitou
Frankreich
Montluçon
207
Moulins
Charolais
Cluny
Mâcon
Bresse
Ré
La Rochelle
Niort
Marche
Creuse
Guéret
Vichy
260
267
Roanne
Beaujolais
Oléron
Rochefort
Limoges
215
Limousin
Clermont-Ferrand
Puy de Dôme
1465
1640
Lyon
Villeurbanne
Vienne
Saintes
Saintonge
Royan
Gironde
Le Verdon-sur-Mer
Cognac
Angoulême
Charente
Mt. Dore
1886
Montbrison
Zentralmassiv
St-Étienne
Golf von Biscaya
5205
Médoc
Pauillac
Périgueux
Brive
Tulle
Lascaux
Cantal
Le Puy
624
Mt. Mézenc
1754
Vivarais
Valence
Bordeaux
Libourne
Cro-Magnon
Isle
Auvergne
Aurillac
Privas
Arcachon
Dordogne
Bergerac
Guyenne
Rocamadour
Lot
Aubrac
1471
Mende
Mt. Lozère
1702
Montélimar
Parentis-en-Born
Sauternes
Cahors
Decazeville
Rodez
Cevennen
Garonne
Agen
Moissac
Aveyron
Millau
Causses
Alès
Orange
Mont Ventoux
Landes
Gascogne
Armagnac
Montauban
Tarn
Albi
Roquefort
Avignon
Mont-de-Marsan
1260
Nîmes
Arles
Santander
Altamira
Dax
Castres
Agout
Montpellier
Camargue
Torrelavega
Portugalete
Bilbao
Baracaldo
San Sebastián (Donostia)
Bayonne
Biarritz
St-Jean-de-Luz
Hendaye
Béarn
Pau
Lacq
Auch
Toulouse
133
Languedoc
Béziers
Sète
Agde
Rhônedelta
Marseille
Kantabrisches Geb.
Reinosa
Tolosa
Irún
Pyrenäen
Tarbes
Aurignac
Castelnaudary
165
Canal du Midi
Narbonne
Gruissan
Carcassonne
Ebro
Vitoria (Gasteiz)
Miranda de Ebro
453
Pamplona
443
Roncesvalles
1057
Lourdes
Pic du Midi d'Ossau
2884
Pic du Midi de Bigorre
2865
Bagnères-de-Bigorre
Foix
Quillan
Aude
Leucate
Barcarès
Golfe du Lion
Burgos
849
Logroño
Iberisches Randgebirge
Sa. de la Demanda
Monte Perdido
3355
3404
Pico de Aneto
Maladeta
Andorra
Puigmal
2785
Pic du Canigou
Perpignan
Port-Vendres
Cerbère
Port Bou
Kap Creus
Jaca
Aragón
Spanien
Tudela
Huesca
Seo de Urgel
Figueras
Palencia
Aranda de Duero
Duero
Soria
1050
2313
Moncayo
Zaragoza
184
Tremp
Segre
Cinca
Cardona
Manresa
Lérida
Gerona
Ter
Mittelmeer
50°
48°
46°
44°
42° Nord
4°
2°
2° West
0°
4° Ost
© westermann/03

Topographische Karte Frankreich

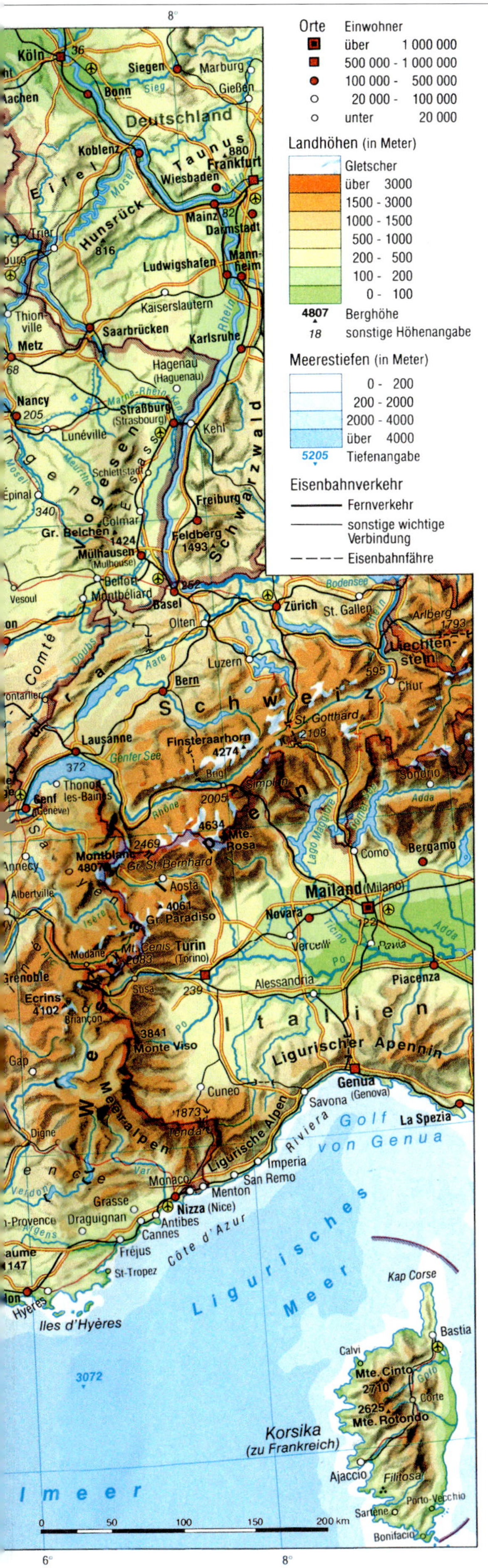

Frankreich

Geographie, Geschichte, Wirtschaft, Politik

Jürgen Schmude

wbg Academic

In dankbarer Erinnerung an meinen akademischen Lehrer,
zuverlässigen Ratgeber und väterlichen Freund Peter Meusburger

Die Deutsche Nationalbibliothek verzeichnet diese Publikation in der Deutschen Nationalbibliografie; detaillierte bibliografische Daten sind im Internet über http://dnb.de abrufbar.

wbg Academic ist ein Imprint der wbg.

Die Herausgabe des Werkes wurde durch die
Vereinsmitglieder der wbg ermöglicht.
Karten: Sascha Jackisch
Layout, Satz und Prepress: schreiberVIS, Seeheim
Einbandgestaltung: Peter Lohse, Heppenheim
Einbandabbildung: Lavendel: fotolia by Adobe/Stevanzz,
Mont Saint Michel: fotolia by Adobe/PUNTO STUDIO FOTO AG
Gedruckt auf säurefreiem und alterungsbeständigem Papier
Printed in Germany

Besuchen Sie uns im Internet: www.wbg-wissenverbindet.de

ISBN 978-3-534-25201-5

Elektronisch sind folgende Ausgaben erhältlich:

eBook (PDF): ISBN 978-3-534-73018-6
eBook (epub): ISBN 978-3-534-73019-3

Inhaltsverzeichnis

Vorwort

Mit dem Hinweis, eine Länderkunde schreibe man erst am Ende seiner wissenschaftlichen Universitätslaufbahn, wenn man sich einen entsprechenden Fundus über das Land angelegt hat, ermunterte mich mein akademischer Lehrer und Mentor Peter Meusburger, dem diese Länderkunde gewidmet ist, vor ca. fünf Jahren, das Projekt eines „Frankreich-Buches“ anzugehen. Den Fundus für die nun vorliegende Länderkunde bilden zahlreiche Lehrveranstaltungen aus den letzten 25 Jahren: Zehn Vorlesungen zur regionalen Geographie Frankreichs, 17 sich mit verschiedenen Aspekten Frankreichs auseinandersetzende Pro- und Hauptseminare sowie 24 Exkursionen in verschiedene Regionen Frankreichs (incl. La Réunion, Martinique und Guadeloupe).

Natürlich hat auch diese Länderkunde einige prominente Vorgänger, insbesondere die in zwei Auflagen erschienene Länderkunde des Geographen Alfred Pletsch (1997, 2003), die sehr detailreich, eher dem Ansatz einer klassischen Länderkunde folgend, ein wertvolles Überblickswerk darstellt, das – abgesehen von der Aktualität der Daten – auch heute noch lesenswert ist. Eine aktuelle Länderkunde Frankreich gibt es aus der Geographie allerdings schon seit mehr als zehn Jahren nicht mehr. Zwar existieren einige Werke über Frankreich, die im Titel den Begriff Landes- oder Länderkunde tragen (z. B. zuletzt Lüsebrink 2018), deren Inhalte aber in der Regel auf wenige Aspekte fokussiert sind und die meist mehr oder weniger die regionalwissenschaftliche Perspektive ausblenden. Dies gilt (verständlicherweise) überwiegend auch für Veröffentlichungen aus anderen Disziplinen, die sich mit Frankreich beschäftigen, gleichwohl aber den Anspruch einer Landes- oder Länderkunde haben. Auch sie sind durchaus lesenswert, etwa die in acht Auflagen von Ernst Ulrich Grosse und Heinz-Helmut Lüger (zuletzt 2008) vorgelegte Einführung „Frankreich verstehen“.

Das Unterfangen, eine möglichst „vielseitige“, sich aber dennoch nicht im Detail verlierende Länderkunde zu schreiben, erfordert immer auch „Verzicht“ durch den Autor, denn schon allein auf Grund des vorgegebenen maximalen Umfangs müssen zwangsläufig auch einige Themenfelder verkürzt behandelt werden, andere finden gar keinen Eingang in das Buch. Daher ist die vorliegende Länderkunde im Sinne von Eugen Wirth (1985: 148) der Versuch, „die komplexe, kulturspezifische Welt menschlicher Handlungssituationen, Alltagserfahrungen, Handlungsstrategien und handlungsleitender Wertesysteme“ regionalwissenschaftlich zu analysieren. Hierzu werden für ausgesuchte Themenkreise die regionalspezifischen Grundstrukturen und Prozesse herausgearbeitet, ohne den Anspruch „klassischer“ Länderkunden einer systematischen, dem länderkundlichen Schema folgenden Aufarbeitung zu erfüllen. Die Länderkunde ist dabei nicht als Fachbuch konzipiert, das sich ausschließlich an ein „wissenschaftliches Publikum“ wendet, sondern ist an ein breites Publikum adressiert, das sich für unser Nachbarland interessiert. Die Auswahl der angesprochenen Themen unterliegt verständlicherweise einer gewissen Subjektivität und erhebt keinen Anspruch auf Vollständigkeit. Jedoch wurde stets darauf geachtet, dass die gewählten Themen für Frankreich „typische“ Entwicklungen und Prozesse beinhalten bzw. „französische Spezialitäten“ darstellen.

Die Länderkunde beginnt mit einer „Annäherung“, in der insbesondere die physisch-geographischen Voraussetzungen (z. B. Klima oder Böden) für die in den folgenden Kapiteln behandelten Themenkreise dargelegt werden (z. B. für die Agrarwirtschaft oder den Tourismus). Darauf folgt – quasi als Pendant zu den physisch-geographischen Rahmenbedingungen – die Auseinandersetzung mit den politisch-administrativen Strukturen (vgl. Kapitel 1), die – auf einem Staatszentralismus beruhend – raumprägend in viele Lebensbereiche hineinwirken und Frankreich in vielerlei Hinsicht „anders“ machen als seine Nachbarländer. Dies gilt z. B. auch für die demographische Entwicklung und die Bevölkerungsstrukturen (vgl. Kapitel 2) sowie für das französische Städtewesen (vgl. Kapitel 3). So findet z. B. die räumliche Verlagerung der Bevölkerung aus dem ländlichen in den städtischen Bereich erst vergleichsweise spät im 20. Jahrhundert statt. Gleichwohl hat Paris seit Jahrhunderten eine überragend wichtige Rolle als mit Abstand größter Bevölkerungsagglomeration Frankreichs. Im französischen Städtenetz nimmt die Hauptstadt als Primatstadt eine Sonderrolle ein, nicht zuletzt auf Grund der hohen Konzentration politischer und wirtschaftlicher Entscheidungsträger in der Stadt. Allerdings haben auch andere Städte eine für Europa außergewöhnliche Entwicklung aufzuweisen, wie das zweite Beispiel (Montpellier) zeigt. Mit der Wirtschaft Frankreichs setzen sich die folgenden drei Kapitel intensiv auseinander: Zunächst erfolgt ein Überblick über die allgemeinen Wirtschafts- und Arbeitsmarktstrukturen (vgl. Kap. 4), der u.a. auch die Aspekte Arbeitslosigkeit oder Frauenerwerbstätigkeit aufgreift. Nachfolgend werden mit der Landwirtschaft und Industrie zwei Wirtschaftssektoren mit schwindender Bedeutung vorgestellt (vgl. Kap. 5), wobei ausgewählte, für Frankreich wichtige und „typische“ Teilbereiche (z. B. Weinbau oder Atomindustrie) näher beleuchtet werden. Schließlich wird der boomende Dienstleistungssektor sowohl im Überblick, als auch anhand ausgewählter Beispiele analysiert (vgl. Kap. 6). Der schnelle Betriebsformenwandel mit immer wieder innovativen Entwicklungen und die sowohl auf dem starken Binnen- als auch Inbound-Tourismus beruhende Tourismuswirtschaft können als Beispiele einer „typisch französischen“ Entwicklung interpretiert werden. Den Abschluss der Länderkunde bildet die Behandlung der Überseedépartements Frankreichs (vgl. Kapitel 7), ein in den bisher erschienenen deutschsprachigen Länderkunden über Frankreich weitgehend ausgeblendetes Thema. Als integraler Bestandteil des französischen Staates zeigen die Überseegebiete in vielerlei Hinsicht vom europäischen Frankreich abweichende Strukturen und Prozesse (z. B. Demographie oder Wirtschaft). Wie bereits erwähnt wären weitere Themen in einer Länderkunde Frankreich denkbar, die zum Verständnis unseres Nachbarlandes (auch unter regionalwissenschaftlichen Aspekten) einen Beitrag leisten könnten: Kultur, Medien, Sport, Rolle in der EU oder Globalisierung sind nur einige Schlagworte als Synonyme für weitere denkbare Themenkreise.

Zur Aufbereitung und Analyse der einzelnen Themenkreise wird auf möglichst aktuelle Daten der amtlichen und nicht-amtlichen Statistik zurückgegriffen. Im Bereich der amtlichen Statistik ist das nationale französische Statistikamt (*Institut National de la Statistique et des Études Économiques*, INSEE) wichtigste Quelle. Es veröffentlicht, oft regional differenziert, eine Vielzahl periodisch erscheinender Daten und Statistiken bzw. einmaliger Sondererhebungen bzw. -auswertungen. Gelegentlich werden Erhebungen jedoch eingestellt oder es wird die Erhebungssystematik modifiziert: In diesen Fällen beschränkt sich der jeweilige Analysezeitraum auf die entsprechenden Erhebungszeiträume bzw. es gibt Darstellungen mit unterschiedlichen Klasseneinteilungen für verschiedene Erhebungszeitpunkte. Die in den Abbildungen und Tabellen genannten Quellen sind auch zur Abfassung der Texte verwendet worden, aus Gründen der besseren Lesbarkeit werden diese jedoch nur „einfach" angeführt.

Die Abfassung einer Länderkunde wäre ohne viele „helfende Hände und Köpfe" nicht möglich. Mein Dank gilt daher zunächst den zahlreichen Studierenden mit ihren Beiträgen, Fragen und Kommentaren in den Frankreich-Veranstaltungen, die mich stets zur Reflexion angeregt haben. Danken möchte ich auch meinem Kollegen Rainer Kazig (Université Grenoble) für zahlreiche anregende Gespräche, auch wenn sich die ursprüngliche Absicht einer gemeinsam abgefassten Länderkunde am Ende leider nicht hat verwirklichen lassen. Auch meinem Münchener Team am Lehrstuhl für Wirtschaftsgeographie und Tourismusforschung danke ich für die Diskussion von Inhalten und das Korrekturlesen (namentlich danke ich Manuela Bauer, Marion Karl, Erik Lindner, Philipp Namberger, Marlena Passauer und Maximilian Witting). Ein besonderes Dankeschön für die akribische Datenerhebung und insbesondere für die Erstellung der Karten gilt Florian Weber und Sascha Jackisch. Mein Dank gilt auch der Wissenschaftlichen Buchgesellschaft (WBG) für das Angebot, eine neue Länderkunde Frankreich verfassen zu können. Vor allem Herr Jens Seeling und Frau Fatoumata Diop haben das Entstehen der Länderkunde stets mit viel Verständnis und Geduld sowie mit großem Interesse unterstützt. Obwohl die Länderkunde mit großer Sorgfalt angefertigt wurde, können Fehler nicht ausgeschlossen werden. Mögliche Fehler liegen allein im Verantwortungsbereich des Verfassers, für Hinweise auf Fehler ist er dankbar.

Last, but not least sollen die Orte bzw. Regionen erwähnt werden, an denen diese Länderkunde zum ganz überwiegenden Teil geschrieben wurde: Wartaweil am Ammersee sowie Oppède bzw. Lacoste im Luberon. Der inspirierende und motivierende Charakter aller drei Orte hat wesentlich zum erfolgreichen Abschluss der Länderkunde beigetragen.

Jürgen Schmude,
München im Dezember 2018

Frankreich: Eine Annäherung

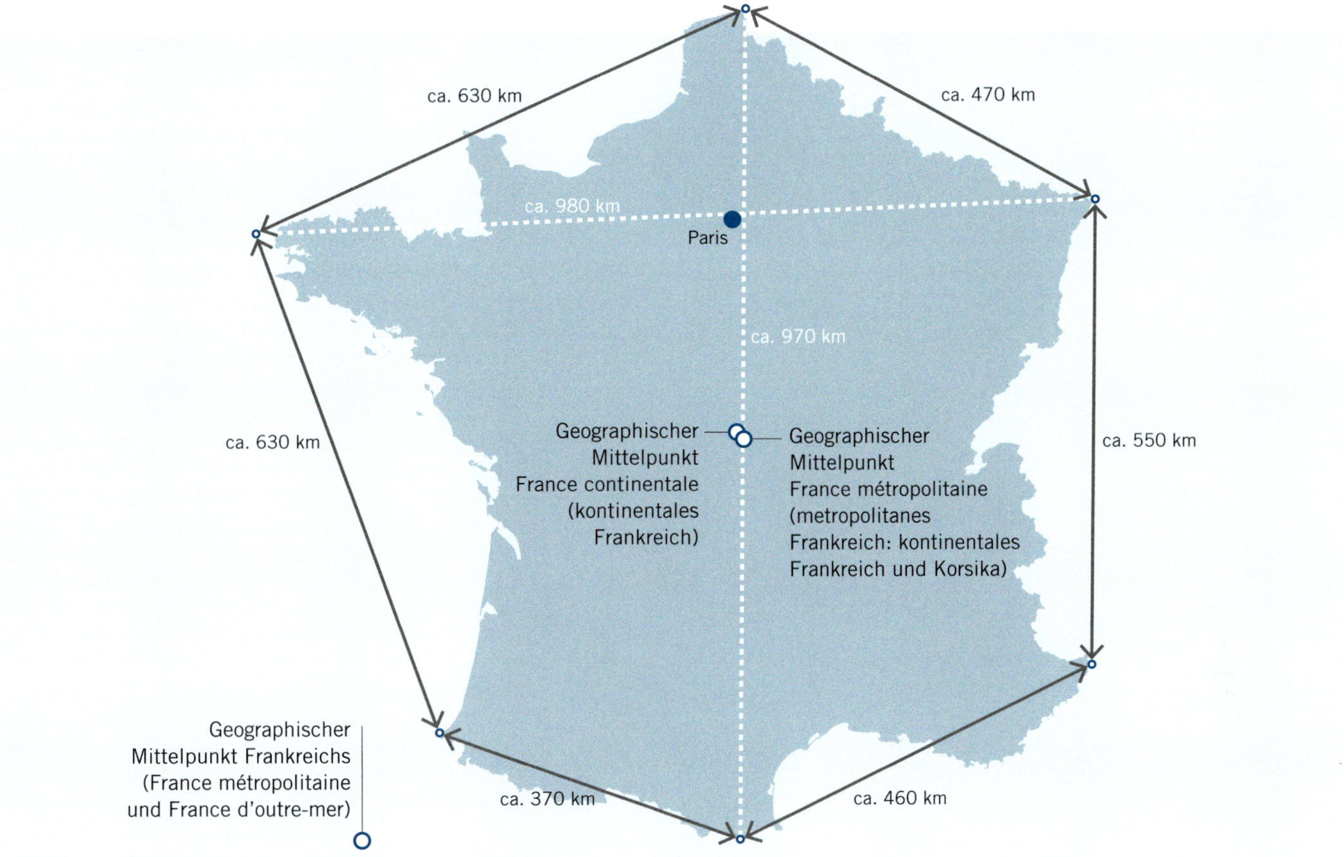

Quelle: Eigene Darstellung in Anlehnung an Gehring/Dizier 1993: 5

|Abb. 0.1| *Übersichtskarte Frankreich*

Frankreich ist eines der Länder Europas, das mit den vorteilhaftesten Klischees bzw. Images belegt wird. So gilt Frankreich als

- das Land der Gourmets und des Baguettes,
- das Land des Rotweins und des Käses,
- das Land der Haute Couture und des Parfums,
- das Land der Kunst und Kultur,
- das Land des „savoir vivre" bzw. „l'art de vivre" und
- das Land der Tour de France und des Fußballweltmeisters von 1998 und 2018

(vgl. Wüpper 2013; Auswärtiges Amt 2018; Pleye 2018). Weniger bekannt und das Image des Landes prägend ist, dass Frankreich auch das Land ist, das in der europäischen Kriminalstatistik im Jahr 2017 den zehnten Rang, jedoch bzgl. des Sicherheitsindex lediglich Platz 30 (von 39 Ländern) belegt (vgl. Adamovic 2018), das traditionell ein Handelsdefizit aufweist (vgl. INSEE 2015), das in der Streikstatistik der Zeitspanne 2010 bis 2014 in Europa auf Platz 1 geführt wird (IW 2015) und dessen Staatsgebiet auch Territorien in der Karibik (Guadeloupe und Martinique), im Indischen Ozean (La Réunion und Mayotte) sowie auf dem südamerikanischen Kontinent (Guyane) umfasst. Schließlich existieren einige Vorurteile über Frankreich, die sich hartnäckig halten: Franzosen sprechen keine Fremdsprache, tragen eine Baskenmütze und sind unpünktlich (Lazarovic 2013).

Doch es sind weder die positiven Klischees und Images, noch die weniger bekannten Sachverhalte und Vorurteile die Frankreich für eine/n Geographen/in besonders interessant machen. Es sind vielmehr die regionalen Besonderheiten und Gegensätze, die von vielen anderen europäischen Ländern oft abweichenden, eigenständigen Entwicklungen in Politik, Wirtschaft oder Stadtentwicklung und Architektur. Und nur wenige Länder in Europa zeichnen sich durch eine Vielfalt aus, wie sie für Frankreich typisch ist. Und dennoch ist Frankreich ein Land, „in dem die räumlichen Strukturen in besonders klarer Weise greifbar werden" (vgl. Pletsch 2003: XIX). Dies zeigt sich insbesondere für die nachfolgend dargestellten physisch-geographischen Faktoren, die als Voraussetzung für die Nutzung des Raums und seine ökonomische Inwertsetzung (z. B. durch die Landwirtschaft) verstanden werden können. Die natürlichen Rahmenbedingungen werden nicht im geodeterministischen Sinn interpretiert, sondern sie sind eher als „Kulisse" für den (wirtschaftlich) agierenden Menschen zu verstehen, und können so zum Verständnis der räumlichen Strukturen und der sie verändernden Prozesse (z. B. im Bereich der Wirtschaft) beitragen.

Quelle: Eigene Darstellung nach Alertes Météo 2017; climate-data.org 2017 und Météo France 2017

|Abb. 0.2| *Klimazonen Frankreichs mit Klimadiagrammen für ausgesuchte Klimastationen*

Frankreich, auch als *l'Hexagone* bezeichnet (vgl. Abb. 0.1), weist eine fast identische maximale Nord-Süd- und West-Ost-Ausdehnung auf (jeweils knapp 1000 km). Das Land erstreckt sich zwischen 42° und 51° nördlicher Breite sowie 5° westlicher und 8° östlicher Länge. Aufgrund dieser Lage liegt Frankreich überwiegend im Bereich des gemäßigten Klimas. Es wird wesentlich durch zwei Faktoren beeinflusst: den Atlantischen Ozean sowie das Relief. So wirkt sich der Einfluss des Atlantischen Ozeans durch relativ milde Wintertemperaturen und eine vergleichsweise geringe Zahl der Frosttage aus. Durch die großen Beckenlandschaften (vgl. Abb. 0.5) im Norden (Pariser Becken) und im Südosten (Aquitanisches Becken) reicht dieser atlantische Einfluss dort weiter ins Landesinnere als in der „Mitte" Frankreichs (um den 46. Breitengrad), wo das Zentralmassiv als natürliches Hindernis wirkt. Im größten Teil des Landes herrscht das nach der Klimaklassifikation von Köppen-Geiger als Cfb bezeichnete feucht ozeanische Klima vor, in dem die durchschnittliche Monatstemperatur in keinem Monat 22° Celsius übertrifft, aber mindestens in vier Monaten über 10° Celsius liegt.

Die relative Ausgeglichenheit des Klimas in Frankreich spiegelt sich in seiner räumlichen Grundstruktur wider. Gleichwohl kann es in einer West-Ost-Abfolge verschiedener Klimatypen (vgl. Abb. 0.2) differenziert werden. Zunächst sind Atlantikküste und Kanalküste sowie ihr jeweiliges Hinterland durch ein ozeanisches Klima (*climat océanique*) charakterisiert. Dieses unterliegt in östlicher Richtung einem immer deutlicheren kontinentalen Einfluss (*climat océanique dégradé*) und geht in ein konti-

Quelle: Eigene Darstellung nach Alertes Météo 2017; climate-data.org 2017 und Météo France 2017

nental geprägtes Klima (*climat semi-continental*) über. Diese drei in Frankreich flächenbezogen am stärksten vertretenen Klimatypen werden zum einen durch den Typus des feuchten Kontinentalklimas in den Bergen (*climat montagnard*) ergänzt (Köppen Geiger: Dfb), das sowohl in den Pyrenäen und den Alpen als auch in etwas schwächerer Ausprägung im Zentralmassiv, den Vogesen sowie dem Jura vorherrscht. Zum anderen ist die Mittelmeerküste durch ein mediterranes Klima (*climat méditerranéen*) gekennzeichnet (Köppen-Geiger: Csa), das nach Norden hin schwächer ausgeprägt ist (*climat méditerranéen dégradé*) (Köppen-Geiger: Csb). Die verschiedenen Klimabereiche (vgl. Abb. 0.2) lassen sich wie folgt charakterisieren:

- Unter Einfluss des ozeanischen Klimas herrschen zwischen Sommer und Winter relativ geringe Temperaturunterschiede. Das Temperaturmaximum wird im August erreicht (z. B. Brest: 16,3 oder Bordeaux: 20,0° Celsius). Die Temperaturminima fallen in den Monat Januar (z. B. Brest: 6,4 oder Bordeaux: 5,5° Celsius). Insgesamt steigt die Jahresdurchschnittstemperatur im ozeanisch geprägten Klimabereich von Norden (z. B. Brest: 11,1° Celsius) nach Süden (z. B. Bordeaux: 12,7° Celsius) leicht an. Die Niederschläge erreichen ihr Maximum im Winter, die Sommer sind deutlich niederschlagsärmer. Die höchsten Jahresniederschlagssummen werden in der Bretagne (z. B. Brest: 1100 mm) sowie im westlichen Staubereich des Zentralmassivs und am Pyrenäenrand gemessen (vgl. Abb. 0.3). Die jährliche Sonnenscheindauer variiert zwischen 1800 (Bretagne und Aquitaine) und bis zu 2300 Stunden (Vendée) (vgl. Abb. 0.4).
- Im Bereich des Richtung Osten zunehmend kontinental geprägten Klimas nehmen die im Jahresverlauf auftretenden Temperaturunterschiede zwischen Sommer und Winter zu. Die höchsten Temperaturen werden im Juli (z. B. Paris: 19,4 oder Straßburg: 19,2° Celsius), die niedrigsten Temperaturen im Januar (z. B. Paris: 3,3 oder Straßburg: 0,9° Celsius) gemessen. Die Jahresmitteltemperatur fällt im Vergleich zu den westlichen Landesteilen etwa gleich bzw. etwas niedriger aus (z. B. Paris: 11,3 bzw. Straßburg: 10,1° Celsius). Die Jahresniederschlagssummen sind im Vergleich zum ozeanisch geprägten Klimabereich niedriger (z. B. Paris: 637 mm oder Straßburg: 657 mm) (vgl. Abb. 0.3) und verteilen sich im Jahresgang bei einem leichten Sommermaximum ausgeglichener. Hingegen zeigt die jährliche Sonnenscheindauer im östlichen, kontinental geprägten Frankreich geringe Unterschiede zu den ozeanisch geprägten Regionen und nimmt von Norden (1600 Stunden pro Jahr) nach Süden (bis zu 2000 Stunden pro Jahr) zu (vgl. Abb. 0.4).
- Das mediterrane Klima ist gekennzeichnet von hohen Sommertemperaturen und großen Niederschlagsunterschieden zwischen Sommer und Herbst. Entsprechend liegen die höchsten durchschnittlichen Monatstemperaturen im Sommer über 22° Celsius (z. B. Nizza: 22,3 oder Perpignan: 23,8° Celsius im Juli), während die Winter relativ mild sind (z. B. Nizza: 8,0 oder Perpignan: 7,8° Celsius im Januar). Die durchschnittliche Jahresmitteltemperatur fällt folglich vergleichsweise hoch aus (z. B. Nizza: 14,8 oder Perpignan: 15,4° Celsius) und die durchschnittliche Sonnenscheindauer erzielt im mediterranen Klimabereich mit bis zu 2800 Stunden im Jahr ihre Spitzenwerte im europäischen Frankreich (vgl. Abb. 0.4). Die Niederschlagsmengen der niederschlagsreichen Monate im Herbst (Oktober oder November) erreichen ein Mehrfaches der niederschlagsärmsten Monate im Sommer (z. B. Perpignan: 20 mm im Juli gegenüber 86 mm im Oktober oder Nizza: 18 mm im Juli gegenüber 118 mm im November). Die hohen Niederschläge im Herbst und teilweise auch im Frühjahr gehen häufig auf Starkregenereignisse zurück, die große Schäden anrichten. Die Jahresniederschlagssummen (vgl. Abb. 0.3) weisen ähnliche Werte (z. B. Nizza: 811 mm oder Perpignan: 586 mm) wie in den kontinental beeinflussten Regionen auf.
- Das Bergklima des Zentralmassivs und der Pyrenäen lässt sich in die durch den Steigungsregen etwas wärmeren, feuchteren und windzugewandten Westseiten (z. B. für Zentralmassiv: Limoges mit einer Jahresdurchschnittstemperatur von 11,3° Celsius und einer Jahresniederschlagsmenge von 1059 mm) sowie in die geringfügig küh-

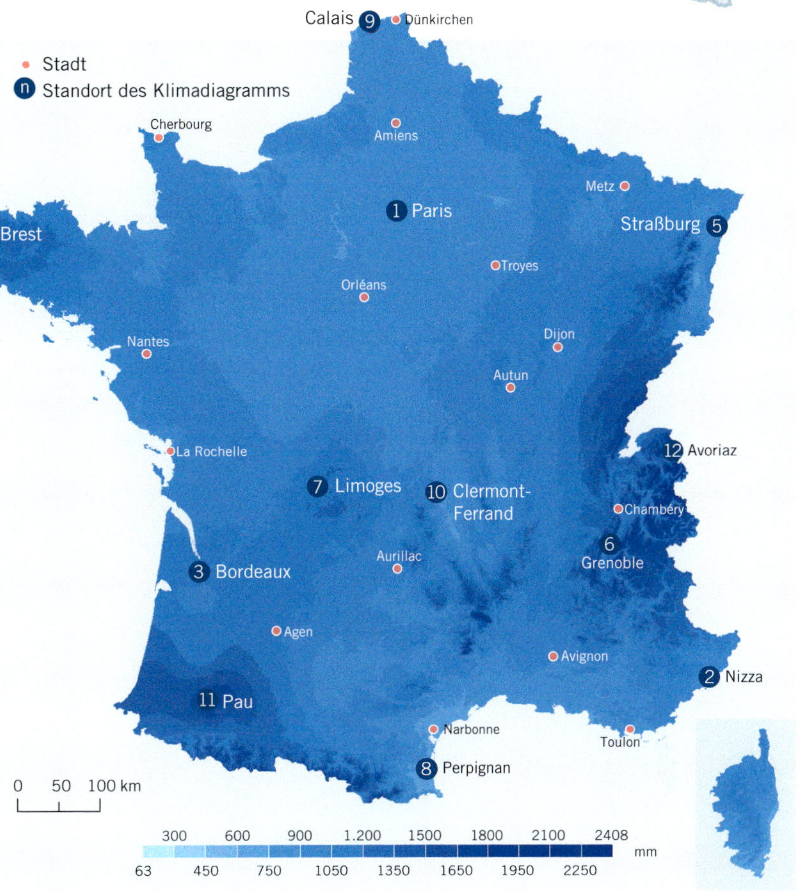

Quelle: Eigene Darstellung nach Fick/Hijmans 2017 und Météo Passion 2017

|Abb. 0.3| *Verteilung der durchschnittlichen Jahresniederschläge (mm pro Jahr) in Frankreich*

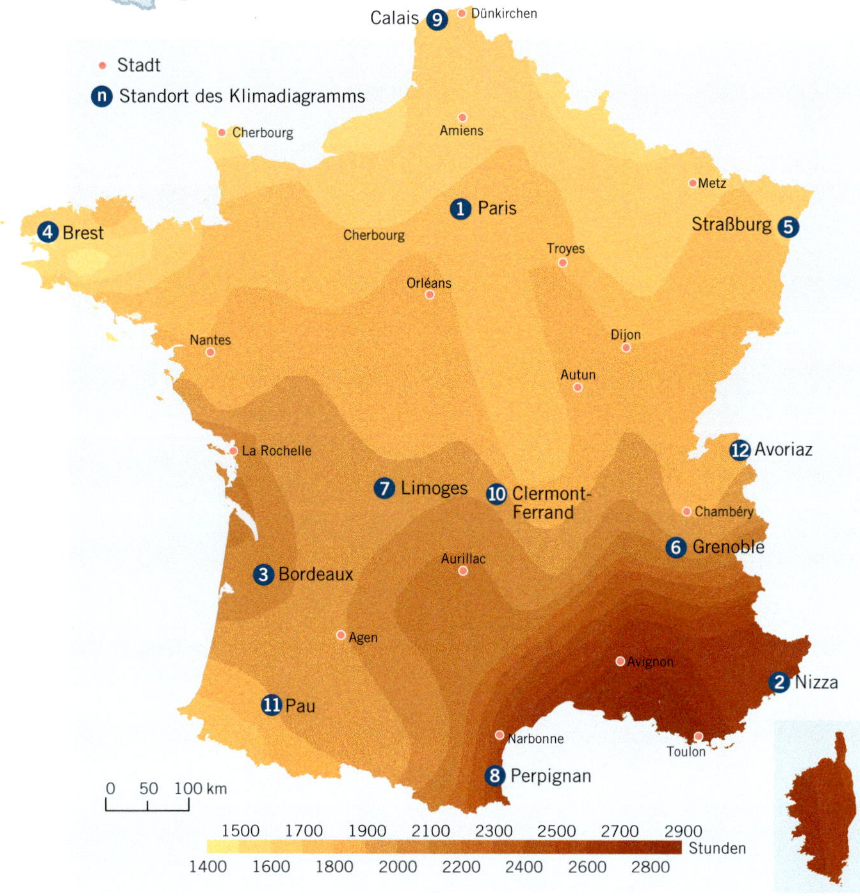

Quelle: Eigene Darstellung nach Météo Express 2017

| Abb. 0.4 | *Durchschnittliche Sonnenscheindauer (Stunden pro Jahr) in Frankreich*

leren, aber deutlich trockneren, leeseitigen Gebirgsregionen (z. B. für Zentralmassiv: Clermont-Ferrand mit einer Jahresdurchschnittstemperatur von 10,6° Celsius und einer Jahresniederschlagsmenge von 628 mm) differenzieren (vgl. Abb. 0.3). Insgesamt sind die Wintermonate in den Bergregionen von höheren Niederschlägen gekennzeichnet als die Sommermonate. Zusätzlich variieren Temperatur und Niederschlag mit der Höhe: So weist z. B. Grenoble (219 m über NN) mit 11,2° Celsius im Jahresmittel und 856 mm Jahresniederschlag deutliche Unterschiede gegenüber Avoriaz (1800 m über NN) mit 2,7° Celsius Jahresmitteltemperatur und 1651 mm Jahresniederschlag auf. Insbesondere in den Alpen herrscht eine sehr komplexe klimatische Struktur, da sich hier der thermische Wandel zwischen Nord- und Südseite zusätzlich bemerkbar macht. Die Nordseite ist niederschlagsreich, winterkalt und sommerkühl, die Südseite ist hingegen niederschlagsärmer, die Winter sind milder und die Sommer deutlich wärmer.

Neben dieser Grundstruktur des Klimas müssen einige regionalklimatische Besonderheiten beachtet werden. Hierzu gehören insbesondere regionale bzw. lokale Windsysteme, die vor allem im Bereich der mediterranen Küste wirksam werden. Ein Beispiel hierfür ist der *Mistral*, der als thermische Ausgleichsströmung zwischen dem Hoch über der Biskaya und dem Genua-Tief vor allem im Bereich des Rhônetals bzw. -deltas auftritt. Dieser kalte, trockene Wind erreicht durch die Kanalisierung im Rhône-Tal hohe Geschwindigkeiten (in der Spitze werden bis zu 185 km/h gemessen) und dauert in der Regel mehrere Tage an. Am häufigsten tritt der Mistral im Frühjahr auf und verursacht oft Schäden im Bereich des Sonderkulturanbaus, die durch Windschutzhecken minimiert werden sollen (vgl. Abb. 0.5). Wie der Mistral gehört auch der weiter westlich auftretende kalte Nord-Süd-Wind, der als *Tramontane* bezeichnet wird, zu den Nordföhn-Windsystemen.

Ähnlich klare Strukturen wie beim Klima lassen sich auch hinsichtlich der physischen Raumgliederung erkennen, wenngleich auf Grund der erdgeschichtlichen Entwicklung zahlreiche Oberflächenformen und Relieftypen existieren. Grundsätzlich können drei Großformen unterschieden werden (vgl. Abb. 0.6), die für die naturräumliche Landschaftsgliederung verantwortlich sind:

- Alte Massive: Das Armorikanische Massiv im Nordwesten Frankreichs (insbesondere Bretagne und Teile von Normandie, Mayenne und Vendée), das sich vom Zentrum in den Süden Frankreichs ausdehnende Zentralmassiv (u. a. Limousin, Auvergne und Causses) sowie die Vogesen im Osten und ein kleiner, nach Frankreich hineinragender Teil der Ardennen im Nordosten des Landes bilden die „architektonische Grundlage der naturräumlichen Gliederung Frankreichs" (Gehring/Dizier 1993: 10). Relief und Oberflächenformen der alten Massive, die auf eine variskische Orogenese (zweite Hälfte des Paläozoikums) zurückgehen, unterscheiden sich deutlich. Das Armorikanische Massiv besteht überwiegend aus flachen Plateaus, weist mehrheitlich einen Hügellandcharakter auf und erreicht am Mont des Avaloirs im

Quelle: Aufnahme Schmude 2018

| Abb. 0.5 | *Windschutzhecken im Rhône-Tal*

Nordosten des Départements Mayenne mit 416 m über NN seine höchste Erhebung. Demgegenüber wird das Zentralmassiv aus alten kristallinen Blöcken (z. B. Forez-Gebirge), tektonischen Gräben (z. B. Limagne-Graben) und rund 80 nicht mehr aktiven Vulkanen (z. B. Puy de Dôme) gebildet. Das Zentralmassiv erreicht mit dem Puy de Sancy (1885 m) seine maximale Höhe. Die alten Massive sind die Lagerstätten von Steinkohle und Erzen, deren Abbau mittlerweile vollständig eingestellt worden ist.

- Beckenlandschaften: Das von den alten Massiven der Ardennen, der Vogesen, des Zentralmassivs und des Armorikanischen Massivs eingerahmte Pariser Becken dominiert den nördlichen Teil Frankreichs. Die im Grundriss elliptische Beckenlandschaft weist in NO-SW-Richtung eine Länge von rund 600 km auf, in NW-SO-Richtung erstreckt sie sich über ca. 400 km. Das Zentrum des Beckens, das muldenförmig aus ineinander liegenden mesozoischen und tertiären Schichten aufgebaut ist, bilden weite und ebene Landschaften, insbesondere im östlichen Bereich (Champagne und Lothringen) hat sich eine Schichtstufenlandschaft ausgebildet. Im Südwesten des Landes befindet sich, als zweite große Beckenlandschaft, das mit dem Pariser Becken über die Schwelle von Pitou verbundene Aquitanische Becken, das einen trapezförmigen Grundriss hat. Im Norden ist es ca. 100 km breit und durch stark zerschnittene Plateaus charakterisiert (Périgieux und Angoulême), im Süden ist es rund 350 km breit und durch eine Hügellandschaft (Gascogne) geprägt. Die dritte Einheit bilden die im Westen dominierenden sandigen Flächen und Dünenlandschaften am Atlantik (Landes).
- Alpine Landschaften: Die tertiären Gebirge Frankreichs wirken als natürliche Grenzen zu den Nachbarländern. Im Südosten ist es die bis zu 3400 m hohe, ca. 400 km lange in West-Ost-Richtung verlaufende Gebirgskette der Pyrenäen. Sie können grob in die westlichen bzw. atlantischen Pyrenäen, die Hoch- oder Zentralpyrenäen sowie die Ostpyrenäen unterteilt werden, die einen Grenzriegel zu Spanien bilden. Im Südosten Frankreichs sind es der bis zu 1700 m hohe Jura und vor allem die Alpen mit dem Mont Blanc (4810 m) als höchstem Berg der Alpen, die die Grenze zur Schweiz und Italien markieren. Unter den alpinen Gebirgstypen weist der Jura den einfachsten Aufbau auf. Dieser rund 250 km lange und 20 bis 70 km breite Gebirgsbogen wird in den Faltenjura und den Tafeljura differenziert. Hingegen sind die rund 400 km langen und zwischen 60 und 160 km breiten französischen Alpen von einer sehr komplexen Struktur gekennzeichnet. Sehr stark generalisierend kann zwischen den nördlichen bzw. südlichen Voralpen sowie den Hochalpen unterschieden werden, die jedoch jeweils in sich eine sehr differenzierte geologische und tektonische Struktur aufweisen.

Räumlich lassen sich Oberflächenformen und Relief Frankreichs stark abstrahierend wie folgt gliedern (vgl. Abb. 0.6): Zwischen alten Massiven mit Mittelgebirgscharakter liegen weite, offen Beckenlandschaften. In den südöstlichen und südwestlichen Randlagen befinden sich die Gebirge. Eine Zäsur in diesem Aufbau bildet der Rhône-Saône-Graben, der sich über die Burgundische Pforte nach Nordosten im Oberrheingraben fortsetzt. Innerhalb der einzelnen Oberflächenformen ist der Landschaftsaufbau allerdings sehr komplex. Die Bezeichnungen der Landschaftsräume Frankreichs (vgl. Abb. 0.7) gehen mit einer Ausnahme auf historische oder geographische Landschaftsnamen zurück, denn allein das Pariser Becken trägt eine von einer Stadt abgeleitete Bezeichnung, was wiederum als Hinweis auf den Zentralismus mit der Überbetonung der Hauptstadt interpretiert wird (Pletsch 2003: 2).

Die Böden in den Landschaftsräumen (vgl. Abb. 0.8) sind primär das Ergebnis der natürlichen Prozesse, sind aber auch durch die Eingriffe des Menschen in ihrer natürlichen Entwicklung beeinflusst worden. Die regional variierenden Bodenverhältnisse bilden die Voraussetzung u.a. für Vegetation oder die agrarische Nutzung (vgl. 5.1.). Gene-

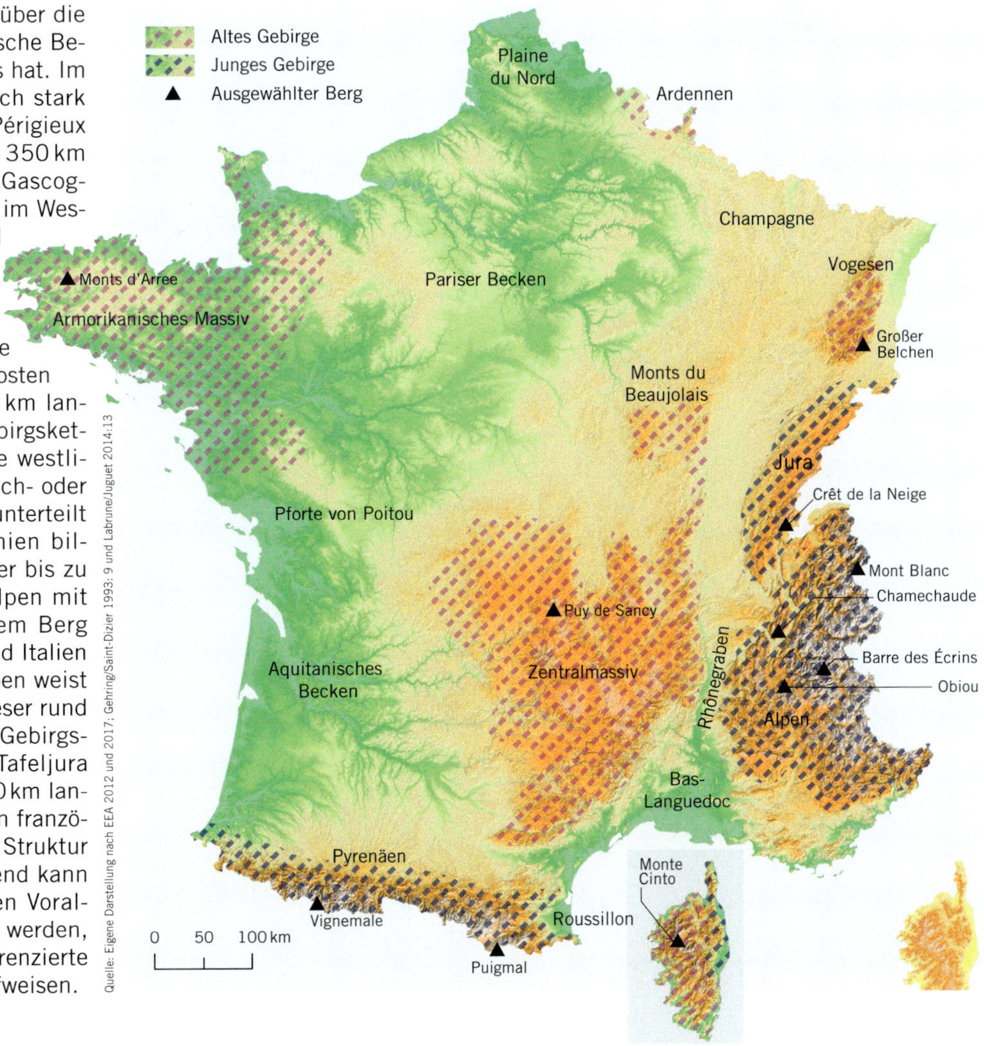

|Abb. 0.6| *Grundstruktur der Relieftypen Frankreichs*

rell kann festgestellt werden, dass – wie im übrigen Mitteleuropa – auch in Frankreich die Braunerden dominieren. Dem humushaltigen Oberboden folgen der Verbraunungshorizont sowie der nicht mehr in die Bodenbildung einbezogene Horizont des anstehenden Gesteins. Allerdings gibt es – wie nachfolgend beispielhaft gezeigt – zahlreiche Variationen und Abweichungen, je nach Ausgangsgestein, Relief- und Klimabedingungen sowie durch menschliche Eingriffe. So dominieren z. B. im Bereich des Armorikanischen Massivs (chemisch saures Ausgangsgestein, kühles, regenreiches Klima) saure Braunerden. Dagegen finden sich im nördlichen Pariser Becken mäßig saure bis neutrale Braunerden, die sich aus den auf den Kreidekalken aufgelagerten lößartigen Decksedimenten gebildet haben. Weiter östlich, im Bereich der Champagne, haben sich durch Verwitterungsprozesse und nicht zuletzt durch menschliche Eingriffe, die zu Degradation des Bodens beigetragen haben, flachgründige Rendzinen entwickelt. Auch die Versauerung der Böden im Südwesten (Podsol der Landes) sind durch menschliche Aktivitäten unterstützt worden (Aufforstungen Ende des 19. Jahrhunderts). Insgesamt bietet die Vielzahl der auftretenden Böden sehr unterschiedliche Voraussetzungen für die (agrarische) Nutzung durch den Menschen, wobei auch die jeweiligen klimatischen Verhältnisse (vgl. Abb. 0.2) berücksichtigt werden müssen.

Die Vielfalt der verschiedenen Landschaftsräume mit ihren unterschiedlichen physischen Faktoren sind Grundlage ihrer Nutzung durch den Menschen. So können die großen Flüsse Frankreichs (Rhône, Garonne, Loire und Seine) auch als Leitlinien der frühen Besiedlung gesehen werden. Insbesondere in römischer Zeit ist dabei ein Siedlungsnetz entstanden, das noch bis heute „nachwirkt". Diese ersten Siedlungsachsen werden in der Folgezeit zunächst nachverdichtet, bevor sich in der Zeit der Industrialisierung neue Siedlungskonzentrationen im Norden und Nordosten herausbilden (vgl. auch 3.1).

Dabei wird das Städtenetz wie Frankreich insgesamt von der Hauptstadt Paris dominiert (das Thema Stadt ist Gegenstand des dritten Kapitels), die eine herausragende Rolle spielt, was wesentlich der Tatsache geschuldet ist, dass Frankreich ein zentralstaatlich organisiertes Land ist. Dieser persistente Zentralismus (dem sich das erste Kapitel widmet) wirkt sich – auch raumprägend – auf viele Lebensbereiche aus: In Politik, Wirtschaft oder Kultur hat Paris eine nahezu unantastbare Sonderrolle, allen Dezentralisierungsversuchen zum Trotz. In kaum einen anderen Land Europas kann der Landeshauptstadt eine so herausragende Stellung attestiert werden.

Diese Andersartigkeit gilt auch für die Bevölkerungsentwicklung und -verteilung (die Demographie ist Inhalt des zweiten Kapitels). Einerseits verharrt die französische Bevölkerung bis weit ins 20. Jahr-

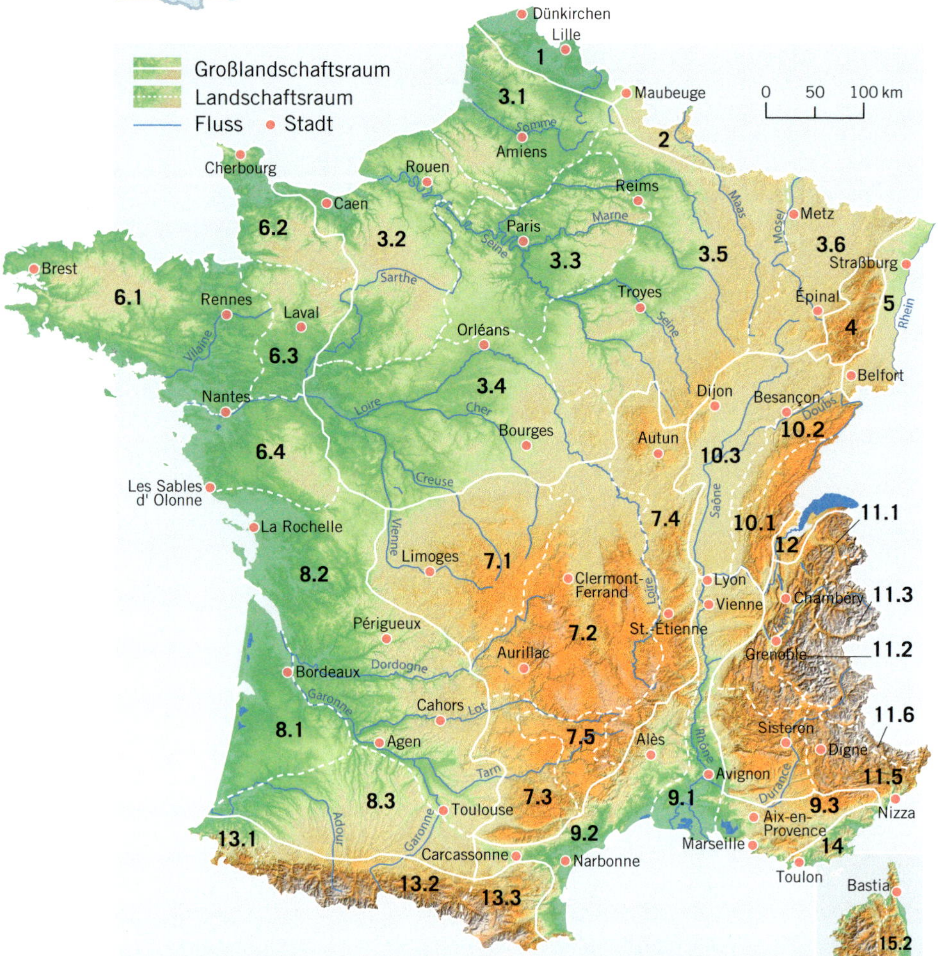

1 Flandern
2 Ardennenrand
3 Pariser Becken
- **3.1** Artois, Picardie
- **3.2** Östl. Normandie, Perche, Maine
- **3.3** Île-de-France
- **3.4** Poitou, Anjou, Touraine, Berry, Sologne
- **3.5** Champagne, Westlothringen
- **3.6** Ostlothringen

4 Vogesen
5 Westl. Oberrheintiefland (Elsass)
6 Armorikanisches Massiv
- **6.1** Bretagne
- **6.2** Westliche Normandie
- **6.3** Mayenne
- **6.4** Vendée

7 Zentralmassiv
- **7.1** Limousin, Marche
- **7.2** Auvergne
- **7.3** Rouergue, Montagne Noire
- **7.4** Morvan, Beaujolais, Vivarais, Cevennen
- **7.5** Causses

8 Aquitanisches Becken
- **8.1** Westl. Aquitanisches Becken
- **8.2** Nördl. Aquitanisches Becken
- **8.3** Südl. Aquitanisches Becken

9 Rhônegraben u. mediterraner Saum
- **9.1** Rhônegraben
- **9.2** Languedoc
- **9.3** Provencekamm- u. -stufenland
- **9.4** Roussillon

10 Jura
- **10.1** Faltenjura
- **10.2** Plateaujura
- **10.3** Tafeljura, Burgundische Pforte, Saônegraben

11 Alpen
- **11.1** Chablais u. nördl. Kalkalpen
- **11.2** Nördliche Externmassive
- **11.3** Penninisches Gebirge
- **11.4** Westl. Provenzalische Kalkalpen
- **11.5** Östl. Provenzalische Kalkalpen und Seealpen
- **11.6** Mercantourmassiv

12 Genevois
13 Pyrenäen
- **13.1** Westliche Pyrenäen
- **13.2** Mittlere Pyrenäen
- **13.3** Östliche Pyrenäen

14 Mauren-Gebirge und Esterel
15 Korsika
- **15.1** Westkorsika
- **15.2** Ostkorsika

Quelle: Eigene Darstellung nach EEA 2012 und 2017 sowie Pietsch 2003: 3

|Abb. 0.7| *Landschaftsräumliche Gliederung Frankreichs*

hundert mehrheitlich im ländlichen Raum, d. h. die Land-Stadt-Wanderung als Komponente der räumlichen Bevölkerungsentwicklung findet in Frankreich vergleichsweise spät statt. Andererseits zeigt die natürliche Bevölkerungsentwicklung erst in der zweiten Hälfte des 20. Jahrhunderts eine starke Dynamik, was der Jahrzehnte zuvor eingeleiteten pronatalistischen Bevölkerungspolitik zuzuschreiben ist. In der Konsequenz weist Frankreich heute eine der höchsten Geburtenraten in Europa auf und ist entsprechend im Vergleich zu den meisten anderen europäischen Ländern nur in wesentlich schwächerem Maße vom demographischen Wandel betroffen.

Diese Bevölkerungsentwicklung muss in engem Zusammenhang mit der Wirtschaftsentwicklung und -struktur gesehen werden (im Überblick wird diese im vierten Kapitel thematisiert). Nicht zuletzt die späte Industrialisierung ist ein Grund für die angedeuteten demographischen Prozesse und die lange Zeit noch vergleichsweise hohe Bedeutung der Landwirtschaft. Zwar hat diese insbesondere in der zweiten Hälfte des 20. Jahrhunderts sukzessive an Bedeutung für die Wirtschaft Frankreichs verloren, dennoch zählt Frankreich bis heute noch zu den Ländern Europas mit einer überdurchschnittlich hohen Agrarproduktion. Einen ebenfalls bedeutungsmäßig abnehmenden und vergleichsweise geringen Beitrag zur Wirtschaft des Landes leistet der Industriesektor (Landwirtschaft und Industrie sind Gegenstand des fünften Kapitels). Zwar nimmt Frankreich für einzelne industrielle Technologien und Produkte Spitzenplätze auf dem Weltmarkt ein (in der Regel durch einige wenige Großunternehmen), in der Breite ist die Industrie aber mehrheitlich lokal bis national ausgerichtet, was nicht zuletzt ihrer Kleinbetrieblichkeit geschuldet ist, ein industrieller Mittelstand fehlt weitgehend. Demgegenüber bildet der tertiäre Sektor (mit dem sich das sechste Kapitel auseinandersetzt) das Rückgrat der französischen Wirtschaft, sowohl nach Zahl der Arbeitsplätze als auch bezüglich seines Beitrags zum Bruttoinlandsprodukt. Im sehr heterogenen Dienstleistungssektor nimmt die Tourismuswirtschaft eine wichtige Rolle ein, wofür Binnentourismus (rund 80 % der Franzosen verbringen ihren Haupturlaub im eigenen Land) und internationaler Einreiseverkehr (Frankreich empfängt weltweit die meisten Touristen) gleichermaßen verantwortlich sind.

Und schließlich hat Frankreich mit seinen fünf Überseedépartements (die sog. DOM [= *département d'outre-mer*] werden im siebten Kapitel analysiert), die integraler Bestandteil des französischen Staates sind, eine weitere Besonderheit vorzuweisen. Diese sind nicht nur aus geostrategischer Perspektive von Interesse, sondern erweitern die Vielfalt Frankreichs nochmals, was sie nicht zuletzt wieder für die heimische Tourismuswirtschaft bzw. die französische Bevölkerung als Urlaubsdestination interessant macht.

Nach diesem Versuch einer ersten Annäherung mag es offensichtlich sein, dass es sich bei Frankreich um ein schon auf den ersten Blick sehr facettenreiches, in vielerlei Hinsicht „anderes" und bei näherer Betrachtung faszinierendes Land handelt, was in den folgenden Kapiteln über die angeführten Themenkreise im Detail noch deutlicher herausgearbeitet wird.

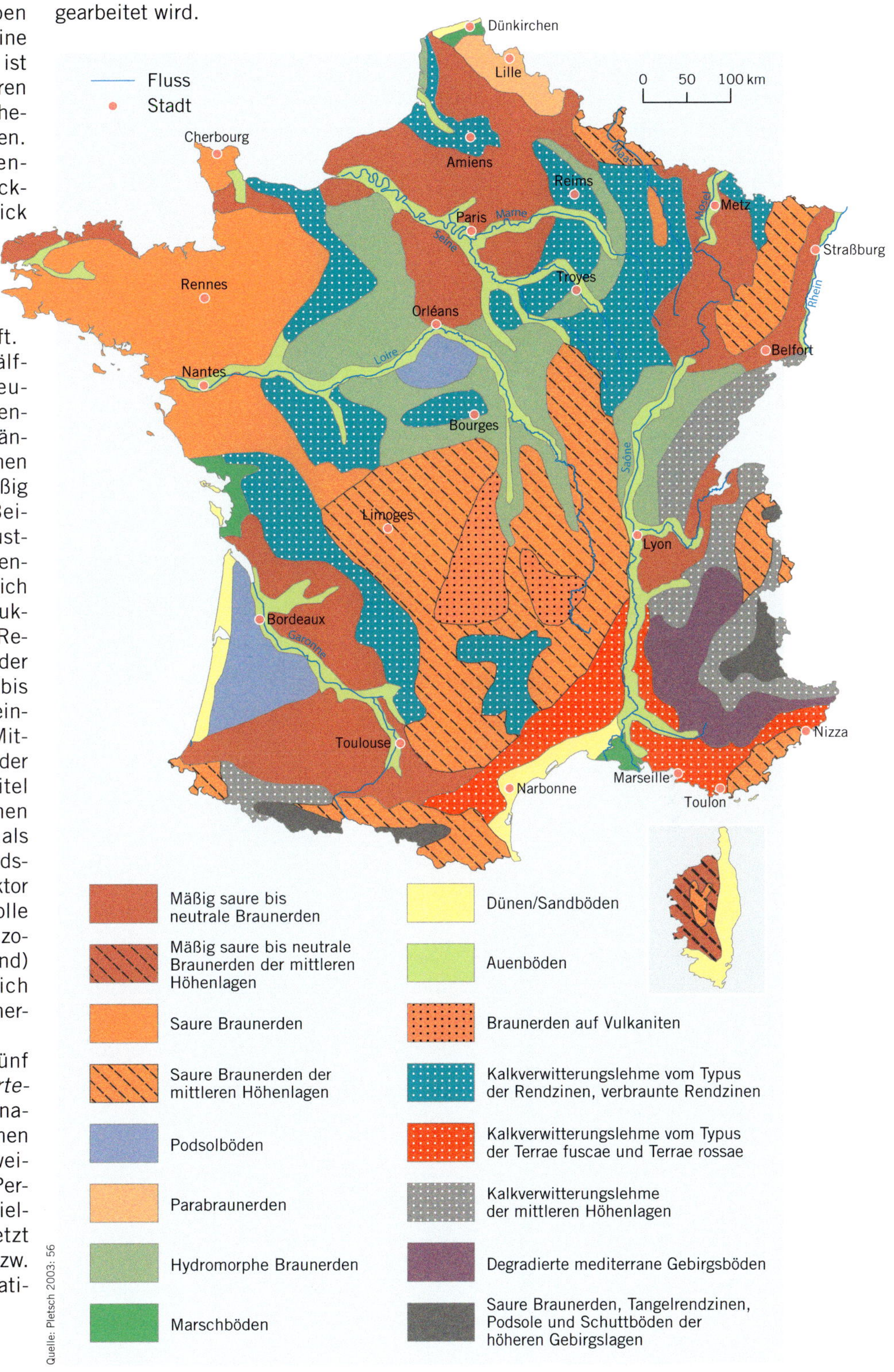

|Abb. 0.8| *Bodentypengruppen Frankreichs*

1. Der Staat: Territoriale Entwicklung, politische und administrative Strukturen, Zentralismus und Dezentralisierungsbestrebungen

La Marseillaise (1792)

Allons, enfants de la Patrie,
le jour de gloire est arrivé!
Contre nous de la tyrannie
L'étendard sanglant est levé!
L'étendard sanglant est levé!
Entendez-vous dans les campagnes,
mugir ces féroces soldats?
Ils viennent jusque dans vos bras
égorger vos fils, vos compagnes!
Aux armes, citoyens!
Formez vos bataillons!
Marchons, marchons!
Qu'un sang impur
abreuve nos sillons!
(premier couplet)

Auf, Kinder des Vaterlandes!
Der Tag des Ruhms ist da.
Gegen uns wurde der Tyrannei
blutiges Banner erhoben.
Blutiges Banner erhoben.
Hört Ihr im Land
das Brüllen der grausamen Krieger?
Sie rücken uns auf den Leib,
Eure Söhne, Eure Frauen zu köpfen!
Zu den Waffen, Bürger!
Schließt die Reihen,
vorwärts, marschieren wir!
Das unreine Blut
tränke unserer Äcker Furchen!
(erste Strophe)

Quelle: Aufnahme Schmude 2015

|Abb. 1.1| *Liberté – Égalité – Fraternité*

Überblick

- Die Herausbildung des französischen Territorialstaates beginnt mit dem Ende des westfränkischen Reiches und der Übernahme der Macht durch die Kapetinger im Jahr 987.
- Die Wurzeln des Zentralismus liegen in der mit der Geschichte Frankreichs verknüpften Territorialentwicklung. Eine bis heute wirksame Maßnahme ist in der Einführung eines konsequent zentralistischen Verwaltungsprinzips zu sehen, das mit der französischen Revolution installiert wird.
- Das prägende Element des französischen Politiksystems in der Fünften Republik (seit 1958) ist der Zentralismus in der Ausprägung einer semi-präsidentiellen Demokratie.
- Gemeinden, Départements und Regionen bilden als Gebietskörperschaften das Gerüst des zentralistisch organisierten Verwaltungsprinzips.
- Die Dezentralisierungsbestrebungen nach dem Zweiten Weltkrieg verlaufen in vier Phasen und sind insbesondere durch die Neuordnung der Struktur der Gebietskörperschaften und ihrer Kompetenzen sowie Aufgabenbereiche gekennzeichnet.
- Das Verkehrswesen gilt als ein typisches Beispiel für die raumprägenden Wirkungen und die Persistenz des Zentralismus.

1.1 Zur Territorialentwicklung des französischen Staates

Die Beschäftigung mit dem französischen Staat und der geschichtlichen Entwicklung Frankreichs führt zwangsläufig zur Auseinandersetzung mit dem Phänomen des Zentralismus, denn in nahezu allen Bereichen spielen zentralistische Strukturen eine wichtige Rolle: Dies gilt beispielsweise für die Entwicklung des französischen Städtenetzes ebenso wie für die Persistenz räumlicher Disparitäten, etwa im französischen Verkehrsnetz. Um das Phänomen des Zentralismus einordnen zu können, ist es notwendig, sich mit der Entwicklung des französischen Territorialstaates zu beschäftigen. Dieser historisch-räumliche Prozess wiederum ist für eine Reihe anderer Phänomene wie die räumliche Verteilung der regionalen Minderheiten (vgl. hierzu 2.3) mitverantwortlich. Für das Verständnis der Territorialentwicklung des französischen Staates ist ein Blick auf einige wesentliche geschichtliche Ereignisse hilfreich (vgl. Tab. 1.1).

Auch wenn die Begründung für einige kulturlandschaftsprägende Faktoren in Frankreich zeitlich noch weiter zurückliegt (vgl. Pletsch 2003: 69), kann die Kapetinger-Monarchie unter König Hugo Capet ab dem Jahre 987 als Keimzelle des späteren Frankreichs und als Ausgangspunkt des französischen Nationalstaates angesehen werden. Sie ist eine Folge der Teilung des Fränkischen Reiches durch den Vertrag von Verdun im Jahre 843. Die Île-de-France mit Paris und Orléans bildet die Krondomäne, die von den Nachfolgern Hugo Capets konsolidiert wird und über mehrere Generationen den Kapetingern gehört (987 – 1328).

Mit Beginn des 12. Jahrhunderts kommt es zu einer Ausweitung des Machtbereiches und einer räumlichen Ausdehnung des Reiches (z. B. durch den Einbezug der Normandie ab dem Jahr 1204). Der Einfluss Englands wird vornehmlich unter Philipp II. August (1180 – 1223) deutlich zurückgedrängt. Der Sieg über die mit dem deutschen Kaiser verbündeten Engländer bei Bouvines (1214) hat eine weitere territoriale Ausweitung der Krondomäne zur Folge und gilt als wichtige Etappe für das Entstehen eines nationalen Zusammengehörigkeitsgefühls (vgl. Grosse/Lüger 2008: 6). In der Folgezeit verstärkt sich die vorherrschende Stellung der königlichen Zentralgewalt in Paris.

Neben den territorialen und administrativen Einigungsprozessen sind religiöse Auseinandersetzungen von großer Bedeutung. So wird beispielsweise durch die Albingenserkriege bzw. Kreuzzüge (1209 – 1229) die Bewegung der Albingenser (= Katharer) zerschlagen, ihre Anhänger werden weitgehend ausgerottet, und der größte Teil des Languedoc wird französisch (ab dem Jahr 1229). Somit kommt es zur Etablierung des nordfranzösischen Königreiches im Süden, der sprachlich und kulturell deutliche Unterschiede zum Norden aufweist, die teilweise bis heute fortbestehen. Diese Entwicklung wird oft als wichtiger Schritt zur Herausbildung einer gesamtfranzösischen Nation betrachtet (vgl. Köller/Töpfer 1978: 96 f.). Die Machtansprüche der französischen Krondomäne wirken also bereits im 13. Jahrhundert einer feudalen Zersplitterung Frankreichs entgegen.

In der Folgezeit wird dieser Machtanspruch immer wieder durch Kriege und Auseinandersetzungen in Frage gestellt. So ist der Konflikt mit England im Hundertjährigen Krieg (1339 – 1453) eine ernsthafte Bedrohung für die Herrschaft des französischen Königs. Nach dem Ende des Krieges gelingt es jedoch, aufbegehrende Territorialfürsten unter die Autorität der französischen Könige zu zwingen (etwa unter Karl VII. oder vor allem unter Ludwig XI.) und das Königreich territorial weiter auszudehnen (u.a. die Provence ab dem Jahr 1481 oder die Bourgogne ab dem Jahr 1477). Schließlich wird unter König Franz I. (1515 – 1547) ein zentra-

| Tab. 1.1 | *Ausgewählte geschichtliche Ereignisse mit Bedeutung für die Entwicklung des Territorialstaates*

Jahr	Ereignis
987	Wahl Hugo Capets zum König
987 – 1328	Herrschaft der Kapetinger
1180 – 1223	Herrschaft von Philipp II. August
1214	Sieg bei Bouvines über England (Normandie)
1209 – 1229	Albingenserkriege (Languedoc)
1339 – 1453	Hundertjähriger Krieg
1422 – 1461	Herrschaft von Karl VII.
1461 – 1483	Herrschaft von Ludwig XI. (Anjou, Provence, Bourgogne)
1515 – 1547	Herrschaft von Franz I.
1539	Edikt von Villers-Cotterêts
1612/13, 1621/22	Hugenottenkriege
1624 – 1642	Amtszeit von Richelieu als Minister
1632	Hinrichtung Heinrichs von Montmorency (Languedoc)
1643 – 1715	Herrschaft von Ludwig XIV.
1789	Französische Revolution
1792 – 1804	Erste Republik
1799	Staatsstreich durch Napoléon Bonaparte
1804 – 1815	Erstes Kaiserreich
1848 – 1852	Zweite Republik
1852 – 1870	Zweites Kaiserreich
1870 – 1940	Dritte Republik
1946 – 1958	Vierte Republik
seit 1946	Entlassung ehemaliger Kolonien in die Unabhängigkeit
1946 – 1954	Französischer Indochinakrieg
1954 – 1962	Algerienkrieg
seit 1958	Fünfte Republik
2011	Mayotte 101. Département

Quelle: Eigene Zusammenstellung

Quelle: Eigene Darstellung nach Grosse/Lüger 2003: 8 und Vedel/Bauer/de Saint-Etienne o.J.: 73

|Abb. 1.2| *Territorialentwicklung Frankreichs*

listischer Beamtenapparat aufgebaut, und im Jahr 1539 mit dem Edikt von Villers-Cotterêts wird Französisch anstelle von Latein Urkundensprache im gesamten damaligen Machtbereich.

Ab Mitte des 16. Jahrhunderts sowie im 17. Jahrhundert wird die Monarchie auf Grund von Glaubenskriegen (z. B. Hugenottenkriege 1615/16 und 1621/22) und durch Revolten des Adels (z. B. Aufstand von Heinrich von Montmorency im Languedoc im Jahr 1632) nochmals gefährdet, doch nicht zuletzt aufgrund brutaler Methoden von Kardinal Richelieu als Minister im Staatsrat (1624 – 1642) setzt sich die Monarchie durch. Der Widerstand des Protestantismus wird gebrochen und die Aristokratie unterworfen. Intendanten als direkte Kontroll- und Verwaltungsinstanzen des Königs stärken fortan den königlichen Machtapparat in den Provinzen. Die nationale Einheit und die königliche Autorität finden ihren Höhepunkt im Absolutismus unter Ludwig XIV. (1643 – 1715). Gemeinsam mit seinem Finanzminister Colbert setzt der Monarch eine mit allen Kompetenzen ausgestattete Zentralverwaltung ein. Dieser durch die Staatsautorität repräsentierte Absolutismus führt dazu, dass ein grundsätzliches Misstrauen gegenüber jeder Form von Dezentralisierungsbestrebung entsteht, das noch Jahrhunderte andauern wird. Die territoriale Ausdehnung ist zur Zeit des vorrevolutionären Absolutismus des *ancien régime* weitgehend abgeschlossen, in der Folgezeit kommt es nur noch vereinzelt zu einer territorialen Ausweitung (z. B. Savoie ab dem Jahr 1860).

Mit der Französischen Revolution im Jahr 1789 geht eine weitere Stärkung des Machtzentrums in Paris einher. Sie führt nicht zur Abschaffung der zentralistischen Strukturen, denn sie ist keine Revolution gegen den Zentralismus, sondern gegen die Privilegierung von Adel und Geistlichkeit. Die zuvor geltende Verwaltungsstruktur des Landes in Provinzen wird durch die Einführung von 83 flächenmäßig etwa gleich großen Départements ersetzt. Die Jakobiner bzw. der Nationalkonvent verteidigen und festigen den Zentralstaat, der im Jahr 1792 in die Erste Republik (1792 – 1804) übergeht. Diese so geschaffenen Verwaltungsstrukturen bleiben bis heute weitgehend erhalten, wenngleich sich die Anzahl der Départements von damals 83 auf heute 101 erhöht hat (überwiegend durch Teilung von Départements). Auch im Ersten Kaiserreich unter Kaiser Napoléon Bonaparte (1804 – 1815) wird die zentralistische Struktur eher gestärkt denn geschwächt, da er als Kontrollorgan der Zentralgewalt in Paris Präfekte in den Départements einsetzt. Sowohl in der Zweiten Republik (1848 – 1852) als auch im Zweiten Kaiserreich (1852 – 1870) bleiben diese Strukturen bestehen.

Ab dem Jahr 1830 und während der Dritten Republik (1870 – 1940) kommt es auf Grund der Vergrößerung des französischen Kolonialreiches zu erheblichen territorialen Ausweitungen (z. B. in Nord- und Äquatorialafrika, Madagaskar). Außerdem übernimmt Frankreich in dieser Zeit für einige heute selbständige Staaten das politische Mandat (z. B. Syrien, Libyen, Togo und Kamerun). Im Jahr 1870 übertrifft das französische Kolonialreich flächenmäßig bereits das Mutterland und Frankreich ist bis zum Ersten Weltkrieg eine der größten europäischen Kolonialmächte. Im Jahr 1914 umfasst die Fläche des Kolonialreiches mehr als das Zwanzigfache des europäischen Mutterlandes. Bevölkerungsmäßig fällt das Gewicht der Kolonien weit geringer aus (vgl. Tab. 1.2). Die politisch-zentralistischen Strukturen werden vom europäischen Mutterland auf das gesamte Kolonialgebiet übertragen, das nur in geringem Maße tatsächlich auch von Franzosen besie-

|Tab. 1.2| *Fläche (in km²) und Einwohnerzahl der französischen Kolonien und ihres Mutterlandes im Jahr 1914*

Region	Fläche in km²	Einwohner
Afrika	9377310	29073000
Asien	803568	16593000
Ozeanien	21717	86000
Amerika	91248	418000
Gesamt	10239843	46134000
Zum Vergleich:		
Europäisches Frankreich	**512000**	**39700000**

Quelle: Pletsch, 1987: 22

delt und bewirtschaftet wird. Ihre Präsenz konzentriert sich meist auf wenige Städte. Bis zum Jahr 1938 wächst das französische Kolonialreich weiter und umfasst eine Fläche von 12,132 Mio. km² mit einer Bevölkerung von 69,6 Mio. Einwohnern, von denen nur 2,5 Mio. Einwohner französische Staatsbürger sind (vgl. Grüner/Wirsching 2003: 112).

Nach dem Zweiten Weltkrieg beginnt das *empire colonial* zu zerfallen und es findet eine Entkolonialisierung (*décolonisation*) statt. Während der Vierten Republik (1946–1958) werden französische Kolonien zunächst in die *Union Française* umgewandelt. Es kommt zu einer Reihe von Kriegen und Konflikten (z. B. Indochina 1946; Algerien 1954). Insbesondere in der Fünften Republik (ab 1958) werden eine Vielzahl ehemaliger Kolonien in die Unabhängigkeit entlassen (z. B. 1960 Äquatorialafrika und Madagaskar, 1962 Algerien). Dennoch besteht gerade auf wirtschaftlichem Gebiet noch lange Zeit eine hohe Abhängigkeit einzelner ehemaliger Kolonien von Frankreich (etwa im Bereich der afrikanischen Franc-Zone). Ausnahmen in dieser Entwicklung sind die Überseegebiete La Réunion im Indischen Ozean, die karibischen Inseln Guadeloupe und Martinique sowie Guyane auf dem südamerikanischen Kontinent. Diese vier ehemaligen Kolonien werden am 19. März 1946 durch das Gesetz No 46-451 verfassungsrechtlich zu *départements d'outre-mer* (Überseedépartements) erklärt (*départementalisation*) und sind seitdem gleichberechtigt mit den europäischen Départements. Als letztes Überseegebiet wird das im Indischen Ozean gelegene, zur Inselgruppe der Komoren gehörende Mayotte im April 2011 Teil des französischen Staates. Damit besteht Frankreich aus dem europäischen Mutterland (*France métropolitaine*) mit 96 Départements sowie fünf Überseedépartements (DOMs). Die Fläche des europäischen Teils ist im Jahr 2018 mit 543 940 km² deutlich größer als die Fläche der DOMs (89 167 km²). Im Jahre 2018 beträgt die Einwohnerzahl von France métropolitaine rund 65 Mio., in den DOMs leben rund 2,2 Mio. Einwohner (vgl. Tab. 1.3).

|Tab. 1.3| *Fläche (in km²) und Einwohnerzahl des europäischen Frankreichs (France métropolitaine) und seiner Überseedépartements (DOMs) im Jahr 2018*

Territorium	Einwohner	Fläche (km²)
France métropolitaine	65 018 096	543 940
DOMs	2 168 542	89 167
- Guadeloupe	*390 704*	*1628*
- Guyane	*281 612*	*83 534*
- Martinique	*371 246*	*1128*
- La Réunion	*865 826*	*2503*
- Mayotte	*259 154*	*374*
Gesamt	**67 186 638**	**633 107**

Quelle: Eigene Zusammenstellung nach INSEE 2017 und 2018a

Daneben gehören noch einige Überseegebiete zu Frankreich, die einen Sonderstatus haben. Im Einzelnen sind dies:

|Abb. 1.3| *Das Kolonialreich Frankreichs im Jahr 1937*

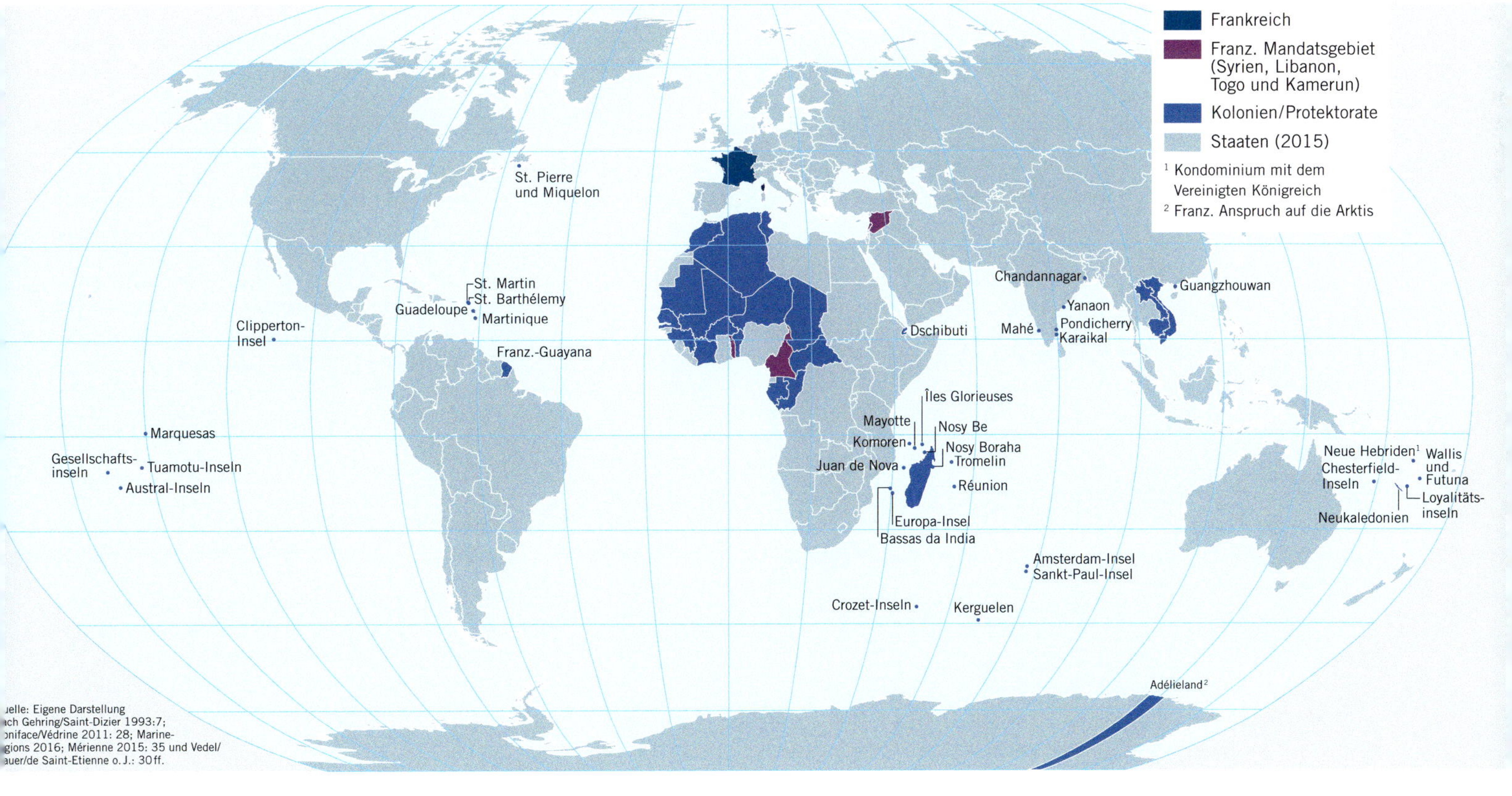

- *Collectivité d'outre-mer* (COM): Diese Gebiete haben keinen einheitlichen Status, verfügen aber über weitreichende Autonomie. So gelten französische Gesetze in den COM nur nach ausdrücklicher Zustimmung. Die COM haben in etwa einen den Départements oder Regionen entsprechenden Rang und entsenden daher auch Abgeordnete in die französische Nationalversammlung. Bevor Mayotte im Jahr 2011 ein Überseedépartment wird, ist es ebenfalls eine COM. Als COM gelten im Jahr 2015:
  - St. Martin,
  - St. Barthélemy,
  - St. Pierre et Miquelon,
  - Wallis und Futuna,
  - Französich-Polynesien.

  St. Martin und St. Barthélemy liegen in der Karibik (Kleine Antillen) und sind bis zum Jahr 2007 Teil des Überseedépartements Guadeloupe. Durch ein Referendum vom 7. Dezember 2003 entscheidet sich die Bevölkerung beider Inseln mehrheitlich (95,5 % auf St. Barthélemy; 76,2 % auf St. Martin) für eine größere Unabhängigkeit von Frankreich und einen Wechsel vom *département d'outre-mer* zur *collectivité d'outre-mer*. St. Martin gehört weiterhin zur Europäischen Union, St. Barthélemy ist lediglich assoziiertes EU-Mitglied. Beide COM haben den Euro als Währung. Die Inseln St. Pierre et Miquelon liegen vor der kanadischen Ostküste bei Neufundland. Sie gehören nicht zur Europäischen Union, haben als Währung aber ebenfalls den Euro. Wallis und Futuna sowie Französisch-Polynesien sind Inseln im südlichen Pazifik. Beide COM gehören nicht zur Europäischen Union und haben den CFP (*Franc de colonies françaises du Pacifique*) als Währung.
- *Collectivité sui generis* (CSG): In dieser Kategorie befindet sich im Jahr 2015 nur Neukaledonien (*Nouvelle Calédonie*), das nach den Artikeln 76 und 77 der französischen Verfassung über einen Sonderstatus verfügt. Bis zum Jahr 2019 sollen die Bürger von Neukaledonien eine Abstimmung über ihre Unabhängigkeit von Frankreich durchführen. Die CSG ist mit zwei Vertretern in der Nationalversammlung vertreten, Währung ist der CFP.
- *Terres australes et antarctiques françaises* (TAAF): Hierbei handelt es sich überwiegend um Inseln im Indischen Ozean und Antarktisgebiete (z. B. die Inseln Amsterdam, St. Paul, der Kerguelen-Archipel oder die Crozetinseln), die aber nicht dauerhaft bewohnt sind. Diese Gebiete gehören nicht zur EU und sind nicht in der Nationalversammlung vertreten. Währung ist aber dennoch der Euro.
- *Île Clipperton*: Die Insel, im Pazifik rund 1000 km südwestlich von Mexiko liegend, kann keiner der zuvor genannten Kategorien zugeordnet werden. Sie ist französisches Staatseigentum und gehört seit dem Jahr 2007 nicht mehr zum Hoheitsgebiet von Französisch-Polynesien, sondern wird direkt von dem für die Überseegebiete zuständigen Minister der französischen Regierung verwaltet. Die Insel ist nicht dauerhaft bewohnt und darf aus Gründen des Naturschutzes nur zu wissenschaftlichen Zwecken betreten werden.

1.2 Politisches System und administrative Gliederung

1.2.1 Politisches System: Semi-präsidentielle Demokratie

Das politische System Frankreichs ist das Ergebnis eines langen Entwicklungsprozesses, an dessen vorläufigem Ende die Fünfte Republik steht (vgl. Tab. 1.1). Es ist in seinen Grundzügen weiterhin zentralistisch organisiert. Seit Inkrafttreten der Verfassung der Fünften Republik im Jahr 1958, die per Volksabstimmung mit einer großen Mehrheit von 79 % bei 85 % Wahlbeteiligung angenommen wird, kommt dem Staatspräsidenten (*Président de la République*) eine zentrale Bedeutung zu. Die Fünfte Republik ist eine Kombination aus parlamentarischer und präsidentieller Demokratie und wird daher auch als semipräsidentiell bezeichnet (vgl. Bahro et al. 1996). Seit der Verfassungsreform im Jahr 1962 wird der Staatspräsident direkt vom Volk gewählt und kann maximal zwei aufeinanderfolgende Amtsperioden ausüben. Im Vergleich zu anderen demokratischen Regierungssystemen stehen dem Staatspräsidenten eine Reihe außergewöhnlicher Machtbefugnisse zu. So ist er kraft seines Amtes u. a. befugt

- die Nationalversammlung aufzulösen,
- die Ernennung bzw. Entlassung des Premierministers vorzunehmen,
- ein suspensives Veto gegen Parlamentsbeschlüsse einzulegen,
- Volksentscheide durchzuführen,
- Sondervollmachten im Notstandsfall zu beanspruchen.

Zudem hat der Staatspräsident den Oberbefehl über die Armee inne, führt den Vorsitz im Ministerrat, ist dem Parlament gegenüber nicht verantwortlich und kann – außer bei Hochverrat – nicht abgesetzt werden.

Die starke Stellung der Staatspräsidenten der Fünften Republik geht auf Charles de Gaulle zurück, dessen Handschrift die Verfassung trägt. Hin-

Definition Zentralismus

Zentralismus bezeichnet
1) eine politische Ordnung, die auf eine zentrale staatliche Instanz ausgerichtet ist, d. h. alle Machtbefugnisse sind an (auch geographisch gesehen) einem Ort bzw. in einer Person konzentriert (z. B. im Absolutismus),
2) eine politische Organisation (Partei, Verband, Bewegung), die von einer (alles) dominierenden Zentrale aus geführt wird (z. B. Sozialistische Einheitspartei Deutschlands SED in der DDR) und
3) Bestrebungen, alle politischen Kompetenzen auf der obersten staatlichen Ebene zu konzentrieren.

Quelle: Schubert/Klein, 2016

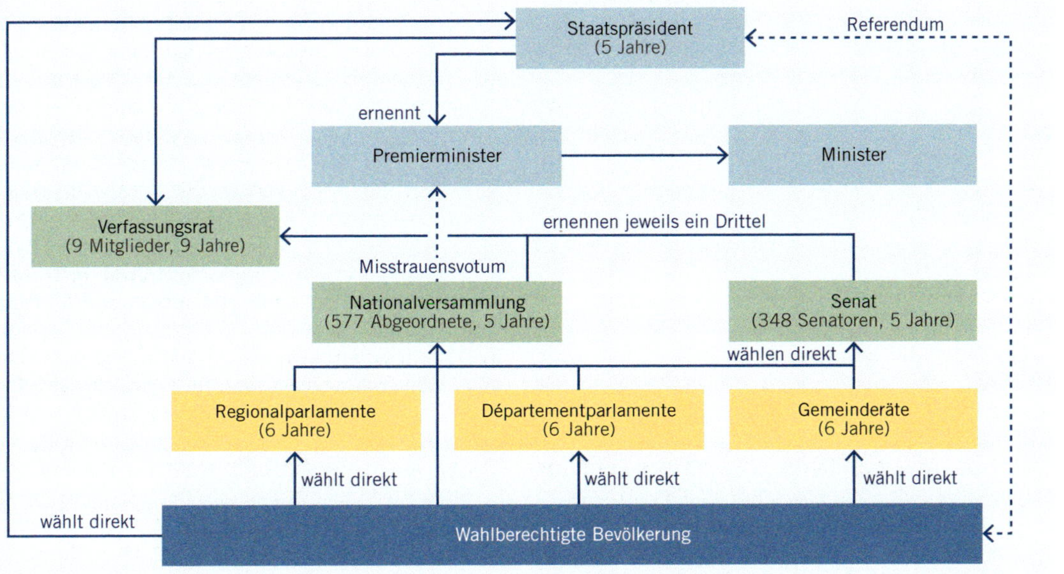

Quelle: Eigene Darstellung nach Französische Botschaft 2016

| Abb. 1.4 | *Regierungssystem Frankreichs (Stand: 2016)*

tergrund der Machtkonzentration auf den Staatspräsidenten sind die Erfahrungen seit 1789: Das Land hat nach der Französischen Revolution bis zum Ende der Vierten Republik (1958) durchschnittlich alle acht Monate eine neue Regierung und insgesamt 16 Verfassungen. Insbesondere die Staatspräsidenten der Dritten und Vierten Republik haben eine äußerst schwache Stellung. Allein zwischen 1946 und 1958 (Vierte Republik) sind 25 verschiedene Regierungen im Amt (vgl. Pletsch 2003: 330 f.). Die Konzentration der Machtbefugnisse auf den Staatspräsidenten in der Verfassung der Fünften Republik führt offensichtlich zum gewünschten Effekt, denn seit dem Jahr 1958 gibt es bis zum Jahr 2016 lediglich sieben Staatspräsidenten (vgl. Tab. 1.4) mit z. T. zwei Amtsperioden.

Wie mächtig der Staatspräsident ist, zeigt die Tatsache, dass er nach der Verfassung den Premierminister nur nach dessen Rücktrittsgesuch entlassen kann, de facto die Mehrzahl der bisherigen Rücktritte von Premierministern in der Fünften Republik jedoch auf Druck des Staatspräsidenten zurückgehen. Dies ist verständlich, denn auch das politische Überleben des Staatspräsidenten, d. h. seine eventuelle Wiederwahl, ist nicht zuletzt von einer erfolgreichen Regierungsarbeit abhängig. Entsprechend gibt es in der Fünften Republik unter den bisher amtierenden sieben Staatspräsidenten mit zusammen zehn Amtsperioden insgesamt 21 Premierminister, die wiederum durch Kabinettsumbildungen 38 Regierungskabinetten vorstehen, d. h. die durchschnittliche Regierungszeit beträgt rund 1,5 Jahre.

Die Stärke des Staatspräsidenten ist insbesondere in den Zeiten von Bedeutung, in denen Staatspräsident und Parlamentsmehrheit nicht dem gleichen politischen Lager angehören. Eine solche Konstellation der *cohabitation* gibt es mehrfach, insbesondere in den 1980er und 1990er Jahren (vgl. Tab. 1.5). Allerdings ist diese Konstellation seit dem Jahr 2002 unwahrscheinlicher, da die Amtszeiten von Parlament und Staatspräsident mittlerweile auf fünf Jahre (*quinquennat*) angeglichen sind (zuvor wird der Staatspräsident auf sieben Jahre (*septennat*) gewählt. Zudem erfolgen seitdem die Parlamentswahlen zeitlich unmittelbar auf die Wahl des Staatspräsidenten und die politischen Mehr-

| Tab. 1.4 | *Staatspräsidenten der Fünften Republik und ihre Amtsperioden (ohne Interimspräsidenten) (Stand: Mai 2017)*

Staatspräsidenten	Dauer der Amtsperiode	Zahl der Amtsperioden/ Bemerkungen
Charles de Gaulle	8. Jan 1958 bis 28. April 1969	2, Rücktritt am 28. April 1969
Georges Pompidou	20. Juni 1969 bis 2. April 1974	1, im Amt verstorben
Valéry Giscard d'Estaing	27. Mai 1974 bis 21. Mai 1981	1
François Mitterand	21. Mai 1981 bis 17. Mai 1995	2
Jacques Chirac	17. Mai 1995 bis 16. Mai 2007	2
Nicolas Sarkozy	16. Mai 2007 bis 15. Mai 2012	1
François Hollande	15. Mai 2012 bis 14. Mai 2017	1
Emmanuel Macron	seit 14. Mai 2017	1, noch im Amt

Quelle: Eigene Zusammenstellung

|Tab. 1.5| *Perioden der* cohabitation*: Staatspräsidenten und Premierminister*

Periode	Staatspräsident	Premierminister
1986–1988	François Mitterand	Jacques Chirac
1993–1995	François Mitterand	Édouard Balladur
1997–2002	Jacques Chirac	Lionel Jospin

Quelle: Eigene Zusammenstellung

heitsverhältnisse, die sich bei der Wahl des Staatspräsidenten zeigen, gelten bisher auch bei den anschließenden Parlamentswahlen.

Die Regierung (*gouvernement*) setzt sich aus dem Premierminister, den Ministern und den zu Regierungsmitgliedern ernannten Staatssekretären zusammen. Sie bilden zusammen den Ministerrat (*conseil de ministres*), dem der Staatspräsident vorsteht. Der Premierminister wird nicht vom Parlament gewählt, sondern vom Staatspräsidenten ernannt, der hierbei an keine Parteibeschlüsse oder Koalitionsabsprachen gebunden ist. Durchaus in eigenem Interesse muss der Staatspräsident aber darauf achten, dass der Premierminister im Parlament eine Mehrheit hat.

Während die Exekutive durch Staatspräsident und Regierung ausgeübt wird, ist das Parlament die legislative Kraft. Es besteht aus zwei Kammern (vgl. Abb. 1.4): Der Nationalversammlung (*assemblée nationale*), der im Jahr 2015 insgesamt 577 Abgeordneten angehören (davon 19 aus den Überseedépartements, 10 aus den weiteren Überseegebieten und 11 für Auslandsfranzosen), und dem Senat (*sénat*) mit 348 Senatoren (davon 13 aus den Überseedépartements, 8 aus den weiteren Überseegebieten und 6 für Auslandsfranzosen) (vgl. Assemblée Nationale 2016 und Sénat.fr 2016). Die Mitglieder der ersten Kammer, der Nationalversammlung, werden für die Dauer von fünf Jahren direkt gewählt. Die Wahl wird nach dem Mehrheitswahlrecht (*scrutin majoritaire uninominal*) mit zwei Wahlgängen durchgeführt. Die Mitglieder der Nationalversammlung üben häufig weitere Ämter aus: als Bürgermeister, als Mitglied im Regionalparlament einer Region oder eines Départements. Die Nationalversammlung hat legislative Aufgaben, die für den Gesetzgebungsbereich in §34 der Verfassung festgelegt sind (u.a. Erhebung von Steuern, Haushaltsrecht, Verwaltung der Gebietskörperschaften, Zuständigkeit für das Unterrichtswesen oder das Arbeitsrecht). Für alle anderen Gesetzgebungsbereiche sind Regierung und Staatspräsident direkt zuständig. Die Kompetenzen und Zuständigkeiten der Nationalversammlung treten deutlich hinter jene von Regierung und Staatspräsident zurück. Hierdurch werden die Positionen insbesondere des Staatspräsidenten aber auch der Regierung gegenüber dem Parlament gestärkt, was den Erfahrungen aus der Zeit der Dritten und Vierten Republik geschuldet ist.

Der Senat als zweite Kammer des Parlaments ist die Vertretung der Gebietskörperschaften. Er wird alle drei Jahre zur Hälfte neu gewählt. Die Amtsperiode eines Mitglieds beträgt seit dem Jahr 2001 insgesamt sechs Jahre (zuvor neun Jahre). Die Wahl wird indirekt vorgenommen und die Zusammensetzung der insgesamt rund 150000 Wahlmänner erfolgt nach einem bestimmten Schlüssel aus Abgeordneten bzw. Delegierten der Regional- und Départmentparlamente sowie der Gemeinderäte. Die Wahlmänner der bevölkerungsärmeren, ländlichen Gebiete sind aufgrund des Schlüssels überrepräsentiert. Aus diesem Grunde ist der Senat in der Regel konservativer als die Nationalversammlung (vgl. Pletsch 2003: 333f.). Dies ist durchaus verständlich, wenn man sich vergegenwärtigt, dass die überwiegende Zahl der Gemeinden ländliche Kommunen mit weniger als 2000 Einwohnern sind. Auch der Senat ist an Gesetzgebungsverfahren beteiligt, kann aber durch die Nationalversammlung überstimmt werden. Bei Verfassungsänderungen ist der Senat gleichberechtigt zur Nationalversammlung beteiligt. Die Kontrollmöglichkeiten des Senats gegenüber der Regierung sind schwach und er hat keine Sanktionsmöglichkeiten. Dies führt immer wieder zur Frage der Existenzberechtigung dieser Kammer.

Schließlich kommt dem Verfassungsrat (*conseil constitutionnel*) eine wichtige Funktion zu. Die Mitglieder dieses mit neun Richtern besetzten Gremiums werden zu je einem Drittel vom Staatspräsidenten, der Nationalversammlung und dem Senat berufen. Außerdem sind alle ehemaligen Staatspräsidenten Mitglied des Verfassungsrates, sofern sie keine anderen Ämter innehaben, die damit nicht vereinbar sind (z.B. Parlamentsabgeordneter oder Präsident eines Regionalparlaments). Im Jahr 2016 nehmen daher die ehemaligen Staatspräsidenten Valérie Giscard d'Estaing, Jacques Chirac und Nicolas Sarkozy nicht an Sitzungen des Verfassungsrates teil. Die neun ernannten Mitglieder werden alle drei Jahre zu je einem Drittel ausgetauscht. Der Verfassungsrat entscheidet über die Verfassungsmäßigkeit von Gesetzen, Präsidentschafts- und Parlamentswahlen sowie von Referenden. Wichtige Entscheidungen der letzten Jahre sind z.B. die Ablehnung (Dezember 2012) bzw. Genehmigung (Dezember 2013) der sog. Reichensteuer (Steuersatz bis 75% auf Einkommen über eine Million Euro; von der Regierung unter Premierminister Manuel Valls zum 1.1.2015 wieder abgeschafft), die Genehmigung des Gesetzes zur Legalisierung der Ehe von gleichgeschlechtlichen Paaren (2013) oder die Genehmigung des Ausnahmezustandes (2016) nach den Anschlägen von Paris im November 2015.

1.2.2 Administrative Gliederung: Gebietskörperschaften und Verwaltungsebenen

Das politische System und seine Organe agieren im Rahmen einer administrativen Gliederung, die die zentralistischen Strukturen widerspiegelt. Zum Verständnis des französischen Zentralismus und seinen raumprägenden Wirkungen ist ein Blick auf die administrative Gliederung des Landes in der Zeit der Fünften Republik notwendig, wobei die Wurzeln dieser Strukturen weit in die Geschichte zurückreichen. Insbesondere die verschiedenen Ebenen der Gebietskörperschaften (*collectivités territoriales*), ihre Funktionen, Aufgaben und Befugnisse sowie deren Modifikationen sind Spiegelbild des Zentralismus. Dabei kommen die gleichen administrativen, zentralistischen Strukturen sowohl im europäischen Frankreich als auch in den Kolonien (z. B. Algerien ab dem Jahr 1848) und ab 1946 in den Überseedépartements zur Anwendung. Dies gilt auch für die einzelnen hierarchisch angeordneten administrativen Ebenen der Gebietskörperschaften, die sich durch die Folge Gemeinde, Département und Region als wichtigste Gebietskörperschaften zusammenfassen lassen (vgl. Abb. 1.5).

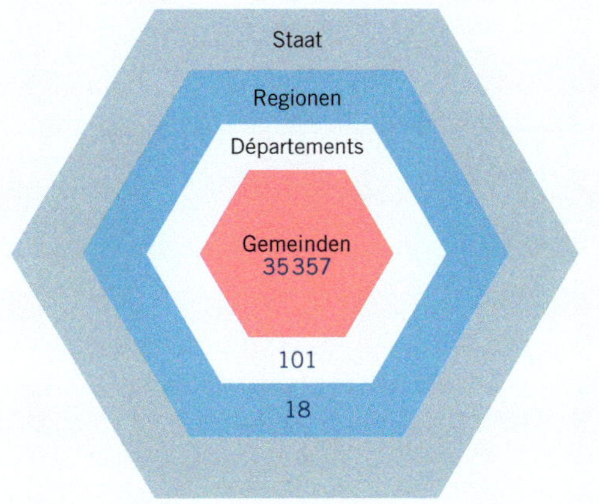

Quelle: Eigene Darstellung nach DGCL 2018: 8

| Abb. 1.5 | *Gebietskörperschaften des französischen Staates (inkl. DOMs) (Stand: 2018)*

Gemeinde

Kleinste Einheit der administrativen Gliederung in Frankreich ist die *Commune* (Gemeinde). Die Gemeindeverfassung beruht im Kern auf dem *code de*

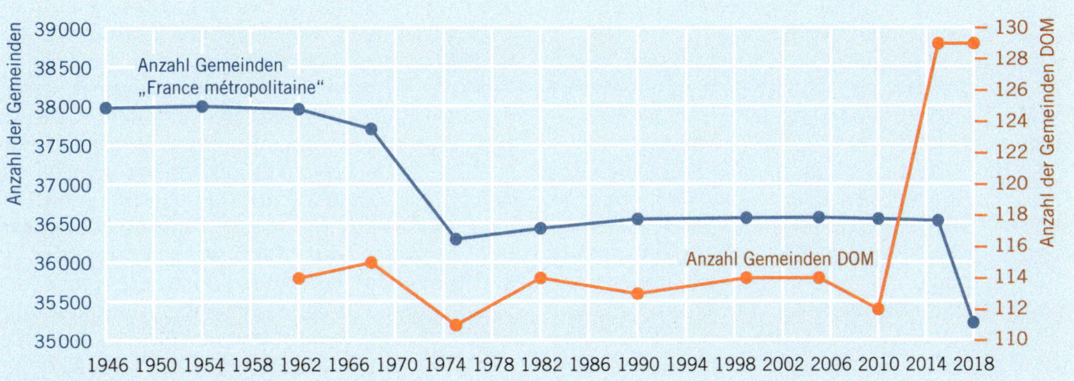

Quelle: Eigene Darstellung nach INSEE 2008; 2016b und DGCL diverse Anhaben

| Abb. 1.6 | *Entwicklung der Anzahl der Gemeinden im europäischen Frankreich und den Überseedépartements zum Zeitpunkt der Volkszählungen 1946 bis 1999 sowie für die Jahre 2005, 2010, 2015 und 2018*

l'administration communale aus dem Jahre 1884. Die Anzahl der *Communes* variiert im Laufe des 20. Jahrhunderts, da es durchaus sehr kleine Gemeinden gibt, die zwischen zwei Volkszählungen ihre letzten Einwohner verlieren. Umgekehrt gibt es Fälle, in denen Gemeinden wieder „zum Leben erweckt werden". Ende des 19. Jahrhunderts zählt Frankreich rund 37 500 Gemeinden und ihre Zahl wächst bis zur Volkszählung im Jahr 1954 auf etwa 38 000 an. Nach einem Rückgang in der ersten Hälfte der 1970er Jahre (36 296 Gemeinden) bewegt sich die Anzahl der Gemeinden auf nahezu konstantem Niveau mit zuletzt leicht rückläufiger Tendenz.

Die Veränderung der Anzahl der Gemeinden erklärt sich neben dem „Sterben" und der „Geburt" von *Communes* vor allem durch verwaltungstechnische Maßnahmen. Eine grundlegende Gemeindereform wie sie u. a. in der BRD oder Belgien in den 1960er und 70er Jahren durchgeführt wird und die eine erhebliche Reduzierung der Anzahl der Gemeinden mit sich bringt, wird in Frankreich zwar nicht vorgenommen, aber es gibt seit dem Jahr 1971 die Möglichkeit der Gemeindefusion zur Bildung einer *commune associé* bzw. seit Ende des Jahres 2010 zur Bildung einer *commune nouvelle*. Darüber hinaus können sich Gemeinden seit dem Jahr 1959 auch in einem Zweckverband zusammenschließen.

Im Jahr 2018 existieren im europäischen Frankreich 35 288 Gemeinden (*Communes*), weitere 129 Gemeinden befinden sich in den Überseedépartements. Der weitaus größte Anteil entfällt auf ländliche Gemeinden mit weniger als 2000 Einwohnern (vgl. Tab. 1.6), die allerdings nur 23,1 % der Bevölkerung auf sich vereinen. Insgesamt 19

| Tab. 1.6 | *Anzahl der Gemeinden nach Gemeindegrößenklassen (nach Einwohnern) und ihrem Bevölkerungsanteil (in %) im Jahr 2018 (incl. DOMs)*

Gemeindegrößenklasse	Anzahl Gemeinden	Bevölkerungsanteil
0–499	18 717	6,4 %
500–1999	11 320	16,7 %
2000–4999	3153	14,6 %
5000–9999	1173	12,2 %
10 000–49 999	869	26,5 %
50 000–99 999	83	8,3 %
100 000 und mehr	42	15,3 %
gesamt	**35 357**	**100,0 %**

Quelle: Eigene Zusammenstellung nach DGCL 2018: 8

|Tab. 1.7| *Anzahl der Gemeindefusionen (*commune associée*) mit Anzahl aufgelöster Gemeinden sowie Anzahl rückgängig gemachter Fusionen mit Anzahl wieder entstandener Gemeinden und Verringerung der Gemeindeanzahl insgesamt zwischen 1971 und 2009*

Zeitraum	Anzahl Fusionen – Anzahl aufgelöster Gemeinden	Anzahl rückgängig gemachter Fusionen – Anzahl wieder entstandener Gemeinden	Verringerung Gemeindeanzahl insgesamt
1971–1995	912–1308	151–211	1097
1996–1999	16–19	11–11	8
2000–2009	15–16	18–21	–5
Gesamt	**943–1343**	**18–243**	**1100**

Quelle: Legifrance 2010: 46

Gemeinden weisen weniger als acht Einwohner aus, die kleinste ist die Gemeinde Rochefourchat (Département Drôme) mit nur einem Einwohner. 6 der 19 Gemeinden werden nach der Schlacht von Verdun (1916) als *communes mortes pour la France* klassifiziert und sind heute ohne Einwohner. Nach 2012 sinkt die Anzahl der Gemeinden weiter bis zum Jahr 2018 auf 35357 Gemeinden.

Die Gemeindefusion zur *commune associée* wird durch das *loi Marcellin* ab dem Jahr 1971 möglich, doch machen die Gemeinden hiervon kaum Gebrauch. Von 1971 bis 2009 finden lediglich 943 Fusionen statt, von denen aber 180 wieder rückgängig gemacht werden (vgl. Tab. 1.7). Letztendlich wird die Anzahl der Gemeinden durch Fusionen lediglich um weniger als 3 % reduziert. Wesentliche Gründe hierfür sind zum einen in der langen Tradition der einzelnen Gemeinden zu sehen, die sich mit dem Verlust der Selbständigkeit durch eine Eingemeindung bedroht sehen. Zum anderen wird oftmals eine Änderung der politischen Mehrheitsverhältnisse durch Fusion und Eingemeindung mit bzw. in eine andere *Commune* befürchtet. Darauf reagiert der Gesetzgeber mit einer Novellierung des Fusionsgesetzes im Jahr 2010.

Gemeindefusionen zu einer *commune nouvelle* lösen das vorherige Verfahren zur Bildung einer *commune associé* ab, und die ersten Fusionen nach dem neuen Verfahren finden im Jahr 2011 statt. Das neue Verfahren benötigt allerdings einige Zeit, bis die Gemeinden es in größerer Zahl in Anspruch nehmen. Im Jahr 2015 werden über 300 Fusionen mit mehr als 1000 beteiligten Gemeinden durchgeführt, ein Jahr darauf weitere 200 (vgl. Tab. 1.8). Zwei der geplanten Fusionen werden im Jahr 2011 bzw. 2017 gerichtlich annulliert. Der Prozess der Fusion kann auf verschiedene Weise angestoßen werden, etwa durch die Zustimmung aller Gemeinderäte der beteiligten *Communes* oder durch Initiative eines Staatsvertreters, der im Département der betroffenen Gemeinden eine öffentliche Funktion ausübt.

Häufiger als Fusionen und Eingemeindungen wird auf das Instrument des Zweckverbandes zurückgegriffen, insbesondere seit dem *Chevènement*-Gesetz aus dem Jahr 1999 (*communautés de communes, communautés d'agglomération, communautés urbaines*) sowie durch das unter Präsident Sarkozy verabschiedete (2010) und unter Präsident Hollande erweiterte (2014) Reformgesetz für *Métropoles*. Danach sind verschiedene Verbundformen je nach Einwohnerzahl der beteiligten Gemeinden möglich (vgl. Tab. 1.9). Im Gegensatz zu einer Fusion handelt es sich bei einem Zweckverband jedoch lediglich um die Schaffung neuer Kooperations- und Verwaltungsstrukturen, wodurch die Selbständigkeit der einzelnen Gemeinden nicht berührt wird und sich somit die Anzahl der Gemeinden insgesamt nicht ändert. Sie sind damit keine Gebietskörperschaft, sondern eine öffentliche Einrichtung zur interkommunalen Zusammenarbeit (*établissement public de coopération intercommunale,* EPCI).

Nach Vorstellung der Staatsverwaltung sollte jede Gemeinde einem Zweckverband angehören. Allerdings beruhen alle Formen der Kommunalverbände de jure auf dem Prinzip der Freiwilligkeit, jedoch werden die Gemeinden de facto durch den besseren Zugang zu Finanzen zur Beteiligung an einem Zweckverband „motiviert". Auf Grund der starken Identifikation der Einwohner mit ihrer eigenen Gemeinde und der dadurch bedingten emotionalen Bindung wird auch zukünftig nicht mit einer top-down durchgeführten Gemeindereform gerechnet: Die *Commune* gilt als *„petite république dans la grande"* (Hollande 2014).

Jede Gemeinde hat einen für sechs Jahre direkt gewählten Gemeinderat (*conseil municipal),* dem als Exekutive der Bürgermeister (*maire*) vorsteht. Der Gemeinderat besteht aus mindestens sieben Mitgliedern, so dass es in Frankreich auf Grund der hohen Anzahl von Gemeinden insgesamt rund 500000 Gemeinderäte gibt. Nahezu alle Gemeinden weisen die gleiche Verwaltungsstruktur auf und verfügen über die gleichen Kompetenzen, d. h. es wird kein Unterschied zwischen kleinen und großen Gemeinden gemacht. Lediglich für die drei größten Städte des Landes (Paris, Lyon und Marseille) gibt es mit dem *loi PLM* Sonderregelungen (etwa die Zahl der Bürgermeister betreffend). Die Beschlüsse des Gemeinderates sind ohne vorherige Genehmigung durch die Staatsaufsicht sofort vollziehbar,

|Tab. 1.8| *Anzahl der Gemeindefusionen (*commune nou-velle*), der daran beteiligten Gemeinden sowie Anzahl der annullierten Fusionen zwischen 2011 und 2017*

Jahr	Fusionen	beteiligte Gemeinden	annullierte Fusion
2011	2	4	1
2012	10	29	0
2013	1	2	0
2014	13	37	0
2015	317	1090	0
2016	200	670	0
2017	37	96	1
Gesamt	**580**	**1928**	**2**

Quelle: Eigene Zusammenstellung nach data.gouv.fr 2011, 2012, 2013, 2014 und INSEE 2016a, 2018b

|Tab. 1.9| *Art und Anzahl der Kommunalverbände, der beteiligten Gemeinden und ihre Bevölkerungszahl am 1. Januar 2018*

Bezeichnung Kommunalverband	Anzahl	Gemeinden	Bevölkerung
Métropole (Großstadt ab 400 000 Einwohnern in einem Großraum mit 650 000 Einwohnern)	21	905	17 932 300
Communauté urbaine (Ballungsraum mit 250 000 und mehr Einwohnern)	11	523	2 433 987
Communauté d'agglomération (Urbaner Großraum mit 50 000 und mehr Einwohnern)	222	7443	23 660 357
Communauté de communes (Zusammenschluss kleiner Gemeinden)	1009	26 424	22 448 738
Gesamt	**1263**	**35 295**	**66 475 382**

Quelle: Grillmayer, 2016: 20 und DGCL 2018: 8ff

sofern keine öffentlichen Belange berührt werden. Durch die Gewährung von Zuschüssen bzw. deren Nichtgewährung ist es den höheren politischen Instanzen jedoch möglich, Maßnahmen auf kommunaler Ebene zu verzögern oder zu verhindern. Hierfür gibt es zahlreiche Beispiele (vgl. etwa Schmude: 1991 für Montpellier).

Kanton und Arrondissement (*canton* und *arrondissement*)

Auf die Ebene der *Commune* folgt der Kanton (*canton*), der sich aus mehreren Gemeinden zusammensetzt und aus der Zusammenfassung mehrerer *cantons* resultiert das *arrondissement*. Die Kantone existieren als Verwaltungseinheit schon seit dem Jahr 1789. Sie sind keine Gebietskörperschaften. Die Hauptaufgabe des Kantons beschränkt sich schon lange auf die Funktion als Wahlbezirk für die Wahlen zum *conseil général*, dem Parlament der Départements. Durch die Reform des Wahlrechts zum *conseil général* gibt es seit dem Jahr 2018 nur noch 2054 Kantone (zuvor 4055), von denen 59 (zuvor 172) in den fünf Überseedépartements gelegen sind (vgl. INSEE 2018c).

Die Verwaltungseinheit des *arrondissement* existiert als Nachfolger des *district* bereits seit dem Jahr 1800. Wie der *canton* hat das *arrondissement* keine politische Bedeutung und ist keine Gebietskörperschaft. An der Spitze eines *arrondissements* steht der *sous-préfet* als staatliches Organ und nimmt in erster Linie verwaltungstechnische Aufgaben wahr: Die Ausstellung von Urkunden wie Führerschein oder Jagdschein. In Frankreich existieren im Jahr 2018 insgesamt 332 *arrondissements*, 320 im europäischen Frankreich und 12 in den Überseedépartements (vgl. DGCL 2018: 18). Auf Grund seiner untergeordneten Bedeutung wird von Befürwortern eines „schlankeren" Staats immer wieder die Abschaffung der *arrondissements* gefordert.

Département (*département*)

Die Zusammenfassung mehrerer *arrondissements* führt zum Département, das stets über einen *chef-lieu* (Hauptort) mit einer Präfektur verfügt. Die Struktur der Départements geht mehr oder weniger auf das Jahre 1790 zurück, als die vorrevolutionäre Verwaltungsstruktur durch die Festlegung von 83 Départements neu geordnet wird. Nach den damaligen Planungen sollen die Départements geometrisch gleichmäßige Flächen umfassen, wobei innerhalb eines Départements jede Gemeinde innerhalb eines Tages mit der Pferdekutsche erreichbar sein soll. Allerdings wird die Ausgestaltung der einzelnen Départements den physisch-geographischen Gegebenheiten angepasst, so dass sie sich z. T. in ihrer Größe doch erheblich unterscheiden. Teilweise wird auch die Grenzziehung der vorrevolutionären Provinzen wieder übernommen. Ziel ist es, durch den von Paris eingesetzten Präfekten innerhalb der Départements eine strenge Kontrolle zu gewährleisteten. Zudem soll jede Präfektur von Paris aus innerhalb von zwei Tagen erreichbar sein.

Die Zahl der Départements variiert seit ihrer Einführung nur geringfügig zwischen einem Minimalwert von 83 (im Jahr 1790) und dem Maximalwert von 101 (seit dem Jahr 2011), lediglich zwischen 1810 und 1815 steigt die Zahl kurzzeitig auf 130 (vgl. Tab. 1.10). Diese Variation ist teilweise auf Gebietsverluste und -gewinne in Folge von Kriegen zurückzuführen. Zudem ist die Veränderung z.T. durch territoriale Veränderungen bedingt (etwa kommen nach dem Zweiten Weltkrieg zunächst vier, ab dem Jahr 2011 fünf *départements d'outre-mer* hinzu), z. T. sind sie aber auch verwaltungstechnischen Novellierungen geschuldet (z. B. Teilung einzelner Départements: Im Jahr 1975 wird das Département Corse in Haute-Corse und Corse-du-Sud geteilt. Im Jahr 1968 werden die ehemaligen Départements Seine und Seine-et-Oise in die sieben Départements Paris, Hauts-de-Seine, Seine-St. Denis, Val-de-Marne, Yvelines, Essonne und Val d'Oise aufgeteilt.

Wie die Gemeinden, Kantone und Arrondissements unterscheiden sich auch die Départements deutlich nach Fläche und Einwohnerzahl (vgl. Tab. 1.11): Das flächenmäßig kleinste Département ist die Kernstadt von Paris (Ordnungsnummer 75) mit 105 km², die größte Fläche weist das Département Gironde mit 10 725 km² auf (allerdings ist das DOM Guayane mit 83 534 km² noch deutlich größer). Die Bevölkerungszahl ist dagegen im Jahr 2018 im Département Nord mit rund 2,6 Millionen Einwohnern am höchsten, die geringste Bevölkerungszahl hat das Département Lozère mit 75 463 Einwohnern.

|Tab. 1.10| *Entwicklung der Anzahl der Départements von 1790 bis 2018, für das europäische Frankreich und Frankreich inkl. DOMs mit Kurzangabe für die Veränderung*

Jahr	Anzahl France métropolitaine	Anzahl Frankreich incl. DOMs (ab 1946)	Grund für die Veränderung
1790	83	83	Neuordnung
1810	130	130	Gebietszugewinne in Folge der Napoleonischen Kriege im heutigen Nordost-Spanien, Nordwest-Italien, Nordwest-Deutschlands, in Belgien, Luxemburg und den Niederlanden
1815	87	87	Verluste aller hinzugewonnen Gebiete durch die Niederlage Napoléons im sechsten und siebten Koalitionskrieg. Höhere Anzahl im Vergleich zu 1790 ist auf Départementaufteilungen zurückzuführen
1860	89	89	Nach dem Sardinischen Krieg kommen die Grafschaften Nizza und Savoyen zu Frankreich
1871	87	87	Elsass-Lothringen fällt nach dem Deutsch-Französischen Krieg an Deutschland
1919	90	90	Elsass-Lothringen fällt nach dem Ersten Weltkrieg an Frankreich
1946	90	94	Guadeloupe, Guyane, Martinique und La Réunion werden DOMs
1968	95	99	Neuordnung der Départements in der Region Île-de-France
1975	96	100	Aufspaltung des Départements Corse
Seit 2011	96	101	Mayotte wird DOM

Quelle: Eigene Zusammenstellung nach Schmidt et al 1981: 218f und Senat.fr 2016

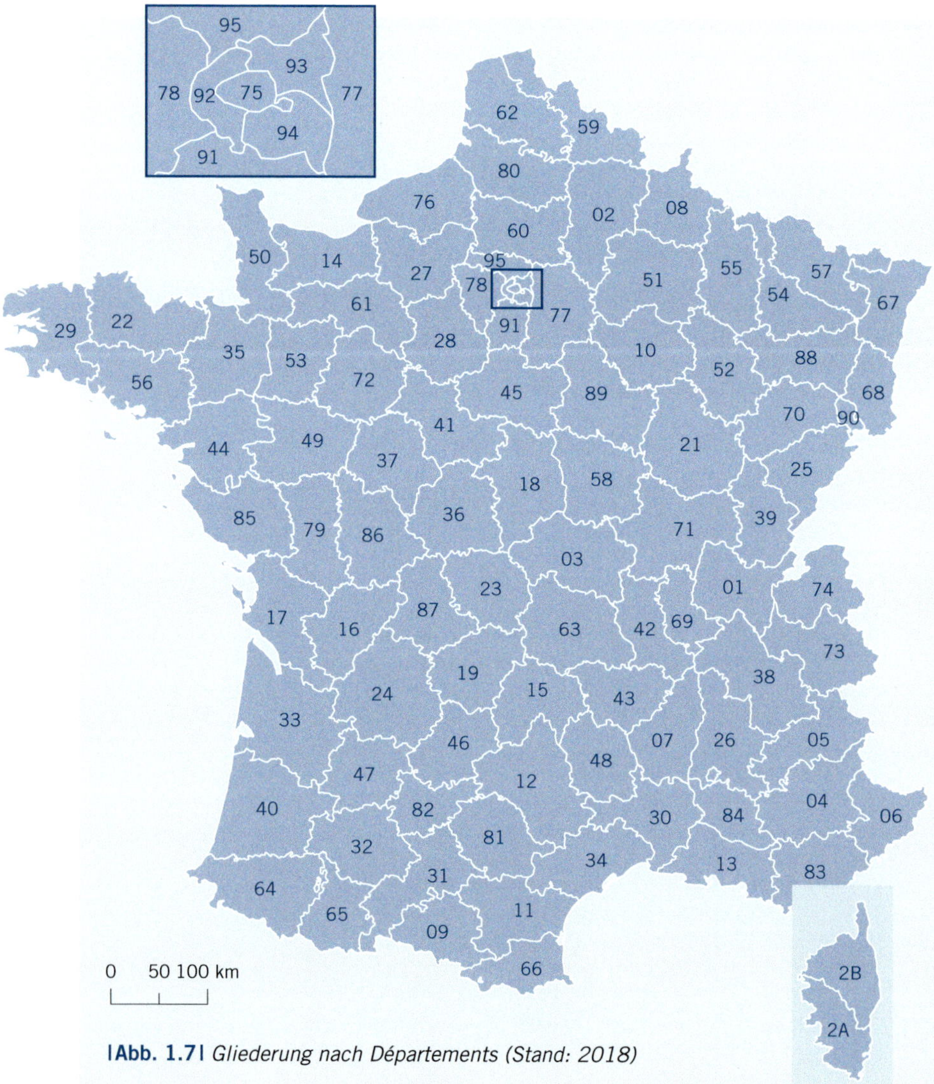

|Abb. 1.7| *Gliederung nach Départements (Stand: 2018)*

1 Ain
2 Aisne
3 Allier
4 Alpes-de-Haute-Provence
5 Hautes-Alpes
6 Alpes-Maritimes
7 Ardèche
8 Ardennes
9 Ariège
10 Aube
11 Aude
12 Aveyron
13 Bouches-du-Rhône
14 Calvados
15 Cantal
16 Charente
17 Charente-Maritime
18 Cher
19 Corrèze
2A Corse-du-Sud
2B Haute-Corse
21 Côte-d'Or
22 Côtes-d'Armor
23 Creuse
24 Dordogne
25 Doubs
26 Drôme
27 Eure
28 Eure-et-Loir
29 Finistère
30 Gard
31 Haute-Garonne
32 Gers
33 Gironde
34 Hérault
35 Ille-et-Vilaine
36 Indre
37 Indre-et-Loire
38 Isère
39 Jura
40 Landes
41 Loir-et-Cher
42 Loire
43 Haute-Loire
44 Loire-Atlantique
45 Loiret
46 Lot
47 Lot-et-Garonne
48 Lozère
49 Maine-et-Loire
50 Manche
51 Marne
52 Haute-Marne
53 Mayenne
54 Meurthe-et-Moselle
55 Meuse
56 Morbihan
57 Moselle
58 Nièvre
59 Nord
60 Oise
61 Orne
62 Pas-de-Calais
63 Puy-de-Dôme
64 Pyrénées-Atlantiques
65 Hautes-Pyrénées
66 Pyrénées-Orientales
67 Bas-Rhin
68 Haut-Rhin
69 Rhône
70 Haute-Saône
71 Saône-et-Loire
72 Sarthe
73 Savoie
74 Haute-Savoie
75 Paris
76 Seine-Maritime
77 Seine-et-Marne
78 Yvelines
79 Deux-Sèvres
80 Somme
81 Tarn
82 Tarn-et-Garonne
83 Var
84 Vaucluse
85 Vendée
86 Vienne
87 Haute-Vienne
88 Vosges
89 Yonne
90 Territoire de Belfort
91 Essonne
92 Hauts-de-Seine
93 Seine-Saint-Denis
94 Val-de-Marne
95 Val-d'Oise

Quelle: Eigene Darstellung nach Grosse/Lüger 2008: 10

|Tab. 1.11| *Départements mit Ordnungsnummer, Einwohnerzahl und Fläche (in km²) sowie Bevölkerungsdichte (Stand: 2018)*

Département	Ordnungs-nummer	Einwohner 2018	Fläche in km²	Bevölkerungsdichte in Einwohner/km² 2018
Ain	1	649 654	5762	113
Aisne	2	534 286	7369	73
Allier	3	338 978	7340	46
Alpes-de-Haute-Provence	4	161 664	6925	23
Hautes-Alpes	5	141 576	5549	26
Alpes-Maritimes	6	1 080 614	4299	251
Ardèche	7	328 557	5529	59
Ardennes	8	271 339	5229	52
Ariège	9	152 321	4890	31
Aube	10	311 623	6004	52
Aude	11	370 245	6139	60
Aveyron	12	281 082	8735	32
Bouches-du-Rhône	13	2 043 941	5088	402
Calvados	14	695 818	5548	125
Cantal	15	144 240	5726	25
Charente	16	351 971	5956	59
Charente-Maritime	17	648 183	6864	94
Cher	18	304 794	7235	42
Corrèze	19	241 891	5857	41
Corse-du-Sud	2A	159 894	4014	40
Haute-Corse	2B	177 902	4666	38
Côte-d'Or	21	536 837	8763	61
Côtes'Armor	22	598 715	6878	87
Creuse	23	118 711	5565	21
Dordogne	24	412 629	9060	46
Doubs	25	540 890	5234	103
Drôme	26	516 172	6530	79
Eure	27	610 152	6040	101
Eure-et-Loir	28	433 983	5880	74
Finistère	29	910 502	6733	135
Gard	30	748 236	5853	128
Haute-Garonne	31	1 388 393	6309	220
Gers	32	191 332	6257	31
Gironde	33	1 610 829	9976	161
Hérault	34	1 160 043	6101	190
Ille-et-Vilaine	35	1 073 883	6775	159
Indre	36	218 508	6791	32
Indre-et-Loire	37	611 139	6127	100
Isère	38	1 272 816	7432	171
Jura	39	259 393	4999	52
Landes	40	411 757	9243	45
Loir-et-Cher	41	332 601	6343	52
Loire	42	762 495	4781	159
Haute-Loire	43	227 444	4977	46
Loire-Atlantique	44	1 413 341	6815	207
Loiret	45	681 497	6775	101
Lot	46	171 463	5217	33
Lot-et-Garonne	47	333 230	5361	62
Lozère	48	75 463	5167	15
Maine-et-Loire	49	820 655	7166	115

Quelle: Eigene Zusammenstellung nach INSEE 2017 und 2018a

| Fortsetzung Tab. 1.11 |
Départements mit Ordnungsnummer, Einwohnerzahl und Fläche (in km²) sowie Bevölkerungsdichte (Stand: 2018)

Département	Ordnungs-nummer	Einwohner 2018	Fläche in km²	Bevölkerungsdichte in Einwohner/km² 2018
Manche	50	496972	5938	84
Marne	51	573253	8162	70
Haute-Marne	52	175102	6211	28
Mayenne	53	306323	5175	59
Meurthe-et-Moselle	54	733085	5246	140
Meuse	55	187372	6211	30
Morbihan	56	753543	6823	110
Moselle	57	1038558	6216	167
Nièvre	58	205942	6817	30
Nord	59	2613874	5743	455
Oise	60	829839	5860	142
Orne	61	282516	6103	46
Pas-de-Calais	62	1475142	6671	221
Puy-de-Dôme	63	655185	7970	82
Pyrénées-Atlantiques	64	677189	7645	89
Hautes-Pyrénées	65	227492	4464	51
Pyrénées-Orientales	66	482131	4116	117
Bas-Rhin	67	1125279	4755	237
Haut-Rhin	68	767606	3525	218
Rhône	69	1878095	2715	692
Haute-Saône	70	234316	5360	44
Saône-et-Loire	71	553129	8575	65
Sarthe	72	566901	6206	91
Savoie	73	433755	6028	72
Haute-Savoie	74	829668	4388	189
Paris	75	2168462	105	20574
Seine-Maritime	76	1257009	6278	200
Seine-et-Marne	77	1422736	5915	241
Yvelines	78	1438440	2284	630
Deux-Sèvres	79	375652	5999	63
Somme	80	570195	6170	92
Tarn	81	392407	5758	68
Tarn-et-Garonne	82	262582	3718	71
Var	83	1071832	5973	179
Vaucluse	84	566096	3567	159
Vendée	85	680191	6720	101
Vienne	86	438136	6990	63
Haute-Vienne	87	374158	5520	68
Vosges	88	364873	5874	62
Yonne	89	338303	7427	46
Territoire de Belfort	90	144479	609	237
Essonne	91	1313729	1804	728
Hauts-de-Seine	92	1612788	176	9184
Seine-Saint-Denis	93	1646105	236	6969
Val-de-Marne	94	1401228	245	5719
Val-d'Oise	95	1242746	1246	997
Guadeloupe	971	390704	1628	240
Martinique	972	371246	1128	329
Guyane	973	281612	83534	3
La Réunion	974	865826	2503	346
Mayotte	976	259154	374	693
Frankreich gesamt		**67186638**	**633107**	**106**

Quelle: Eigene Zusammenstellung nach INSEE 2017 und 2018a

Die Nummerierung der Départements erfolgt durch Zuweisung einer Ordnungsnummer, die weitgehend der alphabetischen Reihenfolge ihrer Bezeichnung folgt (vgl. Tab. 1.11). Die alphabetische Ordnung reicht jedoch nur bis zum Département Yonne (Ordnungsnummer 89). Das Département Territoire de Belfort wird 1871 zunächst nur provisorisches Département, denn das übrige Elsass fällt an Deutschland. Zuvor ist es Teil des Département Haut-Rhin (Ordnungsnummer 68), erhält nun aber die Ordnungsziffer 90. Nach dem Ersten Weltkrieg geht das Elsass wieder an Frankreich, das provisorische Territoire de Belfort wird nicht wieder in das Département Haut-Rhin eingegliedert, sondern wird im Jahr 1922 ein eigenes Département. Ebenfalls nicht in eine alphabetische Reihenfolge passen die Départements mit den Ordnungsnummern 75 und 78 sowie 91 bis 95. Sie bilden zusammen mit dem Département 77 die Hauptstadtregion Île-de-France und entstehen erst im Jahr 1968 durch die Aufteilung der ehemaligen Départements Seine (Ordnungsnummer 75, seitdem Paris) und Seine-et-Oise (Ordnungsnummer 78, seitdem Yvelines). Lediglich das Département Seine-et-Marne (Ordnungsnummer 77) bleibt unverändert. Die Region Île-de-France wird nach der Reform aus insgesamt acht Départements gebildet (vgl. auch 3.4.1). Die Ordnungsnummer 96 ist nicht vergeben. Die *départements d'outre-mer* führen alle eine dreistellige Ordnungsnummer, die mit der Ziffer 97 beginnt, und um eine dritte Stelle ergänzt wird, die zwischen den DOMs differenziert (971 bis 974). Mayotte erhält im Jahr 2011 die Ordnungsnummer 976, da die Ordnungsnummer 975 bereits seit dem Jahr 2003 an die *collectivité d'outre-mer* St. Pierre-et-Miquelon vergeben ist.

Die Ordnungsnummern der Départements sind seit dem Jahr 1972 über die ersten beiden Stellen der fünfstelligen Postleitzahl (*code postal*) in das Postleitsystem Frankreichs eingebunden (Ausnahme Korsika: 20 sowohl für Corse-du-Sud als auch für Haute-Corse). Auch bei der individuellen 15-stelligen Sozialversicherungsnummer (*numéro d'inscription au répertoire des personnes physiques* oder umgangssprachlich *numéro de sécurité*) werden die Ordnungsnummern des Départments über die Angabe des Geburtsortes verwendet (die sechste und siebte Stelle geben das Département des Geburtsortes an). Schließlich finden sich die Ordnungsnummern der Départements bis zum Jahr 2009 auch in den Autokennzeichen (*plaque d'immatriculation*) wieder, bei denen die letzten beiden Ziffern der Ordnungsnummer des Départements entsprechen (vgl. Abb. 1.8). Seit dem Jahr 2009 werden die Autokennzeichen nach einer neuen Systematik vergeben. Die Angabe der Ordnungsnummer des Départements und das Logo der zugehörigen Region wird nunmehr rechts auf dem Nummernschild vorgenommen (vgl. Abb. 1.9), wobei die Angabe freiwillig erfolgt und auch frei wählbar ist, d.h. nicht an den Wohnsitz des Kfz-Halters bzw. den Sitz der Anmeldebehörde gebunden ist (vgl. Koltermann

Quelle: Aufnahme Schmude 2013

|Abb. 1.8| *Autokennzeichen bis 2009: Citroën 2 CV* (deux chevaux *oder „Ente") aus dem Département Vaucluse (84)*

Quelle: Aufnahme Schmude 2016

|Abb. 1.9| *Autokennzeichen ab 2009: Département Seine-Maritime (76), Region Haute Normandie*

Quelle: Aufnahme Schmude 2016

|Abb. 1.10| *Hinweisschild für das Département Bas-Rhin (mit Protestaufkleber gegen die Zusammenlegung der Region Elsass mit Lothringen und Champagne-Ardennen)*

2009). Die überwiegende Mehrheit der Kfz-Halter entscheidet sich aber für die Angabe der Ordnungsnummer des Départements seines Wohnsitzes.

Politische Instanz der Départements ist seit dem Jahr 2015 der *conseil départemental,* als Nachfolger des zuvor existierenden *conseil général.* Durch die Reform der Regionen zum Jahr 2015 ändert sich auch das Wahlverfahren, denn es werden nunmehr jeweils Kandidatenpaare (*binômes*) je Wahlbezirk gewählt, die aus einem Mann und einer Frau bestehen müssen. Die Mitglieder (*conseilleurs généraux*) der Départementsparlamente werden alle drei Jahre jeweils zur Hälfte für eine Amtszeit von sechs Jahren direkt gewählt. Im Jahr 2015 gehören den *conseils départementales* insgesamt 4058 gewählte Räte an. Als Wahlbezirke fungieren die *cantons*, weswegen die Wahlen auch als *élections cantonales* bezeichnet werden. Dem Rat steht ein aus seiner Mitte gewählter Präsident (*président du conseil général départemental*) vor, der die Exekutivrechte dieser Gebietskörperschaft wahrnimmt.

Region

Als Zusammenschluss jeweils mehrerer Départements fungieren schließlich die Regionen, die im Jahr 1956 als neue Ebene zwischen den Départements und dem Staat installiert und als Programmregionen bezeichnet werden (*région de programme*).

Quelle: Aufnahme Schmude 2016

| Abb. 1.11 | *Hinweisschild der Gemeinde Wissembourg und die alte Region Elsass*

Die auch kurz als Region bezeichneten Einheiten bestehen aus zwei (z. B. Region Alsace) bis acht Départements (z. B. Region Île-de-France). Der Zuschnitt der Programmregionen wird von der Pariser Zentralbürokratie als Zusammenlegung mehrerer Départements ohne Rücksprache mit den unteren Verwaltungsebenen oder der Bevölkerung und unter Missachtung zahlreicher kultureller und historischer Bindungen festgesetzt. Nicht zuletzt aus diesem Grund sind in der Folgezeit zumindest zwei Korrekturen unumgänglich: Die Départements Corse-Sud und Haute-Corse, die zunächst der Programmregion Provence-Côte d'Azur angehören, werden im Jahr 1970 zu einer eigenständigen Programmregion. Zudem erhält die Insel im Jahr 1982 einen Sonderstatus (*collectivité à statut particulier)* mit einer beschränkten Autonomie und einer eigenen, direkt gewählten Regionalregierung sowie einem Regionalparlament (*assemblée de Corse*). Die zweite Änderung betrifft die beiden Programmregionen Rhône und Alpes, die ebenfalls im Jahr 1970 zur Programmregion Rhône-Alpes zusammengefasst werden.

Motiviert ist die Schaffung der Regionen durch die Tatsache, dass zur Planung und Umsetzung vieler Projekte zwischen der gesamtstaatlichen Ebene und den Départements eine effiziente Planungsebene fehlt. Der Status der 22 im europäischen Frankreich sowie der 4 in Übersee (jedes Überseedépartement wird gleichzeitig auch zur Überseeregion [*région d'outre-mer*, ROM] erklärt) geschaffenen Planungsregionen bleibt zunächst undefiniert und sie erhalten auch kaum Kompetenzen. Erst mit den Dezentralisierungsgesetzen im Jahr 1982 werden die Regionen zu Gebietskörperschaften erklärt.

Politisches Organ der Region ist das seit dem Jahr 1986 auf jeweils sechs Jahre direkt gewählte Regionalparlament (*conseil régional*). Die Exekutive wird durch den von den Mitgliedern des Regionalparlaments gewählten Präsidenten (*président de conseil régional*) wahrgenommen. Die vom Regionalparlament gefassten Beschlüsse und Maßnahmen werden durch den von der Zentralregierung in Paris ernannten Regionalpräfekten (*préfet de région*) koordiniert.

Um die Effizienz dieser Verwaltungs- und Planungsebene zu steigern und den Verwaltungsapparat schlanker zu gestalten sowie zur Einsparung von bis zu 10 Mrd. Euro Verwaltungskosten und zur Erhöhung der Wettbewerbsfähigkeit der Regionen (vgl. Zeit online 2014), werden die 22 im europäischen Frankreich existierenden Regionen durch Parlamentsbeschluss in Paris Ende des Jahres 2014 zu 13 neuen Regionen zusammengefasst. 6 der neuen Regionen sind mit alten Regionen identisch (vgl. Tab. 1.12). Die neuen Einheiten erhalten ihren Namen zunächst aus der Kombination der Bezeichnung der alten Regionen. Die neuen, verkürzten Bezeichnungen werden im Jahr 2016 vorläufig festgelegt und durch den Senat beschlossen (vgl. Tab. 1.12).

Auch diese Zusammenlegung und Neustrukturierung führt zu heftigen Debatten in Politik und Gesellschaft. Insbesondere die Schaffung der neuen Regionen Languedoc-Roussillon-Midi-Pyrénées (bzw. Occitanie) sowie Alsace-Champagne – Ardenne-Lorraine (bzw. Grand-Est) (vgl. Abb. 1.12) wird sehr kontro-

| Abb. 1.12 | *Gliederung Frankreichs nach alten (bis Ende 2015) und neuen (ab 2016) Regionen (Stand: 2018)*

Quelle: Eigene Darstellung

|Tab. 1.12| *Neue Regionenbezeichnungen sowie zugehörige alte Regionen und Départements (Stand 2018)*

Regionen (neu) (neue Bezeichnung ab 2016)	Regionen (alt)	Zugehörige Départements
Île-de-France	Île-de-France	Paris Seine-et-Marne Yvelines Essonne Hauts-de-Seine Seine-St. Denis Val-de-Marne Val-d'Oise
Auvergne-Rhône-Alpes	Auvergne Rhône-Alpes	Allier Cantal Haute-Loire Puy-de-Dôme Ain Ardèche Drôme Isère Loire Rhône Savoie Haute-Savoie
Aquitaine-Limousin-Poitou-Charentes (Nouvelle-Aquitaine)	Aquitaine Limousin Poitou-Charentes	Dordogne Gironde Landes Lot-et-Garonne Pyrénées-Atlantiques Corrèze Creuse Haute-Vienne Charente Charente-Maritime Deux-Sèvres Vienne
Nord-Pas-de-Calais-Picardie (Hauts-de-France)	Nord-Pas-de-Calais Picardie	Nord Pas-de-Calais Aisne Oise Somme
Provence-Alpes-Côte d'Azur	Provence-Alpes-Côte d'Azur	Alpes-de-Haute-Provence Hautes-Alpes Alpes-Maritimes Bouches-du-Rhône Var Vaucluse
Bretagne	Bretagne	Côtes-d'Armor Finistère Ille-et-Vilaine Morbihan
Centre-Val de Loire	Centre-Val de Loire	Cher Eure-et-Loir Indre Indre-et-Loire Loir-et-Cher Loiret
Pays de la Loire	Pays de la Loire	Loire-Atlantique Maine-et-Loire Mayenne Sarthe Vendée
Alsace-Champagne-Ardenne-Lorraine (Grand-Est)	Alsace Champagne-Ardenne Lorraine	Bas-Rhin Haut-Rhin Ardennes Aube Marne Haute-Marne Meurthe-et-Moselle Meuse Moselle Vosges
Normandie	Basse Normandie Haute-Normandie	Calvados Manche Orne Eure Seine-Maritime
Bourgogne-Franche-Comté	Bourgogne Franche-Comté	Côte-d'Or Nièvre Saône-et-Loire Yonne Doubs Jura Haute-Saône Territoire-de-Belfort
Languedoc-Roussillon-Midi-Pyrénées (Occitanie)	Languedoc-Roussillon Midi-Pyrénées	Aude Gard Hérault Lozère Pyrénées-Orientales Ariège Aveyron Haute-Garonne Gers Lot Hautes-Pyrénées Tarn Tarn-et-Garonne
Corse (collectivité territoriale)	Corse	Corse-du-Sud Haute-Corse
Guadeloupe (ROM)	Guadeloupe	Guadeloupe
Martinique (ROM)	Martinique	Martinique
Mayotte (ROM)	Mayotte	Mayotte
Guyane (ROM)	Guyane	Guyane
La Réunion (ROM)	La Réunion	La Réunion

Quelle: Eigene Zusammenstellung

vers diskutiert (vgl. Lehnarzt 2014). Vor allem die wirtschaftlich stärkeren alten Regionen wehren sich gegen ihre Fusion mit wirtschaftlich schwächeren Regionen. Letztendlich aber werden die Pläne mit geringen Modifikationen durchgesetzt (ursprünglich sind 14 neue Regionen geplant). Zum ersten Mal werden die Regionen neuen Zuschnitts bei den Regionalwahlen im Dezember 2015 eingesetzt. Ziel ist es, Kompetenzen und Zuständigkeiten von der Ebene der Départements und ihrer *conseils généraux* auf die Ebene der Regionen und ihrer *conseils régionaux* zu übertragen. Die von Staatspräsident

|Tab. 1.13| *Entwicklung der anteiligen finanziellen Ausstattung der Gebietskörperschaften (in % und in Mrd. €) und des Staatshaushaltes (in Mrd. €) zwischen 1979 und 2016*

Gebietskörperschaft	1979	1990	2000	2016
Gemeinden	63,2 %	61,4 %	59,6 %	55,3 %
Départements	34,3 %	30,3 %	30,1 %	31,5 %
Regionen	2,5 %	8,3 %	10,3 %	13,2 %
Gebietskörperschaften insg. (in €)	27,7 Mrd.	87,6 Mrd.	126,1 Mrd.	214,1 Mrd.
Ausgaben Staatshaushalt gesamt (in €)	**75,5 Mrd.**	**195,4 Mrd.**	**262,3 Mrd.**	**378,6 Mrd.**

Quelle: Eigene Zusammenstellung Schild/Uterwedde 2006: 117; DGCL 2018:10 und Legifrance 2018

Hollande anvisierte ersatzlose Streichung der Départements steht aktuell nicht mehr zur Diskussion. Da die Départements Gebietskörperschaften mit Verfassungsrang sind (Artikel 72), wäre für ihre Abschaffung eine Verfassungsänderung mit Zweidrittelmehrheit notwendig (vgl. Grillmayer 2016: 25), die unter Staatspräsident Hollande nicht zu erreichen ist.

Kompetenzen und Finanzausstattung der Gebietskörperschaften

Den verschiedenen Ebenen der administrativen Gliederung und ihren Gebietskörperschaften sowie dem Zentralstaat sind unterschiedliche Aufgabenbereiche und Kompetenzen durch Artikel 72 der Verfassung zugeschrieben. Die Mehrzahl der wesentlichen Gestaltungs- und Machtbefugnisse sind dem zentralistischen Prinzip folgend nicht auf den unteren politisch-administrativen Ebenen und ihren Vertretungen angesiedelt, sondern nach wie vor in Paris. Bis ins 21. Jahrhundert ist somit eine klare hierarchische Ordnung der Kompetenzen von der niedrigsten (*Commune*) bis zur höchsten, staatlichen Ebene (*État*) zu erkennen, d. h. die Zuständigkeiten und Aufgabenbereiche zeigen eine von „unten nach oben" orientierte Struktur. So sind etwa im Bereich der öffentlichen Bildung (*enseignement public*) die Gemeinden für den Bau, die Ausstattung und Unterhaltung der Grundschulen (*écoles élémentaires*) zuständig, während die Départements für die Gesamtschule der Sekundarstufe I (*collèges*) und die Regionen für die Gymnasien (*lycées*) verantwortlich sind. Insgesamt beschränkt sich in der Vergangenheit die Mehrzahl der Kompetenzen der unteren Ebene auf Vorschlagsrechte, Stellungnahmen bzw. Vorarbeiten für die höheren Instanzen. Beispielsweise werden die Gemeinden für den Umweltbereich um Stellungnahmen gebeten, sie erhalten aber lange Zeit keine tatsächliche Kompetenz. Erst allmählich kommt es im Zuge von Dezentralisierungsbestrebungen zu einer stärkeren Beteiligung der verschiedenen Ebenen der Gebietskörperschaften (vgl. auch 1.3).

Eng mit den Aufgaben und Kompetenzen ist auch die finanzielle Ausstattung der Gebietskörperschaften verbunden. Insbesondere die Regionen, die erst nach 1982 Gebietskörperschaft werden, sind lange Zeit mit einem sehr knappen finanziellen Budget ausgestattet (vgl. Tab. 1.13), das ihnen praktisch kaum Gestaltungsspielraum bietet. Dabei ist festzustellen, dass je größer die Gebietskörperschaft (und damit ihre potentielle Eigenständigkeit gegenüber dem Zentralstaat), desto geringer ist ihre Beteiligung an den ohnehin recht geringen Finanzmitteln für die Gebietskörperschaften insgesamt. Dies ändert sich zwar im Laufe der 1980er Jahre, gleichwohl verfügen die Regionen auch im Jahr 2000 lediglich über rund 10 % der Mittel der Gebietskörperschaften. Mit der neuen Zuordnung von Aufgaben nach den Gesetzesänderungen der Jahre 2003/2004 wird der finanzielle Rahmen der Gebietskörperschaften insgesamt nochmals erheblich aufgestockt und der auf die Regionen entfallende Anteil steigt bis zum Jahr 2016 auf 13,2 % an. Die nach wie vor ungleiche Verteilung der Finanzausstattung zwischen den Gebietskörperschaften muss auch vor dem Hintergrund der zunächst gescheiterten Dezentralisierungsbestrebungen gesehen werden.

1.3 Dezentralisierungsbestrebungen nach dem Zweiten Weltkrieg

Ein wesentlicher Ausgangspunkt für die Ausgestaltung des französischen Zentralismus in seiner heutigen Form ist in der administrativen Neuordnung des Landes zum 15.1.1790 als Folge der französischen Revolution zu sehen, die zu einer Einteilung in 83 Départements führt. Den Départements steht jeweils ein Präfekt vor, der als Bindeglied zwischen dem Machtzentrum Paris und der Peripherie fungiert. Dabei kommt dem Präfekten die Rolle der Staatsgewalt zu, der die Interessen der politischen Führung in Paris konsequent verfolgt. Dieses zentralistische Verwaltungsprinzip besteht seit der Französischen Revolution in seiner Ausgestaltung weitgehend unverändert, obwohl es seitdem verschiedene Vorstöße zu einer *décentralisation* gibt. So wird unter Napoléon III. im Jahr 1870 bereits eine erste *commission de décentralisation* gebildet, doch bleibt ihre Arbeit ohne Wirkung. Es dauert bis zur Mitte des 20. Jahrhunderts, bevor erneut ernsthafte Bemühungen zur Dezentralisierung unternommen werden. Die seitdem angestrebten Dezentralisierungsmaßnahmen lassen sich in vier Phasen gliedern:

- Dezentralisierungsbestrebungen unter Staatspräsident Charles de Gaulle Ende der 1960er Jahre,

- Dezentralisierung in den Jahren 1981 bis 1984 (*acte I*) unter Staatspräsident François Mitterand,
- Dezentralisierungsgesetze in den Jahren 2002 bis 2004 (*acte II*) unter Staatspräsident Jacques Chirac und
- jüngste Reformen zur Dezentralisierung seit dem Jahr 2013 (*acte III*) unter Staatspräsident François Hollande.

Schon kurz nach dem Zweiten Weltkrieg thematisiert Jean F. Gravier in seinem Buch *Paris et le désert français* (1947) die Problematik der Vormachtstellung der Hauptstadt Paris gegenüber dem übrigen Frankreich. Ein erster, ernsthafter Vorstoß zur Dezentralisierung nach dem Zweiten Weltkrieg findet jedoch erst gegen Ende der 1960er Jahre statt. Zwar sind die großen wirtschaftlichen und sozialen Unterschiede insbesondere zwischen Paris und dem restlichen Frankreich, aber auch das Nord-Süd-Gefälle der Industrialisierung offensichtlich, zunächst liegt das Augenmerk der Politik aber auf dem Wiederaufbau des Landes sowie der Entwicklung und Implementierung der neuen Verfassung (ab 1958). Entsprechend werden im zu dieser Zeit genutzten Instrument der Entwicklungsplanung, den Wirtschaftsplänen im Rahmen der *planification*, keine regionalpolitischen Ziele genannt, vielmehr dominieren quantitative Produktions- und Wachstumsziele. Erst im vierten (für die Jahre 1962 bis 1965) und fünften (für die Jahre 1966 bis 1970) Wirtschaftsplan werden erstmals raumordnungspolitische Ziele (vierter Plan) und die Notwendigkeit einer regionalen Wirtschaftsförderung (fünfter Plan) angesprochen (vgl. auch 4.2). Als räumliche Bezugsgröße sollen hierzu die im Jahr 1956 geschaffenen Programmregionen dienen, die aber noch keinen Status als Gebietskörperschaft haben. Zur Umsetzung von raumordnungsrelevanten Regierungsbeschlüssen und zur Koordinierung der Realisierung mit den anderen Präfekten der Départements wird ab dem Jahr 1964 für jede Region aus dem Kreise der Präfekten ein Regionalpräfekt (*préfet de région*) ernannt. Diesem kommt jedoch eine ausschließlich ausführende Rolle zu, die Finanzmittel und Verwaltung aller wichtigen Planungsaufgaben obliegt einer zentralen, im Jahr 1963 geschaffenen Raumplanungsbehörde, der DATAR (*délégation à l'aménagement du territoire et à l'action régionale*), die zudem direkt dem Premierminister in Paris unterstellt ist. Die Erfolge der neuen Strukturen sind bescheiden, die regionalen Disparitäten verstärken sich eher. Daher lässt Staatspräsident Charles de Gaulle ein umfassendes Reformwerk ausarbeiten (*projet Jeanneney*). Dieses sieht u. a. die Umwandlung der Regionen in selbständige Gebietskörperschaften mit eigenem Haushalt sowie weitreichenden Kompetenzen und Zuständigkeiten vor, ebenso ist die Abschaffung des Senats geplant. Jedoch scheitert der Plan des Staatspräsidenten zur Stärkung der Peripherie am 27. April 1969 in einem von ihm initiierten Referendum: 53,2 % der Franzosen entscheiden sich gegen die Reform. Die Ursachen des Scheiterns der beabsichtigten Regional- und Senatsreform sind weniger inhaltlicher Natur, vielmehr versäumt es de Gaulle, seine praktisch unter Ausschluss der Öffentlichkeit entworfenen Reformpläne dem Volk verständlich darzulegen: Der Großteil der Franzosen weiß nicht genau, worum es in dem Referendum geht und kann die Tragweite der beabsichtigten Reformen nicht erfassen. Damit sind die Dezentralisierungsbestrebungen vorerst gescheitert, der Staatspräsident tritt zurück und in den neuen Wirtschaftsplänen unter de Gaulles Nachfolger Georges Pompidou wird wieder schwerpunktmäßig die Entwicklung der wirtschaftlichen Kernräume des Landes verfolgt. Dezentralisierungsziele spielen zunächst keine Rolle mehr und die Regionen werden nicht zu Gebietskörperschaften aufgewertet (vgl. Grosse/Lüger 2008: 29).

Eine erneute Thematisierung der Dezentralisierung erfolgt erst Anfang der 1980er Jahre nach dem Wahlsieg der Sozialisten unter dem neuen Staatspräsidenten François Mitterand und wird aus heutiger Sicht als *acte I* der Dezentralisierungsmaßnahmen nach dem Zweiten Weltkrieg bezeichnet. So sehen der achte (für die Jahre 1981 bis 1983) und neunte (für die Jahre 1984 bis 1988) Wirtschaftsplan wieder konkret die Dezentralisierung als Planziel vor (vgl. auch 4.2). Nach dem Regierungswechsel von den Konservativen zu den Sozialisten im Jahr 1981 wird das Innenministerium in *Ministère de l'Intérieur et de la Décentralisation* umbenannt, wodurch die Bedeutung der Dezentralisierungsbestrebungen unterstrichen wird. Staatspräsident Mitterand und sein Premierminister Pierre Mauroy stärken mit den Dezentralisierungsgesetzen von 1982 gegen den erbitterten Widerstand der Opposition die Stellung regionaler und kommunaler Gremien, indem sie ihnen erweiterte Kompetenzen zuweisen. Zudem werden die Regionen zu vollwertigen Gebietskörperschaften (analog zu Gemeinden und Départements) aufgewertet. Die Regionen und Départements erhalten stärkere Exekutivrechte und die zentrale Staatsaufsicht über die Gebietskörperschaften wird geschwächt. So verlieren beispielsweise die Präfekten ihre Verwaltungskontrolle gegenüber den Gebietskörperschaften (*tutelle administrative*). Sie können nicht mehr à priori Entscheidungen der Parlamente der Gebietskörperschaften blockieren, sondern sie nur noch à posteriori von Verwaltungsgerichten überprüfen lassen. Damit findet eine deutliche Verschiebung der Exekutivrechte von der zentralstaatlichen auf die regionale Ebene statt.

Allerdings führt die Politik der Verstaatlichung in der Wirtschaft (vgl. hierzu auch 4.2.2), die unmittelbar nach der Verabschiedung der Dezentralisierungsgesetze eingeleitet wird, faktisch zu einer Stärkung des Zentralismus. Auch die Tatsache, dass die Gebietskörperschaften keinen Einfluss auf die Planungsziele in den Wirtschaftsplänen haben, schwächt die Dezentralisierungsbemühungen. Zudem bleiben wesentliche Aufgaben, etwa im Bereich der Sozial- oder Finanzpolitik, Domäne des Zentralstaates bzw. bei Berührung des öffentlichen

|Tab. 1.14| *Kompetenzverteilung zwischen den Gebietskörperschaften nach den Dezentralisierungsgesetzen von 2002 bis 2004*

Gebietskörperschaft	Organ	Aufgabenbereich
Region	*conseil régional* (direkt gewählt) *président du conseil régional* (= Exekutive) *comité économique et social régional* (= Beratungsorgan aus Vertretern verschiedener sozialer Gruppen) *préfet de région* (= Repräsentant der Regierung, Rechtsaufsicht)	Entwicklung regionaler Raumordnungspläne (in Abstimmung mit Regierung) Regionale Infrastruktur: Schienennetz Beteiligung bei Unternehmensförderung (Koordination) Investitionen im Gesundheitsbereich Finanzierung von Schulen (Gymnasien), Berufs- und Weiterbildung Regionale Museen und Archive
Département	*conseil général* (direkt gewählt) *président du conseil général* (= Exekutive) *préfet* (= Repräsentant der Regierung, Rechtsaufsicht)	Infrastruktur: Départementstraßen, Übernahme von Nationalstraßen Beteiligung bei Unternehmensförderung Verwaltung und Auszahlung von Sozialleistungen Schülertransporte, Finanzierung von Schulen (*collèges*)
Gemeinde	*conseil municipal* (direkt gewählt) *maire* (= Exekutive)	Flächennutzungspläne, Baugenehmigungen, kommunale Infrastruktur Beteiligung von Unternehmensförderungen Mitwirkung bei Sozial- und Gesundheitsversorgung Finanzierung von Vor- und Elementarschulen

Quelle: Grosse/Lüger, 2008: 32

Interesses (etwa bei Standortentscheidungen) gehen Kompetenzen von den Gebietskörperschaften wieder an den Zentralstaat über. Entsprechend stellt Brücher (1987: 668) ernüchtert fest: „Die Persistenz des Phänomens Zentralismus ist viel zu ausgeprägt und erfährt in Wechselwirkung mit dem Raum ständige Selbstverstärkung, so dass sich der Zentralismus letztendlich gegen die Dezentralisierungsbestrebungen durchsetzen wird."

Die Finanzausstattung der Gebietskörperschaften steht u.a. im Mittelpunkt der dritten Phase (*acte II*) der Dezentralisierungsmaßnahmen nach dem Zweiten Weltkrieg. Unter Staatspräsident Jacques Chirac und seinem Premierminister Jean-Pierre Raffarin wird in den Jahren 2002 bis 2004 die finanzielle Eigenständigkeit der Gebietskörperschaften gefördert, die lokale Demokratie durch die Möglichkeit von Referenden auf allen regionalen Ebenen sowie durch Einführung des Petitionsrechts gestärkt und weitere Kompetenzen bzw. Aufgabengebiete auf die Gebietskörperschaften übertragen (vgl. Crevel/Wagner 2003). Die Kompetenzen und Zuständigkeiten zwischen dem Staat und den Gebietskörperschaften werden damit neu verteilt (vgl. Tab. 1.14). So gehen beispielsweise rund 20 000 km Nationalstraßen von der Zuständigkeit des Staates nahezu vollständig in die der Départements über. Gleichwohl bedeuten auch diese Reformen keine Abkehr vom Zentralismus, er wird durch diese lediglich praktikabler gestaltet.

Die jüngste Phase der Dezentralisierungsbestrebungen beginnt im Jahr 2013 (*acte III*) unter Staatspräsident François Hollande und muss im Kontext der globalen Finanzkrise sowie der Haushaltsprobleme des französischen Staates gesehen werden. Durch den erhöhten Druck zu Einsparungen soll mit dem Reformpaket eine Effizienzsteigerung der Arbeit der Gebietskörperschaften durch eindeutige Zuständigkeiten (z. B. sind zukünftig nur noch die Regionen für Wirtschaftsförderung, Fortbildung und Arbeitsmarkt zuständig) sowie durch vermehrte Kooperation in größeren Verwaltungseinheiten (etwa in Form neuer Kommunalverbünde) erreicht werden (Französische Botschaft 2015). Kernstück der Reform ist eine am 17.12.2014 endgültig verabschiedete Gebietsreform auf der Ebene der Regionen mit einer Reduzierung ihrer Anzahl von 22 auf 13 Regionen im europäischen Frankreich (vgl. hierzu auch Tab. 1.12): „Réformer les territoires pour réformer la France" (Hollande 2014). Damit sollen gegenüber der bisherigen vielschichtigen Verwaltungsstruktur (*millefeuille territoriale*) durch weniger Kompetenzüberschneidungen Kosteneinsparungen realisiert und eine Effizienzsteigerung erzielt werden. Das Reformpaket beinhaltet weitere Maßnahmen wie die Reduzierung der Möglichkeit von Ämterhäufungen und wird daher eher als Modernisierungsreform denn als eine grundlegende und zukunftsorientierte Dezentralisierungsmaßnahme verstanden (Seidendorf 2015).

1.4 Beispiel der raumprägenden Wirkung des Zentralismus: Das Eisenbahnwesen

Die frühe Konsolidierung einer politisch mächtigen Zentrale, die Idee eines zentralistisch organisierten Staates und die periphere Lage der übrigen Ballungsgebiete sind für die räumlichen Strukturen des französischen Verkehrswesens von großer Bedeutung. Der in der Folge ausgebildete *étoile parisienne*, d. h. die sternenförmig auf Paris zulaufenden Verkehrsadern, werden nicht nur vom Straßennetz gebildet, vielmehr bündeln sich in diesen Achsen verschiedene Verkehrsadern bzw. -träger: Nationalstraßen, Autobahnen, Eisenbahn- und Flugnetz sind primär radial angelegt. Transversale Verkehrslinien, z. B. zwischen Regionalzentren oder zentralen Orten unterer Ordnung, spielen lange Zeit eine nur unbedeutende Rolle. Sichtbar wird diese Ausrichtung auf Paris bereits durch das napoleonische Straßennetz Anfang des 19. Jahrhunderts (vgl. Abb. 1.13). Ursache ist der Anspruch, dass jedes Département in kürzester Zeit von Paris aus erreichbar sein soll (und umgekehrt die Präfekten aus den Départements schnell Paris erreichen sollen). Entsprechend findet ein systematischer Ausbau des sekundären Straßennetzes erst später statt. Dieses ist im Zuständigkeitsbereich der Départements und Kommunen angesiedelt und daher verläuft der Ausbau regional sehr unterschiedlich. Die Leistungsfähigkeit des sekundären Straßennetzes ist damit von Beginn an stark eingeschränkt (vgl. Pletsch 2003: 232 f.).

Die durch das Straßennetz angelegte Struktur wird durch die neuen Verkehrsträger verstärkt und verfestigt. Durch die erhöhte Geschwindigkeit und größeren Transportkapazitäten wird eine immer schnellere und direktere Anbindung des restlichen Frankreichs an die Hauptstadt Paris erreicht. Auch das Autobahnnetz des 20. Jahrhunderts ist eindeutig auf Paris ausgerichtet und verstärkt das räumliche Grundmuster im Verkehrswesen (vgl. Brücher 1992: 78 ff.). Dagegen warten Regionalzentren, wie beispielsweise Straßburg und Mülhausen, obwohl sie nicht weit voneinander entfernt sind und die natürlichen Voraussetzungen im Rheintal es auch erlauben würden, bis heute auf die Fertigstellung einer durchgehenden Autobahn (A35). Ganz typisch für die hier skizzierte, auf Paris ausgerichtete Entwicklung des Verkehrswesens ist das Beispiel der französischen Eisenbahn.

Frankreich hat bereits sehr früh eine Personenbeförderung mit der Eisenbahn: Schon im Jahr 1831 werden zwischen St. Etienne und Lyon Passagiere befördert (zum Vergleich: Die erste Eisenbahn in Deutschland bedient die Strecke von Fürth nach Nürnberg im Jahr 1835). Ausgangspunkt ist der mit der Eisenbahn vorgenommene Steinkohletransport. Auch das französische Eisenbahnnetz wird auf einer gesetzlichen Grundlage aus dem Jahr 1842, die auf Planungen von Baptiste Alexis Victor Legrand aus dem Jahr 1838 zurückgeht, sternförmig angelegt. Der Ziel- bzw. Ausgangspunkt Paris erhält sechs Kopfbahnhöfe, von denen der *étoile parisienne* das übrige Frankreich erschließt. Die Anlage von sechs Kopfbahnhöfen basiert auch auf militärstrategischen Überlegungen, denn so wird kein zentrales Angriffsobjekt geschaffen. Zudem werden die französischen Eisenbahnen im 19. Jahrhundert noch von sechs konkurrierenden, privaten Eisenbahngesellschaften betrieben.

Im Zeitraum von 1878 bis 1914 wird das radial auf Paris ausgerichtete Eisenbahnnetz durch zahlreiche Querverbindungen ergänzt, so dass alle Orte mit einer *sous-préfecture* (Hauptort eines *arrondissement*) in das Netz eingebunden werden. Die Länge des französischen Eisenbahnnetzes wächst bis zum Ersten Weltkrieg auf knapp 40 000 km an.

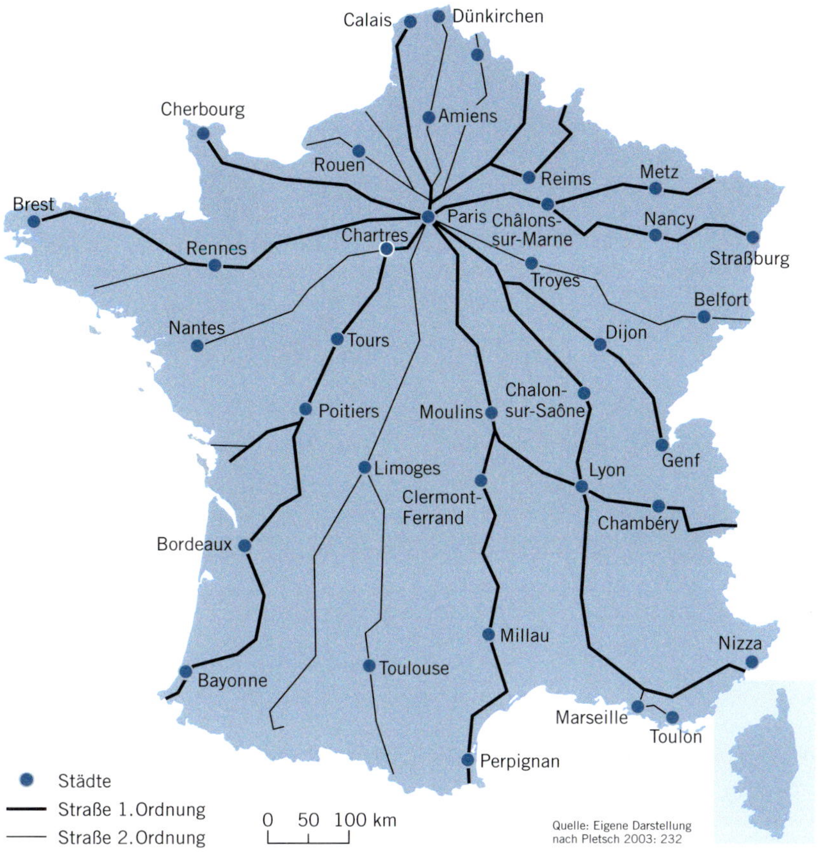

|Abb. 1.13| *Hauptstraßennetz im Jahr 1911*

|Tab. 1.15| *Entwicklung des französischen Eisenbahnnetzes (in km) von 1870 bis 2016*

Jahr	Streckenlänge in km
1870	17 430
1883	29 600
1914	39 400
1932	52 000
1989	34 322
2006	30 883
2016	28 364

Quelle: Eigene Zusammenstellung u.a. nach Brücher 1992 und CGDD 2018: 6

Quelle: Aufnahme Schmude 2016

|Abb. 1.14| *TGV im Courtine Gare TGV in Avignon*

|Abb. 1.15| *Erreichbarkeit von Paris mit der Eisenbahn im Oktober 2016*

Zum 31.8.1937 wird dann durch den Zusammenschluss von vier privaten und zwei staatlichen Eisenbahngesellschaften die staatliche Eisenbahngesellschaft SNCF (*Société Nationale de Chemins de Fer Français*) gegründet, an der der französische Staat eine Beteiligung von 51 % hält und 49 % im Besitz der Aktionäre der ehemals privaten Gesellschaften verbleiben. Diese Konstellation wird für 45 Jahre gesetzlich fixiert, im Jahr 1982 geht die SNCF vollständig in staatlichen Besitz über.

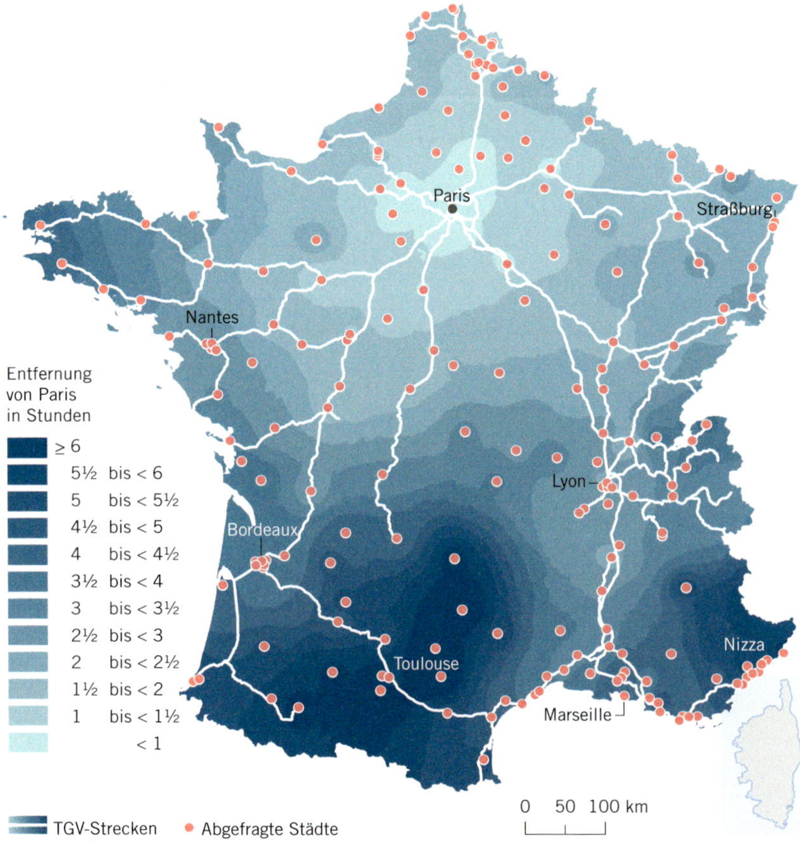

Quelle: Eigene Darstellung nach SNCF 2016a, 2016b; Eurographics 2016 und eigene Recherchen

Mit dem Aufkommen des Individualverkehrs als Massentransportmittel erwächst der Eisenbahn ein Konkurrent, der sie vor Rentabilitätsprobleme stellt. So kommt es bereits ab dem Jahr 1933 wieder zu Stilllegungen von Nebenstrecken (erste Stilllegungswelle), wobei es sich hierbei überwiegend um Schmalspurbahnen handelt. Gravierende Nachteile dieser Nebenstrecken sind die geringe Reisegeschwindigkeit (fehlende Modernisierung) bzw. die hieraus resultierenden vergleichsweise langen Reisezeiten. So dauert die von Bordeaux nach Lyon überwiegend über Nebenstrecken (*chemin de fer secondaire*) verlaufende Bahnreise (639 km) im Jahr 1938 noch 12 Stunden und 5 Minuten, während für die erheblich weitere Strecke von Bordeaux nach Paris (1093 km) damals eine Reisezeit von „nur" 10 Stunden und 50 Minuten benötigt wird (vgl. Brücher 1992: 81).

Die Rentabilitätsprobleme auf den Nebenstrecken bestehen auch nach dem Zweiten Weltkrieg weiter und es kommt insbesondere ab den 1960er Jahren zu einer zweiten Stilllegungswelle. So schrumpft die Länge des französischen Eisenbahnnetzes bis auf etwa 28 000 km im Jahr 2016. Diese Reduzierung des Streckennetzes geht vor allem zu Lasten von Nebenstrecken, wodurch die peripheren, ländlichen Räume in Frankreich weiter benachteiligt werden. Gleichzeitig investiert der Staat in ehrgeizige Prestigeobjekte der Bahn, mit denen auch die technologische Leistungsfähigkeit des Landes unterstrichen werden soll. So erzielt die Gleichstromlokomotive BB 9004 im März 1955 mit 331 km/h einen Geschwindigkeitsweltrekord für Schienenfahrzeuge, der in Frankreich erst 26 Jahre später vom TGV (*train à grande vitesse*) verbessert wird.

Auch der TGV (vgl. Abb. 1.14) ist ein Prestigeprojekt des französischen Staates, für den die Regierung Ende des Jahres 1970 den Entwicklungsauftrag vergibt. Im Jahr 1978 ist der erste Prototyp entwickelt, im Februar 1981 erzielt der TGV PSE 16 mit 380 km/h auf der Strecke Paris – Lyon einen neuen Geschwindigkeitsweltrekord für Schienenfahrzeuge. Im September 1981 geht der TGV auf dieser Strecke in den regulären Betrieb und verzeichnet ein Jahr nach Inbetriebnahme bereits eine Auslastung von über 60 %.

Mit der Einführung des Hochgeschwindigkeitszuges TGV werden die zentral-peripheren Disparitäten der Bahnversorgung weiter verschärft und dies betrifft selbst bis dahin relativ gut ins Eisenbahnnetz eingebundene Städte. So verbindet die erste Trasse des TGV seit dem Jahr 1981 die Hauptstadt Paris mit Lyon. Die direkte Trassenführung verkürzt die Fahrstrecke für den *TGV-Sud-est* auf 435 km gegenüber 512 km auf der herkömmlichen Strecke. Die Fahrzeit kann hierdurch von 3 Stunden und 48 Minuten auf rund 2 Stunden reduziert werden. Den Preis für diesen Distanz- und Zeitgewinn bezahlt u. a. Dijon, denn die Stadt wird bei der Trassenführung nicht berücksichtigt und erhält später nur einen Zubringerdienst.

Auf Grund seines Erfolgs auf der ersten Strecke wird das TGV-Netz weiter ausgebaut und im Jahr 1989 wird der Betrieb des *TGV-Atlantique* aufgenommen, der Paris und Tours bzw. Le Mans verbindet. Auch der überwiegende Teil der in den Folgejahren entstehenden Verbindungen namens LGV (*ligne à grande vitesse*) laufen auf Paris zu und unterstützen das auf die Hauptstadt ausgerichtete Verkehrsnetz (vgl. Abb. 1.16), z. B.

- *LGV Nord-Europe*: Paris – Calais
- *LGV Rhône-Alpes*: Paris – Valence (Verlängerung der Strecke Paris – Lyon)
- *LGV Méditerranée*: Paris – Marseille (Verlängerung der Strecke Paris – Lyon)

Einzig die *LGV Interconnexion*, die eine Ostumfahrung von Paris darstellt und die beiden Strecken *LGV Sud-est und Nord-Europe* umsteigefrei miteinander verbindet sowie die *LGV Rhine-Rhône* sind nicht auf Paris ausgerichtet, sondern stellen Nord-Süd- bzw. West-Ostverbindungen abseits der Hauptstadt dar. Der sukzessive Ausbau der Hochgeschwindigkeitstrassen, deren Netz im Jahr 2016 gut 2600 km umfasst und die eine Reisegeschwindigkeit von 320 km/h erlauben (vgl. SNCF 2018), führt dazu, dass weit mehr als 90 % der französischen Bevölkerung Paris in einer Fahrzeit von weniger als fünf Stunden erreichen kann (vgl. Abb. 1.15). Teilweise werden im Zuge des Streckenausbaus auch neue TGV-Bahnhöfe errichtet (vgl. Abb. 1.14).

Der TGV wird von der französischen Bevölkerung gut angenommen und nimmt dem konkurrierenden Verkehrsträger Luftverkehr auf innerfranzösischen Strecken erhebliche Marktanteile ab (auf der Strecke Lyon – Paris bis zu 70 %). Der Zug wird technisch kontinuierlich weiterentwickelt und verbessert im Jahr 2007 auf der Strecke zwischen Paris und Straßburg erneut den Geschwindigkeitsweltrekord für Schienenfahrzeuge (513,3 km/h). Auch ins internationale Streckennetz ist der Hochgeschwindigkeitszug eingebunden und verbindet Paris mit Amsterdam, Brüssel oder Köln. Für die staatliche Eisenbahngesellschaft SNCF wird der TGV immer mehr zum wichtigsten Kernprodukt: So nimmt der Anteil des TGV an der Gesamt-Passagier-Beförderungsleistung deutlich zu und macht im Jahr 2001 erstmals mehr als 50 % der Gesamt-Passagierleistungen aus (vgl. Abb. 1.17).

Gleichwohl muss konstatiert werden, dass die zentral-peripheren Strukturen durch die Einführung des TGV eher gestärkt als geschwächt werden und sich das Fahrgastaufkommen auf den „traditionellen" Strecken rückläufig entwickelt. Allerdings kann man dies auch so interpretieren, dass mit dem TGV der Zentralismus angenehmer zu leben ist.

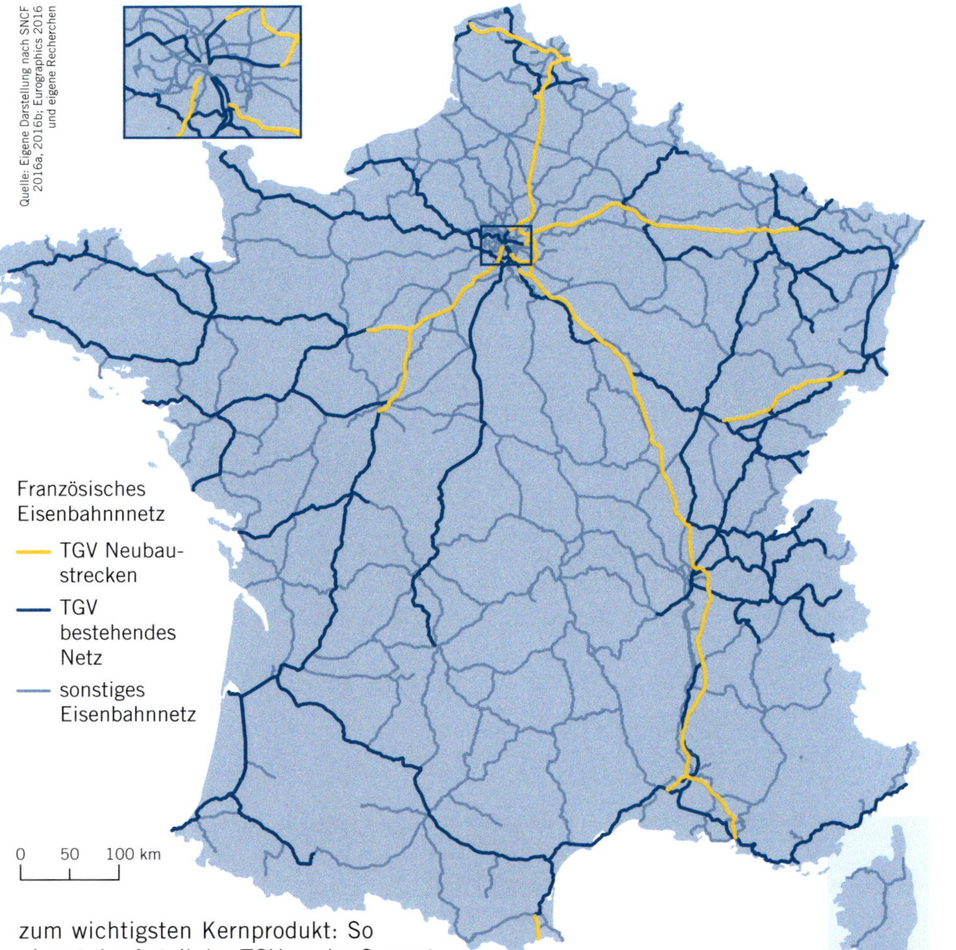

|Abb. 1.16| *Streckennetz des TGV im Jahr 2016*

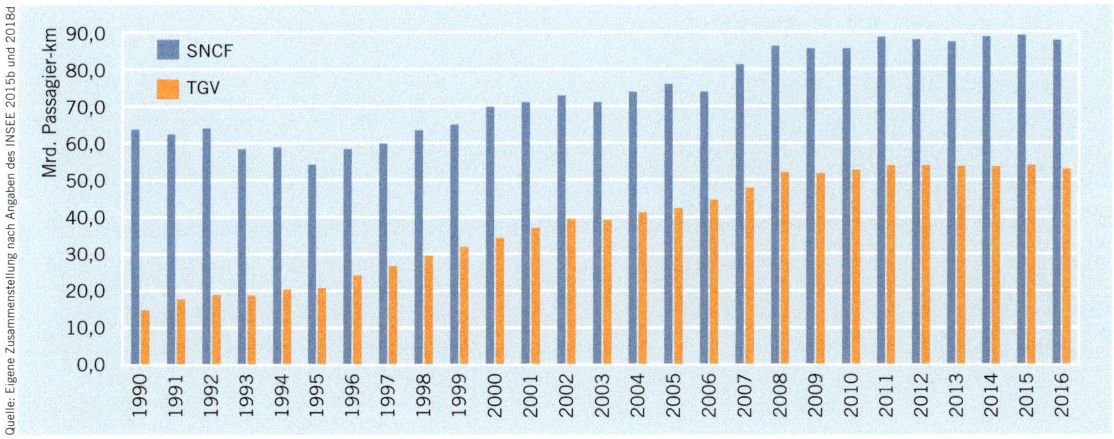

|Abb. 1.17| *Entwicklung der Beförderungsleistung der SNCF insgesamt und mit dem TGV in Mrd. Passagier-km von 1990 bis 2016*

2. Die Bevölkerung: Demographische Prozesse und Strukturen

Quelle: Aufnahme Bauer, 2014

Abb. 2.1: *Positive Aussichten: Das Leben ist schön*

Überblick

- Frankreich ist zu Beginn des 19. Jahrhunderts das bevölkerungsreichste Land Europas. Nach einer langen Phase niedriger Geburtenraten und geringen natürlichen Bevölkerungswachstums (*crise de fécondité*) beginnt nach dem Zweiten Weltkrieg eine rund 20 Jahre währende Phase des demographischen Wiederaufbaus.
- Die natürliche Bevölkerungsentwicklung zeigt seit den 1960er Jahren ein deutlich abgeschwächtes Wachstum mit stagnativen Tendenzen und auch bei Berücksichtigung der Zuwanderung kann für Frankreich insgesamt eine leichte Alterung der Gesellschaft festgestellt werden.
- Die aktuelle räumliche Bevölkerungsverteilung ist traditionell geprägt durch eine überragende Konzentration auf Paris sowie auf die städtischen Agglomerationsräume, während insbesondere das Massif Central eine unterdurchschnittliche Bevölkerungsdichte aufweist.
- Die Zuwanderung nach Frankreich hat wegen des lange Zeit geringen natürlichen Bevölkerungswachstums eine lange Tradition, insbesondere zur Deckung des Arbeitskräftebedarfs bis in die 1970er Jahre. Die stärkste Zuwanderung erfolgt seit den 1960er Jahren aus den ehemaligen Kolonien der Maghreb-Staaten, was zu vielen gesellschaftlichen und politischen Konflikten führt.
- Die Einkommensunterschiede sind in Frankreich schwächer ausgeprägt als in vielen anderen Industriestaaten. Gleichwohl existieren deutliche regionale Unterschiede in der Einkommensverteilung: Die Île-de-France mit der Hauptstadt Paris ist die mit Abstand reichste Region des Landes.
- Die sukzessive Territorialentwicklung des französischen Staates schlägt sich in einer Vielzahl von sprachlich-kulturellen Minderheiten nieder, die durchweg in peripheren Randlagen des Landes angesiedelt sind.

2.1 Vorbemerkungen: Tendenzen der Bevölkerungsentwicklung im 19. Jahrhundert

Die Beschäftigung mit den demographischen Prozessen und Strukturen der französischen Bevölkerung muss zum einen die natürlichen Bevölkerungsbewegungen berücksichtigen, zum anderen sind die räumlichen Bevölkerungsbewegungen von Interesse. Während also auf der einen Seite demographische Parameter wie die Geburten- oder Sterberate für die Entwicklung der Gesamtbevölkerung im zeitlichen Verlauf prägend sind, spielen auf der anderen Seite Phänomene wie die Land-Stadt-Wanderung oder die Einwanderung eine wichtige Rolle. Sowohl hinsichtlich der natürlichen als auch der räumlichen Bevölkerungsentwicklung zeigt Frankreich deutliche Unterschiede im Vergleich zu seinen europäischen Nachbarn.

Seit der ersten offiziellen Volkszählung (*recensement*) in Frankreich im Jahre 1801 lässt sich die Bevölkerungsentwicklung nahezu lückenlos verfolgen. Alle Bevölkerungszahlen vor 1801 beruhen auf Schätzungen und sind neben den durch demographische Prozesse ausgelösten Entwicklungen zusätzlich durch die sich verändernde Territorialstruktur beeinflusst und daher oft ungenau. Aus diesem Grund beschränkt sich die Betrachtung nachfolgend auf die Zeit seit Beginn des 19. Jahrhunderts, wobei der Schwerpunkt auf der Analyse der Prozesse und Strukturen im 20. und zu Beginn des 21. Jahrhunderts liegt. Gleichwohl müssen zu deren Verständnis auch einige grundlegende Entwicklungen aus dem 19. Jahrhundert berücksichtigt werden.

Nach der ersten Volkszählung beziffert sich die französische Bevölkerung im Jahr 1801 auf rund 27,3 Mio. Menschen (vgl. Tab. 2.1). Damit ist Frankreich zu Beginn des 19. Jahrhunderts das bevölkerungsreichste Land Europas. Allerdings weisen die anderen europäischen Länder im Laufe des 19. Jahrhunderts auf Grund höherer Geburtenraten ein stärkeres Bevölkerungswachstum auf als Frankreich. Während etwa zwischen 1871 und 1880 die Geburtenrate in Frankreich (*taux de natalité*) bei durchschnittlich 25,4 ‰ liegt, erreicht sie in Deutschland (39,1 ‰), England (35,4 ‰), Italien (36,9 ‰) oder Spanien (36,2 ‰) deutlich höhere Werte (vgl. Pletsch 1987: 31). Zwar sinkt im Laufe des 19. Jahrhunderts in Frankreich auch die Sterberate (*taux de mortalité*), doch fällt der Rückgang im Vergleich zur Geburtenrate geringer aus, so dass die Differenz zwischen Geburten- und Sterberate zwischen 1801 und 1901 um rund 3 ‰-Punkte abnimmt, d.h. das natürliche Bevölkerungswachstum verlangsamt sich deutlich.

Die Ursachen für das im Vergleich zu den europäischen Nachbarn deutlich geringere Bevölkerungswachstum und der sich bereits abzeichnenden *crise de fécondité* insbesondere in der zweiten Hälfte des 19. Jahrhunderts sind vielfältig und werden teilweise schon im 18. Jahrhundert angelegt:

- Im noch stark agrarischen, kleinbäuerlich geprägten Frankreich wird mit der Einführung des Realteilungsrechts im Jahr 1793, das 1804 im *code civil* (auch *code Napoléon* genannt) festgeschrieben wird, indirekt der Trend zur *politique du fils unique* gefördert. Die Folge ist eine verstärkte Familienplanung mit nur einem Sohn, da ein Überleben der Landwirtschaftsbetriebe bei Teilung unter mehreren Erben oftmals kaum möglich ist. So kommt es früher als in anderen europäischen Staaten zur Verbreitung der Ein- oder Zwei-Kind-Familie (Lüsebrink 2011: 23).
- Außerdem zeigen die von Jean-Baptiste Say (1767–1832), Lujo Brentano (1844–1931) und insbesondere Thomas Robert Malthus (1766–1834) formulierten Thesen zum Zusammenhang zwischen Wohlstand und demographischer Entwicklung in Frankreich deutlich Wirkung. So prognostiziert etwa Malthus in seinem *Essay on the Principles of Population* (1798) Wohlstandsprobleme durch die Zunahme der Bevölkerung in geometrischer Reihe (z.B. 2, 4, 8, 16, 32 ...) gegenüber der Entwicklung der Nahrungsmittelproduktion in arithmetischer Reihe (z.B. 1, 2, 3, 4, 5 ...). Die resultierende zukünftige Überbevölkerung ist danach nur durch eine Geburtenbeschränkung zu verhindern. Diese Ansichten wer-

|Tab. 2.1| *Entwicklung der Bevölkerungszahl (in Mio.) sowie der Geburten- und Sterberate und ihrer Salden (jeweils in ‰) von 1801 bis 1901 auf der Basis von Volkszählungsdaten*

Jahr	Bevölkerung in Mio.	Geburtenrate in ‰	Sterberate in ‰	Saldo in ‰
1801	27,349	32,9	27,7	5,2
1806	29,107	31,4	26,8	4,6
1821	30,462	31,7	24,3	7,4
1831	32,569	30,3	24,6	5,7
1836	33,541	29,2	22,3	6,9
1841	34,230	28,5	23,2	5,3
1846	35,402	27,3	23,2	4,1
1851	35,783	27,1	22,3	4,8
1856	36,013	26,3	23,1	3,2
1861	37,386	26,9	23,2	3,7
1866	38,067	26,4	23,2	3,2
1872	36,103	26,7	22,0	4,7
1876	36,906	26,2	22,6	3,6
1881	37,406	24,9	22,0	2,9
1886	37,930	23,9	22,5	1,4
1891	38,133	22,6	22,9	–0,3
1896	38,269	22,5	20,0	2,5
1901	38,451	22,4	20,1	2,3

Quelle: Eigene Zusammenstellung nach Grüner/Wirsching 2003: 27ff.

den insbesondere in Frankreich antizipiert und nehmen Einfluss auf die Bevölkerungsentwicklung (vgl. Pletsch 2003:102).

- Schließlich führen auch Gesetzesänderungen, die dem gesellschaftlichen Wandel und dem Säkularisierungsprozess Rechnung tragen, wie etwa die Einführung des Scheidungsrechts im Jahr 1792, zu einer Dämpfung des Bevölkerungswachstums.

Im Laufe des 19. Jahrhunderts bremsen zusätzlich das schwache Wirtschaftswachstum, regionale Krisen in der Landwirtschaft und der Krieg zwischen Frankreich und Deutschland (1870/71) das Bevölkerungswachstum. So sinken die Werte der Geburtenrate zur Zeit des deutsch-französischen Kriegs 1870/71 erstmals unter die Werte der Sterberate (Geburtenrate 1870 bzw. 1871: 25,9 ‰ bzw. 22,9 ‰; Sterberate 1870 bzw. 1871: 28,4 ‰ bzw. 32,1 ‰). Dagegen führt das im 19. Jahrhundert in vielen europäischen Ländern zu beobachtende Auswanderungsgeschehen in Frankreich nicht zu einer zusätzlichen Abschwächung des Bevölkerungswachstums, denn die vor allem auf die Kolonialgebiete ausgerichtete Auswanderung wird durch starke Einwanderungsströme zur Deckung des wachsenden Arbeitskräftebedarfs mehr als kompensiert (vgl. Pletsch 2003: 104 f.). Dennoch steigen die Bevölkerungszahlen in Frankreich gegen Ende des 19. Jahrhunderts kaum mehr an und in der Folge fällt die Zunahme der Bevölkerungsdichte sehr moderat aus. Sie steigt von 54 Einwohnern/km² im Jahr 1801 auf knapp 75 Einwohner/km² im Jahr 1900 und liegt damit Anfang des 20. Jahrhunderts deutlich unter jener von Deutschland (104 Einwohner/km²) oder England (215 Einwohner/km²).

Innerhalb Frankreichs kommt es im 19. Jahrhunderts zu einer deutlichen räumlichen Umverteilung der Bevölkerung. Von Abwanderung betroffen sind insbesondere Gebirgsregionen (z. B. Zentralmassiv, Pyrenäen) sowie Gebiete mit ungünstigen Agrarstrukturen (z. B. Elsass, Lothringen). Bevölkerungsgewinne weisen hingegen die großen Städte auf (z. B. Paris, Marseille oder Lyon), die von der (wenngleich in Frankreich verspätet einsetzenden) Industrialisierung und ihrem Arbeitskräftebedarf profitieren. Die Bevölkerungszahlen in Départements mit großen Städten zeigen entsprechend im Laufe des 19. Jahrhunderts deutliche Binnenwanderungsgewinne: So steigt beispielsweise die Bevölkerungszahl im alten Département Seine (heute Ville-de-Paris und Teile der umliegenden Départements) vom Jahr 1801 mit 632 000 Einwohnern bis zum Jahr 1872 auf rund 2,2 Mio. Einwohner an. Ländlich geprägte Départements sind hingegen fast durchweg von Abwanderung betroffen (vgl. Pitié 1987: 53 ff.) und die Entwicklung ihrer Bevölkerungszahlen weist allenfalls eine noch leicht steigende bis rückläufige Tendenz auf. So sinkt etwa im Département Eure die Einwohnerzahl von ca. 403 000 im Jahr 1801 auf rund 378 000 im Jahr 1872 (vgl. Grüner/Wirsching 2003: 36). Entsprechend erreicht die Bevölkerungszahl in den ländlichen Regionen Frankreichs in den Jahren 1840 bis 1850 ihr absolutes Maximum (27,3 Mio. Einwohner), anschließend sinkt sowohl der Anteil der ländlichen Bevölkerung an der Gesamtbevölkerung Frankreichs als auch ihre absolute Zahl. Entsprechend wird die Phase ab Mitte des 19. Jahrhunderts auch als Beginn der Landflucht (*exode rural*) bezeichnet.

Nachdem durch die Ergebnisse der Volkszählungen Ende des 19. Jahrhunderts die stagnierenden Bevölkerungszahlen offensichtlich werden und die Werte der Geburtenrate die Werte der Sterberate kaum mehr übersteigen (vgl. Tab. 2.1), gründet der Statistiker und Demograph Jacques Bertillon (1851 – 1922) im Jahr 1896 eine *alliance nationale pour l'accroissement de la population française*. Er greift damit eine Diskussion auf, die ihren Ausgangspunkt nach der Niederlage Frankreichs im Krieg gegen Deutschland 1870/71 hat und verfasst zahlreiche Artikel zur *dépopulation de la France*, in denen er auf die insbesondere im Vergleich zu Deutschland problematische demographische Entwicklung Frankreichs hinweist. So steigt die Bevölkerungszahl in Frankreich zwischen 1870 und 1911 lediglich um rund 10 %, während das Wachstum in Italien (51 %), England (48 %) oder Deutschland (51 %) deutlich höher ausfällt (vgl. Pletsch 2003: 102).

2.2 Demographische Entwicklung im 20. und zu Beginn des 21. Jahrhunderts im Überblick

Die weitere demographische Entwicklung wird in der ersten Hälfte des 20. Jahrhunderts in Frankreich ganz wesentlich durch die beiden Weltkriege geprägt. Die verheerenden Menschenverluste insbesondere im Ersten Weltkrieg, die sich in Frankreich auf insgesamt rund 1,325 Millionen Menschen belaufen (vgl. Reitel 1990: 57), wirken sich noch Jahrzehnte auf die demographische Entwicklung und Bevölkerungsstruktur aus. Dies kommt beispielsweise in der hohen Zahl an verwitweten oder ledigen Frauen zum Ausdruck, deren Anteil an der Gesamtbevölkerung deutlich ansteigt, sowie in der hieraus resultierenden, zeitweise unter die Sterberate sinkenden Geburtenrate (vgl. Abb. 2.2): *Les cercueils dépassent les berceaux* (die Särge übersteigen die Wiegen).

Zwar versucht der französische Staat zwischen den beiden Weltkriegen die niedrigen Geburtenraten durch eine pronatalistische Bevölkerungspolitik wieder zu steigern, etwa durch die im Jahr 1939 mit dem im *code de la famille* (*décret-loi du 29.7.1939 relatif à la famille et à la natalité française*) ergriffenen Maßnahmen zur Förderung von Familien (Steuervorteile, finanzielle Hilfen, verbesserter Mutterschutz). Dennoch liegt die Gesamtbevölkerungszahl nach dem Zweiten Weltkrieg nur in etwa auf dem Niveau der 1920er Jahre (vgl. Tab. 2.2). Ursache hierfür ist die Tatsache, dass die seitens des Staates ergriffenen Maßnahmen zur Beeinflussung der natürlichen Bevölkerungsentwicklung einen vergleichsweise langen Zeitraum benötigen, um Wirkung zu zeigen. So dauert es bis nach dem Zweiten Weltkrieg, bis die *crise de fécondité* überwunden wird und die Phase des sog. demographischen Wiederaufbaus beginnt. In diese Phase fällt auch die Einrichtung des *Institut National d'Études Démographiques* (INED) im Jahr 1945, das Themen wie die Alters- und Familienstrukturen, die Binnenwanderung oder das Bildungsverhalten der französischen Bevölkerung analysiert. Dies unterstreicht die Bedeutung und Aktualität der Bevölkerungsproblematik in jener Zeit. Das staatliche Forschungsinstitut wird im Jahr 1986 zu einem *Établissement public à caractère scientifique et technologique* (EPTS) erklärt und ist heute eines der führenden Demographie-Institute Europas.

In den ersten Jahrzehnten nach dem Zweiten Weltkrieg wächst die Gesamtbevölkerung deutlich: Werden 1946 rund 40 Mio. Einwohner in Frankreich gezählt, steigt ihre Zahl bis zum Jahr 2018 auf ca. 67 Mio. Einwohner (vgl. Tab. 2.2) deutlich an. Dieses starke Bevölkerungswachstum ist zum einen auf die natürliche Bevölkerungsentwicklung zurückzuführen (vgl. 2.2.1), zum anderen ist es Ergebnis der räumlichen Bevölkerungsbewegungen (vgl. 2.2.2).

2.2.1 Natürliche Bevölkerungsentwicklung im 20. und zu Beginn des 21. Jahrhunderts

Die natürliche Bevölkerungsentwicklung als Zusammenwirken von Geburten- und Sterberate lässt im 20. Jahrhundert die Zäsur durch die beiden Weltkriege deutlich erkennen: Während beider Weltkriege übersteigt die Kurve der Sterberate für einige Jahre jene der Geburtenrate (vgl. Abb. 2.2). Erst nach dem Zweiten Weltkrieg kommt es zu einem deutlichen Öffnen der Bevölkerungsschere. Die Geburtenrate steigt ab 1944 zunächst kurzfristig wieder an (Maximum im Jahr 1947 mit 21,3 ‰) und sinkt dann zunächst langsamer als die Sterberate. Das natürliche Bevölkerungssaldo aus der Differenz von Geburten- und Sterberate erreicht in den 1960 Jahren mit 6,6 ‰-Punkten sein Maximum. In der Folgezeit und insbesondere nach der Jahrtausendwende nähern sich zwar beide Kurven langsam wieder an, aber auch im Jahr 2017 führt die im Vergleich zur Sterberate um 2,5 ‰-Punkte höhere Geburtenrate noch zu einem natürlichen Bevölkerungswachstum.

Die Geburtenrate erreicht in Frankreich nach dem Zweiten Weltkrieg schnell deutlich höhere Werte als in vielen anderen europäischen Staaten, was auf die bereits in den 1930er Jahren begonnene staatliche Bevölkerungs- und Familienpolitik zurückgeführt wird. Erstere (*politique démographique*) zielt mit ihren Maßnahmen auf noch nicht existierende Familien, während letztere (*politique familiale*) sich an bereits bestehende Familien wendet. So wird der *code de la famille* zwar mehrfach novelliert und heißt offiziell seit dem Jahr 1956 *code de l'action sociale et des familles*, die grundsätzlich pronatalistische Ausrichtung wird aber beibehalten. Hierzu gehören etwa die Gewährung von Familien- und Geburtsbeihilfen, Erziehungsgeld oder Unterstützungsleistungen für Alleinerziehende sowie infrastrukturelle Einrichtungen zur Kinderbetreuung. Allerdings wird die Fördervielfalt und Differenziertheit der Fördermöglichkeiten wegen ihrer Intransparenz und sich z.T. überschneidenden Geltungsbereiche

|Tab. 2.2| *Entwicklung der Bevölkerungszahl (in Mio.) ohne DOM/ROM von 1900 bis 2018 sowie von 1946 bis 2018 mit DOM/ROM*

Jahr	Bevölkerung in Mio. ohne DOM/ROM	Bevölkerung in Mio. mit DOM/ROM
1901	38,451	Keine DOM/ROM
1906	38,845	Keine DOM/ROM
1911	39,192	Keine DOM/ROM
1921	38,792	Keine DOM/ROM
1926	40,288	Keine DOM/ROM
1931	41,228	Keine DOM/ROM
1936	41,183	Keine DOM/ROM
1946	39,848	40,629*
1954	42,781	43,551
1962	46,500	47,458**
1968	49,655	50,798
1975	52,599	53,764
1982	54,273	55,572
1990	56,615	57,996
1999	58,518	60,122
2005	60,963	62,730
2010	62,793	64,612
2015	64,199	66,380
2018	65,018	67,187

*ohne Guyane **Angaben für 1961

Quelle: Eigene Zusammenstellung nach Grüner/Wirsching 2003:27ff sowie INSEE 2016b, 2016g, 2016i und 2018a

|Abb. 2.2| *Entwicklung der Geburten- und Sterberate (in ‰) von 1800 bis 2017*

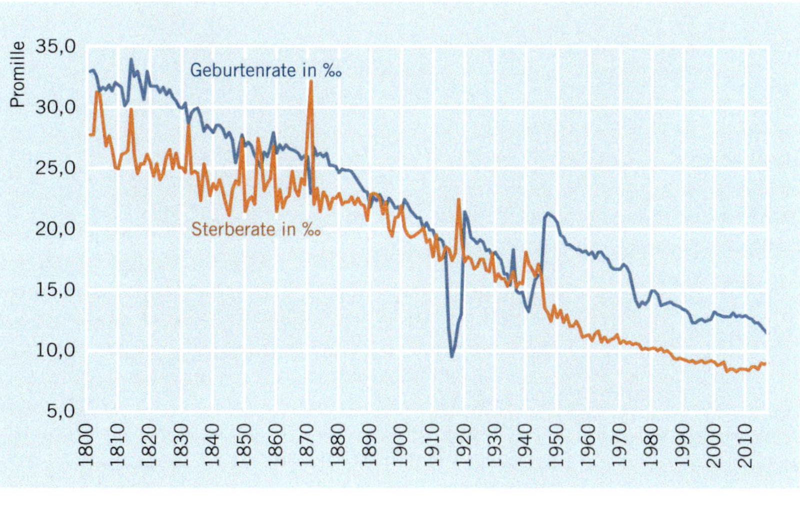

Quelle: Eigene Darstellung nach Grüner/Wirsching 2003:27ff sowie INSEE 2016e und 2018b

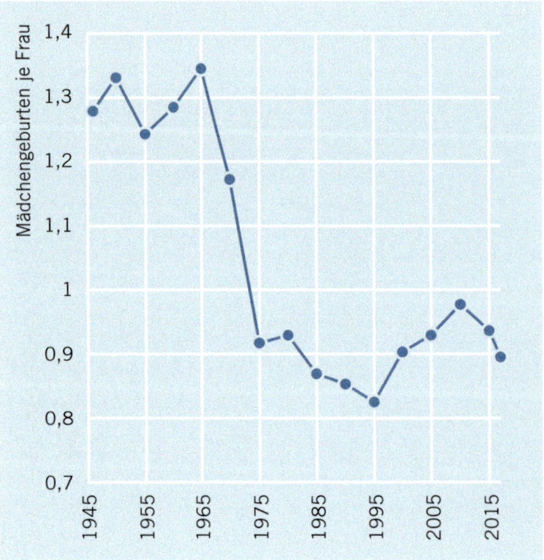

|Abb. 2.3| *Entwicklung der Nettoreproduktionsrate (Mädchengeburten je Frau) von 1946 bis 2017*

Quelle: Eigene Darstellung nach INSEE 2018c

auch als „Förderdschungel" kritisiert. Zudem führen die in kurzer Folge verabschiedeten Veränderungen im System von Prämien, Zulagen oder Steuervergünstigungen zu Inkohärenz und mangelnder Rationalität der Maßnahmen. Gleichwohl wird in den 1980er Jahren davon ausgegangen, dass die pronatalistischen Fördermaßnahmen zu einer Erhöhung der durchschnittlichen Kinderzahl je Frau um 0,2 bis 0,3 Kindern führen und Frankreich als das „klassische Beispiel für eine umfassende, kontinuierliche und bewusst pronatalistische Politik" (Höhn/Schubnell 1986: 3) angesehen werden kann. Die staatlichen, finanziellen Hilfen konzentrieren sich insbesondere auf (vgl. CLEISS 2016):

- allgemeine Unterhaltsleistungen (*allocations familiales*),
- Kleinkinder- und Adoptionsleistungen (*prestation d'acceuil du jeune enfant*),
- Elternzeit (*congé présence parentales*),
- Beitrag zur freien Wahl der Kinderbetreuungsweise (*complément de libre-choix du mode de garde*).

Daneben gibt es weitere Entlastungen für Eltern, etwa durch steuerliche Regelungen (*quotient familial*). Dabei ist zu beobachten, dass sich die Förderungen seit den 1980er Jahren insgesamt immer stärker von den „geburtsfördernden" Maßnahmen (*politique démographique*) hin zu Leistungen verschieben, die das Zusammenleben mit Kindern (*politique familiale*) erleichtern, wodurch nicht zuletzt die Erwerbstätigkeit von Frauen unterstützt wird.

Die nach dem Zweiten Weltkrieg gestiegenen Geburtenraten lassen auch die Fruchtbarkeitsziffer (*indicateur de fécondité conjuncturel*), die die durchschnittliche Zahl der Geburten je Frau angibt, ansteigen. Im Jahr 1948 erreicht sie mit drei Geburten ihren höchsten Wert im 20. Jahrhundert und verbleibt bis in die 1960er Jahre auf hohem Niveau. Dies ist zum einen auf den Nachholeffekt in den ersten Nachkriegsjahren zurückzuführen (u.a. werden viele „aufgeschobene" Eheschließungen vorgenommen), zum anderen zeigen die bevölkerungspolitischen Maßnahmen offensichtlich Wirkung. Erst mit der Einführung neuer Kontrazeptiva kommt es auch in Frankreich zum sog. Pillenknick: Innerhalb eines Jahrzehnts sinkt die durchschnittliche Zahl der Geburten je Frau von 2,85 (1965) auf 1,92 (1975) Kinder und zum ersten Mal seit 30 Jahren sinkt damit die Nettoreproduktionsrate (*taux net de reproduction*), die die Zahl der Mädchengeburten je Frau im gebärfähigen Alter angibt, wieder unter den Wert der Bestandserhaltung (vgl. Abb. 2.3). Damit endet Mitte der 1970er Jahre auch in Frankreich die Phase des Babybooms. Neben der Einführung der neuen Verhütungsmethoden sind weitere gesellschaftliche Veränderungen für diese Entwicklung verantwortlich: längere Ausbildungszeiten und die vermehrte Erwerbstätigkeit von Frauen sowie die in Frankreich erst nach dem Zweiten Weltkrieg verstärkt einsetzende Land-Stadt-Wanderung (vgl. auch 2.2.2).

Der Rückgang der Geburtenzahlen setzt sich auch in den Folgejahren – wenn auch deutlich abgeschwächt – fort und erreicht Mitte der 1990er Jahre mit 1,71 Geburten je Frau ihren Minimalwert. In den folgenden 15 Jahren nimmt die Zahl der Geburten je Frau wieder leicht zu und erreicht im Jahr 2010 nahezu das Bestandserhaltungsniveau (vgl. Abb. 2.3). Seit dem Jahr 2010 ist ein leichter Geburtenrückgang festzustellen, der allerdings sehr moderat ausfällt, so dass Nettoreproduktionsrate bzw. Zahl der Geburten je Frau nur wenig unter das

|Abb. 2.4| *Fruchtbarkeitsziffer (Geburten je Frau) im Jahr 2016 nach Départements*

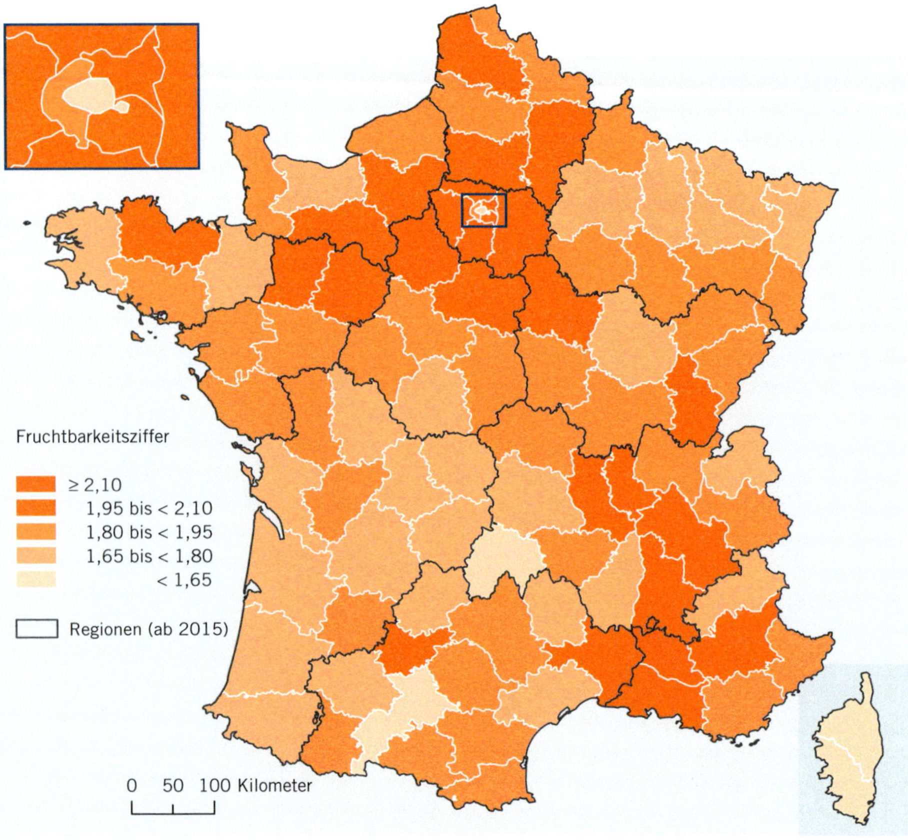

Quelle: Eigene Darstellung nach INSEE 2018d

Bestandserhaltungsniveau fallen. Da in Frankreich die Geschlechterproportion von Jungen zu Mädchen 104,5 zu 100 beträgt, liegt das Bestandserhaltungsniveau für den *indicateur conjunturel de fécondité* bei einem Wert von 2,04. Insgesamt weicht die natürliche Bevölkerungsentwicklung Frankreichs bis in die Gegenwart deutlich von der vieler anderer europäischer Staaten ab.

Die regionale Verteilung der Geburten lässt auf Basis der Départements deutliche regionale Unterschiede erkennen: Während die Fruchtbarkeitsziffer im Jahr 2016 mit wenigen Ausnahmen im Südwesten in nahezu allen Départements unterhalb des Bestandserhaltungsniveaus liegt, erreichen insbesondere die die Île-de-France umgebenden Départements und das Département Seine-St. Denis sowie der Norden (Départements Nord, Pas-de-Calais) und die Départements des Rhône-Tals Werte, die deutlich über dem Bestandserhaltungsniveau liegen (vgl. Abb. 2.4). Diese Unterschiede erklären sich u.a. aus der regional unterschiedlichen Altersverteilung der Bevölkerung. So weisen die Départements mit einer hohen Fruchtbarkeitsziffer unterdurchschnittlich niedrige Sterberaten auf, da der Bevölkerungsanteil der älteren Alterskohorten hier unterproportional niedrig ausfällt. In Départements mit niedriger Fruchtbarkeitsrate liegt dagegen die Sterberate in der Regel über dem Landesmittel (vgl. Abb. 2.5).

Für die Entwicklung des Anteils unehelicher Kinder an allen Geburten kann in den letzten 25 Jahren des 20. Jahrhunderts und zu Beginn des 21. Jahrhunderts eine deutliche Zunahme festgestellt werden. Während dieser Anteil bis in die 1970er Jahre mit Ausnahme von zwei kurzen Anstiegen in der Zeit der beiden Weltkriege unter 10 % liegt, steigt er innerhalb von nur zwei Jahrzehnten auf Werte von über 50 % an (vgl. Abb. 2.6) und erreicht damit einen Spitzenwert in Europa. Hierin spiegelt sich auch der gesellschaftliche Wertewandel wider. So werden zunächst im Jahr 1972 uneheliche Kindern den ehelichen Kindern juristisch gleichgestellt. Und auch die Bezeichnung in der amtlichen Statistik ändert sich: Werden die unehelichen Kinder bis zum Jahr 2005 als *enfants illégitimes* bzw. *naturelles* gezählt, werden sie nunmehr unter der Bezeichnung *enfants hors mariage* geführt.

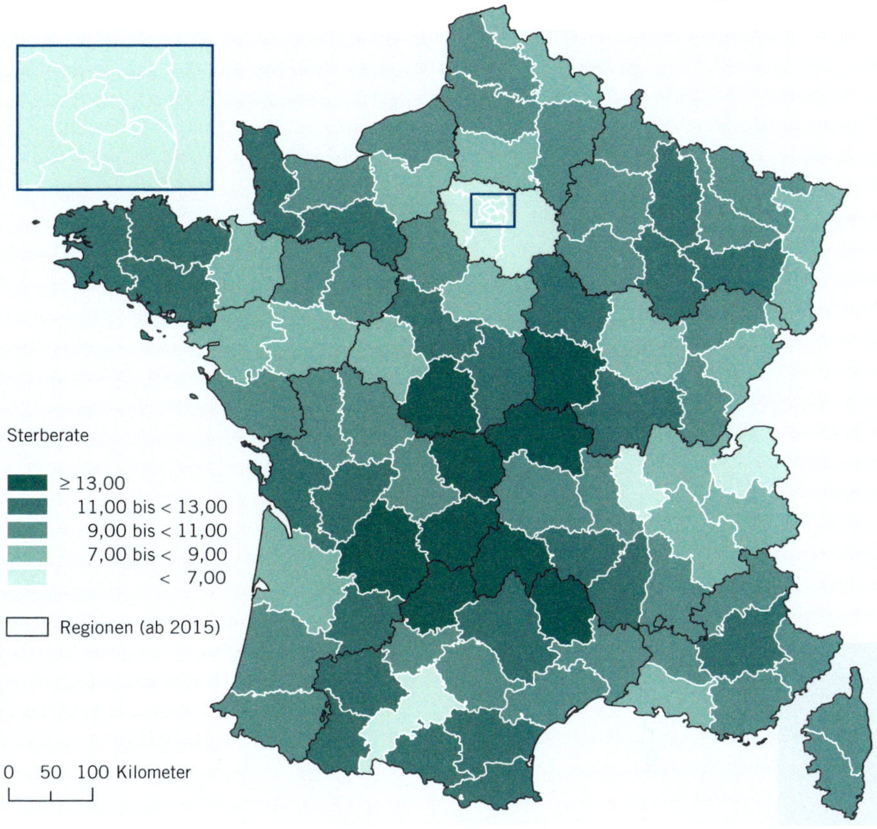

|Abb. 2.5| *Sterberate (in ‰) im Jahr 2016 nach Départements*

Wie in vielen anderen Ländern Westeuropas ist auch in Frankreich das durchschnittliche Heiratsalter der Frauen bei der ersten Heirat angestiegen. Im Jahr 1994 sind die Frauen in Frankreich bei der ersten Eheschließung durchschnittlich 26,8 Jahre alt, im Jahr 2017 wird die erste Ehe im Alter von durchschnittlich ca. 31 Jahren geschlossen. Ebenso wie das durchschnittliche Heiratsalter nimmt auch das Durchschnittsalter der Frau bei Geburt des ersten Kindes deutlich zu. Im Jahr 1960 liegt es noch bei 24 Jahren und steigt innerhalb von nur zehn Jahren auf 28,1 Jahre an. Der Anstieg verlangsamt sich in den folgenden Jahrzehnten und beträgt im Jahr 2017 schließlich 30,5 Jahre. Analog dazu steigt auch das Alter der Frauen bei Geburt des zweiten Kindes an (auf rund 33 Jahre).

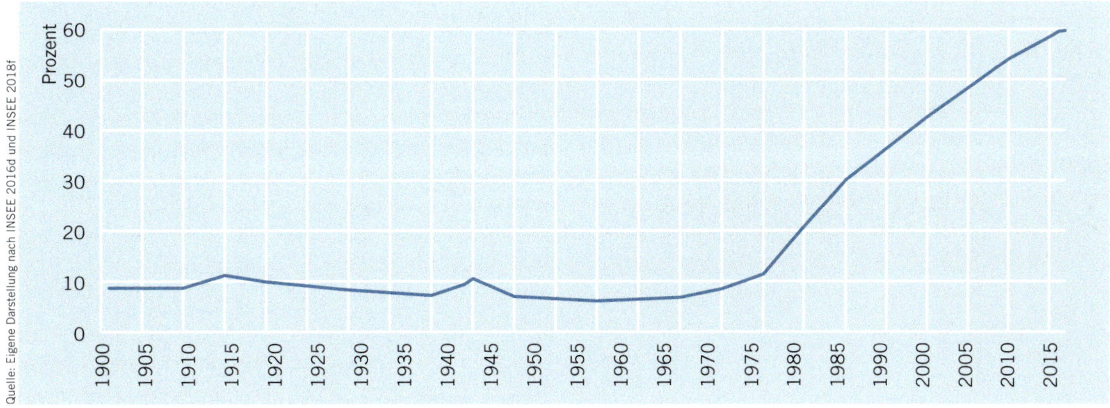

|Abb. 2.6| *Entwicklung des Anteils unehelicher Geburten (in %) von 1900 bis 2017*

2.2.2 **Räumliche Bevölkerungsentwicklung im 20. und zu Beginn des 21. Jahrhunderts**

Die demographische Entwicklung wird nicht nur durch natürliche, sondern auch durch räumliche Prozesse geprägt. Dabei muss für die räumliche Bevölkerungsentwicklung zwischen den Wanderungen innerhalb Frankreichs (Binnenwanderung) und der Immigration bzw. Emigration unterschieden werden.

Binnenwanderung

Die Binnenwanderung im 20. Jahrhundert ist in Frankreich ganz wesentlich von einer Land-Stadt-Wanderung geprägt. Die räumliche Verlagerung der Bevölkerung vom ländlichen (d. h. Gemeinden mit weniger als 2000 Einwohnern) in den städtischen Raum (d. h. Gemeinden mit 2000 und mehr Einwohnern) findet in Frankreich im Vergleich zu den Nachbarstaaten erst verspätet statt: In England übertrifft die Zahl der Stadtbewohner jene der Landbevölkerung bereits um 1850, in Deutschland ist dies 1890 der Fall, aber in Frankreich dauert es bis nach dem Zweiten Weltkrieg, bis die Mehrheit der Bevölkerung in Städten lebt (vgl. Grosse/Lüger 2008: 153). Pletsch (2003: 119) spricht von einer „retardierten Verstädterungsdynamik“ in Frankreich. Dieser Prozess verläuft in drei Phasen.

Phase 1 – Mitte des 19. Jahrhunderts bis Mitte 1930er Jahre

In der ersten Phase kommt es allmählich zur Entwicklung eines Gleichgewichts zwischen städtischer Bevölkerung (*population urbaine*) und ländlicher Bevölkerung (*population rurale*). In einem Zeitraum von rund 80 Jahren steigt der Anteil der städtischen Bevölkerung um ca. 23 % an und Mitte der 1930er Jahre herrscht ein Gleichgewicht bzgl. der Verteilung von ländlicher und städtischer Bevölkerung (vgl. Abb. 2.7).

Ein wesentlicher Grund für die späte Urbanisierung und die Sonderstellung der französischen Bevölkerungsentwicklung in Westeuropa ist im ausgeprägten Kleinbauerntum zu sehen. Die lang andauernde Konzentration auf den agrarischen Sektor wird durch die Tatsache begünstigt, dass die industrielle Revolution Frankreich erst relativ spät erreicht und sich, abgesehen von einigen großen Städten, fast ausschließlich auf den Norden des Landes konzentriert. Dies führt zu einer wesentlich länger anhaltenden Bevölkerungskonzentration im ländlichen Raum. Noch Mitte des 19. Jahrhunderts ist Frankreich nahezu ein reines Agrarland, nur ein Viertel der Bevölkerung lebt nicht auf dem Land (vgl. Abb. 2.7). Ziele der beginnenden Umverteilung der Bevölkerung sind vor allem die Hauptstadt Paris und die nordost-französischen Regionen, die verstärkt Arbeitskräfte anziehen. Quellgebiete dieser Binnenwanderung sind vor allem ländliche Regionen mit einem Geburtenüberschuss, etwa die Bretagne oder das Zentralmassiv. Die Abwanderung der überwiegend jungen Arbeitskräfte übersteigt häufig den Geburtenüberschuss in diesen Regionen. Der Anteil der urbanen Bevölkerung steigt allerdings nur langsam an und liegt am Ende des 19. Jahrhunderts noch unter 40 %.

| Abb. 2.7 | *Entwicklung der Anteile ländlicher und städtischer Bevölkerung (in %) von 1851 bis 2017*

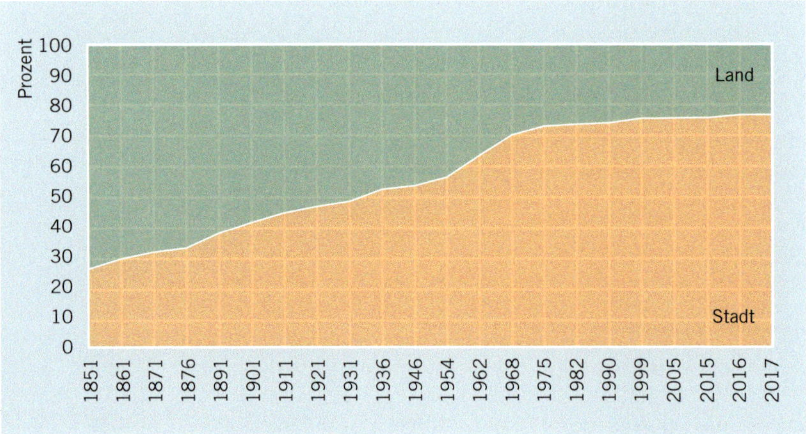

Quelle: Eigene Darstellung nach Pletsch 1987: 40 und 2003: 119; Banque Mondial 2016; DGCL 2015: 8, 2016: 8, 2017:8 und 2018: 8

Dennoch ist als Folge der Zuwanderung ländlicher Bevölkerung in die Städte zunächst die Übertragung des generativen Verhaltens vom Land auf die Stadt festzustellen, d. h. eine Erhöhung der Fruchtbarkeitsrate ist die Folge. Allerdings gleicht sich das generative Verhalten der „Zugewanderten“ an das der urbanen Bevölkerung an und die Geburtenrate sinkt in den Städten wieder. Dies führt dazu, dass der Anteil der städtischen Bevölkerung langsamer ansteigt, als es die Wanderungsströme hätten vermuten lassen.

Das selektive Wanderungsgeschehen, das durch eine jahrzehntelang andauernde Abwanderung junger Arbeitskräfte aus ländlichen Regionen gekennzeichnet ist, führt bereits vor dem Zweiten Weltkrieg zu einer Überalterung der im ländlichen Raum verbleibenden Bevölkerung. In der Folge sinken daher dort auch die Reproduktionsraten. Das allmählich entstehende Gleichgewicht der Bevölkerungsanteile von Stadt und Land ist die Folge, allerdings mit Tendenz zu einer weiteren Urbanisierung.

Phase 2 – Mitte der 1930er Jahre bis Mitte der 1970er Jahre

In der zweiten, 40 Jahre andauernden Phase verschiebt sich der Bevölkerungsanteil um weitere 23 %-Punkte zu Gunsten des städtischen Raums und der Urbanisierungsprozess verläuft in etwa doppelt so schnell wie in Phase 1. Auf Grund einer verstärkten Land-Stadt-Wanderung kommt es zu einer „Entleerung“ vieler ländlicher Regionen (*la France du vide*). In dieser Phase erlebt der *exode rural* seinen Höhepunkt. Der Anteil der städtischen Bevölkerung steigt von 50 % Mitte der 1930er Jahre auf knapp 73 % im Jahr 1975 (vgl. Abb. 2.7).

Insbesondere die nach dem Zweiten Weltkrieg festzustellenden Wanderungsprozesse sind vielschichtig motiviert und teilweise durch sich kompensierende Bewegungen nicht unmittelbar erkennbar. So steht der nach wie vor festzustellenden massiven Landflucht nach 1945 eine Binnenwanderungsbewegung in die insbesondere mediterranen-ländlichen Regionen gegenüber. Bei dieser Stadt-Land-Wanderung tritt ab den 1970er Jahren ein neues Motiv auf: Die Wahl eines neuen Wohnstandortes für den Ruhestand. Allerdings wird diese Rückzugsbewegung aufs Land zunächst noch völlig durch die anhaltende Stadt-Land-Wanderung überdeckt und mehr als kompensiert.

Ursache für die ausgeprägte Bevölkerungsverlagerung vom ländlichen in den städtischen Raum ist die rasante wirtschaftliche Entwicklung sowie das hohe natürliche Bevölkerungswachstum nach 1945. Unterstützt durch das Lohngefälle zwischen der Landwirtschaft einerseits und der Industrie sowie dem Dienstleistungssektor andererseits findet eine Abwanderungswelle aus nahezu allen Regionen in den Verdichtungsraum Paris statt. Aber auch für alle anderen großen Städte Frankreichs sind in den ersten drei Nachkriegsjahrzehnten deutliche Wanderungsgewinne festzustellen. Entsprechend setzt sich die deutliche Verschiebung zwischen den Anteilen von urbaner und ruraler Bevölkerung fort. Leben im Jahre 1946 noch 46,8 % der Bevölkerung auf dem Lande, so sind es im Jahr 1975 nur noch knapp 30 % und der Urbanisierungsgrad der Bevölkerung in Frankreich entspricht zu diesem Zeitpunkt jenem der meisten anderen westeuropäischen Staaten.

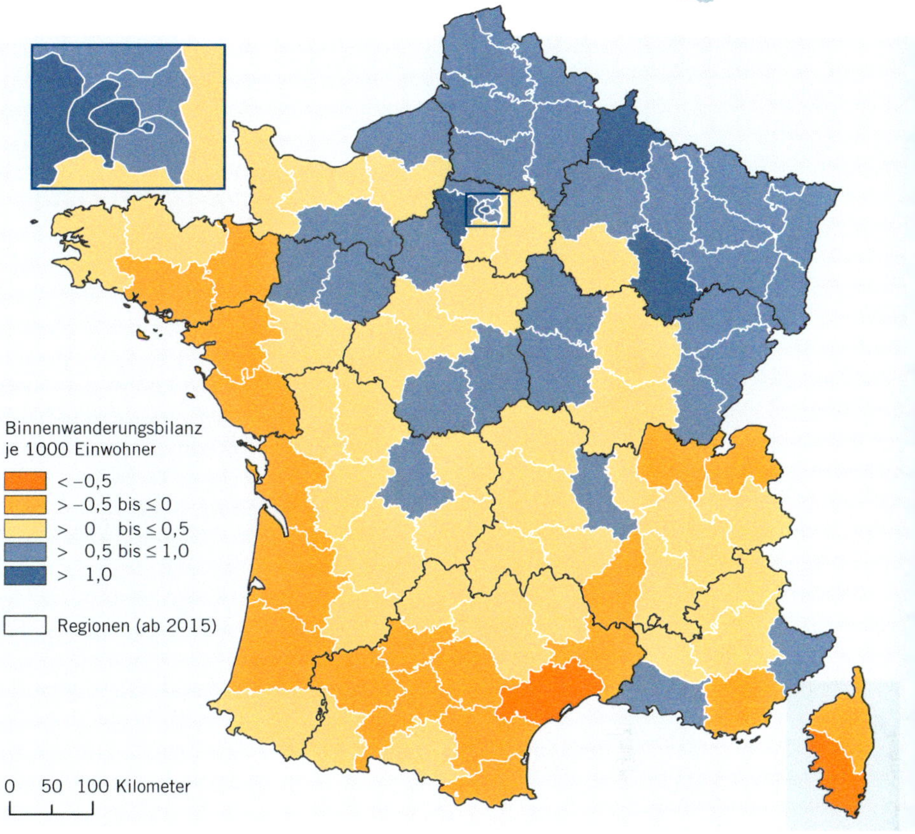

Quelle: Eigene Darstellung nach INSEE 2015

|Abb. 2.8| *Durchschnittliche jährliche Binnenwanderungsbilanz in den Jahren 2010 bis 2017 (je 1000 Einwohner) nach Départements*

Phase 3 – Mitte der 1970er Jahre bis zum Jahr 2017

Die dritte Phase ist von stagnativen Tendenzen der Bevölkerungsumverteilung gekennzeichnet. In 40 Jahren steigt der Anteil der städtischen Bevölkerung lediglich um weitere 2 %-Punkte auf rund 77 % im Jahr 2017. Die Verlangsamung der Wanderungsgewinne der großen Städte, die bereits ab Ende der 1960er Jahre zu beobachten ist, setzt sich fort und schlägt nach 1975 sogar in Wanderungsverluste um. So verzeichnen die zehn größten Städte Frankreichs zwischen 1975 und 1982 durchweg deutliche Bevölkerungsverluste (zwischen –2,2 % in Nantes und –11,3 % in Rouen), auch die Hauptstadt Paris ist davon betroffen (–5,4 %). Allerdings kommt es nicht zu einer Rückwanderung in den ländlichen Raum, sondern es findet nunmehr eine Verschiebung innerhalb des urbanen Raumes statt: Von der Kernstadt in das direkte Stadtumland. Dieser oft als Suburbanisierungsprozess interpretierte Vorgang wird als *périurbanisation* bezeichnet (vgl. hierzu auch 3.3.3) und ist mit wenigen Ausnahmen in nahezu allen Agglomerationsräumen der großen Städte in Frankreich zu beobachten.

Betrachtet man die Wanderungsbilanz der aktiven Erwerbsbevölkerung in dieser dritten Phase, so ändern sich die zuvor beobachtbaren Wanderungsmuster grundlegend. Nunmehr treten insbesondere der Norden, der bis in die 1970er konstant Wanderungsgewinne verzeichnet, und Nordosten mit Ausnahme des Elsass durch die Krise der alten Industrien (Kohle, Stahl, Textil) als Abwanderungsgebiete auf. Dagegen weisen fast alle in der südlichen Landeshälfte gelegenen Départements Wanderungsgewinne auf. Die stärkste Zuwanderung verzeichnen der Südosten sowie die Mittelmeerküste. Neben der Ansiedlung zukunftsorientierter Technologieunternehmen (etwa Luftfahrt in Toulouse, IBM in Montpellier) sind hierfür der Tourismus als „neue" Erwerbsquelle und die zwischenzeitlich modernisierte Landwirtschaft verantwortlich. Schließlich verzeichnet die mediterrane Küste starke Wanderungsgewinne durch die Ruhestandsbevölkerung, die aus anderen Landesteilen zuwandert.

Eine besondere Rolle spielen die nach dem Zerfall des Kolonialreiches stattfindenden Rückwanderungen und die Repatriierung von Franzosen (*rapatriés*) aus den ehemaligen Kolonialgebieten allgemein und dem nordafrikanischen Maghreb im Speziellen. Diese Bevölkerungsbewegungen werden bis zur Unabhängigkeit Algeriens als Binnenwanderung verstanden (vgl. Werner 1983: 361). Nachdem Marokko und Tunesien im Jahr 1956 in die Unabhängigkeit entlassen werden und Algerien nach achtjährigem Krieg 1962 ebenfalls unabhängig wird, siedeln zwischen 1956 und 1963 insgesamt rund 1,4 Mio. Menschen aus diesen Ländern nach Frankreich um. Der überwiegende Teil stammt aus Algerien (rund 930 000), aus Tunesien kommen rund 175 000 und aus Marokko etwa 300 000 Menschen. Der Anteil an der Gesamtbevölkerung erreicht bei der Volkszählung 1968 rund 2 %, in einigen mediterranen Départements teilweise über 10 %. Die vergleichsweise geringe Distanz nach Nordafrika, das ähnliche Klima im mediterranen Raum sowie die Herkunft vor der Auswanderung in den Maghreb sind wesentlich Gründe für

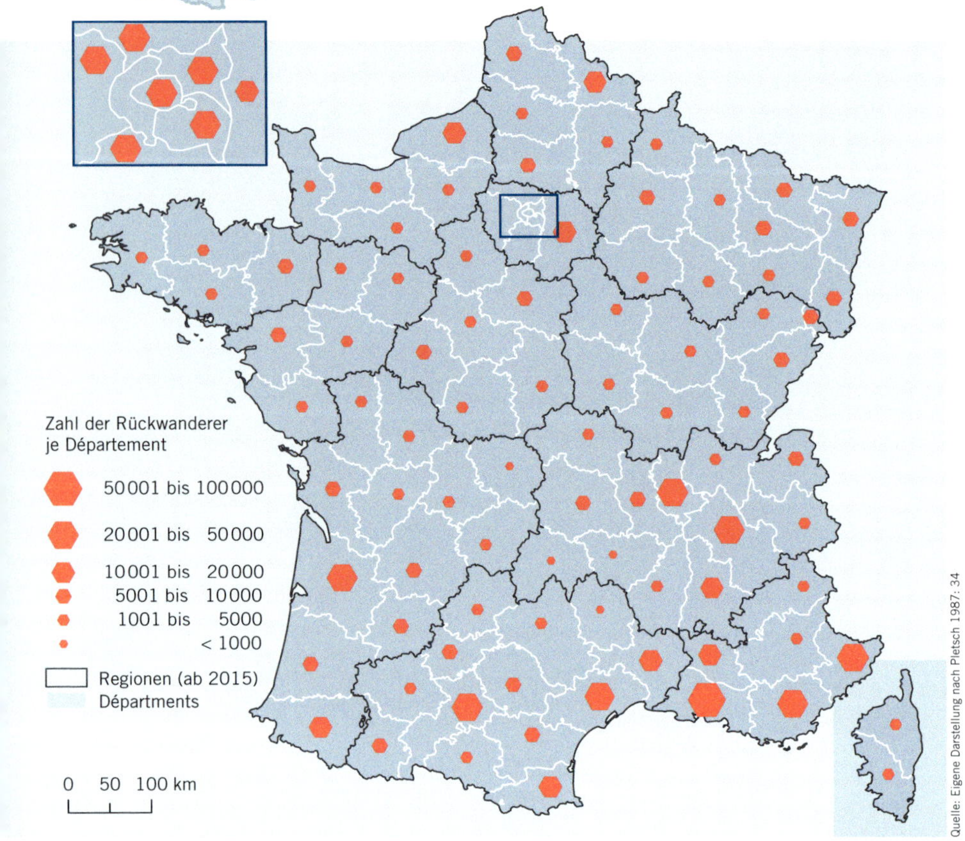

|Abb. 2.9| *Verteilung der algerischen Rückwanderer im Jahr 1968 nach Départements*

die Rückkehr in den Süden Frankreichs. Aber auch die Île-de-France und die Industriereviere im Norden Frankreichs sind bevorzugte Räume der Rückwanderer wie das Beispiel der Rückkehrer aus Algerien zeigt (vgl. Abb 2.9). Die von den *rapatriés* bevorzugten Räume werden vor große Probleme bei der Aufnahme dieser Menschen gestellt, denn oft fehlen ausreichender Wohnraum und die notwendige Infrastruktur.

In den klassischen Abwanderungsgebieten (etwa Zentralmassiv) stabilisiert sich gegen Ende des 20. Jahrhunderts die Bevölkerungssituation. Lediglich die damaligen Regionen Auvergne und Limousin weisen zwischen 1982 und 1990 noch leicht negative Wanderungssalden auf. Nach 1990 kommt es hier aber zum Ausgleich der Wanderungsbilanz (Auvergne) bzw. wieder zu einem leichten Überschuss durch Zuwanderung (Limousin). Auch in diesen Regionen spielen die Altersruhesitze und noch stärker die Zweitwohnungen (vgl. auch 7.3.4) eine wichtige Rolle.

Immigration und Emigration

Neben den Bevölkerungsverlagerungen durch Binnenwanderung muss auch die Ein- bzw. Auswanderung nach bzw. aus Frankreich zum Verständnis der räumlichen Bevölkerungsstrukturen und ihrer Entwicklung berücksichtigt werden. Hierbei spielen in Europa im 19. Jahrhundert die Auswanderungen nach Übersee bzw. in die Kolonialländer eine wesentliche Rolle. Frankreich nimmt wiederum eine Sonderrolle ein, da die Auswanderungsströme aus Frankreich bereits im 19. Jahrhundert durch starke Einwanderungsströme ausgeglichen bzw. zeitweise sogar übertroffen werden. Unterbrochen wird diese Entwicklung nur kurzfristig durch die Kolonialisierung Algeriens durch französische Bevölkerung während des Zweiten Kaiserreichs, die später nach Beendigung des Algerienkrieges zum Teil wieder nach Frankreich zurückkehren und als *pieds noirs* bezeichnet werden. In der Statistik werden diese Wanderungen zunächst der Binnenwanderung zugerechnet.

Wesentlicher Grund für die im 19. Jahrhundert in Europa untypischen, starken Einwanderungsströme nach Frankreich ist der Arbeitskräftebedarf, der nicht aus der eigenen Bevölkerung gedeckt werden kann. Zudem wird bei der ländlichen Bevölkerung der Wechsel zum Industriearbeiter als sozialer Abstieg gewertet (Pletsch 2003: 105). In der Folge beträgt der Ausländeranteil an der französischen Bevölkerung im Jahr 1872 bereits 2 % und steigt bis kurz vor dem Ersten Weltkrieg auf knapp 4 % an (vgl. Abb. 2.11). Der Anteil des auf die ausländische Bevölkerung zurückzuführenden Wachstums am gesamten Bevölkerungswachstum Frankreichs zwischen 1872 und 1911 beträgt 28 % (Blohm 1976: 30).

Die ausländischen Arbeitskräfte, die durch Anwerbeabkommen zwischen Frankreich und ande-

Ausländer und Einwanderer in Frankreich

In Frankreich wird grundsätzlich zwischen Ausländern (étrangers) und Einwanderern (*immigrés*) unterschieden. Als Ausländer wird gezählt, wer nicht in Besitz der französischen Staatsbürgerschaft ist, d. h. Ausländer können durchaus in Frankreich geboren sein. Als Einwanderer hingegen gilt, wer im Ausland geboren ist und in Frankreich lebt. In der Konsequenz bedeutet dies, dass es einen Überschneidungsbereich zwischen Ausländern und Einwanderern gibt (vgl. Abb. 2.10). Einwanderer werden selbst dann noch als solche bezeichnet, wenn sie zwischenzeitlich die französische Staatsbürgerschaft (*français par acquisition*) erhalten haben.

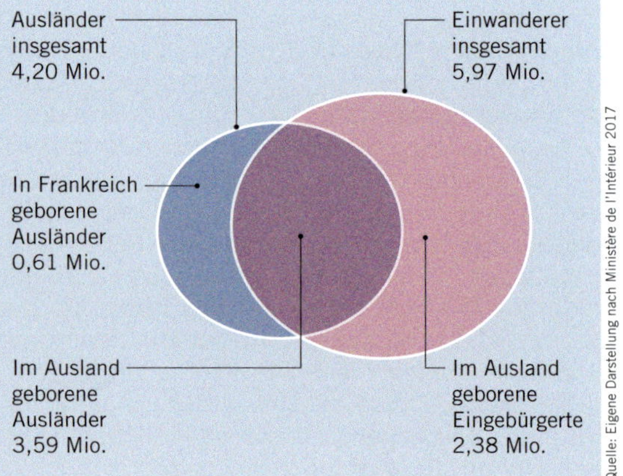

|Abb. 2.10| *Zur Systematik von Ausländern und Einwanderern am Beispiel der Volkszählungsergebnisse aus dem Jahr 2014*

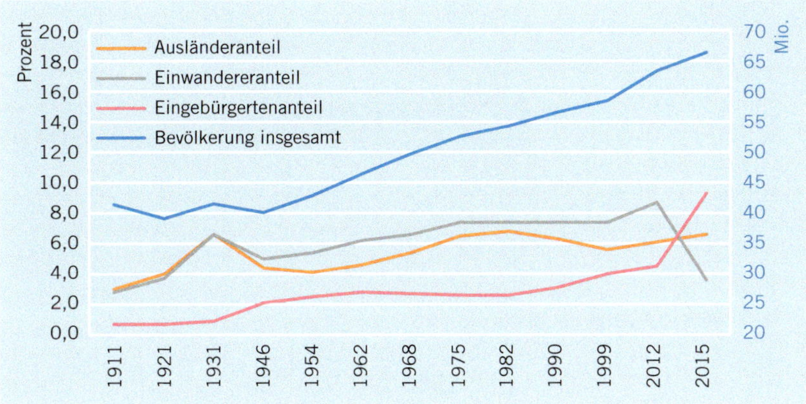

Quelle: Eigene Darstellung nach Pletsch 2008: 125, Lüsebrink 2011: 25; INSEE 2015c sowie Ministère de l'Intérieur 2017, 2017 und 2018

|Abb. 2.11| *Entwicklung des Anteils der Ausländer, der Einwanderer und der Eingebürgerten an der Gesamtbevölkerung (in %) sowie die Entwicklung der Gesamtbevölkerung (in Mio.) von 1911 bis 2015*

ren Staaten (z. B. mit Italien 1919 oder mit Spanien 1932) gezielt nach Frankreich geholt werden, konzentrieren sich vor allem auf die Region Île-de-France und die Kohlereviere des Landes. Die Einwanderer kommen insbesondere aus Belgien, Deutschland, Italien und Spanien. Da der industrielle Sektor nicht zuletzt wegen der höheren Löhne zusätzlich französische Arbeitskräfte aus der Landwirtschaft absorbiert, wird das im primären Sektor entstehende Arbeitskräftedefizit vor allem durch Einwanderer aus Polen gedeckt. So sind im Jahr 1913 mehr als 20 000 polnische Arbeitskräfte in der französischen Landwirtschaft tätig (vgl. Grosse/Lüger 2008: 157 f.). Zu Beginn der 1930er Jahre ist Frankreich weltweit nach den USA das zweitwichtigste Einwanderungsland.

Verstärkt wird das Problem des Arbeitskräftedefizits zusätzlich durch die Menschenverluste während der Kriege (1870/71 und Erster Weltkrieg), denn bei den Opfern handelt es sich in erster Linie um junge, erwerbsaktive Menschen. Insbesondere die hohen Menschenverluste während des Ersten Weltkriegs können nur durch Einwanderungen ausgeglichen werden. So beruht das Bevölkerungswachstum von rund 2,4 Mio. Menschen zwischen 1921 und 1931 nur zu 30 % auf der natürlichen Bevölkerungsentwicklung. Zwischen 1911 und 1930 steigt die Zahl der in Frankreich lebenden Ausländer (*étrangers*) von 1,2 Mio. auf rund 2,7 Mio. an, die zum ganz überwiegenden Teil aus Europa stammen. Diese Zuwanderung kommt erst durch die Weltwirtschaftskrise der 1930er Jahre zum Stillstand.

Nach dem Zweiten Weltkrieg beginnt eine weitere Phase der Einwanderung ausländischer Arbeitskräfte, denn der Wiederaufbau des Landes und die prosperierende Wirtschaft haben einen hohen Arbeitskräftebedarf. Wieder schließt Frankreich mit einer Reihe von Ländern bilaterale Anwerbeabkommen (z. B. mit Italien 1946, Spanien 1963, Portugal 1964 oder der Türkei 1965). In den *trente glorieuses* von 1945 bis 1975 steigt die Zahl der in Frankreich lebenden Ausländer bis auf knapp 3,5 Mio. Menschen an, ihr Anteil an der Gesamtbevölkerung Frankreichs erreicht damit rund 6,5 % (vgl. Abb. 2.11). In diese Phase fällt auch die Rückwanderung der aus dem Maghreb kommenden Menschen. Entsprechend nimmt der europäische Ausländeranteil an der französischen Gesamtbevölkerung vom Jahr 1931 mit 90,5 % bis zum Jahr 1975 auf 61,1 % deutlich zu Gunsten des afrikanischen Ausländeranteils ab, ein Trend, der sich auch in den nachfolgenden Jahrzehnten weiter fortsetzt und Auslöser sozialer und politischer Konflikte ist. Dabei kommen die afrikanischen Einwanderer nicht nur aus dem Maghreb, auch die Zahl der Einwanderer aus anderen ehemaligen französischen Kolonien des afrikanischen Kontinents (Senegal, Mali, Elfenbeinküste, Kamerun oder Kongo) steigt ab den 1990er Jahren kontinuierlich (vgl. Tab. 2.3) an.

Während der Rezession Mitte der 1970er Jahre (Ölkrise) verhängt die französische Regierung einen Einwanderungsstopp (1974). Das Ende der Anwerbung von Arbeitskräften bedeutet jedoch nicht, dass die in Frankreich lebenden Ausländer verstärkt wieder in ihre Heimatländer zurückkehren, vielmehr bleibt die Mehrheit in Frankreich. Entsprechend zeigt die Zahl der in Frankreich lebenden Ausländer seitdem nur noch geringe Schwankungen. Zunahmen resultieren einerseits noch aus Zuzügen im Rahmen der Familienzusammenführung, andererseits sind sie auf illegale Einwanderung (*immigration clandestine*) zurückzuführen. Dabei sinkt der Anteil der aus Europa kommenden Ausländer weiter (2015: 38,7 %), während der (nord-)afrikanische Anteil bis in die 1990er Jahre weiter an Bedeutung gewinnt (1999: 43,5 %) und sich dann leicht rückläufig entwickelt (2015: 41,6 %), da die Zahl der Ausländer aus Asien deutlich steigt. Dies zeigt sich etwa daran, dass der Anteil der aus der Türkei stammenden Ausländer (in der französischen Statistik unter Asien aufgeführt) seit den 1980er Jahren zunimmt (2015: 4,9 %).

Bedingt durch die Wirtschaftskrisen der 1970er und 1980er Jahre löst das Phänomen der *immigra-*

|Tab. 2.3| *Zusammensetzung der Ausländer nach Herkunft (in Mio.) von 1931 bis 2015*

Herkunft	1931	1954	1962	1975	1999	2015
Gesamt	2,71	1,76	2,17	3,44	3,26	4,42
davon aus Europa	2,46	1,44	1,59	2,10	1,54	1,71
Belgien	*0,25*	*0,12*	*0,08*	*0,06*	*0,07*	0,10
Deutschland	*0,07*	*0,03*	*0,04*	*0,04*	*0,08*	0,09
Italien	*0,81*	*0,51*	*0,63*	*0,46*	*0,25*	0,19
Polen	*0,51*	*0,27*	*0,18*	*0,09*	*0,03*	0,06
Portugal	*0,05*	*0,02*	*0,05*	*0,76*	*0,56*	0,54
Spanien	*0,35*	*0,28*	*0,44*	*0,50*	*0,17*	0,15
davon aus Afrika	0,11	0,24	0,43	1,19	1,42	1,84
Algerien		*0,21*	*0,35*	*0,71*	*0,48*	0,50
Marokko		*0,01*	*0,03*	*0,26*	*0,51*	0,46
Tunesien	0,09	*0,01*	*0,02*	*0,14*	*0,16*	0,17
Sonstige	0,14	0,09	0,15	0,15	0,28	0,87

Quelle: Eigene Zusammenstellung nach Grosse/Lüger 2008: 158; INSEE 2015c und 2018g

Tab. 2.4 *Anteil der Ausländer an der Gesamtbevölkerung (in %) in den zehn größten Städten im Jahr 1982*

Stadt	Ausländeranteil 1982
Paris	16,6 %
Marseille	9,3 %
Lyon	11,0 %
Toulouse	8,5 %
Nice	6,5 %
Strasbourg	12,7 %
Nantes	3,6 %
Bordeaux	7,6 %
Saint-Étienne	12,5 %
Montpellier	9,0 %
Frankreich gesamt	**6,8 %**

Quelle: Eigene Zusammenstellung nach Le Figaro 1989:10

tion étrangère auch eine gesellschaftliche und politische Diskussion aus, denn die Konzentrationsräume der ausländischen Bevölkerung, insbesondere wenn sie nicht aus Europa stammt, sind häufig auch soziale Brennpunkte. Es sind vor allem die nicht-europäischen „Fremden", die Ziel ausländerfeindlicher Aktionen werden, die von der politischen Rechten, dem *Front National* (FN) unter Jean-Marie Le Pen, noch geschürt werden. So richtet sich die Ausländerfeindlichkeit vor allem gegen die *Maghrébins*, die schon optisch leicht als Zielscheibe auszumachen sind. Über 80 % der *Maghrébins* leben zu dieser Zeit aber bereits länger als zehn Jahre in Frankreich und rund ein Viertel von ihnen sind in Frankreich geboren (2. Generation).

Einen ersten Höhepunkt erlebt die politische Auseinandersetzung um das Thema „Ausländer" im Dezember 1989 durch die sog. *foulard*-Affäre, als drei Mädchen muslimischer Herkunft sich an einer öffentlichen Schule weigern, ihre Kopftücher abzulegen. Sie verstoßen damit gegen das laizistische Prinzip und werden der Schule verwiesen. Als Folge dieses Ereignisses wird die Ausländerfrage in Frankreich in der breiten Öffentlichkeit diskutiert (*effet tchador*). Die Diskussion konzentriert sich insbesondere auf die Regionen, die den höchsten Anteil nicht-europäischer Ausländer aufweisen. So hat zwar die Region Île-de-France Mitte der 1980er Jahre die höchste absolute Zahl an Ausländern (ca. 1,5 Mio.), doch kommen diese „nur" zu 37,9 % aus Staaten des Maghreb. Hingegen leben in den Regionen Provence-Alpes-Côte d'Azur oder Rhône-Alpes wesentlich weniger ausländische Menschen (rund 370 000 bzw. 520 000), doch diese kommen zu über der Hälfte aus Algerien, Tunesien und Marokko (vgl. Le Figaro, 1989: 10). Und es sind mit wenigen Ausnahmen die großen Städte, in denen sich die Ausländer konzentrieren. Überall dort, wo der nicht-europäische Anteil unter den Ausländern hoch ist (z. B. Marseille und Toulon), gewinnt der *Front National* (FN) mit seiner fremdenfeindlichen Ausrichtung an Zulauf, während sich die Situation in Städten mit einem hohen europäischen Anteil an den Ausländern (z. B. Straßburg oder Clermont-Ferrand) als weitgehend unproblematisch darstellt. Doch die französische Einwanderungspolitik ist in den Folgejahren insgesamt von einer Verschärfung der Einwanderungsgesetze geprägt, insbesondere durch die Anfang der 1990er Jahre unter Innenminister Charles Pasqua verfolgte Strategie einer *immigration zéro*, z. B. durch die Änderung der Bedingungen zur Familienzusammenführung. Diese Regelungen werden zwar teilweise in der Regierungszeit von Premierminister Lionel Jospin (1997 bis 2002) wieder rückgängig gemacht bzw. abgeschwächt, doch nach dem erneuten Regierungswechsel wird die Ausländerfrage wieder zunehmend restriktiv gehandhabt, insbesondere unter Präsident Nicolas Sarkozy (2007 bis 2012).

Auch wenn sich die politische Diskussion vorübergehend wieder beruhigt, so bleibt die Ausländerthematik – womit insbesondere die Gruppe der *Maghrábins* gemeint ist – doch virulent. Sie tritt erneut auf die politische Agenda, als im französischen Wahlkampf von 2002 Jean-Marie Le Pen überraschend zum Präsidentschaftskandidaten und Herausforderer von Jacques Chirac avanciert, nachdem er im ersten Wahlgang zweitstärkster Kandidat wird. Auch wenn er den zweiten Wahlgang gegen Chirac deutlich verliert, ist allein schon sein Vordringen in die Stichwahl ein Achtungserfolg für den FN. Und auch bei den weiteren Wahlen, z. B. den Europawahlen 2014, bei der der FN die meisten Stimmen aller Parteien erhält, oder bei den Regionalwahlen 2015 kann der FN seinen Stimmenanteil erheblich steigern, wobei die seit dem Jahr 2011 dem FN vorsitzende Tochter des Parteigründers, Marine Le Pen (vgl. Abb. 2.12), nicht so offensichtlich fremdenfeindlich agitiert wie ihr Vater. Gleichwohl erhält der FN auch unter ihr dort den höchsten Zuspruch, wo die Anteile nicht-europäischer Ausländer überproportional hoch ausfallen.

Im Jahr 2013 zeigt der Ausländeranteil auf Basis der Départements große regionale Unterschiede. Dabei weisen die in der Region Île-de-France gelegenen Départements die landesweit höchsten Anteile auf. Der Maximalwert von 21,7 % entfällt auf das Département Seine-Saint Denis (vgl. Abb. 2.13). Weitere Départements mit überproportional hohem Ausländeranteil sind die an der Grenze gelegenen Départements der Region Elsass mit einem hohen Anteil (west-)europäischer und türkischer Ausländer sowie die beiden korsischen Départements, die Zielgebiet vor allem marokkanischer und (west-)europäischer Einwanderer sind.

Trotz einer seit dem Jahr 2007 unter Präsident Nicolas Sarkozy zunehmend restriktiven Einwanderungspolitik steigt die Zahl der Einwanderer auch im ersten Jahrzehnt des 21. Jahrhunderts weiter leicht an. So werden im Jahr 2006 rund 183 000 Aufenthaltstitel an Zuwanderer aus Drittstaaten ver-

Quelle: Aufnahme Schmude 2016

|Abb. 2.12| *Wahlplakat des Front National mit der Parteivorsitzenden Marine Le Pen aus dem Jahr 2016*

geben, im Jahr 2010 sind es 188 000. Der überwiegende Teil hiervon geht auf den Familiennachzug zurück, gefolgt von Arbeits- und Bildungsmigration (vgl. Engler 2012). Wichtigste Herkunftsländer sind nach wie vor Algerien und Marokko, gefolgt von China und Tunesien. Dabei fällt ein steigender Frauenanteil unter den Einwanderern auf. Insgesamt trägt die Immigration auch im 21. Jahrhundert einen wichtigen Teil zum französischen Bevölkerungswachstum bei und durch die 150 Jahre lange aktive Einwanderungspolitik zeigt sich die französische Gesellschaft als eine multikulturelle Gesellschaft.

Gleichwohl kann von einer deutlichen Verschärfung der französischen Migrationspolitik gesprochen werden, wenngleich mit Rachida Dati im Jahr 2007 zum ersten Mal ein Mitglied aus einer Einwandererfamilie zur Ministerin (Justizministerin in der Regierung von François Fillon von 2007 bis 2009) berufen wird. Die Regierung in Paris geht davon aus, dass rund 200 000 bis 400 000 illegale Einwanderer (*sans papiers*) in Frankreich leben. Zwar gibt es verschiedene Legalisierungsmaßnahmen, doch nimmt die Zahl der Legalisierungen im Rahmen der drei wichtigsten Kampagnen deutlich ab: Erhalten im Jahr 1982 noch insgesamt 132 000 *sans papiers* einen legalen Aufenthaltsstatus, werden im Jahr 1997 nur noch 87 000 Legalisierungen ausgesprochen und im Jahr 2006 sind es lediglich noch knapp 7000 (vgl. Engler 2007). Zusätzlich wird im Jahr 2006 das Gesetz zur automatischen Legalisierung illegaler Einwanderer (wenn sie bereits zehn Jahre in Frankreich leben) aufgehoben. Auch die Auflösung eines Camps von illegalen Einwanderern aus Afghanistan in Calais im Jahr 2009 oder die Räumung von Roma-Siedlungen und die Abschiebung ihrer Bewohner im Jahr 2010 sind eindeutige Indizien für die Verschärfung im Umgang mit Einwanderern. Und nicht zuletzt zeigt auch das Erstarken des FN die gesellschaftliche und politische Brisanz der Ausländer- bzw. Einwanderungsfrage.

Dies wird durch die jüngste Flüchtlingskrise in Europa nochmals verdeutlicht, die auch in Frankreich zu einem – allerdings moderaten – Anstieg der Zahl der Asylsuchenden führt. Auch hier macht sich die zunehmend restriktive Haltung des französischen Staates bemerkbar. Im Jahr 2014 werden 62 735 Asylanträge gestellt, im Jahr darauf steigt die Zahl auf 75 755 Anträge. Dabei weist Frankreich im Jahr 2014 mit fast 80 % eine der höchsten Ablehnungsquoten auf und in Relation zur Bevölkerungszahl belegt Frankreich in Westeuropa im Jahr 2015 mit 1,2 Asylbewerbern je 1000 Einwohnern einen der hinteren Rangplätze (vgl. EUROSTAT 2015a, 2015b und 2016). Für die Jahre 2016 und 2017 hat sich die Regierung zur Aufnahme

|Abb. 2.13| *Ausländeranteil (in %) im Jahr 2013 nach Départements*

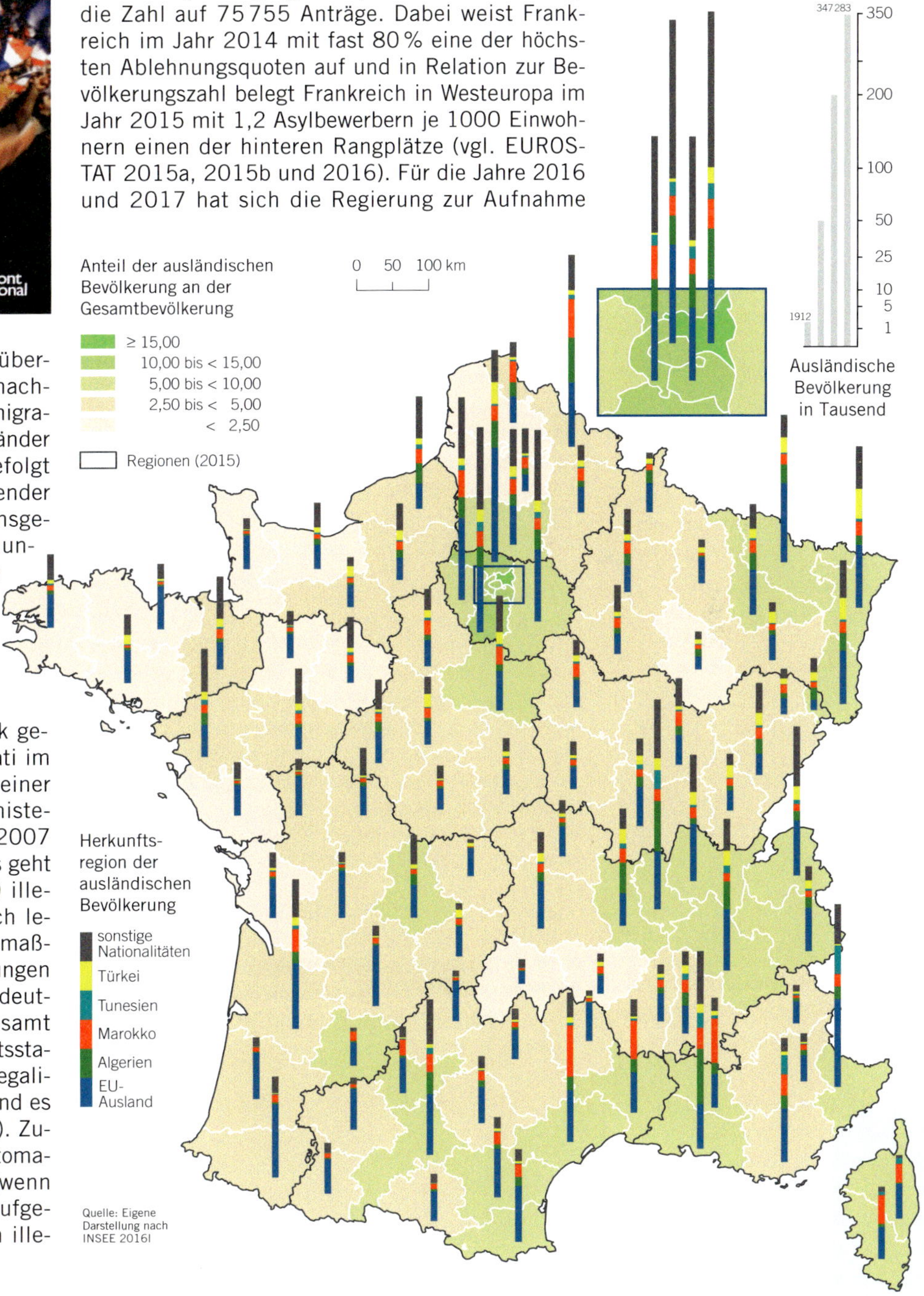

Quelle: Eigene Darstellung nach INSEE 2016|

von insgesamt 24 000 Flüchtlingen bereit erklärt. Nach den Terroranschlägen von Paris vom November 2015 findet erneut eine intensive politische und öffentliche Diskussion um die Destabilisierung der Gesellschaft durch Zuwanderung und Menschen mit Migrationshintergrund statt.

Im Gegensatz zur Einwanderung spielt die Auswanderung aus Frankreich in der Neuzeit keine wesentliche Rolle und wird quantitativ stets durch die Einwanderungsströme mehr als kompensiert. In jüngerer Zeit erregt die vermehrte Auswanderung von Juden aus Frankreich nach Israel Aufsehen, die mit einem zunehmenden Antisemitismus in Frankreich und den Anschlägen auf eine jüdische Schule in Toulouse (im März 2012) und u.a. auf jüdische Geschäfte in Paris (im Januar 2015) erklärt werden. So haben sich die Auswanderungszahlen dieser Gruppe allein seit dem Jahr 2012 (2000) bis zum Jahr 2015 nahezu vervierfacht.

2.2.3 Bevölkerungsverteilung und -dichte

Die Bevölkerungsdichte und ihre Entwicklung resultiert aus der natürlichen und räumlichen Bevölkerungsentwicklung sowie aus der räumlichen Verteilung der Bevölkerung. Im Durchschnitt weist Frankreich mit 118 Einwohnern pro km² bis heute eine deut-lich geringere Bevölkerungsdichte als etwa Deutschland (2015: 231 E/km²), England (2015: 267 E/km²) oder Italien (2015: 203 E/km²) auf, wenngleich sie vor allem in der zweiten Hälfte des 20. Jahrhunderts deutlich zugenommen hat (vgl. Tab. 2.5).

Die absoluten Einwohnerzahlen zeigen auf Départementebene große Unterschiede. So weist das Département Lozère im Jahr 2015 die geringste Einwohnerzahl aller Départements auf (76 204 Einwohner), während im Département Nord mit rund 2,6 Mio. Einwohnern die mit Abstand höchste Bevölkerungszahl angesiedelt ist. Dabei steigt die Bevölkerungszahl in der Mehrheit der Départements seit dem Jahr 2008 leicht an (vgl. Tab. 2.6). Bei den wenigen Départements, die eine negative Entwicklung ihrer Bevölkerungszahl zwischen 2008 und 2015 aufweisen, handelt es sich zum einen um Départements, deren negative natürliche Bevölkerungsentwicklung nicht durch Zuwanderung kompensiert werden kann (Cantal, Creuse und Lozère) oder in denen andererseits die Abwanderung stärker als der Geburtenüberschuss ausfällt (Ardennes, Jura, Meuse, Vosges und Yonne). Der dritte Typ weist sowohl bei der natürlichen als auch bei der räumlichen Bevölkerungsentwicklung eine negative Entwicklung auf (Indre, Haute Marne, Nièvre und Orne). In den Départements mit dem stärksten Bevölkerungswachstum sind in der Regel Wanderungsgewinne für das Bevölkerungsplus verantwortlich (Gard, Gironde, Hérault, Tarn-et-Garonne und Vendee). Die höchsten Geburtenüberschüsse weisen die Départements der Region Île-de-France im Zeitraum zwischen 2008 und 2015 auf. Sie fallen höher aus als die Wanderungsverluste in diesen Départements, so dass es insgesamt zu einem leichten Bevölkerungswachstum kommt (vgl. Tab. 2.6).

|Tab. 2.5| *Entwicklung der Bevölkerungsdichte (E/km²) von 1800 bis 2015*

Jahr	Bevölkerungsdichte (E/km²)
1800	51,3
1850	66,2
1900	73,8
1950	76,4
2000	108,0
2015	118,0

Quelle: Eigene Zusammenstellung nach Pinchemel 1987: 125 und INSEE 2016k

Die regional unterschiedlich verlaufende natürliche und räumliche Bevölkerungsentwicklung schlägt sich auch in der Dichte der Bevölkerung nieder, die sehr große regionale Disparitäten zeigt. So weisen die Départements mit großen Städten eine hohe Einwohnerdichte auf, andererseits gibt es eine Reihe extrem dünn besiedelter Départements (z. B. Lozère, Cantal oder Hautes-Alpes), die zu den Regionen mit der geringsten Bevölkerungsdichte in Europa gehören. Die mit Abstand höchste Bevölkerungsdichte weisen das Départements Ville-de-Paris mit rund 21 000 Einwohnern pro km² sowie die um die Kernstadt liegenden Départements der Region Île-de-France auf. Im Laufe des 20. Jahrhunderts – und insbesondere nach dem Zweiten Weltkrieg – nimmt die Bevölkerungsdichte hier weiter zu (vgl. Abb. 2.14). Allerdings schwächt sich das Wachstum in der Kernstadt ab den 1960er Jahren deutlich ab und sie verliert sogar an Bevölkerung (zwischen 1962 und 1999 rund 680 000 Einwohner). Vielmehr verlagert sich das Bevölkerungswachstum in die Paris umgebende *petite couronne* (Départements Hauts-de-Seine, Seine-St. Denis und Val-de-Marne) und *grande couronne* (Départements Essonne, Val-d'Oise, Seine-et-Marne und Yvelines). Hohe Bevölkerungsdichten weisen im 20. Jahrhundert außerdem die Départements Rhône und Bouches-du-Rhône mit den Großstädten Lyon bzw. Marseille auf, die aber ab den 1980er Jahren auch nicht weiter wachsen, sowie die Départements des industrialisierten Nordens (z. B. Nord oder Pas-de-Calais), deren hohe Bevölkerungsdichte zum einen aus einer hohen Geburtenrate, zum anderen aus dem Arbeitskräftezuzug bis in die 1980er Jahre resultiert. Eine überdurchschnittlich hohe Bevölkerungsdichte weisen zudem traditionell die nordwestfranzösischen Départements der Normandie und Bretagne sowie im Nordosten das Elsass auf, die u.a. auf die überproportional hohen Geburtenraten zurückzuführen sind. Schließlich nimmt gegen Ende des 20. Jahrhunderts die Bevölkerungsdichte in den Départements entlang der mediterranen Küste (z. B. Hérault oder Aude) sowie im nördlichen Alpenraum (z. B. Isère oder Haute-Savoie) weiter zu (vgl. Abb. 2.13). Ursache hierfür ist einerseits der mit dem starken Ausbau der touristischen Infra-

|Tab. 2.6| *Bevölkerungszahl (absolut), Fläche (km²) und Bevölkerungsdichte (E/km²) im Jahr 2015 sowie gesamte und natürliche Bevölkerungsentwicklung (in %) im Zeitraum von 2008 bis 2015 nach Départements.* ***Rot:*** *Die Départements mit den jeweils fünf niedrigsten Werten.* ***Grün:*** *Die Départements mit den jeweils fünf höchsten Werten*

Département	Bevölkerung 2015	Fläche in km²	E/km² 2015	Bevölkerungsentwicklung 2008–2015	
				insgesamt	natürlich
Ain	634 173	5762	110	**1,3 %**	0,5 %
Aisne	538 743	7369	73	0,0 %	0,3 %
Allier	343 680	7340	47	0,0 %	−0,3 %
Alpes-de-Haute-Provence	162 924	5549	29	0,4 %	−0,1 %
Hautes-Alpes	**140 706**	6925	**20**	0,7 %	0,1 %
Alpes-Maritimes	1 081 821	4299	252	0,0 %	0,1 %
Ardèche	323 543	5529	59	0,5 %	0,0 %
Ardennes	278 970	5229	53	**−0,3 %**	0,2 %
Ariège	**153 011**	4890	**31**	0,3 %	−0,2 %
Aube	308 085	6004	51	0,3 %	0,2 %
Aude	370 056	6139	60	0,8 %	−0,1 %
Aveyron	278 062	**8735**	32	0,1 %	−0,2 %
Bouches-du-Rhône	**2 007 684**	5087	395	0,3 %	0,5 %
Calvados	693 277	5548	125	0,3 %	0,3 %
Cantal	**146 299**	5726	**26**	-0,2 %	**−0,5 %**
Charente	354 586	5956	60	0,1 %	−0,1 %
Charente-Maritime	639 596	6864	93	0,6 %	−0,2 %
Cher	311 768	7235	43	-0,1 %	−0,1 %
Corrèze	238 713	5857	41	-0,2 %	**−0,4 %**
Corse-du-Sud	152 720	4014	38	1,2 %	0,0 %
Haute-Corse	174 178	4666	37	1,0 %	0,0 %
Côte-d'Or	533 023	**8763**	61	0,3 %	0,3 %
Côtes d'Armor	599 438	6878	87	0,4 %	-0,1 %
Creuse	199 381	5565	36	**−0,5 %**	**−0,8 %**
Dordogne	418 219	**9060**	46	0,3 %	**−0,4 %**
Doubs	536 474	5234	102	0,4 %	0,5 %
Drôme	501 154	6530	77	0,7 %	0,3 %
Eure	599 518	6040	99	0,5 %	0,4 %
Eure-et-Loire	435 171	5880	74	0,4 %	0,4 %
Finistère	907 423	6733	135	0,3 %	0,0 %
Gard	748 509	5853	128	1,1 %	0,2 %
Haute-Garonne	1 335 366	6309	212	**1,3 %**	0,6 %
Gers	191 639	6257	31	0,5 %	−0,3 %
Gironde	1 542 964	**10 725**	144	1,2 %	0,3 %
Hérault	1 123 990	6101	184	**1,4 %**	0,3 %
Ille-et-Vilaine	1 039 983	6775	154	1,0 %	0,5 %
Indre	225 590	6791	33	**−0,4 %**	−0,3 %
Indre-et-Loire	606 164	6127	99	0,5 %	0,3 %
Isère	1 253 614	7431	169	0,8 %	0,6 %
Jura	259 455	4999	52	−0,1 %	0,1 %
Landes	405 213	**9243**	44	1,2 %	0,0 %
Loir-et-Cher	332 775	6343	52	0,3 %	0,0 %
Loire	761 357	4781	159	0,4 %	0,3 %
Haute-Loire	227 509	4977	46	0,4 %	−0,1 %
Loire-Atlantique	1 358 627	6815	199	1,1 %	0,5 %
Loiret	670 906	6775	99	0,4 %	0,4 %
Lot	173 021	5217	33	0,0 %	**−0,4 %**

Quelle: Eigene Zusammenstellung nach INSEE 2016c

Département	Bevölkerung 2015	Fläche in km²	E/km² 2015	Bevölkerungsentwicklung 2008–2015 insgesamt	Bevölkerungsentwicklung 2008–2015 natürlich
Lot-et-Garonne	334106	5361	62	0,3%	−0,1%
Lozère	76204	5167	15	−0,1%	−0,3%
Maine-et-Lozère	809505	7166	113	0,6%	0,5%
Manche	500019	5938	84	0,1%	0,0%
Marne	572968	8162	70	0,2%	0,4%
Haute-Marne	179638	6211	29	−0,5%	−0,1%
Mayenne	307831	5175	59	0,2%	0,3%
Meurthe-et-Moselle	729664	5246	139	0,0%	0,3%
Meuse	190550	6211	31	-0,3%	0,1%
Morbihan	747458	6823	110	0,7%	0,1%
Moselle	1047013	6216	168	0,1%	0,2%
Nièvre	212111	6817	31	−0,6%	−0,5%
Nord	2607174	5743	454	0,2%	0,6%
Oise	822858	5860	140	0,4%	0,6%
Orne	286256	6103	47	−0,3%	−0,1%
Pas-de-Calais	1466483	6671	220	0,1%	0,4%
Puy-de-Dôme	646537	7979	81	0,4%	0,1%
Pyrénées-Atlantiques	670434	7645	88	0,5%	0,0%
Hautes-Pyrénées	228304	4464	51	0,0%	−0,2%
Pyrénées-Orientales	472033	4116	115	1,0%	0,0%
Bas-Rhin	1118009	4755	235	0,3%	0,4%
Haut-Rhin	763716	3525	217	0,3%	0,4%
Rhône	1816373	2715	669	1,0%	0,8%
Haute-Saône	238181	5360	44	0,0%	0,1%
Saône-et-Loire	550840	8575	64	0,0%	−0,1%
Sarthe	572135	6206	92	0,3%	0,3%
Savoie	429253	6028	71	0,7%	0,4%
Haute-Savoie	791094	4388	180	1,4%	0,6%
Ville-de-Paris	2218536	105	21129	0,0%	0,7%
Seine-Maritime	1255587	28642	44	0,1%	0,4%
Seine-et-Marne	1391429	5915	235	0,9%	0,8%
Yvelines	1424411	2284	624	0,2%	0,8%
Deux-Sèvres	372586	5999	62	0,3%	0,1%
Somme	571595	6170	93	0,1%	0,2%
Tarn	386004	5758	67	0,5%	0,0%
Tarn-et-Garonne	255666	3718	69	1,2%	0,2%
Var	1041681	5973	174	0,6%	0,1%
Vaucluse	554619	3567	155	0,4%	0,4%
Vendée	667970	6720	99	1,1%	0,2%
Vienne	433682	6990	62	0,3%	0,2%
Haute-Vienne	375363	5520	68	0,1%	0,0%
Vosges	371792	5874	63	−0,3%	0,0%
Yonne	340884	7427	46	−0,1%	0,0%
Territoire-de-Belfort	145074	609	238	0,3%	0,4%
Essonne	1279864	1804	709	0,9%	0,9%
Hauts-de-Seine	1603379	176	9110	0,5%	1,0%
Seine-Saint Denis	1573959	236	6669	0,6%	1,3%
Val-de-Marne	1372018	245	5600	0,7%	1,0%
Val-d'Oise	1210318	1246	971	0,5%	1,1%

Quelle: Eigene Zusammenstellung nach INSEE 2016c

|Tab. 2.7| *Entwicklung des Anteils ausgewählter Alterskohorten (in %) und des Altersindexes von 1851 bis 2015*

Alterskohorte/Index	1851	1901	1946	1999	2015
0 bis unter 20 Jahren	36,1 %	34,2 %	29,5 %	26,5 %	24,6 %
über 60 Jahren	10,2 %	12,7 %	16,0 %	19,9 %	23,6 %
Altersindex	0,28	0,37	0,54	0,75	0,96

Quelle: Eigene Berechnungen nach Noin/Chauviré 2002: 45 und INSEE 2016a

struktur einhergehende wirtschaftliche Aufschwung, der Arbeitskräfte anzieht: Dies betrifft vor allem den Sommertourismus durch die systematische Erschließung der Mittelmeerküste in der Region Languedoc-Roussillon ab Mitte der 1960er Jahre sowie die Erschließung der Alpen für den Skitourismus. Andererseits wird die Bevölkerungsdichte gerade in den an der Küste gelegenen Départements der Region Provence-Alpes-Côte d'Azur durch Wanderungsgewinne von Ruheständlern nochmals gesteigert. Konstant geringe Bevölkerungsdichten zeigen hingegen mit wenigen Ausnahmen die im Zentralmassiv gelegenen Départements. So weist das Département Lozère im Jahr 2015 mit 15 Einwohnern pro km² die niedrigste Bevölkerungsdichte aller Départements auf, wenngleich sich die Abwanderung gegen Ende des 20. Jahrhunderts hier nicht weiter fortgesetzt hat.

2.2.4 Altersaufbau und durchschnittliche Lebenserwartung

Der Altersindex als Quotient aus dem Anteil der über 60-Jährigen und dem Anteil der unter 20-Jährigen zeigt im gesamten 20. Jahrhundert deutlich ansteigende Werte und weist darauf hin, dass auch in Frankreich eine Alterung der Gesellschaft stattfindet (vgl. Tab. 2.7). Zu Beginn des 20. Jahrhunderts ist die Alterskohorte der unter 20-Jährigen fast drei Mal so stark besetzt wie die Kohorte der über 60-Jährigen (Altersindex 0,37) und stellt gut ein Drittel der Gesamtbevölkerung. Am Ende des 20. Jahrhunderts stellen die unter 20-Jährigen rund ein Viertel der Bevölkerung, knapp jeder fünfte Einwohner gehört bereits der Gruppe der über 65-Jährigen an (Altersindex 0,8). Im Jahr 2015 sind die Anteile der beiden Alterskohorten an der Gesamtbevölkerung bereits fast ausgeglichen (Altersindex 0,95). Gleichwohl kann festgestellt werden, dass der Wert des Altersindexes und damit der Grad der Alterung der Bevölkerung im Vergleich zu den meisten anderen europäischen Staaten noch eher moderat ausfällt. Daher gibt es die Diskussionen um die Überalterung bzw. Vergreisung der Gesellschaft, wie sie in Deutschland sehr intensiv und medienwirksam geführt werden, in dieser Form in Frankreich nicht.

Die demographische Entwicklung lässt sich durch den Vergleich von Alterspyramiden nachvollziehen (vgl. Abb. 2.15). So fallen in der Bevölkerungspyramide für das Jahr 1901 deutlich die durch den Krieg mit Deutschland 1870/71 verursachten Bevölkerungsverluste auf. Auch die damals noch deutlich geringere durchschnittliche Lebenserwartung von knapp unter 50 Jahren und die dadurch geringe Zahl an Hochbetagten prägen das Bild. In der Bevölkerungspyramide für das Jahr 1946 fällt dagegen insbesondere der deutliche Einschnitt durch den Ersten Weltkrieg auf, der wesentlich stärker ist als jener des Zweiten Weltkriegs. Hinzuweisen ist auch auf die wieder zunehmende Basis durch die damals ansteigenden Geburtenraten sowie den Frauenüberschuss in den Alterskohorten ab ca. 40 Jahren. Auch in der Bevölkerungspyramide für das Jahr 2015 pausen sich die bei-

|Abb. 2.14| *Bevölkerungsdichte (E/km²) in den Jahren 1911, 1936, 1968 und 2015 nach Départements*

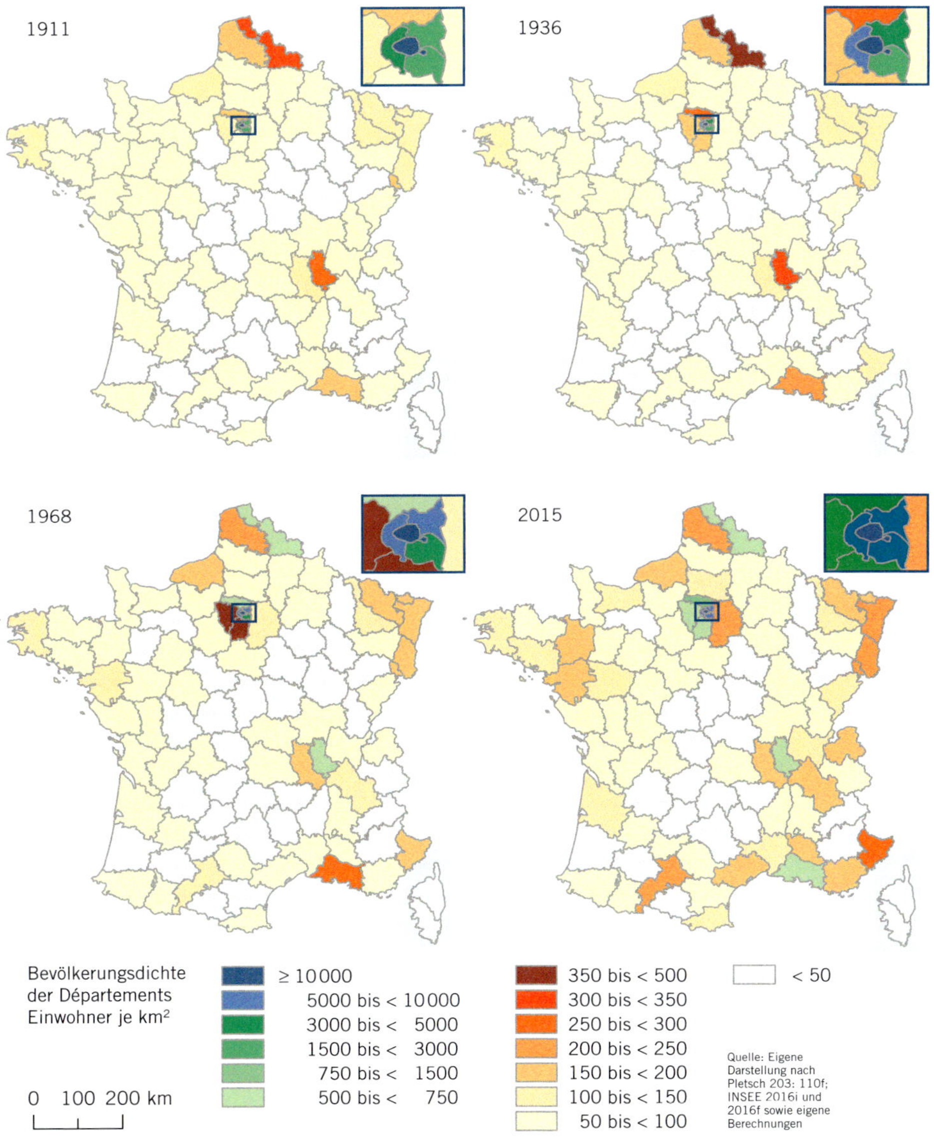

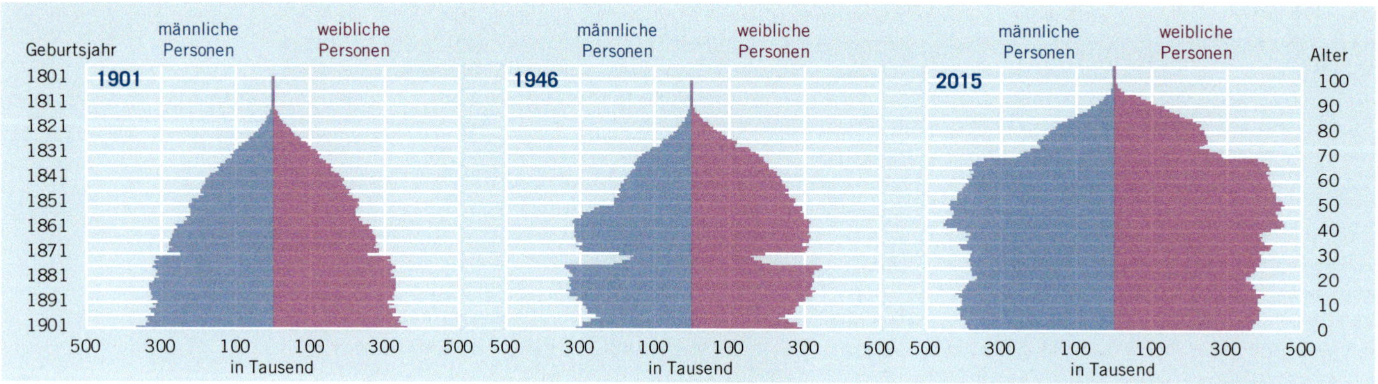

Quelle: Eigene Darstellung nach Grüner/Wirsching 2003: 29 (1946), Pietsch 2003: 114 und INSEE 2016a

|Abb. 2.15| *Altersstruktur der Bevölkerung für die Jahre 1901, 1946 und 2015*

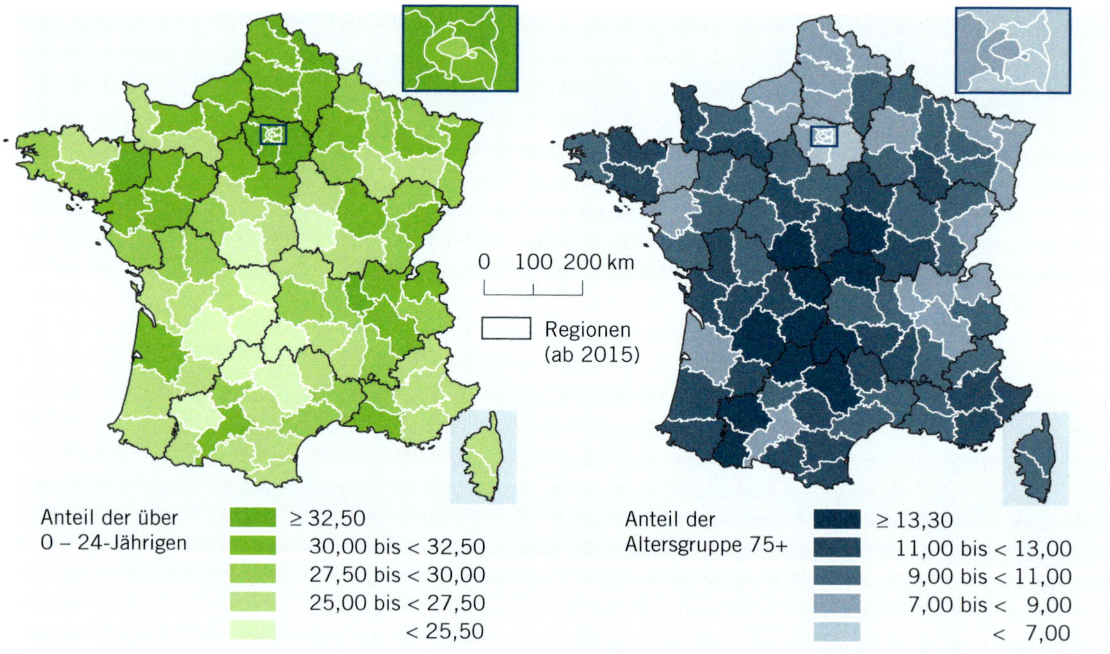

Quelle: Eigene Darstellung nach INSEE 2016i

|Abb. 2.16| *Anteil der 0–24-Jährigen sowie der Altersgruppe 75+ (in %) an der Gesamtbevölkerung im Jahr 2015 nach Départements*

den Weltkriege noch durch. Die deutlich gestiegene Lebenserwartung (im Jahr 2015: 79,0 Jahre für Männer und 85,1 Jahre für Frauen) (vgl. auch Abb. 2.17) wird nicht zuletzt durch den quantitativen Anstieg der Jahrgänge der Hochbetagten deutlich. Die Basis des Altersaufbaus durch die jüngsten Altersjahrgänge ist im Vergleich zu 1901 und 1946 schmaler geworden, die Bevölkerungspyramide zeigt aber keine ausgeprägte Veränderung in Richtung einer Urnenform. Die Alterung der Bevölkerung in Frankreich spiegelt sich auch im Durchschnittsalter der Gesamtbevölkerung wider: Dieses

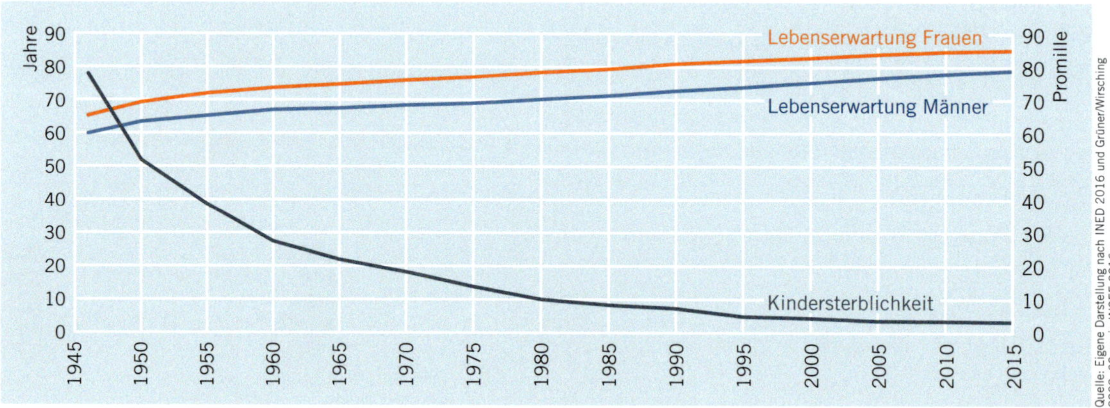

Quelle: Eigene Darstellung nach INED 2016 und Grüner/Wirsching 2003: 32 sowie INSEE 2016e

|Abb. 2.17| *Lebenserwartung für Frauen und Männer (in Jahren) sowie Kindersterblichkeit (in ‰) von 1946 bis 2015*

steigt seit den 1970er Jahren von 34,8 Jahren zunächst moderat an (1990: 36,9 Jahre), dann beschleunigt sich die Zunahme bis zum Jahr 2015 mit 39,5 Jahren. Durch die in Frankreich lebenden Ausländer wird der Altersdurchschnitt gesenkt, da sie im Durchschnitt deutlich jünger sind als die Gesamtbevölkerung (z. B. Durchschnittsalter für das Jahr 2010: Ausländer 31,9 Jahre; Gesamtbevölkerung 40,5 Jahre).

Die regionale Verteilung der verschiedenen Alterskohorten zeigt deutliche regionale Unterschiede. Vergleicht man hierzu die jüngste Altersgruppe (0 bis 24 Jahre) mit der obersten Alterskohorte (75+), so zeigen sich diametral entgegengesetzte räumliche Muster (vgl. Abb. 2.16). Die Départements, die über einen hohen Anteil junger Bevölkerung verfügen (insbesondere die Départements der Île-de-France, im Norden sowie im Rhône-Tal bzw. -Delta) weisen die niedrigsten Anteile der Generation 75+ an ihrer Bevölkerung auf und vice versa. Diese Verteilung ist das Ergebnis des generativen Verhaltens sowie der nationalen und internationalen Wanderungen der letzten Jahrzehnte.

Die verbesserten allgemeinen Lebensbedingungen und die großen medizinischen Fortschritte finden neben der gestiegenen durchschnittlichen Lebenserwartung auch in der deutlich sinkenden Kindersterblichkeitsrate ihren Niederschlag: Während im Jahr 1900 noch 160 von 1000 Neugeborenen das erste Lebensjahr nicht vollenden, liegt dieser Wert 50 Jahre später noch bei 51,9 und im Jahr 2015 nur noch bei 3,3 (vgl. Abb. 2.17).

2.3 Sozialstruktur

Ein weiterer wichtiger Aspekt der Bevölkerungsstruktur betrifft ihre Zusammensetzung nach sozialen bzw. beruflichen Gruppen. Als Grundlage zur Analyse der Sozialstruktur wird in Frankreich in der Regel auf die *professions et catégories socioprofessionnelles* (PCS) zurückgegriffen, d. h. auf Kategorien, die auf Berufen bzw. Berufsgruppen basieren. Die Erfassung erfolgt nach einem standardisierten Raster und weist seit der Volkszählung 1982 je nach Differenzierungsgrad 8, 24 oder 42 Kategorien aus, eine weitere Differenzierung erlaubt die Unterscheidung von bis zu 486 Berufen (*professions*). In diesen Kategorien werden u.a. Angaben zur beruflichen Tätigkeit oder zur Qualifikation der Erwerbsbevölkerung ab 15 Jahren erfasst. Durch die zwischen 1975 und 1982 vorgenommene Novellierung der Systematik (zuvor CSP = *catégories socioprofessionnelles* mit neun großen Gruppen und 30 Subkategorien) und die Änderung der Zuordnung von Berufen im Jahr 2003 sind lange Zeitreihenanalysen kaum sinnvoll möglich.

Nicht für alle *catégories socioprofessionnelles* finden sich treffende deutsche Bezeichnungen, die inhaltgleich und trennscharf sind, so dass die Kategorien hier durch Beschreibungen und ggf. Beispiele charakterisiert werden:

- *agriculteurs exploitants*: selbständige Landwirte,
- *artisans, commerçants, chefs d'entreprise*: Handwerker, Kaufleute, Unternehmer mit mehr als zehn Beschäftigten,
- *cadres et professions intellectuelles*: Leitende Angestellte und Beamte im Wissenschafts- (z. B. Professoren), Bildungs- (z. B. Lehrkräfte im Sekundarschulbereich) und Gesundheitssektor, Freiberufler (z. B. Ärzte, Apotheker, Juristen), Führungskräfte in Unternehmen und im Öffentlichen Dienst,
- *professions intermédiaires*: Mittlere Angestellte in Verwaltung und Wirtschaft wie z. B. Techniker, Meister oder Grundschullehrkräfte,
- *employés*: einfache Angestellte mit untergeordneten Tätigkeiten im Öffentlichen Dienst, in Unternehmen, in der Verwaltung und im Handel sowie einfache Beamte,
- *ouvriers*: Facharbeiter (*ouvriers qualifiés*) im industriellen und handwerklichen Bereich, ebenso ungelernte Arbeiter (*ouvriers non-qualifiés*) sowie Arbeiter in der Landwirtschaft (*ouvriers agricoles*),

|Tab. 2.8| *Vergleich der Zusammensetzung der Erwerbsbevölkerung in den Jahren 2003 und 2015 nach* professions et catégories socioprofessionnelles (PCS)

catégorie socioprofessionnelle	Anteil 2003 in %	Anteil 2015 in %
Agriculteurs exploitants	1,5	0,8
Artisans, Commerçants, Chefs d'entreprise	3,3	3,5
Cadres et professions intellectuelles	7,9	9,3
Professions intermédiaires	12,4	14,2
Employés	16,3	16,4
Ouvriers	13,6	12,6
Inactifs ayant déjà travaillé	25,1	27,2
Autres sans activité professionnelle	19,7	16,1

Quelle: Eigene Zusammenstellung nach INSEE 2016i und 2018h

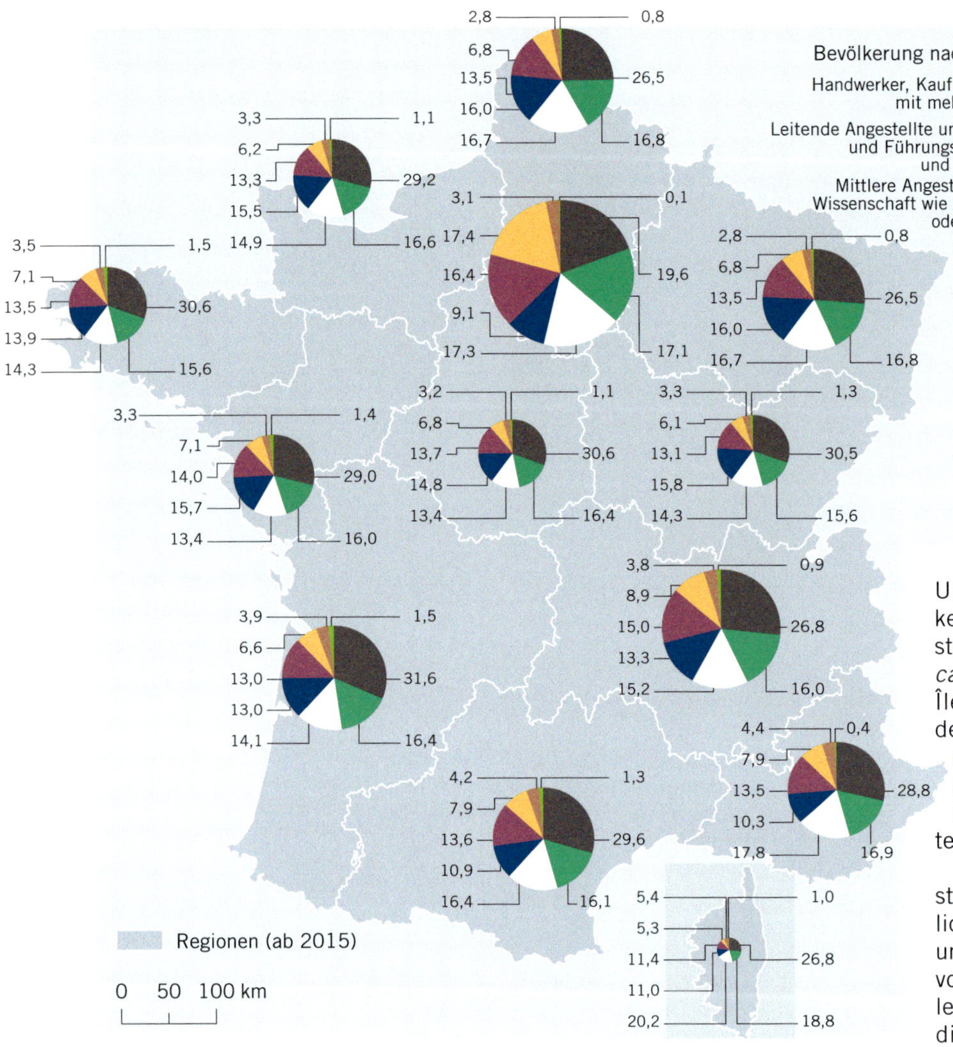

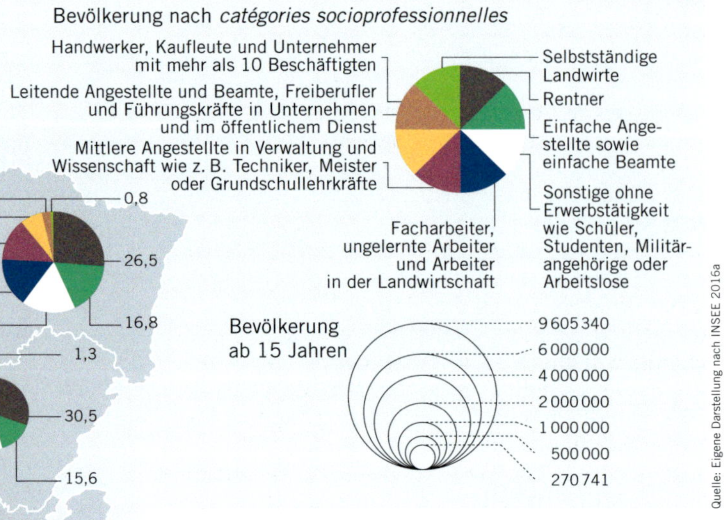

|Abb. 2.18| *Anteile der* catégories socioprofessionnelles *(in %) im Jahr 2013 nach Regionen*

- *inactifs ayant déjà travaillé*: Nicht-Erwerbstätige älter als 52 Jahre, die vormals erwerbstätig waren, sowie Rentner,
- *autres sans activité professionnelle*: Sonstige ohne Erwerbstätigkeit wie Schüler, Studenten, Militärangehörige und Arbeitslose.

Bei der aktiven Erwerbsbevölkerung setzt sich der langjährig zu beobachtende Trend eines steigenden Anteils von Angestellten (*employés*, *professions intermédiaires* und *cadres et professions intellectuelles*) bei gleichzeitigem Rückgang des Arbeiteranteils (*ouvriers*) und des Anteils der Landwirte (*agriculteurs exploitants*) auch in den Jahren 2003 und 2015 weiter fort (vgl. Tab. 2.8). Diese Entwicklung ist nicht zuletzt Ausdruck der auch in Frankreich weiter fortschreitenden Tertiärisierung und Akademisierung des Arbeitsmarktes einer postindustriellen Gesellschaft. Im Bereich der nicht Erwerbstätigen (*inactifs ayant déjà travaillé* und *autres sans activité professionnelle*) findet eine Verschiebung auf Grund der Alterung der französischen Gesamtbevölkerung zu Gunsten der Rentner statt.

Bereits auf der räumlich stark aggregierten Basis der neuen Regionen lassen sich deutliche regionale Unterschiede in der Zusammensetzung der Bevölkerung nach *catégories socioprofessionnelles* feststellen. So fällt insbesondere der hohe Anteil der *cadres et professions intellectuelles* in der Region Île-de-France auf (vgl. Abb. 2.18), der Ausdruck der überproportional hohen Bedeutung der Region für hochqualifizierte Arbeitskräfte ist. Dagegen fallen der Anteil der Arbeiter und insbesondere der Rentner in der Hauptstadtregion stark unterdurchschnittlich aus.

Nach dem Zweiten Weltkrieg steigen Lebensstandard, Löhne und Gehälter in Frankreich deutlich an, z. B. zwischen den Jahren 1955 und 1975 um mehr als das Dreifache. Jedoch profitieren hiervon nicht alle Gruppen in gleichem Maße. Vor allem in den 1950er und 1960er Jahren öffnet sich die Einkommensschere zwischen den oberen und unteren Einkommensklassen beträchtlich. Auch in den Folgejahren steigen die Nettojahresgehälter in Frankreich weiter, allerdings weiterhin mit deutlichen Unterschieden zwischen den *catégories socioprofessionnelles*. Während die Steigerung zwischen den Jahren 1995 und 2012 für Unternehmer weit überdurchschnittlich ausfällt (+89,7 %), liegen die

|Tab. 2.9| *Höhe der durchschnittlichen Nettojahreseinkommen (in €) für ausgewählte* catégories socioprofessionnelles *im Jahr 2012*

catégorie socioprofessionnelle	Durchschnittseinkommen in €
Artisans, Commerçants, Chefs d'entreprise	65099
Cadres et professions intellectuelles	48156
Professions intermédiaires	26496
Employés	18947
Ouvriers	19975
Durchschnitt	**25507**

Quelle: Eigene Zusammenstellung nach Deleneuville 2015

|Abb. 2.19| *Steigerung des Nettojahresgehalts (in %) von 1995 bis 2012 nach* professions et catégories socioprofessionnelles *(PCS)*

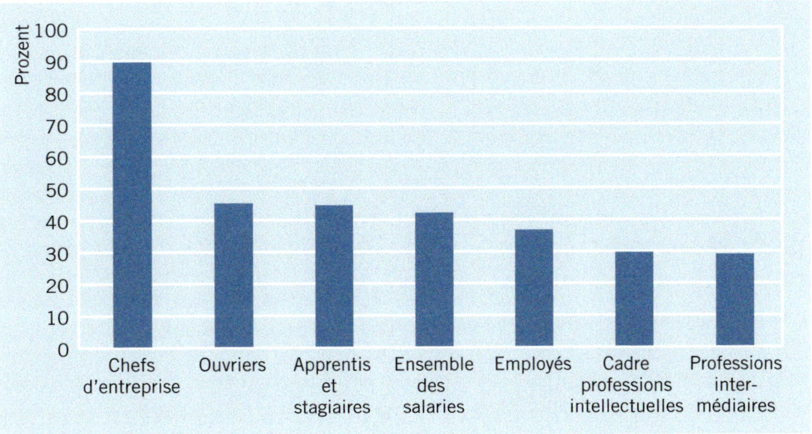

Kategorien der Angestellten (*employés, professions intermédiaires* und *cadres et professions intellectuelles*) in diesem Zeitraum unter dem Durchschnitt aller Beschäftigten von 42,3 % (vgl. Abb. 2.19). Folglich zeigen die Jahresnettoeinkommen der Erwerbstätigen zwischen den *catégories socioprofessionnelles* nach wie vor deutliche Unterschiede auf. Während Unternehmer im Jahr 2012 mit durchschnittlich 65 099 € deutlich über dem Durchschnittswert aller Beschäftigten (25 507 €) liegen, erzielen Angestellte und Arbeiter mit 18947 € bzw. 19 975 € die durchschnittlich geringsten Gehälter (vgl. Tab. 2.9).

Die Einkommensunterschiede zwischen den *catégories socioprofessionnelles* und ihre Entwicklung über die Zeit lassen sich mit dem Dispersionsindex veranschaulichen. Hierbei wird das durchschnittliche Einkommen der 10 % Bestverdienenden ins Verhältnis zum Durchschnittseinkommen der 10 % Erwerbstätigen mit den geringsten Einkommen gesetzt. Die Einkommensschere öffnet sich bis in die 1960er Jahre (1967: Dispersionsindex von 4,1). Erst die 35 %-ige Anhebung des im Jahr 1950 eingeführten Mindeststundenlohns SMIG (*salaire minimum interprofessionnel garanti*) im Jahr 1968, der im Jahr 1970 durch den Mindestlohn SMIC (*salaire minimum interprofessionnel de croissance*) abgelöst wird, verhindert ein weiteres Öffnen der Einkommensschere (vgl. Grosse/Lüger 2003: 171). In den Folgejahren sinkt der Dispersionsindex bis auf Werte knapp unter drei wieder ab (Minimum 1984: 2,91). Anschließend steigt der Index zunächst wieder leicht an (1995: 3,12), entwickelt sich dann wieder mit geringen Schwankungen bis zum Jahr 2012 auf einen Wert von 2,98 leicht rückläufig (vgl. Abb. 2.20). Während das obere Zehntel in der Gehaltsrangliste im Jahr 2012 ein Jahresnettoeinkommen von durchschnittlich 41 203 € aufweist, beläuft es sich für das untere Zehntel auf 13 131 €. Gleichwohl kann festgestellt werden, dass Frankreich zu den wenigen Ländern in Europa gehört, in denen sich die Einkommensschere um die Jahrtausendwende nicht weiter öffnet. Allmählich rückläufig entwickelt sich die Differenz der durchschnittlichen Nettoeinkommen für Frauen und Männer. So erzielen Frauen im Jahr 2012 durchschnittlich 80,8 % der Gehaltssumme der Männer (1995: 78,1 %), wobei die geschlechtsspezifische Einkommensdifferenz für die *employés* am geringsten (8,6 %) und für die *cadres* mit 21,3 % am höchsten ausfällt.

Das Niveau der Lebenshaltungskosten (*niveau de vie*) (d. h. das Haushalteinkommen dividiert durch die Zahl der Haushaltsmitglieder, wobei der erste Erwachsene mit dem Faktor 1, weitere Erwachsene und Kinder über 14 Jahren mit dem Faktor 0,5 sowie Kinder unter 14 Jahren mit dem Faktor 0,3 gewichtet werden) differiert zwischen den *catégories socioprofessionnelles* deutlich (vgl. Tab. 2.10). Im Jahr 2013 liegt der Median für die Kategorie der *cadres et professions intellectuelles* mit 32 200 € fast doppelt so hoch wie für unqualifizierte Arbeiter (16 630 €). Das *niveau de vie* ist die Basis zur Berechnung der Armutsgrenze, die bei 60 % des nationalen Medians der Lebenshaltungskosten (*niveau de vie médians*) liegt. Für das Jahr 2013 beträgt die so berechnete „theoretische" Armutsgrenze von 1000 € pro Monat. Die unterhalb dieser Grenze lebenden Menschen haben jedoch tatsächlich im

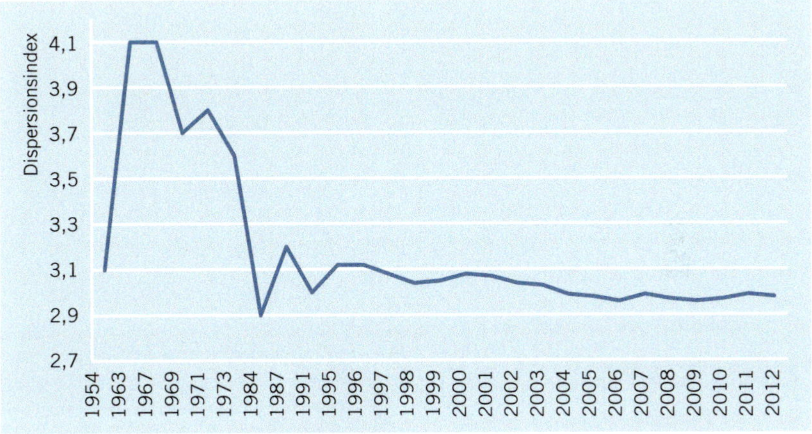

|Abb. 2.20| *Entwicklung des Dispersionsindexes von 1954 bis 2012*

|Tab. 2.10| *Höhe der Lebenshaltungskosten (Median) und der Armutsgrenze (in €/Jahr) für ausgewählte* catégories socioprofessionnelles *im Jahr 2013*

Catégorie socioprofessionnelle	Niveau de vie médians 2013 in €	Armutsgrenze 2013 in €/Jahr
Artisans, Commerçants, Chefs d'entreprise	19680	11808
Cadres et professions intellectuelles	32200	19320
Professions intermédiaires	24060	14436
Employés	19220	11532
Ouvriers qualifiés	18970	11382
Ouvriers non-qualifiés	16630	9978
Total	**20000**	**12000**

Quelle: Eigene Zusammenstellung nach INSEE 2015b

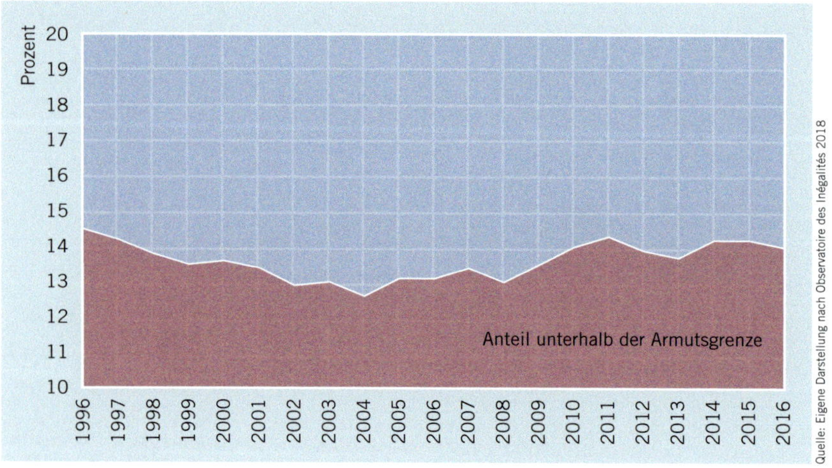

|Abb. 2.21| *Entwicklung des Anteils der unterhalb der Armutsgrenze lebenden Bevölkerung an der Gesamtbevölkerung (in %) von 1996 bis 2016*

Durchschnitt nur 802 € im Monat zur Verfügung.

Von der französischen Gesamtbevölkerung leben im Jahr 2016 insgesamt 14 % unterhalb der Armutsgrenze, dem höchsten Wert seit dem Jahr 1996. Der Anteil bewegt sich seit dem Jahr 1996 stets zwischen 14,5 % (1996) und 12,6 % (2004) (vgl. Abb. 2.21). Mit 22,3 % sind Alleinerziehende (*familles monoparentales*) überproportional häufig betroffen, ebenso die Alterskohorte der über 65-Jährigen. Auch regional variiert der Anteil der unter der Armutsgrenze lebenden Bevölkerung deutlich und der städtische Raum ist stärker betroffen als ländliche Regionen. In vier Départements lebt mehr als jeder fünfte Einwohner unterhalb der Armutsgrenze: Im Norden im Département Pas-de-Calais mit 20,7 %, im Süden in den beiden Départements Aude mit 21,0 % und Pyrénées-Orientales mit 20,4 % sowie im zur Region Île-de-France gehörenden Département Seine-St. Denis mit 24,8 % (vgl. Abb. 2.22). Dagegen sind in nur zwei Départements weniger als 10 % der Bevölkerung betroffen: Yvelines mit 8,2 % und Haute-Savoie mit 9,6 %.

Mit einem breit aufgestellten Spektrum an Sozialleistungen, die sich an unterschiedliche Empfänger wenden (z. B. Rentner, Behinderte, Langzeitarbeitslose etc.), versucht der französische Staat, die Armut in der Bevölkerung zu begrenzen. Hierzu gehören als eine der wichtigsten Maßnahmen die Einführung des Mindesteinkommens RMI (*revenue minimum d'insertion*) im Jahr 1989 und seine Neugestaltung als „Einkommen der aktiven Solidarität" RSA (*revenue de solidarité active*) im Jahr 2009, die eine finanzielle Grundsicherung der französischen Haushalte gewährleisten soll. Bedingt durch die Massenarbeitslosigkeit der 1980er Jahre beschließt die Regierung Rocard, allen in Frankreich lebenden Personen ab 25 Jahren einen finanziellen monatlichen Mindestbetrag zu garantieren, wenn deren Einkünfte bestimmte Grenzen unterschreiten, um so die Gefahr einer *exclusion sociale* für bestimmte Bevölkerungsgruppen zu verringern. Dieses Mindesteinkommen wendet sich somit an Personen bzw. Haushalte mit niedrigem oder keinem Einkommen, wird zeitlich unbefristet gewährt, ist nicht an die Ausübung einer beruflichen oder Ausbildungstätigkeit gebunden und kann durch andere Förderleistungen (z. B. Wohngeld) weiter aufgestockt werden. Um der Kritik am RMI zu begegnen, dass es keinen Anreiz zur Aufnahme einer beruflichen Tätigkeit bietet, wird bei der Neugestaltung im Rahmen des Übergangs zum RSA im Juni 2009 die Anrechnung eines Einkommens auf die Höhe der Förderung reduziert. Damit ist es Leistungsempfängern möglich, mehr Einnahmen zu erzielen, wenn sie Erwerbstätigkeit und RSA kombinieren (im Jahr 2012 bis zu 38 %; vgl. Tabelle 2.11). Die Höhe des Maximalbetrages des RSA wird jährlich angepasst, im Jahr 2018 beträgt die Höchstgrenze 550,93 €. Der Bezug von RSA-Leistungen verpflichtet zur Arbeitssuche, sofern noch keine Erwerbstätigkeit ausgeübt wird.

In Frankreich ist die Zahl der Empfänger von RMI bzw. RSA seit 1990 deutlich angestiegen. Werden im Jahr 1990 rund 420 000 Haushalte durch das RMI unterstützt, so sind es im Jahr 2008 bereits knapp über eine Million. Nach der Umstellung auf RSA steigt die Zahl der mit diesem Instrument unterstützten Haushalte weiter an und erreicht im Jahr 2014 mit knapp 1,7 Mio. Haus-

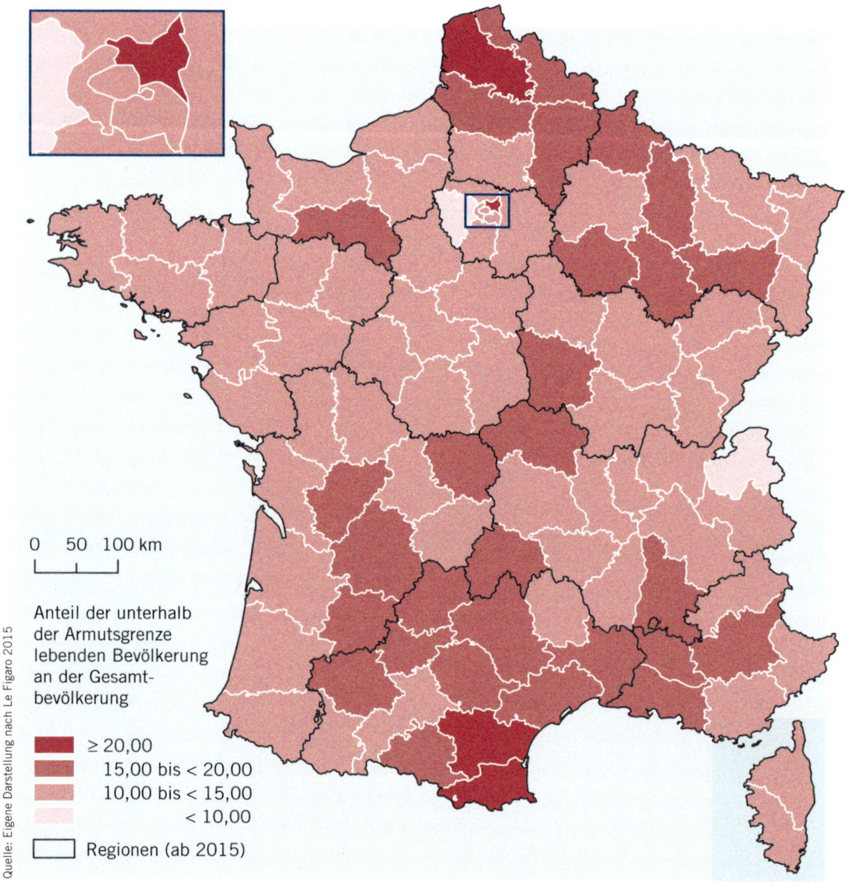

|Abb. 2.22| *Verteilung des Anteils der unterhalb der Armutsgrenze lebenden Bevölkerung an der Gesamtbevölkerung (in %) nach Départements im Jahr 2012*

|Tab. 2.11| *Berechnungsmodel des* revenue de solidarité active *(RSA) für das Jahr 2012 (Beispiel für eine alleinstehende Person, ohne Kind, 25 Jahre oder älter)*

Beschäftigungsumfang	Nettoeinkommen	RSA	Gesamt
Ohne	0€	418€	418€
Teilzeit (1/4)	274€	314€	588€
Teilzeit (1/2)	538€	210€	758€
Teilzeit (3/4)	823€	105€	928€
Vollzeit	1097€	0€	1097€

Quelle: Eigene Zusammenstellung nach INSEE 2012

halten und rund 2,3 Mio. Haushaltsmitgliedern ein vorläufiges Maximum (vgl. Abb. 2.23). Der Anteil an allen Haushalten, der Leistungen über RMI bzw. RSA bezieht, steigt analog zur absoluten Zahl der Haushalte an: Sind Anfang der 1990er Jahre nur rund 2,5% der französischen Haushalte RMI-Leistungsempfänger, so beziehen im Jahr 2018 bereits rund 6,2% aller Haushalte RSA-Leistungen. Dabei ist der Anteil der Haushalte, die ihr aus der eigenen Erwerbstätigkeit erzieltes Einkommen durch RSA-Leistungen aufstocken, mit rund einem Viertel aller Leistungsempfänger seit 2009 relativ konstant.

Die Förderbedingungen des RSA werden nicht nur bzgl. der Förderhöhe der Leistungen angepasst, auch andere Maßnahmen sollen die Wirksamkeit des Instruments erhöhen. So wird im Jahr 2010 der Kreis der Anspruchsberechtigten ausgeweitet, so dass RSA nunmehr ab 18 Jahren (zuvor 25 Jahre) beantragt werden kann, unter der Voraussetzung, dass der Antragsteller in den vergangenen drei Jahren mindestens 24 Monate gearbeitet hat. Bei Bezug einer Wohnungsbeihilfe oder anderweitiger Sozialleistungen erfolgt eine anteilige Anrechnung, so dass der theoretische RSA-Höchstsatz nicht immer voll ausbezahlt wird. Insgesamt gibt der französische Staat für die RSA-Leistungen an die Haushalte im Jahr 2014 rund 8 Mrd. € aus (vgl. Hanke 2015).

An den Sozialleistungen wird insbesondere kritisiert, dass sie allenfalls zur Linderung der Symptome beitragen, nicht aber die strukturellen Probleme des Arbeitsmarktes beheben und die Tendenz zur Zweiteilung der französischen Gesellschaft fortschreitet. Andererseits befindet sich Frankreich nach verschiedenen Studien zur Einkommensungleichheit (gemessen durch den GINI-Koeffizient) unter den Ländern, in denen die Einkommensungleichheit noch gemäßigt ausfällt und eher stagniert als zunimmt. So stellt z. B. die OECD (2008) in ihrer Analyse für die Jahre 1985 bis 2005 fest, dass Frankreich zu den fünf Ländern gehört, in denen die Einkommensungleichheit nicht zugenommen hat. Zudem gehört Frankreich zu den Ländern mit einer geringen Milliardärsdichte und der Besitz des Anteils der ein Prozent reichsten Menschen am gesamt Volksvermögen Frankreichs weist im Gegensatz zu vielen anderen Industriestaaten nach dem Zweiten Weltkrieg eine rückläufige Tendenz auf (vgl. Lüsebrink 2011: 87).

Gleichwohl zeigt sich innerhalb Frankreichs ein stark ausgeprägtes regionales Gefälle des Wohlstands. Betrachtet man dazu die Liste der reichsten Départements nach den bei den Finanzbehörden deklarierten Einnahmen der Haushalte für das Jahr 2015, so bestätigen sich die vorgestellten Ergebnisse: Unter den zehn reichsten Départements befinden sich allein sechs Départements aus der Region Île-de-France (vgl. Tab. 2.12). Die übrigen vier Départements liegen alle im Osten Frankreichs: Das Département Haut-Rhin in der Region Elsass sowie etwas weiter südlich gelegen die drei, alle zur Region Rhône-Alpes gehörenden Départements Haute-Savoie, Ain und Rhône. Umgekehrt liegen acht der zehn ärmsten Départements in der südlichen Landeshälfte, wobei die Differenzen unter den zehn reichsten Départements (gut 12500€ Differenz zwischen Rang 1 und Rang 10) größer ausfällt als unter den zehn ärmsten Départements (lediglich etwas weniger als 2000€).

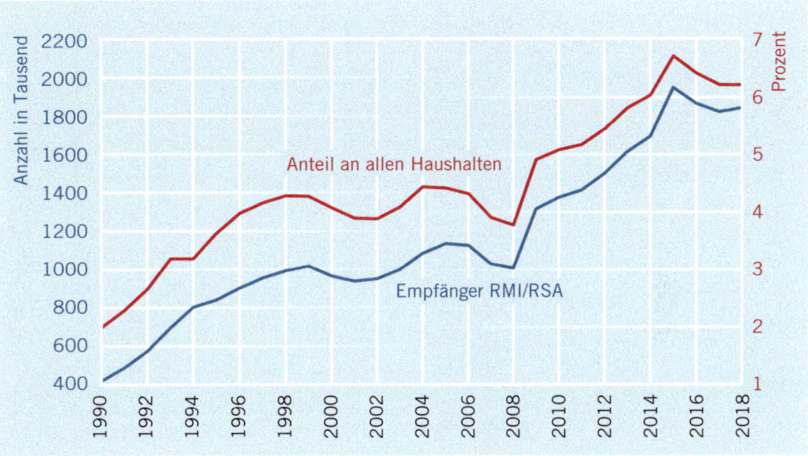

Quelle: Eigene Darstellung nach INSEE 2015a, 2016i und 2018i sowie CAF 2018

|Abb. 2.23| *Entwicklung der Zahl der Leistungsempfänger (Haushalte) von RMI (bis 2008) bzw. RSA (ab 2009) sowie ihr Anteil an allen Haushalten (in %) von 1990 bis 2018*

|Tab. 2.12| *Rangliste der zehn reichsten und zehn ärmsten Départements nach durchschnittlich deklarierten Einnahmen je Haushalt (in €) im Jahr 2015*

Rang	Reichste Départements	Deklarierte Einnahmen	Ärmste Départements	Deklarierte Einnahmen
1	Ville-de-Paris	41011€	Creuse	19575€
2	Hauts-de-Seine	40191€	Ariège	20272€
3	Yvelines	38136€	Aude	20523€
4	Haute-Savoie	33669€	Pyrénées-Orientales	21079€
5	Essonne	30378€	Seine-Saint-Denis	21125€
6	Val-de-Marne	29388€	Lozère	21178€
7	Ain	29196€	Cantal	21229€
8	Haut-Rhin	28566€	Pas-de-Calais	21354€
9	Rhône	28509€	Haute-Corse	21363€
10	Seine-et-Marne	28450€	Dordogne	21473€

Quelle: Eigene Zusammenstellung nach Journal du Net 2018

2.4 Regionale Minderheiten und ihre Regionalsprachen

Eine Besonderheit der französischen Bevölkerungsstruktur stellen die regionalen Minderheiten dar, die sich am deutlichsten anhand ihrer Regionalsprachen (*langues régionales*) identifizieren lassen. Durch die langsame Entwicklung des Territorialstaates gibt es in Frankreich ein jahrhundertelanges Bemühen, alle Bestrebungen einer regionalen Eigenständigkeit zu unterdrücken. Ausdruck dieser Bestrebungen ist u. a. das Ziel, eine einheitliche Sprache zu etablieren: *une nation – une langue*. So wird mit dem Edikt von Villers-Cotterêts im Jahr 1539 Französisch als Urkundensprache festgelegt, im Jahr 1791 per Gesetz die Verwendung der französischen Sprache als Verwaltungssprache vorgeschrieben und im Jahr 1992 der Passus „*la langue de la République est le français*" in Artikel 2 der Verfassung aufgenommen. Die bis weit ins 20. Jahrhundert vorgenommenen Versuche zur Unterdrückung von Regionalsprachen betreffen auch den Schulalltag: So wird in der Bretagne bis in die 1950er Jahre einem Schüler, der beim Bretonischsprechen ertappt wird, ein Symbol (*la vache*) um den Hals gehängt, das er so lange tragen muss, bis ein anderer Schüler ihn auf Grund des gleichen Vergehens ablösen muss (vgl. Grosse/Lüger 2003: 12). Eigenständige Sprachen der Minderheiten werden lange Zeit gezielt auf die Ebene von Dialekten (*patois*) degradiert und wie diese als primitiv verunglimpft (vgl. Brücher 1992: 47).

Abb 2.24 | *Regionale Minderheiten und die sprachliche Zweiteilung zwischen* langue d'oïl *und* langue d'oc

All diese Regelungen haben zum Ziel, eine sprachliche Homogenität für Frankreich zu erreichen und allen regionalistischen Bestrebungen auch über die Sprache entgegenzuwirken, denn auf Grund der über Jahrhunderte andauernden Entwicklung des Territorialstaates existieren bis heute in Frankreich eine Reihe regionaler Minderheiten bzw. Minoritäten. Hierbei handelt es sich nach der Definition der UNO aus dem Jahr 1950 um eine nicht herrschende Gruppe einer Bevölkerung, die stabile ethnische, religiöse oder sprachliche Traditionen aufweist und zu erhalten wünscht, die sich von denen der übrigen Bevölkerung deutlich unterscheiden. Als sprachliche Minderheit gilt danach eine Gruppe, deren Angehörige sich einer Sprache bedienen, die sich von der in einem bestimmten Gebiet gebrauchten Sprache unterscheidet und die nicht als Nationalsprache angesehen wird (vgl. Ermacora 1988). Eine Minderheit muss dabei eine genügend große Zahl von Personen umfassen, um die Pflege solcher Merkmale vorzunehmen. Ihre Mitglieder müssen loyal gegenüber dem Staat sein, dessen Bürger sie sind. Auffallend ist, dass die in Frankreich lebenden Minoritäten überwiegend in Grenzräumen und aus Sicht der Hauptstadt peripheren Regionen leben (vgl. Abb. 2.24).

Die Sprache als Kulturgut spielt für die Identität von Minoritäten eine wichtige Rolle. Grundsätzlich lässt sich Frankreich in zwei große Sprachgebiete einteilen: in den nördlichen Teil der *langue d'oïl* und den südlichen Teil der *langue d'oc*, wobei sich die Sprachgrenze, die ursprünglich auf einer Linie von Bordeaux über Limoges und Clermont-Ferrand nach Grenoble verläuft, immer weiter nach Süden verschiebt. Das okzitanische Sprachgebiet weist verschiedene Dialekte (*patois*) auf und zeichnet sich durch viele lokale Aktivitätskerne aus. Insgesamt ist im Landesinneren Frankreichs eine weitgehende sprachliche Homogenisierung festzustellen, wobei auch hier durchaus Dialekte gesprochen werden. Die wichtigsten sprachlichen Minderheiten sind (vgl. Abb. 2.24):

- Flamen: Das im äußersten Norden an der Grenze zu Belgien gelegene, von französischen Flamen besiedelte Gebiet wird im Jahr 1668 Teil des französischen Staates (Département Nord). Der überwiegende Teil der Flamen lebt in Belgien. Flämisch, ein Dialekt des Niederländischen, wird in Frankreich heute noch von rund 130 000 Menschen gesprochen, deren Zahl sich rückläufig entwickelt.
- Bretonen: Die seit dem Jahr 1532 zu Frankreich gehörige Bretagne ist dem keltischen Sprachgebiet zugehörig und ist in sich in verschiedene Regionaldialekte gegliedert. Das Sprachgebiet der Bretonen hat sich immer weiter nach Westen eingeengt. Heute sprechen noch 250 000 bis 300 000 der rund 3 Mio. Einwohner Bretonisch. Nach der Lockerung der Sprachengesetze kann seit Ende des 20. Jahrhunderts wieder eine leichte Zunahme festgestellt werden.

- Basken: Das im Südwesten gelegene Gebiet der französischen Basken kommt im Jahr 1589 zu Frankreich, wobei die überwiegende Mehrheit der Basken in Spanien angesiedelt ist. Nur ein kleiner Bruchteil der rund 100 000 französischen Basken spricht noch Baskisch, eine der wenigen in Europa noch erhaltenen vorindogermanischen Sprachen.
- Katalanen: Die am Ostrand der Pyrénées gelegene, von Katalanen besiedelte Region hat mehrfach die nationale Zugehörigkeit gewechselt und gehört seit dem Jahr 1659 zum französischen Staat. Auch die Katalanen sind zum überwiegenden Teil in Spanien angesiedelt. Zentrum der rund 300 000 französischen Katalanen ist Perpignan.
- Korsen: Die auf der erst seit dem Jahr 1768 zu Frankreich gehörenden Insel lebenden Korsen haben sich die größte Autonomie (Finanzen und Rechtsprechung) erkämpft. Es ist der überwiegend ältere Teil der rund 320 000 Bewohner Korsikas, der heute Korsisch, einen toskanischen Dialekt mit Ähnlichkeiten zum Sardischen, noch fast ausschließlich spricht.
- Elsässer: In der in den letzten beiden Jahrhunderten immer wieder durch Kriege und Konflikte zwischen Deutschland und Frankreich betroffenen Region (Départements Bas-Rhin, Haut-Rhin und ein Teil von Moselle) sprechen rund 75 % der 1,9 Mio. Einwohner Elsässisch, einen alemannischen Dialekt, der von rund einem Drittel auch als Alltagssprache genutzt wird.

Quelle: Aufnahme Schmude 2012

|Abb. 2.25| *Zweisprachiges Ortsschild aus dem Département Vaucluse (französisch – okzitanisch)*

Grundsätzlich muss konstatiert werden, dass Sprache und Kultur wichtigstes Merkmal der Minoritäten in Frankreich sind, die teilweise auch durch zweisprachige Straßenschilder im Alltag sichtbar werden (vgl. Abb. 2.25). Die Regionalsprachen werden heute eher von der älteren als von der jüngeren Bevölkerung und eher auf dem Land als in den Städten gesprochen. Dies ist Ausdruck eines gewissen Niedergangs der Regionalsprachen, wenngleich es durch das *loi Deixonne* aus dem Jahr 1951, mit dem die Zulassung von zunächst vier Regionalsprachen (Bretonisch, Katalanisch, Okzitanisch und Baskisch) als Unterrichtssprache ermöglicht wird, sowie der weiteren Aufwertung von Regionalsprachen an Schulen (z. B. bilingualer Unterricht im Elsass) und Universitäten durch die Dezentralisierungsgesetze aus dem Jahr 1982 durchaus Liberalisierungsmaßnahmen gegenüber den Minoritäten gibt. Zudem haben über sprachlich-kulturelle Aspekte hinausgehende Regionalismusbewegungen immer wieder Unterstützung erfahren: durch die Mai-Unruhen im Jahr 1968, durch die Larzac-Proteste in den 1970er Jahren oder durch die Ökologiebewegung der 1980 Jahre. Die wenigsten Minoritäten streben jedoch nach politischer Autonomie. Eine gewisse Ausnahme bildet Korsika, das im Jahr 1970 aus der Region Provence-Alpes-Côte d'Azur herausgelöst und eigenständige Region wird. Die teilweise gewaltsamen Bestrebungen zu mehr Unabhängigkeit vom französischen Staat führen dazu, dass der Insel ein Sonderstatus mit einer teilweisen politischen Autonomie eingeräumt wird. Gleichwohl ist die Mehrheit der Bevölkerung Korsikas gegen eine Loslösung von Frankreich: Im Jahr 2001 sprechen sich bei einer Umfrage der Zeitung *Libération* rund 90 % gegen die Unabhängigkeit aus und im Jahr 2003 stimmen 51 % der Korsen gegen eine weiterreichende Autonomie der Insel (*processus Matignon*). Auch die bretonische Unabhängigkeitsbewegung, die ihren Höhepunkt mit einigen Gewalttaten in den 1960er und 1970er Jahren erlebt, spielt heute kaum mehr eine Rolle, wenngleich sich rund 18 % der Bevölkerung der Bretagne im Jahr 2012 in einer Umfrage der Zeitschrift *Bretons* für die Unabhängigkeit von Frankreich aussprechen.

Die politische Diskussion um die Regionalsprachen wird in Frankreich bis in die Gegenwart geführt. Nach der Definition des französischen Kultusministeriums ist eine regionale Sprache in Frankreich eine Sprache, die auf einem Teil des Territoriums schon länger als das Französische gesprochen wird. Vom Europarat wird im Jahr 1992 die Europäische Charta der Regional- und Minderheitensprachen verabschiedet, die von der französischen Regierung im Jahr 1999 unterschrieben, aber nicht endgültig ratifiziert wird. Noch im gleichen Jahr stellt der Verfassungsrat fest, dass das in der Europäischen Charta der Regional- und Minderheitensprachen festgelegte Recht der Anwendung der Regionalsprachen im öffentlichen Raum den Prinzipien der Gleichheit vor dem Gesetz und der Einheit der Republik widerspricht (vgl. Baasner 2009: 10). Im Wahlkampf des Jahres 2007 wird durch den Kandidaten Nicolas Sarkozy erneut eine politische Debatte um die Regionalsprachen angestoßen und nach seiner Wahl auch in die Kammern des Parlaments getragen. Ziel ist es, den Regionalsprachen durch eine Verfassungsänderung einen eigenen Status zuzuerkennen. Im Mai 2008 beschließt die Nationalversammlung eine Erweiterung des Artikels 1 der Verfassung um den Satz: Die Regionalsprachen gehören zu seinem Erbe (*les langues régionales appartiennent à son patrimoine*). Der Senat lehnt jedoch im Juni 2008 das Gesetz zur Änderung des Artikels 1 mit dem obigen Zusatz mit großer Mehrheit ab. Einen erneuten Vorstoß unternimmt Präsident François Hollande im Jahr 2014 (auch er thematisiert die Regionalsprachen in seinem Wahlkampf) und strebt die Ratifizierung der Europäischen Charta an, doch auch er scheitert im Jahr 2015 mit seiner Initiative am Senat.

Zusammenfassend kann festgestellt werden, dass trotz aller Bemühungen zur Vereinheitlichung keine vollständige sprachliche Homogenisierung Frankreichs existiert. Gleichwohl haben die Regionalsprachen immer stärker an Bedeutung verloren und werden von der UNESCO als bedroht eingestuft (vgl. Moseley 2010), da die Zahl der die Regionalsprachen verstehenden bzw. im Alltag nutzenden Menschen sich nahezu durchgängig rückläufig entwickelt.

2.5 Ausblick

Für die zukünftige Entwicklung der Bevölkerung Frankreichs bis zum Jahr 2060 hat das INSEE (2010) verschiedene Bevölkerungsszenarien mit unterschiedlichen Annahmen zur natürlichen und räumlichen Bevölkerungsentwicklung berechnet. Allen Bevölkerungsszenarien ist gemein, dass die Bevölkerungszahl bis zum Jahr 2060 weiter ansteigen wird, allerdings in unterschiedlichem Ausmaß. Hierdurch öffnet sich ein Szenarientrichter (vgl. Abb. 2.26), dessen Grenzen durch Extremszenarien gekennzeichnet sind: Im ungünstigsten Fall (sinkende Geburtenrate: 1,8 Kinder je Frau; sinkender Wanderungsüberschuss: 50 000 p. a.; geringer Anstieg der Lebenserwartung: 83,5, Jahre für Männer im Jahr 2060) zählt Frankreich im Jahr 2060 rund 70 Mio. Einwohner, im günstigsten Fall (steigende Geburtenrate: 2,1 Kinder je Frau; wachsender Wanderungsüberschuss: 150 000 p. a. und deutlich steigende Lebenserwartung: 88,5 Jahre für Männer im Jahr 2060) ca. 78 Mio. Einwohner. Das zentrale Szenario geht von einer unveränderten Fruchtbarkeitsziffer (d. h. leicht unter Bestandserhaltungsniveau), einem jährlichen positiven Wanderungssaldo von 100 000 Menschen sowie einem moderaten Anstieg der Lebenserwartung (für Männer 86 Jahre im Jahr 2060) aus. Unter diesen Annahmen wird die Gesamtbevölkerungszahl von 2015 mit 66,4 Mio. Einwohnern (mit Übersee) bis zum Jahr 2050 auf 72,2 Mio. und bis zum Jahr 2060 auf 73,5 Mio. Einwohner steigen. Dabei wird sich das Süd-Nord-Gefälle des Bevölkerungswachstums weiter verstärken.

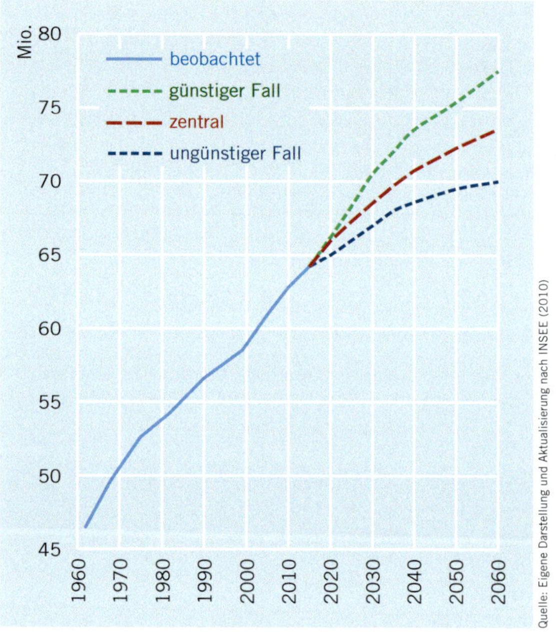

| Abb. 2.26 | *Beobachtete Bevölkerungsentwicklung (in Mio.) für die Jahre 1960 bis 2015 und Bevölkerungsszenarien für die Entwicklung der Gesamtbevölkerungszahl (in Mio.) bis zum Jahr 2060*

Aus diesem Zentralszenario resultiert eine Altersstruktur, die von einer deutlichen Verschiebung von den jüngeren zu den älteren Alterskohorten charakterisiert ist (vgl. Abb. 2.27). Zwar wird der Sockel der Bevölkerungspyramide nicht abnehmen, doch durch die Alterung der geburtenstarken Jahrgänge werden insbesondere die älteren Jahrgänge deutlich stärker besetzt sein als heute (vgl. Abb. 2.28). Die Alterung wird aber bei weitem nicht so stark ausfal-

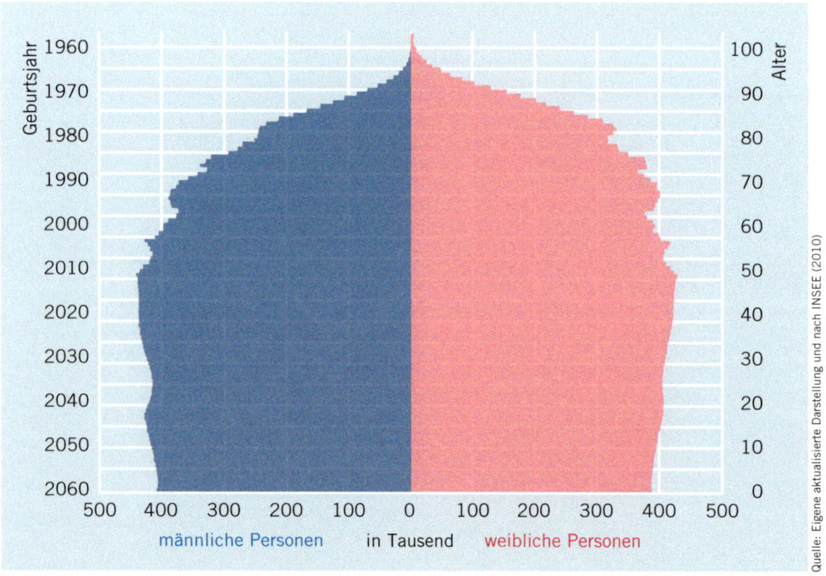

| Abb. 2.27 | *Bevölkerungspyramide für das Jahr 2060 (zentrales Bevölkerungsszenario)*

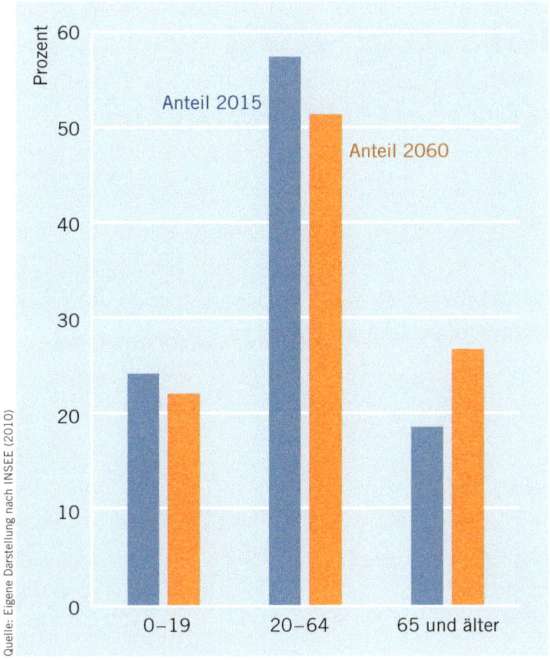

|Abb. 2.28| *Zusammensetzung der Bevölkerung nach Altersgruppen (in %) im Jahr 2015 und 2060 (zentrales Bevölkerungsszenario)*

|Abb. 2.29| *Zusammenleben verschiedener Generationen und Kulturen in Nizza*

len wie in Deutschland: Frankreich altert, Deutschland vergreist (Sievert/Klinholz 2009: 13).

Damit wird die Bevölkerungsentwicklung bis zum Jahr 2060 bei weitem nicht so dramatisch ablaufen wie in vielen anderen europäischen Ländern. Gleichwohl zieht auch diese moderate Alterung der Bevölkerung erhebliche Konsequenzen nach sich. So wird sich u. a. das Verhältnis von Erwerbstätigen zu Rentnern deutlich ändern: Kommen im Jahr 2005 noch 2,2 Erwerbstätige auf einen Rentner, werden es im Jahr 2050 nur noch 1,4 Erwerbstätige sein.

|Abb. 2.30| *Zusammenleben von Jung und Alt (Plakat zum Film Maestro)*

3. Der städtische Raum: Entwicklung und Strukturen des französischen Städtewesens

Quelle: Aufnahme Schmude 2013

|Abb. 3.1| *Blick auf Nizza*

Überblick

- Das heutige Städtenetz Frankreichs geht in seiner Entstehung auf historisch angelegte Grundmuster der Antike zurück. Insbesondere für viele Städte der gallo-romanischen Epoche besteht bis heute Siedlungskontinuität, d. h. das in der Antike angelegte Städtenetz wird im Mittelalter und der Neuzeit „nur" weiter verdichtet.
- In der französischen Städtehierarchie nimmt Paris eine Sonderstellung als Primatstadt ein. Die Maßnahmen zur Dezentralisierung (z. B. die Ausweisung von Gleichgewichtsstädten) ändern daran nichts: die Hauptstadt bleibt nicht nur größte Bevölkerungsagglomeration, sondern ist auch politisches, wirtschaftliches und kulturelles Zentrum des Landes.
- Nach dem Zweiten Weltkrieg werden zahlreiche Großwohnsiedlungen im Randbereich der französischen Städte gebaut, um das Problem der Wohnungsnot zu lösen. Die zunächst als modern und fortschrittlich bewerteten *grands ensembles* entwickeln sich rasch zu sozialen Brennpunkten (*zones urbaines sensibles*, ZUS); alle Maßnahmen und Lösungsversuche zur Entschärfung der Problematik dieser Viertel in der *banlieue* sind bis heute mehr oder weniger gescheitert.
- Mit den *villes nouvelles* wird ab dem Ende der 1960er Jahre ein neues Stadtmodell entwickelt, das eine Abkehr von der funktionsräumlichen Trennung der Bereiche Wohnen, Arbeiten, Versorgen und Freizeit beinhaltet. Die Städte werden als Entlastungsstädte geplant, insbesondere im Umland von Paris, ihre Entwicklung bleibt hinter den Prognosen zurück.
- Die Entwicklung der Städte bzw. ihres Umlandes wird ab den 1970er Jahren durch Périurbanisation bzw. Gentrifizierung beeinflusst. Während die Périurbanisation zur Überprägung des stadtnahen Umlandes führt, gewinnen die Altstädte durch die Gentrifizierung als Wohnstandort wieder an Attraktivität.
- Neben der Durchführung von städtebaulichen Großprojekten, bei denen ganze Stadtviertel durch Flächenumnutzung neu entstehen oder durch Modernisierungsmaßnahmen erneuert werden, ist die jüngste Phase der französischen Stadtentwicklung durch die Bedeutungszunahme des Aspektes der Nachhaltigkeit gekennzeichnet. In zahlreichen Städten entstehen sog. ÉcoQuartiere.
- Da es in Paris selbst zunehmend „eng" wird, greift die (städtebauliche) Entwicklung immer weiter ins Umland der Region Île-de-France, was mit der im Jahr 2014 beschlossenen, neuen Métropole du Grand Paris deutlich wird.

3.1 Städtegründungsepochen und Lage der Städte im Überblick

Für die Entwicklung des französischen Städtenetzes (*armature urbaine*) sind drei Faktoren von wesentlicher Bedeutung: die historischen, in der Antike angelegten Grundmuster des Städtenetzes, die langsame Herausbildung des Territorialstaates mit einem ausgeprägten Staatszentralismus (vgl. 1.) und die mit der lange stagnierenden Bevölkerungsentwicklung (vgl. 2.) in enger Wechselbeziehung stehende schwach ausgeprägte Verstädterungsdynamik. Die Darstellung der zeitlichen Periodisierung der Entstehung der Städte sowie deren geographische Lage bilden die Basis für das Verständnis des Städtenetzes in seiner heutigen Ausprägung.

Im Wesentlichen können drei große Städtegründungsphasen unterschieden werden: die Städtegründungen der Antike (*antiquité*), des Mittelalters (*moyen age*) und der Neuzeit (*époque moderne*) (vgl. Abb. 3.2).

Die ältesten Gründungen städtischer Siedlungen werden vor ca. 3000 Jahren vorgenommen und sind im Südosten des Landes angesiedelt. Hierbei handelt es sich um keltisch-ligurische Oppida, die vornehmlich als Handelsstädte angelegt werden und Marktfunktion haben. Diese Siedlungen sind überwiegend an Wasserstraßen oder Handelsstraßen angelegt und weisen städtische Funktionen (z. B. Verteidigung oder Handel) auf. Ab ca. 800 v. Chr. wird dieses Städtenetz durch die Griechen (z. B. Marseille) und ab ca. 200 v. Chr. durch die Römer vor allem im mediterranen Süden verdichtet (z. B. Orange). Teilweise werden alte Siedlungen übernommen (in diesen Fällen besteht Siedlungskontinuität), teilweise kommt es zur Anlage von neuen Städten. Während es sich bei den griechischen Handelskolonien noch weitgehend um küstennahe Einzelstandorte handelt, „die untereinander nur geringe Austauschbeziehungen pflegten" (Pletsch 2003: 130), kann für die rund 500 Jahre andauernde römische Zeit die Herausbildung eines ersten Städtesystems festgestellt werden. Dieses basiert primär auf der verkehrsmäßigen Erschließung und Sicherung Galliens. Zu diesem Zweck und für den Handel werden zahlreiche Straßen angelegt (z. B. Via Agrippa oder Via Domitia). Das unter den Römern im Ostteil Galliens (z. B. Burgund oder Champagne) entstehende Städtenetz ist engmaschiger ausgebildet als im Westteil (z. B. Aquitanien oder Vendée), wo die mit einem weitmaschigen Städtenetz überzogenen Regionen bis heute unterdurchschnittlich urbanisiert sind.

Städtische Siedlungen aus der Antike sind nahezu in ganz Frankreich zu finden und bilden die Basis des heutigen französischen Städtenetzes. Die sich ablösenden Kulturen – z. B. Griechen und Römer – können an einzelnen Beispielen durch eine vertikale Abfolge der Kulturschichten nachgewiesen werden, z. B. am Oppidum d'Ensérune in der Nähe von Béziers.

Besondere Bedeutung haben die Städte am Mittelmeer, im Rhône-Tal sowie im Pariser Becken. Da oftmals nicht eindeutig zu klären ist, ob diese Städte römischen Ursprungs sind oder bereits auf gallische Siedlungskerne zurückzuführen sind, werden sie heute häufig als gallo-romanische Gründungen bezeichnet. Die bleibende Bedeutung dieser Städte wird durch die Tatsache verdeutlicht, dass von den 44 Hauptorten der römischen Civitates heute noch 26 Département-Hauptorte sind.

Die gallo-romanische Epoche dauert bis ins Mittelalter, in dem das bestehende Städtenetz der *antiquité* weiter verdichtet wird. Allerdings entstehen nur wenige neue Städte, die auch heute noch eine bedeutsame Größe haben. Die Städtegründungen des Mittelalters sind in der Regel auf ihre verkehrsgünstige Lage zurückzuführen (z. B. Mulhouse), basieren auf dem Ausbau von Burgen und Klöstern (z. B. Carcassonne) oder erfolgen aufgrund strategischer Überlegungen (z. B. Libourne). Während den aufgrund ihrer Lagegunst gegründeten Städten zumindest eine regionale Bedeutung zugeschrieben werden kann, bleiben die in Ungunstlage angesiedelten Stadtgründungen meist unbedeutend. Dies gilt auch für den größten Teil der aus strategischen Gründen angelegten bzw. ausgebauten Städte im Südwesten Frankreichs. Diese vor allem in Aquitanien vorzufindenden Bastidenstädte, die auf die kriegerischen Auseinandersetzungen mit England zurückzuführen sind, haben selten die Größe einer Kleinstadt überschritten (z. B. St. Émilion oder Montauban).

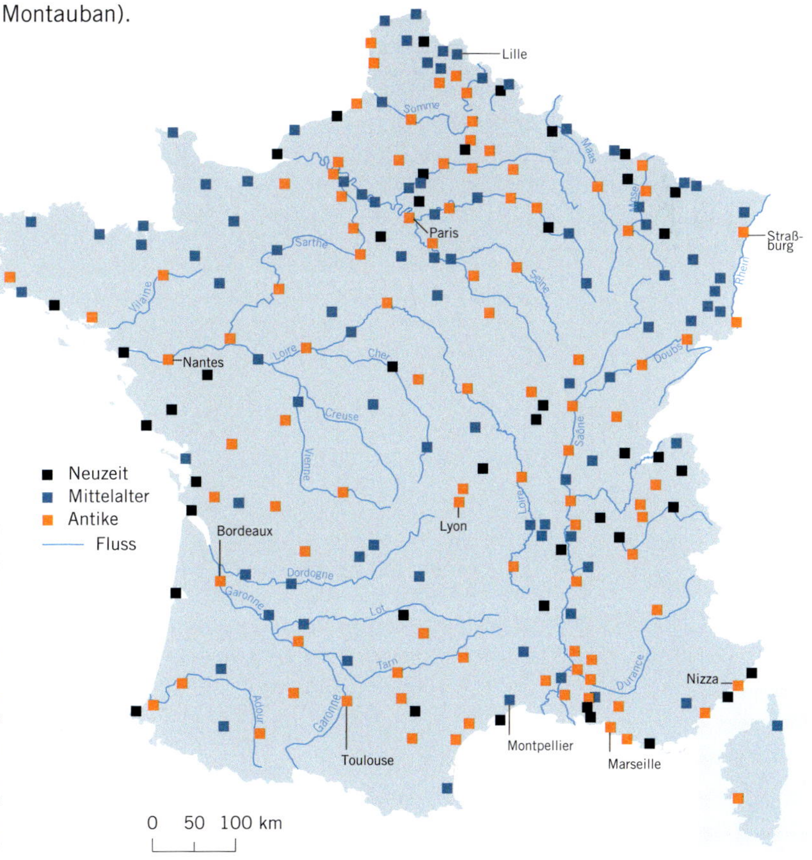

Quelle: Eigene Darstellung nach Pumain/Saint-Julian 1989: 19

|Abb. 3.2| *Städtegründungsepochen in Frankreich und Verortung der zehn größten Städte im Jahr 2015*

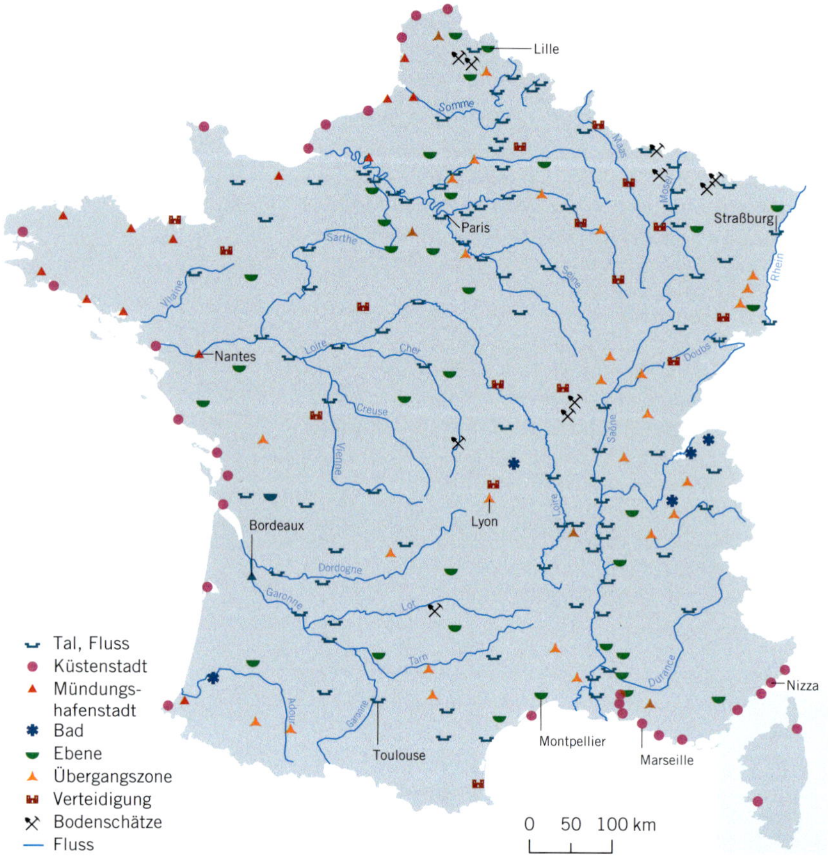

Quelle: Eigene Darstellung nach Pumain/Saint-Julian 1989: 17

|Abb. 3.3| *Lage der Städte nach Lagetyp und Verortung der zehn größten Städte im Jahr 2015*

Ausnahmen aus der weitgehend unbedeutenden Phase der Städtegründungen im Mittelalter sind einige wenige Städte im Norden und Nordosten (z. B. Calais oder Lille) sowie St. Étienne, Montpellier, Perpignan und Pau (vgl. Pumain/Saint-Julian 1989: 18). Diese Städtegründungen erhalten ihre überregionale Bedeutung vor allem aufgrund ihrer ökonomischen oder/und (bildungs-)kulturellen Aktivitäten.

Das ausgehende Mittelalter ist schließlich durch eine Regressionsphase der Siedlungsentwicklung geprägt. Aufgrund der in Europa grassierenden Seuchen und der Pest wird die Bevölkerung stark dezimiert. Davon betroffen sind insbesondere die Städte, die zwischen 1350 und 1500 teilweise über die Hälfte der Bevölkerung verlieren und in der Folge oft auch verarmen. In vielen dieser Städte (z. B. Toulouse) dauert es bis ins 19. Jahrhundert, bis die Einwohnerzahl des Jahres 1350 wieder erreicht wird. Insgesamt lässt sich feststellen, dass die Entwicklung des Städtenetzes in Frankreich Ende des 14. Jahrhunderts bereits mehr oder weniger abgeschlossen ist.

In der frühen Neuzeit (16. bis 18. Jahrhundert) entstehen einige Städte im Grenzraum zu benachbarten Ländern, sowie eine Reihe von Residenzstädten (z. B. Versailles, Nancy oder Dijon), die jedoch im französischen Städtenetz keine herausragende Bedeutung erhalten. Vielmehr sind die wenigen bedeutenden Stadtgründungen dieser Phase durch die Neuorientierung auf die „Neue Welt" motiviert. So werden vor allem an der Atlantikküste die bestehenden Hafenstädte ausgebaut bzw. neue Hafenstädte gegründet (z. B. Le Havre als neuer Überseehafen). Auch am Mittelmeer entstehen neue Häfen (z. B. Sète oder Toulon) und alte Hafenstädte wie Marseille verlieren zunächst stark an Bedeutung.

Im 19. Jahrhundert folgt die Gründungsphase der Industriestädte, die jedoch auf Grund der vergleichsweise späten und wenig intensiven Industrialisierung Frankreichs nur noch sehr wenige Neugründungen mit sich bringt. Die in dieser Zeit entstehenden Bergbau- und Metallverarbeitungszentren sind in der Regel auf alte Siedlungskerne zurückzuführen.

Eine der wenigen tatsächlichen Städteneugründungen dieser Zeit ist La-Roche-sur-Yon, das als Département-Hauptstadt für das Vendée gegründet wird. Schließlich kommt es im 19. und 20. Jahrhundert aufgrund des sich dynamisch entwickelnden Tourismus zu einigen wenigen Stadtgründungen bzw. zum Ausbau kleiner Städte. Diese Entwicklung ist im 19. Jahrhundert zunächst vor allem durch die stark steigende Bedeutung der Naherholung höherer Bevölkerungsschichten aus Großstädten motiviert (z. B. Arcachon für Bordeaux), später werden Städte als nationale und internationale Ferienstädte systematisch geplant und angelegt (z. B. La Grande Motte). Insgesamt ist die Entwicklung der französischen Städtelandschaft aber auch im 19. und 20. Jahrhundert vor allem durch ein Städtewachstum der bestehenden Städte geprägt.

Zusammenfassend kann festgestellt werden, dass das französische Städtenetz in seiner heutigen Ausprägung primär auf seine Anlage in der Antike zurückgeführt werden kann und es im Mittelalter und der Neuzeit lediglich noch zu einer Verdichtung dieses Städtenetzes und insbesondere im 19. und 20. Jahrhunderts zu einem Wachstum der bestehenden Städte kommt, das auf der Zunahme der städtischen Bevölkerung und den wirtschaftssektoralen Entwicklungen (z. B. Industrialisierung) bzw. Verschiebungen (von der Agrar- zur Dienstleistungsgesellschaft) beruht.

Neben der zeitlichen Einordnung spielt die räumliche Verteilung der französischen Städte (vgl. Abb. 3.3) eine wichtige Rolle, wobei häufig nicht ein einzelner Aspekt für die Anlage einer Stadt verantwortlich gemacht werden kann. Insgesamt fällt die überragende Bedeutung des Faktors Wasser auf, denn die Mehrzahl der Städte ist unmittelbar an einer der Küsten gelegen. Hierbei handelt es sich vielfach um Hafenstädte an den Küsten (*port en front de mer*) bzw. an Ästuaren von Flüssen (*port de fond d'estuaire*) oder entlang von Flüssen bzw. deren Tälern (*rivière* bzw. *vallée*). Hafenstädte sind an allen drei Küstenabschnitten Frankreichs zu finden: Le Havre, Dieppe oder Calais am Ärmelkanal (*la Manche*), Brest, St. Nazaire oder La Rochelle am Atlantik (*l'Atlantique*) und Sète, Marseille oder Toulon am Mittelmeer (*la Mediterranée*). An Ästuarmündungen gelegene Hafenstädte gibt es dagegen nur am Ärmelkanal (z. B. Rouen an der Seine oder Caen an der Orne) und am Atlantik (z. B. Nantes an der Loire oder Bordeaux an der Gironde). Die an Flüssen (z. B. an Rhône, Garonne, Dordogne, Loire oder Seine) bzw. in ihren Tälern situierten Städte nutzten ihre Lagegunst, die etwa das Überqueren der Flüsse (z. B. Furt) oder die Kontrolle des Wasserweges ermöglicht. Auch das Zusammenfließen zweier Flüsse stellt eine besondere Gunstlage dar.

Ebenso spielen bei einigen Städtegründungen strategische Überlegungen eine Rolle, wenngleich dieser Aspekt im Laufe der Zeit an Bedeutung verliert und nur wenige dieser Städte (*site défensif*) bis heute, abgesehen von ihrer touristischen Funktion, im französischen Städtenetz eine wichtige Rolle spielen.

Ein zweiter wesentlicher Faktor für die Verortung der Städte ist ihre Höhenlage. Mit Ausnahme von St. Étienne weisen alle bis heute bedeutenden Städte Frankreichs eine Höhe von weniger als 500 m über NN auf (vgl. Pumain/Saint-Julien 1989: 16). Sie befinden sich entweder in der Ebene (*plaine*) oder aber an der Kontaktzone (*contact*) zwischen zwei physisch-geographisch kontrastierenden Räumen. Während sich die Städte der *plaine* insbesondere im Pariser Becken und im Süden des Landes konzentrieren, findet sich der Lagetyp *contact* verstärkt an der Übergangszone von Gebirge und Ebene (z. B. Clermont-Ferrand am Übergang der Limagne zum Massif Central). Mit Ausnahme einiger weniger Städte in Lothringen und dem Zentralmassiv sind diese Städte nicht in unmittelbarer Nähe von Rohstofflagerstätten angesiedelt. Dies gilt jedoch für die nach dem Standortfaktor Bodenschätze ausgerichteten Lagetypus *mine*, der in der Regel jünger ist (Zeit der Industrialisierung). Ihre Standorte konzentrieren sich auf den Norden bzw. Nordosten Frankreichs, dem späteren Kohle- und Schwerindustrierevier (vgl. 5.2.1). Neben Bodenschätzen sind auch andere natürliche Ressourcen wie Thermalquellen wesentlicher Standortfaktor für die Ansiedlung von einzelnen Städten (*bains*).

3.2 Zur Hierarchie des Städtenetzes in der Neuzeit

Die Entwicklung des französischen Städtenetzes zeichnet sich durch eine im Laufe der Jahrhunderte zunehmende Ungleichheit aus, in dem die Hauptstadt auf Grund des in Frankreich vorherrschenden zentralstaatlichen Systems (vgl. 1.2.1) eine dominante Rolle spielt und bis heute einzige „Millionenstadt" ist. Zudem findet der Verstädterungsprozess in der Neuzeit – bedingt durch die späte Industrialisierung (vgl. 5.2.1) und das hierdurch motivierte längere Beharren großer Bevölkerungsanteile im ländlichen Raum (vgl. 2.2.2) – im Vergleich zu anderen europäischen Nachbarländern vergleichsweise spät statt.

Nach der Französischen Revolution von 1789 wird das früh angelegte (vgl. 3.1), aber inkohärente Städtesystem weitergeführt. Verwaltungsstrukturell wird Frankreich mit einem seitdem mehr oder weniger unverändert gültigen Netz von Départements und ihren Hauptorten (*chef-lieu*) überzogen, die direkt von Paris aus gesteuert werden (vgl. 1.2.2). Die Hauptstadt ist uneingeschränkte Zentrale Frankreichs, eine Rangordnung der anderen Städte wird bewusst verhindert, wobei die Bevölkerungsmehrheit noch bis weit ins 20. Jahrhundert im ländlichen Raum lebt. Auch nach Ende des Zweiten Weltkriegs ist knapp die Hälfte der Bevölkerung im ländlichen Raum angesiedelt (vgl. auch Abb. 2.7), d. h. in ländlichen Gemeinden (*communes rurales*) mit weniger als 2000 Einwohnern. Andererseits existiert mit der Hauptstadt (*capitale*) Paris ein städtisches Zentrum, in dem sich im Jahr 1901 gut 7 % der gesamten Bevölkerung Frankreichs konzentriert (vgl. Tab. 3.2). Zwar nimmt dieser Anteil in den folgenden Jahrzehnten ab und erreicht 2015 „nur" noch 3,4 %, doch bedeutet dies keineswegs eine Schwächung der Hauptstadt, denn es finden innerhalb der Agglomeration (*agglomération*) Paris Bevölkerungsverschiebungen statt: Während die Kernstadt insbesondere in der zweiten Hälfte des 20. Jahrhunderts Einwohner verliert, gewinnt ihr Umland durch Wanderungen an Bevölkerung (*périurbanisation*; vgl. 3.3.3), eine Entwicklung, die sich auch in anderen französischen Großstädten und ihrem Umland beobachten lässt.

Weiter ist zu berücksichtigen, dass sich der Verstädterungsprozess insbesondere im 20. Jahrhundert auf nur wenige Regionen konzentriert, d. h. die Zahl der Großstädte in Frankreich ist vergleichsweise gering. Diese Situation wird durch die Tatsache verdeutlicht, dass in Frankreich noch im Jahre 1946 lediglich sieben Städte mit mehr als 200 000 Einwohnern existieren (vgl. Tab. 3.1). Dabei sind die Größenunterschiede nach Einwohnerzahl zwischen Paris und diesen Großstädten extrem: im Jahr 1946 ist Paris nach der Zahl der Einwohner (2,752 Mio.) mehr als viermal so groß wie die zweitgrößte Stadt (Marseille mit 0,636 Mio.

| Tab. 3.1 | *Zusammensetzung der Städte nach Zahl der Einwohner in den Jahren 1946, 1982 und 2015*

Einwohnerzahl	1946	1982	2015
Über 1 Mio.	1	1	1
200 001 bis 1 Mio.	6	9	10
1 000 001 bis 200 000	15	27	31
50 001 bis 100 000	32	64	80
20 001 bis 50 000	131	282	336
2001 bis 20 000	2516	3559	4837
bis 2000	35 282	32 491	30 098
Gesamt	**37 983**	**36 434**	**35 393**

Quelle: Eigene Zusammenstellung nach Croze 1988: 24f; INSEE 2018b

Einwohnern). Zwar hat sich die Zahl der Städte mit mehr als 200 000 bis zum Jahre 2015 auf 11 erhöht (zu Vergleich: in Deutschland gibt es im Jahr 2015 insgesamt 39 Städte mit mehr als 200 000 Einwohnern), die Hauptstadt weist aber immer noch deutlich mehr als doppelt so viele Einwohner wie die zweitgrößte Stadt (Marseille) auf. Zudem erreicht die Differenz zwischen den Einwohnerzahlen der größten Städte ihr Maximum zwischen den Rangplätzen 1 (Paris) und 2 (Marseille), zwischen allen anderen Großstädten ist der Abstand deutlich geringer (vgl. Tab. 3.2).

Die Rangfolge der Städte, gemessen an den Einwohnerzahlen, bleibt auf den ersten vier Rangplätzen des Städterankings seit 1946 unverändert. Auf den nachfolgenden Rangplätzen gibt es nur leichte Verschiebungen: So verliert etwa Bordeaux zwischen 1946 und 2015 insgesamt vier Rangplätze, während Straßburg in diesem Zeitraum zwei Rangplätze gewinnt. Mit St. Étienne fällt lediglich eine Stadt gänzlich aus den Top 10 der französischen Städte heraus und wird durch die „aufstrebende" Stadt Montpellier ersetzt. Insgesamt kann festgestellt werden, dass die Dynamik in der Städtetabelle, gemessen an Rangverschiebungen, relativ gering ausfällt. Sie wird umso größer, je niedriger die Rangplätze sind, d. h. die im hier nicht aufgeführten, unteren Bereich der Rangliste befindlichen Städte sind wesentlich homogener als die in der Spitzengruppe platzierten Großstädte.

Betrachtet man die räumliche Lage der zehn größten Städte des Landes (vgl. hierzu auch Abb. 3.4), fällt auf, dass sie eine Mindestdistanz von über 200 km zu Paris aufweisen und bis auf eine Ausnahme (Lyon) vergleichsweise peripher zur Hauptstadt, d. h. an den Landesgrenzen oder an den Küsten, liegen.

Wegen der starken Ausrichtung auf die Hauptstadt fehlt es dem französischen Städtenetz an einem hierarchischen Aufbau. Eine klar erkennbare Hierarchie gemäß der Zentrale-Orte-Theorie von Christaller ist nicht erkennbar. Die französische Städtelandschaft ist bis heute charakterisiert durch die Sonderstellung von Paris als politisches, ökonomisches und kulturelles Zentrum des Landes, mit einem hohen Anteil an der Gesamtbevölkerung Frankreichs. Diese erdrückende Rolle der Landeshauptstadt stellt Jean-Francois Gravier bereits im Jahr 1947 in seinem bis heute vielzitierten Buch „Paris et le désert français" dar. Die von Paris aus beherrschte Wüste zeichnet sich u. a. dadurch aus, dass es neben der Landeshauptstadt nur wenige Großstädte gibt und das Ungleichgewicht (*déséquilibre*) bis heute Kennzeichen des französischen Städtenetzes ist. Die seit dem Zweiten Weltkrieg unternommenen Versuche zur Dezentralisierung und zum Abbau zwischen der Hauptstadt und den regionalen Metropolen Frankreichs fallen oft zu halbherzig aus, als dass sie das Herausbilden einer vollständigen *armature urbaine* unterstützt hätten.

Gleichwohl gibt es auch in der französischen Stadtgeographie verschiedene Versuche, ein Schema für das Städtenetz zu entwerfen. Allerdings beschränken sich diese Ansätze fast alle auf die Spitze der Hierarchie und vernachlässigen das Gros der französischen Gemeinden. Den bekanntesten Versuch einer Klassifizierung der französischen Städte haben Hautreux und Rochefort (1965) vorgelegt. Grundlage ihrer Typisierung sind vor allem die Einwohnerzahl der Städte sowie ihre Ausstattung mit Einrichtungen des tertiären Sektors (z. B. Einrichtungen in den Bereichen Finanzwesen, Handel oder Kultur). Danach steht die *capitale* Paris an der Spitze des Städtenetzes (*armature urbaine*). Ihr nachgeordnet ist eine Gruppe von acht Regionalmetropolen (*métropoles régionales*) (z. B. Marseille, Lyon oder Bordeaux). Die Unterschiede zwischen den Regionalmetropolen fallen deutlich geringer aus als die

|Tab. 3.2| *Einwohnerzahl (in Tsd.) der zehn größten Städte in den Jahren 1901, 1946, 1982 und 2015*

Stadt 1901	Einwohner-zahl	Stadt 1946	Einwohner-zahl	Stadt 1982	Einwohner-zahl	Stadt 2015	Einwohner-zahl
Paris	2741,1	Paris	2752,4	Paris	2176,2	Paris	2206,5
Marseille	491,2	Marseille	636,3	Marseille	878,7	Marseille	861,6
Lyon	459,1	Lyon	442,0	Lyon	418,5	Lyon	513,3
Bordeaux	256,6	Toulouse	264,4	Toulouse	354,3	Toulouse	471,9
Lille	210,7	Bordeaux	253,8	Nizza	338,5	Nizza	342,5
Nantes	160,0	Nizza	211,2	Straßburg	252,3	Nantes	303,4
Straßburg	151,0	Nantes	200,3	Nantes	247,2	Montpellier	277,6
Toulouse	149,8	Lille	188,9	Bordeaux	211,2	Straßburg	277,3
St. Étienne	146,6	St. Étienne	178,0	St. Étienne	206,7	Bordeaux	249,7
Le Havre	130,2	Straßburg	175,5	Le Havre	199,3	Lille	232,7
Frankreich gesamt	**38451,0**		**40506,6**		**54528,4**		**64199,0**
Anteil Paris	**7,1%**		**6,8%**		**4,0%**		**3,4%**

Quelle: Eigene Zusammenstellung nach; Lahmeyer 2003; Pletsch 2003: 137 und INSEE 2017

|Tab. 3.3| *Einwohner (in Tsd.) der zehn größten Agglomerationen sowie Anzahl der Gemeinden in den Agglomerationen in den Jahre 1962 und 2015*

Agglomeration 1962	Einwohner	Anzahl Gemeinden	Agglomeration 2015	Einwohner	Anzahl Gemeinden
Paris	7725	221	Paris	12532	412
Lyon	859	32	Lyon	2291	129
Marseille	800	6	Marseille – Aix-en-Provence	1752	49
Bordeaux	462	14	Toulouse	1330	73
Lille	440	37	Bordeaux	1215	64
Robaix-Tourcoing	330		Lille	1184	59
Toulouse	329	2	Nizza	1005	51
Rouen	321	24	Nantes	949	24
Straßburg	302	11	Straßburg	780	23
Nantes	300	9	Rennes	723	13
Frankreich gesamt	**46500**	**37962**	**Frankreich gesamt**	**64199**	**36529**
Anteil Paris	**16,6%**	**0,6%**	**Anteil Paris**	**19,5%**	**1,1%**

Quelle: Eigene Zusammenstellung nach Ganiage 1964: 283; INSEE 2018b sowie www.citypopulation.de 2018

Disparitäten zur Hauptstadt. Die nächste Stufe bilden die nach der Einwohnerzahl deutlich kleineren vollständig ausgestatteten zehn Regionalzentren (*centres régionaux de plein exercice*) (z. B. Nizza, Montpellier oder Rennes). Schließlich bilden 24 unvollständig ausgestattete Regionalzentren (*villes à fonction régionale incomplète*) eine weitere Stufe der *armature urbaine*. Sie haben oft nur lokale Bedeutung bzw. Funktionen, was in einzelnen Fällen darauf beruht, dass sie in unmittelbarer Umgebung von Regionalzentren liegen (z. B. Toulon nahe Marseille oder St. Étienne nahe Lyon). Alle übrigen Städte werden der fünften Stufe der Départementstädte (z. B. Valence, Nîmes oder Perpgignan) oder der sechsten Stufe der Klein- und Mittelstädte zugeordnet, wobei ihnen allenfalls lokale Bedeutung zugerechnet wird. Die Ergebnisse von Hautreux/Rochefort (1965) decken sich nur im oberen Bereich der Hierarchie mit jenen von Coppolani (1959), Juillard (1961) oder Piatier (1968) (vgl. Pumain/Saint-Julien 1976: 424). Deutliche Unterschiede in der Hierarchisierung der Städte treten bereits ab der dritten Stufe der Typisierungen auf und der häufige Verzicht einer weiteren Abstufung im unteren Bereich des Städtenetzes verdeutlicht das Problem einer bis heute unvollständig ausgebildeten *armature urbaine*.

Die bereits erwähnte und in vielen Städten nach dem Zweiten Weltkrieg zu beobachtende Stadt-Rand-Wanderung der Bevölkerung macht es notwendig, sich auch mit den Agglomerationsräumen der französischen Großstädte zu beschäftigen. Eine erste Abgrenzung der *agglomérations* wird im Jahre 1952 vorgenommen und erstmals in der Volkszählung 1954 verwendet. Die formale Abgrenzung der städtischen Agglomerationen erfolgt zunächst anhand von Karten und Luftbildern und ist nicht unumstritten, da sie im Bereich der wirtschaftlichen und administrativen Verflechtungen mit dieser Methode nur bedingt erkennbar ist. Da es sich bei den Agglomerationen um funktionale Gebilde handelt, ändert sich im Zeitverlauf ihre Zusammensetzung. Insgesamt wachsen die Agglomerationen zwischen 1962 und 2015 deutlich, d. h. neben der Bevölkerungszahl einer Agglomeration nimmt auch die Zahl der zugehörigen Gemeinden zu. So ist beispielsweise die Zahl der Gemeinden der Agglomeration von Paris zwischen 1962 bis 2015 um 191 Gemeinden angestiegen (vgl. Tab. 3.3). Die Agglomerationen weisen sehr unterschiedliche Strukturen auf (vgl. Begriffserklärungen) und die Größenunterschiede zwischen ihnen (gemessen an ihrer Bevölkerungszahl) sind noch größer als bei den Städten. Die Bedeutung der Hauptstadtregion wird auf der Ebene der Agglomerationen noch offensichtlicher als bei der Betrachtung der Städte: in der Pariser Agglomeration konzentriert sich im Jahr 2015 nahezu ein Fünftel der gesamten Bevölkerung Frankreichs (vgl. Tab. 3.3).

Nicht nur auf Grund des hohen, auf die Pariser Agglomeration entfallenden Bevölkerungsanteils, sondern auch wegen der starken Konzentration vieler anderer staatlicher, wirtschaftlicher oder kultureller Funktionen wird die Hauptstadt Frankreichs als Primatstadt bezeichnet. Für eine derartige Konzentration von Bevölkerung und Funktionen gibt es – insbesondere in Europa – nur wenige vergleichbare Beispiele (z. B. Kleinstaaten, in denen die Grundlage für ein gestaffeltes Städtesystem fehlt, wie Luxemburg oder strukturschwache Länder wie z. B. Griechenland). Dabei gibt es in Frankreich durchaus raumplanerische Maßnahmen, die anderen Großstädte zu stärken, um ein Gegengewicht zur Dominanz von Paris zu schaffen. Einen solchen Ansatz stellt die im Jahr 1964 vorgenommene Ausweisung von acht Gleichgewichtsstädten (*métropoles d'équilibres*) dar. Diese Städte sollen ab dem vierten Wirtschaftsplan (vgl. 4.2.1) das Grundgerüst der französischen Wirtschaft bilden. Im Einzelnen erhalten folgende Städte den Status einer *métropole d'équilibre* (vgl. Abb. 3.4):

Begriffserklärungen

In der amtlichen Statistik werden eine Reihe verschiedener Definitionen und Organisationsformen für den städtischen Raum angewendet, von denen die gängigsten nachfolgend erläutert werden (vgl. INSEE 2018a):

- Städtische Kommunen sind Gemeinden ab 2000 Einwohnern und werden als *commune urbaine* bezeichnet, im Gegensatz zu Landgemeinden (*commune rurale*), die weniger als 2000 Einwohner aufweisen.
- Als *aire urbaine* wird ein Ensemble aus mehreren Gemeinden mit mindestens 10 000 Arbeitsplätzen bezeichnet. Bei den Gemeinden kann es sich sowohl um ländliche (*commune rurale*) als auch um städtische Gemeinden (*commune urbaine*) handeln, wenn ihr Auspendleranteil ins Zentrum der *aire urbaine* mindestens 40 % beträgt.
- Eine *unité urbaine* kann aus nur einer oder aber mehreren städtischen Gemeinden (*commune urbaine*) gebildet werden. Die Gemeinde(n) muss bzw. müssen eine kompakte Bebauung (Hausabstand maximal 200 m) bzw. Besiedlung aufweisen. Wird eine *unité urbaine* aus nur einer Gemeinde gebildet, wird sie auch als *ville isolée* bezeichnet.
- Setzt sich eine *unité urbaine* aus mehreren Gemeinden zusammen, die selbständig sind, jedoch ein wirtschaftliches Zentrum bilden, handelt es sich um eine *agglomération multicommunale*. In der Mehrzahl der Fälle wird die Agglomeration von einem Hauptort sowie der funktional verbundenen Umgebung (*banlieue*) gebildet. So besteht etwa die Agglomeration Montpellier im Jahr 2015 aus 31 Gemeinden, wobei die Stadt Montpellier diese Agglomeration eindeutig dominiert. Von den knapp 428 000 Einwohnern der *agglomération* sind rund 280 000 in der Stadt Montpellier angesiedelt. Im Gegensatz dazu gibt es auch Agglomerationen, deren größte Stadt weniger als die Hälfte der Gesamtbevölkerung ausmacht: Z. B. beläuft sich im Jahr 2017 die Einwohnerzahl aller 56 Gemeinden der Agglomeration Valence Romans auf ca. 215 000 Einwohner, von denen aber lediglich 63 000 Einwohner in der Stadt Valence ansässig sind. Einige wenige Agglomerationen werden dagegen aus mehreren großen Hauptorten sowie weiteren kleinen Städten gebildet. Bekanntestes Beispiel hierfür ist die Agglomeration Lille, bestehend aus 59 Gemeinden mit rund 1,2 Mio. Einwohnern, von denen rund 230 000 Einwohner auf Lille und jeweils knapp 95 000 Einwohner auf Roubaix und Tourcoing entfallen. Eine solche Konstellation wird auch als *conurbation* bezeichnet.
- Als interkommunale Kooperationsform gibt es seit dem Jahr 1999 die *communauté d'agglomération* mit insgesamt mindestens 50 000 Einwohnern, die sich auf mehrere Gemeinden verteilen, von denen mindestens eine 15 000 Einwohner aufweisen muss.

Als weitere Bezeichnungen für den städtischen Raum finden sich in der einschlägigen Literatur noch weitere Begriffe wie *agrégat urbain*, *zone urbaine*, *région urbaine* oder *nébuleuse urbaine en milieu rural*. Diese Begriffe werden teilweise synonym zu bisher eingeführten Begriffen verwendet, teilweise beschreiben sie auch regionale Sonderfälle.

- Lille als Standort der nordfranzösischen Textilindustrie,
- Metz/Nancy als Standort der lothringischen Schwerindustrie,
- Straßburg als isolierter Entwicklungspol im Osten des Landes,
- Nantes als Standort mit Hafen-, Verarbeitungs- und Militärfunktion,
- Bordeaux als Standort mit wichtiger Hafenfunktion und großem Hinterland,
- Toulouse als Standort der französischen Rüstungsindustrie,
- Lyon als Standort der Textil- und chemischen Industrie,
- Marseille als Standort mit Hafenfunktion und Schwerindustrie.

Die Auswahl der Städte erfolgt unter Berücksichtigung ihrer Lage und Größe, wobei die Entscheidungen teilweise umstritten sind. So wird beispielsweise eine *métropole d'équilibre* Metz-Nancy gebildet, da sich die Regierung nicht für bzw. gegen eine der beiden Städte entscheiden will. Dagegen bemüht sich Rennes in Konkurrenz zu Nantes vergeb-

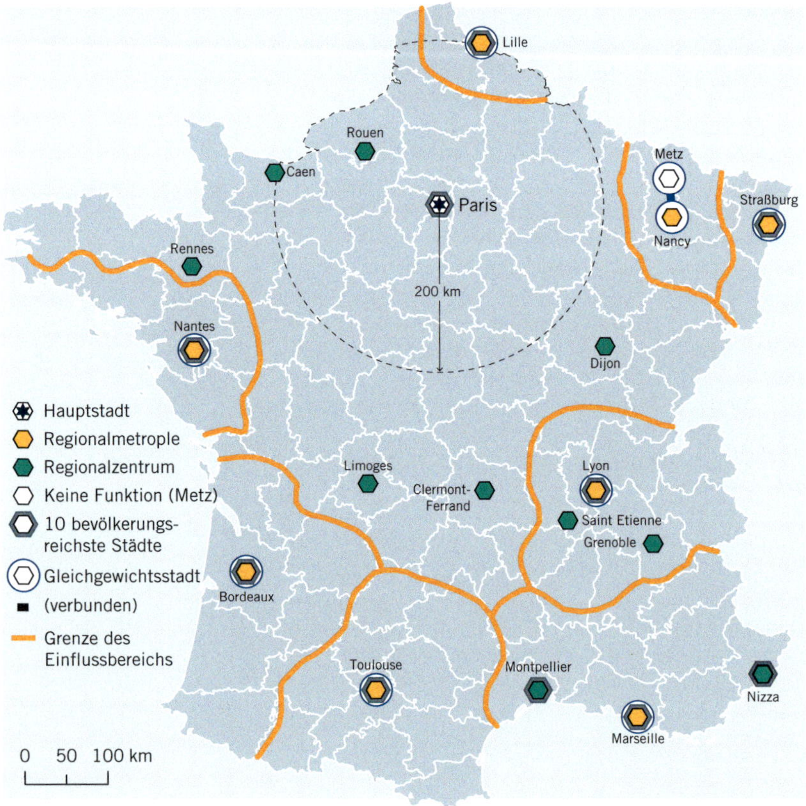

Quelle: Eigene Darstellung in Anlehnung an Barrière/Cassou-Mounat 1987: 98 und Pietsch 2003: 161

|Abb. 3.4| *Verortung der zehn größten Städte in Frankreich im Jahr 2015 sowie der im Jahr 1964 ausgewiesenen acht Gleichgewichtsstädte sowie der Regionalmetropolen bzw. -zentren*

lich um den Status einer Gleichgewichtsstadt; ebenso Rouen, das wegen seiner Nähe zu Paris nicht berücksichtigt wird. Auf der anderen Seite wird beispielsweise die Wahl von Straßburg kritisiert, dessen regionale Anziehungskraft als zu gering eingestuft wird (vgl. Labasse, 1968, 55). Ebenso ist zu berücksichtigen, dass es sich bei den ausgewiesenen *métropoles d'équilibres* keineswegs um Städte vergleichbarer Größe, Ausstattung und Bedeutung handelt: So ist etwa Marseille um ein Mehrfaches größer als Nancy. Die Förderung der neuen Zentren sieht vor allem die Ausstattung mit neuen, zusätzlichen Dienstleistungsfunktionen vor. Da es sich jedoch bei den ausgewählten Städten um große, gewachsene Städte handelt, verfügen sie in der Regel bereits über ein für ihr Einzugsgebiet ausreichendes Dienstleistungsangebot. Vielfach fehlt sogar die Aufnahmekapazität für zusätzliche tertiäre Aktivitäten. Hinzu kommt, dass die Fördermaßnahmen zur Schaffung von Arbeitsplätzen (Prämien von bis zu 20 % der Investitionen) auch von allen anderen Hauptorten (*chef-lieu*) der Départements beantragt werden können. Insofern sind die Förderbedingungen und -möglichkeiten nie ausschließlich auf die *métropoles d'équilibres* beschränkt, zudem beinhaltet die Förderung keine Zuweisung von politischen Kompetenzen und Funktionen. So verwundert es nicht, dass die Entwicklung der Gleichgewichtsstädte hinter den Erwartungen zurückbleibt und sie nach ihrer Ausweisung ein im Vergleich zu den meisten französischen Mittelstädten (20 000 bis 200 000 Einwohner) nur unterdurchschnittliches Wachstum aufweisen.

Ein Grund hierfür ist die Tatsache, dass der französische Staat schon wenige Jahre nach Ausweisung der Gleichgewichtsstädte seine Förderstrategie ändert und sich mit dem im Rahmen des 6. Wirtschaftsplanes (vgl. 4.2.1) im Jahre 1972 verabschiedeten *contrat de ville moyenne* vor allem auf die Entwicklung der Mittelstädte (*villes moyennes*) konzentriert. Diese Maßnahme sieht für insgesamt 200 Städte mit 20 000 bis 200 000 Einwohnern die Finanzierung lokaler Projekte und Maßnahmen vor, in der Mehrzahl die Sanierung der alten Stadtkerne. Diese Förderstrategie wird mit den *contrats de pays* im Jahre 1975 auch auf die Kleinstädte mit weniger als 20 000 Einwohnern ausgedehnt. Somit kehrt der französische Staat innerhalb weniger Jahre von seiner angestrebten Schwerpunktförderung wieder zurück zum nivellierenden „Gießkannenprinzip" (*politique de saupoudrage*), die Vormachtstellung von Paris bleibt unangetastet.

Zusammenfassend kann festgestellt werden, dass Paris im französischen Städtenetz nach wie vor eine Sonderstellung als Primatstadt einnimmt, sowohl nach der Einwohnerzahl als auch funktional (politisch, wirtschaftlich, kulturell etc.). Die Maßnahmen zur Dezentralisierung bzw. Stärkung der wenigen anderen Großstädte haben die absolute Vorrangstellung von Paris nicht schwächen können.

3.3 Veränderungen der französischen Städte nach dem Zweiten Weltkrieg: Konzepte, Instrumente und Prozesse

3.3.1 Großwohnsiedlungen am Stadtrand zur Linderung der Wohnungsnot

Nach dem Zweiten Weltkrieg erfahren die französischen Städte – vor allem als Reaktion auf das starke Bevölkerungswachstum und die Bevölkerungsumverteilung vom ländlichen in den städtischen Raum – erhebliche Veränderungen, die u.a. sowohl durch eine veränderte Physiognomie (z. B. Großwohnsiedlungen) als auch durch soziale Auseinandersetzungen und Konflikte (z. B. in den Vororten vieler großer Städte) sichtbar werden.

In den ersten Nachkriegsjahren konzentriert sich der Wiederaufbau zunächst auf die allgemeine Infrastruktur und Industrieanlagen. Der Wohnungsbau steht nicht im Fokus, obwohl insbesondere die großen Städte im Nordosten und Westen des Landes starke Kriegszerstörungen aufweisen. So sind beispielsweise in Le Havre rund 10 000 Häuser beschädigt, weitere 10 000 Häuser unbewohnbar. Der Wiederaufbau der Städte verläuft weitgehend ungeplant und ungesteuert. Neben den Kriegszerstörungen wird die Wohnungsnot durch die Tatsache verschärft, dass in der Zwischenkriegszeit zu wenige Wohnungen gebaut werden (zwischen 1920 und 1940 lediglich 1,5 Mio. Wohnungen) und zu Beginn des Zweiten Weltkriegs landesweit rund drei Millionen Wohnungen fehlen (vgl. Pletsch 2003: 139).

Erst im Laufe der 1950er Jahre, nicht zuletzt durch den sehr kalten Winter 1954 und die zunehmende mediale Aufmerksamkeit für die schlechte Wohnungssituation vor allem im städtischen Raum, wird die Schaffung von neuem Wohnraum forciert, d. h. in den folgenden beiden Jahrzehnten wird neben dem Wiederaufbau zerstörter, älterer Wohnsubstanz vor allem durch den Bau von Großwohnsiedlungen (*grands ensembles* oder *cités*) neuer bereitgestellt. Die rechtlichen Grundlagen hierzu bilden der *code de l'urbanisme* (23.5.1953), das *loi Malraux* (1962) sowie das *loi d'orientation foncière* (1967), mit denen u. a. die Bereitstellung von neuem, dringend benötigtem städtischen Wohnraum und die Freigabe von Bauland für die Öffentliche Hand geregelt bzw. die Rahmenbedingungen für Sanierung der Altstädte geschaffen werden.

Das Jahr 1967 markiert gleichzeitig den Beginn der gesetzlichen Verpflichtung der Städte und Gemeinden zur Erstellung von Raumordnungs- und Bebauungsplänen (*schéma directeur d'aménagement et d'urbanisme*, SDAU). Damit werden alle Gemeinden mit mehr als 10 000 Einwohnern zur Ausarbeitung von Flächennutzungsplänen (*plan d'occupation du sol*, POS) verpflichtet. Allerdings geht die Ausarbeitung der POS nur schleppend voran: So existieren im Jahre 1986 in einigen Dépar-

Quelle: Aufnahme Schmude 2018

|Abb. 3.5| *Grand ensemble in Montpellier (Mosson, ehemals La Paillade)*

tements für nicht einmal 10% ihrer Fläche ein POS. Im Jahr 2000 wird der Flächennutzungsplan POS durch den PLU (*plan locale d'urbanisme*) ersetzt. Auch dieses Planungsinstrument wird zunächst überwiegend in den großen Städten und Gemeinden umgesetzt.

Insbesondere für den Bau der Großwohnsiedlungen werden durch das Dekret No 58-1464 vom 31.12.1958 prioritäre Entwicklungszonen (*zones à urbaniser en priorité*, ZUP) geschaffen. In einer ZUP müssen mindestens 500 Wohneinheiten bebaut werden, in der Regel liegt die Zahl aber deutlich höher. Bis zum Jahr 1969 werden insgesamt 197 ZUPs ausgewiesen, in denen rund 2,2 Mio. Wohneinheiten entstehen (vgl. Fourcaut 2008). Räumlich sind die ZUPs und die in ihnen entstehenden *grands ensembles* in der Regel an den Stadträndern der Großstädte (*banlieue*) verortet. Die *banlieue* existiert bereits zuvor, ist aber (noch) nicht negativ konnotiert (Glasze/Weber 2014: 64). Mit dem Jahre 1967 werden die prioritären Entwicklungszonen ZUP durch die ZAC (*zone d'aménagement concerté*) ersetzt (Grundlage ist das *loi d'orientation foncière et urbaine* vom 30.12.1967). Hierdurch wird eine Beschränkung auf maximal 2000 Wohneinheiten je *grand ensemble* festgelegt (in Städten unter 50000 Einwohnern nur 1000 Wohneinheiten).

Bei den *grands ensembles* handelt es sich um Großwohnsiedlungen mit einem hohen Anteil an sozialem Wohnungsbau (*habitation à loyer modéré*, HLM). Ziel ist es, neben der Schaffung neuen Wohnraums, die planlose Zersiedelung zu bremsen. Die Großwohnsiedlungen entsprechen dabei den damaligen Vorstellungen von Wandel und Moderne. Sie sind angelehnt an die Ideen des Bauhauses sowie das Konzept von Le Corbusier mit einer klaren Trennung der Funktionen Wohnen, Arbeiten, Freizeit und Verkehr (vgl. Weber 2016: 90) und fallen deutlich größer aus als die ersten städtebaulichen Nachkriegsprojekte. Die durch Hochhausbauten in Plattenbauweise dominierten Großwohnsiedlungen umfassen z.T. mehrere Tausend Wohneinheiten für bis zu 50000 Menschen. Stadtmorphologische Konsequenz dieser Phase ist die Tatsache, dass die französischen Großstädte seitdem vom Zentrum (3 bis 5-geschossig) zur Peripherie deutlich an Höhe zunehmen. Bekannte Beispiele sind die erste, ab 1955 gebaute Großwohnsiedlung Sarcelles bei Paris oder die jeweils im Jahr 1964 in Bau gegangenen *grands ensembles* Le Mirail/Toulouse oder La Paillade/Montpellier (heute: Mosson; vgl. Abb. 3.5). Die häufig in räumlicher Nähe zu Industrieunternehmen angesiedelten, in kürzester Bauzeit entstandenen Großwohnsiedlungen bieten für die damalige Zeit komfortable Wohnungen und Appartements mit guten sanitären Einrichtungen und funktionalem Zuschnitt. Gleichzeitig zeichnen sie sich jedoch durch eine architektonische Monotonie, eine schlechte Verkehrsanbindung an die Kernstadt sowie eine rudimentäre Versorgungsinfrastruktur aus, denn sie werden möglichst schnell und preiswert ohne Einbindung in den vorhandenen Stadtkörper angelegt. Gleichwohl sind die Wohnungen bei der Bevölkerung zunächst stark nachgefragt, zudem findet eine massive Rückwanderung von Maghreb-Franzosen Anfang der 1960er Jahre statt, die sich auf die Großwohnsiedlungen konzentriert. In der Folge weisen die Großwohnsiedlungen zunächst eine soziale Durchmischung auf, die erst durch eine selektive Abwanderung von Bevölkerungsteilen (insbesondere Besserverdienende) in den suburbanen Raum vor allem ab den 1970er Jahren immer stärker reduziert wird. Zurück bleibt eine Bevölkerung, die nicht über die finanziellen Mittel verfügt, in die Städte oder den suburbanen Raum zu ziehen, und zudem von der wirtschaftlichen Krise ab Mitte der 1970er Jahre verstärkt betroffen ist. Dies leitet den Abstieg der *grands ensembles* „vom Sinnbild der Moderne zu Orten der Ausgrenzung" (Weber 2016: 92) ein. Dieser Abstieg, der durch bauliche Qualitätsmängel noch verschärft wird, führt zur Stigmatisierung der Großwohnsiedlungen. In der Folge stellen die Großwohnsiedlungen in der *banlieue* vielfach die sozialen Brennpunkte der französischen Großstädte dar und sind eine der größten Herausforderungen für die französische Sozial- und Stadtentwicklungspolitik.

Sichtbar wird die problematische Situation in den Großwohnsiedlungen durch immer wieder auftretende Unruhen seit den 1980er Jahren, deren Ausgangspunkt vielfach Einzelereignisse mit Auseinandersetzungen zwischen Jugendlichen und Polizei sind. Dabei konzentrieren sich die Unruhen nicht auf einzelne Vorstädte, sondern sind in vielen Vororten französischer Städte zu beobachten. Gleichzeitig entwickelt sich in der Bevölkerung eine Angst gegenüber der *banlieue* (*la peur des banlieues*; vgl. Rey 1996). Diese erhält im Laufe der Zeit neue Zuschreibungen und wird seit den 1980er Jahren verstärkt als Raum der Konzentration von Sozialwohnungen mit hoher Arbeitslosigkeit, hohem Ausländeranteil sowie starker Kriminalität wahrgenommen. Auch in den Medien ändert sich die Darstellung: wird zunächst noch primär mit Stadtplanungsbezug über die Großwohnsiedlungen berichtet, werden sie ab Ende der 1980er Jahre verstärkt als Problemviertel (*quartiers sensibles*) beschrieben, indem Probleme der Sicherheit sowie Fragen der Immigration und Ethnizität thematisiert werden. In der Konsequenz führt dies dazu, dass der ehemals neutrale Begriff der *banlieue* zunehmend negativ konnotiert wird (vgl. Glasze/Weber 2014). Dabei besteht keineswegs die gesamte *banlieue* nur aus prekären Vierteln. Das Gegenteil ist der Fall: Beispielsweise leben in der *banlieue* von Paris im Jahr 2006 nur 12,3 % der Bewohner in ZUS (vgl. INSEE 2011: 1). Vor allem die westlichen Vororte von Paris sind traditionell sehr wohlhabend. So liegen insgesamt sechs der zehn reichsten Kommunen Frankreichs in der Pariser *banlieue* (Journal du Net 2018).

Die Sozial- und Stadtentwicklungspolitik versucht, diese Probleme mit verschiedenen Programmen und territorialen Förderstrategien zu bewältigen. So werden im Rahmen der *politique de la ville*, die die sozial-räumliche Stadterneuerung durch Stärkung der sozialen Kohäsion durch räumliche Integration zum Ziel hat (*développement social urbain*, DSU) (vgl. Bauhardt 2010: 100), bereits ab 1977 die Verbesserung der Bausubstanz sowie der Ausbau der sozialen und kulturellen Infrastruktur im Rahmen des HVS-Programms (*habitat et vie sociale*) angestrebt. Dieses Programm wird im Jahr 1983 durch das Programm DSQ (*développement social des quartiers*) abgelöst. Es werden sowohl Baumaßnahmen (z. B. Abriss von Hochhäusern) als auch verstärkt soziale Maßnahmen gefördert. Parallel zu diesen städtebaulichen Maßnahmen erfolgt ab dem Jahr 1981 die Ausweisung von Zonen, in denen eine Bildungsförderung vorgenommen wird (*zones d'éducation prioritaire,* ZEC). Die über statistische Parameter wie die sozioökonomische Situation der Eltern oder den Anteil ausländischer Schüler/innen vorgenommene Ausweisung von Problemschulen verstärkt ihre Stigmatisierung. Diese sowie weitere Maßnahmen (z. B. das Programm *banlieue '89*; vgl. Fortin 1985) im Rahmen der *politique de la ville* führen jedoch nicht zum gewünschten Erfolg, so dass es schließlich im Jahr 1996 zu einer weiteren Ausweisung von Fördergebieten kommt: den sensiblen städtischen Zonen (*zones urbaines sensibles*, ZUS). Es werden auf Grund verschiedener Kriterien (z. B. Anteil der Großwohnsiedlungen am gesamten Wohnungsbestand) insgesamt 751 ZUS ausgewiesen, in denen im Jahr 2013 mit ca. 4,7 Mio. Einwohnern knapp 8 % der Bevölkerung Frankreichs leben. Regionale Schwerpunkte der ZUS-Förderung sind zwar die großen Städte Frankreichs, doch zeigt sich auf Départementebene, dass es sich um ein weitverbreitetes Phänomen handelt, denn 87 der 96 europäischen Départements existieren ausgewiesene sensible städtische Zonen (vgl. Abb. 3.6). Zwar gibt es keine eindeutigen Schwellenwerte als Grundlage für die Ausweisung dieser Zonen, doch kann anhand verschiedener Kriterien gezeigt werden, dass es sich bei den ZUS um soziale Brennpunkte der Städte handelt (vgl. Tab. 3.4).

Neben den sensiblen städtischen Zonen werden mit dem gleichen Gesetz auch Zonen urbaner Redynamisierung (*zones redynamisation urbaine*, ZRU), die alle gleichzeitig auch ZUS sind, sowie urbane Sonderwirtschaftszonen (*zones franches urbaines*, ZFU), die größtenteils gleichzeitig auch ZUS und ZRU sind, ausgewiesen. Ihre Abgrenzung erfolgt anhand statistischer Kennziffern (z. B. Arbeitslosenquote, Schulabbrecherquote oder Finanzlage der Gemeinden). Die Sonderwirtschaftszonen stellen die aus sozioökonomischer Perspektive problematischsten Zonen dar. Durch Steueranreize sollen Unternehmen veranlasst werden, sich in diesen Zonen niederzulassen und damit Arbeitsplätze für die lokale Bevölkerung anzubieten. Ziel all dieser Maßnahmen ist es, die stark unterdurchschnittlichen sozioökonomischen Durchschnittswerte der ZUS auf

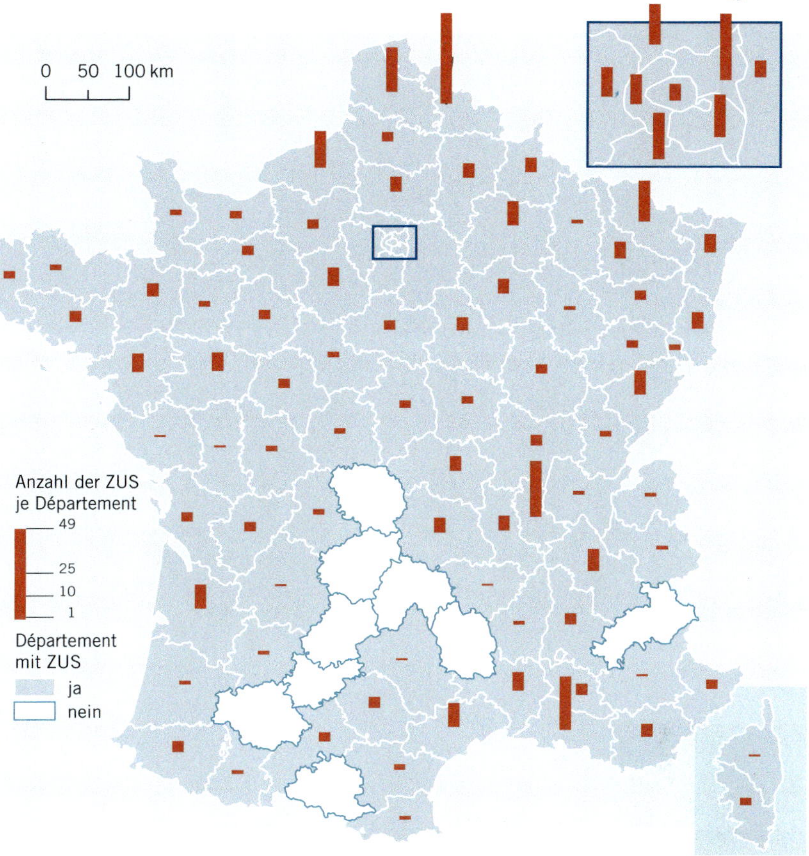

Quelle: Eigene Darstellung nach Minisère de la cohésion des territoires 2010

|Abb. 3.6| *Zahl der ausgewiesenen sensiblen städtischen Zonen (ZUS) nach Départements in Frankreich im Jahr 2010*

|Tab. 3.4| *Vergleich ausgewählter Kriterien zwischen Frankreich und den ZUS* (zones urbaines sensibles) *im Jahr 1999*

Kriterium	Frankreich	ZUS
Arbeitslosenquote	13,4 %	26,1 %
Anteil Schulabgänge ohne Abschluss	20,7 %	30,0 %
Anteil alleinerziehender Eltern	13,3 %	24,0 %
Anteil HLM-Mieter	16,0 %	58,9 %
Ausländeranteil	5,5 %	16,0 %

Quelle: Glasze/Germes/Weber 2009: 20

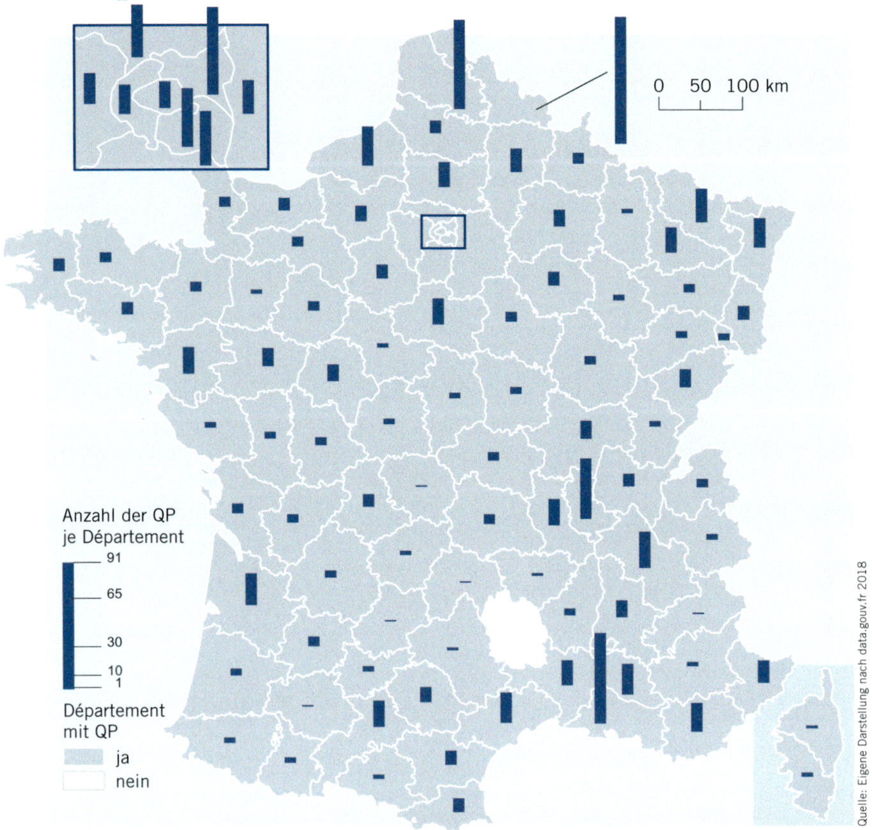

| Abb. 3.7 | *Zahl der ausgewiesenen prioritären Quartiere (QP) nach Départements in Frankreich im Jahr 2015*

das Niveau der Gesamtstadt anzuheben, was jedoch kaum gelingt. Mit dem Gesetz Borloo vom 1. August 2003 (*loi d'orientation et de programmation pour la ville et la rénovation urbaine)* wird hingegen u.a. wieder versucht, die bauliche Situation der *grands ensembles* durch Abriss und Neubau von Gebäuden zu verbessern. Diese Maßnahmen werden von der ANRU (*agence nationale pour la rénovation urbaine*), die im Zuge des Gesetzes Borloo im Jahr 2004 neu geschaffen wird, teilfinanziert und umgesetzt. Ihr Programm PNRU (*programme national de rénovation urbaine*), das zwischen 2004 und 2020 die Lebensbedingungen von 4 Millionen Bewohnern in 399 Quartieren verbessern soll, wird mit etwa 12 Milliarden Euro von Seiten der ANRU unterstützt, welche weitere 50 Milliarden Euro an Investitionen nach sich ziehen (Banque des territoires 2017). Im Zuge des Programmes werden etwa 150 000 Wohnungen abgerissen, 136 000 neu gebaut, 316 000 renoviert und 353 000 aufgewertet. Schwerpunkt des Programmes sind die ZUS in der *banlieue* um Paris mit 114 Quartieren (ANRU 2018).

Schließlich werden die mit den ZUS verbundenen Maßnahmen durch das QP-Programm (*quartiers prioritaires*) zum Jahresbeginn 2015 ersetzt. Der räumliche Umgriff der neuesten Maßnahme ist deutlich ausgeweitet und erreicht insgesamt rund 1300 Quartiere in 702 Kommunen im europäischen Frankreich (zusätzlich rund 200 Quartiere in den Überseedépartements) (vgl. Abb. 3.7). Abgrenzungskriterium ist die Armutsdefinition des INSEE (*taux de pauvreté*) und die Auswahl der Quartiere soll alle sechs Jahre evaluiert werden. Die mit dem Programm vorgenommenen Förderungen umfassen u.a. die Bereiche soziale und kulturelle Entwicklung, wirtschaftliche Belebung und Arbeitsmarkt, urbane Instandsetzung und Verbesserung des Lebensumfeldes sowie Sicherheit und Kriminalprävention (vgl. Ambafrance 2016).

Die Vielzahl der sich in kurzer Folge ablösenden Programme und Maßnahmen zeigt, wie gravierend das durch den Bau der *grands ensembles* verursachte Problem der ZUS ist. Bis heute ist es nicht gelungen, die Missstände in den schon früh als städtebaulicher Fehler bewerteten Großwohnsiedlungen (vgl. Merlin 1998: 134 ff) durch die Maßnahmen und Programme der *politique de la ville* zu korrigieren. Dabei erfährt die Auseinandersetzung um die französischen Vorstädte immer wieder neue Aufmerksamkeit und Brisanz, zuletzt durch den Terroranschlag auf die Redaktion des Satire-Magazins Charlie Hebdo in Paris im Jahr 2015. Im Zusammenhang mit den aus sensiblen städtischen Zonen stammenden Attentätern spricht der Sender Fox News in seiner Berichterstattung von rechtsfreien Räumen bzw. No-Go-Areas für Nicht-Muslime und löst damit eine erneute, emotionale Debatte um die französischen Vorstädte und ihre Großwohngebiete aus, die auch außerhalb Frankreichs für Aufsehen sorgt.

3.3.2 Villes Nouvelles als Entlastungsstädte

Als neues Element der französischen Stadtplanung bzw. Stadtentwicklungspolitik und quasi als Gegenentwurf zu den *grands ensembles* werden ab der zweiten Hälfte der 1960er Jahre die *villes nouvelles* entwickelt, die im Gegensatz zu den Großwohnsiedlungen eine Mischung von Wohn-, Versorgungs-, Arbeit- und Freizeitfunktionen vorsehen. Mit den neuen Städten sollen insbesondere der auf Grund der Zuwanderung in die großen Städte (maximal in Paris) entstandene Bevölkerungsdruck aufgefangen und die Entstehung weiterer Schlafstädte gestoppt werden, wie sie die Mehrzahl der *grands ensembles* darstellt. Bei den neuen Städten geht die Planung nicht vom Bau tatsächlich neuer Städte aus, vielmehr werden bereits bestehende, kleinere Städte und Gemeinden als Anknüpfungspunkte der Entwicklung genutzt (vgl. Tab. 3.5). Mit ihrer Integration in die neuen Städte soll der Eindruck eines organisch gewachsenen Städtebildes erzeugt werden (vgl. Pletsch 2003: 149).

Motivation für die Planung der *villes nouvelles* ist eine Bevölkerungsprognose aus dem Jahre 1962, die ein weiteres Ansteigen der Bevölkerungszahl für Frankreich insgesamt und speziell in der Region Île-de-France um weitere 6 Mio. auf 14 Mio. Einwohner bis zum Jahre 2000 voraussagt. Räumlicher Schwerpunkt der Planung ist dementsprechend die Hauptstadt Paris, in deren Peripherie insgesamt acht *villes nouvelles* durch einen staatlichen Planungsstab vorgesehen werden.

Entgegen der ursprünglichen Planungen werden im Bereich der Hauptstadtregion Île-de-France nur fünf der zunächst geplanten acht neuen Städte realisiert, landesweit kommt es schließlich zur Umsetzung von insgesamt neun *villes nouvelles* (vgl. Tab. 3.5): Cergy-Pontoise, Évry, Marne-la-Vallée, Melun-Sénart und St.-Quentin-en-Yvelines liegen in der Peripherie (*grande couronne*) von Paris (vgl. Abb. 3.8), die übrigen vier neuen Städte befinden sich bei Marseille (Rives de Étang de Berre), Lyon (l'Isle d'Abeau), Rouen (Le Vaudreuil) und Lille (Villeneuve d'Ascq). Die in der Île-de-France gelegenen fünf *villes nouvelles* sollen die Hauptstadt Paris entlasten, in der im Jahr 1962 in der Kernstadt (département 75) 26 220 Einwohner je km² leben (vgl. Carmona 1980) und das Wanderungssaldo mit nahezu allen Regionen Frankreichs ein Zuwanderungsüberschuss aufweist. Le Vaudreuil fungiert als wichtiges Bindeglied zwischen Paris und dem stärksten Wachstumspol der Normandie, Rouen. Dagegen wird die im Norden Frankreichs gelegene neue Stadt Villeneuve d'Ascq als Entlastungsstadt für das Städtedreieck der Industriestädte Lille, Roubaix und Tourcoing geplant. Schließlich sollen mit l'Isle d'Abeau und Rives de l'Étang de Berre die beiden nach Paris größten Städte Frankreichs, Lyon und Marseille, entlastet werden (vgl. Pletsch 1983: 428). Die neuen Städte weisen eine Luftliniendistanz zwischen 25 km und 45 km zu den zu entlastenden Zentren auf, lediglich Villeneuve d'Ascq liegt lediglich ca. 12 km vom zu entlastenden Zentrum Lille entfernt.

Neben der Zahl der Entlastungsstädte müssen auch ihre Dimension und ihre in der ursprünglichen Planung angestrebten Ausbauziele nach dem Start der Umsetzung ab Anfang der 1970er Jahre mehrfach revidiert werden, denn zum einen treten Schwierigkeiten bei der Finanzierung der Vorhaben auf, zum anderen bleibt die tatsächliche demographische Entwicklung weit hinter den Prognosen des Jahres 1962 zurück. Hinzu kommen ökonomische Rezessionsphasen (z. B. Ölkrisen in den 1970er Jahren) und die besonders den Norden Frankreichs betreffende Strukturkrise in der Textil- und Schwerindustrie, von der insbesondere die *ville nouvelle* Villeneuve d'Ascq bei Lille betroffen ist. Entsprechend nimmt das Tempo des Ausbaus ab Beginn der 1980er Jahre ab: Von rund 14 500 Wohnungen pro Jahr sinkt die Zahl der neu gebauten Wohneinheiten ab dem Jahr 1982 auf 13 000 und bis zum Jahr 1990 soll der Ausbau weitgehend abgeschlossen sein (vgl. Barrère/Cassou-Mounat 1987: 99). Jedoch kann für alle *villes nouvelles* festgestellt werden, dass sie wesentlich kleiner ausfallen als ursprünglich geplant (vgl. Tab. 3.5). Am größten sind die Entlastungsstädte für Paris (alle fünf haben im Jahr 2015 mehr als 100 000 Einwohner), wobei Marne-la-Vallée mit rund 310 000 Einwohnern größte aller *villes nouvelles* ist. Die kleinste *ville nouvelle* ist Le Vaudreuil bzw. Val-de-Reuil bei Rouen, deren Einwohnerzahl im Jahr 2015 ca. 13 500 Einwohner beträgt.

Für die raumplanerische Entwicklung des Pariser Raumes werden im Jahr 1965 Leitlinien in einem Entwicklungsschema festgelegt (vgl. Abb. 3.8), das mit der Anlage der fünf Entlastungstädte in ihrer Peripherie folgende Zielsetzungen vorsieht (vgl. Falkenberg 1987: 684):

- Verlagerung der Industrie aus der Kernstadt in große, regionale Industrieparks,
- Dezentralisierung innerhalb der Region Île-de-France (*desserrement*) durch Stärkung bestehender Städte (*pôles restructurateurs*) und die Anlage von *villes nouvelles* als Entlastungsstädte,

|Tab. 3.5| *Anzahl der beteiligten Kommunen bei Gründung der villes nouvelles sowie im Jahr 2015 und ihre Bevölkerungszahl in den Jahren 1975, 2000 (Planung) und 2015*

	1975		Planung 2000	2015	
Ville Nouvelle (Entlastungsstadt für ...)	**Gemeinden**	**Einwohner**	**Einwohner**	**Gemeinden**	**Einwohner**
Cergy-Pontoise (Paris)	11	82 993	500 000	13	204 248
Evry (Paris)	4	51 226	150 000	6	115 171
Marne-la-Vallée (Paris)	26	66 879	500 000	27	311 876
Saint-Quentin-en-Yvelines (Paris)	7	96 838	400 000	12	228 032
Melun-Sénart bzw. Sénart (Paris)	10	92 335	400 000	12	129 913
gesamt Großraum Paris	**68**	**390 271**	**1 950 000**	**70**	**989 240**
Villeneuve-d'Ascq (Lille)	3	36 913	100 000	3	61 920
L'Isle-d'Abeau (Lyon)	21	35 967	200 000	5	45 831
Le Vaudreuil bzw. Val-de-Reuil (Rouen)	7	7002	35 000	1	13 584
Rives de l'Étang de Berre bzw. Ouest Provence (Marseille)	4	55 617	500 000	6	98 030
gesamt außerhalb Großraum Paris	**25**	**135 499**	**835 000**	**15**	**219 365**
gesamt	**93**	**525 770**	**2 785 000**	**85**	**1 208 605**

Quelle: Eigene Zusammenstellung nach Pletsch 1983: 428; INSEE 1995: 1ff.; Ministère de la transition écologique et solidaire 2011 sowie INSEE 2018d

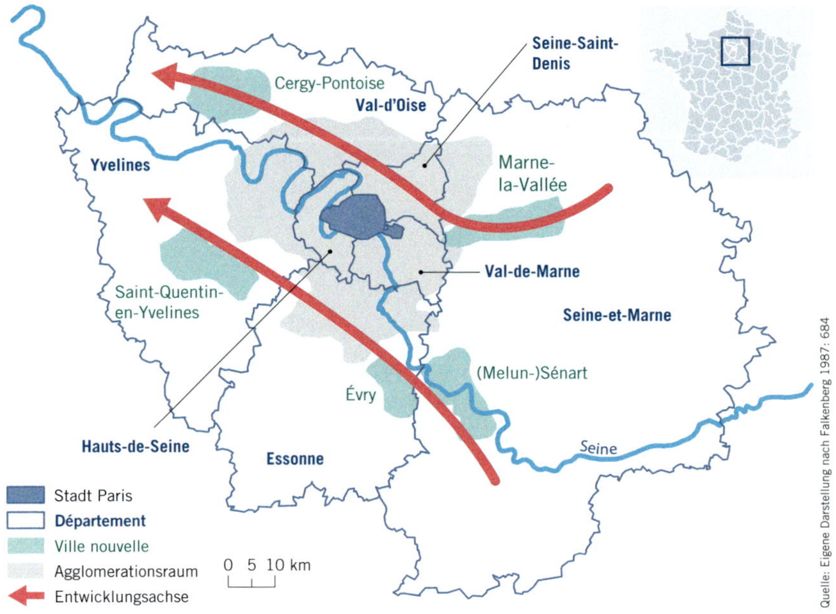

|Abb. 3.8| *Entwicklungsschema mit den fünf realisierten Entlastungsstädten im Raum Paris und Achsen der zukünftigen Entwicklung des Agglomerationsraums im Jahr 1973*

- Lenkung des Wachstums auf zwei parallel zum Seine-Tal verlaufende Achsen,
- Schaffung von natürlichen Ausgleichsflächen (*zones naturelles d'équilibre*) durch Erhaltung von Grünflächen und ländlichen Gebieten sowie
- Schaffung eines dichten, schnellen Verkehrsnetzes mit Verbindung von Kern- und Randstadt.

Ähnliche Pläne existieren auch für die übrigen vier neuen Entlastungsstädte. Die Planung geht zunächst von einer Größe der neuen Städte von bis zu 500000 Einwohnern im Jahre 2000 aus (vgl. Pletsch 1983: 428), allein die neuen Städte in der Pariser Peripherie sollen bis zum Jahr 2000 rund 2 Mio. Menschen beherbergen. Der französische Staat unterstützt die Umsetzung der Pläne durch verschiedene politische und legislative Maßnahmen. Um etwa die Bodenpreisspekulation an den vorgesehenen Standorten zu unterbinden, erklärt er die Planungsregionen der neuen Städte zu ZAD (*zone d'aménagement différé*), in der für Staat bzw. Gemeinde 14 Jahre lang ein Vorkaufsrecht für das Bauland gilt. Allerdings erhält der Rahmenplan für die neuen Städte erst im Jahr 1976 endgültige Rechtsverbindlichkeit. Danach wird der Bau der *villes nouvelles* vorangetrieben, wobei der Staat durch ein entsprechendes Gremium (*établissement public d'aménagement*, EPA), das die Flächennutzungspläne erstellt, die Aufsicht über öffentliche Bauvorhaben innehat und den Kauf, die Erschließung und den Verkauf von Grund und Boden regelt. Die Gemeinden, die sich an einer *ville nouvelle* beteiligen, werden zu einem Verband (*syndicat communautaire d'aménagement*, SCA) zusammengeschlossen, besitzen bis ins Jahr 1983 jedoch nur wenige Befugnisse. Trotz einer Korrektur in der Machtverteilung durch Einrichtung des *syndicat d'agglomération nouvelle* (SAN) im Jahr 1983 ziehen sich einzelne Gemeinden aus den laufenden Projekten zurück. Durch diesen Rückzug variiert die Zahl der beteiligten Kommunen an den neuen Städten: So verlassen z. B. im Jahr 1983 mit Boisement, Boissy, Pierrelaye und Méry insgesamt 4 von ursprünglich 15 Gemeinden den Gemeindeverbund der *ville nouvelle* Cergy-Pontoise. Umgekehrt treten im Jahr 2004 mit Boisement und Maurecourt 2 Kommunen dem Gemeindeverbund (wieder) bei, so dass die *ville nouvelle* Cergy-Pontoise im Jahr 2018 aus insgesamt 13 Gemeinden besteht. Auch durch die Fusion einzelner Gemeinden ändert sich die Zahl der Gemeinden, die eine *ville nouvelle* bilden. Ebenso wird die Bezeichnung bei einigen der neuen Städte modifiziert bzw. vollständig geändert (vgl. Tab. 3.5).

Insbesondere in den ersten Jahren der Entstehung der *villes nouvelles* werden sehr viele staatlich subventionierte Wohneinheiten mit Sozialwohnungen (*habitation à loi moderé*, HLM) gebaut, so dass die neuen Städte vor allem auch für Haushalte mit geringen Einkommen attraktiv sind. Auf Grund der Erfahrungen mit den *grands ensembles* werden in den Folgejahren aber zunehmend auch Einfamilienhäuser und Eigentumswohnungen gebaut. Allerdings dominieren die Kollektivbauten das Bild der *villes nouvelles* bis heute (vgl. Abb. 3.9). Entsprechend wird die Sozialstruktur vor allem durch Arbeiter sowie einfache und mittlere Angestellte geprägt. Nicht zuletzt um die bauliche Monotonie aufzubrechen, gibt es insbesondere in den neuen Städten im Pariser Raum verschiedene, durch Stararchitekten wie Ricardo Bofill oder Manolo Nuñez entworfene postmoderne Gebäude (vgl. Abb. 3.10).

Da die neuen Städte im Gegensatz zu den *grands ensembles* nicht als reine Schlafstädte konzipiert werden, sollen u. a. auch Arbeitsplätze durch die Anwerbung von Unternehmen bereitgestellt werden. Dabei muss berücksichtigt werden, dass in den 1970er Jahren im Rahmen der Dezentralisierungsbestrebungen die Ansiedlung von (Industrie-) Unternehmen in der Île-de-France durch eine Gebührenordnung verhindert werden soll. Allerdings wird die restriktive, ansiedlungsfeindliche Politik in den *villes nouvelles* recht großzügig gehandhabt, und es gelten in allen fünf neuen Städten in der Pariser Region zumindest für einen Teil der ausgewiesenen Industriezonen sehr geringe Standortgebühren, die ab Mitte der 80er Jahre vollständig aufgehoben werden (vgl. Brücher 1992: 144). So kommt es z. B. in der *ville nouvelle* Cergy-Pontoise vor allem in den 1980er Jahren zur Ansiedlung einiger großer, namhafter nationaler und internationaler Unternehmen (z. B. Nixdorf, Unisys, Thompson oder Peugeot). Dabei handelt es sich zwar einerseits überwiegend um Zweigniederlassungen, die in ökonomischen Krisen sehr schnell wieder geschlossen werden können, andererseits aber zumindest teilweise auch um Unternehmen zukunftsorientierter Branchen, etwa aus den Bereichen Telematik oder Informatik.

Dabei ist nicht beabsichtigt, dass alle in einer *ville nouvelle* wohnenden Erwerbstätigen vor Ort arbei-

Quelle: Aufnahmen Kazig 2013

|Abb. 3.9| *Beispiel Wohngebäude (a) und Kirche (b) in der* ville nouvelle *Cergy-Pontoise*

ten, sondern es wird ein Austausch mit umliegenden Gemeinden und der zu entlastenden Kernstadt angestrebt, um eine Isolierung der neuen Städte zu verhindern. In der Regel ist die Zahl der in einer *ville nouvelle* angebotenen Arbeitsplätze niedriger als die Zahl ihrer Erwerbstätigen (Ausnahme Cergy-Pontoise), d. h. ein Teil der in den neuen Städten wohnhaften Erwerbstätigen pendelt zu ihren Arbeitsplätzen aus. Für die fünf bei Paris angesiedelten neuen Städte beläuft sich die Arbeitsplatzquote (*taux d'emploi sur place*), die sich aus dem Verhältnis der Zahl der Arbeitsplätze zur Zahl der Erwerbspersonen einer Gemeinde ergibt, auf 0,8 (vgl. Tab. 3.6). Nicht zuletzt für die Berufspendler (Aus- wie Einpendler) ist die verkehrsmäßige Anbindung der Entlastungsstädte an die Kernstadt wesentlich und wird im Fall der fünf *villes nouvelles* im Raum Paris im Bereich des ÖPNV v. a. durch die regionale Schnellbahn RER sowie für den Individualverkehr durch Straßenanbindungen geleistet. Allerdings ist der verkehrsmäßige Anschluss der neuen Städte an ihre Kernstadt anfangs meist mangelhaft und wird erst im Laufe der Jahre verbessert.

Neben der Schaffung von Arbeitsplätzen durch die Anwerbung von Unternehmen werden in einzelnen *villes nouvelles* auch gezielt Bildungseinrichtungen platziert. So wird etwa in der *ville nouvelle* Cergy-Pontoise im Jahr 1991 eine staatliche Universität geründet, an der im Jahr 2018 rund 13 000 Studierende studieren (vgl. Université de Cergy-Pontoise 2018). Außerdem wird im Jahr 1973 die Elitehochschule für Wirtschaft (*École Supérieure des Sciences Économiques et Commerciales*, ESSEC) nach Cergy-Pontoise verlegt. In Villeneuve d'Ascq sind seit dem Jahr 1970 die Université Lille I (Naturwissenschaften) und seit dem Jahr 1974 die Université Lille III (Sozial- und Kulturwissenschaften) angesiedelt, zudem eine Reihe weiterer Bildungseinrichtungen wie verschiedene Fachhochschulen für die Bereiche Bauen, Chemie oder Textil.

Die Bevölkerungsstruktur mit einem klaren Übergewicht der jüngeren Altersjahrgänge ist ein typisches Kennzeichen aller *villes nouvelles*: Neben Singles sind junge Familien überproportional häufig vertreten und die Altersstruktur in den neuen Städten wird durch eine überdurchschnittlich hohe Geburtenrate geprägt.

Bereits in den 1980er Jahren werden die *villes nouvelles* als „stadtgeographisch neues Element in der französischen Städtelandschaft" und als Kompromiss bewertet, „der die Probleme der veralteten städtebaulichen Substanz und der *grands ensembles* gleichermaßen zu lösen versucht" (Pletsch 1983: 430 bzw. 432). Wenngleich auch an den neuen Städten verschiedene Kritikpunkte geäußert werden (z. B. ihre Dimensionierung, die bauliche Monotonie in einzelnen Stadtquartieren oder die Massierung von Kollektivbauten) werden sie als multifunktionale Städte deutlich positiver bewertet als die *grands ensembles*. Bedingt durch ihre we-

Quelle: Jean-Pierre Dalbéra/Flickr

|Abb. 3.10| *Beispiel postmoderner Architektur in der* ville nouvelle *Cergy-Pontoise*

|Tab. 3.6| *Arbeitsplatzentwicklung in den fünf* villes nouvelles *bei Paris zwischen 1968 und 1984 sowie ihre Arbeitsplatzquote im Jahr 1984*

ville nouvelle	neue Arbeitsplätze seit 1968	Arbeitsplätze 1984	Arbeitsplatz-quote 1984
Cergy-Pontoise	47400	60200	1,04
Évry	27400	30900	0,86
Marne-la-Vallée	30100	39300	0,61
Melun-Sénart	15000	42100	0,76
St.-Quentin-en-Yvelines	42300	54600	0,70
Gesamt	**162200**	**227100**	**0,80**

Quelle: Falkenberg 1987: 685

sentlich kleinere Zahl und die damit deutlich geringere Einwohnerzahl im Vergleich zur ursprünglichen Planung – die neun *villes nouvelles* werden im Jahr 2015 von rund 1,2 Mio. Menschen bewohnt (vgl. Tab. 3.5) –, fällt ihre Bedeutung für das französische Städtewesen deutlich geringer als geplant aus und erreicht bei weitem nicht den Stellenwert der Großwohnsiedlungen. Die neuen Städte genießen schon lange keine Sonderstellung mehr (vgl. Falkenberg 1987: 687), haben aber mittlerweile eine Eigendynamik entwickelt und sind aus der französischen Städtelandschaft nicht mehr wegzudenken.

3.3.3 Périurbanisation und Gentrification als Veränderungsprozesse im Stadtumland bzw. in den Altstädten

Während mit den *grands ensembles* und den *villes nouvelles* neue städtebauliche Konzepte umgesetzt werden, die durch entsprechende gesetzliche Instrumente gefördert bzw. gelenkt werden, werden mit *périurbanisation* und *gentrification* Prozesse im städtischen Umland bzw. in den Altstädten sichtbar, die auf veränderte Wohnpräferenzen von Teilen der Bevölkerung zurückgehen. Dabei geraten beide betroffenen Räume durchaus in eine konkurrierende Situation um bestimmte Bevölkerungsgruppen (vgl. Atkinson/Bridge 2005).

Der Prozess der *périurbanisation* gewinnt in Frankreich in den 1970er Jahren stark an Bedeutung. Zuvor verliert die Land-Stadt-Wanderung der Bevölkerung immer mehr an Dynamik und kommt Mitte der 1970er Jahre fast vollständig zum Erliegen. Gleichzeitig ist eine verstärkte Urbanisierung die Dörfer (*villages*) und kleinen Städte im ländlichen Umland der großen Städte festzustellen. Dieser Prozess der *périurbanisation*, der auch als *rurbanisation* bezeichnet wird, ist in etwa vergleichbar, aber dennoch nicht identisch mit dem Prozess der Suburbanisierung (vgl. Steinberg 2003: 75). Entsprechend wird der Begriff der Suburbanisierung in Frankreich auch nicht verwendet.

Die im Großstadtsaum gelegenen Kommunen, in denen die *périurbanisation* stattfindet, können ab den 1970er Jahren als typische Merkmale

- eine deutliche Bevölkerungszunahme,
- eine Veränderung der Alters- und Sozialstruktur der Wohnbevölkerung,
- eine veränderte, zunehmend städtisch geprägte Lebensweise der Bevölkerung sowie
- eine physiognomische Überprägung der betroffenen Dörfer und Kleinstädte

beobachtet werden. Einen ersten Anstoß geben die erste öffentliche Ausstellung von Einfamilienhäusern, Villageexpo, in der Region Paris im Jahr 1967 und die Einführung der Serienfertigung im Bausektor (vgl. Steinberg 2003: 77 f). Weitere wichtige Voraussetzungen für den Prozess der *périurbanisation* sind die zunehmende individuelle motorisierte Mobilität der Bevölkerung sowie ein Strategiewechsel in der staatlichen Bauförderungspolitik. Mit dem neuen Wohnungsbauförderungsgesetz aus dem Jahr 1977 (*loi sur la réforme du financement du logement*) werden die Bauförderungen nicht mehr an die Städte ausgereicht, in denen die Bauprojekte durchgeführt werden, sondern direkt an die Bauwilligen selbst. Durch diese direkte Bauförderung wird es u.a. vielen Familien ermöglicht, aus den Städten oder den *grands ensembles* ins Stadtumland umzuziehen und ein Eigenheim zu erwerben. Dies verschärft einerseits durch die selektive Abwanderung den Segregationsprozess in den Großwohngebieten (vgl. 3.3.1) und führt andererseits zu einer Zunahme der Wohnbevölkerung in den Kommunen des Stadtumlandes, in denen in der Folge mehr oder weniger große Eigenheimgebiete (*zones pavillonnaires*) entstehen (vgl. Abb. 3.11). Diese Neubaugebiete tragen zur Veränderung des physiognomischen Erscheinungsbildes der kleinen Städte und Dörfer bei, ebenso wie der Ausbau der Infrastruktur. Hierzu gehört u. a. der Straßenbau, denn zur Aufnahme des stark steigenden Verkehrsaufkommens der Berufspendler, die ihren Arbeitsplatz überwiegend in der Stadt haben und diesen auf Grund des nicht oder schlecht ausgebauten ÖPNV-Angebotes individuell mit dem PKW erreichen, reichen die Kapazitäten der alten Dorfstraßen oftmals nicht aus. Zwar werden zunehmend auch Arbeitsplätze im periurbanen Raum geschaffen (etwa durch kleine Gewerbegebiete), dennoch bestehen die starken Pendlerverflechtungen zwischen den Städten und ihrem periurbanen Raum weiter. Als Folge nimmt der Anteil der Bevölkerung, der seinen Arbeitsplatz in seiner Wohngemeinde hat, allein zwischen den Jahren 1990 und 1999 von 45 % auf 39 % ab. Insgesamt zeichnet sich die periurbane Bevölkerung also durch eine starke individuelle Mobilität aus, um ihre Bedürfnisse in den Bereichen Arbeit, Versorgung, Bildung und Freizeit zu befriedigen (vgl. Steinberg 2007: 82 f).

Der Anteil der im primären Sektor Erwerbstätigen im Umland der Städte nimmt auch schon vor der *périurbanisation* ab, wird durch den Zuzug der neuen Bevölkerungsgruppen aus der Stadt aber noch verstärkt, d. h. die ehemals agrarisch geprägte Bevölkerung nimmt zunehmend städtischen Charakter an. Schließlich findet auch durch neue Versorgungseinrichtungen (z. B. Supermärkte) eine Überprägung der Lebensweisen im periurbanen Raum statt, d. h. städtische Lebensweisen halten zunehmend Einzug (vgl. Rougé 2018).

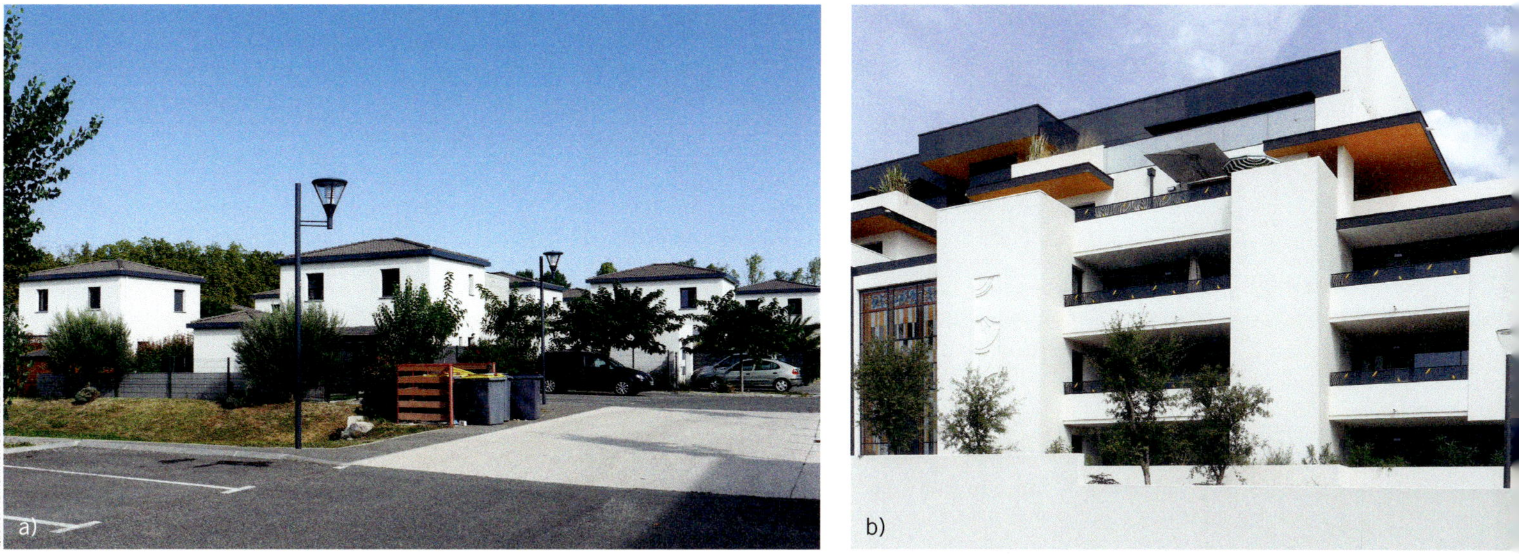

Quelle: Aufnahmen Schmude 2018

|Abb. 3.11| *Beispiele einer Eigenheimsiedlung bzw. eines Wohnhauses der periurbanen Gemeinden Sauveterre bei Avignon (a) bzw. St. Gely-du-Fesc bei Montpellier (b)*

Die *périurbanisation* ist ein sehr flächenintensiver Prozess und der hierdurch verursachte Flächenverbrauch beläuft sich in Frankreich zwischen 1960 und 2010 auf rund 2,5 Mio. Hektar (Batiactu 2017). Dabei fällt die Intensität des Prozesses regional deutlich unterschiedlich aus und konzentriert sich erwartungsgemäß vor allem um die größten Städte Frankreichs. Hier erreicht die durch die *périurbanisation* verursachte Zersiedelung des Stadtumlandes zwischen mehreren 10er Kilometern (z. B. um Lyon, Bordeaux oder Toulouse) bis zu 100 km um die Hauptstadt Paris (vgl. Steinberg 2007: 80). Zudem differiert die Intensität des Prozesses zwischen den industriellen Krisenregionen im Norden und Nordwesten und der Pariser Region, den Städten im Rhône-Tal oder den mediterranen Agglomerationen.

Während die *périurbanisation* einen Umgestaltungsprozess des ländlichen Stadtumlandes darstellt, werden durch Gentrifizierung (*gentrification* oder *embourgeoisement*) Aufwertungsprozesse in den alten Stadtkernen sichtbar, die auch durch die ab dem Jahr 1977 geänderte Schwerpunktsetzung in der Städtebaupolitik unterstützt werden. Die Verbesserung der Wohnsituation in den alten Stadtkernen gewinnt durch das Programm OPAH (*opération programmée d'amélioration de l'habitat*) eine deutliche höhere Präferenz im Vergleich zur Bemühung, neuen Wohnraum außerhalb der Kernstädte zu schaffen (vgl. Kain 1982).

Die bauliche Aufwertung verläuft in mehreren Etappen und wird zunächst durch Künstler, Studierende und kleine Selbständige, die sog. Pioniere, angestoßen. Diesem ersten Invasions-Sukzessionszyklus folgt ein zweiter, denn die betroffenen Stadtviertel gewinnen durch die ersten Aufwertungsmaßnahmen der Pioniere für gut situierte Bevölkerungsgruppen und Investoren an Attraktivität. Diese als Gentrifier bezeichneten Akteure, die den zweiten Invasions-Sukzessionszyklus anstoßen, investieren in die Immobilien, es kommt zu einer weiteren Aufwertung der Wohnungen durch (Luxus-)Sanierung (vgl. Abb. 3.12). Infolge dieser Prozesse wird die ursprüngliche, statusniedrigere Bevölkerung durch die neu hinzuziehende, statushöhere Bevölkerungsgruppe verdrängt, d. h. in den betroffenen Stadtvierteln finden ein sozioökonomischer Strukturwandel und eine soziale Entmischung auf Grund der stark steigenden Miet- und Immobilienpreise statt.

Bekannte Beispiele für Gentrifizierungsprozesse in Paris sind etwa die Aufwertung durch Sanierung von Altbauten im Marais, Wohngebiete um die Place de la Bastille oder große Teile des 11. und 12. Arrondissements. Als Extremfall ist die Unterstützung des Gentrifizierungsprozesses in Bordeaux durch die Eröffnung der Hochgeschwindigkeitsstrecke Tours – Bordeaux im Juli 2017 zu sehen: Durch die Verkürzung der Fahrtzeit zwischen Bordeaux und

Quelle: Aufnahme Schmude 2013

|Abb. 3.12| *Beispiel für Gentrifizierung in Nizza*

der Hauptstadt auf etwas mehr als zwei Stunden kommt es zu einem verstärkten Zustrom von Gentrifiern aus Paris, gegen den sich Widerstand formiert, z. B. in Form der Gruppierung *front de libération bordeluche face au parisianisme* (FLBG) (vgl. Roski 2017).

Nicht zuletzt aufgrund der wieder steigenden Attraktivität der Altstädte ist in den letzten 20 Jahren in vielen französischen Großstädten wieder eine leicht ansteigende Tendenz der Bevölkerungszahlen festzustellen. Ursache hierfür sind neben den Gentrifizierungsprozessen auch städtebauliche Großprojekte (vgl. 3.3.4), in deren Rahmen ganz neue Quartiere entstehen und ihr Wohnungsangebot erhöhen.

3.3.4 Weitere jüngere Entwicklungen in den französischen Großstädten

In der jüngeren Entwicklung der französischen Großstädte spielen städtebauliche Großprojekte eine wichtige Rolle. Die neuen Viertel entstehen insbesondere ab Ende der 1970er Jahre entweder durch „Baggersanierung", d. h. alte Quartiere mit Wohn-, Gewerbe- und/oder Industriefunktion werden komplett abgerissen, oder durch Umwidmung bisher anderweitig genutzter Flächen (z. B. militärisch genutzte Flächen) in Wohngebiete (vgl. auch 3.4.2: das Beispiel Antigone in Montpellier). Typische Beispiele für jüngere städtebauliche Großprojekte in Frankreich sind

- Nantes: Seit dem Jahr 2000 wird unter dem Projektnamen Île de Nantes ein rund 4,9 km langer, 337 ha großer, von zwei Flussarmen der Loire (*bras de la Madeleine* und *bras de Pirmil*) umgebener Innenstadtbereich umgestaltet und saniert (*réaménagement*). Die Insel ist ein alter Industriestandort von Nantes, in dem u.a. bis zum Jahr 1987 der Schiffsbau (Dubigeon-Werft) angesiedelt ist. Zunächst nach dem Konzept des Architekturbüros von Alexandre Chemetoff, seit dem Jahr 2010 unter der Führung des Architekten Marcel Smets wird bei dem Stadtentwicklungsprojekt die gewachsene Struktur des Quartiers so weit wie möglich erhalten (z. B. die ehemaligen Werfthallen als Kulturzentrum) bzw. modernisiert und saniert (z. B. das Einkaufszentrum Beaulieu) und mit neuer Architektur (z. B. neuer Justizpalast des Architekten Jean Nouvel) kombiniert (vgl. Caille 2010). Insbesondere im kulturellen Bereich gilt das Stadtentwicklungsprojekt als außergewöhnlich, nicht zuletzt durch das im Jahr 2007 gestartete Ausstellungs- und Galerieprojekt *Les Machines de l'Île*, das Ideen von Jules Verne und Leonardo Da Vinci aufgreift und die rund 600 000 Besucher pro Jahr in imaginäre Welten entführt. Insgesamt soll die Île de Nantes von ehemals rund 13 000 Einwohnern im Jahr 2008 bis zum Jahr 2030 auf ca. 40 000 Einwohner wachsen. Hierzu werden einerseits bestehende Wohneinheiten saniert, andererseits werden 5500 neue Wohnungen auf Industriebrachen neu gebaut.
- Im Jahr 1994 wird in Bordeaux ein groß angelegtes Stadtentwicklungsprojekt gestartet, das die Erhaltung in seinem historischen Erscheinungsbild zum Ziel hat. Es findet eine Aufwertung der Wohngebäude in der historischen Altstadt statt, die zunehmend verkehrsberuhigt wird. Im Jahr 2004 wird die im Jahr 1958 stillgelegte Straßenbahn mit einem neuen Liniennetz (drei Linien) wieder in Betrieb genommen. Die Hafenfront zur Garonne (*quais Bordeaux*) wird saniert, wodurch der Anschluss der Stadt an den Fluss wiederhergestellt wird. Es kommt zum Abriss alter Lagerhallen im ehemaligen Hafengebiet und auf dem freiwerdenden Gelände sowie unter Einbeziehung anderer Industriebrachen wird u. a. am östlichen Garonneufer eine Promenade angelegt. Gleichwohl werden im Rahmen dieses städtebaulichen Großprojektes auch neue Gebäude errichtet, etwa die *Cité du vin*, ein im Jahr 2016 eröffnetes futuristisches 55 m hohes Gebäude, dessen Fassade mit 2500 reflektierenden Aluminimumplatten und 650 schuppenartigen Glasplatten ausgestattet ist, dessen gewundene Form an einen Weinstock erinnern soll. Das mit der Region eng verknüpfte Thema Wein wird in einer Kombination von Museum und Erlebnispark aufgegriffen und in den ersten sechs Monaten nach Eröffnung von 270 000 Menschen besucht (Sudouest 2017). Der Versuch, mit dem Stadtentwicklungsprojekt die Bewahrung des historischen Erbes mit einer Modernisierung der Stadt zu verknüpfen, wird im Jahr 2007 mit der Verleihung des UNESCO-Welterbetitels anerkannt.
- Das in Lyon angesiedelte Stadtentwicklungsprojekt La confluence befindet sich am Zusammenfluss von Rhône und Saône. Auf einer Hafen- und Industriebrache von rund 150 ha entsteht seit der Jahrtausendwende ein neues Stadtviertel, in dem die Funktionen Wohnen, Arbeiten, Einkaufen, Freizeit und Kultur vereint werden (vgl. Carpenter/Verhage 2014). Bis zum Jahr 2030 wird hier u.a. ein Wohnungsangebot für 20 000 Einwohner geschaffen werden, die sozial- und altersmäßig eine hohe Durchmischung aufweisen sollen. Ebenso wird angestrebt, rund 22 000 Arbeitsplätze von Großunternehmen und der Kreativwirtschaft in das neue Stadtviertel zu integrieren, erste Unternehme wie Euronews haben sich bereits angesiedelt. Außerdem wird der Sektor Bildung u. a. mit dem neuen Campus der Université catholique de Lyon Berücksichtigung finden. Bei den Gebäuden handelt es sich nicht ausschließlich um neue Immobilien, sondern es wird auch alte Bausubstanz umgestaltet und umgewidmet (z. B. wird das alte Gefängnis Teil des Universitätscampus oder alte Zuckersilos werden zu Galerien umfunktioniert). Auch politische Funktionen werden im neuen Stadtviertel angesiedelt: Seit dem Jahr 2014 befindet sich der Sitz des *Conseil régional d'Auvergne-Rhône-Alpes* in La confluence. Das Stadtviertel trägt seit dem Jahr 2014 das staatliche Label ÉcoQuartier.

Quelle: Aufnahmen Kazig 2016 und 2017

|Abb. 3.13| *Große Stadtentwicklungsprojekte in Frankreich: Tempolino im Les Machines de l'Île de Nantes (a) und Cité du Vin in Bordeaux (b)*

Das Label ÉcoQuartier (vgl. Abb. 3.14) wird in Frankreich im Jahr 2012 eingeführt, denn wie in vielen anderen Ländern Europas spielt auch in der Stadtentwicklungsdiskussion in Frankreich der Aspekt der Nachhaltigkeit eine zunehmend wichtige Rolle. Ziel dieses Labels ist die Umsetzung einer nachhaltigen Quartiersentwicklung auf der Basis von vier Themenfeldern (Entwicklung und Prozess, Lebenswelt und Nutzung, Entwicklung der Fläche sowie Ressourcenschutz in Bezug auf den Klimawandel). Diese soll u. a. durch eine Verdichtung statt einer Bauflächenneuerschließung, durch Präferieren eines reduzierten, langsamen Verkehrs, durch die Förderung von Biodiversität und Grünflächen und/oder durch die Integration eines Recycling- und Wassermanagements in Planung und Umsetzung realisiert werden. Bis zum Ende des Jahres 2015 erhalten insgesamt 39 Quartiere mit 55 000 Wohneinheiten nach Durchlaufen des vierstufigen Anerkennungsprozesses das Zertifikat ÉcoQuartier, weitere 98 Quartiere befinden sich im Zertifizierungsprozess (vgl. Ministère de la cohésion des territoires 2017).

Ein bekanntes Beispiel ist das auf einem ehemaligen Bahngelände der SNCF errichtete ÉcoQuartier Clichy-Batignolles im 17. Arrondissement von Paris, in dem im Endausbau im Jahr 2019 rund 3400 Wohnungen für 7500 Einwohner, 140 000 m² Büro- und etwa 31 000 m² Einzelhandels-, Sport- und Kulturflächen sowie eine ca. 10 ha große öffentliche Parkanlage bereitgestellt werden. Auf diesen Flächen sollen insgesamt 12 700 Arbeitsplätze entstehen (Clichy-Batignolles 2016). Die ersten Einwohner sind im Jahr 2012 ins Quartier eingezogen, bis zum Jahr 2020 sollen die letzten Wohneinheiten fertiggestellt sein. Das Öko-Quartier ist CO_2-neutral konzipiert: Alle Gebäude zeichnen sich durch einen sehr niedrigen Energieverbrauch aus und 40 % des Energieverbrauchs werden bis zum Jahr 2020 durch Solarenergie erzeugt, die über Solarpanele auf insgesamt 35 000 m² (Dachflächen und Fassaden) direkt im Quartier selbst gewonnen wird. Die für die Heizung der Gebäude notwendige Energie wird über Geothermie gewonnen. Zur verkehrlichen Erschließung wird u. a. die Metrolinie 14 mit zwei Haltestellen in das Quartier verlängert (vgl. Vavasseur 2016). Allerdings werden an dem ÉcoQuartier Clichy-Batignolles bereits in der Planungsphase die Bauhöhen kritisiert, denn entgegen der eigentlich zulässigen Maximalhöhe von 37 m sind Gebäude mit einer Höhe von bis zu 50 m zulässig, der Justizpalast erreicht sogar eine Höhe von rund 160 m (vgl. Tribollet 2010).

Ebenfalls einen Beitrag zur nachhaltigen Stadtentwicklung im Bereich Verkehr leisten die Straßenbahnen. Allerdings existieren kaum mehr Straßenbahnbetriebe der ersten Generation, die in Frankreich ab dem Jahr 1890 (erste Straßenbahn in Clermont-Ferrand) eingeführt werden. Vor dem Ersten Weltkrieg existieren landesweit über 100 Straßenbahnnetze, allerdings sinkt ihre Zahl bis in die 1930er Jahre bereits wieder auf rund 70 (Groneck 2016: 423). Noch vor dem Zweiten Weltkrieg, aber verstärkt in den 1950er Jahren werden viele Straßenbahnbetriebe sukzessive stillgelegt (z. B. Paris 1938; Montpellier 1949; Besançon 1952; Nizza 1953; Bordeaux 1958), da ihre Gleisanlagen kriegsbedingt teilweise zerstört sind und die Kosten für Instandsetzung und Sanierung zu hoch sind. Zudem sind die Betriebe oft unrentabel und der Individualverkehr gewinnt zunehmend an Bedeutung. Entsprechend folgt die Stadtentwicklung in dieser Zeit oftmals dem Prinzip der autogerechten Stadt (vgl. Köstlin/Wollmann 1998). Anfang der 1970er Jahre werden in Frankreich nur noch in drei Städten (Marseille, Lille und St. Étienne) Straßenbahnen betrieben, die Tram gilt als Auslaufmodell bis die Ölkrisen der 1970er Jahre zu einem Umdenken führen, unterstützt vom aufkommenden Umweltbewusstsein. Daher werden seit den 1980er

LABEL Éco Quartier étape 1 2 3 4

|Abb. 3.14| *Label ÉcoQuartier*

Quelle: www.ecoquartiers-club.logement.gouv.fr, Collections École Polytechnique/Jeremy

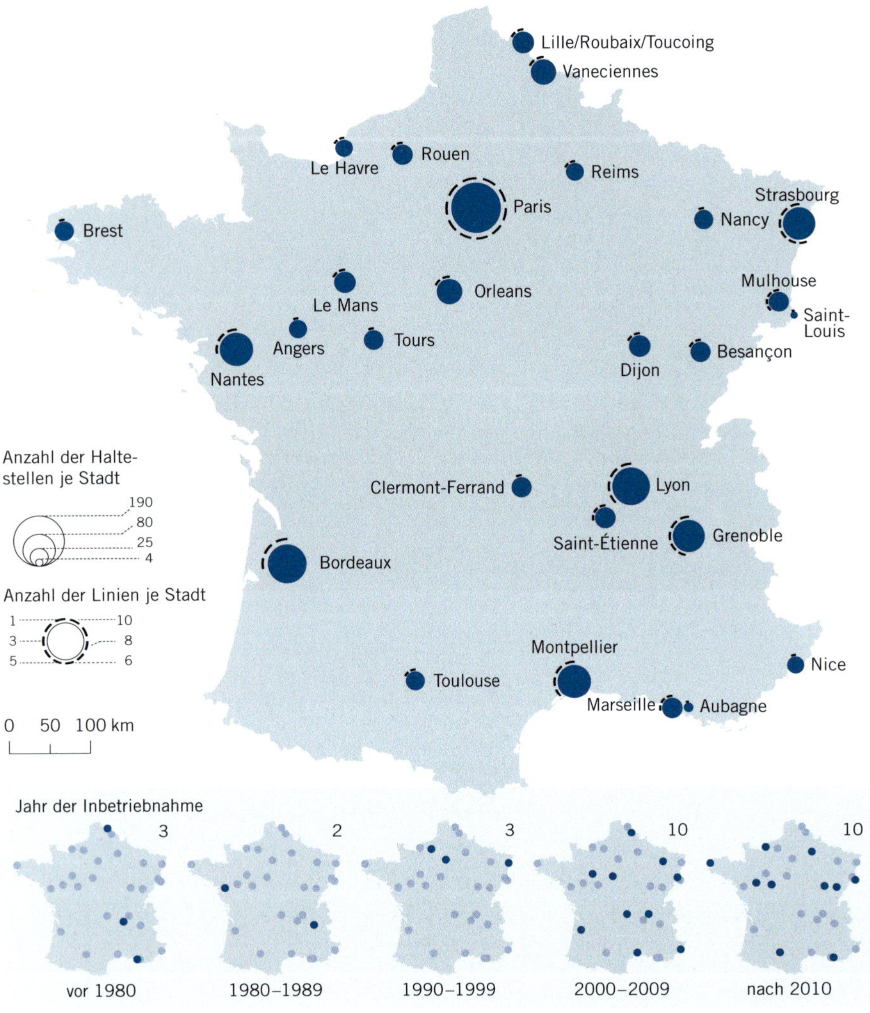

Quelle: eigene Darstellung in Anlehnung an Groneck 2016: 422

|Abb. 3.15| *Städte mit Straßenbahnbetrieben mit Zahl der Linien und Haltestellen im Jahr 2016*

Jahren in französischen Großstädten, später auch in kleineren Städten, wieder Straßenbahnen als Träger des ÖPNV entwickelt und realisiert und die Straßenbahn erlebt ihre Renaissance (Große Beilage 2011).

Im Jahr 1983 wird die erste Straßenbahnneubaustrecke nach dem Zweiten Weltkrieg in Betrieb genommen, allerdings handelt es sich dabei um die Verlängerung einer bestehenden Linie in St. Étienne. Als erste neue Straßenbahn der zweiten Generation wird im Jahr 1985 eine Tramlinie in Nantes eröffnet. Der französische Staat fördert ab dem Jahr 1986 für zwanzig Jahre die Planung und Realisierung von Straßenbahnprojekten. In dieser Zeit werden in einer Vielzahl französischer Städte Straßenbahnprojekte entwickelt und realisiert. Im Jahr 2016 existieren bereits wieder 25 Tramnetze der zweiten Generation (vgl. Abb. 3.15). Damit liegt etwa jeder vierte, seit dem Jahr 1980 in Europa eröffnete Straßenbahnbetrieb in Frankreich (vgl. Groneck 2016: 421 ff).

Die Städte sind zunehmend bemüht, auch im Rahmen einer nachhaltigen Stadtentwicklung, den Individualverkehr in den Innenstädten zu reduzieren und nutzen dazu die Straßenbahn als Erschließungsinstrument. Sie gilt als Teil des städtischen Lebens und als Möglichkeit zur Stadtgestaltung. Neben der optischen und funktionalen Gestaltung der Tramwagen, bei denen es sich in Frankreich mehrheitlich um Citadis-Züge des Unternehmens Alstom handelt, bringt die oftmals vorgenommene Begrünung des Gleisraums (vgl. Abb. 3.16b) optische und mikroklimatische Vorteile. Zudem wird in einigen Städten in besonders schützenswerten Altstadtbereichen auf Oberleitungen zur Stromzuführung verzichtet und in diesen Streckenabschnitten alternativ auf in den Fahrzeugen befindliche Batterien zur Stromversorgung (z. B. in Nizza im Bereich der Place Masséna und der Place Garibaldi) oder auf unterirdische Stromschienen zurückgegriffen. Die Durchgestaltung des Gesamtsystems ist ein Grund für die hohe Akzeptanz des Verkehrsmittels durch die städtische Bevölkerung (vgl. Jahn 2017), die durch die Entwicklung der Fahrgastzahlen belegt werden kann (vgl. Tab. 3.7). Gleichzeitig nimmt der Individualverkehr in den Städten mit Straßenbahnen ab, z. B. in Straßburg in den ersten drei Jahren nach Wiedereinführung der Straßenbahn um 17 % (vgl. Groneck 2016: 427 f).

Die Wiedereinführung der Straßenbahn wird als Erfolgsgeschichte in Frankreich wahrgenommen und gilt als ein Vorbild in Europa, da sie über die rein verkehrsbezogenen Aspekte auch Impulse für eine nachhaltige Stadtentwicklung gibt. Neben den bereits erfolgreich realisierten Tram-Projekten befinden sich weitere Projekte in der Realisierungsphase (z. B. in Avignon, Eröffnung 2019).

|Tab. 3.7| *Entwicklung der Fahrgastzahlen zwischen 1999/2000 bis 2010 in ausgewählten Städten mit neuen Straßenbahnsystemen*

Stadt	Fahrgäste in Mio. 1999/2000	Fahrgäste in Mio. 2010	Entwicklung in %	Neubaumaßnahmen
Bordeaux	64,5	102,0	58	3 neue Linien ab 2003
Lyon	255,4	370,4	45	4 neue Linien ab 2000
Montpellier	28,8	62,2	116	2 neue Linien ab 2000
Nantes	82,3	113,1	37	1 neue Linie ab 2000, Netzerweiterung
Orléans	16,1	26,4	64	1 neue Linie ab 2000
Straßburg	63,0	100,3	59	1 neue Linie ab 2000, Netzerweiterung

Quelle: eigene Zusammenstellung nach Groneck 2016: 430

Fallbeispiel Montpellier

In Montpellier wird die im Jahr 1897 in Betrieb gestellte Straßenbahn der ersten Generation im Jahr 1949 eingestellt und es dauert bis zum Juni 2000, bis die erste, 15 km lange Tramlinie der zweiten Generation in Betrieb genommen wird. Die Streckenführung orientiert sich an den Stadtvierteln mit hoher Bevölkerung, um ausreichend Fahrgäste zu rekrutieren. Zudem gibt es Park & Ride-Parkplätze an den Stadteinfahrten, um Autofahrer zum Umsteigen auf den ÖPNV zu motivieren (vgl. Jahn 2017). Im Jahr 2006 wird die 19,6 km lange zweite Linie eröffnet, die die Stadt in Nord-Süd-Richtung durchquert. Nochmals sechs Jahre später geht die dritte, 22 km lange Linie in Betrieb. Schließlich wird das Liniennetz neu konzipiert und geordnet, so dass im Jahr 2016 die vierte Linie als Ringlinie um die Stadt eröffnet werden kann. Insgesamt weist das Streckennetz eine Länge von 60,5 km auf und wird in der Hauptverkehrszeit im 4-Minuten-Takt von einem 84 Citadis-Fahrzeuge umfassenden Fuhrpark bedient. Bis zum Jahr 2025 soll eine weitere Tramlinie realisiert werden. Durch die Verkehrsführung der Tramlinien sind mittlerweile alle großen Stadtviertel (auch das *grand ensemble* Mosson) an das Straßenbahnnetz angeschlossen und die Straßenbahn wird als ein Motor für die jüngere Stadtentwicklung eingeschätzt (Freytag/Volle 2013: 17). Die Fahrzeuge der verschiedenen Linien haben ein unterschiedliches Design. Während z. B. die Fahrzeuge der ersten Linie weiße Schwalben auf blauem Grund (*Tramway bleu*) zeigen und den Himmel symbolisieren, haben die Wagen der dritten Linie ein vom Modeschöpfer Christian Lacroix gestaltetes Design, das an die Unterwasserflora des Mittelmeeres erinnern soll (vgl. Abb. 3.16).

|Abb. 3.16| *Straßenbahnen in Frankreich: Beispiele aus Montpellier (a) und Nizza (b)*

Quellen: Aufnahme Schmude 2007 und 2018

3.4 Ausgewählte Aspekte der Stadtentwicklung an zwei Beispielen: Paris und Montpellier

3.4.1 Paris: Hauptstadt Frankreichs und europäische Metropole

Die Hauptstadt Frankreichs liegt an einer alten, Flandern und Aquitanien verbindenden Handelsstraße an der Seine. Der Fluss ist an dieser Stelle leicht zu überqueren, Grund hierfür sind die in der Seine eingelagerten Inseln (*Île de la cité* und *Île Saint Louis*). Die Siedlungsgeschichte geht bis ins 3. Jahrhundert v. Chr. zurück, historische Wuzel des heutigen Paris ist die keltische Siedlung Lutetia. In römischer Zeit erfährt die Siedlung einen ersten massiven Ausbau, u.a. durch die Anlage eines Amphitheaters sowie von Tempeln und Thermen auf dem linken Seineufer (*rive gauche*), obwohl die Stadt zu dieser Zeit eine noch weit geringere Bedeutung als Marseille oder Lyon hat (vgl. Pletsch 1987: 57). Die auf die Römer folgenden Merowinger machen unter Chlodwig I. (466 – 511) Paris im Jahr 508 zur Hauptstadt ihres fränkischen Reiches und schließlich wird Paris nach der Machtübernahme durch die Kapetinger von König Hugo Capet im Jahr 987 zur Hauptstadt seines Reiches. Dies leitet einen Aufschwung der Stadt ein, die sowohl wirtschaftlich, als auch geistig-kulturell eine herausragende Stellung in Europa erhält. Die Gründung der Sorbonne im 12. Jahrhundert, die zu einer der führenden Universitäten Europas wird, unterstützt diesen Prozess. Entsprechend ist die Entwicklung auch von einem enormen Bevölkerungswachstum geprägt: Im Jahr 1328 verzeichnet Paris bereits rund 200 000 Einwohner und ist größte Stadt in Europa (vgl. Pletsch 2003: 139).

Diese herausragende Rolle behält Paris für Frankreich seitdem und entwickelt sich zur Primatstadt des Landes: Die Hauptstadt nimmt die konkurrenzlose Führungsrolle im französischen Städtenetz ein (vgl. 3.2). Auch in den folgenden Jahrhunderten wächst die Stadt mehr oder weniger kontinuierlich. Mitte des 17. Jahrhunderts zählt sie bereits 450 000 und zum Zeitpunkt der ersten Volkszählung im Jahr 1801 werden 546 856 Einwohner erfasst. Die Bevölkerungsstatistik weist erst nach

|Tab. 3.8| *Entwicklung der Einwohnerzahl (in Tsd.) von Paris (Département 75) und der Region Île-de-France von 1801 bis 2015*

Jahr	Bevölkerungszahl in Tsd. Paris	Bevölkerungszahl in Tsd. Île-de-France
1801	547	1352
1876	1989	3320
1901	2714	4736
1921	2907	5683
1936	2830	6786
1954	2850	7317
1975	2300	9879
1990	2147	10469
1999	2125	10952
2006	2181	11532
2015	2206	12082

Quelle: eigene Zusammenstellung nach Pietsch 2003: 142; INSEE 2018c

1920 bis zum Ende des 20. Jahrhunderts einen leichten Rückgang für die Kernstadt auf, der im 21. Jahrhundert zum Stillstand kommt bzw. wieder in eine leichte Zunahme umschlägt. Dagegen steigen die Bevölkerungszahlen für die Region Île-de-France seit 1801 kontinuierlich an (vgl. Tab. 3.8). Verantwortlich hierfür sind zum einen intraregionale Wanderungen (z. B. *périurbanisation*, vgl. 3.3.3) sowie die Anlage neuer Städte (*villes nouvelles*, vgl. 3.3.2), zum anderen kommt es zur administrativen Neuordnung der Hauptstadt im Jahr 1968. Das alte Département Seine, das die Stadt Paris und weitere 81 umliegende Gemeinden umfasst, wird in insgesamt vier Départements aufgeteilt: Das Stadtgebiet der Hauptstadt wird zum neuen Département Paris (Nr. 75), drei neue Départements (Nr. 92 bis 94) bilden die *petite couronne* um die Kernstadt (vgl. Abb. 3.17). Auch die übrigen in der neuen Region Île-de-France (zuvor Région Parisienne) liegenden Kommunen erhalten teilweise eine neue Zuordnung auf Ebene der Départements: Das alte Département Seine-et-Oise (Nr. 78) wird in das neue Départements Yvelines (Nr. 78) überführt, das alte Départements Seine-et-Marne (Nr. 77) bleibt bestehen und mit Essonne (Nr. 91) sowie Val d'Oise (Nr. 95) werden zwei neue Départements eingeführt. Diese vier Départements bilden die *grande couronne*, wobei einzelne Gemeinden des Départements Seine-et-Oise der *petite couronne* zugeschlagen werden.

Während die Kernstadt bereits in den 1960er Jahren eine negative Wanderungsbilanz aufweist, von der zunächst sowohl *petite* als auch *grande couronne* profitieren, zeigt sich für die nachfolgenden Jahrzehnte auch in der *petite couronne* ein negativer Wanderungssaldo, der allerdings durch einen höheren Geburtenüberschuss kompensiert wird. Das Bevölkerungswachstum insgesamt verliert in der *petite couronne* jedoch deutlich an Dynamik und wird von jenem in der *grande couronne* übertroffen. Leben nach der Volkszählung von 1975 zu diesem Zeitpunkt noch mehr Menschen in der *petite couronne*, verschiebt sich der Bevölkerungsschwerpunkt in den nachfolgenden Jahrzehnten immer stärker in die *grande couronne* (vgl. Tab. 3.9).

Die Region Île-de-France weist bei einer Bevölkerung von über 12 Millionen Einwohnern auf einer Fläche von 12012 km² eine Bevölkerungsdichte von über 1000 Personen je km² auf. Davon leben im Jahr 2015 10706072 Einwohner in der 2845 km² großen *unité urbaine* (vgl. 3.2) von Paris, was einer Bevölkerungsdichte von 3763 Einwohner pro km² entspricht (INSEE 2018e). Damit leben 16 % der Bevölkerung Frankreichs auf nur 0,4 % der Staatsfläche. Das zusammenhängend bebaute Siedlungsgebiet weist dabei einen Durchmesser von 50 bis 70 km aus, wobei die *banlieue* bis weit in die *grande couronne* hinein stark verstädtert ist. Auch die *villes nouvelles* (vgl. 3.3.2) im Raum Paris sind mittlerweile Teil der *unité urbaine* und mit der Kernstadt zusammengewachsen (vgl. Abb. 3.17 und Abb. 3.8). Bis 2030 wird ein weiteres Wachstum der *unité urbaine* auf 11,7 Millionen Einwohner erwartet, womit Paris unverändert zu den Megastädten (über 10 Millionen Einwohner) zählen wird (Allianz Risk Pulse 2015: 4).

In der Region Île-de-France ist das Département Paris (75) mit 105 km² flächenmäßig das kleinste Département der Region, mit 21014 Einwohnern/km² im Jahr 2015 das am dichtesten besiedelte Département in ganz Frankreich. Innerhalb von Paris und der Region Île-de-France gibt es eine deutliche sozialräumliche Differenzierung: Im Westen der Stadt liegen die „besseren Viertel" (*les beaux quartiers*) mit den großen Prachtstraßen (z. B. Champs-Élysées), vielen Monumentalbauten (z. B. Invalidendom), zahlreichen Stadtpalästen und Villen; auch

|Abb. 3.17| *Administrative Gliederung von Paris und der Region Île-de-France seit der Neuordnung aus dem Jahr 1968 sowie die Abgrenzung der* unité urbaine *und der* Métropole du Grand Paris *im Jahr 2018*

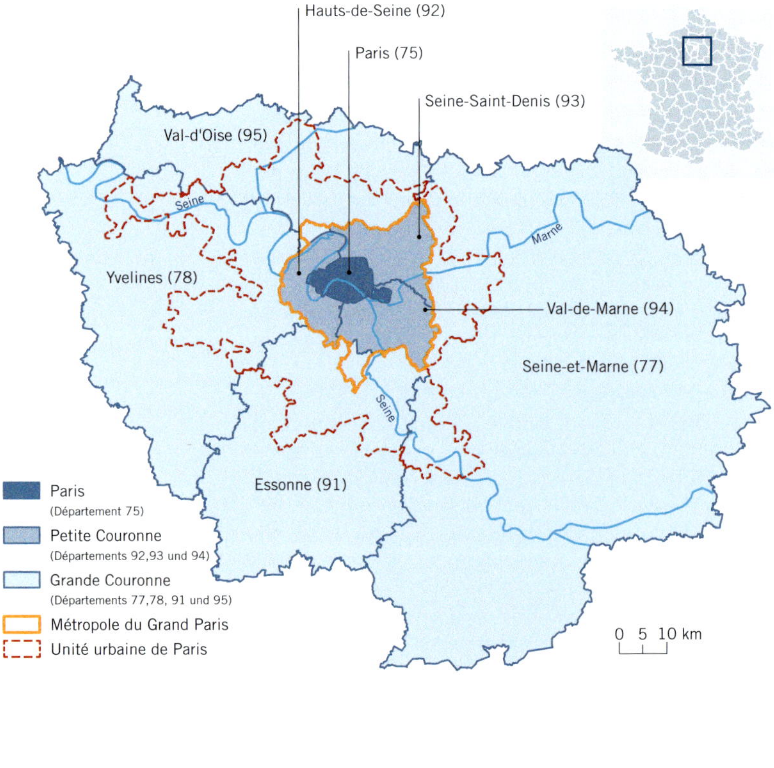

Quelle: eigene Darstellung in Anlehnung an Pietsch 2003: 141 und Métropole du Grand Paris 2018b

|Tab. 3.9| *Entwicklung der Einwohnerzahl (in Tsd.) in den Départements der Region Île-de-France von 1968 bis 2015*

Département (Nr.)	1968	1975	1982	1990	1999	2015
Paris (75)	2590	2309	2180	2147	2125	2206
Hauts-de-Seine (92)	1462	1439	1389	1391	1429	1602
Seine-St. Denis (93)	1250	1322	1325	1381	1383	1593
Val-de-Marne (94)	1121	1216	1193	1218	1227	1372
Petite Couronne	3833	3977	3907	3990	4039	4567
Seine-et-Marne (77)	604	756	885	1075	1194	1390
Yvelines (78)	854	1082	1195	1306	1354	1427
Essonne (91)	673	923	987	1083	1134	1276
Val-d'Oise (95)	693	841	920	1048	1106	1215
Grande Couronne	2824	3602	3987	4512	4788	5308
Île-de-France	9248	9888	10074	10649	10952	12082

Quelle: Eigene Zusammenstellung nach Pletsch 2003: 142 und INSEE 2017

das Regierungsviertel befindet sich in diesem Teil der Stadt. In diesen Bereichen der Stadt befinden sich auch die touristischen Highlights von Paris (vgl. Abb. 3.18), die hohe Besucherzahlen aufweisen (vgl. auch Abb. 6.23 und Tab. 6.6). Ebenso sind dies die Bereiche der wohl prägendsten, bis heute sichtbaren Stadtentwicklungsmaßnahme des 19. Jahrhundert, der *Haussmanisation*. Unter dem Eindruck der dynamischen Bevölkerungsentwicklung wird die Stadt durch die Anlage großer, für die damalige Zeit überdimensionierter Straßenachsen ab Mitte des 19. Jahrhunderts unter der Leitung von Georges-Eugène Haussmann zukunftsfähig gemacht. Für den Bau der neuen Straßenzüge werden in Paris über 25 000 Gebäude abgerissen und im Gegenzug mehr als 40 000 neu errichtet. Weitere Charakteristika der Maßnahme sind die einheitlichen Fassaden und Bauhöhen der Straßenzüge, die Integration von Grünanlagen und Parks sowie die Anlage von Plätzen, auf die die Straßenführung sternförmig hin ausgerichtet ist (vgl. Pletsch 2003: 154). Die Neugestaltung der Innenstadt durch die *Haussmanisation* wird Vorbild für die Stadtentwicklung vieler anderer französischer Städte und Paris setzt zu dieser Zeit auch international neue Maßstäbe für die Stadtentwicklung (vgl. Freytag 2013: 9).

Dagegen sind die traditionellen Arbeiter- und Industrieviertel vor allem im Norden und Osten der Stadt zu finden (vgl. Pletsch 2003: 142f). So befindet sich dort in der *banlieue* mit Sarcelles auch die älteste Großwohnsiedlung (*grand ensemble*; vgl. 3.3.1) und einer der gravierendsten sozialen Brennpunkte der Île-de-France. Ihr Name ist Ursprung des Begriffs *sarcelitte*, der als Synonym die problematische Lebenssituation der Menschen in vielen dieser Großwohnsiedlungen umschreibt. Ebenso im Norden befindet sich das Quartier de la Goutte d'Or, ein typisches Einwandererviertel mit einem hohen Anteil an afrikanischen Einwanderern, das auch als *quartier africain* oder *pétit Sénégal* bezeichnet wird. Aufgrund vieler Auseinandersetzungen und Konflikte wird das Viertel zu einer von 15 im September 2012 in Frankreich ausgewiesenen prioritären Sicherheitszonen (*zone de sécurité prioritaire*, ZSP) erklärt (fünf weitere ZSP befinden sich in der *petite couronne* (davon allein drei im Département Seine-St. Denis) sowie zwei weitere in der *grande couronne*), für die u. a. die Sicherheitsprobleme durch eine verstärkte Polizeipräsenz eingedämmt werden sollen (vgl. Leclerc 2017).

An der westlichen Peripherie der Hauptstadt befindet sich eines der spektakulärsten Entwicklungsprojekte der Nachkriegszeit: La Défense. Das Vorhaben ist eines der typisch aufsehenerregenden Stadtentwicklungsprojekte jener Zeit in Frankreich. Der seit dem Jahr 1958 (Gründungsjahr der Entwicklungsgesellschaft *Établissement public d'aménagement de la Défense*, EPAD; im Jahr 2018 ersetzt durch die Entwicklungsgesellschaft *Établissement public Paris La Défense*) entwickelte Büro- und Dienstleistungsstandort wird u. a. mit der Zielsetzung entwickelt, die besondere Stellung der französischen Hauptstadt in Europa bzw. weltweit weiter zu stärken. Im Jahr 1965 wird das erste Bürogebäude eröffnet und in den folgenden Jahrzehnten erfolgt sukzessive ein weiterer Ausbau, teilweise mit weltweit aufsehenerregenden Projekten wie dem im Jahr 1989 in Dienst gestellten Bürogebäude La Grande Arche, das mittlerweile als Wahrzeichen von La Défense wahrgenommen wird (vgl. Abb. 3.19). Inzwischen müssen die Bürogebäude der ersten Generation bereits wieder saniert werden (z. B. der mit 225 m höchste Büroturm Tour First), aber es werden nach wie vor auch neue Bürogebäude erstellt (z. B. das im Jahr 2016 begonnene und voraussichtlich 2019 fertiggestellte Hochhaus Tour Trinity). Im Jahr 2018 gibt es in La Défense 17 Hochhäuser mit mehr als 150 m Höhe und weitere 25 Hochhäuser mit mehr als 100 m Höhe.

Entsprechend der Konzeption sind wichtige nationale und internationale Unternehmen mit einer (Haupt-)Niederlassung vertreten: Im Jahr 2016 sind

Quelle: Aufnahmen Kazig 2013 und Weber 2011 sowie 2012

|Abb. 3.18| *Das „schöne" und bekannte Paris: Eiffelturm (a), Arc de Triomphe (b), Notre-Dame (c) und Sacré-Cœur (d)*

14 der 20 größten französischen und 15 der weltweit 50 größten Konzerne in La Défense ansässig. Von den insgesamt am Standort vertretenen 3600 Unternehmen haben 1500 ihren Unternehmenssitz in La Défense. Die Arbeitsplätze für rund 180000 Beschäftigte verteilen sich in Europas größter Bürostadt auf 4,7 Mio. m² Bürofläche (vgl. CCI Île-de-France 2017 und APUR 2017: 8). La Défense stärkt in der Zeit der Globalisierung die Rolle von Paris als Global City (vgl. Freytag 2013: 9).

La Défense ist aber nicht allein auf seine Funktion als Unternehmensstandort zu reduzieren: Für den (Geschäftsreise-)Tourismus stehen 2600 Hotelzimmer zur Verfügung, denn neben den Geschäftsreisenden kommen wegen der teilweise spektakulären Architektur auch Sightseeing-Touristen nach La Défense. Zur Versorgung der in La Défense arbeitenden sowie der im Jahr 2016 rund 20000 in den Wohnanlagen lebenden Menschen und der zahlreichen Touristen dient das Einzelhandelsangebot auf einer Fläche von insgesamt 230000 m², von denen allein rund 130000 m² durch das Einkaufszentrum Les Quatre Temps besetzt sind (vgl. CCI Île-de-France 2017).

Allerdings ist auch La Défense anfällig für ökonomische Krisen: In Folge der Finanz- und Immobilienkrise ziehen einzelne Unternehmen an kostengünstigere Standorte. Prominentestes Beispiel ist der Versicherungskonzern Axa, der im Jahr 2009 seinen Standort ins wenige Kilometer entfernte Nanterre verlegt und auch die Zahl der Neuvermietungen geht in Krisenzeiten zurück (vgl. Kuchenbecker 2009). Auch in früheren globalen Krisen (z. B. Golfkrise 1991 oder Internetblase 2001) zeigt sich

|Abb. 3.19| *La Grande Arche (a) und Blick auf La Défense (b)*

Quelle: Aufnahmen Weber 2011 und 2017

der international bedeutsame Immobilien- und Bürostandort La Defense als relativ volatil (vgl. Jones Lang Lasalle 2014b: 9). Nach dem Ende der Bankenkrise 2008/09 erlebt La Défense einen Aufschwung, der mit dem Bau von sieben neuen Wolkenkratzern (weitere sind in Planung) und mit der Ansiedlung weiterer Unternehmen einhergeht. Durch den Brexit werden zusätzliche Ansiedlungen, wie beispielsweise die der europäischen Bankenaufsicht, erwartet (La Tribune 2018).

Insgesamt gilt La Défense als ein erfolgreiches Stadtentwicklungsprojekt, das sich als gebauter Weltstadtanspruch (vgl. Rudolph et al. 2001: 67) interpretieren lässt und ein wichtiger Imageträger der französischen Hauptstadt ist.

Wesentlich jünger und thematisch anders ausgerichtet ist das im Südwesten von Paris angesiedelte Entwicklungsprojekt Paris-Saclay (vgl. Abb. 3.20). Hierbei handelt es sich um ein Forschungs- und Entwicklungscluster, das seit dem Jahr 2006 entwickelt und bis zum Jahr 2020 fertiggestellt sein soll. In dem Quartier sind neben Instituten von drei staatlichen Universitäten (Université de Paris-Sud, Versailles Saint-Quentin-en-Yvelines Université und Université de Évry Val d'Essonne) und zehn Elitehochschulen (u. a. École Normale Supérieure, ENS; École Politechnique oder École Nationale Supérieure des Technique Avancées, ENSTA) sowie sieben nationalen Forschungseinrichtungen (z. B. Centre National de Recherche Scientifique, CNRS; Institut de Recherche d'Agriculture, INRA, oder Institut National de la Santé et de la Recherche Médicale, INSERM), die Mitglieder der im Jahr 2012 neu gegründeten Université Paris-Saclay sind (vgl. Université Paris-Saclay 2018), auch Forschungs- und Entwicklungszentren von Unternehmen angesiedelt. 25 000 Forscher/innen, 170 000 Studierende und 160 öffentliche und private Forschungseinrichtungen (vgl. Jones Long Lasalle 2018) sollen Paris-Saclay zu einem global wettbewerbsfähigen Wissenschafts- und Technologiestandort machen, der konkurrenzfähig zu anderen weltweit führenden Standorten wie dem Silicon Valley ist.

Sowohl La Défense als auch Paris-Saclay gehören zu den sieben thematischen Clustern (vgl. Jones Long Lasalle 2014a), mit denen Paris sich im Wettbewerb der Global Cities positioniert und liegen in der im Jahr 2014 beschlossenen, neu geschaffenen Métropole du Grand Paris, mit der die Struktur des Ballungsraums Paris reformiert werden soll. Die Métropole du Grand Paris erstreckt sich über 131 Gemeinden in sieben Départements (Kernstadt sowie Teile der *petite* und *grande couronne*; vgl. Abb. 3.17), in denen 7,2 Mio. Menschen leben. Ziel ist es, die Lebensbedingungen in der Region u. a. durch Verminderung der regionalen Ungleichheiten zu verbessern und nachhaltig zu entwickeln

Quelle: Aufnahme Collections École Polytechnique_Jérémy Barande

|Abb. 3.20| *Paris-Saclay*

Quelle: Aufnahme Schmude 2018

|Abb. 3.21| *Frühe Gelehrte der Universität Montpellier*

(vgl. Ministère de la Cohésion des Territoires 2013) sowie eine international wettbewerbsfähige Region zu schaffen. Damit wird der Tatsache Rechnung getragen, dass viele wirtschaftliche Funktionen nicht (mehr) in der Kernstadt angesiedelt sind (z. B. der Büro- und Dienstleistungsstandort La Défense oder das Forschungs- und Entwicklungscluster Paris-Saclay), sondern eine enge funktionale Verflechtung zwischen der Kernstadt und dem Umland besteht. Ein Schwerpunkt der zukünftigen Entwicklung in der Métropole du Grand Paris ist der Ausbau der Verkehrsinfrastruktur (u. a. Grand Paris Express mit dem Ausbau der Metrolinien 11 und 14 sowie dem Bau der neuen vier Linien 15 bis 18) mit dem Ziel, benachteiligte Quartiere besser an den ÖPNV anzubinden und damit aufzuwerten und zeitsparende Tangentialverbindungen um die Kernstadt herum zu schaffen, um den ÖPNV im Zentrum zu entlasten. Ein weiterer Schwerpunkt ist der Wohnungsbau. Im Rahmen des regionalen Entwicklungsschemas SDRIF (*Schéma directeur de la région Île-de-France*), das seit 1965 existiert und seitdem mehrmals angepasst wird, werden Planvorgaben unter anderem hinsichtlich der Zahl der jährlich neu zu bauenden Wohnungen festgesetzt. Die Planvorgabe von 1994, welche 53 000 Neubauwohnungen im Großraum Paris jährlich vorsieht, wird 2008 auf 60 000 und 2013 schließlich auf 70 000 (davon 22 700 Sozialwohnungen) erhöht (Marottes 2014: 51).

Die Bildung des neuen Gemeindeverbandes Métropole du Grand Paris stärkt nicht nur die Rolle von Paris im internationalen Wettbewerb der Regionen, sondern manifestiert zusätzlich die Sonderrolle der Hauptstadt für Frankreich: 25 % des Bruttoinlandsprodukts des europäischen Frankreichs werden in Grand Paris generiert (vgl. Métropole du Grand Paris 2018a).

3.4.2 Erfolgsgeschichte Montpellier: Sonderfall in der Entwicklung französischer Großstädte

Zu den Städten Frankreichs mit der dynamischsten Entwicklung nach dem Zweiten Weltkrieg gehört Montpellier. Hierfür sind u. a. große Stadtentwicklungsprojekte mitverantwortlich und der Stadt wird oftmals das Profil einer Boomtown (vgl. Freytag/Volle 2013: 12) zugeschrieben.

Montpellier liegt im südfranzösischen Sunbelt westlich der Rhône in einer 30 km breiten Zwischenzone, die durch das Mittelmeer im Süden und das Zentralmassiv im Norden begrenzt wird. Das Stadtgebiet erstreckt sich von den südlichsten Ausläufern der Cevennen bis in die Küstenzone (*littoral*) im Süden. Die geschichtliche Entwicklung der Stadt kann in drei Wachstumsphasen eingeteilt werden, die durch wenig dynamische Zwischenphasen unterbrochen werden:

- mediterrane, mittelalterliche Phase von 985 bis 1350,
- französische Phase von 1650 bis 1850,
- europäische Phase ab 1950.

Montpellier ist im Vergleich zu vielen anderen mediterranen Städten Frankreichs eine relativ junge Stadtgründung. Zwar verläuft mit der Via Domitia (*voie Domitienne*) die erste, ca. 120 v. Chr. in Gallien gebaute Römerstraße etwa 4 km vom historischen Stadtkern entfernt und es gibt verschiedene Städte der Römer an dieser Italien mit Spanien verbindenden Heer- und Handelsstraße (z. B. Nemausus/Nîmes, Baeterrae/Béziers oder Narbo Martius/Narbonne), doch Montpellier ist eine unbedeutende bäuerliche Siedlung, die erstmals im Jahr 985 nach Chr. urkundlich erwähnt wird (vgl. Volle 1996). Die Kirche Notre-Dame des Tables an der Place Jean Jaurès gilt als Ausgangspunkt der Stadtgründung Montpelliers. In ihrer mittelalterlichen Phase entwickelt sich die Stadt rasch, was u. a. durch ihre verkehrsgünstige Lage an der Via Domitia und dem nicht weit von der Stadt gelegenen Hafen in Lattes zu erklären ist. Die Bevölkerungszahl von Montpellier erreicht um das Jahr 1200 rund 9000 Einwohner (vgl. Reyerson 1995). Einen weiteren wesentlichen Impuls erhält Montpellier durch die Universitätsgründung im Jahr 1220 mit der die Stadt die älteste medizinische Fakultät Europas erhält. Die Universität hat ein sehr liberales Statut, das jedermann die Möglichkeit zur Forschung und Lehre, unabhängig von der nationalen und religiösen Zugehörigkeit einräumt. An der Universität lehren entsprechend Professoren aus ganz Europa (vgl. Abb. 3.21). Die mittelalterliche Stadt dehnt sich weiter aus, allerdings ist von der mittelalterlichen Bausubstanz bis heute nur wenig erhalten, z. B. die Krypta der Kirche Notre-Dame des Tables oder die beiden Befestigungstürme Tour de la Babote und Tour des Pins. Dagegen ist das mittelalterlichen Straßennetz in der Altstadt weitgehend identisch mit dem heutigen Straßennetz.

Bis etwa zum Jahr 1350 wächst Montpellier bis zu einem Bevölkerungsmaximum von rund 40 000 Einwohnern stetig, dann folgt bis ca. 1650 eine lan-

|Abb. 3.22| *Gebäude bzw. Baudenkmäler der französischen Phase von Montpellier: Palais de Justice (a), Triumphbogen mit Reiterstandbild Ludwig XIV. und Wasserschloss im Hintergrund (b), Aquädukt St. Clement (c) und Opéra Comédie (d)*

Quelle: Aufnahmen Schmude 2007, 2016 und 2018

ge Krise, die mit dem Niedergang der Stadt einhergeht. Kennzeichen dieser Zeit sind wirtschaftliche Depression, politische Krisen und Kriege, Epidemien und Hungersnöte. Die Folge ist ein drastischer Bevölkerungsrückgang um mehr als ein Drittel sowie die Zerstörung vieler mittelalterlicher Gebäude.

Erst in seiner französischen Phase gegen Ende des 17. Jahrhunderts steigt die Bevölkerungszahl der Stadt wieder deutlich an, so dass sie sich über die Grenzen der mittelalterlichen Befestigungsanlagen ausdehnt, dem heutigen als Écusson bezeichneten *centre historique*. Im 18. Jahrhundert gehen die wirtschaftliche Aufwärtsentwicklung (Textilindustrie) und eine rege Bautätigkeit Hand in Hand. In der französischen Phase entstehen viele Prachtbauten und Monumente u. a. die Gartenanlage Promenade de Peyrou (Place Royal du Peyrou, 1688) mit dem Ritterstandbild Ludwig XIV. (Statue équestre de Louis XIV, 1828) und dem Wasserturm (Chateau d'Eau, 1768), der Triumphbogen (Porte du Peyrou, 1691), das Aquädukt St. Clement (1772) oder der Justizpalast (Palais de Justice, 1853) (vgl. Abb. 3.22). Auch die Universität erfährt in dieser Zeit einen starken Ausbau. Montpellier entwickelt sich zur Hauptstadt der Region mit großer wirtschaftlicher, administrativer und kultureller Bedeutung.

Um 1850 verliert die in Montpellier ansässige Textilmanufaktur an Bedeutung, da sie mit den Wettbewerbern aus Belgien und Sachsen nicht konkurrieren kann. Montpellier erlebt keine Phase der Frühindustrialisierung, vielmehr begründet sich der Reichtum der Stadt auf den riesigen Weinfeldern, die unmittelbar an die Stadt anschließen. Im Jahr 1839 wird zur Verschiffung des Weines die Eisenbahnlinie Montpellier – Sète gebaut, der Bahnhof von Montpellier entsteht im Jahre 1844. Der Anschluss an das überregionale Bahnnetz über Nîmes erfolgt erst einige Jahre später. In dieser Zeit kommt es zu einer Entfaltung des kulturellen und universitären Lebens und es können weitere große Bauvorhaben realisiert werden, z. B. die nach Pariser Vorbild durch *Haussmannisation* angelegte Rue Foch oder die Place de la Comédie (Volle 1996). Trotz des Niedergangs des industriellen Gewerbes gilt die Stadt im 19. Jahrhundert als eine wohlhabende Stadt mit dem Weinbau als ökonomische Basis, doch endet die auf den Weinbau begründete Blütezeit Montpelliers abrupt um 1876, als durch die Reblaus rund ein Drittel der Reben zerstört wird.

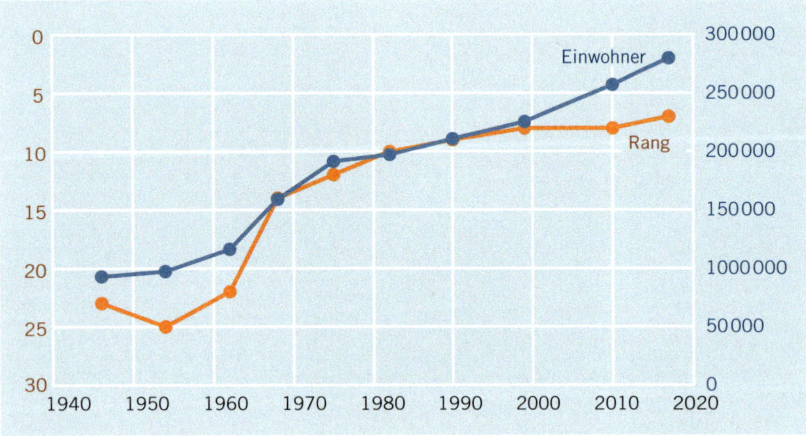

Quelle: eigene Zusammenstellung und Darstellung nach INSEE 2018b und 2018c

|Abb. 3.23| *Entwicklung der Einwohnerzahl Montpelliers und Rangplatz im französischen Städteranking von 1946 bis 2017*

Montpellier versinkt wieder in den Schlaf einer Provinzstadt und ist kaum so bedeutend wie Nîmes oder Béziers. Dieses Verharren im Status einer Provinzstadt dauert bis nach dem Zweiten Weltkrieg an.

Montpellier zählt nach dem Zweiten Weltkrieg rund 90000 Einwohner und ist damit in etwa so groß wie Nîmes, Perpignan oder Béziers. Doch wächst die Stadt stetiger und schneller als viele andere französischen Städte. Ursache für den starken Bevölkerungszuwachs in den ersten zwei Nachkriegsjahrzehnten sind vor allem die Entvölkerung der Cevennen (Land-Stadt-Wanderung), der Zuzug vieler ausländischer Arbeitskräfte (vor allem aus Spanien) sowie die Repatriierung der Algerier-Franzosen nach 1961 (zwischen 20000 bis 25000). Zudem beruht der Bevölkerungsanstieg der Stadt auch auf einem natürlichen Bevölkerungszuwachs. Im Jahre 1954 liegt die Stadt nach der Einwohnerzahl noch auf Rang 25 der französischen Städte, doch innerhalb von nur knapp 30 Jahren entwickelt sich die Einwohnerzahl so dynamisch, dass Montpellier im Jahr 1982 bereits zu den zehn größten Städten Frankreichs gehört (vgl. Abb. 3.23). Wenngleich sich die Bevölkerungszunahme deutlich verlangsamt (etwa durch die auch hier einsetzende Périurbanisation; vgl. 3.3.3), wächst die Stadt weiter und liegt im Jahr 2015 bereits auf Platz 7 des französischen Städterankings.

Die starke Bevölkerungsdynamik Montpelliers zeigt sich u.a. daran, dass 33,1 % der mit der Volkszählung 1982 erfassten Bevölkerung innerhalb eines Zeitraums von nur sieben Jahren zugezogen sind. Im Jahr 2009 sind mehr als ein Viertel der Haushalte innerhalb der letzten vier Jahre an ihren Wohnstandort gezogen (vgl. Freytag/Volle 2013: 14). Die gewaltigen Bevölkerungsbewegungen bleiben nicht ohne Folgen für die Stadtentwicklung bzw. sind selbst wiederum Folge der Stadtentwicklungsprojekte. Von den rund 78000 Wohneinheiten Montpelliers im Jahr 1982 wird der überwiegende Teil (56,8 %) in den Jahren von 1949 bis 1975 erstellt, jeweils rund 17 % stammen aus der Zeit vor 1915 bzw. nach 1975 (vgl. Schmude 1991: 257 f).

Zu den jüngeren, nach dem Zweiten Weltkrieg gebauten Stadtteilen gehört insbesondere die Großwohnsiedlung La Paillade (heute Mosson). Dieses zunächst für 30000 bis 35000 Einwohner realisierte *grand ensemble* (vgl. 3.3.1) entwickelt sich zum bevölkerungsreichsten Stadtviertel (Bevölkerungsmaximum im Jahr 1999 mit 27749 Einwohnern) und zu einem der gravierendsten „sozialen Brennpunkte" Montpelliers. Wie bei vielen Großwohnsiedlungen in der *banlieue* großer Städte ist auch hier das Erscheinungsbild einer monotonen Plattenbauarchitektur, die periphere Lage (8 km vom historischen Stadtzentrum) bei zunächst schlechter Verkehrsanbindung sowie eine relativ schlechte Infrastrukturausstattung ein kaum zu überwindendes Hemmnis zur Entwicklung einer ausgewogenen soziodemographischen Struktur (vgl. Schmude 1991: 259ff). Die Konzentration sozioökonomisch schwächer gestellter Bevölkerungsgruppen wird durch selektive Abwanderungsbewegungen noch verschärft, die Zahl der Einwohner sinkt sukzessive auf 21652 (2013). Ab den 1980er Jahren werden einige Aufwertungsmaßnahmen (Abriss von Hochhäusern, Verkehrsanschluss ans städtische ÖPNV-Netz, Verbesserung der Infrastrukturausstattung in Einzelhandel, Bildung und Kultur) vorgenommen. Schließlich erhält das *grand ensemble* im Jahr 2000 mit Mosson einen neuen Namen, um der mit der alten Bezeichnung verbundenen Stigmatisierung zu entgehen. Gleichwohl kann der Abwer-

|Tab. 3.10| *Wahlergebnisse der Oberbürgermeisterwahlen in Montpellier in den Jahren 1977, 1983 und 1989*

Wahljahr	Wahlliste	1. Wahlgang	2. Wahlgang
1977	Liste Montpellier Union de la Gauche	43,36 %	52,06 %
	Liste Municipale Union pour Montpellier	44,70 %	47,94 %
	sonstige	11,94 %	
1983	Liste Montpellier Entreprenante Union Gauche	46,26 %	52,50 %
	Liste Montpellier Espoir Opposition	41,30 %	47,50 %
	sonstige	12,44 %	
1989	Liste l'Harmonie pour Montpellier	50,12 %	
	Liste d'abord les Montpellierains	27,71 %	
	sonstige	22,17 %	

Quelle: Schmude 1990: 39

tungsprozess der Großwohnsiedlung hierdurch auch nicht gestoppt werden (Freytag/Volle 2013: 14).

Ab den 1980er Jahren werden in Montpellier einige neue städtebauliche Entwicklungen durch verschiedene Projekte (z. B. Antigone, Port Marianne) angestoßen, die das Bild der Stadt in der Folgezeit entscheidend mitprägen. Für den gegen Ende der 1970er Jahren vollzogenen Wechsel in der Stadtentwicklungspolitik Montpelliers ist der Ausgang der Bürgermeisterwahlen des Jahres 1977 von entscheidender Bedeutung. Der seit 20 Jahren amtierende konservative Bürgermeister François Delmas (Liste Municipale Union pour Montpellier) unterliegt überraschend seinem Herausforderer Georges Frêche (Liste Montpellier Union de la Gauche) im zweiten Wahlgang knapp (vgl. Tab. 3.10). Seitdem stellt die Linke bis heute alle weiteren Oberbürgermeister in einer ansonsten von konservativen Kräften beherrschten Region.

Quelle: Aufnahmen Schmude 2007 und 2018

|Abb. 3.24| *Beispiele aus Antigone*

Mit dem Wechsel in der politischen Verantwortlichkeit geht auch u.a. ein konzeptioneller Wechsel in der Stadtentwicklung einher. Das Konzept und seine Umsetzung wird wesentlich vom Oberbürgermeister Georges Frêche (Amtszeit 1977 bis 2004) und dem für die Stadtentwicklung zuständigen Baubürgermeister (*premier adjoint chargé de l'urbanisme*), dem Geographen Prof. Raymond Dugrand (Amtszeit 1977 bis 2001), verantwortet. So wird beispielweise das unter dem konservativen Bürgermeister Delmas durchgeführte, unmittelbar an den Place de la Comédie anschließende Projekt Polygone (ein mehrstöckiges innerstädtisches Einkaufzentrum) zunächst nicht weiter ausgebaut (erst im Jahr 1992 wird es um eine weitere Etage aufgestockt), sondern ein neues Projekt begonnen, das den Namen Antigone erhält (vgl. Schmude 1990: 38). Das neue Quartier Antigone kann damit als Wendepunkt in der Stadtentwicklung von Montpellier interpretiert werden (vgl. Freytag/Volle 2013: 15).

Der Name Antigone ist zweideutig: Zum einen wird Antigone als Gegenstück zu Polygone gesehen (Wohn- contra Geschäftsfunktion bzw. sozialistische vs. konservative Stadtentwicklungspolitik), zum anderen ist der Name ein Hinweis auf den antiken Baustil des neuen Stadtteils, der sich an die griechische Antike anlehnt (obwohl Montpellier eine mittelalterliche Gründung ist).

Antigone ist ein Wohnviertel, das sich östlich direkt an Polygone in Richtung Lez anschließt. Wesentliche Voraussetzung für das Projekt ist der Tausch von einem nur 300 Meter vom Stadtzentrum entfernten, ehemaligen Militärgelände gegen ein außerhalb der Stadt gelegenes Terrain. Auf der hierdurch verfügbaren, rund 36 ha großen militärischen Konversionsfläche in unmittelbarer Nähe des Stadtzentrums kann ein neues Stadtviertel entstehen, mit dessen Konzeption und Planung der katalanische Architekt Ricardo Bofill beauftragt wird. Er entwirft ein im neoklassizistischen Stil gehaltenes neues Quartier: Ockerfarbene, mit weit ausladenden Giebeln, Säulen und Pilastern versehene Fassaden aus Betonfertigteilen mit teils dunklem, teils verspiegeltem Glas bilden eine Synthese aus historischen Formen und moderner Technik (vgl. Abb. 3.24). In der Zeit vom Baubeginn 1982 bis

Quelle: Aufnahmen Schmude 2018

| Abb. 3.25: *Wohnhaus Arbre Blanc von Sou Fujimoto mit Universitätsbibliothek im Hintergrund*

zum Abschluss im Jahr 1997 werden rund 4000 Wohneinheiten erstellt. In den unteren Etagen der maximal siebenstöckigen Gebäude werden Sozialwohnungen vermietet, die oberen Etagen als Eigentumswohnungen verkauft. Hierdurch wird eine sozial heterogene Quartiersbevölkerung ermöglicht. Neben den Wohneinheiten werden ebenso Büro- und Einzelhandelsflächen, Gastronomie und Hotelbetriebe sowie städtische Infrastruktureinrichtungen (z. B. Kindergarten, Schule, Schwimmbad, Bibliothek etc.) integriert. Zudem wird das neue Quartier weitgehend vom Individualverkehr freigehalten, denn Antigone kann nur auf einigen wenigen Straßen durchquert werden. Alle übrigen Straßen und Wege sind dem ÖPNV oder Fußgängern vorbehalten. Das Konzept zur Stärkung des ÖPNV wird für die gesamte Stadt verfolgt und führt Ende der 1990er Jahre zur Wiedereinführung der Straßenbahn (vgl. auch 3.3.4).

Als negativ erweisen sich allerdings der hohe Bodenversiegelungsgrad und die zunächst geringe Bepflanzung, was zur Aufheizung und zu einer erheblichen Lärmbelästigung führt. Allerdings wird in den späteren Bauabschnitten von Antigone der Grünflächenanteil deutlich erhöht. Ebenso werden vermehrt Sonnenschutze an den Fenstern und Fassaden angebracht, um die Sonneneinstrahlung in die Wohnungen zu reduzieren. Die Reaktionen auf das Projekt fallen entsprechend unterschiedlich aus. Positiv hervorgehoben werden die niedrige Kriminalitätsrate, die im Vergleich zu den *grands ensembles* geringere soziale Segregation, die kurzen Wege in die Stadtmitte, die räumliche Nähe zu Verwaltungseinrichtungen, der wenige Straßenverkehr innerhalb des Quartiers. Kritisiert wird vor allem die z. T. massive Bauweise. Daher resümiert Sannwald (1986: 30) noch vor Abschluss des Projekts: „Antigone ist betongewordener Traum eines französischen Bürgermeisters und des spanischen Architekten Ricardo Bofill, zugleich Lehrstück in Sachen Stadtentwicklung, dessen Ausgang noch offen ist."

Durch den Bau von Antigone gelingt es, die Stadt bis zum Lez auszudehnen. Mit dem auf dem östlichen Ufer gelegenen Hôtel de la Région wird der Lez, der seit dem Jahr 1914 nicht mehr als Wasserweg genutzt wird, übersprungen und es soll die historische Verbindung von Montpellier zum Meer wiederhergestellt werden. Hierzu wird ein weiteres Stadtviertel, Port Marianne, seit dem Jahr 1990 realisiert (vgl. Carré/Barbet-Massin 2009). Im Gegensatz zu Antigone wird hier nicht ein Architekt beauftragt, das gesamt Quartier zu konzipieren, vielmehr werden für einzelne Gebäude bzw. ausgesuchte Bauabschnitte unterschiedliche (Star-)Architekten beauftragt (z. B. Rob Krier, Zaha Hadid, Sou Fujimoto, Philippe Starck, Jean Novel, Nicolas Lebunetel, Adrian Fainsilber u.v.m.). In Port Marianne werden neben Wohneinheiten für rund 10 000 Einwohner (12 % Sozialwohnungen) (vgl. KelkQuartier 2017) außerdem ein neues Rathaus (2011), einzelne Fakultäten der Universität (z. B. Jura im Jahr 2006), die Universitätsbibliothek (1999) sowie eine Reihe weiterer Bildungseinrichtungen und öffentliche Verwaltungen errichtet, die sich teilweise durch eine spektakuläre Architektur auszeichnen (vgl. Abb. 3.25).

Heute gilt Montpellier in Frankreich als ein führender Wissenschafts- und Forschungsstandort, der nicht zuletzt auch auf Grund seines *centre historique* sowie seiner spektakulären Stadtentwicklungsprojekte ein bedeutendes städtetouristisches Ziel ist. Zudem ist die Stadt ein wichtiger Wirtschaftsstandort im südfranzösischen Sunbelt, was u.a. auf das unter Georges Frêche verfolgte Konzept der Technopole zurückzuführen ist. Allerdings ist Montpellier sicherlich auch nicht typisch für die Entwicklung französischer Großstädte und ein interessanter, nicht unumstrittener Sonderfall (vgl. Freytag/Volle 2013: 18), der in seiner jüngeren Entwicklung ganz wesentlich durch das Engagement von Georges Frêche (9.7.1938 – 24.10.2010) und Raymond Dugrand (13.1.1925 – 13.2.2017) geprägt ist. Ihre Nachfolger anerkennen deren Verdienste durchaus und mittlerweile sind die beiden städtebaulichen Visionäre Namensgeber für Einrichtungen und Straßen in Montpellier (z. B. 2012 Bronzestatue und Namensgeber für Lycée Hôtelier Georges Frêche; 2009: Avenue Raymond Dugrand).

4. Die Wirtschaftsstruktur in Grundzügen: Strukturwandel und Arbeitsmarkt, Wirtschaftspolitik und Unternehmen

Quelle: Aufnahme Schmude 2016

|Abb. 4.1| *Arbeiterdenkmal in Oppède*

Überblick

- Frankreich ist im Jahr 2015 sowohl die sechstgrößte Volkswirtschaft (gemessen am Bruttoinlandsprodukt) als auch sechstgrößte Exportnation (gemessen am Warenwert) der Welt.
- Die Entwicklung vom Agrar- zum Dienstleistungsstaat findet in Frankreich später als in vielen anderen Ländern Europas statt. Ein wesentlicher Grund hierfür ist in der verspäteten und nur schwach ausgeprägten Industrialisierung zu sehen.
- Der Wiederaufbau der Wirtschaft nach dem Zweiten Weltkrieg (*trente glorieuses* von 1945 bis 1975) orientiert sich an indikativen Wirtschaftsplänen (*planification*). Trotz einer zweiten Industrialisierung dominiert in Frankreich sehr rasch der Dienstleistungssektor, in dem heute nahezu vier von fünf Arbeitsplätzen angesiedelt sind.
- Nach Verstaatlichungswellen von Unternehmen findet im Laufe der 1980er Jahre ein Paradigmenwechsel statt und der Staat zieht sich aus vielen Unternehmen zurück. Es findet ein Umschwenken von einer dirigistischen zu einer regulierenden Wirtschaftspolitik statt. Hierdurch gelingt es, die Internationalisierung der französischen Wirtschaft voranzutreiben.
- Durch die gezielte Förderung von Großprojekten (*le Colbertisme High-Tech*) gelingt es einigen wenigen französischen Großunternehmen, international führende Positionen in bestimmten Wirtschaftsbereichen einzunehmen (z. B. Luft- und Raumfahrt). Sie sind die Glanzstücke der französischen Wirtschaft, während der wenig entwickelte Mittelstand eine große Schwäche ist.
- Neben dem wenig entwickelten Mittelstand weist die Wirtschaft nach wie vor einige weitere strukturelle Schwächen auf. Hierzu zählen insbesondere die hohe Jugendarbeitslosigkeit und das seit der Jahrtausendwende wieder zunehmende Außenhandelsdefizit.

4.1 Wirtschaftssektorale Entwicklung und ausgewählte Aspekte des Arbeitsmarktes

Die wirtschaftssektorale Entwicklung Frankreichs seit Ende des 19. Jahrhunderts ist zunächst gekennzeichnet durch eine im Vergleich zu England oder Deutschland späte und wesentlich schwächere Industrialisierung. Der Übergang zur Dienstleistungsgesellschaft wird nach dem Zweiten Weltkrieg vollzogen. Noch Anfang der 1950er Jahre stellt der primäre Sektor rund 30 % der Beschäftigten und erreicht damit annähernd den gleichen Anteil wie der Industriesektor. Im Gegensatz zur Industrie sinkt der Anteil der in der Landwirtschaft Beschäftigten bis Anfang der 1980er Jahre allerdings auf unter 10 % und weist seitdem eine weitgehend stagnative Entwicklung auf. Der Industriesektor hingegen hält seinen Beschäftigtenanteil von rund 30 % bis in die 1990er Jahre und verzeichnet erst seit dieser Zeit einen rückläufigen Anteil. Dabei ist zu berücksichtigen, dass die amtliche französische Statistik den primären und tertiären Sektor jeweils gesamthaft ausweist (*agriculture* bzw. *services*), während der sekundäre Sektor nach Industrie und Bauwesen (*industrie* bzw. *construction*) differenziert aufgeführt wird (vgl. Abb. 4.2). Verursacht wird diese Entwicklung durch die Tertiärisierung der Wirtschaft, die in Frankreich noch deutlicher ausfällt als in den europäischen Nachbarstaaten. Unmittelbar nach Beendigung des Zweiten Weltkriegs gehört etwa jeder vierte Beschäftigte dem tertiären Sektor an und im Jahre 1954 liegt der Anteil der im Dienstleistungssektor Beschäftigten knapp unter 40 %. Aber bereits in den 1970er Jahren steigt dieser Anteil auf über 50 % an und im Jahr 2016 sind bereits etwas mehr als drei von vier Arbeitsplätzen im tertiären Sektor angesiedelt.

4.1.1 Beschäftigungsentwicklung und wirtschaftssektoraler Strukturwandel

Dieser wirtschaftssektorale Strukturwandel vollzieht sich bei einer gleichzeitig stark steigenden Zahl der Beschäftigten (*population active occupée*). Nach dem Zweiten Weltkrieg nimmt diese um fast ein Drittel von rund 19,2 Mio. im Jahr 1949 auf ca. 26,9 Mio. Beschäftigte im Jahr 2017 zu (vgl. Abb. 4.3). Dieser Anstieg muss vor dem Hintergrund des starken Bevölkerungswachstums nach dem Zweiten Weltkrieg gesehen werden, wodurch die Zahl der potentiellen Beschäftigten ebenfalls einen deutlichen Anstieg verzeichnet. Durch sowohl steigende Bevölkerungs- wie auch Beschäftigtenzahlen zeigt die Beschäftigtenquote (*taux d'emploi*) relativ geringere Schwankungen: Im Zeitraum von 1975 bis 2017 variiert sie um etwa 5 %-Punkte zwischen dem Maximalwert von 66,4 % im Jahr 1977 und dem Minimalwert von 61,0 % im Jahr 1997 (vgl. Abb. 4.3).

Dieser wirtschaftssektorale Strukturwandel betrifft Frankreich insgesamt, ist allerdings regional deutlich unterschiedlich ausgeprägt. So ist der Bedeutungsverlust insbesondere des primären Sektors nach dem Zweiten Weltkrieg in nahezu allen Regionen festzustellen. Im Landesdurchschnitt weist die Landwirtschaft im Jahr 1954 einen Anteil von 28 % an der Gesamtbeschäftigung auf, erreicht in einzelnen Regionen aber noch Werte von über 50 % (z. B. Limousin, Bretagne). Umgekehrt ist in anderen Regionen (z. B. Nord-Pas-de-Calais, Lorraine, Provence-Alpes-Côte d'Azur oder insbesondere Île-de-France) im Jahr 1954 nicht einmal mehr jeder

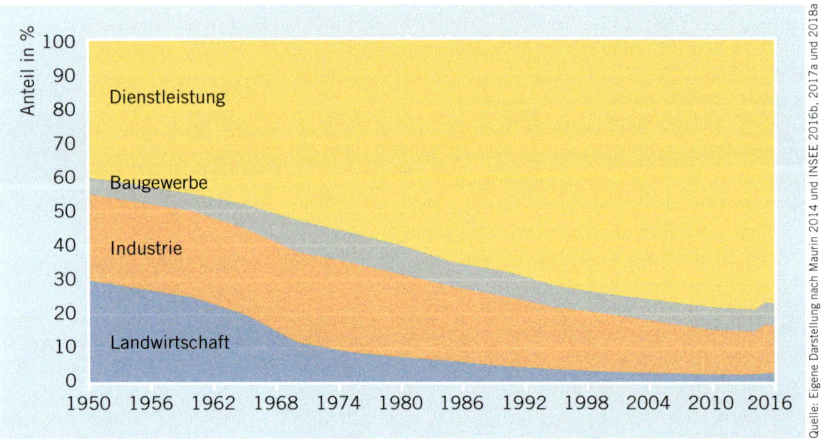

| Abb. 4.2 | *Entwicklung der Beschäftigtenanteile (in %) nach Wirtschaftssektoren von 1950 bis 2016*

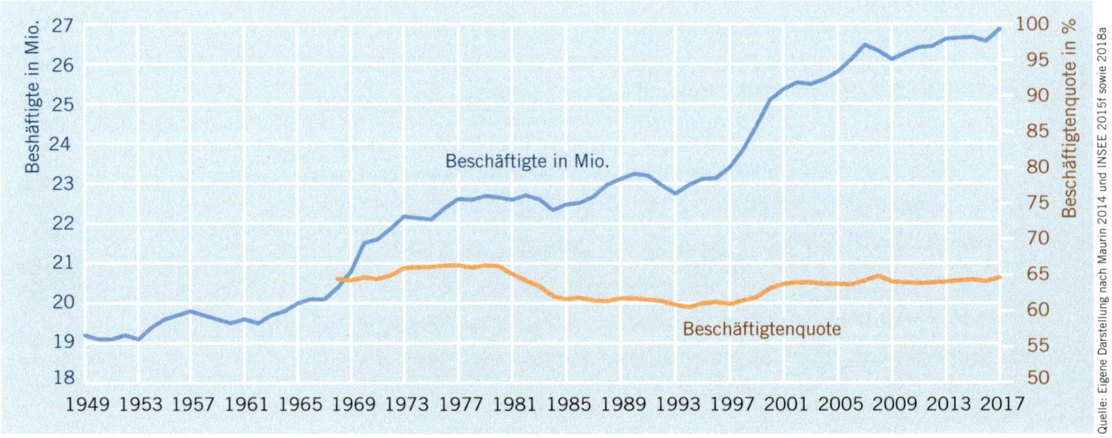

| Abb. 4.3 | *Entwicklung der Zahl der Beschäftigten (Vollzeitäquivalente in Mio.) von 1950 bis 2017 sowie der Beschäftigtenquote (*taux d'emploi*) von 1968 bis 2017*

fünfte Arbeitsplatz im primären Sektor angesiedelt. In diesen Regionen dominieren der sekundäre Sektor (z. B. Nord-Pas-de-Calais mit über 70 %) oder der tertiäre Sektor (Île-de-France und Provence-Alpes-Côte d'Azur mit jeweils über 50 %). Bis zum Jahr 1980 verstärkt sich die Schwerpunktverlagerung zwischen den Wirtschaftssektoren weiter und ist Kennzeichen des Tertiärisierungsprozesses der französischen Wirtschaft insgesamt. Den höchsten Anteil der Beschäftigten im Jahr 1980 verzeichnet entsprechend der tertiäre Sektor mit 58 %, während der sekundäre Sektor mit 33 % nahezu unveränderte Bedeutung, der primäre Sektor mit 9 % jedoch einen starken Bedeutungsverlust aufweist. Im Gegensatz zum Jahr 1954 fällt die Streuung um das Landesmittel auf der Basis der Regionen im Jahr 1980 deutlich geringer aus, wobei durchaus noch regionale Disparitäten festzustellen sind (vgl. Abb. 4.4). So erreicht der Dienstleistungssektor seine höchsten Anteile nach wie vor in den Regionen Île-de-France und Provence-Alpes-Côte d'Azur (jeweils knapp 70 %), während er in der Franche-Comté und der Basse Normandie noch unter 50 % liegt. Der Tertiärisierungsprozess setzt sich bis zum Jahr 2014 weiter fort und auch die wirtschaftssektoralen Strukturunterschiede zwischen den Départements nehmen weiter ab (vgl. Abb. 4.4).

Auch nach 1980 verlagert sich der wirtschaftliche Schwerpunkt weiter in Richtung tertiärer Sektor und insbesondere in der Schwer- und Textilindustrie gehen viele Arbeitsplätze verloren (vgl. Lüsebrink 2011: 45). Mitte der 1990er Jahre sind bereits zwei von drei Arbeitsplätzen im Dienstleistungssektor angesiedelt und es wird von einer Deindustrialisierung Frankreichs gesprochen. Zwar nehmen durch diesen Prozess die regionalen Unterschiede in der Wirtschaftsstruktur auf Basis der Regionen weiter ab, nach wie vor sind aber die Regionen Île-de-France und Provence-Alpes-Côte d'Azur am stärksten tertiärisiert. Auch für den primären Sektor lassen sich räumliche Unterschiede feststellen: In den Regionen der westlichen Landeshälfte ist der Anteil der in der Landwirtschaft Beschäftigten noch höher als in der östlichen Landeshälfte. Dagegen weisen die Regionen im Nordwesten (insbesondere Nord - Pas-de-Calais) nach wie vor den höchsten industriellen Beschäftigtenanteil auf (vgl. Abb. 4.5).

Im Jahr 2014 lassen sich schließlich ähnliche Strukturen feststellen – mit einer noch größeren Dominanz des tertiären Sektors (vgl. Abb. 4.6). In den Départements der Île-de-France gehören bis zu neun von zehn Arbeitsplätzen (Maximum: Paris mit 94,5 %) dem Dienstleistungsbereich an, aber auch in den mediterranen Départements werden Dienstleistungsanteile von über 80 % erreicht (z. B. Hérault: 84,6 %). Die höchsten Anteile des Agrarsektors weisen nach wie vor Départements des südlichen Zentralmassivs auf (Cantal mit 12 % und Creuse mit 11,8 %). Quasi spiegelbildlich zum primären Sektor verzeichnen die altindustrialisierten Départements nordöstlich der Linie Marseille – Nantes die höchsten Beschäftigungsanteile im Indus-

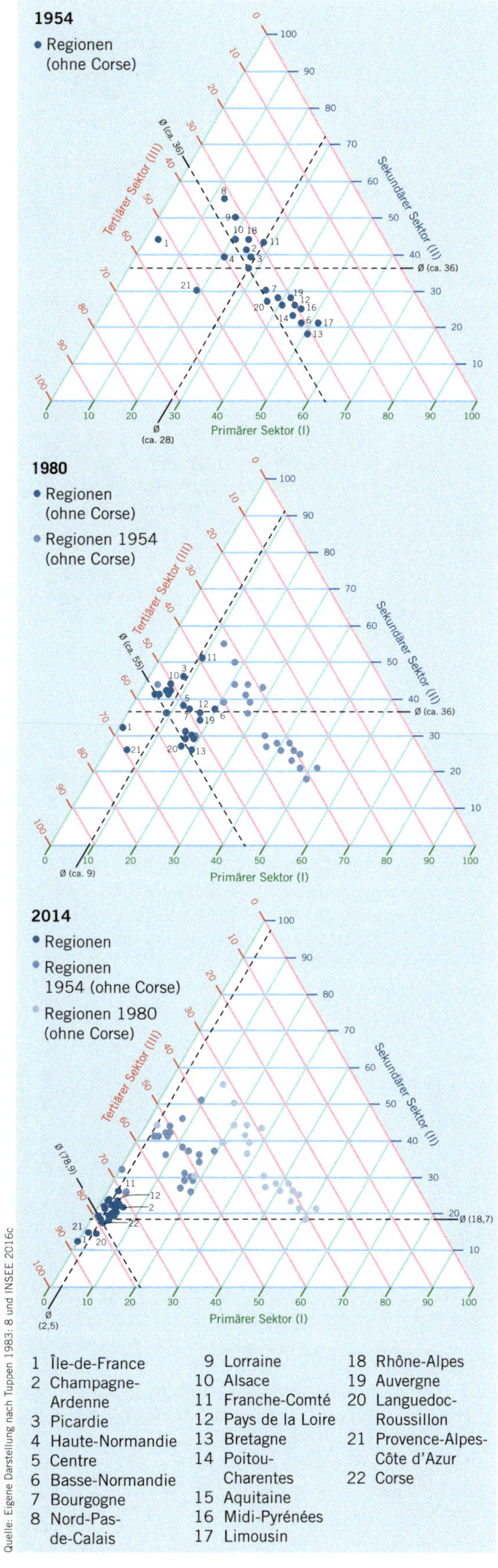

|Abb. 4.4| *Verteilung der Beschäftigung nach Wirtschaftssektoren und Regionen (in %) in den Jahren 1954, 1980 und 2014*

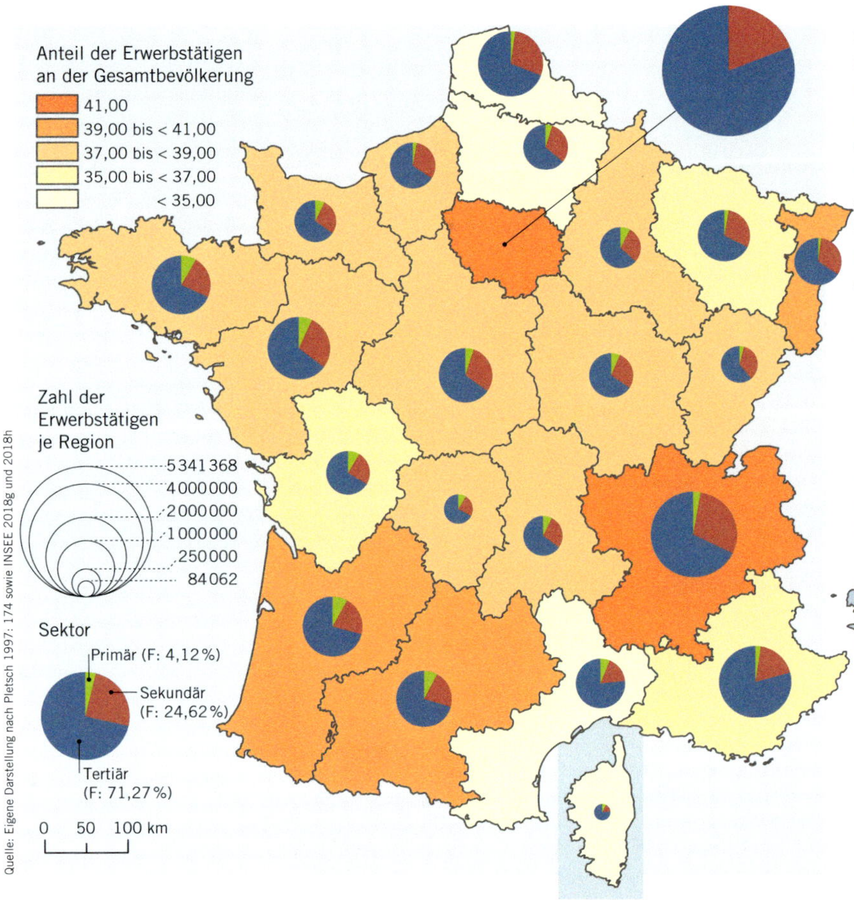

|Abb. 4.5| *Verteilung der Beschäftigung nach Wirtschaftssektoren und Regionen im Jahr 1994*

zug der Landwirtschaft findet vornehmlich in den Gemeinden mit mehr als 1000 Einwohnern statt. Der Dienstleistungssektor erreicht hingegen seine höchsten Anteile in den Großstädten des Landes, eine Entwicklung, die sich bis ins 21. Jahrhundert weiter verstärkt. Die Industrie ist dagegen – mit wenigen Ausnahmen wie Lille, Lyon oder St. Etienne – am stärksten in Städten mittlerer Größe vertreten. Relativ gleichmäßig über die Gemeindegrößenklassen verteilt zeigt sich das Bauwesen.

Die Entwicklung der Beschäftigtenstruktur nach *catégories professionnelles* (vgl. hierzu 2.3) korretriesektor. Die Départements der mediterranen Küste mit Ausnahme des Rhône-Deltas haben dagegen deutlich unterdurchschnittliche Beschäftigtenanteile im sekundären Sektor, was eine Folge der hier nur ansatzweise stattgefundenen Industrialisierung ist.

Damit lässt sich konstatieren, dass die wirtschaftssektoralen Strukturen eine durchaus hohe räumliche Persistenz aufweisen und sich die Verschiebungen zwischen den Wirtschaftssektoren nahezu gleichgerichtet im gesamten Land vollziehen. Dabei profitiert der Süden allerdings in stärkerem Maße von den Tertiärisierungstendenzen als die altindustrialisierten Landesteile im Nordosten.

Die Verteilung der Arbeitsplätze insgesamt sowie nach Wirtschaftssektoren zeigt einen deutlichen Zusammenhang mit der Siedlungsgröße. So ist der überwiegende Teil der Arbeitsplätze in städtischen Gemeinden angesiedelt, wodurch sich die Verlagerungsprozesse der Bevölkerung vom Land in die Stadt (*exode rural*) erklären lassen (vgl. 2.2.2). Dabei fällt die Arbeitsplatzkonzentration nach Gemeindegröße noch stärker aus als die Bevölkerungskonzentration. Dieser Prozess verstärkt sich noch in den 1970er Jahren. Während nach der Volkszählung aus dem Jahr 1982 rund 70 % der Bevölkerung in den 2800 größten Gemeinden des Landes leben, sind 70 % aller Arbeitsplätze in den 1300 größten Gemeinden angesiedelt (vgl. Terrier 1990). Die Landwirtschaft konzentriert sich vor allem in Gemeinden unter 1000 Einwohnern, d. h. der Rück-

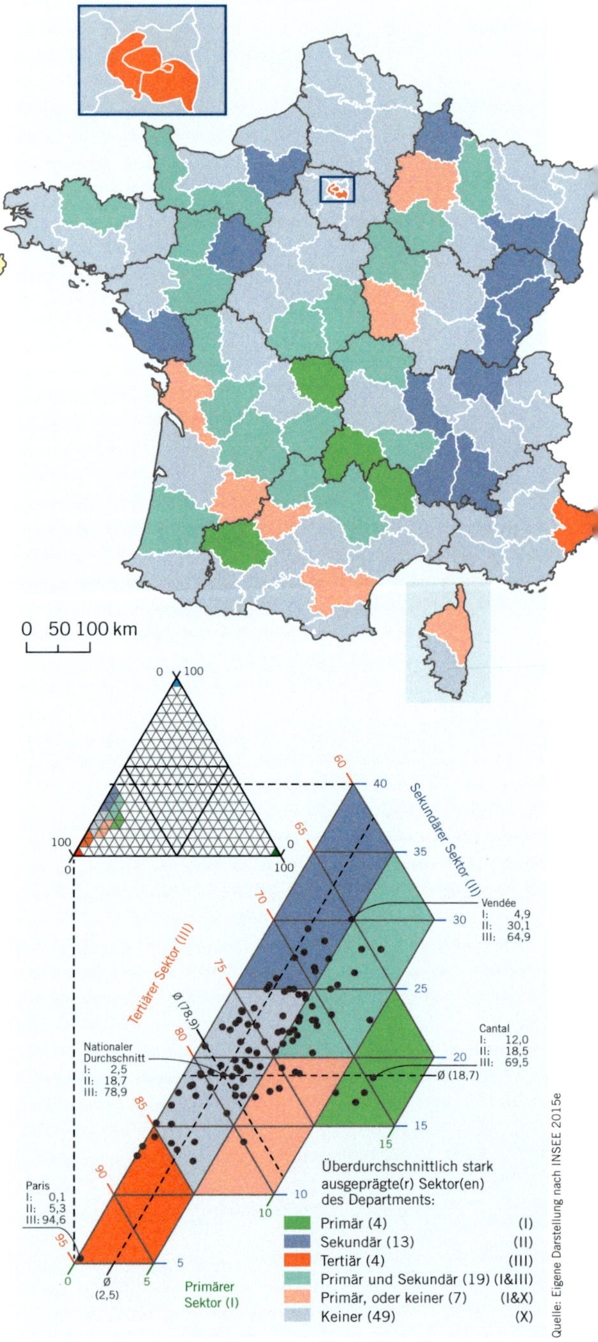

|Abb. 4.6| *Dominierende Wirtschaftssektoren (nach Beschäftigungsanteilen [in %] im primären, sekundären und tertiären Sektor) nach Départements im Jahr 2014*

liert mit der wirtschaftssektoralen Strukturverschiebung. So verlieren die Gruppen der Landwirte (*agriculteurs exploitants*) und der Arbeiter (*ouvriers*) kontinuierlich Anteile an der Gesamtbeschäftigtenstruktur. Dieser Trend, der bereits seit dem Ende des Zweiten Weltkriegs zu beobachten ist (vgl. Grosse/Lüger 2008: 166), setzt sich auch noch zu Beginn des 21. Jahrhunderts fort (vgl. Abb. 4.7). Diese Entwicklung basiert einerseits auf dem Rückgang des primären Sektors, andererseits auf dem Bedeutungsverlust einfacher Tätigkeiten, denn auch innerhalb der Kategorie der Arbeiter sind es im Gegensatz zu den Facharbeitern insbesondere die ungelernten Arbeiter, deren Anteil sich stark rückläufig entwickelt. Dagegen gewinnen die Berufsgruppen der mittleren und leitenden Angestellten bzw. Beamten (*professions intermédiaires* und *cadres et professions intellectuelles*), die typisch für den Dienstleistungssektor sind, weitere Anteile hinzu. Dies wird neben der Tertiärisierung mit der zunehmenden Differenzierung von Berufsfeldern und damit einhergehend mit dem steigenden Bedarf an qualifizierten Beschäftigten erklärt. Mittlerweile konstant zeigt sich der Anteil der Selbständigen. Ihr Anteil beträgt im Jahr 1950 noch rund 15 %, aber insbesondere die „kleinen Selbständigen" erweisen sich sowohl im sekundären als auch im tertiären Sektor gegenüber Großunternehmen oftmals als nicht konkurrenzfähig, so dass die Selbständigenquote zu Beginn des 21. Jahrhunderts deutlich unter 10 % beträgt.

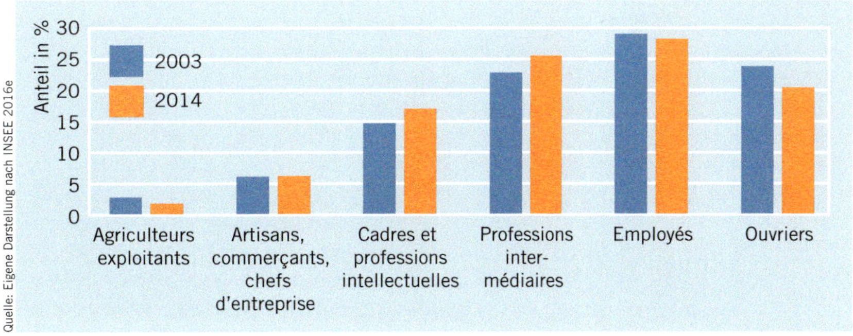

|Abb. 4.7| *Entwicklung der Anteile der Beschäftigten nach* catégories socioprofessionnelles *(in %) in den Jahren 2003 und 2014*

Die größten geschlechtsspezifischen Unterschiede zeigen im Jahr 2014 die Gruppen der Arbeiter (deutlich höherer Anteil bei den männlichen Beschäftigten) und einfachen Angestellten (deutlich höherer Anteil bei den weiblichen Beschäftigten) (vgl. Abb. 4.8). Wie in den Nachbarländern auch ist der Frauenanteil im Dienstleistungsbereich deutlich höher als im sekundären Sektor. Die geschlechtsspezifischen Unterschiede zwischen den *catégories socioprofessionnelles* sind bereits über lange Zeit zu beobachten und konstant, d. h. die Verschiebungen zwischen den *catégories socioprofessionnelles* finden für Männer und Frauen gleichgerichtet statt.

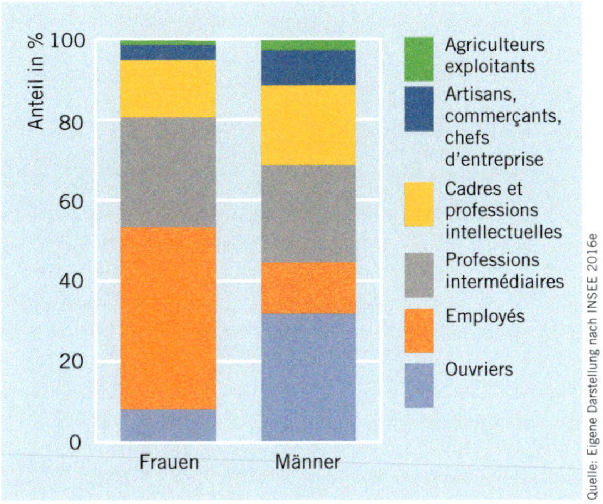

|Abb. 4.8| *Anteile der Beschäftigten nach* catégories socioprofessionnelles *(in %) und Geschlecht im Jahr 2014*

4.1.2 Entwicklung und ausgewählte Aspekte der Frauenerwerbstätigkeit

Nicht zuletzt aufgrund der seit den 1930er Jahren pronatalistischen Bevölkerungs- und Familienpolitik (vgl. 2.2.1) gilt Frankreich in Europa als eines der Länder mit der höchsten Frauenbeschäftigungsquote. Entsprechend nähert sich die Beschäftigtenquote der Frauen jener der Männer immer stärker an (vgl. Abb. 4.9). Während die Differenz zwischen den Geschlechtern in den 1970er Jahren noch bei ca. 30 %-Punkten liegt, beträgt der Unterschied im Jahr 2017 nur noch knapp 8 %-Punkte. Dabei entwickeln sich beide Kurven gegenläufig: Die Quote der Männer sinkt deutlich ab (von 72,2 % im Jahr 1975

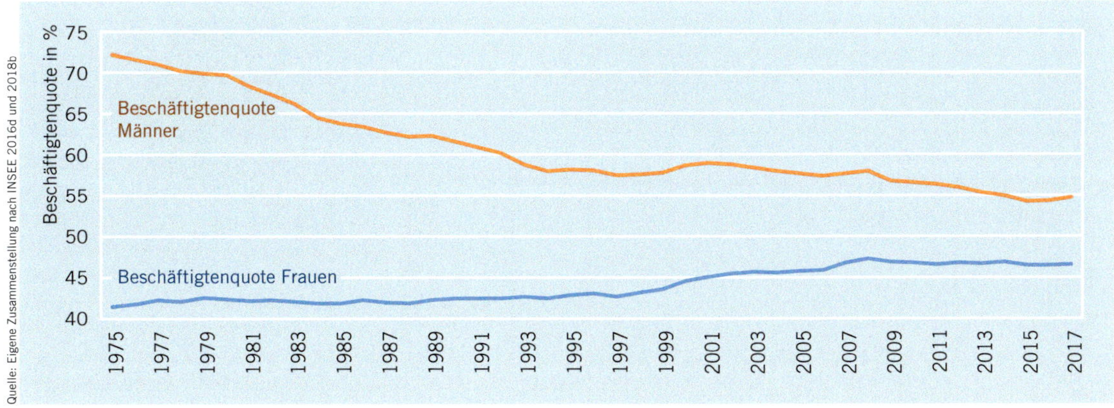

|Abb. 4.9| *Entwicklung der Beschäftigtenquoten für Männer und Frauen (in %) im Zeitraum von 1975 bis 2017*

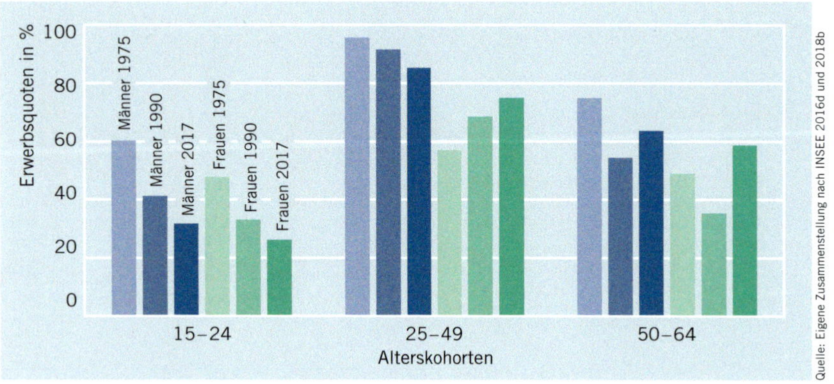

| Abb. 4.10 | *Entwicklung der Erwerbsquoten für Männer und Frauen (in %) nach Alterskohorten in den Jahren 1975, 1990 und 2017*

auf 54,8 % im Jahr 2017), während die der Frauen moderat zunimmt (von 41,5 % im Jahr 1975 auf 46,6 % im Jahr 2017). Der Rückgang der Beschäftigungsquote bei den Männern wird durch den späteren Berufseinstieg auf Grund längerer Ausbildungszeiten verursacht. Bei den Frauen wird dieser Ausbildungseffekt durch ihre wachsende Beteiligung am Erwerbsgeschehen mehr als kompensiert.

Sowohl bei den Männern als auch bei den Frauen lässt sich der Einfluss längerer Ausbildungszeiten durch den Rückgang der Erwerbsquote (*taux d'activité*) in der Alterskohorte der 15- bis 24-Jährigen belegen (vgl. Abb. 4.10). Uneinheitlich stellt sich die Entwicklung für die Altersgruppe der 50- bis 64-Jährigen dar: Sowohl bei den Männern als auch bei den Frauen sinkt die Erwerbsquote von 1975 bis 1990, was wesentlich auf die Verkürzung der Lebensarbeitszeit (Einführung der Verrentung ab 60 Jahren Anfang der 1980er Jahre) zurückzuführen ist. Der erneute Anstieg der Beschäftigungsquote bei Männern und Frauen bis zum Jahr 2017 spiegelt die veränderte Arbeitsmarktpolitik wider, die geprägt ist von einer Verlängerung der Lebensarbeitszeit durch ein höheres Renteneintrittsalter.

Die gestiegene Erwerbsbeteiligung von Frauen hat verschiedene Ursachen: eine veränderte gesellschaftliche Einstellung gegenüber der Erwerbstätigkeit von Frauen, eine verbesserte Ausbildung von Frauen und ihr späterer Eintritt in die Familienphase sowie die gut ausgebaute Betreuungsinfrastruktur für Kinder. Insgesamt gilt Frankreich als positives Beispiel für die Vereinbarkeit von Familie und Beruf. Eine mitentscheidende Voraussetzung ist das enge Betreuungsnetz für Kinder. Hierdurch wird der Verbleib bzw. der schnellere Wiedereinstieg in die Erwerbstätigkeit für Frauen erleichtert, was dazu führt, dass Frankreich im Vergleich zu anderen westeuropäischen Ländern eine hohe Quote der Erwerbsbeteiligung von Frauen mit Kindern unter 18 Jahren aufweist. Dabei hat die Zahl der Kinder einen großen Einfluss auf die Höhe der Erwerbsquote (vgl. Tab. 4.1): Fällt der Rückgang der Erwerbsquote vom ersten zum zweiten Kind noch relativ moderat aus, so ist die Erwerbsquote ab dem dritten Kind bei Frauen wesentlich niedriger als bei Frauen mit zwei Kindern.

| Tab. 4.1 | *Erwerbsquote für Männer und Frauen nach Zahl der Kinder im Jahr 2014*

Familienkonstellation	Erwerbsquote Frauen	Erwerbsquote Männer
Alleinerziehend	59,7 %	56,8 %
Paare	67,8 %	77,3 %
– mit einem Kind	*72,9 %*	*78,4 %*
– mit zwei Kindern	*71,5 %*	*80,2 %*
– mit drei Kindern	*53,4 %*	*70,7 %*
– ein Kind < 3 Jahre	*82,4 %*	*96,2 %*
– zwei Kinder, eines < 3 Jahre	*69,5 %*	*95,7 %*
– drei Kinder, eines < 3 Jahre	*43,3 %*	*88,3 %*

Quelle: Eigene Zusammenstellung nach INSEE 2015g

Die Folge der veränderten Erwerbsbiographien von Frauen ist die Auflösung der früher typischen, seit Ende der 1970er Jahre in Auflösung befindlichen Entwicklung der Erwerbskurven. Das im Drei-Phasen-Theorem von Myrdal und Klein (1960) beschriebene typische Einsinken der Erwerbskurve

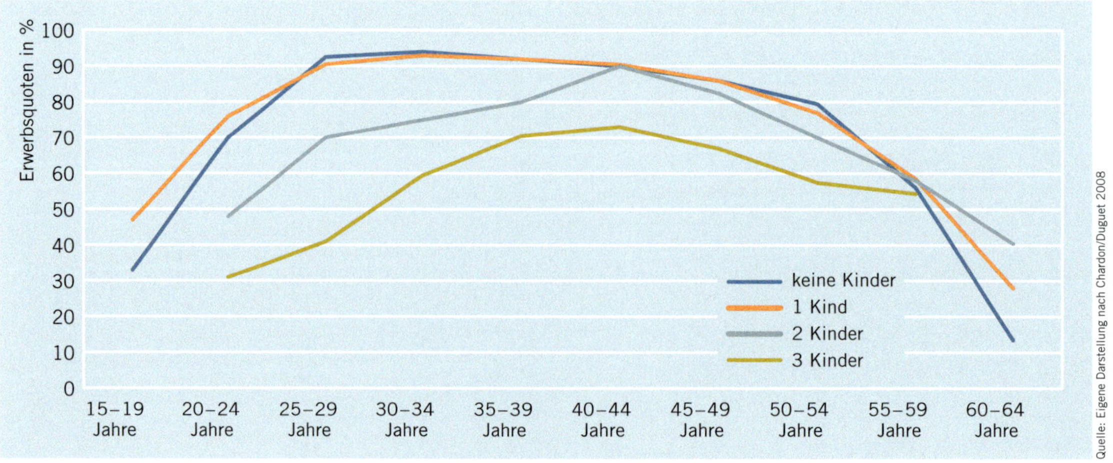

| Abb. 4.11 | *Erwerbsquoten für Frauen (in %) nach Alter und Zahl der Kinder in den Jahren 2004 bis 2007 (Anmerkung: Keine Angabe für 15- bis 19-jährige Frauen mit 2 und 3 Kindern sowie für 60- bis 64-jährige Frauen mit 3 Kindern)*

von Frauen in der Familienphase (Kinder) und das erneute Ansteigen der Kurve nach dieser Zeit ist nicht mehr zu erkennen (vgl. Abb. 4.11). Vielmehr stabilisiert sich die Erwerbskurve nach Erreichen ihres absoluten Maximums auf hohem Niveau. Frauen ohne oder mit einem Kind sind im Alter von 25 bis 45 Jahren zu über 90 % erwerbstätig. Dieser Wert wird von Frauen mit zwei Kindern erst in der Alterskohorte 40 bis 44 Jahre erreicht. Frauen mit drei Kindern weisen in dieser Altersgruppe ebenfalls ihren Maximalwert mit gut 70 % auf.

In Bezug auf die ausgeübten beruflichen Tätigkeiten muss allerdings auch darauf hingewiesen werden, dass Frauen überproportional häufig niedrig qualifizierte Tätigkeiten mit schlechter Bezahlung und geringer Arbeitsplatzsicherheit ausüben. Dies zeigt sich auch in den unterschiedlichen durchschnittlichen Einkommen (*salaire moyenne*) von Männern und Frauen. So liegt das durchschnittliche Einkommen einer Frau trotz leicht rückläufiger Tendenz im Jahr 2015 noch knapp 20 % unter dem Durchschnittseinkommen. Dabei weist die Differenz nach *catégories socioprofessionnelles* deutliche Unterschiede auf. Am geringsten fällt der Unterschied für die einfachen Angestellten aus, während die stärksten Unterschiede bei den leitenden Angestellten und Beamten auftreten (vgl. Tab. 4.2).

4.1.3 Prekäre Arbeitsverhältnisse und Arbeitslosigkeit

Trotz eines Beschäftigungsverhältnisses lebt ein nicht unerheblicher Teil der Arbeitsbevölkerung in prekären Verhältnissen. Dieses orientiert sich am Lebenshaltungskostenniveau und richtet sich nach der Haushaltsgröße (vgl. auch 2.3). Als prekär wird bezeichnet, wer über ein Einkommen aus einer beruflichen Tätigkeit und/oder Sozialleistungen verfügt, das 50 % (stark restriktiv) oder 60 % (weniger restriktiv) unterhalb des berechneten Lebenshaltungskostenniveaus liegt. Die Zahl der hiervon betroffenen Menschen und deren Anteil an der gesamten Arbeitsbevölkerung steigen in Frankreich seit den 1980er Jahren deutlich an (1984: 4,7 % der Arbeitsbevölkerung) und verbleiben zu Beginn des 21. Jahrhunderts mit noch leicht zunehmender Tendenz auf hohem Niveau. Je nach Abgrenzung leben im Jahr 2015 in Frankreich 1,08 Mio. (50 %-Grenze) oder knapp über 2 Mio. (60 %-Grenze) Menschen trotz Arbeit in prekären Verhältnissen (vgl. Abb. 4.12). Überdurchschnittlich hiervon betroffen sind Alleinerziehende (davon zu 85 % Frauen) und junge Menschen (vgl. Goar 2014). Gründe für die trotz Berufstätigkeit prekäre Situation dieser Menschen sind vor allem niedrige Löhne (trotz Mindestlohn), Tätigkeiten in Teilzeit bzw. Nebenjobs, zeitlich befristete Arbeitsverträge sowie der Wechsel zwischen beruflicher Tätigkeit und Arbeitslosigkeit, wobei die Entwicklung der Arbeitslosenquote (*taux de chômage*) von einer deutlichen Zunahme nach 1975 gekennzeichnet ist.

Herrscht in den ersten drei Jahrzehnten nach dem Zweiten Weltkrieg (*trente glorieuses*) nahezu

|Tab. 4.2| *Durchschnittliche Nettoeinkommen (in €) für ausgewählte* catégories socioprofessionnelles *und Abweichungen der Einkommen von Frauen (in %) im Jahr 2015*

Kategorie	Netto-einkommen insgesamt in €	Differenz Frauen in %
Cadres et professions intellectuelles	4141	−20,0
Professions intermédiaires	2271	−14,0
Employés	1637	−8,5
Ouvriers	1717	−16,0
Gesamt	**2250**	**−18,5**

Quelle: Eigene Zusammenstellung nach INSEE 2018f

Vollbeschäftigung (Arbeitslosenquote im Jahr 1975: 3,3 %), steigt die Arbeitslosenquote in Folge der Ölkrise und der damit verbundenen Rezession bis zum Jahr 1986 auf einen Wert von 8,7 %. In dieser Zeit nimmt die Gesamtbeschäftigung nur noch leicht zu. Nach einer kurzen wirtschaftlichen Erholungsphase Ende der 1980 Jahre, die von einem Rückgang der Arbeitslosenquote (im Jahr 1990: 7,5 %) und einer Zunahme der Gesamtbeschäftigung gekennzeichnet ist, steigt die Arbeitslosenquote trotz positiver Entwicklung der Gesamtbeschäftigung wieder deutlich an und erreicht erstmals in den Jahren 1994 und 1997 Werte von über 10 % (vgl. Abb. 4.13). Eine erneute Erholungsphase mit Absinken der Arbeitslosenquote bis zum Jahr 2008 auf 7,1 % endet mit der Finanzkrise und führt in der Folge trotz einer leicht zunehmenden Gesamtbeschäftigung zum Anstieg der Arbeitslosenquote auf 10,1 % im Jahr 2016. Dabei konvergieren seit Mitte der 1970er Jahre die Arbeitslosenquoten von Männer und Frauen zunehmend (vgl. Abb. 4.13). Nachdem über Jahrzehnte die Frauenarbeitslosenquote über jener der Männer liegt (Mitte der 1970er Jahre beträgt ihre Differenz noch 2 %-Punkte), übersteigt im Jahr 2012 die Arbeitslosenquote der Männer erstmals die der Frauen und fällt seitdem leicht höher aus.

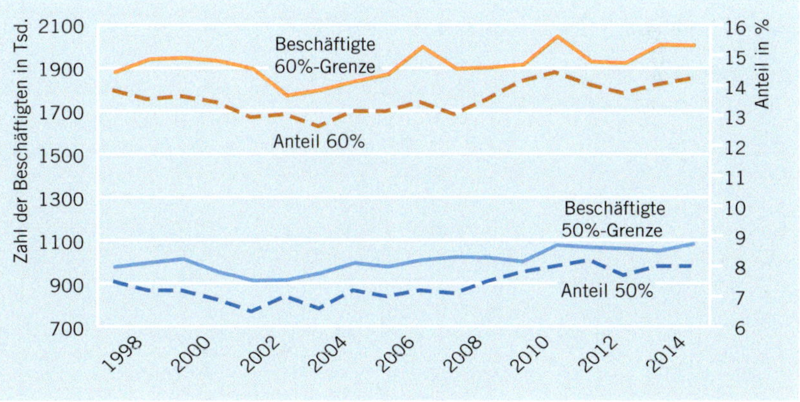

Quelle: Eigene Darstellung nach Observatoire des inégalités 2016 und 2017

|Abb. 4.12| *Entwicklung der Zahl der Beschäftigten (in Tsd.) in prekären Arbeitsverhältnissen (50 %- und 60 %-Grenze) sowie ihre Anteile an der Gesamtbevölkerung (in %) im Zeitraum von 1998 bis 2015*

|Abb. 4.13| *Entwicklung der Beschäftigtenzahlen (in Mio.) und der Arbeitslosenquote (in %) insgesamt sowie für Männer und Frauen im Zeitraum von 1975 bis 2017*

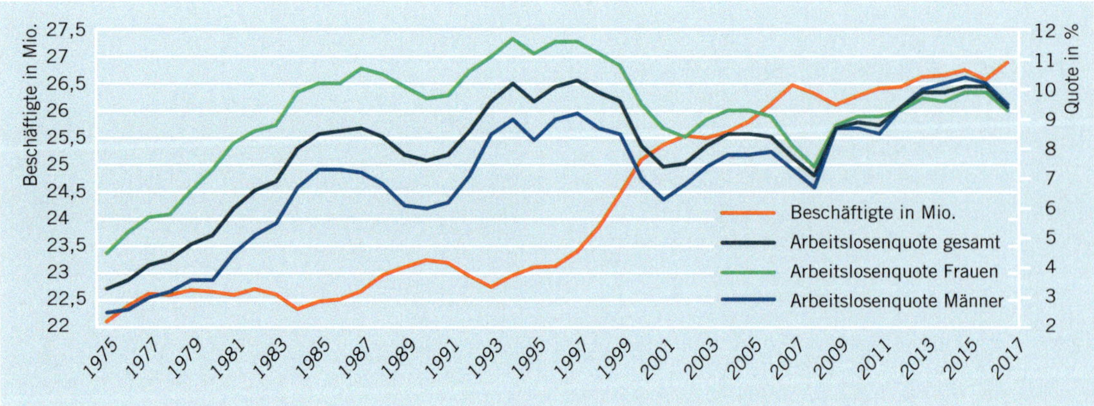

Quelle: Eigene Darstellung nach Maurin 2014 sowie INSEE 2015d, 2016g, 2018d und 2018e

|Abb. 4.14| *Entwicklung der Arbeitslosenquoten (in %) für die Gesamtbevölkerung sowie für die Alterskohorte der 15- bis 24-Jährigen nach Geschlecht von 1975 bis 2017*

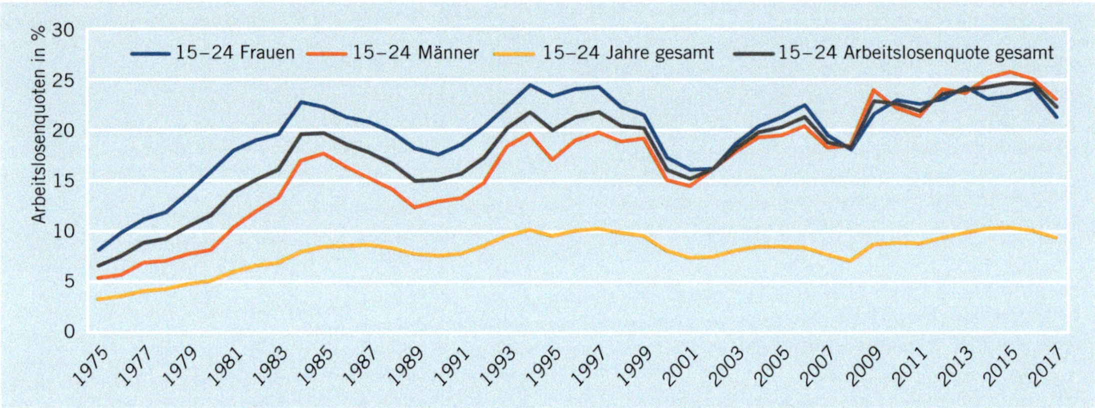

Quelle: Eigene Darstellung nach INSEE 2015d und 2018e

Die Analyse der Arbeitslosenquote nach Alter offenbart ein grundsätzliches strukturelles Problem des französischen Arbeitsmarktes: Die jüngeren Altersgruppen sind in deutlich stärkerem Ausmaß von Arbeitslosigkeit betroffen als die Gesamtbevölkerung, wobei dieses Problem seit Mitte der 1970er Jahre noch virulenter geworden ist: Die Differenz zwischen der Gesamtarbeitslosenquote und der Arbeitslosenquote für die 15- bis 24-Jährigen nimmt immer weiter zu (vgl. Abb. 4.14). Berücksichtigt man zudem das Geschlecht, so zeigt sich hier eine ähnliche Entwicklung wie für die Gesamtbevölkerung. Mitte der 1970 Jahre weisen die 15- bis 24-Jährigen Frauen noch eine etwa 3 %-Punkte höhere Arbeitslosenquote als die gleichaltrigen Männer auf, doch nähern sich die geschlechtsspezifischen Quoten immer mehr an und im Jahr 2017 liegt die Arbeitslosenquote der jungen Männer gut 2 %-Punkte über jener der jungen Frauen.

Eine wesentliche Ursache für die im Vergleich zu Deutschland außergewöhnlich hohe Jugendarbeitslosigkeit ist in der kritischen Schwelle zwischen Ausbildung und Arbeitsmarkt in Frankreich zu sehen. Die mangelnde Koordination zwischen den Trägern der beruflichen Erstausbildung (in der Regel staatliche Stellen) und den Unternehmen sind ein typisches Kennzeichen des französischen Arbeitsmarktes. Die lange, auch von den Gewerkschaften vertretene Position, berufliche Ausbildung in das allgemeine Bildungssystem und somit in die Verantwortung des Staates zu stellen, um so den Kindern der Arbeiterklasse gleiche Ausbildungschancen einzuräumen, ist bis heute ein Problem, das den Übergang von der Ausbildung ins Berufsleben erschwert. Kritisiert wird insbesondere, dass durch die Trennung von beruflicher Ausbildung und realer Arbeitswelt ein Mismatch zwischen Angebot und Nachfrage entsteht, weil die berufliche Ausbildung zu theoretisch ausgerichtet ist und nicht dem tatsächlichen Bedarf der Unternehmen entspricht. Zwar existiert insbesondere in handwerklichen Bereichen des Bauwesens, des Metallgewerbes, im Transportwesen oder dem Lebensmittelgewerbe die Möglichkeit zur Lehrausbildung (*apprentissage*), doch spielt sie rein quantitativ nach wie vor eine untergeordnete Rolle. Vielmehr gibt es in den 1990er Jahren und im ersten Jahrzehnt des 21. Jahrhunderts verschiedene Maßnahmen und Reformen, um die berufliche Ausbildung näher an die Arbeitswelt heranzuführen. So wird im Jahr 1998 unter der Regierung Jospin ein Programm für neue Arbeitsplätze für Jugendliche im Dienstleistungssektor (*nouveaux services emplois jeunes*, NSEJ) gestartet, mit dem innerhalb von fünf Jahren 700 000 neue Arbeitsplätze für junge Menschen im öffentlichen Dienst geschaffen werden sollen – tatsächlich sind es am Ende der Programmlaufzeit 350 000. Allerdings wird kritisiert, dass die neuen Arbeitsplätze zu 80 % an schulisch gut ausgebildete junge Menschen vergeben werden (Abitur oder vergleichba-

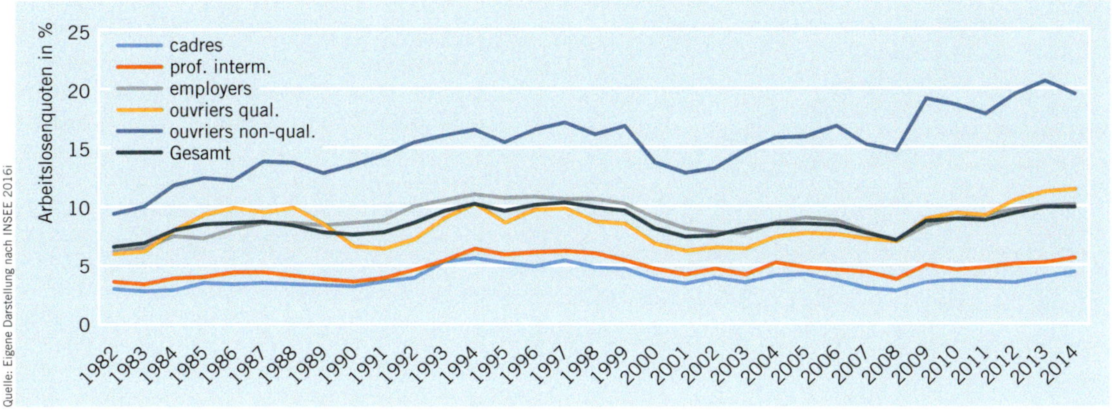

|Abb. 4.15| *Entwicklung der Arbeitslosenquote (in %) für ausgewählte* catégories socioprofessionnelles *im Zeitraum 1982 bis 2014*

re Schulabschlüsse) und auch die Nachhaltigkeit der Maßnahme über den Förderzeitraum hinaus nicht gewährleistet ist. Ein anderes Beispiel ist das im Jahr 2003 für fünf Jahre gestartete Förderprogramm *contrats jeunes en entreprise* (betriebliche Verträge für Jugendliche), mit dem 250000 gering qualifizierte Jugendliche in den Arbeitsmarkt integriert werden sollen (vgl. Neumann/Schreiber 2005), wobei auch hier die Dauerhaftigkeit der geschaffenen Arbeitsverhältnisse fraglich ist. Weiter werden in den Jahren 2012 und 2013 die Programme *emploi avenir* bzw. *garanties jeunes* aufgelegt. Im Rahmen von *emploi avenir* werden bis zum Juli 2016 insgesamt 313134 Ausbildungs- und Arbeitsverträge für junge Menschen abgeschlossen (vgl. Gouvernement.fr 2017a), mit dem Programm *garanties jeunes* werden bis zum Jahr 2015 rund 81000 junge Menschen gefördert, wobei als Zielgröße bis 100000 Förderungen angestrebt werden (vgl. Gouvernement.fr 2017b).

Trotz verschiedener Anstrengungen, zumindest in einzelnen Bereichen ein duales berufliches Bildungssystem aufzubauen, und trotz der vielen, häufig kurz aufeinanderfolgenden Fördermaßnahmen zur Unterstützung junger Menschen beim Einstieg in den Arbeitsmarkt ist es bis heute nicht gelungen, die strukturellen Schwächen der beruflichen Ausbildung abzubauen und die Jugendarbeitslosigkeit zu senken. Kritisiert wird u.a. die mangelnde Durchschlagskraft der Maßnahmen, was auch darauf zurückgeführt wird, dass über 80 verschiedene Institutionen Steuergelder vom französischen Staat erhalten, um den Einstieg junger Menschen in die Berufswelt zu fördern. Auch die Gewerkschaften erhalten vom Staat über 30 Mrd. € (im Jahr 2013) für Maßnahmen der Berufsbildung, mit denen aber überwiegend bereits beruflich Tätige unterstützt werden (vgl. Randow 2013).

Von Arbeitslosigkeit in überdurchschnittlicher Weise betroffen sind die unteren Berufsgruppen. So verzeichnen die ungelernten Arbeiter (*ouvriers non-qualifiés*) nicht nur die höchsten Arbeitslosenquote, sondern die Differenz zum Gesamtdurchschnitt nimmt bis zum Jahr 2014 weiter zu (von knapp 3%-Punkte im Jahr 1982 auf fast 10%-Punkte im Jahr 2014). Demgegenüber fällt die Arbeitslosenquote für besser qualifizierte Arbeitnehmer (z.B. *cadres*) deutlich unterdurchschnittlich gering aus (vgl. Abb. 4.15).

Frankreichs Arbeitslosigkeit im Jahr 2014, die etwa in Höhe des EU-Durchschnitts liegt, lässt sich wie folgt charakterisieren (vgl. INSEE 2015a): Nach wie vor herrscht eine strukturelle Arbeitslosigkeit vor, die vor allem die 15- bis 24-Jährigen betrifft (Arbeitslosenquote im Jahr 2014: 23,4%). Männer (10,2%) sind etwas stärker von Arbeitslosigkeit betroffen als Frauen (9,6%), ebenso sind sie durchschnittlich länger arbeitslos (14,7 Monate) als Frauen (13,7 Monate). Im Gegensatz dazu sind insbesondere die Altersjahrgänge der 50+-Generation von Langzeitarbeitslosigkeit (länger als ein Jahr) betroffen. Die Arbeitslosenquote korreliert auch im Jahr 2014 negativ mit dem Ausbildungs- bzw. Qualifikationsniveau. Während die *catégorie socioprofessionnelle* der Arbeiter (*ouvrier*) eine Arbeitslosenquote von 14,3% aufweist, liegt diese bei mittleren Angestellten und Beamten (*professions intermédiaires*) lediglich bei 5,6% (vgl. Tab. 4.3). Die regi-

|Tab. 4.3| *Arbeitslosigkeit nach Alter, Qualifikation und* catégories socioprofessionnelles *im Jahr 2014*

Kategorie	Arbeitslosenquote
Gesamtbevölkerung	**9,9%**
15–24 Jahre	23,4%
25–49 Jahre	9,3%
50 Jahre und älter	6,7%
ohne Abschluss	17,0%
mit Abitur	11,0%
mit Studium	6,0%
– Agriculteurs exploitants	*3,9%*
– Cadres et professions intellectuelles	*4,4%*
– Professions intermédiaires	*5,6%*
– Employés	*10,1%*
– Ouvriers	*14,3%*

Quelle: Eigene Zusammenstellung nach Guggemos/Vidalenc 2015

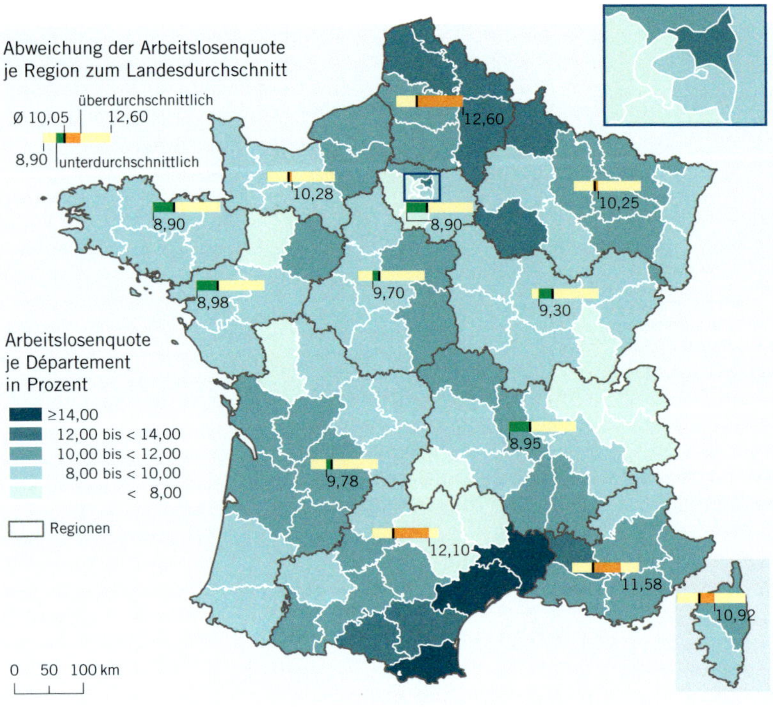

Quelle: Eigene Darstellung nach INSEE 2016h

|Abb. 4.16| *Arbeitslosenquote (in %) auf Regions- und Départementsbasis im Jahr 2015*

onale Verteilung der Arbeitslosigkeit zeigt auf Regionsbasis zwei Schwerpunkte (vgl. Abb. 4.16): Der altindustrialisierte Norden und der mediterrane Süden sind am stärksten von Arbeitslosigkeit betroffen, während die Regionen Bretagne und Pays-de-la-Loire im Nordwesten, die Regionen Rhône-Alpes und Auvergne im Osten sowie die Region Île-de-France die niedrigsten Arbeitslosenquoten aufweisen. Hinter diesen Regionswerten verbergen sich aber teilweise durchaus deutliche intraregionale Unterschiede, die erst auf Départementsbasis sichtbar werden, wie das Beispiel der Region Île-de-France zeigt (vgl. Abb. 4.18): Während einige Départements der Region Arbeitslosenquoten von unter 8 % aufweisen (z. B. Yvelines 7,7 %, Essonne 7,7 % oder Hauts-de-Seine 7,9 %), beträgt im Département Seine-St. Denis, das als Problem-Département der Region gilt, die Arbeitslosenquote 13,2 %.

4.2 Wirtschaftspolitik und Unternehmensstruktur

Die Strukturen des Arbeitsmarktes sowie seine Veränderungen werden ganz wesentlich durch die Unternehmen geprägt, d. h. durch die Zusammensetzung der Unternehmenspopulation nach Branchen und Größe (gemessen an Beschäftigten und/oder Umsatz), die wiederum selbst durch die Wirtschaftspolitik des Staates beeinflusst werden. In Frankreich ist die staatliche Wirtschaftspolitik nach dem Zweiten Weltkrieg zunächst dirigistisch angelegt und durch ein Wechselspiel von Privatisierungen und Verstaatlichungen von Unternehmen gekennzeichnet.

4.2.1 Planification und Wirtschaftspläne

Ein wichtiges Instrument der Wirtschaftspolitik nach dem Zweiten Weltkrieg ist die *planification*, die in Frankreich allerdings nur einen indikativen Charakter (*planification indicative*) und mit der Planwirtschaft sozialistischer Staaten nur wenig gemein hat. Vielmehr setzt der Staat Ziele und nutzt Steuerungsmöglichkeiten, um diese zu erreichen (z. B. durch die Vergabe von Krediten und Aufträgen).

Das im Jahr 1946 durch das *Commissariat Général du Plan* unter Jean Monnet eingeführte Instrument der *planification* soll den wirtschaftlichen Wiederaufbau einleiten und die knappen eigenen Finanzressourcen sowie die amerikanischen Hilfen im Rahmen des Marshall-Planes in die wichtigen Schlüsselsektoren lenken. Die wirtschaftspolitischen Ziele werden jeweils für mehrere Jahre im Rahmen von Wirtschaftsplänen formuliert (vgl. Tab. 4.4), wobei sie entsprechend der jeweiligen Erfordernisse und Probleme modifiziert werden. Sie reagieren u. a. auf Ereignisse wie die Schaffung eines gemeinsamen Europäischen Marktes (EWG, später EG bzw. EU), die Entkolonialisierung, die Erdölkrisen oder die zunehmende Arbeitslosigkeit. Dabei hat sich der französische Staat in den verschiedenen Zeitabschnitten wirtschaftspolitisch recht unterschiedlich verhalten, was nicht zuletzt auch auf wechselnde politische Mehrheiten zurückzuführen ist.

Die von den Wirtschaftsplänen begleitete, nach dem Zweiten Weltkrieg stattfindende sog. zweite Industrialisierung Frankreichs erfolgte in mehreren Phasen. Die erste Phase steht im Zeichen des Wiederaufbaus und der industriellen Modernisierung. Sie ist wesentlich durch die Ziele der ersten sechs Wirtschaftspläne charakterisiert. Ausgehend vom Wiederaufbau (1. Plan) wird zunächst die Förderung der Basisindustrien angestrebt, wobei schon bald ein Hauptaugenmerk auf die Erhöhung der Produktivität und eine Erneuerung der französischen Industrie zur Anpassung an die Weltwirtschaft gelegt wird. In diese Zeit fallen umfangreiche Erdölprospektionen in Frankreich, die Anfänge der Kernenergienutzung, der Wandel in der chemischen Industrie mit der Umstellung von Kohle auf Erdöl und schließlich auch die Fertigstellung und Inbetriebnahme großer Wasserkraftwerke an Rhône und Rhein sowie in den Alpen.

Ab dem 4. Plan bis zum Ende der 80er Jahre wird stets auch das angestrebte quantitative Wirtschaftswachstum angegeben und Ziele der Raumordnung werden erstmals in den Wirtschaftsplänen thematisiert (erste Dezentralisierungsbestrebungen unter Staatspräsident de Gaulle). Außerdem werden die Konzentration auf Wirtschaftssektoren und Unternehmen als Planziele formuliert (vor allem im 5. Plan). Dem industriellen Sektor wird dabei nach wie vor Priorität eingeräumt.

Die zweite Phase umfasst die Jahre von 1974 bis 1981 (vor allem 6. und 7. Plan) und verfolgt nach der durch den Ölpreisschock ausgelösten Rezession einen wirtschaftlichen Wiederaufschwung. Das Wirtschaftswachstum wird im 7. Plan bei 5,5 % bis 6 % angesetzt, daneben tauchen mit den Planzielen „Schaffung von Arbeitsplätzen" bzw. „Inflationsbekämpfung" erstmals krisenorientierte Planziele auf (vgl. Tab. 4.4). Dennoch können die ersten beiden Phasen durch einen wirtschaftlichen Aufwärtstrend charakterisiert werden, wenngleich er kurzfristig verschiedentlich durch Rezessionen unterbrochen wird.

Dagegen ist die dritte Phase (seit dem Übergangsplan ab 1981) vielmehr dadurch gekennzeichnet, dass tiefgreifende Struktur- und Wirtschaftskrisen gemeistert werden müssen. Entsprechend finden sich in den Zielen der Wirtschaftspläne seit dem Jahr 1981 auch sehr unterschiedliche, oft allgemein gehaltene Aussagen (z. B. Solidarität zwischen den Franzosen; vgl. 9. Plan). Unter Premierminister Balladur wird im Jahr 1993 die Sinnhaftigkeit der *planification* und ihrer Wirtschaftspläne in Frage gestellt und nach Übernahme der Staatspräsidentschaft durch Jacques Chirac im Jahr 1995 werden keine weiteren Wirtschaftspläne mehr aufgestellt. Das Planungskommissariat (*commissariat général du plan*) besteht zunächst noch bis zum Jahr 2006 weiter und erarbeitet wirtschaftliche Leitlinien im Auftrag des Staatspräsidenten und der Regierung. Dann wird es durch das *centre d'analyse stratégique* ersetzt, das seinerseits im Jahr 2013 durch *France stratégique* abgelöst wird, eine dem Premierminister direkt unterstellte beratende Einrichtung zur Entwicklung von Leitlinien zur Zukunft der Nation unter Berücksichtigung ökonomischer, ökologischer, sozialer und kultureller Aspekte. Wirtschaftspläne im Sinne der elf Pläne der Jahre 1947 bis 1997 (vgl. Übersicht) werden jedoch auch dann nicht formuliert.

4.2.2 Verstaatlichung und Privatisierung

Die Umsetzung der in den Wirtschaftsplänen formulierten Ziele wird in der ersten Phase durch Verstaatlichung wichtiger wirtschaftlicher Sektoren angestrebt und basiert auf dem von Jean Monnet vorbereiteten *premier plan de modernisation et d'équipement* (1945 – 1952). Im Widerspruch zu seinem Titel geht es in diesem Plan weniger um eine umfassende Modernisierung als vielmehr um den Wiederaufbau der Industrieanlagen. So werden z. B. die alten Kohle- und Eisenindustriegebiete (Nord-Pas-de-Calais, Lothringen, St. Étienne, Le Creusot) reak-

Hauptzeile der elf Wirtschaftspläne von 1947 bis 1997

1. Plan (1947 bis 1953):
Wiederaufbau nach dem Krieg, Beseitigung der Produktionsengpässe, Steigerung der Produktion gegenüber 1929 um 25 %, prioritäre Sektoren der Förderung: Kohle, Elektrizität, Stahl, Zement, Transport, landwirtschaftliche Maschinen.

2. Plan (1954 bis 1957):
Erhöhung der Produktivität um 25 % gegenüber 1952. Vier Schwerpunkte: Wissenschaftliche und technologische Forschung, Spezialisierung und Anpassung der Industrieunternehmen, Ausbildungsförderung, Verbesserung der Marktorganisation.

3. Plan (Übergangsplan zu Beginn der V. Republik 1955 bis 1958 sowie Übergangsplan 1960 bis 1961):
Anpassung an die EWG-Zollunion, Erhöhung der Produktion um 27 % gegenüber 1956, Stabilisierungsmaßnahmen.

4. Plan (1961 bis 1965):
Wirtschaftliche und soziale Entwicklung, Förderung der öffentlichen Infrastruktur, Raumordnungspolitik, Wirtschaftswachstum von jährlich 5 %.

5. Plan (1966 bis 1970):
Entwicklung der Spitzenbranchen, Bildung von Großunternehmen internationalen Zuschnitts, regionale Wirtschaftsförderung, Wirtschaftswachstum von 5 % jährlich.

6. Plan (1971 bis 1975):
Priorität für die Industrie, Steigerung der Wettbewerbsfähigkeit, Entwicklung des magischen Dreiecks: Hohes Wachstum, geringe Inflation, geringe Arbeitslosigkeit, Wirtschaftswachstum von 5,8 % bis 6 % jährlich.

7. Plan (1976 bis 1980):
Inflationsbekämpfung, Schaffung von 1,1 Mio. Arbeitsplätzen, Einrichtung von Aktionsprogrammen i.S. der Regionalförderung, Wirtschaftswachstum von jährlich 5,5 % bis 6 %.

8. Plan (nicht ausgeführt wegen Regierungswechsel; stattdessen Übergangsplan 1981 bis 1983):
Ursprünglich: Intensivierung des Energiesektors, Maßnahmen zum sozialen und wirtschaftlichen Gleichgewicht.
Übergangsplan: Schaffung von 500 000 Arbeitsplätzen in zwei Jahren, Solidarität als Prinzip der Sozial- und Beschäftigungspolitik, Wirtschaftswachstum von jährlich 3 %.

9. Plan (1984 bis 1988):
Behauptung des französischen Gewichts in der Welt, Modernisierung der Produktionsstrukturen, aktive Beschäftigungspolitik, Solidarität zwischen den Franzosen, zwölf Aktionsprogramme mit regionalen und sozialen Schwerpunkten, Wirtschaftswachstum von jährlich 1 %.

10. Plan (1989 bis 1993):
Vorbereitung auf den europäischen Binnenmarkt, aktive Beschäftigungspolitik, Prioritäten: Bildung, Ausbildung, Forschung, Raumordnung, Reform des öffentlichen Dienstes.

11. Plan (1994 bis 1997):
Globale Wettbewerbsfähigkeit der Wirtschaft, sozialer Zusammenhalt der Gesellschaft, Reform des Staates und der Gesellschaft.

12. Plan (wird nicht mehr ausgearbeitet)

Quelle: nach Pletsch 2003: 246.

tiviert. Die parallel dazu vorgenommene Wiederinstandsetzung der Verkehrsinfrastruktur führt dazu, dass die Industrie Frankreichs um das Jahr 1950 wieder den Produktionsstand der Vorkriegszeit erreicht.

Schon zu Beginn der ersten Wirtschaftspläne führt das intensive Bemühen um den Wiederaufbau zu einem dirigistischen Vorgehen des Staates, das sich in einer ersten Welle von Verstaatlichungen niederschlägt. Dabei handelt es sich vor allem um Basis- bzw. Schlüsselindustrien (etwa im Energiebereich oder der Schwerindustrie), in denen sich der Staat eine Monopolstellung verschaffen will. Damit tritt dieser als Lenker der Wirtschaft auf, da er der Meinung ist, dass nur er wirtschaftlichen Fortschritt bewirken kann. Die wichtigsten Verstaatlichungen der ersten Verstaatlichungswelle nach dem Zweiten Weltkrieg betreffen die Bereiche:

- Steinkohlebergbau (Charbonnages de France),
- Elektrizität und Gas (EDF = Électricité de France und GDF = Gaz de France),
- Automobilbau (Renault),
- Flugzeugindustrie (S.N.E.C.M.A. = société nationale d'étude et de construction de moteurs d'avions),
- Banken (Crédit Lyonnais, Société Générale, Banque Nationale pour le Commerce et l'Industrie – seit 1966 Banque Nationale de Paris).

Dem Credo der damals in den Wirtschaftswissenschaften vorherrschenden Ansicht folgend, dass Großunternehmen allein schon durch ihre Größe Wettbewerbsvorteile gegenüber kleinen und mittleren Unternehmen haben, da sie Skaleneffekte (*economies of scale*) besser nutzen können als Kleinunternehmen, fördert der französische Staat insbesondere in den 1960er Jahren Unternehmenszusammenschlüsse, denn Größe gilt als conditio sine qua non für wirtschaftlichen Erfolg. Kleine und mittlere Unternehmen gelten hingegen als wirtschaftlich unrentabel, arbeitsmarktpolitisch bedenklich und wenig innovativ. Nicht nur in Frankreich zeigt sich auch wirtschaftspolitisch ein eindeutiger Trend zu großen Unternehmen. Entsprechend fallen in diese Zeit auch politische Anstrengungen zur landesweiten strukturellen Unternehmenskonzentration. Beispiele großer Unternehmenszusammenschlüsse dieser Zeit sind:

- 1965 Ugine-Kuhlmann (Metall, Chemie),
- 1966 Thompson-Brandt (Elektroprodukte, Elektronik),
- 1967 Dassault-Breguet (Flugzeugbau, Rüstung),
- 1970 Creusot-Loire (Bergbau),
- 1971 Pincheney-Ugine-Kuhlmann (Metall, Chemie).

Neben dieser strukturellen Konzentration engagiert sich der französische Staat in den 1960er und 1970er Jahren auch durch die Einführung neuer Industrieprogramme. Industrielle Forschung und technologische Innovation sollen vorangetrieben werden, denn die französische Industrie bzw. ihre Produktionsverfahren sind technologisch veraltet und bedürfen einer Modernisierung. Die bekanntesten Programme, die in dieser Zeit entstehen und als Kennzeichen des mit immensen staatlichen Mitteln subventionierten High-Tech-Colbertismus (vgl. Cohen 1992) gelten, sind:

- plan calcul (Großrechner),
- „France" (Passagierschiff),
- „Concorde" (Überschallflugzeug),
- plan machines outils (Maschinenbau),
- programme téléphone (Telekommunikation),
- réseau express régional, RER (Schienenverkehr),
- programme Airbus (Flugzeugbau),
- „Ariane" (Raumfahrt).

Diese Programme werden teils als nationale Projekte, teils in internationaler Kooperation durchgeführt. Während ein Teil dieser Projekte sehr erfolgreich ist und zum Kennzeichen der internationalen Wettbewerbsfähigkeit Frankreichs wird (z. B. Airbus oder Ariane), bleiben andere Projekte zumindest finanziell erfolglos (z. B. Concorde, Honeywell Bull).

Trotz der Aktivitäten und des dirigistischen Vorgehens des Staates bleibt die Kleinbetrieblichkeit der Unternehmenslandschaft weiter bestehen. Die kleinen und mittleren Unternehmen (*petites et moyennes entreprises*, PME) sind auch weiterhin dominierend, doch leisten sie aufgrund ihrer traditionellen Produktions- und Geschäftsführungsmethoden nur einen sehr geringen Beitrag zur Exportleistung Frankreichs. So entstehen nach dem Zweiten Weltkrieg zwei Volkswirtschaften nebeneinander: Der dominierende, eher rückständige kleinbetriebliche Sektor und einige wenige, teils staatliche und sehr leistungsstarke Großunternehmen.

Die zweite Verstaatlichungswelle nach dem Zweiten Weltkrieg geht einher mit dem Regierungswechsel im Jahr 1981. Unter dem neuen Staatspräsidenten François Mitterand werden als Reaktion auf die Wirtschaftskrisen, ausgelöst durch den Ölpreisschock Mitte der 1970er Jahre und der seitdem hohen Arbeitslosigkeit, weitere Verstaatlichungen durchgeführt, insbesondere im Banken- und Industriesektor. Ziel ist es, die Kontrolle über Unternehmen mit marktbeherrschender Stellung zu erhalten, um sie international wettbewerbsfähig zu machen

|Abb. 4.17| *Staatliches Großprojekt Concorde*

Quelle: Eduard Marmet

Quelle: Global Panorama/Flickr

|Abb. 4.18| *Privatisierte Bank: BNP*

Quelle: Ganossy/Pixabay

|Abb. 4.19| *Staatliches Unternehmen: La Poste*

Quelle: falco/Pixabay

|Abb. 4.20| *Kleinunternehmen (z. B. Handwerk)*

und somit die Wirtschaft wieder anzukurbeln. Beispiele von Verstaatlichungen dieser Zeit sind:

- Crédit du Nord (Banken),
- Banque de Paris (Banken),
- Crédit Commercial de France (Banken),
- Pechiney-Ugine-Kuhlmann (Metall, Chemie),
- Rhône-Poulenc (Chemie, Textil),
- Saint-Gobain (Glas, Baustoffe, Elektronik),
- Thomson-Brandt (Elektroprodukte, Elektronik),
- Compagnie Générale d'Électricité (Elektroprodukte, Elektromechanik, Informatik),
- Usinor & Salicor (Eisen und Stahl),
- Dassault-Breguet (Flugzeugbau, Rüstung),
- Matra (Rüstung, Elektronik).

Als Folge der Verstaatlichungen wächst der Einfluss des Staates auf die Wirtschaft immens. Der Umsatz der nationalisierten Industrie erreicht nahezu 30 %. Jeweils 80 % der Energieversorgung und der öffentlichen Verkehrsmittel, 70 % der Versicherungswirtschaft und 100 % der Großbanken befinden sich Mitte der 1980er Jahre in staatlichem Besitz (vgl. Brücher 1992: 116). Die in die Verstaatlichung gesetzten Hoffnungen und Erwartungen erfüllen sich jedoch nicht: Weder gelingt es, die steigende Arbeitslosigkeit zu verringern, noch die Rezession abzuwenden. Außerdem wird durch die neuen Nationalisierungen die traditionelle Spaltung der französischen Volkswirtschaft in einen großbetrieblichen, staatlich kontrollierten und einen kleinbetrieblichen, privat strukturierten Bereich manifestiert.

Ein erneuter Wechsel der politischen Mehrheitsverhältnisse im Jahr 1986, der zur *cohabitation* führt (sozialistischer Staatspräsident, konservative/r Regierung/Premierminister), ist gleichbedeutend mit der Abkehr von Verstaatlichungsprogrammen. Die neue Regierung unter Premierminister Jacques Chirac beschließt die (Re-)Privatisierung von 65 staatlich kontrollierten Konzernen, nicht zuletzt um den französischen Staatshaushalt zu entlasten. Teilweise handelt es sich dabei um Unternehmen aus der ersten oder zweiten Verstaatlichungswelle nach dem Zweiten Weltkrieg. Diese Privatisierungen bedeuteten – zumindest formal – den teilweisen oder vollständigen Rückzug des Staates aus den entsprechenden Unternehmen und haben die Liberalisierung der Wirtschaft zum Ziel. Ebenso sollen die Unternehmen durch die Privatisierung, wie zuvor durch die Verstaatlichung, wettbewerbsfähiger gemacht werden. Die Privatisierungen werden schnell umgesetzt: Bis zum Jahr 1988 werden rund 1100 Unternehmen mit nahezu 500 000 Beschäftigten in die Privatwirtschaft überführt. Damit sind bereits innerhalb von zwei Jahren 29 der insgesamt 65 im Privatisierungsgesetz vom 2. Juli 1986 aufgelisteten Großunternehmen privatisiert. Unterbrochen wird das erste Privatisierungsprogramm durch den schwarzen Börsenfreitag vom Oktober 1987 und den Regierungswechsel im Jahr 1988. In einer zweiten Privatisierungswelle werden ab dem Jahr 1993 die Privatisierungen dann aber wieder aufgenommen. Diese Phase dauert bis ins 21. Jahrhundert an. Beispiele aus den beiden vorerst letzten Privatisierungswellen sind:

- Saint-Gobain (Glas, Baustoffe, Elektronik),
- Compagnie Générale d'Électricité (Elektroprodukte, Elektromechanik, Informatik),
- Havas (Medien),
- Société Général (Banken),
- Rhône-Poulenc (Chemie, Textil),
- Usinor & Salicor (Eisen und Stahl),
- BNP (Banken).

Der Rückzug des Staates aus den (re-)privatisierten Unternehmen zeigt sich beispielsweise auch daran, dass sich der Anteil der in Staatsunternehmen Beschäftigten innerhalb von 20 Jahren halbiert: Im Jahr 1985 arbeiten 10,5 % aller Beschäftigten in einem Staatsunternehmen, im Jahr 2005 sind es noch 5,2 %. Bei den verbliebenen Staatsunternehmen handelt es sich mehrheitlich um Großunternehmen (z. B. EDF, SNCF, La Poste) (vgl. Schild/Uterwedde 2006: 160).

Eine Rückkehr zur Politik der Verstaatlichung von Unternehmen scheint ausgeschlossen, denn selbst unter sozialistischen Regierungen werden Staatsbeteiligungen an Unternehmen weiter reduziert. Außerdem werden zahlreiche Staatsunternehmen an die Börse gebracht, bei denen der französische Staat als Alleinaktionär auftritt (z. B. bei La Poste ab dem Jahr 2010) oder einen Teil der Aktien hält (z. B. bei France Telecom, im Jahr 2013 umbenannt in Orange, 27 %).

Letztendlich ist damit die Umorientierung von einer indikativen Planwirtschaft mit dirigistischer Ausrichtung zu einer marktwirtschaftlichen, regulierenden Wirtschaftspolitik vollzogen (vgl. Kimmel/Uterwedde 2005: 184 ff.). Nur noch selten sichert sich der Staat über seine Aktienanteile bzw. die sog. Aktionärskerne (*groupes d'actionnaires stables*) ein gewisses Mitspracherecht in den Unternehmen. Gelegentlich kommt es wie im Jahr 2014 in einem Akt von *patriotisme économique* beim angeschlagenen Automobilhersteller PSA Peugeot Citroën (vgl. Handelsblatt 2014) oder im gleichen Jahr beim Industriekonzern Alstom (vgl. Schubert 2014) doch zu einem Engagement des Staates, der den Eindruck des Staatsdirigismus neu belebt. Grundsätzlich aber überwiegen regulierende Maßnahmen, die durch staatliche Behörden kontrolliert werden (z. B. für den Finanzmarkt durch die *autorité des marchés financiers*, AMF). Gründe für diesen Paradigmenwechsel in der französischen Wirtschaftspolitik seit Ende der 1980er Jahre sind insbesondere in der Internationalisierung bzw. Globalisierung der Wirtschaft zu sehen sowie in der Liberalisierung der Märkte innerhalb der Europäischen Union.

4.2.3 Struktur und Entwicklung der Unternehmenspopulation

Allen Eingriffen des Staates mit Verstaatlichungen und Privatsierungen zum Trotz ist die Unternehmenspopulation bis heute überwiegend kleinbetrieblich strukturiert. Nach der Novellierung der Unternehmensstatistik im Jahr 2008 werden die französischen Unternehmen nach vier Größenkategorien erfasst (wobei der primäre Sektor keine Berücksichtigung findet), die neben der Beschäftigtenzahl auch den erzielten Umsatz bzw. die Bilanzsumme der Unternehmen berücksichtigt. Im Einzelnen werden unterschieden:

- Mikrounternehmen (*microentreprises*, MIC): Unternehmen mit weniger als 10 Beschäftigten sowie einem Umsatz von weniger als 2 Mio. €,
- kleine und mittlere Unternehmen (*petites et moyennes entreprises*, PME): Unternehmen mit mindestens 10, aber weniger als 250 Beschäftigten sowie einem Umsatz von weniger als 50 Mio. € bzw. einer Bilanzsumme von unter 43 Mio. €,
- mittelständische Unternehmen (*entreprises de taille intermédiaire*, ETI): Unternehmen mit mindestens 250, aber weniger als 5000 Beschäftigten sowie einem Umsatz unter 1,5 Mrd. € bzw. einer Bilanzsumme von unter 2 Mrd. €,
- Großunternehmen (*grandes entreprises*, GE): Alle übrigen Unternehmen mit mindestens 5000 Beschäftigten.

Die Unternehmenspopulation im Jahr 2015 ist nach wie vor gekennzeichnet durch einen extrem hohen Anteil an Kleinstunternehmen (nahezu 96 % aller Unternehmen), die mit durchschnittlich 0,7 Beschäftigten (neben dem Eigentümer des Unternehmens) einen vergleichsweise geringen Beitrag für den Arbeitsmarkt leisten (knapp 18,2 % aller Beschäftigten). Noch geringer fällt der Anteil an der Exportleistung aller Unternehmen aus (2,8 %). Im Gegensatz dazu zeigt sich die überragende Bedeutung der wenigen Großunternehmen, die knapp 30 % aller Arbeitsplätze auf sich vereinen und für mehr als die Hälfte der französischen Exportleistung verantwortlich sind (vgl. Tab. 4.4).

Hierdurch wird einmal mehr die bereits zuvor angesprochene Dualität der französischen Wirtschaft

|Tab. 4.4| *Zusammensetzung der Unternehmenspopulation nach Zahl der Unternehmen, Beschäftigten und Beschäftigtenanteile sowie ihrem Anteil am Gesamtexport im Jahr 2015*

Größenklasse	Unternehmen	Anteil Unternehmen in %	Beschäftigte (VZ) in Mio.	Anteil Beschäftigte in %	Beschäftigte/ Unternehmen	Anteil Export in %
Großunternehmen (GE)	287	0,01	3,900	28,94	14	50,43
Mittelständische Unternehmen (ETI)	5753	0,15	3,337	24,76	580,0	34,02
kleine und mittlere Unternehmen (PME)	139941	3,66	3,792	28,13	27,1	12,76
Kleinstunternehmen (MIC)	3674141	96,18	2,449	18,17	0,7	2,79
Gesamt	**3820122**	**100,00**	**13,478**	**100,00**	**35,3**	**100,00**

Quelle: Eigene Zusammenstellung nach INSEE 2017b: 65

|Tab. 4.5| *Die zehn größten börsennotierten französischen Unternehmen mit Hauptsitz und Branche im Jahr 2018*

Rang Frankreich	Rang global	Unternehmen	Hauptsitz	Branche
1	19	BNP Paribas	Paris	Bank
2	26	Total	Courbevoie bei Paris	Öl und Gas
3	33	AXA Group	Paris	Versicherung
4	115	Électricité de France (EDF)	Paris	Versorger
5	117	Sanofi	Paris	Pharma
6	135	Renault	Boulogne-Billancourt bei Paris	Autobau
7	148	Crédit Agricole	Montrouge bei Paris	Bank
8	150	Christian Dior	Paris	Luxusgüter
9	157	Vinci	Rueil-Malmaison bei Paris	Bauhauptgewerbe
10	161	Société Générale	Paris	Bank

Quelle: Forbes Global 2000, 2018

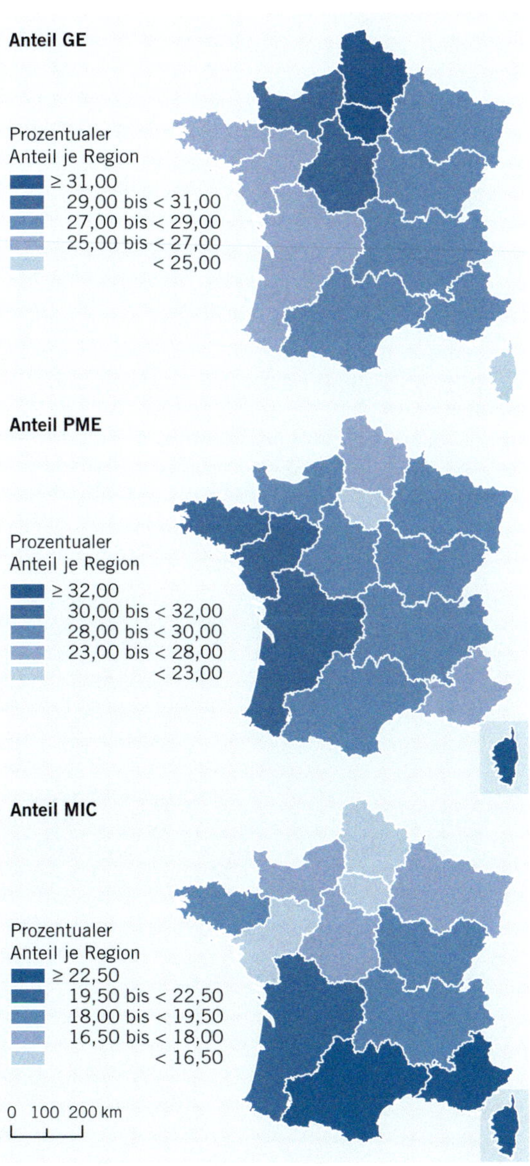

Quelle: Eigene Darstellung nach INSEE 2015c: 93

|Abb. 4.21| *Bedeutung der verschiedenen Unternehmensgrößenklassen für den Arbeitsmarkt nach Regionen im Jahr 2012*

durch die Unternehmensstrukturen belegt: Es fehlt der dynamische Mittelstand. Dies wird auch durch die Tatsache unterstrichen, dass PME und MIC zu einem deutlich geringeren Anteil in die Modernisierung der Unternehmen investieren als GE und ETI (vgl. INSEE 2017b: 65). Die Großunternehmen sind vor allem im industriellen Sektor zu finden (wenngleich das nicht für die 10 größten Unternehmen zutrifft, vgl. Tab. 4.5), während die kleinen und mittleren sowie die Kleinstunternehmen im Dienstleistungssektor überproportional häufig vertreten sind. Traditionell haben nahezu alle Großunternehmen ihren Hauptsitz direkt in Paris oder im Umland (Region Île-de-France).

Die regionale Verteilung der Unternehmensgrößenklassen nach ihrer Bedeutung für den Arbeitsmarkt zeigt auf Basis der Regionen einen deutlichen Nord-Süd-Gegensatz: Während die mittelständischen und Großunternehmen in der nördlichen Landeshälfte ein höheres Gewicht haben, sind die Kleinstunternehmen in der südlichen Landeshälfte für den Arbeitsmarkt von größerer Bedeutung (vgl. 4.21). Dies erklärt sich durch die bereits vorgestellte unterschiedliche wirtschaftssektorale Struktur der Regionen (vgl. 4.1.1 und Abb. 4.6).

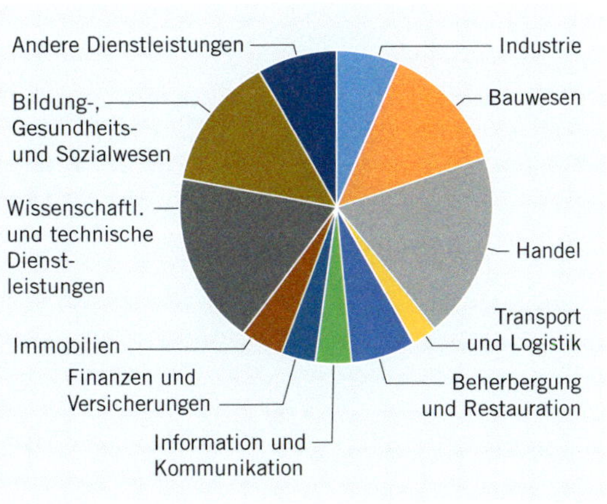

Quelle: Eigene Darstellung nach INSEE 2017b: 75

|Abb. 4.22| *Zusammensetzung der Unternehmenspopulation nach Branchen im Jahr 2016*

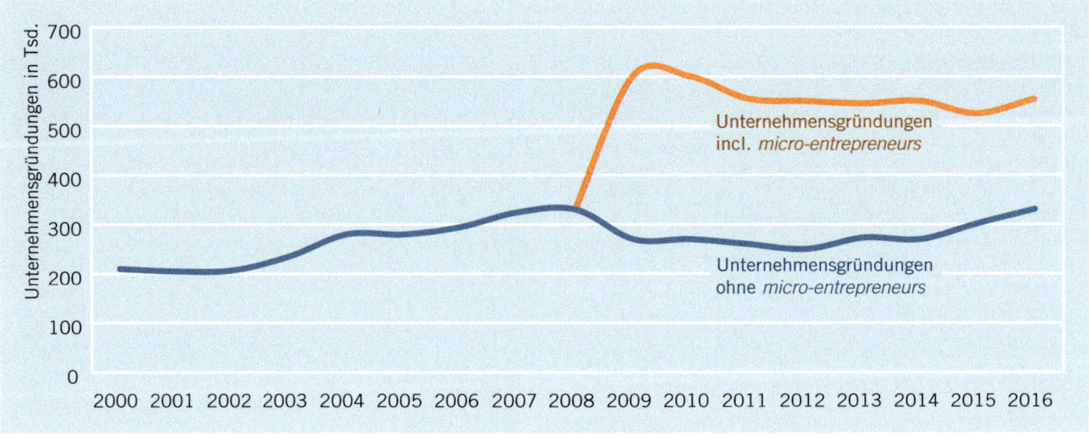

Quelle: Eigene Darstellung nach INSEE 2015c: 95, 2016j: 89 und 2017b: 75

|Abb. 4.23| *Entwicklung der Zahl der Unternehmensgründungen (in Tsd.) im Zeitraum 2000 bis 2016 sowie der Zahl der Unternehmensgründungen von micro-entrepreneurs 2008 bis 2016*

Die Zusammensetzung der Unternehmenspopulation nach Branchen im Jahr 2016 unterstreicht die überragende Bedeutung des tertiären Sektors, auf den nahezu 80 % aller Unternehmen entfallen. Die meisten Unternehmen innerhalb des Dienstleistungssektors gehören dem Handel (19 % aller Unternehmen), dem Bereich der wissenschaftlichen und technischen Dienstleistungen (18 %) sowie dem Bildungs-, Gesundheits- und Sozialwesen (14 %) an (vgl. Abb. 4.22). Im industriellen Sektor sind hingegen lediglich 6,5 % der Unternehmen aktiv, die allerdings 13,8 % aller Arbeitsplätze stellen, d. h. im Durchschnitt eher großbetrieblich strukturiert sind. Hinzu kommen die Bauunternehmen, die 13,5 % der Unternehmenspopulation ausmachen, aber lediglich 6,5 % der Arbeitsplätze aufweisen, d. h. wie der Dienstleistungssektor im Durchschnitt eher kleinbetrieblich strukturiert sind.

Die Unternehmenspopulation verändert sich durch neu in den Markt eintretende sowie durch aus dem Markt ausscheidende Unternehmen. Dabei wird den neugegründeten Unternehmen (*entreprises crées*) eine wichtige Rolle für die Schaffung von Arbeitsplätzen sowie für die Innovationsfähigkeit und Weiterentwicklung der Wirtschaft zugeschrieben. Allerdings handelt es sich bei den neu gegründeten Unternehmen in der Regel um sehr kleine Unternehmen, die zum ganz überwiegenden Teil auch kein großes Wachstum nach Beschäftigten und/oder Umsatz aufweisen. Zudem scheidet ein Teil der neu gegründeten Unternehmen rasch wieder aus dem Markt aus. So existieren in Frankreich im Jahr 2016 noch 60 % der Unternehmen des Gründerjahrgangs 2010 und 52 % des Gründerjahrgangs 2006 (vgl. INSEE 2017b: 74).

Die Zahl der neu gegründeten Unternehmen steigt nach der Jahrtausendwende zwar langsam an, trägt aber nicht wesentlich zur Entlastung der angespannten Arbeitsmarktlage bei. Zur Stimulierung von Unternehmensgründungen wird Anfang des Jahres 2009 ein staatliches Programm initiiert, das zum Ziel hat, Gründungen von Ein-Mann/Frau-

|Tab. 4.6| *Unternehmenspopulation und Neugründungen (absolut und in %) sowie auto-entrepreneur-Gründungen und Gründungsquoten nach Branchen im Jahr 2016*

Branche	Unternehmen gesamt	Neugründungen 2016 insg.	Gründungsquote 2016 in %	Gründungen micro-entrepreneur 2016	Gründungsquote micro-entrepreneur 2016 in %
Industrie	281637	24576	8,7	8258	33,6
Bauwesen	589137	61612	10,5	16470	26,7
Handel	840857	97126	11,6	24623	25,4
Transport und Logistik	115106	33592	29,2	17837	53,1
Beherbergung und Restauration	290791	30804	10,6	6342	20,6
Information und Kommunikation	161672	27598	17,1	14472	52,4
Finanzen und Versicherungen	155949	15839	10,2	1929	12,2
Immobilien	191447	18863	9,9	2527	13,4
Wissenschaftliche und technische Dienstleistungen	777009	125003	16,1	64542	51,6
Bildung-, Gesundheits- und Sozialwesen	602104	69399	11,5	36447	52,5
Andere Dienstleistungen	359638	49619	13,8	29345	59,1
Gesamt	**4365347**	**554031**	**12,7**	**222792**	**40,2**

Quelle: Eigene Zusammenstellung nach INSEE 2017b: 75

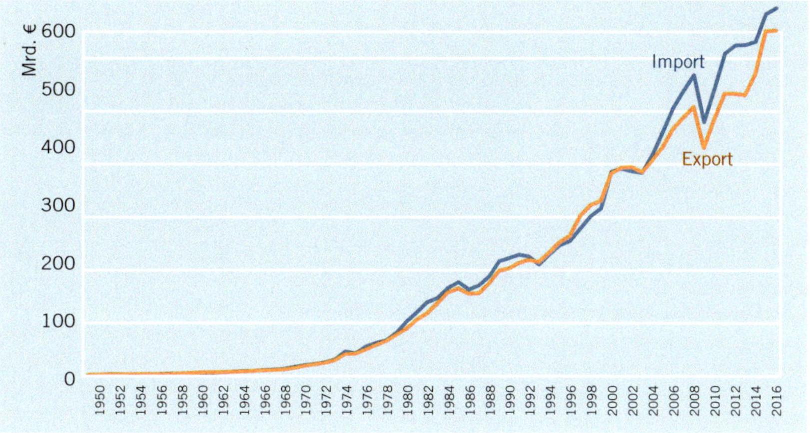

Quelle: Eigene Darstellung nach INSEE 2015b und 2018f: 135

|Abb. 4.24| *Entwicklung von Import und Export (in Mrd. €) im Zeitraum von 1949 bis 2016*

Unternehmen (*auto-entrepreneur*) zu fördern, was in etwa der Idee der Ich-AG in Deutschland entspricht. Damit soll Gründern von Kleinstunternehmen zunächst der Markteintritt und auf Grund geringer Besteuerung auch das Überleben im Markt erleichtert werden. Seit Einführung dieser Maßnahme steigt die Zahl der Unternehmensgründungen in Frankreich deutlich an und liegt im Jahr 2016 bei rund 555000 (vgl. Abb. 4.23). Frankreich erreicht damit – gemessen an der bestehenden Unternehmenspopulation – in Westeuropa eine der höchsten Gründungsraten. Andererseits steigt im gleichen Zeitraum auch die Zahl der Unternehmensinsolvenzen deutlich an: Im Jahr 2008 scheiden insgesamt 42532 Unternehmen durch ein Insolvenzverfahren aus dem Markt aus, im Jahr 2014 sind es 60548 (vgl. Creditreform 2015: 2), wobei sich die Zahl der Unternehmensinsolvenzen auf hohem Niveau stabilisiert. Von den Unternehmensinsolvenzen sind das Bauwesen und der Handel am stärksten betroffen. Auch die Zahl der Unternehmensaufgaben ohne Insolvenzverfahren steigt, aber insgesamt besteht ein deutlicher Gründungsüberschuss, d. h. die Unternehmenspopulation wächst.

Etwas mehr als 40 % aller Unternehmensgründungen des Jahres 2016 sind *micro-entrepreneur*-Gründungen. Die absolut meisten Unternehmensgründungen entfallen auf den Handelsbereich sowie auf die wissenschaftlichen und technischen Dienstleistungen. Dies gilt sowohl für die Neugründungen insgesamt als auch für die *micro-entrepreneur*-Gründungen, die ihren höchsten Anteil unter den Gründungen in den sonstigen Dienstleistungen aufweisen (vgl. Tab. 4.6). Relativ (gemessen am Unternehmensbestand) finden die meisten Neugründungen im Bereich von Transport und Logistik statt, gefolgt vom als besonders innovativ geltenden Informations- und Kommunikationssektor. Insofern leistet die Gründerszene in Frankreich durchaus einen wichtigen Beitrag für die Weiterentwicklung der Wirtschaft. Nicht zuletzt gelingt es durch das neue Programm, die Selbständigenquote, die um die Jahrtausendwende bis auf rund 8 % sinkt, bis zum Jahr 2014 wieder auf 9,7 % zu steigern. Allerdings bedient der ganz überwiegende Teil der Neugründungen den lokalen Markt und trägt so kaum etwas zur Exportleistung bei, um das chronische Außenhandelsdefizit zu reduzieren.

4.2.4 Import – Export: Handelsbilanz der französischen Wirtschaft

Im internationalen Vergleich ist Frankreich sowohl die sechstgrößte Volkswirtschaft (gemessen am Bruttoinlandsprodukt) als auch sechstgrößte Exportnation (gemessen am Warenwert). Allerdings besteht ein Außenhandelsdefizit, das bereits eine lange Tradition hat, denn schon im 18. Jahrhundert liegen die Werte der Importe erheblich über jenen der Exporte. Das Außenhandelsdefizit gilt als eines der gravierendsten Probleme der französischen Wirtschaft. Ursache ist einerseits der Staatsprotektionismus, der die Unternehmen lange Zeit vor einem internationalen Wettbewerb schützt. Andererseits bietet das riesige Kolonialreich lange Zeit einen sicheren Absatzmarkt für französische Produkte ohne Konkurrenz anderer Handelspartner. Erst mit der Auflösung des Kolonialreiches Mitte des 20. Jahrhunderts und mit der Gründung der Europäischen Wirtschaftsgemeinschaft (EWG) im Jahr 1957 ändern sich die Rahmenbedingungen für die internationalen Wirtschaftsaktivitäten Frankreichs grundlegend und der Wettbewerb verschärft sich deutlich. In der Folge soll die französische Wirtschaft modernisiert werden, die Bildung von Großunternehmen soll die internationale Wettbewerbsfähigkeit des Landes steigern, doch das chronische Leiden der defizitären Außenhandelsbilanz bleibt bestehen (vgl. Pletsch 2003: 263 f.). Zwar sind die Import- und Exportströme in den ersten drei Nachkriegsjahrzehnten wertmäßig noch relativ gering (bis Mitte der 1960er Jahre unter 10 Mrd. €), doch auch in diesem Zeitraum liegt der Deckungsbeitrag der Exporte an den Importen meist nur zwischen 80 % und 90 %. Dieses Defizit wird in einzelnen Jahren unterbrochen (1960 bis 1962 sowie 1965), allerdings jeweils nur mit einem sehr geringen Exportüberschuss. In den 1970er Jahren nimmt das Handelsdefizit deutlich zu. Ursache hierfür ist die große Abhängigkeit von ausländischen Energieimporten. Zu Beginn der Ölkrise im Jahr 1973 werden 78 % des Energiebedarfs des Landes durch Importe gedeckt und im Jahr 1984 machen die Energieeinfuhren rund 25 % der Kosten aller Importe aus. Der Ölpreisschock und seine Folgen führen nicht zuletzt auch Mitte der 1970er Jahre zur Entscheidung, die Energieversorgung des Landes durch den konsequenten Ausbau des Kernenergiesektors zu sichern. Durch den Ölpreis- und Dollarverfall Mitte der 1980er Jahre sowie den steigenden Eigenversorgungsanteil am Energiebedarf entwickelt sich der Anteil der Energieimporte an den gesamten Importausgaben wieder rückläufig und beträgt im Jahr 1992 rund 10 %. Entsprechend verringert sich das Handelsdefizit wieder und die Handelsbilanz ist Anfang der 1990er Jahre ausgeglichen. In der zweiten Hälfte der 1990er Jahre kommt es kurzfristig sogar zu einem Handelsbilanzüberschuss (dieser beträgt

|Tab. 4.7| *Entwicklung von Import und Export (in Mrd. €) nach Wirtschaftsbereichen in den Jahren 1950, 1975, 2000 und 2016*

Wirtschaftsbereich	1950		1975		2000		2016	
	Import	Export	Import	Export	Import	Export	Import	Export
Land- und Forstwirtschaft, Fischerei	0,7	0,2	2,4	2,2	8,3	10,5	14,3	14,8
Verarb./Prod. Gewerbe	1,0	1,5	33,1	32,2	322,8	314,9	497,9	452,3
davon rohstoffverarb. Industrie	0,3	0,1	8,0	0,5	24,9	5,3	30,2	8,0
– Lebensmittelindustrie	*0,1*	*0,2*	*2,7*	*3,0*	*20,9*	*28,1*	*39,8*	*45,2*
– Elektro-/Elektronikindustrie	*0,1*	*0,0*	*0,9*	*1,2*	*8,3*	*7,8*	*111,6*	*86,4*
– Mineralölerzeugnisse	*0,2*	*0,2*	*6,2*	*7,8*	*92,1*	*81,9*	*16,8*	*9,8*
– Fahrzeugbau	*0,0*	*0,2*	*2,5*	*5,4*	*48,7*	*70,5*	*91,6*	*117,0*
– sonstige ind. Produktion	*0,4*	*0,8*	*6,3*	*6,8*	*127,3*	*121,3*	*208,0*	*185,7*
Dienstleistung	0,2	0,5	6,8	7,4	52,3	57,0	161,7	145,6
davon Finanzen und Versicherung	0,0	0,0	0,4	0,9	4,0	6,5	6,8	13,4
– Transport/Logistik	*0,1*	*0,3*	*2,8*	*2,8*	*18,1*	*17,6*	*44,4*	*31,7*
– Handel	*0,0*	*0,0*	*0,8*	*0,6*	*3,7*	*2,6*	*10,8*	*6,6*
– Information/Kommunikation	*0,0*	*0,0*	*0,6*	*0,3*	*7,1*	*6,1*	*18,5*	*15,7*
Gesamt	**1,9**	**2,2**	**42,3**	**41,8**	**386,0**	**382,8**	**695,6**	**652,2**

Quelle: Eigene Zusammenstellung nach INSEE 2015b und 2018f: 135

maximal 10 % gemessen an den Importen). Aber bereits wenige Jahre später entwickelt sich die Handelsbilanz erneut negativ und die Schere zwischen Importen und Exporten öffnet sich wieder deutlich (vgl. Abb. 4.24).

Ein wesentlicher Grund dafür, dass es nicht dauerhaft zum Ausgleich der Handelsbilanz kommt, liegt in der Schwäche der Exportstruktur: Handelsbilanzüberschüsse werden in den Wirtschaftsbereichen erzielt, die ein vergleichsweise geringes Handelsvolumen aufweisen. So weist der Agrarsektor im Jahr 2016 bei einem Gesamthandelsvolumen (Import + Export) von knapp 30 Mrd. € zwar einen Handelsüberschuss von 0,5 Mrd. € auf, im wesentlich kapitalintensiveren Wirtschaftsbereich des Verarbeitenden bzw. Produzierenden Gewerbes mit einem Gesamthandelsvolumen von über 950 Mrd. € fällt aber allein ein Defizit von knapp 55 Mrd. € an (vgl. Tab. 4.7). Innerhalb des industriellen Sektors gibt es durchaus Wirtschaftszweige, die einen Exportüberschuss erzielen (z. B. der Fahrzeugbau) und in denen Frankreich durch Spitzentechnologien international wettbewerbsfähig ist (z. B. im Bereich des Eisenbahnbaus mit dem TGV), andererseits kann in anderen durchaus zukunftsträchtigen Bereichen (z. B. Elektro- und Elektronikindustrie) die Binnennachfrage durch die nationale Produktion nicht befriedigt werden. Auch der Dienstleistungssektor trägt, wenngleich in deutlich geringerem Ausmaß (im Jahr 2016 liegt das Defizit bei 16,1 Mrd. €), zum Handelsbilanzdefizit bei.

In der Summe steht auch im Jahr 2016 ein Handelsbilanzdefizit zu Buche, das sich für die Gesamtwirtschaft auf 43,4 Mrd. € beläuft. Dieses Defizit wird vornehmlich durch einige wenige Handelspartner verursacht, mit denen die bilaterale Handelsbilanz sehr negativ ausfällt: China (ohne Hongkong), Deutschland und die Niederlande verursachen alleine rund 50 Mrd. € des gesamten Handelsdefizits (vgl. Abb. 4.25). Demgegenüber beläuft sich die positive Handelsbilanz mit den drei wichtigsten Überschussländern Großbritannien, Hongkong und Singapur nur auf rund 20 Mrd. €. Während der

|Abb. 4.25| *Defizit und Überschuss der bilateralen Handelsbilanz nach Ländern (jeweils die zehn Defizit- bzw. Überschusshandelspartner) in Mrd. € im Jahr 2016*

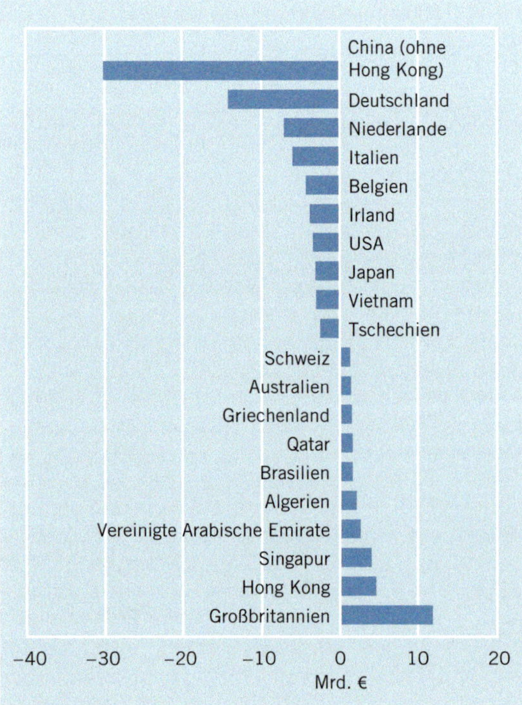

Quelle: Eigene Darstellung nach INSEE 2017c

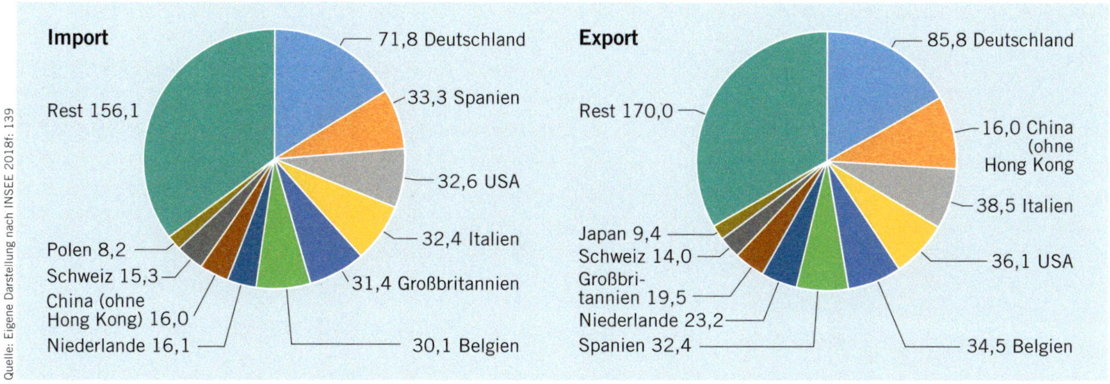

|Abb. 4.26| *Wichtigste zehn Handelspartner (in Mrd. €) für Import (509,2 Mrd. €) und Export (443,3 Mrd. €) nach Ländern im Jahr 2016*

Agrarsektor mit nahezu allen Handelspartnern seit langer Zeit durch einen in der Summe geringen Importüberschuss gekennzeichnet ist (wichtigste Handelspartner im Agrarbereich sind die Niederlande, Spanien, Belgien und Großbritannien), zeichnen sich insbesondere die Industriegüter und in schwächerem Ausmaß auch der Dienstleistungssektor bei Betrachtung der bilateralen Handelsströme meist durch negative Salden aus. Die Dualität der Unternehmenspopulation schlägt sich im Außenhandel nieder: Die 100 wichtigsten exportierenden Unternehmen sind für 70 % der Exporte verantwortlich. Von allen Unternehmen mit Außenhandelsbeziehungen exportiert zudem die Hälfte der Unternehmen nur in ein Land und 40 % lediglich ein Produkt (Gabel 2014: 5).

Bei den Import- und Exportströmen im Jahr 2016 sind neun der wichtigsten zehn Handelspartner identisch (vgl. Abb. 4.26). Im Jahr 1950 hat Deutschland einen Anteil von 6,5 % an den französischen Importen und 7,8 % an den Exporten. Insgesamt sind die Handelsbeziehungen bei Import und Export zu europäischen Ländern dominierend. Ebenso ist festzustellen, dass die zehn wichtigsten Handelspartner jeweils rund zwei Drittel der Import- und Exportwerte auf sich vereinen. Der Anteil dieser Länder nimmt ebenfalls immer stärker zu. Die sechs wichtigsten Importländer in der EU zeichnen sich im Jahr 2016 allein für 45,8 % aller Importe und 48,5 % aller Exporte Frankreichs verantwortlich. Die wertmäßig größten Austauschbeziehungen hat Frankreich sowohl beim Import als auch beim Export mit dem Nachbarland Deutschland, wobei der Anteil seit den 1950er Jahre ansteigt.

Eine Ursache für die im Vergleich zum Import niedrige Exportquote der französischen Wirtschaft ist in den hohen Arbeitskosten zu sehen, die seit dem Jahr 2000 etwa dreimal so stark angestiegen sind wie in Deutschland. Beim durchschnittlichen Stundenlohn nimmt Frankreich sowohl im Industrie- als auch im Dienstleistungsbereich mit 36,40 € bzw. 34,80 € pro Stunde innerhalb von Europa, wo der durchschnittliche Stundenlohn in der EU 15 bei 27,90 € und der EU 28 bei 23,80 € pro Stunde liegt, einen Spitzenplatz ein. Ursache sind neben den Lohnsteigerungen die Einführung der 35-Stunden Woche im Jahr 2000. Die hohen Arbeitskosten schlagen sich in einem Preisnachteil für französische Produkte im internationalen Wettbewerb nieder. Daneben gelten die französischen Unternehmen nicht als besonders innovativ, was ihre Wettbewerbsfähigkeit ebenfalls belastet. So werden im Jahr 2012 seitens der Unternehmen lediglich 2,8 % des Bruttoinlandsprodukts in Forschung und Entwicklung investiert, ein im Vergleich zu anderen westeuropäischen Staaten eher niedriger Anteil (zum Vergleich: Deutschland 3,0 %, Schweden 3,4 % oder Finnland 3,6 %), der seit Jahren stagniert. Weiterhin leidet die internationale Konkurrenzfähigkeit der französischen Unternehmen unter einer hohen Steuer- und Abgabenlast.

4.2.5 Weitere Stärken und Schwächen der französischen Wirtschaft

Die Entwicklung der Unternehmen und ihre Wirtschaftsleistung determinieren die Innovationskraft eines Landes. Im internationalen Vergleich rangiert Frankreich allenfalls auf mittleren Rangplätzen. So belegt das Land etwa nach dem vom Fraunhofer-Institut entwickelten Innovationsindikator (vgl. Acatech 2015) im Jahr 2015 unter 35 untersuchten Ländern Platz 18 und rutscht im Ranking gegenüber den Vorgängerstudien weiter ab (im Jahr 2000 Rang 9, im Jahr 2005 Rang 15). Auch in Bezug auf Patentanmeldungen erreicht Frankreich allenfalls Mittelplätze. Im Durchschnitt der Jahre 2012 bis 2015 werden von kleinen und mittleren Unternehmen lediglich 4,5 Patente je 100 000 Einwohner angemeldet (zum Vergleich: Deutschland 8,7). Dieses Ergebnis unterstreicht nochmals das Problem des wenig innovativen kleinbetrieblichen Sektors innerhalb der französischen Unternehmenspopulation.

Eine weitere Schwäche der französischen Wirtschaft ist die hohe Staatsquote, die sich nach dem Zweiten Weltkrieg kontinuierlich erhöht hat: Der Anteil der öffentlichen Ausgaben am Bruttoinlandsprodukt ist vom Jahr 1960 mit 34,6 % bis zum Anfang des 21. Jahrhunderts auf über 50 % angestiegen (im Jahr 2014: 57,5 %). Ebenso problematisch ist der hohe Anteil der im Staatsdienst Beschäftigten, der in den 1990er Jahren aus arbeitsmarktpolitischen Gründen nochmals gesteigert wird, und im Jahr 2014 bei rund 23 % liegt. Dieser Anteil soll durch die 2015 vorgenommene Regionalreform

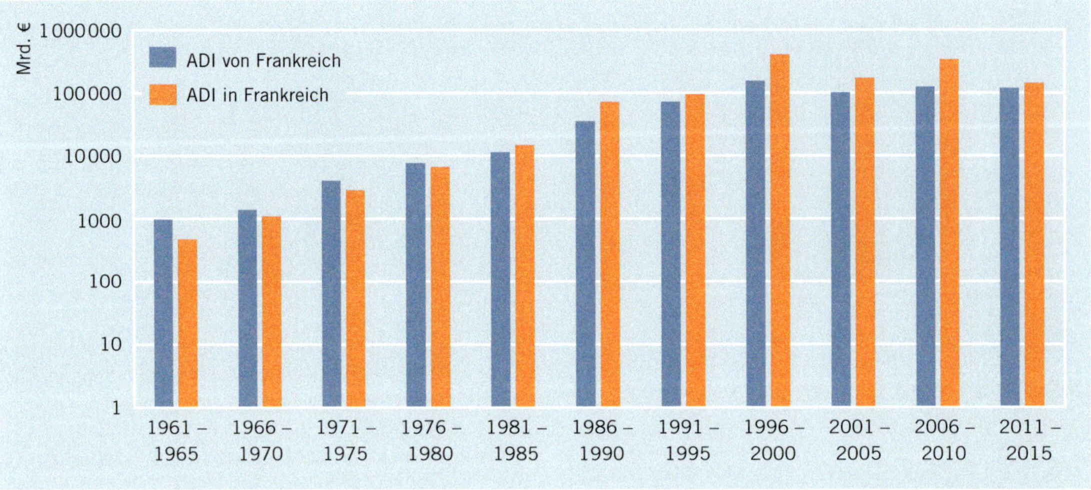

|Abb. 4.27| *Direktinvestitionen von und nach Frankreich (in Mrd. €; logarithmische Darstellung) für 5-Jahres-Intervalle von 1961/65 bis 2011/15*

Quelle: Eigene Darstellung nach Kimmel/Uterwedde 2005: 212 und Banque de France 2016: 8

(vgl. hierzu 1.2.2) und durch geringere Einstellungszahlen im Vergleich zur Zahl der altersbedingt aus dem Staatsdienst ausscheidenden Personen reduziert werden.

Zu den Stärken der französischen Wirtschaft gehört die international führende Position in einzelnen Branchen (z. B. in der Luft- und Raumfahrt oder der chemischen und pharmazeutischen Industrie). Gleichzeitig gelten der nur schwach vertretene Mittelstand und die fast ausschließlich auf den lokalen und regionalen Markt ausgerichteten Klein- und Mittelbetriebe als gravierende Schwäche. Dies gilt insbesondere für Unternehmen mit 250 bis zu 5000 Beschäftigten: Während es in Deutschland in dieser Unternehmensgrößenklasse je einer Million Einwohner rund 16 besonders innovative und bzgl. der Einstellung von Beschäftigten sehr dynamische Hidden Champions gibt, sind es in Frankreich nur 1,1 (vgl. Giebel 2013).

|Abb. 4.28| *Deutsches Unternehmen in Frankreich*

Quelle: Aufnahmen Schmude 2018

An Attraktivität gewinnt der Standort Frankreich durch seine zunehmende Öffnung für ausländische Investoren. Dies zeigen etwa die nach dem Zweiten Weltkrieg bis zur Jahrtausendwende kontinuierlich steigenden ausländischen Direktinvestitionen (ADI) (*investissements étrangers directs*, IED) in Frankreich, die seit der Jahrtausendwende auf hohem Niveau stagnieren (vgl. Abb. 4.27). Noch wesentlich stärker angestiegen sind die französischen Direktinvestitionen im Ausland, die seit den 1970er Jahren die ADI in Frankreich übertreffen. Damit ist Frankreich mit Ausnahme des Jahres 2013 in den letzten 35 Jahren Netto-Kapitalexporteur und ist sowohl eines der attraktivsten Zielländer ausländischer Direktinvestitionen als auch selbst eines der wichtigsten Quellländer. Beide Entwicklungen werden als Beleg für die gelungene, zunehmende Internationalisierung der französischen Wirtschaft interpretiert.

In Diskrepanz zu dieser Entwicklung leidet der Standort Frankreich unter einem schlechten Image, zumindest, wenn man den Ergebnissen verschiedener Rankings glaubt (z. B. Baromètre d'attractivité Du Site France 2015 von Ernst & Young oder The Global Competitiveness Report 2014–2015 des World Economic Forums), in denen Frankreich keine Spitzenplätze erreicht. Für die oftmals negative Wahrnehmung Frankreichs wird die lange Zeit (zu) starke Rolle des Staates in der Wirtschaft verantwortlich gemacht. Weitere negative Aspekte sind das Übermaß an Bürokratie, die hohen Steuerbelastungen sowie die fehlende Flexibilität auf dem Arbeitsmarkt und die starke Rolle der Gewerkschaften, die Frankreich durch zahlreiche Arbeitskämpfe in die Spitzengruppe der Streikstatistik Europas führt. Im Schnitt der Jahre 2005 bis 2013 entfallen in Frankreich jährlich 140 Streiktage auf 1000 Beschäftigte (im Vergleich dazu sind es in Deutschland 15 Streiktage je 1000 Beschäftigte).

5. Landwirtschaft und Industrie: Wirtschaftssektoren auf dem Rückzug

Quelle: Aufnahme Schmude 2016

|Abb. 5.1| *Sonnenblumenfeld im Rhône-Delta*

Überblick

- Die weit ins 20. Jahrhundert bedeutsame Rolle der Landwirtschaft ist wesentlich auf das in einigen Regionen nahezu vollständige Ausbleiben bzw. die allgemein verspätet einsetzende industrielle Revolution zurückzuführen.
- Die Landwirtschaft Frankreichs erlebt nach dem Zweiten Weltkrieg einen tiefgreifenden Strukturwandel, der seinen Ausdruck u.a. in einem Konzentrationsprozess findet: Die Zahl der Betriebe und Arbeitskräfte in der Landwirtschaft nehmen kontinuierlich ab, die durchschnittlich bewirtschaftete landwirtschaftliche Nutzfläche je Betrieb und die Produktionsmengen je Hektar steigen hingegen an.
- Die Landwirtschaft hat, gemessen an der Zahl der Arbeitsplätze, regional unterschiedliche Bedeutung. Dies ist u.a. abhängig von der Art der landwirtschaftlichen Produktion und den alternativen Beschäftigungsmöglichkeiten im sekundären und tertiären Sektor.
- Der Weinbau ist geprägt von einem Wandel von Massen- zu Qualitätsweinen und trägt als prominentester Vertreter der Sonderkulturen zum Exportüberschuss des Agrarsektors bei. Hingegen verliert der Fischereisektor an Bedeutung und ist durch Importüberschüsse gekennzeichnet.
- Nach einer späten Industrialisierung, die sich vornehmlich auf die nördliche Landeshälfte konzentriert, erreicht der sekundäre Sektor Ende der 1960er Jahre seine größte Bedeutung für die französische Wirtschaft. Seitdem ist er von einem stetigen Bedeutungsverlust betroffen, so dass bereits von einer Deindustrialisierung Frankreichs gesprochen wird.
- Die Automobilindustrie ist eine der Schlüsselindustrien des sekundären Sektors. Die beiden verbliebenen Konzerne Renault und PSA gehören zu den weltweit zehn größten Automobilherstellern, wobei sie ihre Teilefertigung, Montage- und Produktionsstandorte zunehmend ins Ausland verlagern.
- Durch den Ausbau der Atomindustrie nach dem Zweiten Weltkrieg macht sich Frankreich von Energieimporten weitgehend unabhängig. Durch den hohen Besatz mit Atomkraftwerken erzielt das Land sogar eine Überversorgung und exportiert Atomstrom in seine Nachbarländer.

5.1 Strukturen und Entwicklungen im primären Sektor

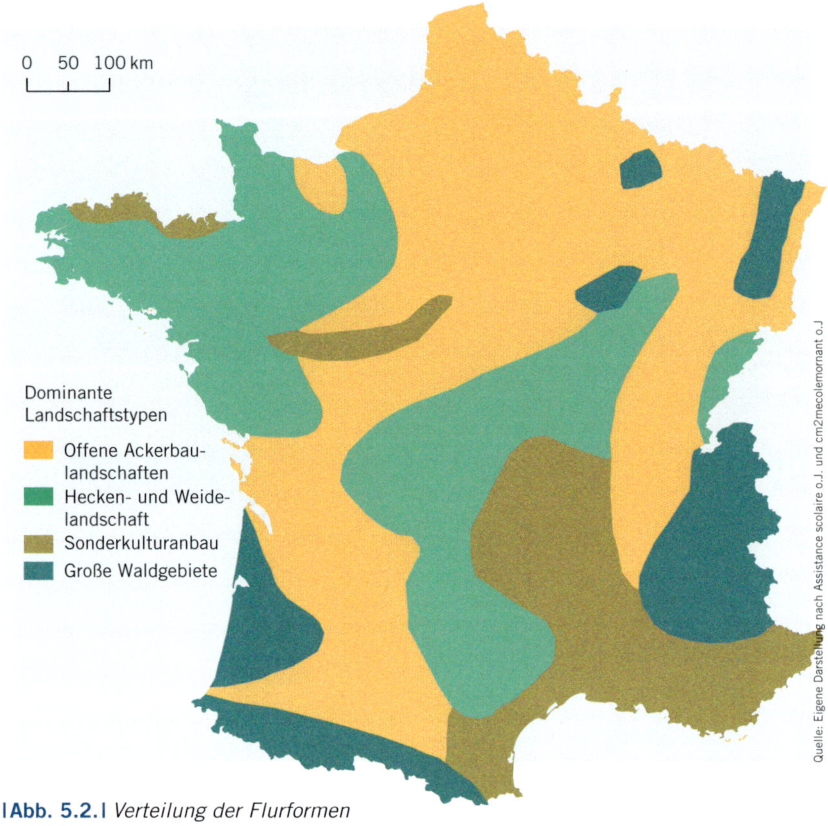

| Abb. 5.2. | *Verteilung der Flurformen in Frankreich*

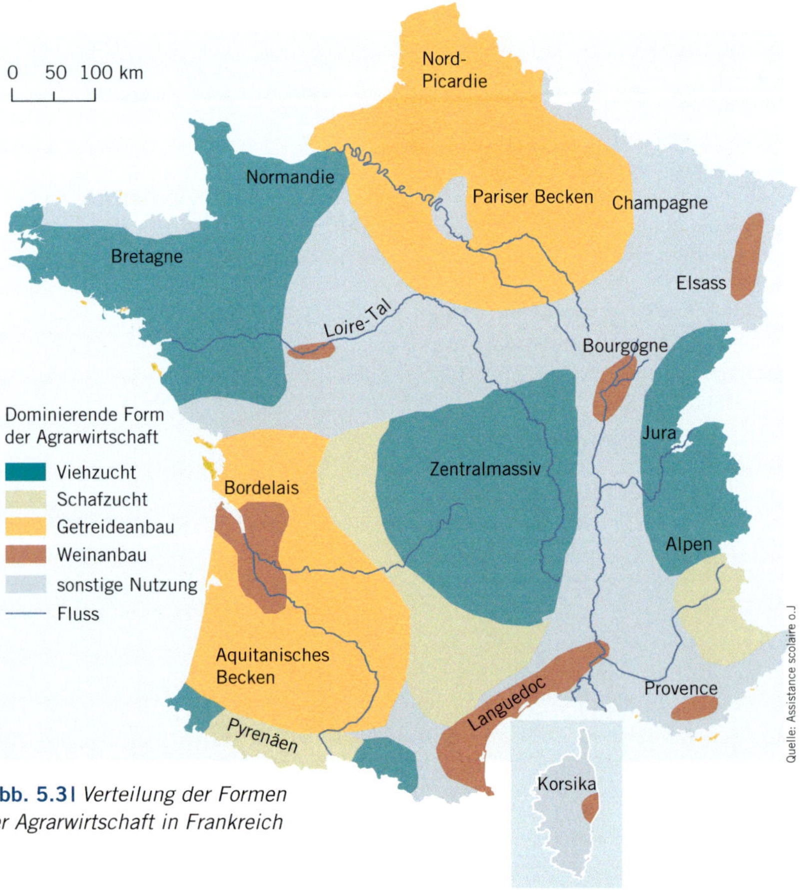

| Abb. 5.3 | *Verteilung der Formen der Agrarwirtschaft in Frankreich*

5.1.1 Grundzüge der Agrarstrukturen

Die agrarische Nutzung ist von den naturräumlichen Rahmenbedingungen des Raumes abhängig (u.a. Klima oder Böden, vgl. Abb. 0.2 bzw. Abb. 0.8) und entsprechend dieser Voraussetzungen zeigt die französische Landwirtschaft ein sehr facettenreiches Bild. Gekennzeichnet wird es durch den starken Gegensatz zwischen der Kornkammer im Pariser Becken und den Bergregionen, den beiden wichtigsten Agrarlandschaftstypen:

- Die nährstoffreichen Kalk- und Lößböden der Beckenlandschaft im Norden (vgl. Abb. 5.3) weisen eine Mächtigkeit von einigen Dezimetern bis zu mehreren Metern auf und bilden in Kombination mit einem relativ milden Klima die Grundlage für eine meist intensive agrarische Nutzung (Getreideanbau, insbesondere Weizen). Der Anbau erfolgt überwiegend in offenen Ackerbaulandschaften (*pays d'openfield*, vgl. Abb. 5.2). Neben diesen guten Ackerböden, die sich im Pariser Becken (Artois, Picardie und Beauce) konzentrieren, bieten auch die alluvialen Aufschüttungen in den Flusstälern (z. B. Rhône, Dordogne oder Garonne) günstige natürliche Voraussetzungen.
- Die unfruchtbaren Gebirgsböden des Massiv Central, der Pyrenäen, des Jura, der Vogesen und der Alpen erlauben dagegen nahezu keine ackerbauliche Nutzung und werden in der Regel zur Viehwirtschaft (Fleisch- und Milchproduktion) genutzt (vgl. Abb. 5.3). Die überwiegend weidewirtschaftlich genutzten Regionen sind durch Heckenlandschaften (*bocage*, vgl. Abb. 5.2) geprägt. Die Hecken dienen zur Abgrenzung der Felder, schützen vor Wind, Austrocknung sowie Erosion und sind Rückzugsräume für Flora und Fauna.

Neben diesen beiden Agrarlandschaftstypen gibt es eine Reihe weiterer Misch- und Übergangsformen und schließlich bildet wie beispielsweise im nördlichen Teil der Bretagne oder im Bereich des Rhône-Deltas die intensive Nutzung durch Sonderkulturen des Wein-, Obst- und Gemüseanbaus (*horticulture*) den dritten Typus von Agrarlandschaften (vgl. Brunet 1984). Eine hohe imageprägende Wirkung und eine große Bedeutung für den Export hat insbesondere der Weinbau (vgl. 5.3).

Von der gesamten Landesfläche Frankreichs werden im Jahr 2016 insgesamt 45,3 % für die Landwirtschaft genutzt (vgl. Abb. 5.4). Dabei erreichen die Anteile in der nordwestlichen Landeshälfte ihr Maximum (über 45 % bis 80 %), während der Anteil insbesondere im Südosten Frankreichs unter 45 % liegt.

5.1.2 Struktur und Entwicklung der agrarischen Produktion und der Betriebe

Im Jahr 2016 zeigt die französische Agrarproduktion gemessen an der Wertschöpfung (*valeur ajoutée*) ein deutliches Übergewicht der pflanzlichen (rund 58 %) gegenüber der tierischen (rund 35 %) Produktion (vgl. Tab. 5.1 und Abb. 5.5). Den höchsten Anteil bei der pflanzlichen Produktion (*spécialisation végétale*) haben Wein, Ölsaaten und Getreide. Bei der tierischen Produktion (*spécialisation animale*) leisten Viehzucht sowie die Milchproduktion den höchsten Beitrag. Von untergeordneter Bedeutung (rund 7 %) sind die Dienstleistungen innerhalb des Agrarsektors (z. B. für Mitglieder einer Erzeugergemeinschaft oder im Bereich Urlaub auf dem Bauernhof). Damit nimmt Frankreich in der Agrarproduktion der europäischen Union im Jahr 2016 den Spitzenplatz ein (vgl. Abb. 5.5), gehört weltweit zu den zehn größten Agrarproduzenten (2016: Platz 7) sowie Exporteuren von Agrarprodukten (Platz 2 in der EU) und erzeugt in der von einem Defizit gekennzeichneten nationalen Handelsbilanz (vgl. 4.2.4) im primären Sektor einen Exportüberschuss.

Wie in vielen anderen Ländern Europas auch erfährt die Landwirtschaft in Frankreich insbesondere nach dem Zweiten Weltkrieg einen erheblichen Strukturwandel. Dies findet seinen Ausdruck einerseits darin, dass die Zahl der landwirtschaftlichen Betriebe (*exploitation agricole*) kontinuierlich zurückgeht: Existieren im Jahr 1955 noch rund 2,3 Mio. landwirtschaftliche Betriebe, sind es im Jahr 2013 lediglich noch 472 000 (vgl. Tab. 5.2). Dabei nimmt insbesondere die Zahl der Kleinbetriebe deutlich ab: Gegenüber rund 1,8 Mio. Betrieben mit einer landwirtschaftlichen Nutzfläche (*surface agricole utilisée*, SAU) von unter 20 ha im Jahr 1955 existieren im Jahr 2013 lediglich noch gut 200 000 Betriebe dieser Größenklasse. Umgekehrt hat die Zahl der Großbetriebe mit mehr als 100 ha landwirtschaftlicher Nutzfläche von 21 000 im Jahr 1955 auf 98 000 im Jahr 2013 zugenommen. Im Gegensatz zur Zahl der Betriebe ist die landwirtschaftliche Nutzfläche insgesamt von einem deutlich geringeren Rückgang gekennzeichnet, d. h. der Strukturwandel im primären Sektor ist u. a. von einer deutlichen Zunahme der Nutzfläche je Betrieb (von 13,9 ha/Betrieb im Jahr 1955 auf 58,8 ha/Betrieb im Jahr 2013) bei rückläufigen Betriebszahlen insgesamt gekennzeichnet. Dieser Trend setzt sich auch nach 2013 weiter fort. Im Juni 2018 werden die ersten Ergebnisse der Landwirtschaftszählung (*enquête sur la structure des exploitations*) des Jahres 2016 veröffentlicht (vgl. Tab. 5.3): Danach sinkt die Zahl der landwirtschaftlichen Betriebe auf 437 000, während die durchschnittlich Nutzfläche auch in dieser Zeitspanne weiter auf 63 ha ansteigt (Agreste 2018a: 1). Die flächenmäßig durchschnittlich größten Betriebe liegen in den Regionen Île-de-France, Centre-Val de Loire und Bourgogne-Franche-Comté mit vorherrschend pflanzlicher Produktion, insbesondere Getreideanbau. Die durchschnittlich geringsten Betriebsgrößen zeigen sich in den Regionen Provence-Côte d'Azur, Occitanie und

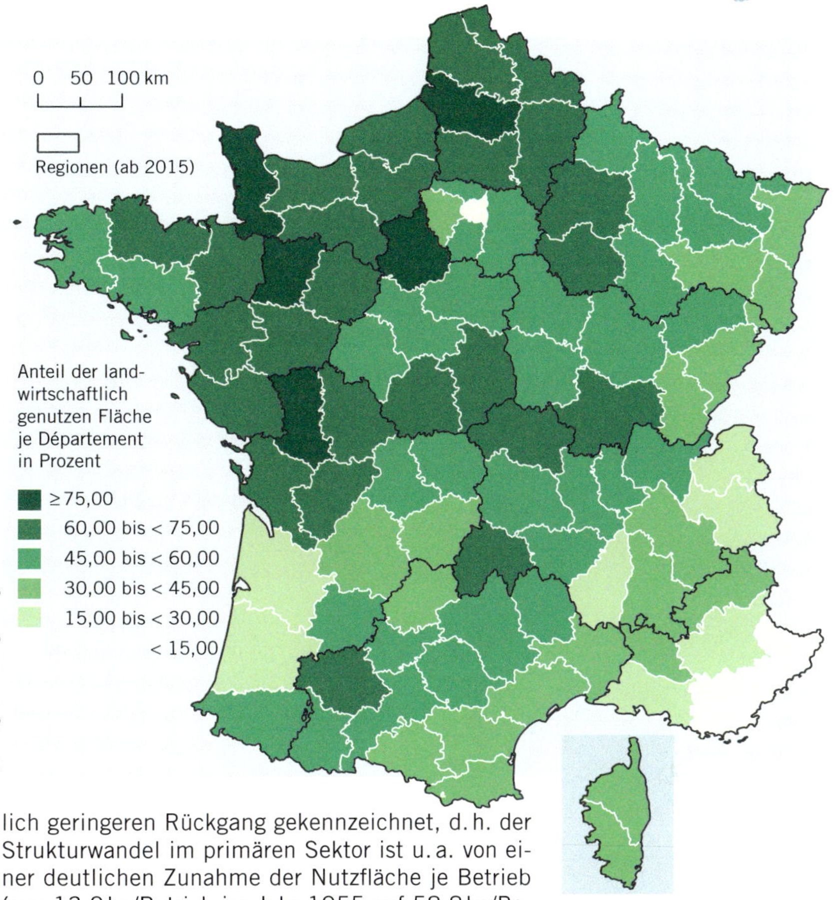

|Abb. 5.4| *Anteil der landwirtschaftlichen Nutzfläche an der Gesamtfläche nach Départements im Jahr 2016*

|Abb. 5.5| *Die sieben größten Agrarproduzenten der Europäischen Union differenziert nach pflanzlicher und tierischer Produktion (Wert in Mio. €) in den Jahren 2010 und 2016*

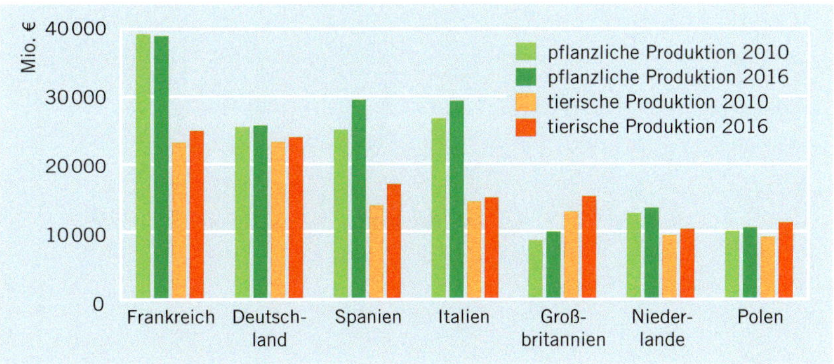

|Tab. 5.1| *Wertmäßige Agrarproduktion (in Mrd. €) nach Produktionsbereichen im Jahr 2016*

Produktionsbereich	Wert in Mrd. €
Getreide	7,7
Ölsaaten	2,4
Zuckerrüben	0,9
andere (z. B. Tabak)	0,5
Obst und Gemüse	8,3
Wein	11,6
Futtermittel	8,6
pflanzliche Produktion gesamt	**40,0**
Viehzucht (Rinder, Schweine etc.)	11,1
Geflügel, Eier	4,5
Milch(-produkte)	8,8
tierische Produktion gesamt	**24,5**
Dienstleistungen (z. B. in Kooperativen)	**4,7**

Quelle: Eigene Zusammenstellung nach INSEE 2017a

Quelle: Aufnahme Urban

|Abb. 5.6| *Getreideanbau in Beauce*

Bretagne, die einen hohen Anteil an Sonderkulturen (*culture specialisé*) bzw. tierischer Produktion aufweisen.

Dieser Konzentrationsprozess in der französischen Landwirtschaft wird auch durch die in der Landwirtschaftszählung (zuletzt 2010, 2013 und 2016 durchgeführt) erfassten Betriebe nach ihrer potentiellen Bruttoproduktionsleistung (*production brute standard*, PBS) deutlich. Die Betriebe werden in drei Größenklassen eingeteilt, wobei nicht nur ihre Größe nach Fläche, sondern – je nach Produktionszweig (*orientation technico-économique*) – auch ihre auf der Fläche potentiell zu erbringende Leistung berücksichtigt wird. Für diesen Indikator zeigt sich für das Jahr 2016, dass die größten Betriebe (= PBS von mehr als 250 000 €) lediglich 17 % der Betriebe stellen, aber 36 % der landwirtschaftlichen Nutzfläche auf sich vereinen und 38 % aller Arbeitsplätze in der Landwirtschaft Frankreichs anbieten (vgl. Abb. 5.7). Demgegenüber machen zwar die Kleinstbetriebe (= PBS von weniger als 25 000 €) mit 31 % die quantitativ stärkste Betriebsgrößengruppe aus, produzieren jedoch auf nur 7 % der landwirtschaftlichen Nutzfläche und setzen dabei 12 % aller in der Landwirtschaft Beschäftigten ein.

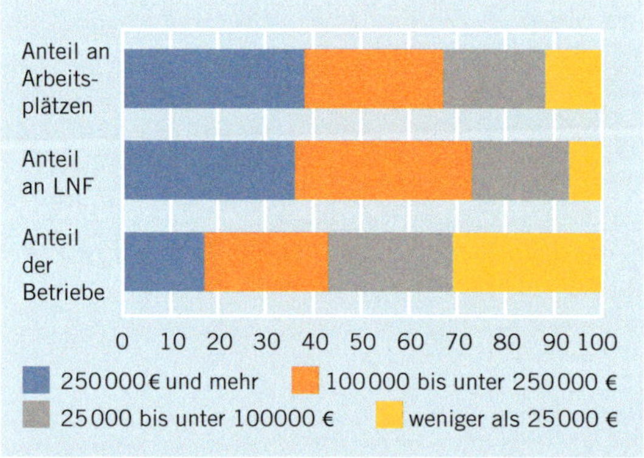

Quelle: Eigene Darstellung nach Agreste 2018a: 2

|Abb. 5.7| *Struktur der nach ihrer Bruttoproduktionsleistung (PBS in €) differenzierten landwirtschaftlichen Betriebe bzgl. ihrer Anteile an der Zahl der Betriebe, an der landwirtschaftlichen Nutzfläche (LNF) sowie an den Arbeitsplätzen (Vollzeitäquivalente) im Jahr 2016*

Anhand der Agrarstrukturdaten und ihrer Entwicklung wird offensichtlich, dass es auch in Frankreich ein „Bauernhofsterben" gibt und auf den verbleibenden, allerdings im Durchschnitt größer werdenden Betrieben immer weniger Arbeitsplätze zu finden sind (vgl. Tab. 5.4). Der auch für den jüngsten Zeitraum (2010 bis 2016) zu beobachtende Rückgang der Betriebszahlen gilt mit Ausnahme für Ackerland- (+ 1 %) sowie die Gemüse- und Obstanbaubetriebe (+ 4) für alle Produktionsrichtungen (vgl. Tab. 5.3). Die Zunahme der durchschnittlich bewirtschafteten Nutzfläche gilt ausnahmslos für alle Spezialisierungen.

Auf Grund der Entwicklungen im Agrarsektor wird in Frankreich auch in den Medien immer wieder über die Agrarkrise (*crise d'agriculture*) berichtet. Dabei wird einerseits auf die rückläufigen Zahlen der landwirtschaftlichen Betriebe und der in der Landwirtschaft Beschäftigten hingewiesen (vgl. Le Monde 2016), andererseits auf die sinkenden Preise für Agrarprodukte (vgl. Le Figaro 2016). Auch die Landwirte selbst machen immer wieder durch teils spektakuläre Protestaktionen auf ihre finanziell schlechte Lage aufmerksam wie am 3. September 2015, als sie Autobahnen und Straßen um die Hauptstadt Paris mit rund 1500 Traktoren und Fahrzeugen für einen Tag blockieren.

Wie bei der Zahl der landwirtschaftlichen Betriebe zeigt auch die Zahl aller im primären Sektor an-

|Tab. 5.2| *Zahl der landwirtschaftlichen Betriebe (in Tsd.) nach Betriebsgrößenklassen von 1955 bis 2013*

Betriebsgrößenklasse	1955	1970	1980	1990	2000	2013
unter 5 ha	807	493	357	248	193	
5 bis unter 10 ha	482	251	167	98		
10 bis unter 20 ha	540	355	243	139	132	202
20 bis unter 50 ha	381	370	348	260	137	79
50 bis unter 100 ha	76	93	114	131	123	93
100 ha und mehr	21	27	35	48	79	98
Gesamt	**2307**	**1589**	**1264**	**924**	**664**	**472**
LNF gesamt in Tsd. ha	32160	29873	29873	28744	27874	27739
durchschn. Betriebsgröße in ha	13,9	18,8	23,6	31,1	42,0	58,8

Quelle: Eigene Zusammenstellung und Berechnung nach Pletsch 1997: 129 und 2003: 194f sowie INSEE 2017b: 161

gesiedelten Arbeitsplätze einen drastischen Rückgang (vgl. Tab. 5.4). Dieser Rückgang fällt insbesondere in den ersten Jahrzehnten nach dem Zweiten Weltkrieg massiv aus und ist vor allem der zunehmenden Mechanisierung der Landwirtschaft geschuldet. Die Zahl der Arbeitskräfte sinkt von über 6 Mio. im Jahr 1955 auf 824 000 Beschäftigte im Jahr 2016. Relativ an Bedeutung gewinnen die externen Arbeitskräfte (abhängig Beschäftigte): Beträgt das Verhältnis zwischen internen (Betriebsleiter und Familienangehörige) zu externen Arbeitskräften (abhängig Beschäftigte) im Jahr 1955 noch 9 : 1, so sinkt es bis zum Jahr 2016 auf 6 : 1. Seit den 1980er Jahren stabilisiert sich die Zahl der externen Arbeitskräfte bei einem Wert von knapp 150 000, während sich die Zahl der internen Arbeitskräfte weiter rückläufig entwickelt. Am höchsten ist der Anteil der externen Beschäftigten im Bereich des Sonderkulturanbaus (2016 bei nahezu 50 %), wobei hier sowohl dauerhaft Beschäftigte (*actifs permanents*) als auch Saisonarbeitskräfte (*salariés saisonniers*) zum Einsatz kommen. Der Frauenanteil unter den Betriebsinhabern liegt relativ konstant bei rund 25 % (vgl. INSEE 2016c).

Durch die Mechanisierung (*mécanisation*) und Verbesserung des Saatgutes (*amélioration des semences*) ist seit den 1950er Jahren auch eine erhebliche Steigerung der Erträge je Hektar (*rendements à hectare*) festzustellen. Dies ist der Tatsache geschuldet, dass die französische Landwirtschaft nach dem Zweiten Weltkrieg noch ausgesprochen rückständig ist, dann aber erhebliche Modernisierungsprozesse durchläuft. Dadurch gelingt es beispielsweise, die Weizenerträge pro Hektar zwischen 1950 und 2001 um rund 300 % zu steigern (vgl. Pletsch 2003: 197), so dass Frankreich mittlerweile Spitzenerträge je Hektar innerhalb von Europa erreicht, auch wenn die Erträge seit der Jahrtausendwende nicht weiter gesteigert werden können (vgl. Agreste 2008a).

| Tab. 5.4 | *Entwicklung der Zahl der Arbeitskräfte insgesamt sowie der Zahl der internen und externen Beschäftigten in der Landwirtschaft von 1955 bis 2016*

Jahr	Arbeitskräfte gesamt (in Tsd.)	Interne Arbeitskräfte (in Tsd.)	Externe Arbeitskräfte (in Tsd.)
1955	6158	5530	628
1963	4926	4455	471
1970	3847	3512	335
1979	2666	2455	211
1988	2016	1870	156
1993	1612	1476	136
2000	1319	1012	143
2010	949	901	148
2016	824	681	143

Quelle: Eigene Zusammenstellung nach Pletsch 2003: 194 und Agreste 2018a: 4

| Tab. 5.3 | *Agrarstrukturdaten für Frankreich im Vergleich der Jahre 2010 und 2016*

Indikator	2016	Vergleich zu 2010
Zahl der Betriebe (in Tsd.)	**437**	**–11%**
–davon mit pflanzlicher Produktion	216	–4%
–Ackerbau	*124*	*1%*
–Gemüseanbau	*14*	*4%*
–Weinbau	*65*	*–8%*
–Obstanbau und sonstige	*13*	*–29%*
–davon mit tierischer Produktion	172	–15%
–Milchviehbetriebe	*41*	*–13%*
–Fleischproduktionsbetriebe	*57*	*–6%*
–Mischbetriebe	*8*	*–34%*
–Schaf-, Ziegenzuchtbetriebe	*44*	*–17%*
–Schweine- und Geflügelzuchtbetriebe	*22*	*–26%*
Zahl der Vollzeitarbeitsplätze insg. (in Tsd.)	**711**	**–6%**
Vollzeitarbeitsplätze/Betrieb	**1,63**	**5%**
Durchschnittliche LNF/Betrieb (in ha)	**63**	**12%**
–davon mit pflanzlicher Produktion	56	10%
–Ackerbau	*87*	*5%*
–Gemüseanbau	*10*	*22%*
–Weinbau	*17*	*7%*
–Obstanbau und sonstige	*16*	*14%*
–davon mit tierischer Produktion	66	14%
–Milchviehbetriebe	*90*	*17%*
–Fleischproduktionsbetriebe	*72*	*13%*
–Mischbetriebe	*118*	*18%*
–Schaf-, Ziegenzuchtbetriebe	*35*	*5%*
–Schweine- und Geflügelzuchtbetriebe	*48*	*16%*

Quelle: Eigene Zusammenstellung nach Agreste 2018a: 2f

Auch die Unternehmensform der landwirtschaftlichen Betriebe unterliegt deutlichen Veränderungen. So gibt es eine Reihe von Privatinitiativen, die eine rationellere Betriebsführung ermöglichen sollen. Hierzu zählen insbesondere landwirtschaftliche Erzeugergemeinschaften (*groupement agricole d'exploitation en commun, GAEC*) und GmbH-Unternehmen (*exploitation à responsabilité limitée*, EARL). Diese seit 1966 existierenden, vor allem seit Mitte der 1970er Jahre verstärkt gestarteten Initiativen für Produktionsgemeinschaften (*groupements de producteurs*) werden staatlich gefördert und konzentrieren sich zunächst vor allem in West- und Südwestfrankreich (vgl. Pletsch, 1987, 134). Im Jahr 1982 sind in Frankreich insgesamt 24 509 Erzeugergemeinschaften der Form GAEC, bis zum Jahr 1990 steigt ihre Zahl auf 46 136 an und im Jahr 1996 werden bei sinkender Zahl aller landwirtschaftlichen Betriebe 47 500 Erzeugergemein-

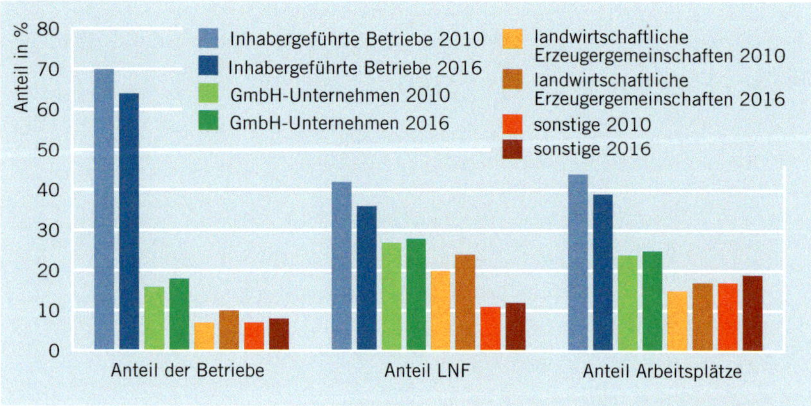

Quelle: Eigene Zusammenstellung nach Agreste 2018a: 3

|Abb. 5.8| *Unternehmensformen der landwirtschaftlichen Betriebe nach ihrem Anteil an der Zahl der Betriebe, der landwirtschaftlichen Nutzfläche und den Beschäftigten im Vergleich der Jahre 2010 und 2016*

schaften der Form GAEC gezählt. Seitdem stagniert bzw. sinkt ihre Zahl, nimmt aber deutlich geringer ab als die Gesamtzahl aller landwirtschaftlichen Betriebe, und in der Landwirtschaftszählung des Jahres 2016 werden schließlich 43 700 GAEC erfasst, was einem Anteil von 10 % aller landwirtschaftlichen Betriebe entspricht (vgl. Abb. 5.8). Entsprechend verlieren die im Jahr 2016 mit rund 65 % aller Betriebe nach wie vor dominierenden inhabergeführten Betriebe (*exploitation individuelle*) relativ an Bedeutung. Dieser Trend setzt sich weiter fort: Im Zeitraum von 2010 bis 2016 sinkt der Anteil der inhabergeführten Betriebe gemessen an der Zahl der Betriebe, der bewirtschafteten Nutzfläche und der Zahl der Arbeitsplätze weiter gegenüber GmbH-Unternehmen sowie landwirtschaftlichen Erzeugergemeinschaften.

Die regional unterschiedliche Bedeutung der Landwirtschaft zeigt sich u. a. in dem von ihr gestellten Anteil der Arbeitsplätze am gesamten Arbeitsmarkt (vgl. Abb. 5.9). Bereits auf der Ebene des Départements ist ein West-Ost-Gegensatz zu erkennen, außerdem spielt der Agrarsektor für den Arbeitsmarkt im Bereich des Zentralmassivs relativ gesehen eine wichtigere Rolle als in den Départements der Region Île-de-France. Die Ursachen für diese Unterschiede liegen einerseits in den fehlenden Alternativen auf dem Arbeitsmarkt (Zentralmassiv), andererseits wird die Bedeutung der Landwirtschaft durch die Dominanz anderer Wirtschaftssektoren stark relativiert (Île-de-France).

Einen boomenden Zweig des primären Sektors stellt die biologische Landwirtschaft dar, der Anfang des Jahres 2017 insgesamt 8 % der französischen Landwirte mit 6,5 % der landwirtschaftlichen Nutzfläche mit knapp 80 000 Arbeitskräften zuzurechnen sind. Von den biologisch arbeitenden Betrieben entfallen die meisten auf die Rinderzucht (20 %) bzw. den Weinanbau (18 %), während nur 6 % der biologischen Betriebe Schweine bzw. Geflügel züchten. Auch zeigen sich sehr starke Disparitäten hinsichtlich der regionalen Bedeutung der Bio-Landwirtschaft (vgl. Abb. 5.10), denn insbesondere im Südosten Frankreichs erreicht der Flächenanteil in einigen Départements im Jahr 2016 Werte über 19 %, während vor allem im Pariser Becken der Anteil der biologischen Landwirtschaft noch unter 2 % der landwirtschaftlichen Nutzfläche liegt. Nicht zuletzt auf Grund der weiterhin steigenden Nachfrage nach Bioprodukten wird auch weiterhin mit einer Zunahme des Anteils der Bio-Landwirtschaft in Frankreich gerechnet. Allerdings entfallen die nationalen Förderungen für die Bio-Landwirtschaft ab dem Jahr 2018 und die Beispiele Niederlande und Großbritannien zeigen, dass dies zu einem Rückgang der Bio-Landwirtschaft führen könnte (vgl. Barbière 2017).

Eine Möglichkeit zur Verbesserung der Einkommenssituation bietet sich zumindest für einen Teil der Landwirte durch Angebote im Tourismussektor (Urlaub auf dem Bauernhof). Seit Ende der 1980er Jahre steigt die Zahl der landwirtschaftlichen Betriebe mit einem Angebot für Touristen (*agritourisme*) deutlich an. So wird beispielsweise der Verbund *Bienvenue à la ferme* im Jahr 1988 gegründet und zählt im Jahr 2001 bereits 3600 landwirtschaftliche Betriebe als Mitglieder. Ihre Zahl steigt auch in den Folgejahren weiter an (2009 insgesamt 6020 Mitglieder) und schließlich gibt es im Jahr 2018 in mehr als 8000 Mitgliedsbetrieben ein touristisches Angebot in den Bereichen Beherbergung, Gastronomie und/oder Freizeitgestaltung (*hébergement, gastronomie, activités de loisir*). Die Betriebe gehören oftmals mehreren Organisationen und Vereinigungen an. So sind im Jahr 2018 beispielsweise bei Gîtes de France rund 4500 Beherber-

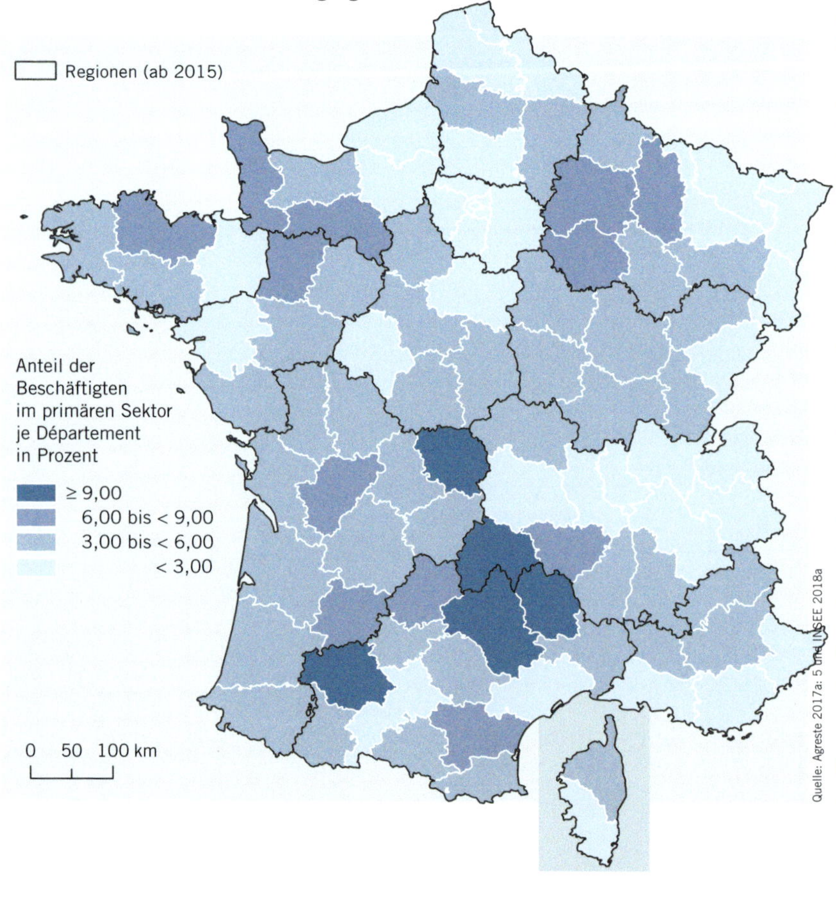

Quelle: Agreste 2017a: 5 und INSEE 2018a

|Abb. 5.9| *Anteil der Beschäftigten im primären Sektor nach Départements im Jahr 2016*

|Abb. 5.10| *Anteil der biologischen Landwirtschaft an der gesamten landwirtschaftlichen Nutzfläche nach Départements im Jahr 2016*

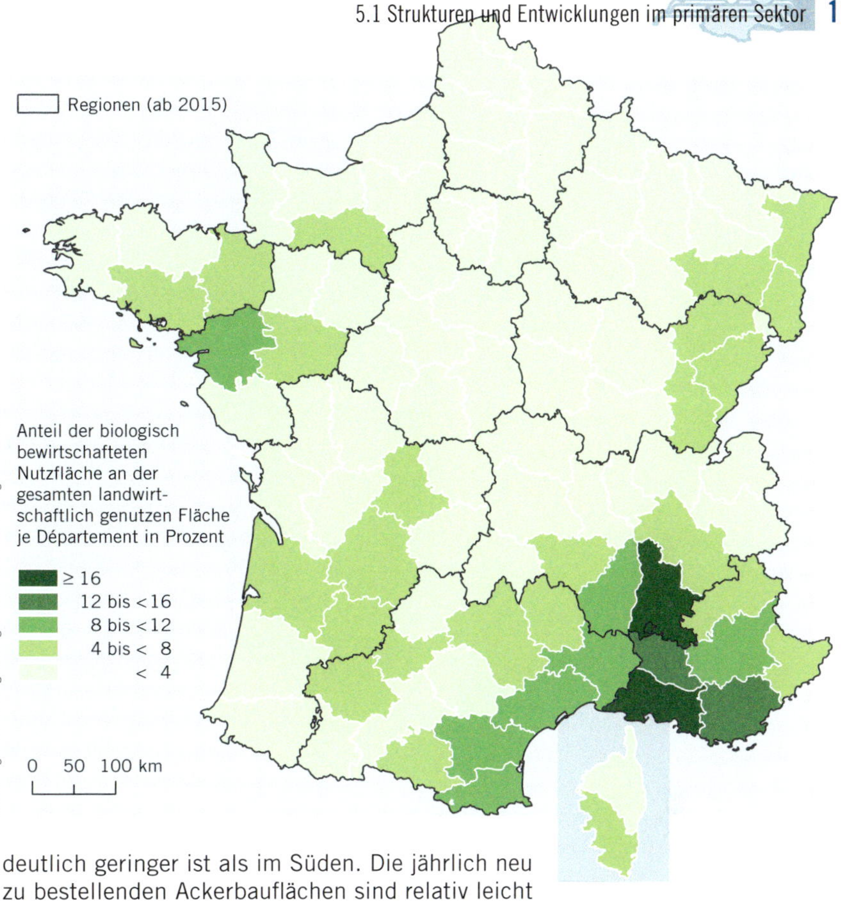

Quelle: Eigene Darstellung nach Agence Bio 2017: 2ff. und Agreste 2017a: 5

gungsangebote für Urlaub auf dem Bauernhof gelistet (vgl. Gites de France 2018). Insgesamt wird die Zahl der agrotouristischen Betriebe in Frankreich für das Jahr 2018 auf rund 14 000 geschätzt (vgl. Chambre d'Agriculture 2018). Die landwirtschaftlichen Betriebe profitieren dabei von einer steigenden touristischen Nachfrage im ländlichen Raum (*tourisme rural*), der im Jahr 2016 rund 30 % aller durch die Statistik erfassten Übernachtungen auf sich vereint (vgl. DGE 2017), wobei der Campingtourismus im ländlichen Raum besonders stark ausgeprägt ist.

5.1.3 Ausgewählte Probleme der französischen Landwirtschaft

Ein großes Problem der französischen Landwirtschaft stellt die auch nach dem Zweiten Weltkrieg anhaltende starke Besitzzersplitterung dar. Diese tritt insbesondere im traditionellen Realteilungsgebiet der südlichen Landeshälfte auf. Die der Besitzzersplitterung entgegenwirkende Zusammenlegung von Fluren im Rahmen der Flurbereinigung (*remembrement*) wird insbesondere seit den 1960er Jahren forciert. Durchgeführt werden die Flurbereinigungsverfahren unter der Koordination von im Jahr 1960 eingerichteten staatlichen Organisationen (*sociétés d'aménagement foncier et d'établissement rural*, SAFER). Bis zum Jahr 1981 sind landesweit durch SAFER 38 % der landwirtschaftlichen Nutzfläche flurbereinigt, wobei sich starke regionale Disparitäten zeigen (vgl. Abb. 5.10). Diese drücken sich durch einen deutlichen Nord-Süd-Gegensatz aus. Die relativ einheitlichen Böden im Norden ermöglichten hier eine relativ schnelle und problemlose Zusammenlegung, zumal die Besitzzersplitterung deutlich geringer ist als im Süden. Die jährlich neu zu bestellenden Ackerbauflächen sind relativ leicht einzuschätzen, die Flächentaxierung im südlichen Landesteil gestaltet sich wesentlich schwieriger. Insbesondere im Bereich des Weinbaus erweist sich eine Flächenumlegung als extrem schwierig bis nahezu unmöglich, denn neben der Exposition der Flächen spielt auch die Tatsache eine wesentliche Rolle, dass die Rebbestände über Jahrzehnte genutzt werden. Hinzu kommt der im Süden Frankreichs besonders stark ausgeprägte Traditionalismus

Quelle: Aufnahme Schmude 2006, 2008 und 2018

|Abb. 5.11| *Urlaub auf dem Bauernhof im Elsass (Auberge des Sept Fontaines, Drachenbronn) und Logo des Verbundes Bienvenue à la ferme*

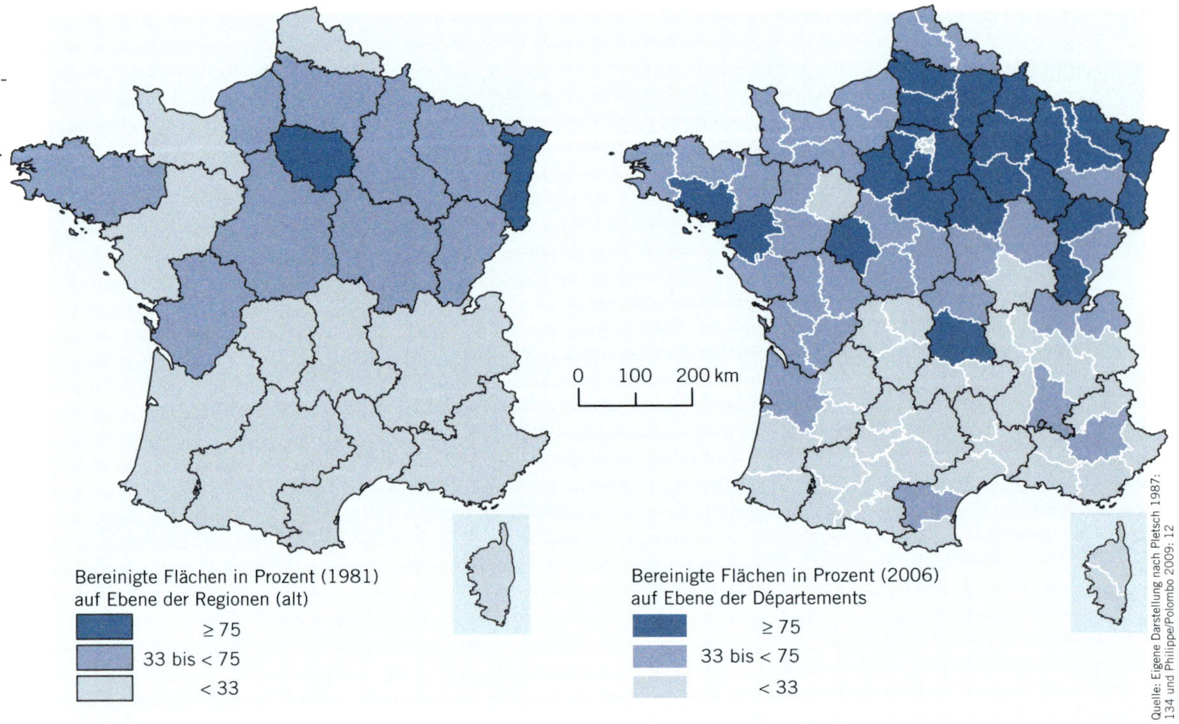

| Abb. 5.12 | *Stand der Flurbereinigung in den Jahren 1981 nach Regionen und 2006 nach Départements*

und das Festhalten an der „eigenen Scholle“ bzw. die Bedeutung des *terroirs*. Bis zum Ende des 20. Jahrhunderts steigt der Anteil der flurbereinigten Fläche an der gesamten landwirtschaftlichen Nutzfläche auf rund 50 %, wobei die regionalen Unterschiede im Flurbereinigungsgrad eine hohe Persistenz zeigen. So weisen die Getreideanbauregionen Champagne-Ardenne, Île-de-France sowie das Elsass Ende des 20. Jahrhunderts mit über 90 % die höchsten Anteile flurbereinigter landwirtschaftlicher Nutzfläche auf, auf Korsika, im Languedoc-Roussillon und in der Region Provence-Alpes-Côte d'Azur sind dagegen unter bzw. knapp über 10 % flurbereinigt (vgl. Pletsch 2003: 215). In den Folgejahren nimmt die jährlich flurbereinigte Fläche weiter ab (vgl. Abb. 5.13) und wie der Vergleich der Jahre 1981 und 2006 zeigt (vgl. Abb. 5.12), bleiben die räumlichen Disparitäten weiterhin bestehen.

Ein weiteres Problem ist die seit 15 Jahren festzustellende zunehmende Überalterung der Landwirte in Frankreich. Jeder vierte Landwirt ist im Jahr 2013 über 60 Jahre alt und der Anteil der unter 40-Jährigen nimmt seit der Jahrtausendwende deutlich ab (vgl. Tab. 5.5). In der Folge steigt das Durchschnittsalter der französischen Landwirte bis zum Jahr 2013 auf 51 Jahre, wobei die Landwirte kleiner Betriebe älter als die großer Betriebe sind. Das Durchschnittsalter wird auch in Zukunft weiter ansteigen. Verschärfend wirkt, dass in vielen Fällen die Betriebsnachfolge zunehmend nicht gesichert ist: Während im Jahr 1970 noch bei 90 % der Betriebe die Nachfolge gesichert ist, sinkt dieser Anteil bis zum Jahr 2004 auf 75 % (vgl. Europe1 2016).

Die offensichtlich mangelnde Attraktivität des Berufs muss auch unter dem Eindruck der Einkommenssituation der Landwirte gesehen werden. Im Jahr 2015 beträgt das durchschnittliche Monatsein-

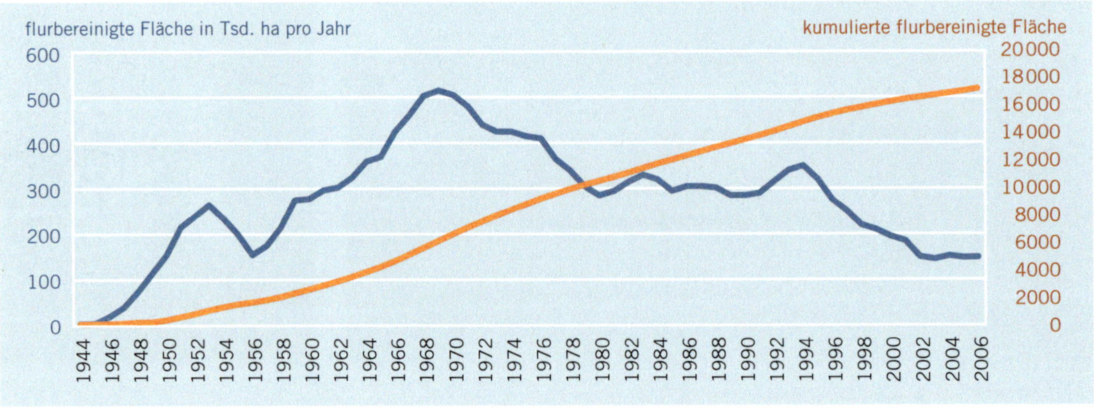

| Abb. 5.13 | *Entwicklung der flurbereinigten landwirtschaftlichen Nutzfläche in den Jahren 1944 bis 2006*

|Tab. 5.5| *Entwicklung der Altersstruktur der Betriebsinhaber landwirtschaftlicher Betriebe im Zeitraum 1970 bis 2013*

Altersgruppe	Anteil 1970	Anteil 1988	Anteil 2000	Anteil 2010	Anteil 2013
unter 40 Jahren	16,6%	24,2%	26,1%	19,3%	18,5%
40 bis 59 Jahre	60,6%	49,9%	53,5%	60,7%	59,9%
60 Jahre und älter	22,8%	25,9%	20,5%	20,0%	21,6%

Quelle: Eigene Zusammenstellung nach Desiers 2007: 21 und INSEE 2016c

kommen 2117 € bzw. das durchschnittliche Jahreseinkommen 25400€. Allerdings kaschieren diese Durchschnittswerte eine enorme Variation der Einkommen. So ist das Einkommen der Großbetriebe im Schnitt deutlich höher als das der Kleinbetriebe. Regional bedeutet dies, dass in der Region Champagne-Ardenne „traditionell" deutlich höhere Einkommen erzielt werden als in der Bretagne (vgl. Agreste 2007: 51). Auch nach der Produktionsart zeigen sich deutliche Unterschiede (vgl. Abb. 5.14): Während das Jahresdurchschnittseinkommen eines Landwirts mit Milchviehhaltung im Jahr 2015 rund 17540€ beträgt, erzielt ein Weinbauer durchschnittlich 51720€.

Die französische Landwirtschaft erhält wie die anderer europäischer Länder sowohl nationale Förderungen als auch Subventionen aus der EU-Agrarförderung. Gemessen am Umsatz (*chiffres d'affaires*) der französischen Landwirtschaft machen die Förderungen im Jahr 2012 landesweit 10,8% aus und variieren auf Départementebene ganz erheblich (vgl. Abb. 5.15). Danach erhalten die landwirtschaftlichen Betriebe in den Gebirgsregionen gemessen am Umsatz den höchsten Anteil an Förderungen (17% bis 45%), während die Förderungen für die in den Mittelmeer-Départements gelegenen landwirtschaftlichen Betriebe umsatzbezogen weniger als 10% betragen. 91% der landwirtschaftlichen Betriebe erhalten im Jahr 2017 Subventionen im Rahmen der EU-Agrarförderung, doch beabsichtigt die Europäische Union das Budget für die Gemeinsame Agrarpolitik (GAP) für den Zeitraum von 2021 bis 2027 um 5% zu kürzen (vgl. Finkenzeller 2018), was die finanzielle Lage vieler Betriebe weiter verschärfen würde.

Die heute schon problematische finanzielle Situation vieler Betriebe führt nicht nur wiederholt zu Protestaktionen der Landwirte, auch wird immer wieder über die überdurchschnittlich hohe Selbstmordrate unter den französischen Landwirten berichtet, die etwa 20% über dem Schnitt der Gesamtbevölkerung liegt (vgl. Le Monde 2016). Dies ist im Jahr 2017 auch Gegenstand einer parlamentarischen Anfrage durch den Senator Gérard Cornu (no 24706 vom 19.1.2017) im französischen Senat (vgl. Senat 2017). Als Ursachen gelten insbesondere der Druck auf die Betriebe durch den schnellen Strukturwandel, die niedrigen Einkommen bzw. Erzeugerpreise und die daraus resultierende Verschuldung vieler Landwirte.

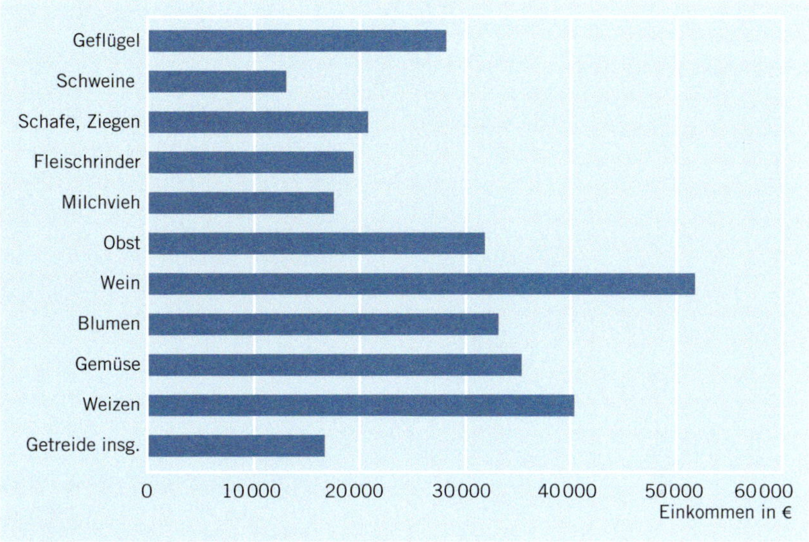

Quelle: Eigene Darstellung nach Comission des comptes de l'agriculture de la nation 2016: 3

|Abb. 5.14| *Durchschnittliche Jahreseinkommen der französischen Landwirte nach Produktionsart im Jahr 2015*

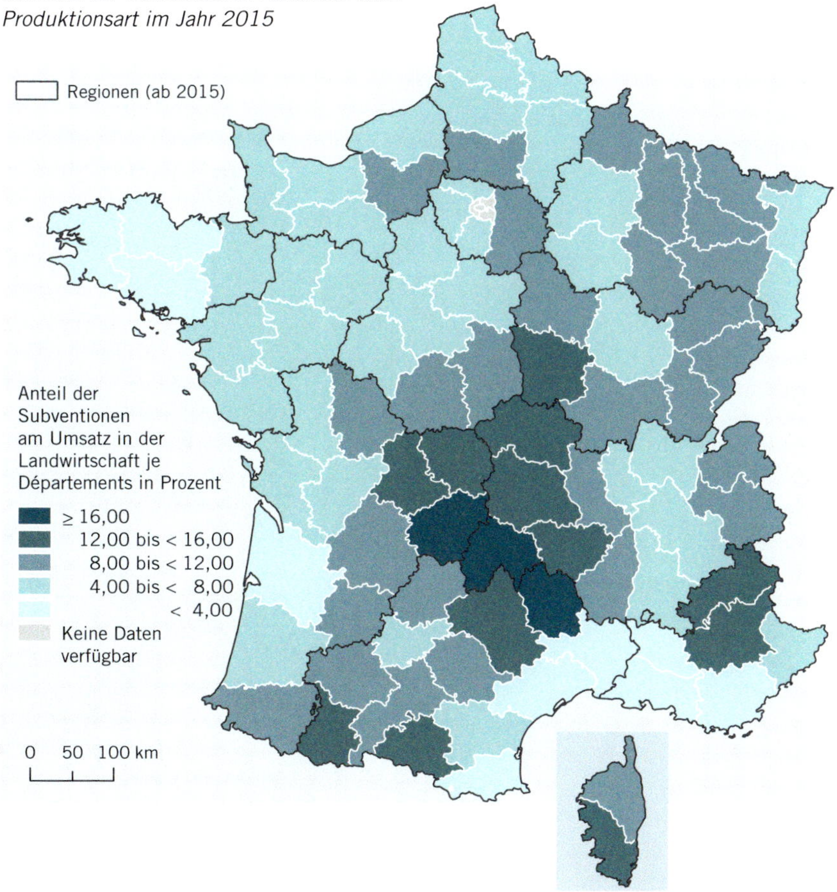

Quelle: Eigene Darstellung nach Agreste 2013b: 59

|Abb. 5.15| *Anteil der Subventionen am Umsatz in der Landwirtschaft nach Départements im Jahr 2012*

5.1.4 **Qualität statt Quantität: Sonderkultur Wein**

Die Weinanbaugebiete Frankreichs verteilen sich auf insgesamt 66 Départements. Die in Abbildung 5.16 ausgewiesenen 16 Hauptanbaugebiete werden jeweils in sich weiter räumlich differenziert. So werden beispielsweise für die Region Bordeaux insgesamt 40 Anbaugebiete (*appellation*) ausgewiesen, in der größten Anbauregion Languedoc-Roussillon sind es 26. Frankreich ist weltweit nach Italien und vor Spanien zweitgrößter Weinproduzent (55 % Rotwein, 26 % Weißwein und 19 % Rosé-Wein). Während das Land nach der exportierten Menge nach Spanien und Italien lediglich drittgrößter Exporteur von Wein ist, belegt es bezogen auf den Wert der Exporte den Spitzenplatz, d. h. es werden überdurchschnittlich teure Weine exportiert (insbesondere nach Deutschland, Großbritannien und in die USA). Da sich Import ausländischer Weine nach Frankreich wertmäßig auf weniger als 10 % der exportierten Weine beläuft, leistet die Weinwirtschaft (*secteur vitivinicole*) einen erheblichen Beitrag zur Minderung der negativen französischen Handelsbilanz (vgl. auch 4.2.4): Allein im Jahr 2016 beläuft sich der Exportüberschuss auf rund 8,24 Mrd. € (FranceAgriMer 2018b: 20). Diese hohe Wertigkeit der Weine gilt allerdings erst für die jüngere Zeit des Weinbaus in Frankreich, denn die Entwicklung der französischen *viniculture* ist gekennzeichnet von einem Wechsel von der Quantität zur Qualität.

Der Weinbau in Frankreich weist eine lange Geschichte auf, die weit in die vorchristliche Zeit reicht. Eine systematische Kultivierung wird durch Griechen und Römer vorgenommen. Mit der Gründung von Marseille (Massilia) im 6. Jahrhundert v. Chr. wird der für lange Zeit wichtigste Umschlagplatz angelegt. Die dynamischste räumliche Verbreitung erfährt der Weinbau in römischer Zeit. Vom Zentrum der römischen Provinz Narbonne (Narbonensis) breitet er sich bis nach Aquitanien und nach Norden bis ins Burgund aus (3. Jhdt. v. Chr.). In den folgenden Jahrhunderten findet eine weitere Ausdehnung der Weinanbaugebiete statt und erreicht auch Regionen im Norden, die ungünstige natürliche Voraussetzungen aufweisen. Eine wichtige Rolle spielen hierbei die Klöster, und auch als Exportgut spielt der Wein bereits im Mittelalter eine wichtige Rolle, was für einige Städte (z. B. für Bordeaux als Exporthafen nach England) einen wirtschaftlichen Aufschwung mit sich bringt. Die Weinanbauflächen nehmen, von kurzen Stagnationsphasen abgesehen, bis ins 19. Jahrhundert immer weiter zu und erreichen im Jahr 1875 mit 2,42 Mio. Hektar und einer Rekordernte von 83 Mio. Hektolitern ihr statistisches Maximum (vgl. Pletsch 2003: 200 f). In dieser Zeit ist der Weinbau aber auch von ersten, schweren Krisen betroffen: Die Mehltaukrise (Oidium) Mitte des 19. Jahrhunderts und insbesondere der Reblausbefall (Phylloxera) ab 1865 führen zu erheblichen Verlusten. Über eine Mio. Hektar Rebfläche werden vernichtet, die Erntemenge sinkt auf 23 Mio. Hektoliter im Jahr 1889. Während der Mehltau mit Schwefel erfolgreich bekämpft wird, kann dem Reblausbefall nur durch eine Neubestockung mit reblausresistenten Weinstöcken begegnet werden. Folge ist ein deutlicher Rückgang der Weinanbaufläche bis zum Beginn des 20. Jahrhunderts (vgl. Abb. 5.17) auf rund 1,7 Mio. Hektar.

Der Rückgang der Weinanbaufläche setzt sich auch im 20. Jahrhundert fort. Ursache hierfür sind verschiedene Absatzkrisen sowie die Tatsache, dass es ein Überangebot an qualitativ weniger hochwertigen Massenweinen gibt. Nicht zuletzt aus diesem Grund werden seit Beginn des 20. Jahrhunderts verschiedene Gesetze erlassen, die Regelungen zur Produktion der Weine enthalten. Mit dem *statut vinicole* von 1933 und der Gründung des *Institut National des Appellations d'Origine* (INAO) von 1935 wird eine Qualitätsverbesserung bzw. eine Begrenzung der Produktionsmengen sowie ein Schutz der Anbaugebiete eingeleitet. Hieraus resultiert ein mehrstufiges, bis heute gültiges Qualitätssystem, das zunächst vier Kategorien unterscheidet, die jedoch regional weiter differenziert werden (z. B. im Weinanbaugebiet Medoc/Bordeaux durch Angabe des Weinguts (*château*) und der Stufe aus der fünfstufigen *Grand-Cru*-Klassifikation). Im Rahmen einer Novellierung werden im Jahr 2009 neue Bezeichnungen für die Kategorien eingeführt und es werden nur noch drei Kategorien unterschieden.

In der zweiten Hälfte des 20. Jahrhunderts wird die Anbaufläche weiter deutlich reduziert (vgl. Abb. 5.17), da insbesondere für die Weine der beiden unteren Qualitätsstufen erhebliche Absatzprobleme bestehen. Flankiert von agrarpolitischen Programmen werden vor allem Anbauflächen der Mas-

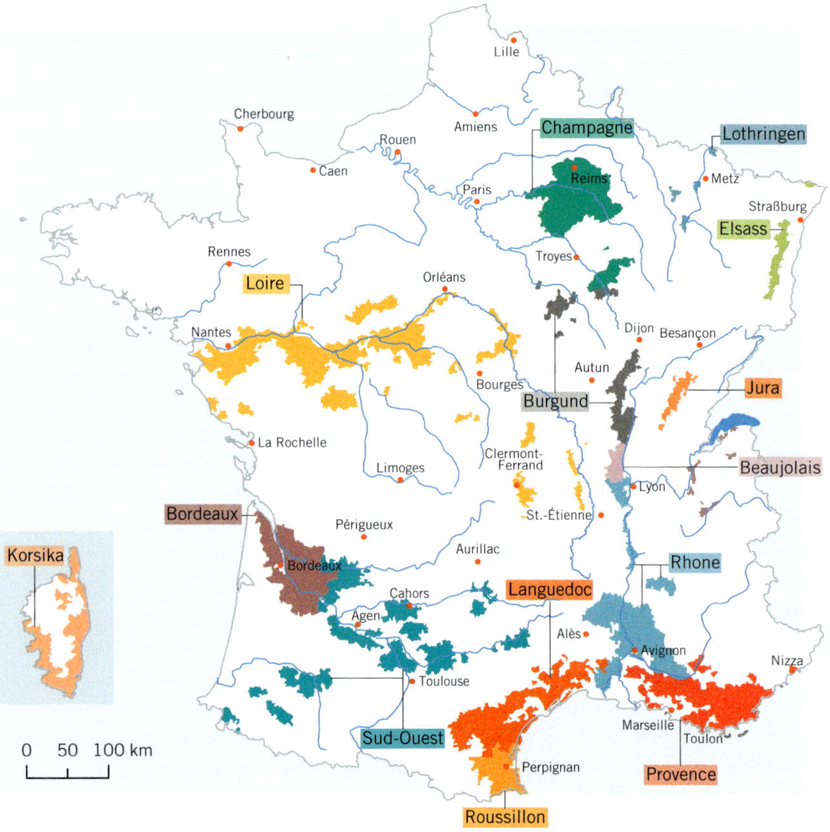

Quelle: Eigene Darstellung nach France Comersis 2016 und Vin-Vigne 2015

|Abb. 5.16| *Weinanbaugebiete in Frankreich im Überblick*

Qualitätsstufen des Weins in Frankreich nach dem *statut viticole* von 1935 bzw. seiner Novellierung von 2009

- **Vin de Table; seit 2009: Vin de France**
  Bei den Tafelweinen handelt es sich um die unterste Qualitätsstufe. Die Weine tragen keine Herkunftsangabe, ein Verschnitt von Weinen aus verschiedenen Regionen ist zulässig. Jahrgang und Rebsorte(n) können, müssen aber nicht angegeben werden.
- **Vin de Pays; seit 2009: Indication Géographique Protégée (IGP)**
  Hierbei handelt es sich um einen Landwein, der nur aus der angegebenen Region stammt. Es dürfen nur in der Region zugelassene Rebsorten zur Produktion verwendet werden, ein Verschnitt mit Weinen aus anderen Regionen ist nicht zulässig. Seit der Novellierung im Jahr 2009 können neben der Region auch Jahrgang und Rebsorte(n) angegeben werden.
- **Vins Délimités de Qualité Supérieure (VDQS)**
  Auch dieser Wein muss aus einem genau bezeichneten Anbaugebiet stammen. Die Produktionsbedingungen sind nicht so streng gefasst wie bei AOC-Weinen. Die Kategorie, die als Vorstufe für AOC-Weine gilt, erhält 2009 keine neue Bezeichnung, sondern wird der neuen AOP-Kategorie zugeordnet.
- **Appelation d'Origine Contrôlée (AOC); seit 2009: Appellation d'Origine Protégée (AOP)**
  Bei AOC- bzw. AOP-Weinen handelt es sich um die höchste Qualitätsstufe. Diese Weine kommen aus einem bestimmten Anbaugebiet (*appellation*), das eine bestimmte Lage, eine einzelne Ortschaft oder eine Region sein kann. Die Weine müssen den Kriterien des Anbaugebiets entsprechen (z. B. Pflanzdichte, Maximalertrag je Hektar, Rebsorten).

senweine stillgelegt. Im Languedoc-Roussillon, der größten Anbauregion, beläuft sich der Flächenrückgang allein im Zeitraum von 1988 bis zum Jahr 2000 auf 17 %. Parallel zum Rückgang der Anbauflächen wird auf den verbleibenden Flächen die Qualität der Weine gesteigert. Mit der Anbaufläche geht auch die Zahl der Weinbaubetriebe zurück: Im Jahr 1988 gibt es noch 166 300 Winzerbetriebe, zur Jahrtausendwende sind es 109 900 (vgl. Pletsch 2003: 202) und im Jahr 2017 existieren noch rund 85 000 Weinbaubetriebe, die durchschnittlich 9 Hektar bewirtschaften. 43 % der Betriebe sind in Genossenschaften (*cave coopérative*) organisiert. Dabei handelt es sich überwiegend um kleinere Betriebe (durchschnittlich 6 Hektar), die aber im Gegensatz zu den ersten Nachkriegsjahrzehnten (bis in die 1980er Jahre) qualitativ schlechteren Wein produzieren (vgl. Durbiona/Reparaz 1987: 689), denn immerhin werden knapp 40 % der französischen AOP-Weine durch Genossenschaften produziert (vgl. Confédération des Coopératives Vinicoles de France 2017).

Die Erntemengen hängen nicht nur von der Größe der bewirtschafteten Gesamtfläche ab, sondern werden auch durch die natürlichen Bedingungen beeinflusst. Während sich die Anbaufläche im Zeitraum von 2011 bis 2017 kaum mehr verändert, variiert die Erntemenge erheblich (vgl. Abb. 5.18). Ursache hierfür sind die kaum zu kalkulierenden Rahmenbedingungen, die in Form verschiedener Krankheiten (wie in der zweiten Hälfte des 19. Jahrhunderts) oder durch ungünstige meteorologische Faktoren auftreten können. Sie stellen ein erhebliches Risiko für diesen Bereich des primären Sektors dar. So richtet beispielsweise der späte Frost im April 1991 katastrophale Schäden im Bordelais an, als im bis dahin warmen Frühling die Temperaturen unter den Gefrierpunkt sinken und bis zu 80 % der bereits austreibenden Rebstöcke schädigen, was teilweise zu einem Verlust von vier Fünftel der zu erwartenden Ernte führt. Auch in den Jahren 2012 und 2017 führten niedrige Temperaturen zu einem erheblichen Rückgang der Erntemengen (vgl. Abb. 5.18).

Die höchsten Erntemengen werden in der größten Weinbauregion Languedoc-Roussillon erzielt.

|Abb. 5.17| *Entwicklung der Weinanbaufläche in Frankreich im Zeitraum von 1808 bis 2017*

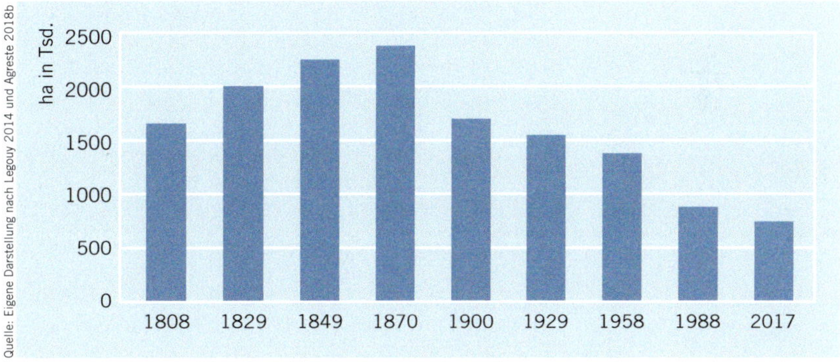

|Abb. 5.18| *Entwicklung des produzierten Weins (in Mio. hl) und der Weinanbaufläche (in Tsd. ha) im Zeitraum von 2002 bis 2017*

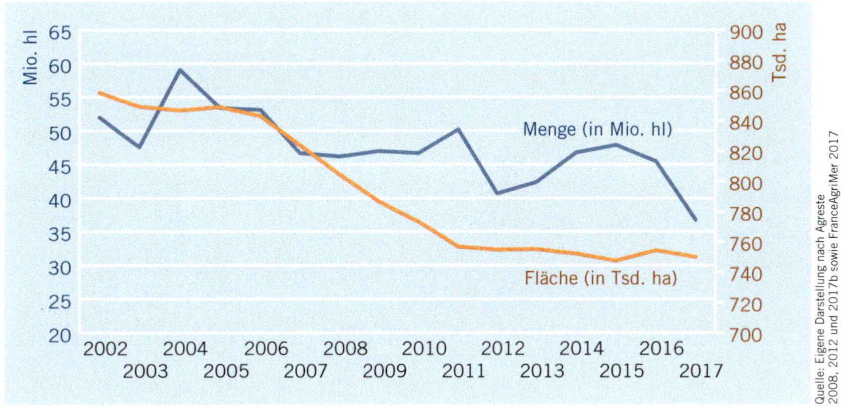

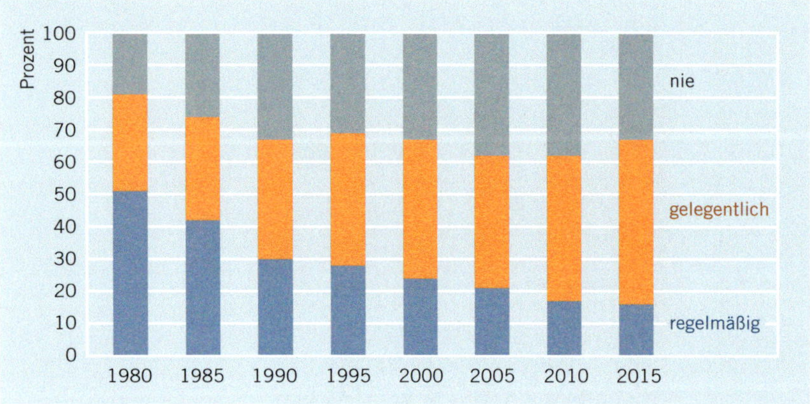

|Abb. 5.19| *Entwicklung der Weinkonsumgewohnheiten in Frankreich im Zeitraum von 1980 bis 2015*

Im Jahr 2017 liegen sie bei 10,3 Mio. Hektolitern, was einen Rückgang von 17 % gegenüber dem Vorjahr bedeutet. Besonders vom Rückgang zwischen 2016 und 2017 betroffen sind Jura (– 61 % auf 0,04 Mio. hl) und das Bordelais (– 45 % auf 3,7 Mio. hl) (vgl. Agreste 2017b). Für das Jahr 2018 wird wieder mit einer deutlich höheren Erntemenge von frankreichweit 46,8 Mio. Hektolitern gerechnet.

Der Weinkonsum der französischen Bevölkerung weist – wie der Alkoholkonsum insgesamt – eine rückläufige Tendenz auf. Insbesondere der Anteil der regelmäßigen Weinkonsumenten hat zu Gunsten der gelegentlich Wein trinkenden Konsumenten seit den 1980er Jahren erheblich abgenommen (vgl. Abb. 5.19). Gleichwohl nimmt Frankreich beim jährlichen Weinverbrauch mit rund 42 l pro Kopf im Jahr 2016 nach wie vor einen Spitzenplatz in Europa ein (1970 noch 100 l/Kopf).

Bei den Konsumgewohnheiten erfährt wie die landwirtschaftlichen Produkte insgesamt (vgl. auch 5.1.2 und Abb. 5.10) auch biologisch produzierter Wein eine steigende Nachfrage. Im Jahr 2016 werden rund 10 % der Weinanbaufläche durch knapp 6000 zertifizierte Bio-Weinanbaubetriebe bewirtschaftet. Am weitesten verbreitet ist das Siegel *agriculuture biologique* (AB) (vgl. Abb. 5.20), das sich an den EU-Normen für biologischen Weinbau orientiert. Schwerpunkt der biologischen Weinproduktion sind die mediterranen Départements bzw. Regionen. Die höchste Zahl an biologisch produzierenden Weinbaubetrieben und die größte biologisch bewirtschaftete Weinbaufläche weist das Département Vaucluse) auf (vgl. Agence Bio 2018). In dieser stark touristisch geprägten Region wird die Nachfrage nach biologisch produziertem Wein durch die (Kultur-)Touristen noch weiter verstärkt, was nicht zuletzt seinen Niederschlag im hohen Anteil des Direktverkaufs findet (im Jahr 2015 rund 41 %).

|Abb. 5.20| *Biologisches Weingut Font Leale bei Lacoste*

5.1.5 Fischerei: Bedeutungsrückgang und Handelsdefizit

Aufgrund der natürlichen Lage mit den langen Küstenabschnitten spielt die Fischerei für den primären Sektor im europäischen Frankreich ebenfalls eine Rolle. Innerhalb von Europa ist Frankreich viertgrößte Fischereination (nach Spanien, Großbritannien und Dänemark). Allerdings besteht für das Fischereiwesen im Gegensatz zum übrigen primären Sektor ein Außenhandelsdefizit, d. h. die Fischereiaktivitäten reichen nicht aus, um den Bedarf der eigenen Bevölkerung mit Fisch(produkten), der im Jahr 2014 bei 34 kg pro Kopf liegt, vollständig zu befriedigen. So exportiert Frankreich im Jahr 2016 Fischereiprodukte im Wert von 1,568 Mrd. €, führt aber seinerseits solche Produkte im Wert von 5,265 Mrd. € ein (vgl. INSEE 2018b).

Die Zahl der Arbeitsplätze im Bereich der Fischerei entwickelt sich seit vielen Jahren rückläufig (vgl. Tab. 5.6). Im Jahr 2016 gibt es im europäischen Frankreich noch 13 115 Arbeitsplätze im Bereich der Meeresfischerei, während 2100 Arbeitsplätze im Bereich der Fischzucht angesiedelt sind. Die Mehrzahl der Arbeitsplätze entfällt auf den Bereich der *petite pêche*, weniger als die Hälfte stellt die *pêche au large* als Zweitgrößter und die wenigsten

Prinzipiell werden in Frankreich vier Arten der Fischerei unterschieden (vgl. INSEE 2016b)**:**

- *la petite pêche*: Umfasst alle Ausfahrten bis zu maximal 24 Stunden. Zur petite pêche gehören auch die Muschel- und Austernzucht (*conchyliculture*).
- *la pêche côtière*: Umfasst alle Ausfahrten zwischen mindestens 24 und maximal 96 Stunden.
- *la pêche au large*: Umfasst alle Ausfahrten von mehr als 96 Stunden sowie alle Ausfahrten, die nicht zur *grande pêche* zählen.
- *la grande pêche*: Umfasst alle Ausfahrten mit Schiffen mit mehr als 1000 BRT von mindestens 20 Tagen Dauer.

Quelle: Aufnahme Schmude 2018

|Abb. 5.21| *Fischerboot für die* pêche cotière *in Le-Grau-du-Roi*

Arbeitsplätze entfallen auf die *grande pêche*. In den Überseedépartements gibt es im Jahr 2016 rund 3000 weitere Arbeitsplätze im Fischereiwesen, wobei hier eindeutig *petite pêche* und *pêche cotière* dominieren (vgl. INSEE 2018b).

Ebenso wie die Zahl der Arbeitsplätze entwickelt sich auch die Zahl der Fischereiboote rückläufig. Ihre Zahl verringert sich zwischen 1995 und 2016 von 6646 auf 4370 (vgl. Tab. 5.7). Entsprechend zeigt auch die Gesamttonnage (nach BRT) der Fischereiflotte eine rückläufige Tendenz, denn die Zahl der Schiffe ist bei allen Schiffsgrößen rückläufig.

Die französischen Fischereigebiete werden im europäischen Frankreich in insgesamt sieben Küstenabschnitte, die sich an den Regionen orientieren, unterteilt: Hauts-de-France, Normandie, Bretagne, Pays de Loire, Nouvelle-Aquitaine, Occitanie und Provence-Alpes Côte d'Azur. Den Häfen in der Bretagne kommt nach der Fangmenge und wertmäßig die größte Bedeutung zu (vgl. Abb. 5.22), während die Mittelmeer-Fischereihäfen (inklusive Korsika) und in Aquitanien den kleinsten Beitrag leisten. Allerdings zeigt die regionale Verteilung der Fischer eine Abweichung von dieser Struktur, da gerade im

|Tab. 5.6| *Entwicklung der Zahl der Arbeitsplätze im Fischereiwesen zwischen 1990 und 2016*

Art der Fischerei	Arbeitsplätze 1990	Arbeitsplätze 2000	Arbeitsplätze 2016
Grande pêche	1164	995	796
Pêche au large	5068	3483	3233
Pêche côtière	3536	3224	2458
Petite pêche	16322	12548	6628
Gesamt	**26090**	**20250**	**13115**

Quelle: Eigene Zusammenstellung nach INSEE 2003 und 2018b

|Tab. 5.7| *Entwicklung der Zahl der Fischereischiffe nach Größe zwischen 1995 und 2016*

Größe der Schiffe	Anzahl 1995	Anzahl 2000	Anzahl 2005	Anzahl 2016
weniger als 12 m	4889	4339	4041	3514
12 m bis unter 24 m	1474	1250	1068	671
24 m und mehr	283	270	271	185
Gesamt	**6646**	**5859**	**5380**	**4370**

Quelle: INSEE 2016a

|Abb. 5.22| *Fangmengen und -wert nach Fischereigebieten im Jahr 2017*

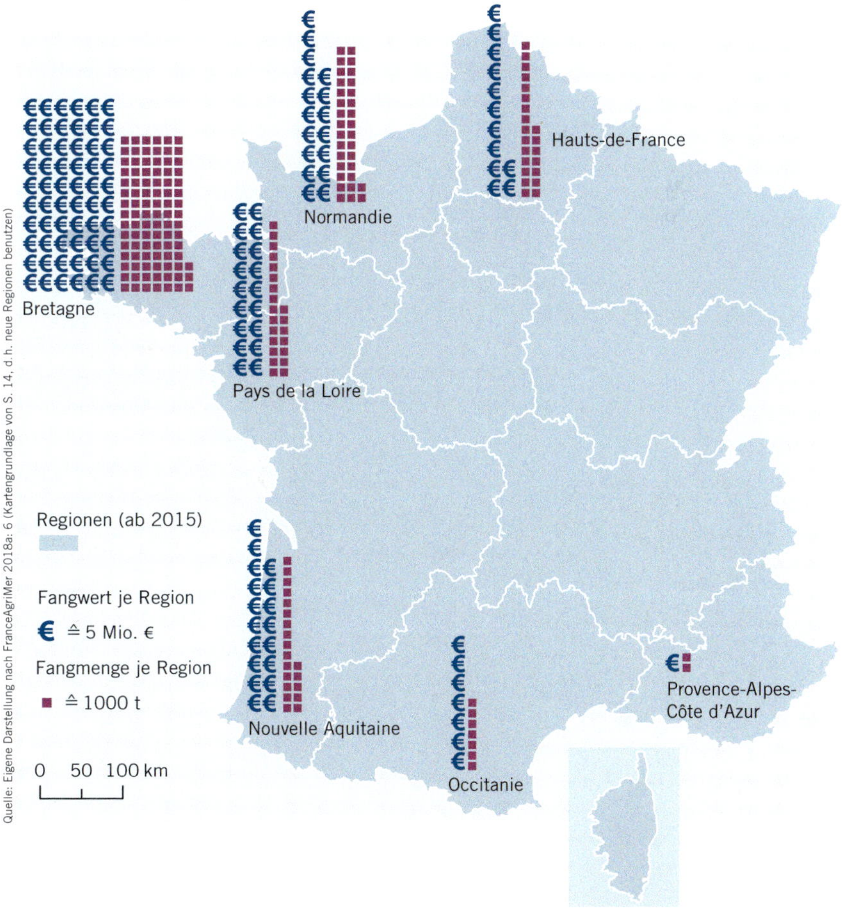

Quelle: Eigene Darstellung nach FranceAgriMer 2018a: 6 (Kartengrundlage von S. 14, d. h. neue Regionen benutzen)

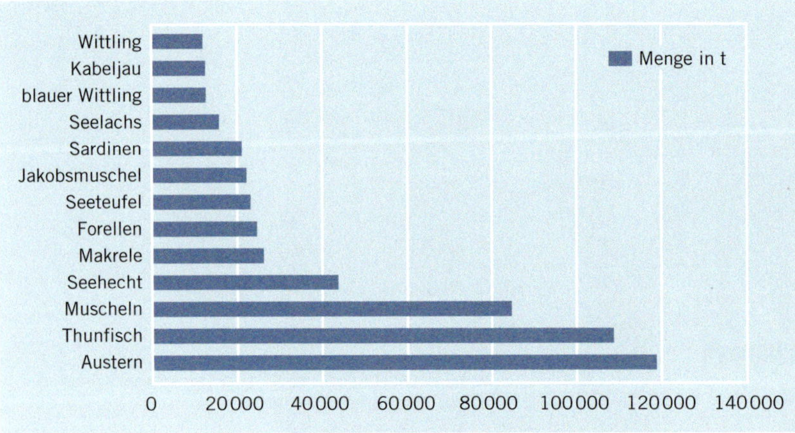

Quelle: Eigene Darstellung nach FranceAgriMer 2018a: 5

|Abb. 5.23| *In Frankreich verkaufte Fischereiprodukte nach Gewicht (in Tonnen) im Jahr 2015*

Bereich des Mittelmeeres die personalintensive *petite pêche* betrieben wird, u. a. gibt es hier auch Gebiete der *conchyliculture* (z. B. im Étang de Thau).

Die Fanggebiete der französischen Fischereiflotte konzentrieren sich insbesondere auf den Nordostatlantik (im Jahr 2014 rund 79 % aller Fischfänge), mit deutlichem Abstand folgen der westliche Indische Ozean sowie der mittlere Ostatlantik (18 %) sowie das Mittelmeer (3 %).

Sowohl von den Fangmengen (2016: insgesamt 640 000 Tonnen) als auch vom Fangwert (2016: insgesamt 1,1 Mrd. €) kommt dem Fischfang die mit Abstand höchste Bedeutung im Fischereiwesen zu. Rund 80 % der Fangmenge und etwa 77 % des Fangwertes entfallen auf diesen Bereich, während Austern- und Muschelzucht jeweils knapp 10 % beitragen. Innerhalb von Frankreich sind Austern (*huître*), gemessen am Gewicht, das am häufigsten verkaufte Fischereiprodukt, gefolgt von Thunfisch (*thon*) und Muscheln (*moule*) (vgl. Abb. 5.23).

5.2 Entwicklung des sekundären Sektors und zweier ausgesuchter Industriezweige

5.2.1 Grundzüge der Industrieentwicklung

Im Jahr 2017 gehört Frankreich gemessen nach dem Bruttoinlandsprodukt (Rang 7) bzw. der daraus resultierenden Kaufkraft (Rang 10) nach Angaben des International Monetary Fund (IMF) zu den zehn wichtigsten Wirtschaftsnationen weltweit. Beispielsweise wird das Land in der Rangliste der größten Automobilhersteller im Jahr 2017 auf Rang 10 geführt, beim Anteil des durch Kernenergie erzeugten Stroms nimmt Frankreich sogar den Spitzenplatz weltweit ein (vgl. Tab. 5.8). Gleichwohl gilt der Industriesektor als ein „Sorgenkind" der französischen Wirtschaft und er stellt im Jahr 2016 lediglich 13,8 % (zusätzlich 6,5 % im Baugewerbe) aller Arbeitsplätze in der französischen Wirtschaft (vgl. auch Abb. 4.2). Diese vergleichsweise schwache Stellung des sekundären Sektors in der französischen Wirtschaft hat historische Ursachen.

Frankreich erlebt im 19. und 20. Jahrhundert eine wesentlich schwächere Industrialisierung als viele andere europäische Staaten. Dies lässt sich etwa daran ablesen, dass der Beschäftigtenanteil des Industriesektors vergleichsweise gering ausfällt. Dabei sind die Voraussetzungen aus dem vorindustriellen Zeitalter durchaus positiv, entwickelt sich das Land doch im 17. Jahrhundert zu einer der führenden Wirtschaftsmächte Europas. Schon zu dieser Zeit ist die Wirtschaftspolitik Frankreichs von einem Protektionismus zu Gunsten der heimischen Wirtschaft geprägt, der sich zu einem Leitmotiv der französischen Wirtschaftspolitik entwickelt (Schmidt 1992: 67 ff) und etwa durch die Kontinentalsperre (1806 bis 1812), die das Land vor Importen industrieller Produkte aus England schützen soll, einen Höhepunkt erfährt. Ebenso typisch ist die starke staatliche Einflussnahme auf die Bin-

|Tab. 5.8| *Rangliste nach ausgesuchten Wirtschaftsdaten im Jahr 2017*

Rang	BIP	Kaufkraftparität	Automobilproduktion	Anteil Atomstromerzeugung
1	USA	China	China	Frankreich
2	China	USA	USA	Ukraine
3	Japan	Indien	Japan	Slowakei
4	Deutschland	Japan	Deutschland	Ungarn
5	Großbritannien	Deutschland	Indien	Belgien
6	Indien	Russland	Südkorea	Schweden
7	Frankreich	Indonesien	Mexiko	Slowenien
8	Brasilien	Brasilien	Spanien	Bulgarien
9	Italien	Großbritannien	Brasilien	Schweiz
10	Kanada	Frankreich	Frankreich	Finnland

Quelle: Eigene Zusammenstellung nach IMF 2018; OICA 2018; World Bank 2018

nenwirtschaft, die dazu führt, dass es zu weniger unternehmerischer Eigeninitiative kommt, als dies etwa in der frühindustriellen Entwicklung in England der Fall ist (vgl. Pletsch 2003: 225). Zusätzlich muss berücksichtigt werden, dass Frankreich nur über wenige Rohstoffe verfügt, so dass das Land den größten Teil der benötigten Rohstoffe einführen muss. Dies führt zu einem erheblichen Energiedefizit, denn die großen europäischen Kohlebecken erreichen Frankreich nur mit einigen Ausläufern. Dieses Energiedefizit wird im 20. Jahrhundert einer der wesentlichen Gründe für den Ausbau der Kernkraft in Frankreich.

Folge dieser Rahmenbedingungen ist es, dass die Industrialisierung in Frankreich im 19. Jahrhundert verspätet einsetzt und die industrielle Entwicklung auch in der Folgezeit stets hinter jener der führenden Industrienationen zurückbleibt. Auch die von einer Stagnation und zeitweise sogar von einem Bevölkerungsrückgang gekennzeichnete demographische Entwicklung dieser Zeit (vgl. hierzu auch Tab. 2.1) ist in diesem Zusammenhang zu berücksichtigen. Und schließlich darf auch die überragende Rolle der Hauptstadt im zentralistischen Frankreich nicht unbeachtet bleiben, die nicht nur politisches und kulturelles, sondern stets auch wirtschaftliches Zentrum des Landes ist.

Mit einem deutlichen zeitlichen Rückstand zu Großbritannien und Deutschland setzt die Industrialisierung in Frankreich Mitte des 19. Jahrhunderts ein. Grundpfeiler der industriellen Entwicklung sind nach Pletsch (2003: 227 ff) insbesondere die Textil- und Montanindustrie. Erste Ansätze der Industrialisierung sind zwar bereits kurz nach dem Beginn der industriellen Revolution in Großbritannien am Ende des 18. Jahrhunderts festzustellen (Kohleförderung im Norden bei Anzin 1757, Hüttenwerk in Le Creusot 1785), doch gewinnt sie erst im Zeitraum von 1840 bis 1860 stärker an Bedeutung. Diese Bedeutungszunahme steht in Verbindung mit der Steinkohleförderung in den Départements Nord und Centre sowie der Eisenerzgewinnung vor allem in Lothringen. Weitere günstige Voraussetzungen sind der Bau von Eisenbahnlinien sowie der Zustrom der aufgrund der fortschreitenden Mechanisierung in der Landwirtschaft freigesetzten Arbeitskräfte der Landbevölkerung. Sie löst eine erste räumliche Bevölkerungsverlagerung in die neu entstandenen Industrieregionen aus. Neben der kohle- und eisenverarbeitenden Industrie gewinnt auch die Textilindustrie früh an Bedeutung. Hierzu zählen beispielsweise die seit dem Mittelalter betriebene Schafwollverarbeitung und Flachsproduktion im französischen Flandern (z. B. Lille), die Wollverarbeitung in der Champagne (z. B. Troyes) oder die deutlich jüngere Textilindustrie des Elsass. Weiterer Schwerpunkt der Textilerzeugung ist Lyon, wo die Herstellung von Seide auch die Seidenraupenzucht im Rhône-Tal und den angrenzenden Gebirgsregionen fördert. Im 19. Jahrhundert stellt die Textilherstellung den höchsten Anteil der Industriebeschäftigten und trotz eines Bedeutungsverlustes in der zweiten Hälfte des 19. Jahrhunderts durch die zunehmende Mechanisierung und die steigende ausländische Konkurrenz bleibt ihre Bedeutung noch Jahrzehnte bestehen.

Regional konzentriert sich diese erste Industrialisierungsphase mit Schwerpunkt kohle- und eisenverarbeitender Industrie sowie Textilindustrie insbesondere auf die Region Nord-Pas-de-Calais, die Region um Saint-Étienne und Le Creusot, auf Lothringen, das Oberelsass (Mülhausen), die großen Häfen (Marseille, Nantes/Saint-Nazaire, Bordeaux, Rouen) sowie die großen Städte (Paris, Lyon) (vgl. Bücher et al. 1991: 379). In den ländlichen Regionen gibt es nur wenige kleine Betriebe wie Mühlen, Gerber- und Webereien sowie später Zuckerfabriken. In der südlichen Landeshälfte zeigen sich zwar auch Ansätze einer Industrialisierung im Bereich der Textilindustrie, doch da investiertes Kapi-

Quelle: Aufnahme Arterra Picture Library und Emeric Fohlen/ZUMA Press, Inc. Beide von Alamy

|Abb. 5.24| *Schwerindustrie in Dunkerque, Nord-Pas-de-Calais und Einblick in ein Peugeot-Werk*

tal wieder für die dominierende Landwirtschaft abgezogen wird, kommt der Prozess sehr bald zum Erliegen und die Nord-Süd-Teilung wird manifestiert. Aus dieser räumlichen Struktur ergibt sich ein höheres Wohlstandsniveau im Norden Frankreichs als im Süden. Ausnahmen sind die Départements Rhône mit dem Zentrum Lyon und Var mit seinem Zentrum Marseille (vgl. Braudel 1986).

Der Industrialisierungsprozess erlebt während des zweiten Kaiserreiches (1852–1870) zunächst einen Aufschwung, der mit dem Auslaufen des Freihandelsabkommens mit England im Jahr 1877 wieder an Dynamik verliert. Zudem verursachen „Kriegsereignisse, verstärktes Engagement in der Kolonialpolitik, wachsende Konkurrenz aus den sich industriell schnell weiter entwickelnden Nachbarstaaten England und Deutschland eine völlige Stagnation des Wachstums im Zeitraum 1880 bis 1890" (Pletsch 1987: 51). Frankreich wird auch in den nachfolgenden Jahrzehnten nach wie vor durch eine traditionelle Wirtschaft geprägt, die von kleinen Unternehmern, Handwerkern, Kaufleuten und Bauern dominiert wird. Die Volkszählung des Jahres 1911 weist insgesamt 8,5 Mio. *patrons*, aber nur 11,2 Mio. Arbeiter aus. Einen erneuten Antrieb erhält der Industrialisierungsprozess in den 1920er Jahren. Nach Vorbildern aus den USA entstehen Unternehmen der Massenproduktion im Bereich der Metallverarbeitung, der Automobil- und Elektroindustrie, wobei z.T. zunächst das technische Know-how transferiert wird. Diese Phase endet jedoch abrupt mit der Weltwirtschaftskrise. Die Tatsache, dass in Frankreich zu dieser Zeit der Industrialisierungsprozess noch nicht so weit fortgeschritten ist wie beispielsweise in England, Deutschland oder den USA, führt dazu, dass es auch nicht in dem Maße von der Krise getroffen wird wie die führenden Industrienationen. Dies wiederum bestärkt das Beharren auf traditionellen Wirtschaftsstrukturen und die Ablehnung einer intensiveren Industrialisierung. Die Folge ist wiederum eine Stagnation, die bis nach dem Zweiten Weltkrieg andauert.

Nach dem Zweiten Weltkrieg findet die sog. Zweite Industrialisierung statt, mit der die französische Wirtschaft den Sprung in die Moderne vollzieht (vgl. Uterwedde 2017: 101). Mit dem Ende des Zweiten Weltkriegs werden seitens des französischen Staates planwirtschaftliche Instrumente (zur *planification* vgl. auch 4.2.1) angewendet und es setzt die von Jean Monnet vorbereitete Wirtschaftsplanung mit dem *premier plan de modernisation et d'équipement* ein (1945 bis 1952). Damit einher geht ein immer stärkeres Engagement des Staates in der französischen Wirtschaft insgesamt und speziell in den Schlüsselindustrien, was zu einer Reihe von Verstaatlichungen führt (vgl. hierzu auch 4.2.2). Um die starke Konzentration der industriellen Arbeitsplätze auf die Region Île-de-France abzuschwächen, wo im Jahr 1954 rund ein Viertel aller industriellen Arbeitsplätze angesiedelt ist (vgl. Dézert 1990: 110), werden ab dem Jahr 1950 Fördermittel zur Verlagerung von Industrieunternehmen bereitgestellt und eine Genehmigungspflicht für die Ansiedlung neuer Industrieunternehmen im Raum Paris erlassen. Zudem werden in den 1950er Jahren eine Reihe von Regionalplänen zur Industrieförderung in der französischen Provinz verabschiedet. Ziel der Regionalpläne ist es, die Dezentralisierung im Industriesektor zu forcieren. Doch auch die in dieser Zeit errichteten neuen Fabriken konzentrieren sich vornehmlich auf die nördliche Landeshälfte und weisen eine relativ geringe Distanz zur wirtschaftlichen Metropole Paris auf (vgl. Knübel 1964: 412 und Brücher 1971, Kartenbeilage).

Als unterstützende Maßnahme wird Frankreich in ein System nach Zonen der Dringlichkeit zur Industrialisierung eingeteilt. Die Förderungen in den verschiedenen ausgewiesenen Zonen sind gestaffelt und es werden Investitionsprämien bis zu 25 % der vorgenommenen Investitionen gewährt, teilweise auch lediglich Steuervergünstigungen. In der Region Île-de-France sind Industrieansiedlungen lediglich mit Sondergenehmigungen möglich. So entstehen neue Industrieanlagen in vormals rein ländlichen Gebieten, wo die nach 1945 einsetzende Modernisierung der Landwirtschaft viele Arbeitskräfte freisetzt. Auch in mittleren Städten entstehen neue Industrieunternehmen. Hierbei handelte es sich vor allem um die in einem Umkreis von 100 bis 300 km um Paris liegenden Regionen (z. B. Amiens, Reims, Orléans, Caen oder Dijon). Im Zeitraum von Oktober 1959 bis Mai 1962 kommt es beispielsweise zur Neuansiedlung von insgesamt 2200 Fabriken, von denen nahezu 1000 durch öffentliche Mittel gefördert werden. Bei diesen neuen Betrieben handelt es sich zum großen Teil um Mittelbetriebe mit 200 bis 300 Beschäftigten. Die starke Konzentration im Südwesten von Paris weist bereits darauf hin, dass es sich hierbei oftmals um Zweigbetriebe von Pariser Unternehmen handelte (verlängerte Werkbänke) (vgl. Knübel 1964). Die Ausweisung und Abgrenzung der verschiedenen Fördergebiete wird mehrfach geändert. Der Vergleich der Fördersituation 1964 und 1982 zeigt, dass die Gebiete, in denen keine Förderung gewährt wird, bis in die 80er Jahre immer stärker ausgeweitet werden: es handelt sich dabei neben der Region Île-de-France und umgebende Gebiete vor allem um den Osten Frankreichs. Dagegen wird die wirtschaftlich problematische Situation im Zentralmassiv durch die Förderkulisse des Jahres 1982 besonders deutlich, denn hier werden die höchsten Förderungen gewährt (vgl. Brücher 1992: 149).

Von den traditionellen Industriegebieten werden nur im Elsass überdurchschnittlich viele neue Unternehmen angesiedelt, von denen ein Beitrag zum Strukturwandel wegen der krisenhaften Situation der elsässischen Textilindustrie erhofft wird. In den *pays noirs* (Nord-Pas-de-Calais, Centre, Lothringen) und den traditionellen Textilindustriegebieten (Norden, Vogesen, Normandie) wird versucht, durch die Ansiedlung dynamischer Industriezweige neue Impulse zu setzen (z. B. Automobilindustrie im Bergbaugebiet von Pas-de-Calais; vgl. auch 5.2.2). Allerdings handelt es sich auch hierbei in der Regel um Zweigbetriebe. Bei Unternehmensneugründungen zeigt sich eine wirtschaftssektorale Konzentration in den verschiedenen Regionen. So werden in der Bretagne überdurchschnittlich viele Industriebetriebe aus dem Bereich der Telekommunikation errichtet, Toulouse wird Zentrum der französischen Flugzeugindustrie und an der Mittelmeerküste lässt sich IBM mit dem europäischen Headquarter (Montpellier) nieder. Die Jahre von 1945 bis 1974 (*trente glorieuse*) sind insgesamt geprägt von einer Bedeutungszunahme der Industrie, und der Anteil der Erwerbstätigen im Sekundären Sektor steigt von 28,4 % im Jahr 1946 auf etwa 40 % im Jahre 1968. Die französischen Industrieunternehmen werden wie die gesamte französische Wirtschaft wird mit der Einführung der Europäischen Wirtschaftsgemeinschaft (EWG) im Jahr 1957 und der schrittweisen Verwirklichung einer europäischen Zollunion einem bis dahin nicht gekannten Konkurrenzdruck ausgesetzt, gegen den sie sich allerdings recht gut behaupten können.

Schwerer haben seit Mitte der 1970er Jahre die Erdöl- und später die Stahlkrise die im Aufschwung bzw. im Wandel begriffene Industrie getroffen. Die Tragweite dieser Krisen wird sichtbar durch den allmählichen Anstieg der Arbeitslosenzahlen bzw. der Arbeitslosenquote auf über 10 % der erwerbstätigen Bevölkerung (vgl. hierzu auch 4.1.3). Diese Phase wird dennoch als „Politik des industriellen Wiederaufschwungs" (Fischer, 1987, 677) bezeichnet, denn der französische Staat stimuliert durch seine sektorale Schwerpunktförderung strategisch wichtige Industriezweige wie die Nuklearindustrie, den Telekommunikationsbereich, die Luftfahrtindustrie oder die Biotechnologie. Gleichzeitig zieht er sich aus den krisengeschüttelten Altindustrien wie Kohle, Stahl, Schiffsbau und Textilindustrie allmählich zurück. Auch diese Entwicklungen werden durch wechselweise Verstaatlichungen und Privatisierungen von Unternehmen flankiert (vgl. hierzu auch 4.2.2).

Besonders deutlich werden dieser Rückzug und der Bedeutungsverlust im Bergbau. Dieser Bereich ist ein typisches Beispiel für einen Wirtschaftszweig, der nach dem Zweiten Weltkrieg in Frankreich zunächst einen bemerkenswerten Aufschwung, dann jedoch einen deutlichen Bedeutungsverlust erfahren hat. Im Zeitraum von 1938 (46 Mio. Tonnen) bis 1946 (47 Mio. Tonnen) bleibt die Fördermenge nahezu unverändert und steigt in der Folgezeit bis zum Jahr 1959 auf 57 Mio. Tonnen an. Das Streben nach wirtschaftlicher Unabhängigkeit, d. h. auch bei der Energieversorgung möglichst importunabhängig zu sein, ist wesentlicher Motor dieser Entwicklung. Nach 1960 fällt dann aber bis zum Jahr 1980 die Fördermenge auf rund 25 Mio. Tonnen. Dies ist zum einen durch den Bedeutungsverlust der Kohle als Energieträger insgesamt (Verdrängung durch Öl und Gas bzw. insbesondere in Frankreich durch Kernenergie) bedingt, zum anderen ist die französische Kohle nicht wettbewerbsfähig. In der Folge sinkt die Kohleförderung kontinuierlich weiter ab (vgl. Abb. 5.25) und die französischen Bergwerke werden bis zum Jahr 2005 sukzessive alle stillgelegt.

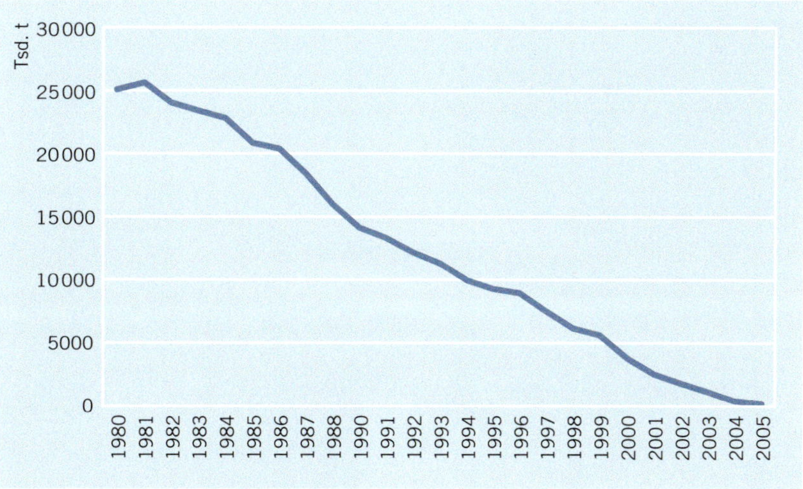

Quelle: Eigene Darstellung nach TheGlobalEconomy.com 2018

|Abb. 5.25| *Entwicklung der Kohleförderung in Frankreich im Zeitraum 1980 bis 2005*

Im Gegensatz zu den Altindustrien werden seit den 1980er Jahren verstärkt technologieorientierte Industriezweige über institutionalisierte Einrichtungen gefördert. Die Verteilung der neuen Industrien unterscheidet sich einerseits vom bisherigen industriellen Standortnetz (d. h. neue Standorte), zum anderen soll der Umstrukturierungsprozess in den altindustrialisierten Regionen unterstützt werden. Der industrielle Umgestaltungsprozess zeichnet sich wie in anderen europäischen Ländern auch zunächst durch eine Konzentration der Aktivitäten auf zukunftsorientierte Forschung und Entwicklung aus. Ein Instrument hierfür sind Technologieparks, die ab den 1980er Jahren eine relativ starke Verbreitung in Frankreich finden (vgl. Pumain/Saint-Julien 1989: 71) und in denen sowohl Forschung und Entwicklung als auch Ausbildung und Produktion angesiedelt sind. Ihre Wurzeln reichen in Einzelfällen bis in die 1960er Jahre zurück. Erste und bekannteste dieser Einrichtungen sind beispielsweise das im Jahr 1971 entstandene ZIRST (*Zone pour l'Innovation et les Réalisations Scientifiques et Techniques*) in Meylan bei Grenoble, das im Jahr 2005 in Innovallée umbenannt wird, sowie der im Jahr 1968 gegründete Technologie- und Wissenschaftspark Sophia-Antipolis bei Antibes (vgl. Abb. 5.26).

Die Gründung der Industrie- und Forschungszentren findet nicht an den traditionellen Industriestandorten statt, sondern sie werden verstärkt auch in der südlichen Landeshälfte angesiedelt. Trotz der relativ breiten Streuung über den gesamten Staat findet eine qualitative Polarisierung statt, die sich an den regionalen Industriestrukturen orientiert: Im Norden und Nordosten dominieren weiterhin die Krisenindustrien und der Umgestaltungsprozess erweist sich trotz einzelner Ansätze zur Ansiedlung neuer Technologien und Industriezweige als äußerst schwierig. Im Süden zeigt sich der größte Aufschwung im High-Tech-Sektor und parallel dazu der stärkste Niedergang der dort ohnehin nicht stark vertretenen alten Industrien. Insgesamt

Quelle: Aufnahme Olivier DIGOIT/Alamy Stock Foto

| Abb. 5.26 | *Technologie- und Forschungspark Sophia-Antipolis*

hat Frankreich eine unausgewogene Industriestruktur: Den durch die Industriepolitik unterstützten wenigen Großunternehmen mit High-Tech-Produkten, stehen die „vernachlässigten“ kleinen Industrieunternehmen gegenüber, die in traditionellen Branchen in Konkurrenz zu Unternehmen aus Niedriglohnländern treten. Entsprechend weist der Anteil der Industrie an der Bruttowertschöpfung der französischen Wirtschaft seit 60 Jahren eine rückläufige Tendenz auf, die stärker als in den meisten europäischen Nachbarländern ausfällt: Im Jahr 1959 beträgt der Beitrag des sekundären Sektors noch 25 %, im Jahr 2013 sind es lediglich noch 11,3 % (Wüpper 2015), analog sinkt die Zahl der industriellen Arbeitsplätze von 5,1 Mio. (1980) auf 2,9 Mio. (2012) (vgl. Uterwedde 2017: 113 f). In diesem Zusammenhang wird häufig von der Deindustrialisierung Frankreichs gesprochen, einem Prozess, den Artus und Virard (2011) unter dem Titel „La France sans ses usines“ (Frankreich ohne seine Fabriken) analysieren. Hierfür verantwortlich sind nach dem vom ehemaligen EADS-CEO Louis Gallois im Jahr 2012 erstellten Gutachten (*rapport sur la compétivité de l'industrie française*) vor allem strukturelle Probleme, die sich in vier Problemfelder zusammenfassen lassen: Defizite im Bereich Forschung und Entwicklung sowie Ausbildung, Unterfinanzierung der französischen Industrieunternehmen, fehlender wettbewerbsfähiger Mittelstand sowie Inflexibilität des Arbeitsmarktes und fehlender Dialog der Sozialpartner (vgl. Schwarzer 2013: 10).

Zusätzlich steht die französische Industrie wie die gesamte Wirtschaft des Landes mit Beginn der europäischen Wirtschafts- und Währungsunion im Jahr 1999 vor neuen Herausforderungen: Die bisher expansive Lohnpolitik untergräbt die Wettbewerbsfähigkeit der Unternehmen, da das Korrektiv der Änderung des Wechselkurses nicht mehr gegeben ist. Zudem werden die haushaltspolitischen Spielräume durch die restriktiven Vorgaben des Stabilitäts- und Wachstumspaktes im Rahmen der Europäischen Wirtschafts- und Währungsunion deutlich eingeschränkt. Zudem stoßen verschiedene Versuche zu Strukturreformen (z. B. Erhöhung des Rentenalters) der Regierungen auf teils erbitterten Widerstand von Gewerkschaften und Teilen der Bevölkerung (vgl. Uterwedde 2017: 105). Neben den weiterhin anstehenden wirtschaftlichen Strukturreformen engagiert sich die französische Regierung seit dem Jahr 2015 gemeinsam mit Forschung und Unternehmensverbänden in einer Allianz für die Industrie der Zukunft (*alliance índustrie du futur*), mit dem u. a. die Digitalisierung der Industrie (Industrie 4.0) bewältigt werden soll (vgl. AIF 2018). Von manchen Autoren wird dies als „die letzte Chance für Frankreichs Industrie“ (Wüpper 2015) bezeichnet. Gleichwohl darf nicht vergessen werden, dass Frankreich nach wie vor international erfolgreiche Großkonzerne besitzt. Unter den 500 größten Unternehmen weltweit befinden sich 40 Unternehmen aus Frankreich, die zumindest teilweise in einigen Industriefeldern weltweit führende Rollen einnehmen (z. B. Luftfahrtindustrie oder Schienenfahrzeugbau).

5.2.2 Automobilindustrie als zukunftsträchtige Industriesparte

Die Automobilindustrie nimmt eine Schlüsselrolle bei der Modernisierung der französischen Wirtschaft ein (vgl. Heer 2017). Frankreich ist im Jahr 2017 zehntgrößter Automobilhersteller weltweit (vgl. Tab. 5.8). In der Rangliste der weltweit größten Automobilhersteller nehmen die beiden noch verbliebenen französischen Konzerne Renault (mit den Marken Renault, Dacia, Alpine und Renault Samsung) sowie PSA (mit den Marken Peugeot, Citroën, DS, Opel, Vauxhall) die Plätze 9 und 10 ein (vgl. CCFA 2018:8). Allerdings ist hierbei zu berücksichtigen, dass in dieses Ranking die gesamte Fahrzeugproduktion (PKW und Nutzfahrzeuge) einbezogen wird. Die beiden Unternehmen Renault und PSA sind die beiden letzten verbliebenen französischen Automobilhersteller einer ehemals größeren Anzahl von Unternehmen (vgl. Pletsch 2003: 249).

Der im Jahr 1899 gegründete Automobilkonzern Renault, dessen Stammwerk seit den 1930er Jahren bis zum Jahr 1992 in Paris angesiedelt ist, baut zunächst PKW, ab dem Jahr 1909 auch Nutzfahrzeuge, ab den 1920er Jahren werden auch vorübergehend Triebwagen und Lokomotiven (bis in die 1960er Jahre) durch Renault produziert und ab den 1930er Jahren Traktoren (bis zum Verkauf der Sparte im Jahr 2003). Nach dem Zweiten Weltkrieg wird Renault verstaatlicht und in den 1950er Jahren erfolgt die erste Expansion nach Spanien, ab den 1960er Jahren werden erste Werke außerhalb Europas (Argentinien) errichtet. Der Konzern ist bis

1983 wirtschaftlich sehr erfolgreich, dann schreibt er für einige Jahre rote Zahlen. Durch die Erneuerung der Modellpalette erwirtschaftet der Konzern ab dem Jahr 1987 wieder Gewinne. Im Jahr 1996 zieht sich der Staat im Rahmen der zweiten Privatisierungswelle (vgl. 4.2.2) weitgehend aus dem Unternehmen zurück und hält nur noch einen Aktienanteil von knapp 20 %, den er im Jahr 2017 um rund 5 %-Punkte reduziert. Im Jahr 1999 geht Renault eine strategische Allianz mit dem japanischen Hersteller Nissan ein und beteiligt sich mit 44 % an dem Konzern, der umgekehrt 15 % der Aktien an Renault hält. Diese Allianz reklamiert für sich, größter Automobilhersteller der Welt zu sein. Es folgen eine Reihe von Zukäufen (z. B. Dacia im Jahr 1999) und Beteiligungen (z. B. 70 % an Samsung Motors seit dem Jahr 2000). Der Renault-Konzern steht im Jahr 2017 mit einem Umsatz von 66,3 Mrd. US $ und einem Gewinn von 5,8 Mrd. US $ auf Platz 135 der Forbes-Liste der weltweit größten Unternehmen (vgl. Forbes 2018).

Der Automobilkonzern PSA (*Peugeot Societé Anonyme*) entsteht im Jahr 1976 durch die Übernahme des vom Konkurs bedrohten Herstellers Citroën (Mehrheitseigner ist Michelin) durch seinen Konkurrenten Peugeot. Peugeot (Stammwerk seit dem Jahr 1912 in Sochaux) existiert als PKW-Hersteller seit dem Jahr 1896, gegründet durch Armand Peugeot als *Societé Anonyme des Automobiles Peugeot*, die Familie besitzt heute noch einen Aktienanteil von 14 % an PSA. Citroën produziert seit dem Jahr 1919 PKW (Hauptwerk bis zum Jahr 1974 in Paris). Bereits im Jahr 1934 steht Citroën erstmalig vor dem Konkurs und wird durch die Gebrüder Michelin des gleichnamigen Reifenherstellers übernommen. Peugeot übernimmt im Jahr 1978 die europäischen Marken des Konkurrenten Chrysler, führt deren Marken (u. a. Simca) aber nicht mehr unter deren Namen weiter. Als der Konzern im Jahr 2014 in eine Krise kommt, engagiert sich der französische Staat mit einem Aktienanteil von 14 % an dem Unternehmen, den er drei Jahre später nahezu vollständig wieder verkauft. Seit dem Jahr 2017 gehören durch Übernahme der Hersteller Opel und Vauxhall zwei weitere Marken zum Konzern. Der PSA-Konzern steht im Jahr 2017 mit einem Umsatz von 73,6 Mrd. US $ und einem Gewinn von 2,2 Mrd. US $ auf Platz 259 der Forbes-Liste der weltweit größten Unternehmen (vgl. Forbes 2018).

Von der Gesamtzahl der insgesamt durch französische Hersteller produzierten 6,884 Mio. PKW werden 1,436 Mio. PKW in Frankreich hergestellt. Wesentlich geringer ist die Zahl der produzierten Nutzfahrzeuge: Von 0,91 Mio. hergestellten Nutzfahrzeugen wird etwas mehr als die Hälfte in Frankreich produziert (vgl. Tab. 5.9). Hauptabsatzmarkt ist der heimische Markt, auf dem der Marktanteil französischer Fahrzeuge im Jahr 2017 ca. 56 % beträgt. Die Handelsbilanz für Kraftfahrzeuge weist im Jahr 2017 ein Defizit von 9,4 Mrd. € aus. Während Westeuropa, Nordamerika, Japan und Südkorea als gesättigte Märkte für die französischen Hersteller gelten, werden als Hoffnungsträger und Wachstumsmärkte für zukünftig höhere Exporte z. B. China, Osteuropa, die Türkei oder Indien eingeschätzt (vgl. CCFA 2018: 7).

Die Branche verzeichnet im Jahr 2017 insgesamt 112 000 direkt Beschäftigte, wobei sich ihre Zahl seit dem Jahr 2008 um rund 35 000 Beschäftigte verringert (vgl. Abb. 5.28). Zu berücksichtigen gilt der Multiplikatoreffekt durch indirekt und induziert Beschäftigte, der in der französischen Automobilindustrie rund 3,5 beträgt. Die rückläufige Entwicklung der Zahl der direkt Beschäftigten muss u.a. in Zusammenhang mit der weiter zunehmenden Automatisierung der Automobilproduktion gesehen werden, was sich u.a. durch den zunehmenden Einsatz von Industrierobotern belegen lässt. Im Jahr 2015 weist Frankreich in Europa nach Deutschland mit 940 Industrierobotern je 10 000 Beschäftigten den höchsten Automatisierungsgrad auf (vgl. IFR 2017), wobei die Automobilbranche in den letzten Jahren im Rahmen ihrer Modernisierung überdurchschnittlich hohe Zuwachszahlen aufweist. Die bei-

|Abb 5.27| *Inbegriff französischer Automobile: (a) 2 CV von Citroën (Produktion von 1949 bis 1990) und (b) R4 von Renault (Produktion von 1961 bis 1992)*

Quelle: Aufnahme Schmude 2012 und 2014

|Tab. 5.9| *Produktionszahlen (in Mio.) der französischen Automobilindustrie in den Jahren 1997, 2007 und 2017*

Produktion durch französische Automobilhersteller	1997	2007	2017
PKW in Frankreich	2,235	2,165	1,436
PKW weltweit (ohne Frankreich)	1,237	3,136	5,448
PKW insgesamt	**3,472**	**5,301**	**6,884**
Nutzfahrzeuge in Frankreich	0,288	0,407	0,4710
Nutzfahrzeuge weltweit (ohne Frankreich)	0,255	0,481	0,4390
Nutzfahrzeuge insgesamt	**0,543**	**0,888**	**0,9100**
Produktion insgesamt	**4,015**	**6,189**	**7,7940**

Quelle: Eigene Zusammenstellung und Berechnung nach CCFA 2018: 4

den Hersteller PSA und Renault beabsichtigen, ihre Fertigungsanlagen weiter zu modernisieren und wollen zur Steigerung ihrer nationalen Wettbewerbsfähigkeit in gemeinsame Fahrzeugplattformen investieren.

Das Standortnetz der Produktionsstätten der französischen Automobilhersteller zeigt eine hohe Persistenz mit einer starken Konzentration auf die nördliche Landeshälfte. Mitte der 1950er Jahre gibt es außer in der Hauptstadtregion nur die Peugeot-Werke in Ostfrankreich, in Lyon sowie einige Zweigwerke z. B. in Annonay oder Le Mans. Noch in den 1960er Jahren werden zwei von drei PKW in Paris produziert (vgl. Pletsch 2003: 248). In den folgenden 20 Jahren werden außerhalb der wenigen existierenden Produktionsstandorte eine Reihe von Montage- und Zulieferbetrieben mit mehr als 1000 Beschäftigten errichtet. Insgesamt werden durch die Maßnahmen zwischen 1955 und 1971 in der boomenden Automobilindustrie mehr als 150 000 Arbeitsplätze geschaffen (vgl. Oelke, 1992: 16 f). Auch die neuen Standorte sind ausnahmslos in der nördlichen Landeshälfte angesiedelt. Die Ver- bzw. Auslagerung von Produktionsbereichen (Teilefertigung) werden dabei teilweise im Rahmen der Dezentralisierung vorgenommen (z. B. Rennes, Sandouville oder Valenciennes) (vgl. Gehring/Saint-Dizier 1993: 51). Gerade die Auslagerung der Teilefertigung gewinnt bei der Produktionsform der Just-in-time-Produktion an Bedeutung. Diese auch in anderen Branchen zu beobachtende Entwicklung bietet gerade für kleine und mittlere Unternehmen neue Chancen. Andererseits bedeutet dies für diese Unternehmen auch eine Abhängigkeit von den Großunternehmen. Gleichwohl bleibt die französische Automobilindustrie weniger mittelständisch geprägt als ihr deutsches Pendant (Deutscher Wirtschaftsrat 2013). Zudem kann ab den 1960er Jahren eine verstärkte Internationalisierungsstrategie bei den Automobilproduzenten beobachtet werden, die Montage- und Fertigungswerke zunehmend ins Ausland verlegen. Hierbei handelt es sich in der Regel um Niedriglohnländer, Ausnahmen sind Standorte, die durch Übernahmen zu den französischen Herstellern kommen (z. B. Opel-Werke in Deutschland oder Großbritannien durch die Übernahme von Opel durch den PSA-Konzern im Jahr 2017). Entsprechend weist das heutige Standortnetz der französischen Hersteller Renault und PSA für die PKW-Produktion insgesamt elf Standorte in Frankreich auf, weitere 58 Produktions- und Montagewerke befinden sich im Ausland, 13 davon befinden sich noch im Projektstadium (vgl. Abb. 5.29). Damit sind die französischen PKW-Produzenten sowohl in Europa (35 Standorte in Frankreich, Großbritannien, Deutschland, Weißrussland, Spanien, Polen, Portugal, Tschechien, Rumänien, Russland, Slowenien, Slowakei und Türkei), als auch in Südamerika (6 Standorte in Argentinien, Brasilien, Kolumbien und Uruguay), Afrika (9 Standorte in Algerien, Marokko, Tunesien, Äthiopien, Kenia und Nigeria) sowie Asien (21 Standorte in China, Südkorea, Indien, Indonesien, Iran, Japan, Kasachstan, Malaysia, Usbekistan, Pakistan und Vietnam) vertreten.

|Abb. 5.28| *Zahl der direkt Beschäftigten in der französischen Automobilindustrie im Zeitraum 2008 bis 2017*

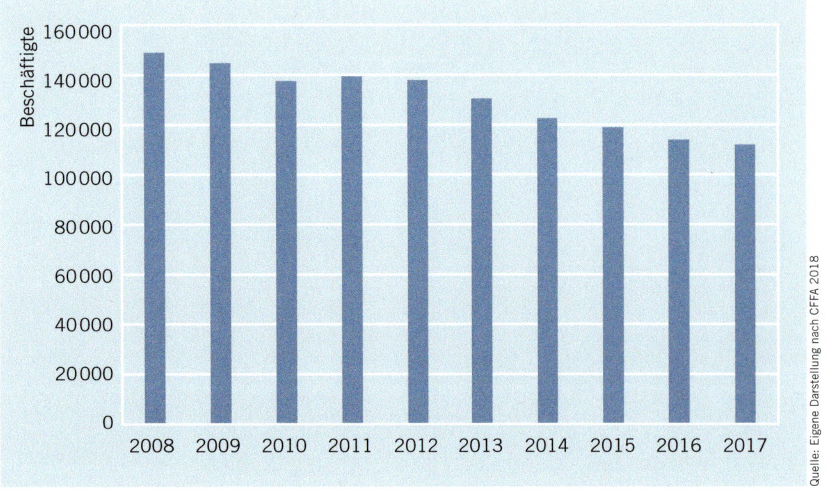

Die Elektromobilität ist auch für die französische Automobilindustrie eine der großen zukünftigen Herausforderungen. Bereits im Jahr 2010 wird Frankreich in einer einschlägigen Marktstudie des Beratungsunternehmens McKinsey neben den USA als „Elektroauto-Vorreiter" identifiziert (vgl. Wirtschaftswoche 2010). In Europa ist Renault bereits einer der führenden Anbieter von reinen Elektrofahrzeugen und verzeichnet im Jahr 2017 einen Marktanteil von knapp 24 % in diesem Bereich.

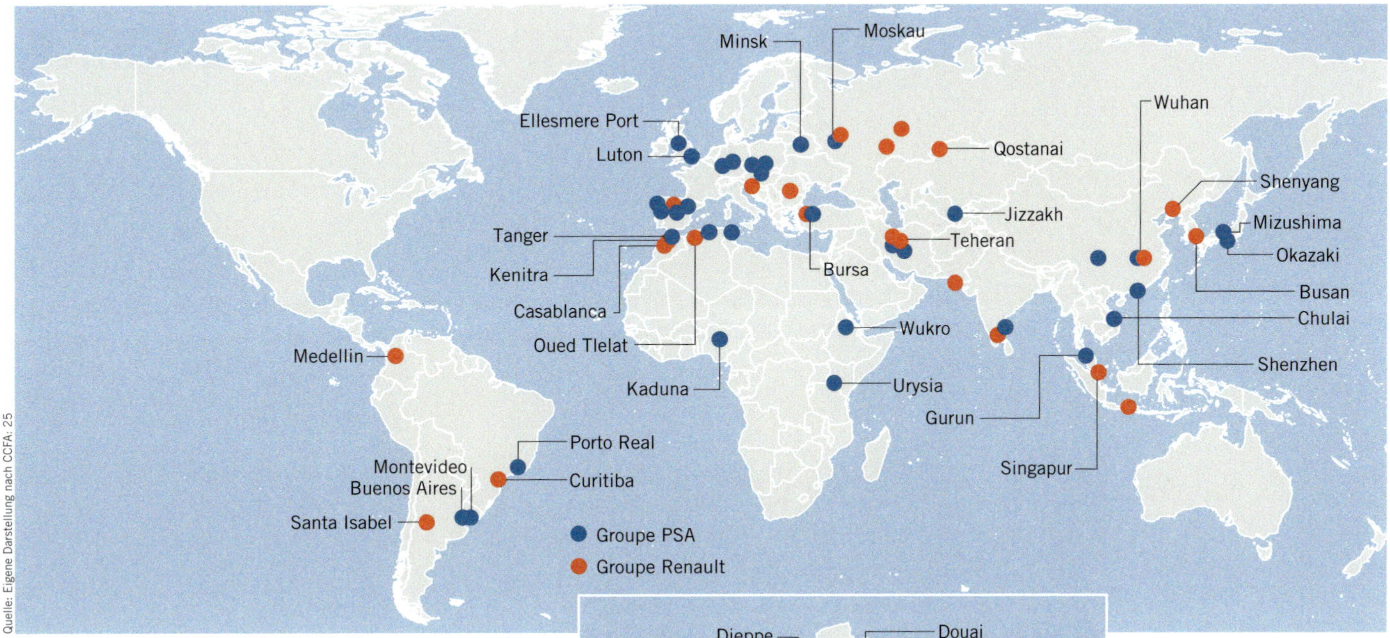

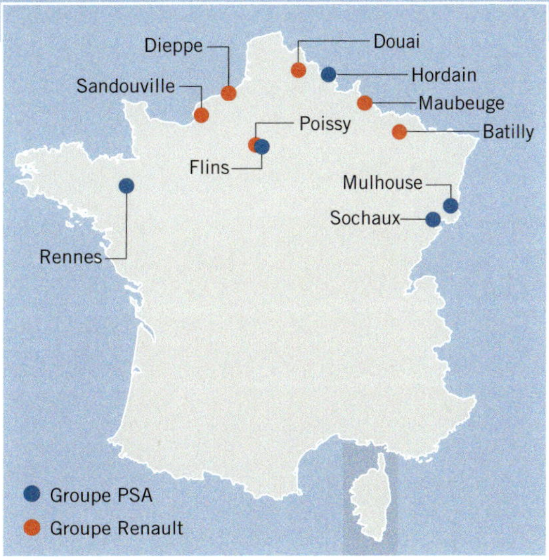

Quelle: Eigene Darstellung nach CCFA: 25

|Abb. 5.29| *Existierende und projektierte Teile-, Montage- und Produktionsstandorte der französischen Automobilhersteller in Frankreich und weltweit im Jahr 2017*

Der vom Konzern produzierte Kleinwagen Zoe erreicht dabei die höchste Verkaufszahl aller auf dem Markt angebotenen Modelle. Um diese Spitzenstellung auszubauen, investiert der Konzern in den kommenden Jahren über 1 Mrd. € in die Entwicklung neuer E-Modelle (vgl. Ecomento 2018). Beim Wettbewerber soll die Produktpalette für E-Mobilität durch eine eigens dafür eingerichtete Konzernsparte (*low emission vehicles*) vorangetrieben werden. Hierzu wird eine Fahrzeugplattform entwickelt, auf deren Basis sowohl Fahrzeuge mit Verbrennungsmotoren als auch solche mit Hybridtechnologie oder reinem E-Antrieb produziert werden können (Wirtschaftswoche 2018).

5.2.3 Autarkie in der Energieversorgung: Atomindustrie

Frankreich hat eine lange Geschichte und Tradition der Kernenergie (*énergie nucléaire*), die mit der Entdeckung der radioaktiven Strahlung durch Antoine Henri Becquerel Ende des 19. Jahrhunderts beginnt, für die er gemeinsam mit Marie (die den Begriff *radioactivité* für die Strahlung prägt) und Pierre Curie im Jahr 1903 den Nobelpreis für Physik erhält (vgl. Kalmbach 2011: 37). Zunächst geht es hierbei um eine rein naturwissenschaftliche Forschung, die erst später für andere Zwecke genutzt wird.

Die militärische und zivile Nutzung der Kernenergie beginnt in Frankreich in den 1950er Jahren. Aufgrund der einerseits boomenden Wirtschaft in den ersten drei Nachkriegsjahrzehnten (*trente glorieuses*) mit ihrem enormen Energiebedarf und den andererseits sehr beschränkten Primärenergieressourcen sowie dem Wunsch nach weitgehender Unabhängigkeit von Importen auch im Energiesektor wird die Entwicklung von Kernkraftwerken (*centrale nucléaire*) vom französischen Staat stark forciert, denn der Grad der Eigenversorgung im Energiesektor beträgt im Jahr 1950 nur 67,5 % (vgl. Pletsch 2003: 234). So wird der Energiesektor bereits im ersten Wirtschaftsplan (1945 bis 1953) als einer der prioritären Wirtschaftssektoren ausgewiesen (vgl. hierzu auch 4.2.1). Im Jahr 1945 kommt es zur Gründung der Atombehörde CEA (*Commissariat à l'Énergie Atomique*), deren Aufgabe es ist, Lösungen zur Nutzung der Atomenergie für Industrie, Wissenschaft und Verteidigung zu entwickeln. Ein Jahr später wird die staatliche Elektrizitätsgesellschaft EDF (*Électricité de France*) gegründet, die die Versorgung Frankreichs mit Energie sicherstellen soll.

Neben der CEA und EDF gehört die von der CEA im Jahr 1976 geschaffene COGEMA (*Compagnie Générale des Matières nucléaires*), die u. a. für die Urangewinnung, die Urananreicherung und die Aufbereitung abgebrannter Brennelemente zuständig ist, zu den wichtigen Akteuren der französischen

|Abb. 5.30| *Atomkraftwerk in Cattenom*

Quelle: Aufnahme Bassaar

|Abb. 5.31| *Standorte der stillgelegten und im Betrieb befindlichen Kernkraftwerke nach Reaktortyp in Frankreich im Jahr 2018*

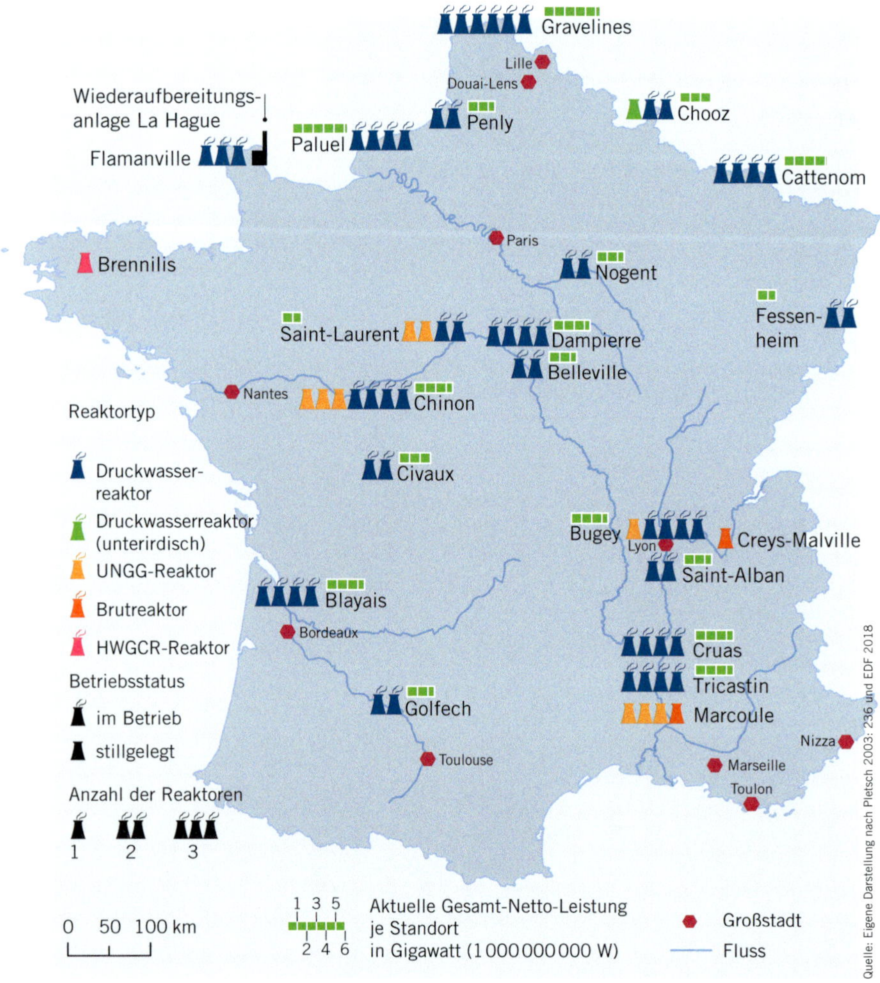

Quelle: Eigene Darstellung nach Pletsch 2003: 236 und EDF 2018

Atomindustrie. Frankreich ist heute weltweit größter Atomstromproduzent und weist die meisten Atomreaktoren in Relation zur Einwohnerzahl auf. Zusätzlich verfügt das Land über erhebliche Kapazitäten an Zwischen- und Endlagern sowie zwei Wiederaufbereitungsanlagen in La Hague/Normandie. Zudem ist AREVA (hervorgegangen aus dem Zusammenschluss von COGEMA, FRAMATOME sowie dem kommerziellen Zweig von CEA im Jahr 2001; nach Restrukturierung und Rekapitalisierung durch den französischen Staat ím Jahr 2018 in Orano bzw. wieder in FRAMATOME umbenannt) eines der wichtigsten Atomunternehmen weltweit. Die Bedeutung der französischen Atomindustrie lässt sich auch daran ablesen, dass im Jahr 2012 in 11 der 29 Länder mit Atomenergieanlagen französische Technologie zum Einsatz kommt (vgl. Jauréguy-Naudin 2012: 7).

Mit der Schaffung von EDF und CEA beginnt die Geschichte der französischen Kernkraftwerke. Ab dem Jahr 1956 werden erste Versuchsreaktoren getestet und in Betrieb genommen. Zunächst werden Schwerwasserreaktoren mit Graphitgastechnologie (UNGG-Reaktoren) favorisiert, diese Technologie wird aber Ende der 1960er Jahre nicht weiter verfolgt. In Frankreich gehen ab dem Jahr 1956 an fünf Standorten insgesamt neun Reaktoren (vgl. Abb. 5.32) dieses Typs in Betrieb, von denen der letzte im Jahr 1994 stillgelegt wird. Stattdessen werden von der CEA verschiedene Technologien in Forschung und Entwicklung getestet (Schwer- und Leichtwasserreaktoren, Schneller Brüter), wobei sich langfristig die vom für die Stromproduktion verantwortlichen staatlichen Unternehmen EDF (*Electricité de France*) favorisierten Druck- bzw. Leicht-

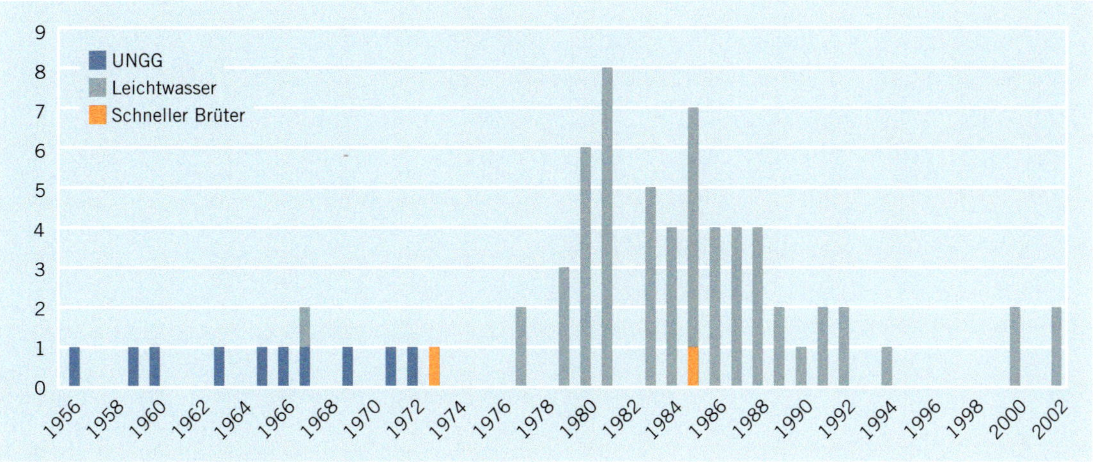

Quelle: Eigene Darstellung nach EDF 2018 und Lintern@ute 2018

|Abb. 5.32| *Kernkraftwerke nach dem Jahr der Inbetriebnahme sowie der Technologie*

wasserreaktoren durchsetzen, die vornehmlich vom im Jahr 1958 gegründeten französisch-amerikanischen Kernkraftunternehmen FRAMATOME (*Franco-Américaine de Constructions atomiques*) gebaut werden. Der Ausbau des Standortnetzes von Kernkraftwerken wird durch den im Jahr 1974 aufgelegten *plan Messmer*, benannt nach dem damaligen Premierminister Pierre Messmer, nochmals forciert. Außerdem wird der Wunsch nach Autarkie und das Ziel des Ausbaus der Kernenergieanlagen durch die Nahost-Krise (Jom-Kippur-Krieg 1973) und die Ölkrisen der 1970er Jahre zusätzlich befeuert, denn der Grad der Eigenversorgung beträgt im Jahr 1977 lediglich noch 21,7 % (vgl. Pletsch 2003: 234). Erklärtes Ziel der Regierungen dieser Zeit ist es, die Abhängigkeit vom Erdöl, das im Jahr 1975 rund 62 % des Energiebedarfs deckt, zu reduzieren. Dies läutet die stärkste Phase des Baus von Atomkraftwerken ein: Im Zeitraum von 1977 bis 2002 gehen in Frankreich insgesamt 58 Druck- bzw. Leichtwasserreaktoren in Betrieb (vgl. Abb. 5.32), hingegen gehen lediglich zwei Kernkraftwerke des Typs „Schneller Brüter" ans Netz (*Phénix* in Marcoule/Gard von 1973 bis 2010 und *Superphénix* in Creys-Malville/Isère von 1985 -1997). Insgesamt werden in Frankreich 71 Reaktoren an 22 Standorten gebaut, von denen im Jahr 2018 noch 58 Reaktoren an 19 Standorten mit einer Gesamtleistung von 63 Gigawatt in Betrieb sind (vgl. Abb. 5.31), ein weiterer Reaktor ist noch im Bau und steht kurz vor seiner Inbetriebnahme.

Durch den konsequenten Ausbau der Atomindustrie wird die Kernenergie zum wichtigsten Energieträger in Frankreich. Im Jahr 2017 stammen knapp 80 % der gesamten produzierten Primärenergiemenge aus Atomkraftwerken (zum Vergleich: Im Jahr 1973 sind dies 9 %) (vgl. Ministère de la transition écologique et solidaire 2018). Beim Energiekonsum in Frankreich fällt der Nuklear-Anteil mit 41,3 % wesentlich geringer aus, gefolgt von Erdöl (28,3 %) und Erdgas (15,6 %) (vgl. INSEE 2018d). Die größten Verbraucher sind Haushalte und der tertiäre Sektor (42 %), das Transportwesen (30 %) sowie der sekundäre Sektor (25 %).

Frankreich schafft es durch den Ausbau des Kernenergiesektors nicht nur, hinsichtlich seiner Energieversorgung weitgehend autark zu werden, sondern Atomstrom ist überdies ein wichtiges Exportprodukt der französischen Wirtschaft, das zur Reduzierung des Handelsdefizits beiträgt. So besteht im Jahr 2015 mit allen Nachbarländern ein Handelsüberschuss zu Gunsten Frankreichs (vgl. Tab. 5.9), wobei zu beachten ist, dass die gehandelten Strommengen von Jahr zu Jahr deutlich schwanken können. Im Durchschnitt der Jahre 1990 bis 2016 liegt der Stromexport bei jährlich 57 Terrawattstunden (TWh). Als Wettbewerbsvorteil gegenüber Primärenergieträgern erweist sich, dass der Preis für Atomstrom weniger volatil ist als für fossile Brennstoffe. Neben diesem Exportüberschuss ist zudem zu beachten, dass die staatliche EDF seit dem Jahr 1984 auch Kernkraftwerke im Ausland baut und hierdurch weitere Einnahmen für den französischen Staat generiert.

Der Ausbau des Atomenergiesektors wird in den ersten Nachkriegsjahrzehnten von einer breiten politischen und gesellschaftlichen Mehrheit getragen, da man sich neben der Autarkie im Energiesektor auch die Möglichkeit zur Schaffung von

|Tab. 5.10| *Handelsbilanz für Strom (in TWh) mit den Nachbarländern im Jahr 2015*

Handelspartner	Import (in TWh)	Export (in TWh)
Großbritannien	0	15,1
Belgien	1,4	9,8
Luxemburg	0	1,1
Deutschland	1,4	12,1
Schweiz	4,4	10,3
Italien	0,1	16,3
Andorra	0	0,2
Spanien	1,8	9,1
Gesamt	**9,1**	**74,0**

Quelle: Eigene Zusammenstellung nach Ministère de l'environment, de l'énergie de de la mer 2017: 40

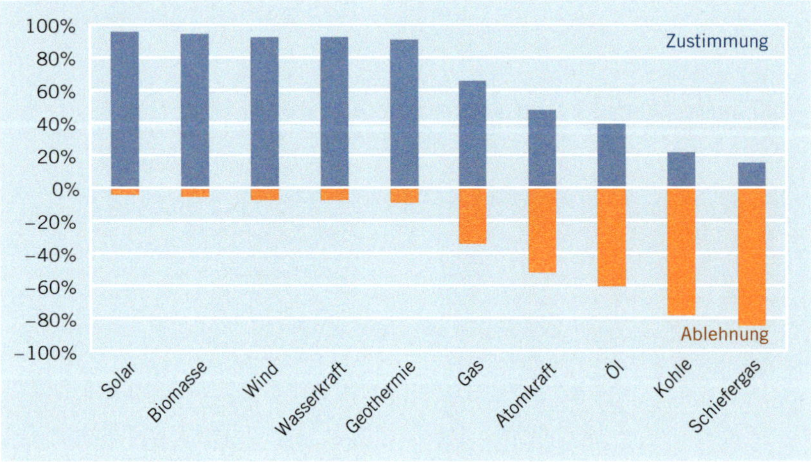

|Abb. 5.33| *Zustimmung bzw. Ablehnung zur Nutzung verschiedener Energiequellen durch die französische Bevölkerung im Jahr 2017*

zukunftsträchtigen Arbeitsplätzen durch die Atomindustrie verspricht. Die Atomtechnologie gilt lange Zeit auch als „Träger des sozialen Fortschritts" (vgl. Jauréguy-Naudin 2012: 7). Dies ändert sich erst mit der Entwicklung der französischen Umweltbewegung und führt vereinzelt zur Aufgabe neuer Kernenergieprojekte: So wird im Jahr 1981 ein in Plogoff/Bretagne geplantes Kernkraftwerk nicht gebaut. Gleichwohl besteht in der französischen Bevölkerung auch in dieser Zeit noch überwiegend Zustimmung zur Atomenergiepolitik. Bürgerbewegungen bzw. -proteste wie durch das Netzwerk *Sortir du Nucléaire* haben kaum überregionale Bedeutung (Hillengaß 2011). Dies ändert sich erst durch das Reaktorunglück von Fukushima/Japan und die Wahl von François Hollande zum Staatspräsidenten: Zum einen schwindet der Rückhalt für die Atomenergie in der Bevölkerung, zum anderen wird im Jahr 2015 ein Energiewende-Gesetz verabschiedet. So befürworten ein Jahr nach Fukushima bereits 83 % der französischen Bevölkerung eine Reduzierung des Atomstromanteils zu Gunsten erneuerbarer Energien an der Energieversorgung. Entsprechend wird im Energiewende-Gesetz das Ziel ausgegeben, den Atomstromanteil an der gesamten nationalen Stromproduktion bis zum Jahr 2015 unter 50 % zu senken, was einen Teil der in Betrieb befindlichen Reaktoren obsolet macht. Der inzwischen zurückgetretene französische Umweltminister Nicolas Hulot geht im Jahr 2017 in diesem Zusammenhang von der Schließung von bis zu 17 Atomreaktoren aus (vgl. Handelsblatt 2017). Umgekehrt soll bis zum Jahr 2020 insgesamt 23 % des Energiebedarfs aus erneuerbaren Energien gedeckt werden. Sollte Frankreich seine Stromproduktion aus erneuerbaren Quellen zukünftig ausweiten, zugleich aber die meisten seiner Atomkraftwerke weiter betreiben, würde das zu einem erhöhten Exportpotential für Atomstrom führen. Kritiker fürchten, dass Frankreich dann in Nachbarländern wie Deutschland verstärkt billigen Atomstrom verkaufen könnte (vgl. Becker 2018).

Die Zustimmung zur Atomenergie nimmt in Frankreich allerdings mit zeitlichem Abstand zum Atomunglück in Japan wieder zu. So befürworten im Jahr 2017 42 % der französischen Bevölkerung den Einsatz von Atomenergie (bei einer Ablehnungsquote von 46 %), wobei die Zustimmung zum Einsatz erneuerbarer Energien durchweg höher ausfällt als zu Atomenergie oder zur Energieproduktion auf der Basis fossiler Brennstoffe (vgl. Abb. 5.32). Als Argument für den Erhalt der Atomreaktoren wird häufig mit der Zahl der Arbeitsplätze argumentiert, die im Atomindustriesektor angesiedelt sind. Ihre Zahl wird für das Jahr 2012 nach einer Studie von Pricewaterhouse Coopers auf rund 410 000 Arbeitsplätze beziffert, wobei es sich bei rund 125 000 Arbeitsplätzen um direkte und bei den übrigen um indirekte und induzierte Arbeitsplätze handelt (vgl. Lefilliâtre 2012).

6. Der tertiäre Sektor: Einzelhandel und Tourismus als Beispiele für die dynamische Entwicklung im Dienstleistungssektor

Quelle: Aufnahmen Schmude 2014

|Abb. 6.1| *Einzelhandel in Ménerbes und Touristenattraktion Promenade des Anglais in Nizza*

Überblick

- Der Dienstleistungssektor entwickelt sich im Vergleich zu anderen europäischen Staaten in Frankreich erst spät, wird aber in der zweiten Hälfte des 20. Jahrhunderts sehr schnell zum dominierenden Wirtschaftssektor. Der Einzelhandel und der Tourismus sind Beispiele für diese dynamische Entwicklung.
- Der Einzelhandel erlebt in den letzten 50 Jahren tiefgreifende Veränderungen, die sich insbesondere in einer Betriebsformendifferenzierung niederschlagen. Kennzeichen des Wandels sind das sukzessive Entstehen von *supermarchés*, *hypermarchés*, *maxisdiscomptes* oder *magasins drive* und eine räumliche Verlagerung der Einkaufsstandorte an den Stadtrand. Dies hat eine Ausdünnung vor allem des innerstädtischen Standortnetzes zur Folge.
- In der jüngsten Vergangenheit erlebt der innerstädtische (Lebensmittel-)Einzelhandel eine Renaissance durch die Wiederbelebung der wohnstandortnahen Versorgung (*magasins de proximité*), wodurch die jahrelangen Umsatzrückgänge des kleinflächigen Einzelhandels zumindest gestoppt werden können.
- Die französische Tourismuswirtschaft ist nach dem Zweiten Weltkrieg durch nahezu kontinuierlich steigende Zahlen ausländischer Touristen bei gleichzeitig hoher Bedeutung des Binnentourismus gekennzeichnet und erzielt seit den 1960er Jahren einen Devisenüberschuss. Frankreich empfängt weltweit die höchste Zahl an ausländischen Touristen. Auch zukünftig gilt die Tourismuswirtschaft als Wachstumsmarkt.
- Eine Besonderheit im französischen Binnentourismus ist die große Bedeutung der nicht-gewerblichen Beherbergung und insbesondere der Zweitwohnsitze, die eine lange Tradition aufweisen.

6.1 Grundzüge der Entwicklung im Dienstleistungssektor

Unter dem Dienstleistungssektor werden in Frankreich (wie in den meisten Ländern) sehr heterogene Bereiche zusammengefasst, die in den verschiedenen Statistiken wiederum in unterschiedlichem Detaillierungsgrad ausgewiesen werden. Eine erste Unterscheidung wird zwischen den Bereichen der marktbestimmten Dienstleistungen (*services marchands*) und der nicht marktbestimmten Dienstleistungen (*services non marchands*) vorgenommen. Erstere sind in der Regel unternehmensbezogene Dienstleistungen und werden wie Waren auf dem Markt gehandelt (z. B. Marketing, Finanzdienst- oder Logistikleistungen), letztere sind staatliche bzw. öffentliche Verwaltungs- und Dienstleistungsaktivitäten (z. B. im Sozial- oder Gesundheitswesen).

In der amtlichen Statistik wird der Tertiäre Sektor nicht zuletzt aufgrund seiner überragenden Bedeutung für die Gesamtwirtschaft von allen drei Wirtschaftssektoren am detailliertesten erfasst. Die häufig verwendete Klassifikation NAF (*nomenclature d'activités françaises*) erfolgt für alle drei Wirtschaftssektoren seit dem Jahr 2008 auf fünf Ebenen mit zunehmendem Detaillierungsgrad:

- *sections* (21 Klassen, davon 15 im Dienstleistungssektor) z. B. *section* G: *commerces, réparation d'automobiles et de motocycles*,
- *divisions* (88 Klassen, davon 48 im Dienstleistungssektor) z. B. *division* 47: *commerce de détail, à l'exception des automobiles et des motocycles*,
- *groupes* (272 Klassen, davon 136 im Dienstleistungssektor) z. B. *groupe* 47.7: *autres commerces de détail en magasin spécialisé*,
- *classes* (615 Klassen, davon 292 im Dienstleistungssektor) z. B. *classe* 47.72: *commerce de détail de chaussures et d'articles en cuir en magasin spécialisé*,
- *sous-classes* (732 Klassen, davon 360 im Dienstleistungssektor) z. B. *sous-classe* 47.72A: *commerce de détail de la chaussure.*

|Abb. 6.2| *Entwicklung der Zahl der Arbeitsplätze (in Mio.) und Anteil der Arbeitsplätze im Dienstleistungssektor an allen Arbeitsplätzen (in %) von 1970 bis 2017*

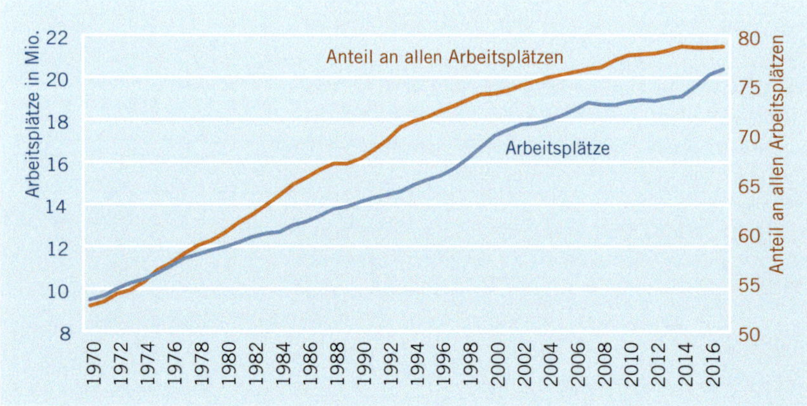

Quelle: Eigene Darstellung nach INSEE 2016b, 2016d: 83, 2017: 87 und 2018a

Die Zahl der Arbeitsplätze im Dienstleistungssektor nimmt nach dem Zweiten Weltkrieg deutlich zu, sowohl bei den nicht marktorientierten als auch – in noch stärkerem Maße – bei den marktorientierten Dienstleistungen. Analog zur Zahl der Arbeitsplätze steigt auch der Arbeitsplatzanteil des Dienstleistungssektors an der Gesamtwirtschaft (vgl. Abb. 6.2). Dabei gibt es Phasen (etwa die 1980er Jahre), in denen der Anteil ein größeres Wachstum aufweist als die absolute Zahl der Arbeitsplätze, was darauf zurückzuführen ist, dass in diesen Phasen in den anderen Wirtschaftssektoren Arbeitsplätze abgebaut werden. So werden beispielsweise zwischen 1982 und 1990 im Dienstleistungssektor nahezu 1,7 Mio. neue Arbeitsplätze geschaffen, dem steht in dieser Zeit ein Verlust von jährlich durchschnittlich rund 64 000 Arbeitsplätzen in der Industrie und weiteren 61 000 Arbeitsplätzen in der Landwirtschaft gegenüber (vgl. Dumartin/Tomasini 1993: 42 f.).

Für den Arbeitsplatzzuwachs im Bereich der nicht marktorientierten Dienstleistungen sind vor allem der Ausbau der staatlichen Verwaltungs- sowie des Bildungs-, Gesundheits- und Sozialwesens verantwortlich. Die hohe Dynamik im Bereich der marktbezogenen Dienstleistungen geht insbesondere auf unternehmensbezogene Dienstleistungen, den Bankensektor, den Einzelhandel (vgl. hierzu 6.2) sowie den Tourismus (vgl. hierzu 6.3) zurück.

Innerhalb des Dienstleistungssektors sind die Bereiche der öffentlichen Verwaltung, des Erzie-

|Tab. 6.1| *Zahl (in Mio.) und Anteil der Arbeitsplätze (in %) nach Bereichen im Dienstleistungssektor an allen Arbeitsplätzen im Jahr 2017*

Dienstleistungsbereich	Arbeitsplätze insg.	Anteil an allen Arbeitsplätzen
Handel	3,449	12,8
Transport	1,452	5,4
Hotel-und Gaststättengewerbe	1,032	3,8
Information und Kommunikation	0,791	2,9
Finanzen, Versicherungen, Immobilien	1,258	4,7
Wissenschaftliche und technische Dienstleistungen	2,65	9,9
Öffentliche Verwaltung, Erziehungs-, Gesundheits- und Sozialwesen	8,328	30
Andere Dienstleistungen	1,783	6,6
Tertiärer Sektor gesamt	**20,414**	**75,9**

Quelle: Eigene Zusammenstellung nach INSEE 2018a

hungs-, Gesundheits- und Sozialwesens die mit Abstand wichtigsten Arbeitgeber und stellen im Jahr 2017 knapp 30 % aller Arbeitsplätze, gefolgt vom Handel (12,8 %) sowie den wissenschaftlichen und technischen Dienstleistungen (9,9 %) (vgl. Tab. 6.1). Innerhalb dieser Kategorien verbergen sich oftmals divergierende Entwicklungen, wie der Bereich des Handels bereits auf der Ebene der *divisions* zeigt (vgl. Abb. 6.3). So weist der Einzelhandel in den letzten 20 Jahren ein nahezu ungebrochenes Beschäftigungswachstum auf (mit Ausnahme zur Zeit der Finanzkrise in den Jahren 2008 und 2009) und schafft seit dem Jahr 1995 insgesamt rund 400 000 neue Arbeitsplätze, so dass er im Jahr 2014 rund 1,3 Mio. Beschäftigte aufweist. Demgegenüber verlieren der Automobilhandel (inkl. Reparaturen) und der Großhandel die seit dem Jahr 1995 bis zum Anfang des 21. Jahrhunderts generierten Beschäftigungsgewinne nahezu vollständig. Insofern gehen die Beschäftigungsgewinne des Handels (knapp 18 % im Zeitraum 1995 bis 2014) zum überwiegenden Teil auf den Einzelhandel zurück. Als Folge dieser Entwicklung ist der Anteil der Arbeitsplätze des Einzelhandels am gesamten Handel im Zeitraum von 1995 (50 %) bis 2014 (56,4%) deutlich angestiegen. Auch gemessen an der Wertschöpfung (*valeur ajouté*) ist der Einzelhandel mit 48 % wichtigster Teilbereich des Handelssektors, weitere 42 % entfallen auf den Großhandel und 10 % auf den Automobilhandel (inkl. Reparatur). Insofern ist nachvollziehbar, dass der Einzelhandel als besonders dynamischer Bereich des tertiären Sektors bezeichnet wird, zumal er in den vergangenen 50 Jahren zusätzlich von einem starken Betriebsformenwandel und zahlreichen weiteren Innovationen gekennzeichnet ist (vgl. 6.2).

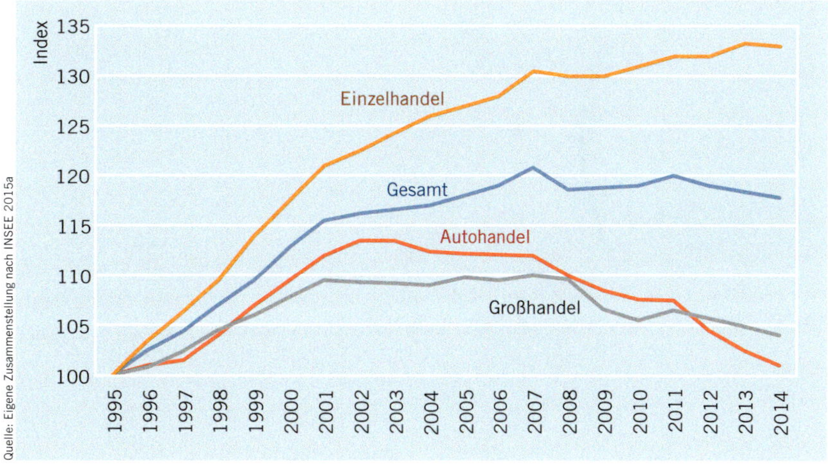

|Abb. 6.3| *Entwicklung der Zahl der Arbeitsplätze (Indexdarstellung mit 1995 = 100) im Handel differenziert nach Einzelhandel, Großhandel und Automobilhandel (inkl. Reparaturen) (divisions 45 bis 47) im Zeitraum 1995 bis 2014*

6.2 Einzelhandel: Handel im stetigen Wandel

Bis in die 1960er Jahre ist der französische Einzelhandel (*commerce de détail, division 47*) von einem recht gleichmäßigen, dichten Handelsnetz gekennzeichnet. Der Handelssektor ist insbesondere vom Lebensmitteleinzelhandel und den Cafés dominiert. Selbst kleine Gemeinden sind zumindest mit Betrieben zur Deckung des täglichen Bedarfs ausgestattet. Der Einzelhandel ist traditionell kleinbetrieblich, mit dem Familienbetrieb als typische Organisationsform strukturiert. Noch im Jahre 1960 haben 58 % der Betriebe neben dem Inhaber (*patron*) keinen weiteren Beschäftigten und nur 5,4 % aller Betriebe im Einzelhandel haben mehr als fünf Beschäftigte.

Die Anfänge der Entwicklung von Einzelhandelsketten bzw. Filialisten beginnt mit den Kauf- und Warenhäusern. Hierzu zählen die teilweise schon im Zweiten Kaiserreich gegründeten Häuser wie Le Bon Marché (seit 1852), Louvre (seit 1855), Le Printemps (seit 1865), La Samaritaine (seit 1870), Le Bazare de l'Hôtel de Ville (seit 1893; später in Galeries Lafayette umbenannt) oder Nouvelles Galeries (seit 1897). Sie zeichnen sich durch ein breites Warensortiment vornehmlich des mittel- und langfristigen Bedarfs aus und sind vor allem auf die Hauptstadt Paris konzentriert. In den anderen großen Städten des Landes finden sich nur wenige dieser Unternehmen. Neben diesen großbetrieblichen Handelsformen entstehen in den 1930er Jahren die sog. Volkskaufhäuser (*magasins populaires*). Sie verfügen über eine einheitliche Sortiments- und Preisstruktur, sind in erster Linie als Filialunternehmen organisiert und auf den kurzfristigen Bedarf ausgerichtet. In der Regel werden sie als Tochterunternehmen der Kauf- und Warenhäuser gegründet und sind besonders preiswert. Typische Beispiele sind die Ketten Uniprix (gegründet 1932 durch Nouvelles Galeries), Prisunic (gegründet 1931 durch Le Printemps) oder Monoprix (gegründet im Jahr 1932 durch Galeries Lafayette). Die Zahl der Volkskaufhäuser wächst schnell an. Da sie auch in kleinen und mittleren Städten angesiedelt sind, ist ihre Anzahl bald größer als die der Kauf- und Warenhäuser. So gibt es etwa zum Ende des Zweiten Weltkriegs 28 Filialen des Kaufhauses Le Printemps, aber 70 Filialen des zum gleichen Unternehmen gehörenden Volkskaufhauses Prisunic.

Im Bereich des Lebensmitteleinzelhandels gibt es seit Ende des 19. Jahrhunderts die ersten Filialisten. Einer der Pioniere ist die Kette Goulet-Turpin, die im Jahr 1886 mit zwei Geschäften startet und dann sehr schnell wächst. Im Jahr 1928 gibt es bereits 500 Geschäfte und am Ende des Zweiten Weltkriegs umfasst das Filialnetz rund 700 Standorte.

Nach dem Zweiten Weltkrieg besteht das französische Einzelhandelsnetz aus Kauf- und Warenhäusern, Volkskaufhäusern und Lebensmitteleinzelhandelsgeschäften zunächst so weiter, auch wenn es zu einzelnen Neuerungen kommt, etwa der Einführung des Selbstbedienungsprinzips (*self service*), das erstmals im Jahr 1948 in einer Pariser Filia-

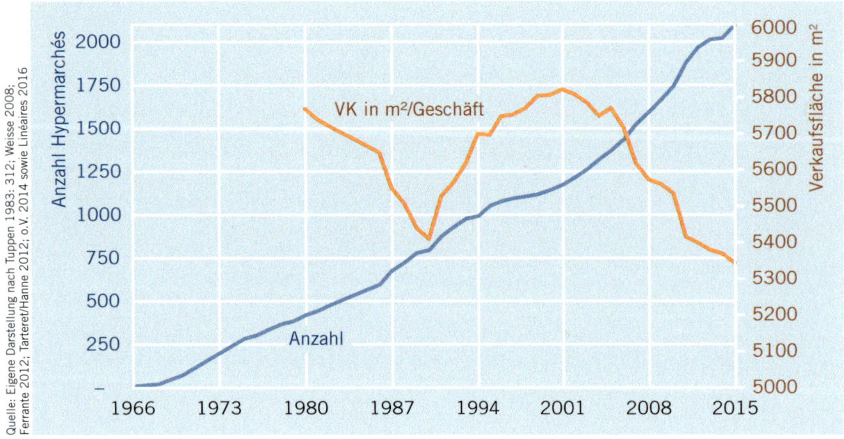

|Abb. 6.4| *Entwicklung der Zahl der* hypermarchés *im Zeitraum von 1966 bis 2015 und ihrer durchschnittlichen Verkaufsfläche (in m²/Geschäft) im Zeitraum 1980 bis 2015*

le der Kette Goulet-Turpin eingesetzt wird. Ab dem Ende der 1950er, Anfang der 1960er Jahre wird mit grundlegenden Neuerungen und Umstrukturierungen, die teilweise aus den USA übernommen werden, die Einzelhandelslandschaft neu gestaltet. Die für den Einzelhandelssektor wichtigsten Veränderungen lassen sich unter folgenden Aspekten zusammenfassen:

- Errichtung von großflächigem Einzelhandel,
- Spezialisierung des klein- und mittelbetrieblichen Einzelhandels,
- Entwicklung neuer Logistik- und Distributionsformen.

Als wichtigster Einflussfaktor ist das Auftreten neuer Handels- und Betriebsformen anzusehen. Mit der Verbreitung der Selbstbedienungsläden in den 1950er Jahren geht allmählich eine Erweiterung der Verkaufsflächen einher. Mit der steigenden individuellen Mobilität der Kunden kommt es außerdem zu einem erhöhten Parkplatzbedarf. Zudem ändert sich das Kunden- und Verbraucherverhalten auf Grund neuer technischer Entwicklungen (z. B. Bevorratung durch Tiefkühlschränke). Mit Beginn der 1960er Jahre treten dann – wie in anderen Ländern Westeuropas auch – neue, großflächige Betriebsformen des Einzelhandels auf, die in Frankreich als *supermarché* und *hypermarché* bezeichnet werden und dem großflächigen Einzelhandel (*grandes surfaces*) zugeordnet werden. Ein *supermarché* weist

|Tab. 6.2| *Größte* hypermarché-*Unternehmen nach Zahl der Filialen und Gesamtverkaufsfläche (in m²) im Jahr 1980*

Unternehmen	Filialen	VK in m²
Mammouth	65	328 000
Carrefour	41	381 000
Euromarché	39	222 000
Rond-Point	37	154 000
Leclerc	36	113 000
Auchan	23	184 000
Cora	21	140 000

Quelle: Metton 1990: 351

eine Verkaufsfläche von 400 m² bis unter 2500 m² auf und erzielt mehr als zwei Drittel seines Umsatzes mit Lebensmitteln, während ein *hypermarché* seine Waren auf mindestens 2500 m² Verkaufsfläche anbietet und mindestens ein Drittel seines Umsatzes im Lebensmittel-Bereich generiert (ist dies nicht der Fall, handelt es sich um ein *grand magasin*).

6.2.1 Supermarchés und Hypermarchés

Der erste *supermarché* wird im Jahr 1958 durch Goulet-Turpin in Rueil-Malmaison in der Nähe von Paris (Département Hauts-de-Seine) mit einer Verkaufsfläche von 550 m² eröffnet. Die neue Betriebsform bietet mit insgesamt rund 2000 verschiedenen Produkten ein breiteres Warensortiment an als der traditionelle Einzelhandel (rund 600 verschiedene Produkte). Fünf Jahre später folgt der erste *hypermarché* in einem Vorort von Paris, in Saint-Geneviève de Bois, der vom Unternehmen Carrefour mit einer Verkaufsfläche von 2500 m² betrieben wird und 450 Kundenparkplätze anbietet. Die Diffusion dieser beiden Handelsformen findet sehr schnell statt, wobei die durchschnittliche Verkaufsfläche sowohl bei *super-* als auch bei den *hypermarchés* zunächst zunimmt und bei einzelnen *hypermarchés* mehr als 20 000 m² erreicht.

Die rasante Verbreitung der neuen Handelsformen führt zu einem starken Verdrängungswettbewerb im Einzelhandel, dem insbesondere der kleinbetriebliche, innerstädtische Sektor zum Opfer fällt. Die Vorteile der großflächigen Verbrauchermärkte liegen in ihrem breiten Warenangebot, das sie auf Grund der großen Mengen preiswert anbieten können, den langen Öffnungszeiten und dem kostenlosen Parkplatzangebot.

Um diesen Verdrängungswettbewerb zu entschärfen, erlässt die Regierung im Jahr 1973 ein Gesetz (*loi Royer*), dass die Errichtung und den Ausbau des großflächigen Einzelhandels einschränken soll, indem es eine Genehmigungspflicht für Einzelhandelsgeschäfte ab 1000 m² (in Städten bis 40 000 Einwohner) bzw. 1500 m² (in Städten mit mehr als 40 000 Einwohnern) Verkaufsfläche einführt. In der Folge kommt es dennoch nicht zu einer Verlangsamung des Ausbreitungsprozesses (vgl. Abb. 6.4): Im Jahr 1980 gibt es in Frankreich 421 *hypermarchés* mit rund 2,5 Millionen m² Gesamtverkaufsfläche, die als Filialen von großen Unternehmen wie Mammouth oder Carrefour geführt werden (vgl. Tab. 6.2). Lediglich die durchschnittliche Verkaufsfläche je *hypermarché* entwickelt sich nach Einführung des Gesetzes in den 1980er Jahren trotz einzelner Mammut-Projekte rückläufig und liegt im Jahr 1990 bei rund 5400 m². In den folgenden 20 Jahren setzt sich der Ausbreitungsprozess dieser Betriebsform fort, in dessen Verlauf sich die Zahl der *hypermarchés* noch einmal mehr als verdoppelt: Im Jahr 2015 existieren schließlich 2106 *hypermarchés* mit insgesamt rund 11,25 Millionen m² Verkaufsfläche. Die durchschnittliche Verkaufsfläche steigt allerdings nur bis zur Jahrtausendwende weiter (Maximum im Jahr 2001 mit durchschnittlich 5822 m²). In den folgenden Jahren verringert sie sich jedoch wieder und liegt im Jahr 2015 bei 5344 m². Dieser Rückgang ist in der Tatsache begründet, dass die zweite Ausbreitungswelle dieser Betriebsform sich insbesondere nach der Jahrtausendwende auf die Versorgung der Bevölkerung in mittleren und kleinen Städten konzentriert. In der Folge sind diese *hypermarchés* kleiner dimensioniert. Im Jahr 2015 arbeiten im Schnitt 157 Beschäftigte je *hypermarché*, die für ihre Kunden durchschnittlich 755 Parkplätze anbieten.

Begleitet wird der Ausbreitungsprozess der *hypermarchés* durch einen insbesondere seit Mitte der 1990er Jahre stattfindenden Konzentrationsprozess auf der Unternehmensseite, der von zahlreichen Übernahmen gekennzeichnet ist (vgl. Tab. 6.3). Einzelne Übernahmen finden bereits vor dieser Phase statt, denen auch einige Pioniere der *hypermarchés* zum Opfer fallen (z. B. Übernahme von Goulet-Turpin im Jahr 1979 durch Euromarché). Dabei werden die großen filialisierten Ketten z. T. im Franchiseverfahren geführt (z. B. Leclerc oder Système U). So entstehen sehr große Filialnetze und nur fünf Unternehmen haben im Jahr 2013 mehr als 100 Filialen (vgl. Tab. 6.4). Das Ausmaß des Konzentrationsprozesses lässt sich beispielsweise daran ablesen, dass im Jahr 2012 die drei größten Unternehmen insgesamt rund 52 % der Lebensmittelumsätze aller *hypermarchés* unter sich vereinen.

Wie bei den *hypermarchés* steigt auch die Zahl der *supermarchés* nach Einführung dieser Betriebsform sehr schnell an und erreicht ihr Maximum im Jahr 1990 mit 6776 Geschäften, wobei sich parallel dazu auch die durchschnittliche Verkaufsfläche kontinuierlich vergrößert (im Jahr 1990: 960 m²/Geschäft). Im Gegensatz zu den *hypermarchés* gibt es bei den *supermarchés* jedoch keine zweite Ausbreitungswelle, vielmehr verringert sich ihre Zahl wieder. Die durchschnittliche Verkaufsfläche nimmt jedoch weiter bis zum Maximum von 1305 m² je Geschäft im Jahr 2011 zu (vgl. Abb. 6.5). Es findet also ein Konzentrationsprozess der Verkaufsfläche an weniger Standorten statt. Im Jahr 2015 gibt

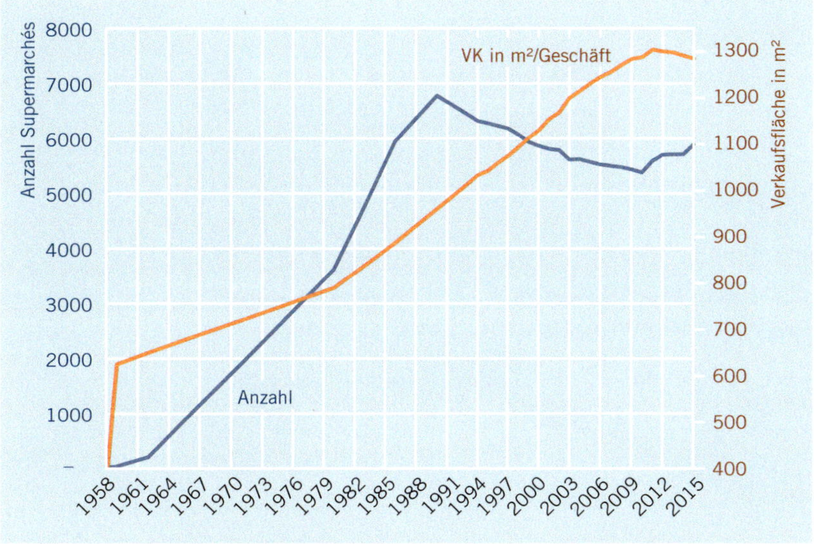

Quelle: Eigene Darstellung nach Metton 1990: 128; Pletsch 1997: 238; Tarteret/Hanne 2012; o.V. 2014 sowie Linéaires 2016

|Abb. 6.5| *Entwicklung der Zahl der* supermarchés *und ihrer durchschnittlichen Verkaufsfläche (in m²/Geschäft) im Zeitraum 1958 bis 2015*

es schließlich 5889 *supermarchés* mit knapp 7,57 Millionen m² Verkaufsfläche (durchschnittlich 1285 m²/Geschäft). Durchschnittlich arbeiten 29 Beschäftigte in einem *supermarché*, der seinen Kunden im Schnitt 141 Parkplätze anbietet.

Die neuen Betriebsformen der *super-* und *hypermarchés* unterscheiden sich vom traditionellen Einzelhandel auch durch ihre Standorte, denn auf Grund ihrer großflächigen Gestaltung (u. a. Parkplatzangebot) sind sie in den Innenstädten kaum zu realisieren. Die bevorzugten Standorte befinden sich mit guter Verkehrsanbindung unmittelbar an den großen Ausfall- oder Ringstraßen der Städte. Die neuen Handelsformen betreffen jedoch nicht ausschließlich den Lebensmittelsektor. Seit den 1980er Jahren entwickeln sich auch Fachmärkte für Möbel, Elektro- und Haushaltswaren oder Heimwerkerbedarf. Auch bei diesen Fachmärkten finden neben den organisationsstrukturellen Veränderungen standorträumliche Verlagerungen statt und sie treten oftmals in Standortgemeinschaften mit *super-* oder *hypermarchés* auf. Diese Verbindung von Lebensmittel- und Fachmärkten (*commerce de détail alimentaire* bzw. *non-alimentaire*) bilden an der Peripherie der Städte oftmals Einzelhandelskonzentrationen (*axes commerciales*).

|Tab. 6.4| *Größte* hypermarché*-Unternehmen nach Zahl der Filialen im Jahr 2013*

Unternehmen	Filialen
Leclerc	503
Carrefour	376
Système U	325
Auchan	134
Géant	103
Cora	59

Quelle: Eigene Zusammenstellung nach Dupré 2015

|Tab. 6.3| *Übernahmen von Unternehmen im Bereich der* supermarchés *mit Jahr der Übernahme im Zeitraum von 1994 bis 2009*

Unternehmen	Übernommen durch:	Jahr
Mammouth	Auchan	2009
Rallye	Casino	2005
Prisunic	Monoprix	2003
Continent	Carrefour	2000
Unico	Super U	1997
L'Univers	Casino	1997
Euromarché	Carrefour	1994
Montlaur	Carrefour	1994

Quelle: Eigene Zusammenstellung nach Bastian 2015

Quelle: Aufnahmen Schmude 2016

|Abb. 6.6| Hypermarché *in Arles*

|Abb. 6.7| Supermarché *in Le Coustellet*

Die großen Einzelhandelsunternehmen treten dabei oft sowohl als Betreiber von *supermarchés* als auch als Betreiber von *hypermarchés* auf, die nicht nur den französischen Markt bedienen, sondern eine Internationalisierungsstrategie verfolgen. So ist das Unternehmen Carrefour das führende Handelsunternehmen in Europa und belegt im Jahr 2014 im weltweiten Ranking hinter den Weltmarktführern Walmart und Costco aus den USA Platz 3. Mit Casino (Platz 13) und Auchan (Platz 14) befinden sich zwei weitere französische Unternehmen unter den 20 größten Handelsunternehmen weltweit (vgl. Handelsblatt 2014). Die französischen Handelsunternehmen verfolgen eine internationale Expansionsstrategie, da der heimische Markt ihnen kaum noch Wachstumschancen bietet.

6.2.2 Factory Outlet Center (FOC), Maxidiscomptes und Magasins drive

Als weitere neue Betriebsform treten in den 1980er Jahren die Factory Outlet Center (FOC) in den Markt ein. Sie sind ebenfalls verkehrsgünstig gelegen. Diese aus den USA übernommene Betriebsform, die allerdings fast ausschließlich Angebote im Non-Food-Bereich offeriert, sind zunächst klassische Fabrikverkaufsläden, werden aber insbesondere ab den 1990er Jahren von professionellen Betreibern systematisch zu Fabrikverkaufszentren ausgebaut. Mit dem FOC *L'Usine Roubaix* wird im Jahr 1984 das erste FOC in Europa eröffnet. Seitdem findet ein langsamer, kontinuierlicher Ausbau der FOC-Landschaft statt, der bis heute anhält. Im Jahr 2015 existieren in Frankreich schließlich 21 solcher Zentren, weitere 7 befinden sich in der Bau- oder Planungsphase (vgl. Ecostra 2016: 10ff.). Die Fabrikverkaufszentren haben durchschnittlich eine Verkaufsfläche von 14 900 m². Die Verkaufsfläche variiert zwischen den einzelnen Zentren mit einem Minimum von 5500 m² (FOC *Merignac* bei Bordeaux) und dem Maximalwert von 28 655 m² im FOC *Mc Arthur Glen Troyes*, das bereits im Jahr 1995 eröffnet wird. Die Gesamtverkaufsfläche aller FOC entspricht knapp 3 % der Gesamtverkaufsfläche aller *hypermarchés* (im Jahr 2013). Bekanntestes FOC in Frankreich ist das von Value Retail betriebene *La Vallée Village* (15 000 m² Verkaufsfläche), das in der Nähe von Disneyland Paris gelegen ist. Größter Betreiber ist die seit dem Jahr 1993 im Markt vertretene Gruppe Concepts & Distribution mit insgesamt 10 FOC. Im Bereich des Einzelhandels spielen FOC in Frankreich gemessen nach Verkaufsfläche und Umsatz, wie in vielen anderen Ländern Europas, eine eher untergeordnete Rolle.

Als weitere neue Betriebsform im Einzelhandel treten ab dem Jahr 1988 auch in Frankreich die Discounter *(maxidiscomptes)* in den Markt ein, die auf einer Verkaufsfläche zwischen 400 und 800 m² ihr im Vergleich zu den *super-* und *hypermarchés* eingeschränktes Angebot besonders preiswert anbieten. Sie sind in der Regel am Ortsrand gelegen, d. h. auch ihre Kunden sind überwiegend auf (individuelle) Mobilität zum Einkauf angewiesen. Hintergrund für das Vordringen der Discounter nach Frankreich ist die Internationalisierung ausländischer Unternehmen, die – wenngleich mit deutlicher zeitlicher Verzögerung im Vergleich zu den Nachbarländern – zu einer weiteren Diversifizierung der Einzelhandelslandschaft in Frankreich beitragen. Im Jahr 1990 haben die Discounter in Deutschland bereits einen Umsatzanteil von 22 % am Lebensmitteleinzelhandel, in Belgien sind es 16 % und in Frankreich lediglich 2 % (vgl. Lavigne/Nauze-Fichet 1994).

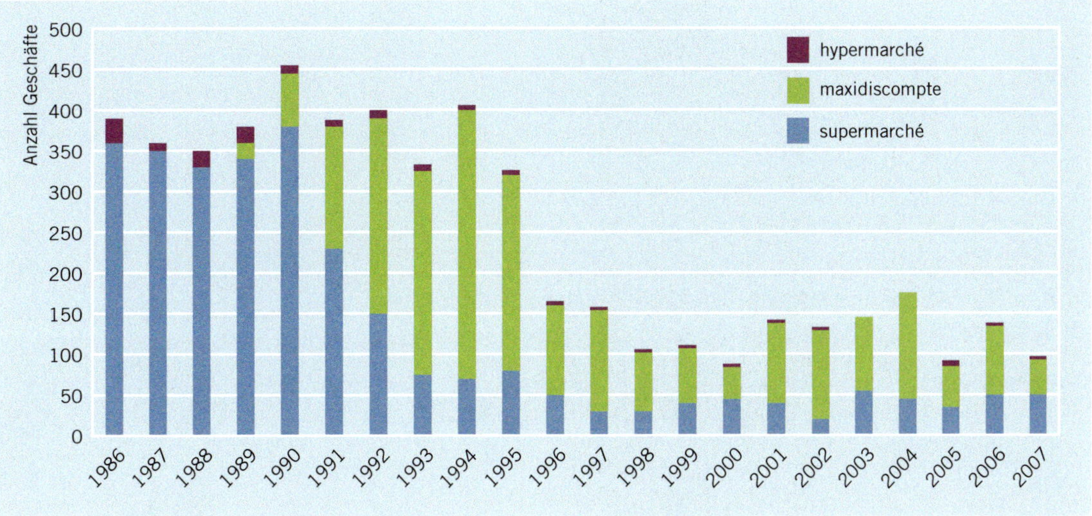

Quelle: Eigene Darstellung nach DGCIS 2009, INSEE 2006a; 2008: 4 und Monino/Turolla 2008: 146

|Abb. 6.8| *Zahl der neu eröffneten Filialen von* super- *und* hypermarchés *sowie* maxidiscomptes *im Zeitraum von 1986 bis 2007*

Die Zahl der Discounter wächst nach Zahl der Unternehmen und Zahl ihrer Filialen ab dem Jahr 1989 sehr schnell an. Sie zeigen damit eine deutlich größere Dynamik als die zu dieser Zeit bereits etablierten Betriebsformen der *super-* und *hypermarchés* (vgl. Abb. 6.8). Die Zahl der Neueröffnungen erreicht Mitte der 1990er Jahre ein vorläufiges Maximum. An diesem Prozess sind insbesondere Discount-Unternehmen aus Deutschland, den Niederlanden und Belgien beteiligt. So starten die Discounter Lidl (Schwarz-Gruppe) und Aldi im Jahr 1988 ihre Expansion nach Frankreich, gefolgt von Netto im Jahr 2001. Die großen französischen Handelsunternehmen gründen eigene Discounter, um auch in diesem Marktsegment des Einzelhandels präsent zu sein (z.B. Carrefour mit Ed und Dia oder Casino mit Leader Price). So gibt es im Jahr 1993 insgesamt 399 Discount-Filialen französischer und 350 entsprechende Geschäfte ausländischer Unternehmen. Nur ein Jahr später gibt es bereits über 1000 Discounter-Filialen. Als Reaktion auf diese Entwicklung wird das Genehmigungsverfahren für Einzelhandelsgeschäfte (*loi Royer* aus dem Jahr 1973) durch das *loi Raffarin* im Jahr 1996 verschärft und die Genehmigungspflicht für Einzelhandelsgeschäfte wird auf 300 m² Verkaufsfläche herabgesetzt. Gleichwohl steigt die Zahl der Discounter bis zum Jahr 2011 auf 4801 Filialen an. Allerdings scheint dann auch für diese Betriebsform eine Marktsättigung erreicht, denn das Filialnetz der Discounter wächst kaum mehr und auch die Entwicklung ihres Marktanteils steigt nicht weiter an.

Der Expansionsprozess der Discounter erreicht gemessen am Marktanteil im Lebensmitteleinzelhandel nach kontinuierlichem Anstieg seit dem Markteintritt im Jahr 1988 in den Jahren 2008 und 2009 mit rund 14 % seinen vorläufigen Höhepunkt. Seitdem entwickelt sich der Marktanteil der Discounter wieder rückläufig (vgl. Abb. 6.9). Dagegen erhöht sich die Zahl der Filialen noch bis zum Jahr 2011 (Maximum mit 4807 Filialen), bevor sich auch ihre Zahl wieder leicht verringert (2015: 4165). Gleichwohl haben sich die Discounter als feste Größe in der Lebensmitteleinzelhandelslandschaft Frankreichs etabliert, auch wenn ihr Anteil am nationalen Lebensmitteleinzelhandel mit 11,5 % im Jahr 2015 deutlich geringer ausfällt als in einigen Nachbarländern (z.B. in Deutschland über 40 %).

Der räumliche Expansionsprozess der deutschen Discounter in Frankreich verläuft vom Nordosten in Richtung Südwesten. Dies lässt sich am Beispiel des Discounters Aldi nachvollziehen, der als Pionier auftritt und seine ersten Filialen in den Départements Nord und Pas-de-Calais eröffnet (vgl. Abb. 6.10). In den folgenden Jahren kommt es dem Nachbarschaftseffekt folgend zu einer flächenhaften Ausbreitung des Filialstandortnetzes, wobei zentraler Ausgangspunkt jeweils ein Warenverteilungslager (*entrepôt*) ist. Neben der räumlichen Expansion kommt es in den nachfolgenden Jahren auch zu einer Verdichtung des bereits bestehenden Filialnetzes, das im Jahr 2012 schließlich aus rund 850 Filialen besteht. Von allen in Frankreich aktiven Discountern haben die deutschen Unternehmen Aldi, Lidl, Netto und Norma einen Marktanteil von rund 40 %. Dabei stagnieren ihre Umsatzanteile am gesamten Lebensmittelumsatz: Bei Lidl be-

|Abb. 6.9| *Zahl der Discounter-Filialen von 1990 bis 2015 und Entwicklung des Marktanteils der Discounter (gemessen am Umsatz) im Zeitraum von 1990 bis 2015*

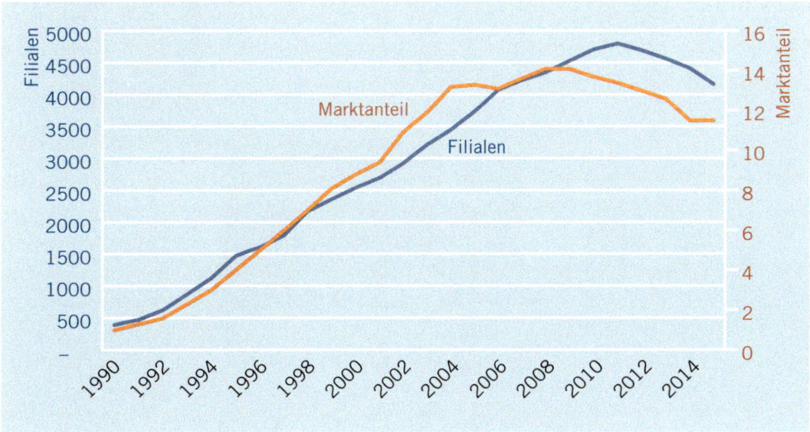

Quelle: Eigene Darstellung nach INSEE 2006b: 77, DGCIS 2009; o.V. 2014 sowie Linéaires 2016

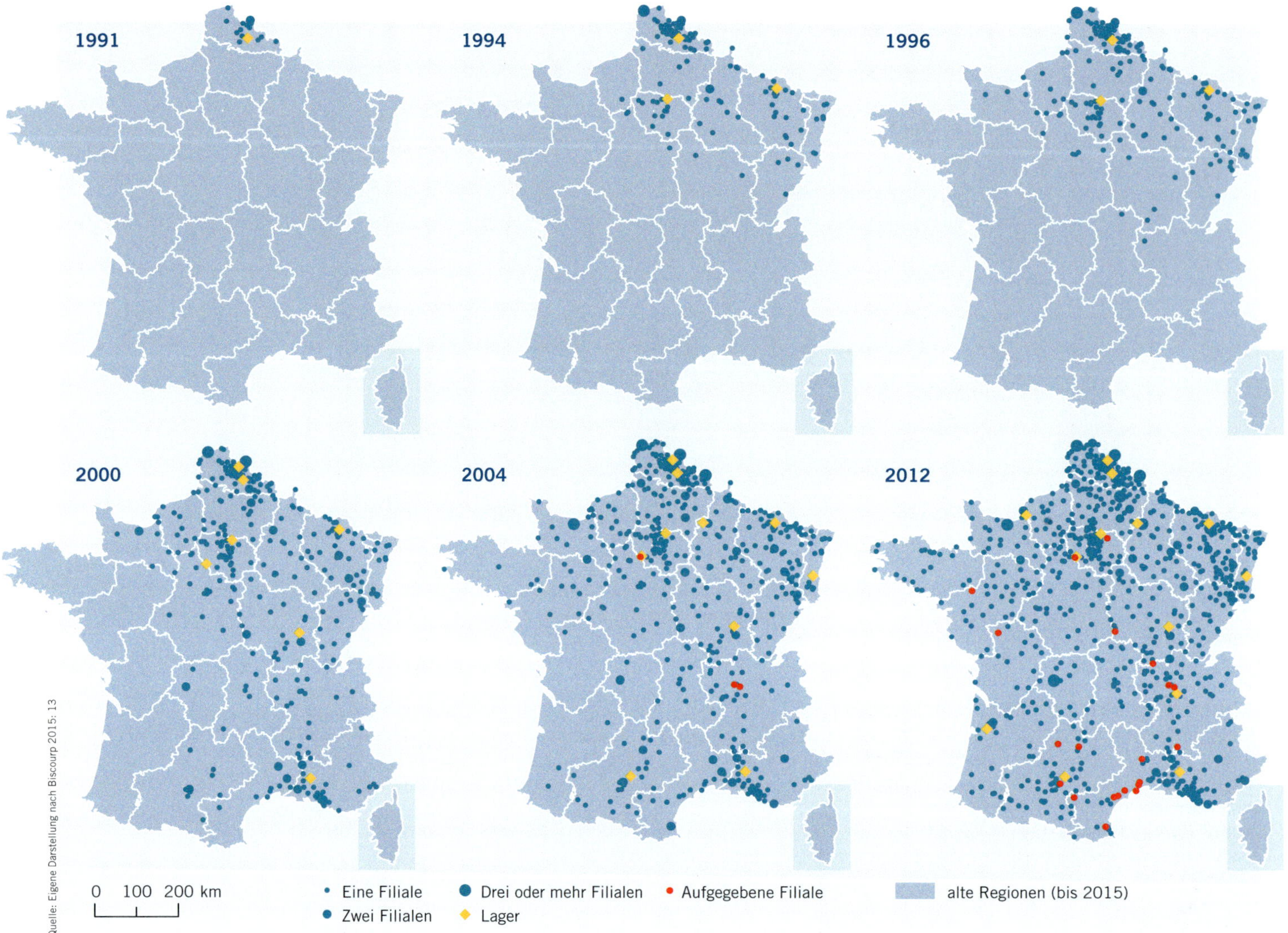

Quelle: Eigene Darstellung nach Biscourp 2015: 13

|Abb. 6.10| *Diffusion des Discounters Aldi im Zeitraum 1991 bis 2012*

Quelle: Aufnahme Schmude 2016

|Abb. 6.11| *Discounter Lidl in Arles*

trägt der Anteil der rund 1600 Filialen ca. 4,5 %, bei Aldi mit knapp 1000 Filialen liegt der Anteil bei ca. 2,5 %.

Als neue Betriebsform entwickelt sich in Frankreich seit dem Jahr 2000 eine Kombination von Internet und Einzelhandel. An sog. Drive-Standorten wird die zuvor via Internet bestellte Ware (*courses en ligne*) per Auto abgeholt, teilweise ohne dass dieses verlassen werden muss (analog zu Drive-Through-Angeboten in der Fast-Food-Gastronomie). Entsprechend sind diese Einrichtungen verkehrsgünstig am Rande der Städte gelegen. Pionier in diesem Bereich ist das Unternehmen Auchan, das in Leers (Département Nord) seinen ersten Drive-Standort im Juni 2000 eröffnet. Doch schon bald folgen die anderen Einzelhandelsketten (*super-* und *hypermarchés* sowie auch *maxidiscomptes*) mit der Etablierung eigener Drive-Standorte. Im Jahr 2014 existieren insgesamt 2761 Einrichtungen dieser Art, von denen mehr als die Hälfte auf die vier größten Anbieter entfallen (Leclerc, Intermarché, Carrefour und Super U) (vgl. Abb. 6.12). Dieser Teilmarkt des Einzelhandels wächst weiter sehr dynamisch und es wird davon ausgegangen, dass der Umsatzanteil dieses Teilsegments im Lebensmitteleinzelhandel in Frankreich schon bald rund 10 % betragen wird.

6.2.3 Reaktion und Entwicklung des kleinflächigen Einzelhandels

Durch die Expansion der verschiedenen neuen Betriebsformen seit den 1960er Jahren verliert der kleinflächige Lebensmitteleinzelhandel (*supérettes, épiceries*) stark an Bedeutung. Dabei handelt es sich um Geschäfte mit im Schnitt 54 m² Verkaufsfläche. Es kommt in den Innenstädten, aber auch in den kleinen Gemeinden des ländlichen Raums zu einer Ausdünnung des Standortnetzes im traditionellen Einzelhandel, der sich in Einbußen seines Anteils am Einzelhandelsumsatz und der Schließung vieler Geschäfte niederschlägt: Allein in den Jahren 2004 bis 2009 werden 9 % aller kleinen Lebensmittelgeschäfte aufgegeben, die Verkaufsfläche schrumpft sogar um 14 % (vgl. Ferrante 2012). Vom gesamten Lebensmitteleinzelhandelsumsatz des Jahres 2013 entfallen schließlich lediglich noch gut 7 % auf diese Geschäfte.

Dem innerstädtischen Einzelhandel gelingt es jedoch, sich zumindest teilweise zu behaupten. Zum einen beruht dies auf einer Spezialisierung im Warenangebot, zum anderen werden neue Warenbezugssysteme entwickelt und die Filialisierung nimmt durch Übertragung logistischer Vorteile von Großunternehmen auf den kleinbetrieblich strukturierten Handel zu. Darüber hinaus werden neue Konzepte zur Revitalisierung der Innenstädte entwickelt. So werden zum einen – oft in Zusammenhang

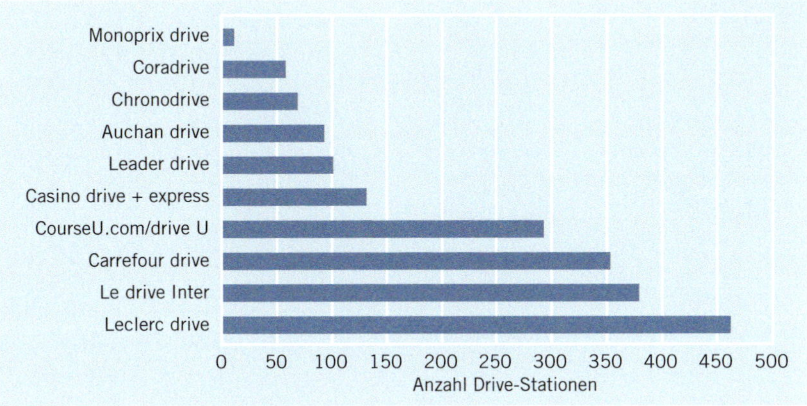

Quelle: Eigene Darstellung nach Ecommerce News 2014

|Abb. 6.12| *Zehn größte Drive-Anbieter im Einzelhandel nach Zahl der Stationen im März 2014*

mit Sanierungsmaßnahmen in den historischen Stadtzentren (*centres historiques*) – unterschiedliche Formen von Fußgängerzonen (verkehrsberuhigt bis verkehrsfrei) angelegt, zum anderen wird die Attraktivität der Innenstädte als Handelsstandort durch die Anlage neuer integrierter Einkaufszentren gesteigert. Gerade diese innerstädtischen Einkaufszentren stellen in den 1980er und 1990er Jahren einen Steuerungsansatz der kommunalen Stadtentwicklungspolitik dar. Die Zentren verfügen über eine Vielzahl von Einzelhandels-, Verwaltungs- und Dienstleistungseinrichtungen und sind als neue Konzentrationspunkte typischer innerstädtischer Funktionen angelegt (z. B. Polygone in Montpellier oder La Part-Dieu in Lyon).

Dennoch erreichen die *super-* und *hypermarchés* eine dominierende Stellung im Lebensmitteleinzelhandel: Rund zwei Drittel aller Umsätze im Food-Bereich entfallen im Jahr 2013 auf diese beiden Betriebsformen, im Non-Food-Bereich sind es lediglich 16,6 %. Die in den Innenstädten und ländlichen Gemeinden angesiedelten, flächenmäßig

Quelle: Aufnahme Schmude 2016

|Abb. 6.13| Magasin Drive: *Drive-U in Cavaillon*

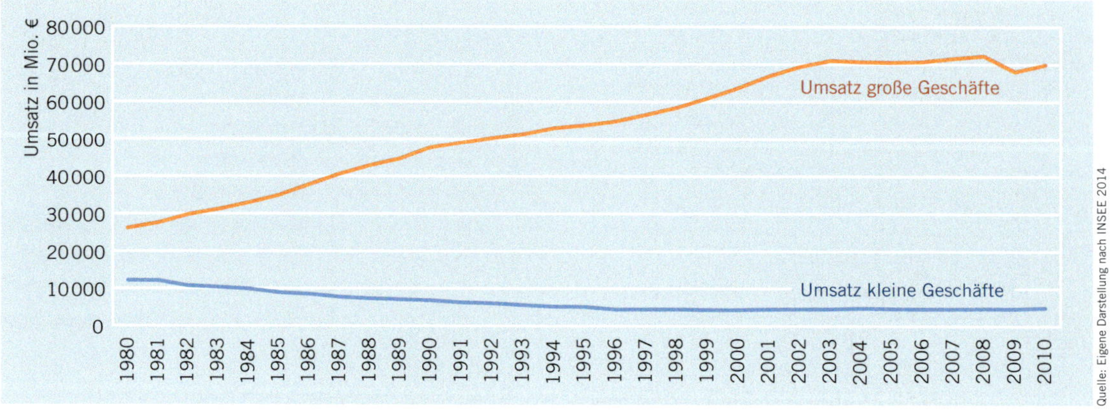

|Abb. 6.14| *Inflationsbereinigte Umsatzentwicklung des kleinflächigen* (petites surfaces alimentaires) *und großflächigen* (grandes surfaces alimentaires) *Lebensmitteleinzelhandels (in Mio. €) im Zeitraum von 1980 bis 2010*

eher kleinen Lebensmittelgeschäfte (entspricht den *sous-classes* NAF 47.11A, 47.11B und 47.11C) büßen durch die großflächigen Betriebsformen (entspricht den *sous-classes* NAF 47.11D, 47.11E und 47.11F) deutlich an Umsatz ein, wobei sich die Schere der Umsatzentwicklung seit den 1980er Jahren noch weiter öffnet (vgl. Abb. 6.14). Während sich die Umsätze des großflächigen Einzelhandels im Zeitraum von 1980 bis 2000 nahezu verdreifachen, halbieren sie sich für die kleinflächigen Geschäfte des Lebensmitteleinzelhandels. Erst nach der Jahrtausendwende stagnieren die Umsätze des großflächigen Einzelhandels bzw. entwickeln sich sogar zeitweise rückläufig, wohingegen die kleinen Geschäfte ganz leichte Umsatzgewinne aufweisen.

Hierfür ist eine Art Gegenbewegung zu den *super-* und *hypermarchés*, sowie den *maxidiscomptes* und den Drive-Standorten verantwortlich, die zu einer Renaissance des wohnstandortnahen Lebensmitteleinzelhandels (*commerce de proximité*) in den Innenstädten führt. Ursache ist u.a. auch die Tatsache, dass die Innenstädte in den letzten Jahren wieder an Bedeutung als Wohnstandorte gewonnen haben.

Aber auch in diesen Prozess sind die großen Einzelhandelsketten involviert, denn sie eröffnen seit dem Jahr 2009 zunehmend wieder Geschäfte in Innenstadtlagen (z. B. Carrefour City; vgl. Abb. 6.15), die auf einer Verkaufsfläche bis maximal 400 m² Waren des täglichen Bedarfs anbieten. In einigen ländlichen Gemeinden, insbesondere, wenn sie touristisch geprägt sind, kommt es zumindest saisonal wieder zur Eröffnung von Dorfläden im Stile der traditionellen „Tante-Emma"-Läden.

Insgesamt kann eine dynamische Entwicklung der Struktur des Lebensmitteleinzelhandels in den letzten 50 Jahren konstatiert werden, die mit einer Differenzierung der Betriebsformen einhergeht. Diese unterschiedlichen Betriebsformen werden von der Bevölkerung mit verschiedener Intensität in Anspruch genommen. Am stärksten erfolgt die Versorgung über die *hypermarchés* und *supermarchés*, die im Jahr 2012 von 91 % bzw. 80 % der Bevöl-

|Abb. 6.15| *„Tante-Emma"-Laden in Lacoste (a) und Commerce de proximité in Arles (b)*

Quelle: Aufnahme Schmude 2016

|Abb. 6.17| *Traditioneller Markt in Gordes*

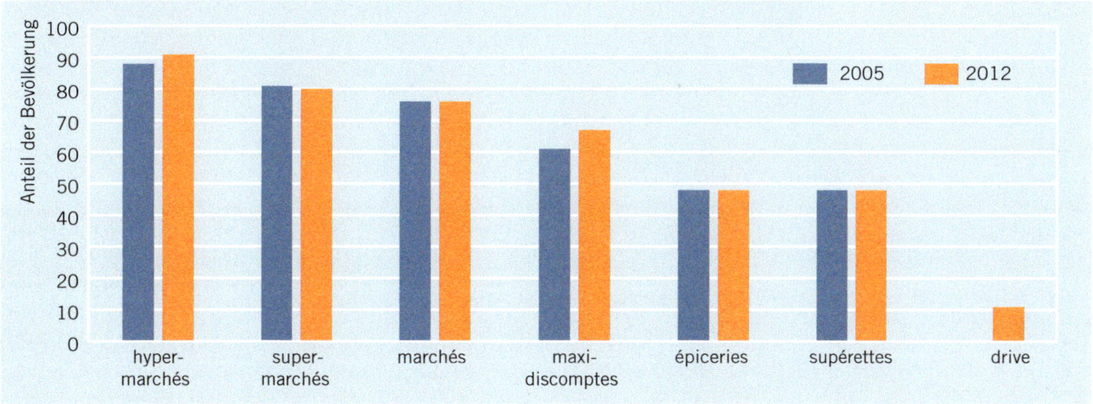

Quelle: Eigene Darstellung nach Arnaud 2013: 8

|Abb. 6.16| *Anteil der Bevölkerung bzgl. ihrer Nutzung verschiedener Betriebsformen im Lebensmitteleinzelhandel zur Versorgung in den Jahren 2005 und 2012 (Mehrfachnennungen)*

kerung zur Versorgung genutzt werden (vgl. Abb. 6.16). Aber auch der traditionelle Markt (*marché*) wird von drei Vierteln der Bevölkerung nach wie vor zur Versorgung genutzt. Den stärksten Zuwachs weisen die Discounter (+6%-Punkte zwischen 2005 und 2012) sowie die Drive-Standorte auf, die im Jahr 2012 von 11% der Bevölkerung genutzt werden. Aus Sicht der Verbraucher sind die Distanz zum Versorgungsstandort, die Breite und das Preisniveau des angebotenen Sortiments die drei wichtigsten Motive für die Entscheidung, wo sie ihren Einkauf tätigen (vgl. Arnaud 2013: 8).

Der Bereich des Einzelhandels wird sich auch in Zukunft sehr dynamisch entwickeln und hat eine große Bedeutung für den Arbeitsmarkt. Von den im Jahr 2013 rund 3,2 Mio. Arbeitsplätzen im Handelssektor entfallen ca. 50% auf den Einzelhandel. Mehr als ein Drittel dieser Arbeitsplätze wird von Beschäftigten in *hypermarchés* und *supermarchés* eingenommen.

6.3 Tourismus: Wachstumsmotor der wirtschaftlichen Entwicklung

In nur wenigen Jahrzehnten entwickelt sich der Tourismus nach dem Zweiten Weltkrieg zu einem Schlüsselsektor der französischen Wirtschaft mit enormen Zuwachsraten. Die Einnahmen durch die nach Frankreich einreisenden Touristen (*dépenses des touristes étrangers en France*) steigen, von kurzen Phasen der Stagnation sowie leichten Rückgängen abgesehen, im Trend deutlich an (vgl. Abb. 6.18). Von den kurzfristigen Unterbrechungen des Wachstums (etwa durch die Finanzkrise ab 2008) erholt sich die Tourismuswirtschaft jeweils wieder recht schnell und die Einnahmen nehmen von 1,1 Mrd. € im Jahr 1970 auf 43,2 Mrd. € im Jahr 2014 zu. Allerdings sinken die Einnahmen der Tourismuswirtschaft im Jahr 2016 in Folge der Terroranschläge seit dem Jahr 2015 wieder unter die Marke von 40 Mrd. €.

Die wirtschaftliche Bedeutung des Fremdenverkehrs wird durch die Entwicklung der Einnahmen-Ausgaben-Bilanz verdeutlicht, bei der die Einnah-

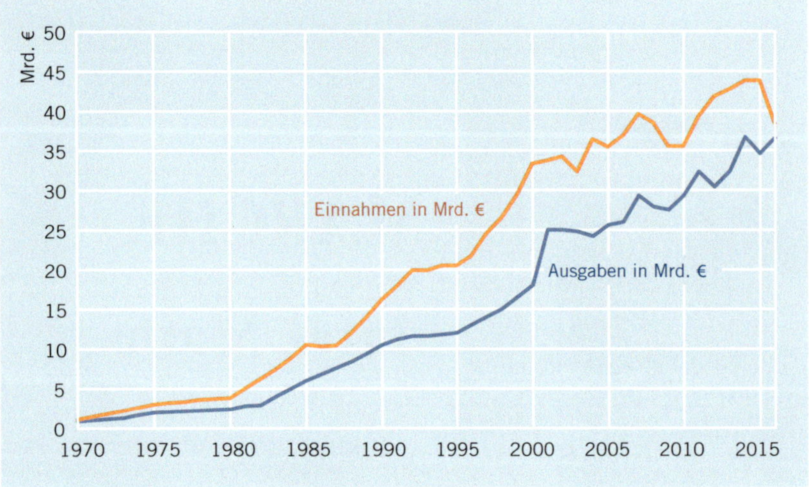

Quelle: Eigene Darstellung nach Allain/Cheval/Erkel-Rousse 2001: 7; DGE 2014b; DGE 2016: 126; 2017: 126 und 2018: 127 sowie INSEE 2016a

|Abb. 6.18| *Entwicklung der Zahlungsbilanz im Tourismus (in Mrd. €) im Zeitraum von 1970 bis 2016*

men durch ausländische Touristen in Frankreich den Ausgaben der französischen Touristen im Ausland gegenübergestellt werden. Seit dem Jahr 1969 ergeben sich für den Tourismussektor Einnahmeüberschüsse, die im langjährigen Trend zunächst anwachsen und im Jahr 2000 einen Überschuss von rund 20 Mrd. € aufweisen. Bis zum Jahr 2014 verringert sich zwar der Saldo wieder auf 6,5 Mrd. € und im Jahr 2016 auf nur noch 1,8 Mrd. €, dennoch gehört Frankreich seit Ende der 1960er Jahre zu den Überschuss-Ländern des Tourismus (vgl. Schmude/Namberger 2015: 91). Schließlich muss zur Einschätzung der wirtschaftlichen Bedeutung des Tourismus auch der Binnentourismus berücksichtigt werden, der in Frankreich eine wichtige Rolle spielt, da knapp 90 % der französischen Bevölkerung ihren Urlaub im eigenen Land verbringt (vgl. auch 6.3.4).

Die zunehmend große Bedeutung des Tourismus ist wesentlich der Tatsache geschuldet, das sich der Fremdenverkehr in Westeuropa nach dem Zweiten Weltkrieg zu einem Massentourismus entwickelt. Gleichwohl reichen die Ursprünge dieser Entwicklung z. T. bis ins 19. Jahrhundert zurück.

6.3.1 Entwicklungsansätze des modernen Tourismus

Als Ausgangspunkt des modernen Fremdenverkehrs kann die Mitte des 19. Jahrhunderts angesehen werden, als an der französischen Riviera zunächst das englische, später aber auch das übrige europäische Großkapital die Klimagunst des Winters und die mittlerweile entstandenen Kureinrichtungen nutzt, z. B. in Hyères, Menton, Nizza oder Cannes. Die französische Riviera entwickelt sich zu einem exklusiven wintertouristischen Treffpunkt des europäischen Großbürgertums und Hochadels (vgl. Pletsch 1997: 240). Typische Kennzeichen dieser Zeit sind prachtvolle, z. T. noch heute vorhandene Hotelbauten (vgl. Abb. 6.19) oder Seepromenaden wie die Promenade des Anglais in Nizza. Mit dem Bau der Eisenbahnlinie zwischen Paris und Marseille im Jahr 1855 und der dadurch verbesserten Erreichbarkeit erfährt der zunächst als Wintertourismus betriebene Fremdenverkehr einen weiteren Aufschwung und es kommt zu einer verstärkten Bautätigkeit von Villen und Hotelbauten an der Côte d'Azur. Etwa ab dem Jahr 1850 kann von einem großbürgerlichen Wintertourismus gesprochen werden (vgl. Kleemann 1973: 122). Dieser wird ab den 1930er Jahren durch einen Sommertourismus ergänzt, der durch einen Ausbau mit *lotissements* (Ferienhaussiedlungen) forciert wird. Der Sommertourismus gewinnt bereits zwischen den beiden Weltkriegen eine größere Bedeutung als der Wintertourismus und die Côte d'Azur entwickelt sich immer mehr zur wichtigsten sommertouristischen Fremdenverkehrsregion Frankreichs.

Parallel zu den Ansätzen an der Côte d'Azur setzen Mitte des 19. Jahrhunderts auch an der Atlantikküste erste touristische Aktivitäten ein. Ausgangspunkt ist hier die Côte Basque sowie das Becken von Arcachon. Hier handelt es sich allerdings zunächst um Sommertourismus, dessen Anfänge auf die Wahl von Biarritz als Sommerresidenz durch Napoléon III. (bzw. dessen Frau Eugénie) zurückgehen. Voraussetzung hierfür ist, dass Biarritz im Jahr 1855 an die Eisenbahnlinie Paris – Bordeaux angeschlossen wird. In der Folge entwickelt sich Biarritz zu einem sommerlichen Treffpunkt des europäischen Hochadels und zu einem exklusiven Seebad an der Atlantikküste. Mit der Wahl des Ortes für ihren Winteraufenthalt durch die englische Königin Victoria im Jahr 1899 entsteht in Biarritz mit zeitlichem Verzug auch ein Wintertourismus, der vor allem durch englische und russische Gäste geprägt ist. Allerdings wird mit dem zunehmenden Aufkommen konkurrierender Tourismusstandorte in der Normandie und der Bretagne, die durch die englischen Gäste aufgrund der geringeren Anreisedistanz gewählt werden sowie durch den Bedeutungszuwachs des Sommertourismus an der Côte d'Azur, der Niedergang des mondänen Biarritz eingeleitet, dessen Bedeutungsverlust sich nach dem Zweiten Weltkrieg fortsetzt (vgl. Pletsch 1987: 216 ff.).

Die Entwicklung des Tourismus in Arcachon wird dagegen durch das gehobene Bürgertum in Bordeaux angestoßen, das die Region im Sommer als Naherholungsgebiet nutzt. Auch hier ist der Anschluss an das Eisenbahnnetz im Jahr 1857 eine Voraussetzung für die dynamische Entwicklung des Tourismus. Wie an der Côte Basque folgen wintertouristische Aktivitäten erst im letzten Viertel des 19. Jahrhunderts, allerdings sind diese im Bereich des Kurwesens angesiedelt. Nach wie vor rekrutiert sich das Gros der Gäste aus Bordeaux. Im Gegensatz zu Biarritz ist die Beherbergungsstruktur dieser Zeit nicht durch Luxushotels und große Villen charakterisiert, sondern es dominieren die Sommerhäuser des gehobenen Bürgertums. Die Voraussetzungen für die Entwicklung des Tourismus nach dem Zweiten Weltkrieg sind somit vor dem Hintergrund einer sich verändernden Nachfrage und eines geänderten Urlaubsverhaltens in der Bucht von Arcachon günstiger als in Biarritz.

Nach diesen ersten Anfängen eines Fremdenverkehrs setzt nach dem Zweiten Weltkrieg die Entwicklung zum Massentourismus ein, wobei sie in Frankreich im Vergleich zu den Nachbarländern Spanien und Italien langsamer verläuft. Voraussetzung für die Entwicklung eines Massentourismus sind umwälzende soziale Veränderungen, die Einführung bzw. zeitliche Ausdehnung des bezahlten Urlaubs, die Reduzierung der Wochenarbeitszeit und die deutlich erhöhte Mobilität aufgrund des Individualverkehrs. Dabei liegt der Schwerpunkt der touristischen Entwicklung nach dem Zweiten Weltkrieg im Bereich des Sommertourismus. Im Gegensatz zur gewachsenen Struktur des Tourismus an der Côte d'Azur und der Côte Basque kommt es nach dem Zweiten Weltkrieg auch zur planmäßigen Erschließung von Küstenabschnitten für den Sommertourismus. Ursache hierfür ist die zunehmende wirtschaftliche Bedeutung der Tourismuswirtschaft.

Die größte planmäßige touristische Erschließung der Küste findet im westlichen Abschnitt der mediterranen Küste Frankreichs in der damaligen Region Languedoc-Roussillon statt. Lediglich als Transitraum auf dem Weg nach Spanien genutzt, spielt der Tourismus hier bis in die 1990er Jahre nahezu keine Rolle. Als Anfang der 1960er Jahre das Devisenaufkommen durch ausländische Touristen in Frankreich um fast 25 % sinkt, da Italien und Spanien aufgrund des niedrigeren Preisniveaus für Touristen attraktiver sind und zudem vermehrt auch Franzosen ausländische Urlaubsziele aufsuchen, wird zur touristischen Inwertsetzung des Küstenstreifens zwischen der spanisch-französischen Grenze und dem Rhône-Delta im Juni 1963 in Paris eine interministerielle Kommission gegründet, die im März 1964 einen Leitplan zur Erschließung des Küstenabschnitts vorlegt. Danach erfolgt wegen der Stechmückenplage die Entseuchung und Sanierung der Lagunen und Strandseen (*étangs*) zunächst mit chemischen, in der zweiten Phase auch mit biologischen Mitteln. Allerdings hat gerade der Einsatz der Insektizide zur Folge, dass nicht nur die Stechmücken vernichtet, sondern auch die Flora und übrige Fauna in Mitleidenschaft (Artenverarmung) gezogen werden (vgl. May 1972). Neben der Entseuchung wird als Windschutzmaßnahme gegen den *mistral* und zur Erhöhung des landschaftlichen Reizes auf ca. 50 000 ha ein Aufforstungsprogramm durchgeführt. Schließlich wird auch die Verkehrsinfrastruktur im Küstenbereich ausgebaut: Zunächst erfolgt die Erschließung durch den Bau einer Nationalstraße, später durch den Bau der Autobahn A9 *La Languedocienne*. Problematisch ist die Wasserversorgung der Touristen (über 250 l/Tag/Tourist) und der Grünanlagen (ca. 35 l/ha/Tag). Eine Grundwasserentnahme in Küstennähe kommt aufgrund der Versalzungsgefahr nicht in Frage, die Oberflächengewässer können wegen der jahreszeitlich stark schwankenden Wasserführung nur beschränkt benutzt werden. Hauptquelle zur Wasserversorgung wird daher die Rhône und ihre zu- bzw. ablaufenden Kanäle.

Zentrale Aufgabe der Erschließung ist der Aufbau eines breiten touristischen Angebotes in sechs touristischen Schwerpunktzonen (*unités touristiques*): Nicht nur der Bau von Appartementhäusern, Hotels und Villen, sondern vor allem auch die Bereitstellung von Campingplätzen ist vorgesehen, die zusammen mit Feriendörfern auch schwächeren Sozialschichten die Partizipation am Tourismus er-

Quelle: Aufnahme Schmude 2014

|Abb. 6.19| *Hotel Negresco in Nizza an der Promenade des Anglais*

Quelle: Aufnahme Schmude 2016

|Abb. 6.20| *Appartementhaus im Quartier Motte du Couchant in La Grande Motte*

möglichen sollen. Geplant sind zunächst sechs touristische Schwerpunktzentren (vgl. Pletsch 1987: 223 ff.):

- St. Cypries/Argelés,
- Port Leucate/Port Barcarès,
- Gruissan,
- Embouchure de l'Aude,
- Cap d'Agde,
- La Grande Motte.

Die Planung sieht die Schaffung von Bettenkapazitäten zwischen 25 000 (St. Cypries/Argelés) und 75 000 (Port Leucate/Port Barcarès) Betten je *unité touristique* vor, die sich aber als überdimensioniert erweisen und insbesondere nicht im vorgesehenen Zeitplan umgesetzt werden können, da die für die Umsetzung notwendigen Kapitalgeber nicht bzw. nicht mehr zur Verfügung stehen. Die *unité touristique* Embouchure de l'Aude kommt nicht über die Planungsstufe hinaus und wird nicht realisiert.

Als typisches Beispiel der Küstenerschließung durch die *unités touristiques* kann die im Jahr 2015 rund 8800 Einwohner zählende Gemeinde La Grande Motte angesehen werden, die erst im Jahr 1974 selbständig wird (zuvor Ortsteil der Gemeinde Mauguio). Der Ort ist auf einer ca. 1 km schmalen Nehrung zwischen dem Étang de l'Or und dem Étang du Ponant ca. 30 km südlich von Montpellier gelegen. Diese *unité touristique* ist eines der ersten neu geplanten und ab dem Jahr 1965 nach den Plänen des Architekten Jean Balladur umgesetzten Ferienzentren in der Region Languedoc-Roussillon. Aufgrund seiner pyramidenförmigen Wabenhochhäuser (vgl. Abb. 6.20) gilt La Grande Motte als avantgardistische Neukonzeption im Bereich der Feriensiedlungen. Allerdings wird der überwiegende Teil der Eigentumswohnungen nur saisonal als Zweitwohnsitz genutzt (2015: 15 664 Zweitwohnsitze). Neben dem wegen seiner Architektur bekanntesten massentouristischen Ortsteil Motte du Couchant gibt es weitere Ortsteile (*quartiers*), denen jeweils eine andere Konzeption zu Grunde liegt: So besteht das Quartier de Villas ausschließlich aus Einzelhausbebauung (Villen mit Garten), während etwa das Quartier Petite Motte durch Campingplätze charakterisiert wird. Insgesamt verfügt La Grande Motte im Jahr 2015 über eine Bettenkapazität von rund 110 000 Betten (Hotels, Ferienwohnungen, Campingplätze, Zweitwohnsitze).

Eine im Vergleich zu La Grande Motte andere Konzeption liegt dem in der gleichen *unité touristique* gelegenen Port Camargue zu Grunde. Dieser seit dem Jahr 1968, ebenfalls nach Plänen des Architekten Jean Balladur neu entwickelte Ortsteil der Gemeinde Le Grau-du-Roi ist ebenfalls eine Retortenstadt, die auch als *village marin* bezeichnet wird. Von seiner etwa 120 ha umfassenden Grundfläche gehört mehr als die Hälfte dem Hafen an. Die Hafenanlagen sind in das Feriendorf integriert, denn Ziel der Konzeption ist es, die Wege zwischen Wohnung und Boot minimal zu halten. Eine Besonderheit stellen dabei die sog. *marinas* dar, kleine Eigenheime, die in die Hafenbecken hineingebaut werden. Diese Wohnanlagen sind von drei Seiten vom Wasser eingeschlossen. Die Hafenanlagen haben insgesamt eine Kapazität von rund 4600 Liegeplätzen für Segel- und Motorboote. Damit ist Port Camargue eine der größten Freizeithafenanlagen in Europa. Im Gegensatz zu vielen anderen touristischen Retortenstädten hat Port Camargue eine gewisse Bedeutung als Ruhesitz französischer Pensionäre, so dass die Bevölkerungszahl nicht ganz so starken saisonalen Schwankungen unterliegt wie etwa in La Grande Motte.

Quelle: Aufnahme Schmude 2016

|Abb. 6.21| *Werbeplakat für Port Camargue*

Quelle: Aufnahme Mayer 2014

|Abb. 6.22| *Skiresort Les Menuires*

In der Folge der touristischen Erschließung durch die *unités touristiques* steigen die Touristenzahlen schon sehr bald an und die Region Languedoc-Roussillon wird zu einer der wichtigsten sommertouristischen Regionen Frankreichs, auch wenn nicht alle Ziele der damaligen Planungen erreicht werden. So gelingt es u.a. nicht, durch den Verkauf von Eigentumswohnungen an ausländische Investoren Deviseneinnahmen in größerem Umfang zu generieren. Entsprechend beträgt z.B. der Anteil ausländischer Eigentümer an allen Zweitwohnsitzen in La Grande Motte im Jahr 2009 lediglich 4,3%.

Vergleichbar zur Planung und Entwicklung des Sommertourismus im Languedoc-Roussillon kann auch eine systematische Erschließung der Alpen für den Wintersporttourismus konstatiert werden. Nachdem die Bergregionen Frankreichs zunächst primär Erholungsgebiet im Sommer sind, werden ab den 1960er Jahren systematisch Skiresorts (*station de ski*) geplant und gebaut. Ihre Zahl erhöht sich rapide: Im Jahr 1960 existieren 50 Skigebiete, zwanzig Jahre später sind es bereits 220 und im Jahr 2015 insgesamt 349 (vgl. Tuppen 1993: 246 und France Montagnes 2016). Entsprechend wächst auch die Beherbergungskapazität seit den 1960er Jahren und es entstehen große, z.T. völlig neu geplante Skiresorts, vor allem durch die Projekte des *plan neige*, dem nationalen Entwicklungsplan für den Wintersporttourismus in den Jahren 1964 bis 1977. Typisches Beispiel für diese Entwicklung ist das Skiresort La Plagne mit einer Bettenkapazität von rund 50000 Betten. In den späteren Entwicklungsphasen kommt es zu einem weiteren Ausbau der bestehenden Infrastruktur (Erhöhung der Bettenkapazität und der Transportleistung der Aufstiegshilfen) und zum Zusammenschluss von Skigebieten zur Vergrößerung des Angebots (z.B. La Plagne mit Les Arcs mit rund 100000 Betten und 425 Pistenkilometern).

Die vorgestellten Beispiele sind Beleg für die unterschiedlichen Entwicklungen und Strukturen im Tourismus Frankreichs, die sich in einem stark ausdifferenzierten Angebot niederschlagen.

6.3.2 Angebotsseite des Tourismus

Voraussetzung für die Erfolge der französischen Tourismuswirtschaft ist einerseits das ursprüngliche (z.B. Landschaft, Klima, Kultur), andererseits das abgeleitete Angebot (z.B. Beherbergungsinfrastruktur, Bergbahnen, Freizeithäfen). Das ursprüngliche Angebot in Frankreich ist insbesondere durch eine landschaftliche Vielfalt geprägt. Hierzu gehören u.a.

- unterschiedliche Küsten (Sandküsten und Felsküsten) an Mittelmeer, Atlantik und am Ärmelkanal,
- verschiedene Mittel- und Hochgebirgslandschaften wie die der Pyrenäen, des Zentralmassivs, der Vogesen, des Jura und der Alpen,
- zahlreiche Flüsse bzw. Flusstäler wie z.B. von Loire, Seine, Garonne oder Ardèche,
- große Beckenlandschaften wie das Pariser und das Aquitanische Becken.

Auch die klimatische Vielfalt sorgt für die Möglichkeit, ein sehr facettenreiches touristisches Angebot zu entwickeln. Atlantische, kontinentale und mediterrane Klimaeinflüsse (vgl. auch Abb. 0.2) prägen die abwechslungsreiche Vegetation und sorgen zusätzlich für ein abwechslungsreiches Landschaftsbild. Letztendlich spiegelt sich die Vielfalt der natürlichen Landschaftseinheiten auch in der vielfältig ausdifferenzierten Kulturlandschaft wider.

Diese sehr facettenreiche Kultur, die als Teil des ursprünglichen Angebots zur touristischen Attrakti-

|Tab. 6.5| *UNESCO-Weltkulturerbestätten mit Jahr der Auszeichnung und Lage (Region/Département) (Stand: 2018)*

Name der Weltkulturerbestätte	Jahr der Ernennung	Region/Département bzw. sonstige Anmerkung
Abtei und Bucht des Mont St.-Michel	1979	Basse-Normandie/Manche
Kathedrale Notre-Dame in Chartres	1979	Centre/Eure-et-Loire
Schloss und Park von Versailles	1979	Île-de-France/Yvelines
Hügel und Basilika Ste-Marie-Madeleine in Vézelay	1979	Bourgogne/Yonne
Höhlenmalerei in den Grotten des Vezère-Tales	1979	Aquitaine/Dordogne
Schloss und Park von Fontainebleau	1981	Île-de-France/Seine-et-Marne
Kathedrale von Amiens	1981	Picardie/Somme
Amphitheater und Triumphbogen in Orange	1981	Provence-Alpes-Côte d'Azur/Vaucluse
Römische und romanische Denkmäler in Arles	1981	Provence-Alpes-Côte d'Azur/Bouches-du-Rhône
Zisterzienserkloster in Fontenay	1981	Bourgogne/Côte-d'Or
Salinen von Salin-les-Bains und Arc-et-Senans	1982/2009	Franche-Compte/Doubs
Plätze Stanislas, de la Carrière und d'Alliance in Nancy	1983	Lorraine/Meurthe-et-Moselle
Abtei von Saint-Savin sur Gartempe	1983	Poitou-Charentes/Vienne
Römisches Aquädukt Pont-du-Gard	1985	Languedoc-Roussillon/Gard
Altstadt von Straßburg (Grande Île) und Neustadt	1988/2017	Alsace/Bas-Rhin
Seineufer in Paris	1991	Île-de-France/Ville-de-Paris
Kathedrale Notre-Dame, Basilika St.-Remi und Palais du Tau in Reims	1991	Champagne-Ardenne/Marne
Kathedrale von Bourges	1992	Centre/Cher
Palais-des-Papes, Pont St.-Bénézét und Altstadt von Avignon	1995	Provence-Alpes-Côte d'Azur/Vaucluse
Canal du Midi	1996	Midi-Pyrénées, Languedoc-Roussillon/Haute-Garonne, Tarn, Aude, Herrault
Stadtmauer und Altstadt von Carcassonne	1997	Languedoc-Roussillon/Aude
Jacobsweg in Frankreich	1998	Streckenabschnitte in 13 Regionen
Historische Stätten von Lyon	1998	Rhône-Alpes/Rhône
Weinanbaugebiet St.-Émilion	1999	Aquitaine/Gironde
23 Belfriede in Nordfrankreich	1999	Nord, Pas-de-Calais, Picardie
Tal der Loire (Sully-sur-Loire bis Chalonnes)	2000	Centre, Pays-de-la-Loire/Loiret, Maine-et-Loire
Mittelalterliche Handelsstadt von Provins	2001	Île-de-France/Seine-et-Marne
Stadtzentrum von Le Havre	2005	Haute-Normandie/Seine-Maritime
Hafen von Bordeaux	2007	Aquitaine/Gironde
Festungsanlagen von Vauban	2008	12 Festungsanlagen
Bischofsviertel von Albi	2010	Midi-Pyrénées/Tarn
Hirtenlandschaft der Causse und Cevennen	2011	Languedoc-Roussillon/Aveyron, Hérault
Prähistorische Pfahlbauten um die Alpen	2011	111 Standorte in 6 Ländern
Bergbaubecken Nor-Pas-de-Calais	2012	Nord-Pas-de-Calais/Nord, Pas-de-Calais
Chauvet-Höhle bei Vallon Pont d'Arc	2014	Rhône-Alpes/Ardèche
Weinberge, -keller und Häuser der Champagne	2015	Champagne
Weinanbaugebiet Burgund	2015	Bourgogne
Architektonisches Werk von Le Corbusier	2016	17 Standorte in 7 Ländern, darunter Frankreich
Taputapuatea	2017	Französisch-Polynesien

Quelle: Eigene Zusammenstellung nach UNESCO 2018

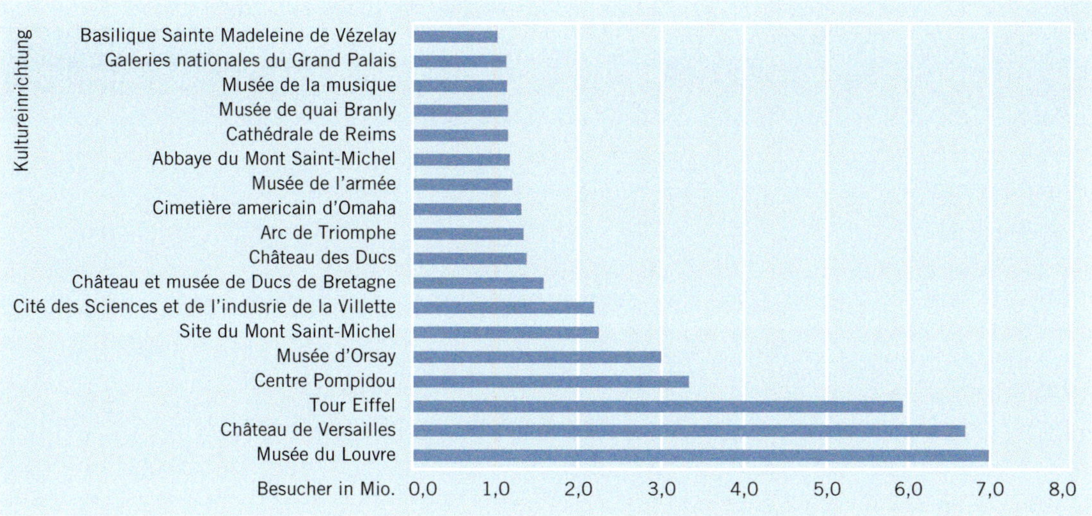

Quelle: Eigene Darstellung nach DGE 2018: 132

|Abb. 6.23| *Kultureinrichtungen mit mehr als einer Mio. Besucher im Jahr 2016*

vität des Landes beiträgt, wird etwa durch die bis zum Jahr 2018 insgesamt 44 UNESCO-Welterbestätten deutlich, von denen 39 Weltkulturerbe (vgl. Tab. 6.5) sind, weitere vier sind Weltnaturerbestätten und der Mont Perdu ist mit beiden Labeln ausgezeichnet. Auf der Tentativliste der UNESCO stehen im Jahr 2018 weitere 37 Stätten, die sich um die Auszeichnung als UNESCO-Welterbestätte bewerben (davon 30 als Weltkulturerbe- und jeweils sieben als Weltnaturerbestätte oder als Kombination aus beiden) (vgl. UNESCO 2018).

Die große Bedeutung der Kultureinrichtungen und -stätten für den Tourismus wird durch ihre Besucherzahlen offensichtlich: Insgesamt 18 Einrichtungen verzeichnen im Jahr 2016 mehr als eine Million Besucher. Die mit Abstand meistbesuchten kulturellen Sehenswürdigkeiten sind der Louvre, das Schloss Versailles und der Eiffelturm (vgl. Abb. 6.23). Auffällig ist die hohe räumliche Konzentration der kulturellen Einrichtungen in Paris: Von den 20 meistbesuchten Sehenswürdigkeiten befinden sich 12 in der Hauptstadt. Die Reihenfolge weist in der Tendenz seit Jahren eine hohe Konstanz auf, wenngleich einzelne Einrichtungen auf Grund besonderer Ereignisse in einzelnen Jahren deutliche Steigerungen der Besucherzahlen erfahren. So verzeichnet etwa der amerikanische Friedhof Omaha in der Normandie im Jahr 2014 rund eine Mio. Besucher mehr als in den Vorjahren, was auf das Kriegsende und die Befreiung Frankreichs 60 Jahre zuvor zurückzuführen ist.

Das dichte kulturelle Angebot wird auch durch die Vielzahl an Museen deutlich: Im Jahr 2016 haben 1220 Museen den Status *Musée de France* und 43 sind als *Musée National* klassifiziert. Die Rolle auch als kulturelle Hauptstadt wird durch die Konzentration vieler dieser Museen in Paris und in der Region Île-de-France belegt. So befinden sich allein 135 der *Musées de France* und sogar die Hälfte der Nationalmuseen in der Region Paris. Das kulturelle Angebot wird durch insgesamt 29 107 Denkmäler (*momuments historiques classés*) vervollständigt.

Im Gegensatz zu den kulturellen Sehenswürdigkeiten konzentrieren sich die ebenfalls zum abgeleiteten Angebot zählenden Freizeit- und Erlebniseinrichtungen nicht so stark auf Paris (vgl. Tab. 6.6). Allerdings liegt mit dem Disneyland Paris die mit Abstand meistbesuchte Freizeiteinrichtung in der Nähe zur Hauptstadt (ca. 30 km östlich von Paris). Außer Disneyland sind von den 20 meistbesuchten Freizeiteinrichtungen die Grandes eaux musicales de Versailles rund 20 km westlich und der Parc Asterix etwa 30 km nördlich von Paris gelegen. Die anderen Freizeit- und Erlebniseinrichtungen verteilen sich über das gesamte Land.

Neben dem ursprünglichen Angebot spielt auch das abgeleitete Angebot eine wichtige Rolle für den Erfolg der Tourismuswirtschaft einer Destination.

|Tab. 6.6| *Freizeit- und Erlebniseinrichtungen mit mehr als einer Mio. Besucher im Jahr 2016*

Einrichtung	Standort/Département	Besucher in Mio.
Disneyland Paris	Marne-la-Vallée/Seine-et-Marne	13,40
Puy du Fou	Les Épesses/Vendée	2,15
Futuroscope	Poitiers/Vienne	1,90
Parc Asterix	Plailly/Oise	1,85
Grandes eaux musicales de Versailles	Versailles/Yvelines	1,40
Zoo parc de Beauval	Loir-et-Cher	1,38

Quelle: Eigene Zusammenstellung nach DGE 2018: 132

| Tab. 6.7 | *Zahl der Betriebe (in Tsd.), der Bettenkapazität (in Tsd.) und Anteil der Bettenkapazität (in %) nach Beherbergungsart im Jahr 2015*

Beherbergungsart	Betriebe (in Tsd.)	Bettenkapazität (in Tsd.)	Bettenkapazität (in %)
Hotels	18,1	1283,6	23,8
Campingplätze	7,9	2668,1	49,4
Ferienresidenzen	2,3	699,4	13,0
Feriendörfer/Familienhäuser	1,0	260,0	4,8
Ferienvillen, -appartments, -studios	82,4	386,2	7,2
Gästezimmer	31,7	63,5	1,2
Jugendherbergen/Begegnungszentren	0,3	31,3	0,6
Gesamt	**143,7**	**5392,1**	**100,0**

Quelle: Eigene Zusammenstellung nach DGE 2015: 45

Hierbei kommt dem Beherbergungssektor eine zentrale Rolle zu. Die Bettenkapazität in den 143700 gewerblichen Beherbergungsbetrieben liegt im Jahr 2015 bei 5,392 Mio. Betten (vgl. Tab. 6.7), wovon etwa die Hälfte auf Campingplätze (je Stellplatz werden drei Betten angesetzt) entfallen. Durchschnittlich bietet ein Campingplatz 112,6 Stellplätze an. Rund 15% aller Campingplätze sind im oberen Qualitätssegment (4- oder 5-Sterne-Campingplätze) angesiedelt.

Weitere knapp 24% der nationalen Bettenkapazität werden von Hotels (pro Zimmer werden zwei Betten berechnet) angeboten. Knapp ein Drittel der Hotels sind nicht klassifiziert und die Zusammensetzung der klassifizierten Hotelbetriebe zeigt eine starke Dominanz im unteren bis mittleren Qualitätssegment: Knapp 90% der klassifizierten Hotelbetriebe sind mit bis zu maximal drei Sternen ausgezeichnet (vgl. Tab. 6.8). Da die durchschnittliche Hotelgröße jedoch mit steigender Qualitätsstufe zunimmt, fällt der Anteil der vier- und fünf-Sterne-Hotels gemessen an der Bettenkapazität im Vergleich zum Betriebsanteil höher aus. Knapp jedes fünfte Hotel gehört zu einer nationalen oder internationalen Hotelkette.

Schließlich verteilen sich 17,8% der nationalen Bettenkapazität auf die aus mehreren Gebäuden bestehenden Ferienresidenzen (*résidences de tourisme*, 13%) sowie Feriendörfer und Familienhäuser (*villages des vacances et maisons familiales*, 4,8%) (vgl. Tab. 6.7), die in erster Linie ein Angebot für sozial schwächere Familien sind. Der Parahotellerie zuzurechnen ist das Angebot an Ferienvillen, -apparements oder -studios (*meublés classés de tourisme*, 7,2%) und Gästezimmern (*chambres d'hôtes*, 1,2%). Das absolut und relativ kleinste Bettenangebot stellen die Jugendherbergen und die internationalen Begegnungszentren (*auberges de jeunesse et centres international de séjour*, 0,6%) zur Verfügung. Die gewerblich angebotene Bettenkapazität (vgl. Tab. 6.7) wird durch die Bettenkapazität der Zweitwohnsitze deutlich übertroffen. Sie beläuft sich für das Jahr 2015 auf 14,875 Mio. Betten, wobei für jeden Zweitwohnsitz fünf Betten angenommen werden.

Die räumliche Verteilung des Beherbergungsangebots nach Beherbergungsart zeigt deutliche Disparitäten, was insbesondere für den Hotelsektor und die Campingplätze gilt. So verfügt die Region Île-de-France sowohl über das größte Hotelangebot insgesamt (2363 Betriebe mit 150661 Zimmern) als auch über den höchsten Anteil an Unterkünften in der 5-Sterne-Kategorie (20% aller 5-Sterne Hotels mit 33% aller Zimmer). Mit deutlichem Abstand und etwa der Hälfte der Zimmerkapazität folgen die Regionen Rhône-Alpes sowie Provence-Alpes-Côte d'Azur. Somit wird auch im Hotelsektor die überragende Bedeutung der Hauptstadtregion deutlich, in

| Tab. 6.8 | *Zusammensetzung der Hotels nach Zahl der Betriebe (abs. und in %), Zahl der angebotenen Zimmer (abs. und in %) sowie der durchschnittlichen Zimmerzahl je Betrieb nach Hotelkategorien im Jahr 2015*

Hotelkategorie	Betriebe (abs.)	Betriebe (in %)	Zimmer (abs.)	Zimmer (in %)	durchschnittliche Zimmerzahl
ohne Stern	5702	31,5	127545	19,9	22,4
ein/zwei Stern/e	5296	29,3	164896	25,7	31,1
drei Sterne	5398	29,8	224226	34,9	41,5
vier Sterne	1450	8,0	106970	16,7	73,8
fünf Sterne	262	1,4	18154	2,8	69,3
gesamt	**18108**	**100,0**	**641791**	**100,0**	**35,4**

Quelle: Eigene Zusammenstellung und Berechnung nach DGE 2016: 47ff

|Abb. 6.24| *Verteilung der Hotels nach Zimmerkapazitäten und Hotelkategorie nach Regionen im Jahr 2015*

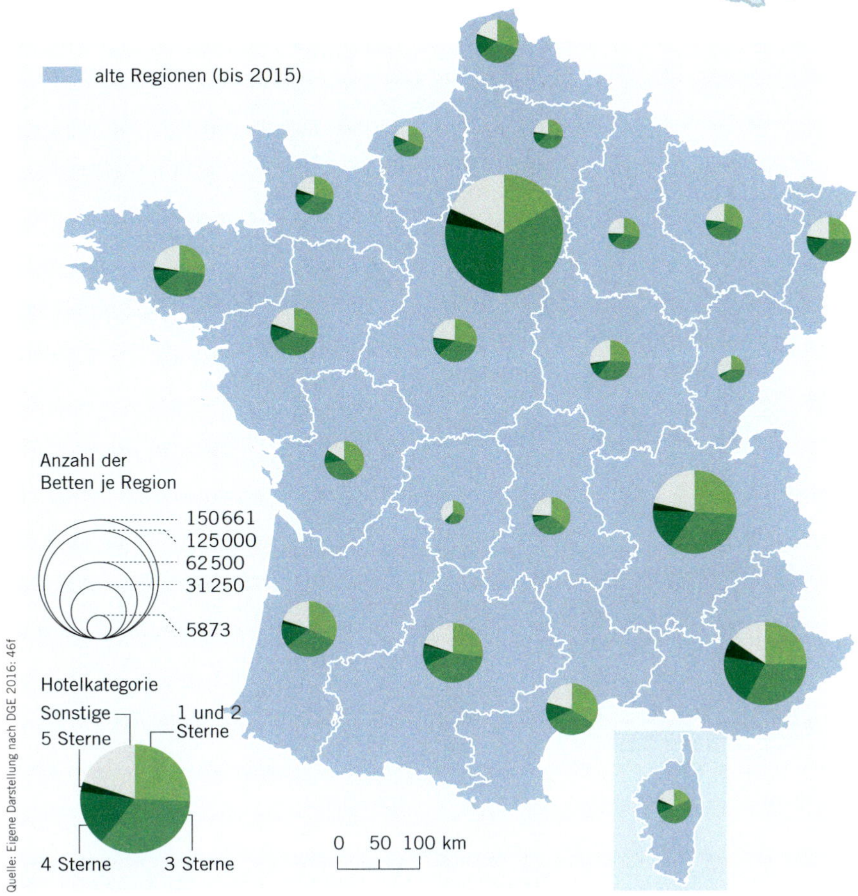

der neben dem Geschäftsreiseverkehr vor allem der Städte- und Kulturtourismus auf das Hotelangebot zurückgreift. Dagegen spielt insbesondere in der Region Provence-Alpes-Côte d'Azur auch der Erholungstourismus für die Hotellerie eine wichtige Rolle. Das quantitativ geringste und qualitativ niedrigste Qualitätsniveau bieten die Regionen des Limousin und der Franche-Comté (vgl. Abb. 6.24).

Eine im Vergleich zum Hotelsektor völlig andere räumliche Verteilung zeigt sich für die Campingplätze (vgl. Abb. 6.25). Die mit Abstand meisten Campingplätze und die höchsten Stellplatzkapazitäten befinden sich in den Regionen Languedoc-Roussillon und Aquitaine, was auf den hier dominierenden Bade- und Erholungstourismus im Sommer zurückzuführen ist. Die geringste Zahl an Campingplätzen und die geringste Stellplatzzahl bietet hingegen die Region Champagne-Ardenne.

Ebenfalls zum abgeleiteten Angebot zählt die für den Wintertourismus notwendige Infrastruktur. Hierzu gehören neben den Beherbergungsbetrieben insbesondere die Bergbahnen und Lifte in den Skigebieten. Mit rund 350 Skigebieten und knapp 4000 Aufstiegshilfen gehört Frankreich zu den führenden Nationen im Skitourismus in Westeuropa. Die Bettenkapazität in den Skigebieten beläuft sich auf rund 2,1 Mio. Betten, wovon etwa 75 % in den alpinen Skigebieten liegen.

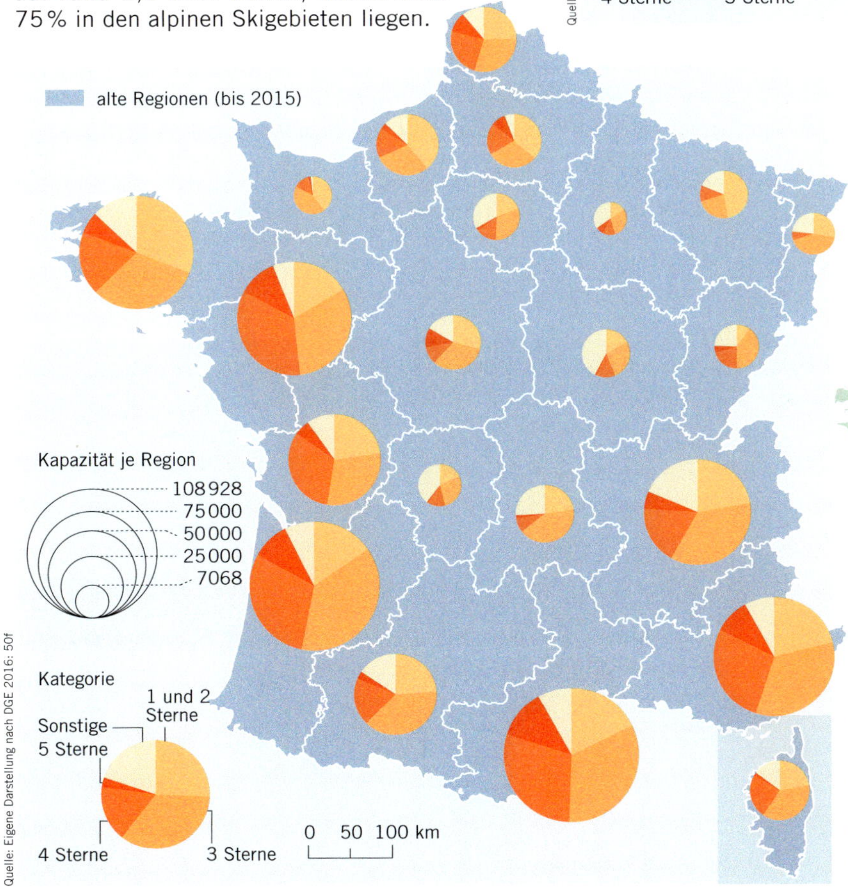

|Abb. 6.25| *Verteilung der Stellplatzkapazitäten auf Campingplätze nach Kategorien und Regionen im Jahr 2015*

|Abb. 6.26| *Verteilung der Skigebiete im Jahr 2015*

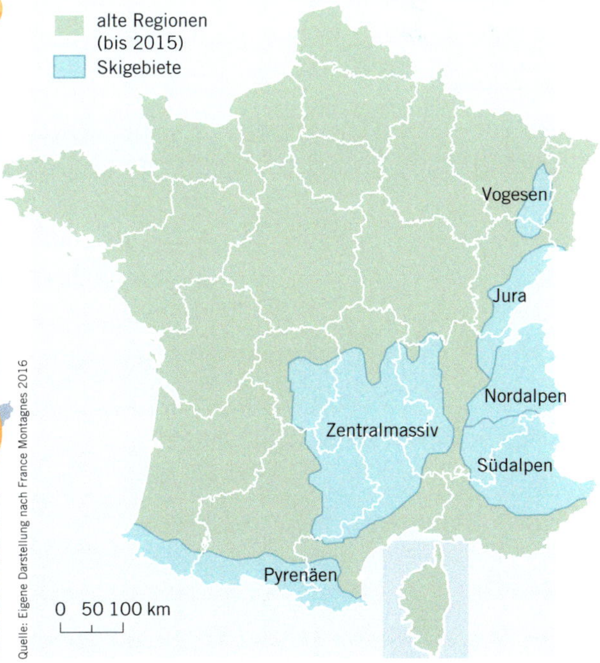

Quelle: Aufnahme Schmude 2014

|Abb. 6.27| *Logo für einen Parc Naturel Régional, Beispiel Oppède-le-Vieux im regionalen Naturpark Luberon*

Weitere Skigebiete finden sich in den Pyrenäen (mit 12,4 % der Bettenkapazität), dem Zentralmassiv (mit 5,2 % der Bettenkapazität), im Jura (mit 4,7 % der Bettenkapazität) und den Vogesen (mit 2,7 % der Bettenkapazität). Die Skigebiete sind überwiegend Winterskigebiete, lediglich drei Gletscherskigebiete offerieren auch das Sommerskilaufen (vgl. Schmude/Berghammer 2015: 291).

Eine weitere Komponente des abgeleiteten Angebots sind die Nationalparks und regionalen Naturparks. In Frankreich gibt es im Jahr 2015 insgesamt 10 Nationalparks, von denen 7 in Europa und 3 in den Überseedépartements gelegen sind (vgl. Tab. 6.9). Während die in Europa gelegenen Parks mit einer Ausnahme bereits in den 1960er und 1970er Jahren ausgewiesen werden, erfolgt die Einrichtung der Nationalparks (*parc national*) in den Überseegebieten erst später. Die im europäischen Frankreich ausgewiesenen Nationalparks liegen alle in der südlichen Landeshälfte. Innerhalb der Kernzone (*zone cœur*) gelten restriktive Auflagen zum Schutz der Natur, die in der Randzone (*aire d'adhésion*) deutlich gelockert sind. Wesentlich kleiner als die Nationalparks und bei weitem nicht so restriktiv in den Auflagen sind die 51 existierenden regionalen Naturparks (*parc naturel régional*). Nationalparks und regionale Naturparks umfassen insgesamt knapp 10 % der gesamten Landesfläche.

Es gibt noch zahlreiche weitere Komponenten der zum abgeleiteten Angebot gehörenden touristischen Infrastruktur (z. B. die Heil- und Thermalbäder), die die Voraussetzung dafür bilden, dass Frankreich ein sehr umfangreiches und ausdifferenziertes Portfolio touristischer Produkte anbieten kann. Entsprechend vielfältig sind die Marktsegmente, für die Produkte entwickelt werden. Die wichtigsten Marktsegmente sind Erholungs- und Badetourismus, Städte- und Kulturtourismus, Geschäftsreise- und Kongresstourismus, Gastronomie- und Weintourismus, Gesundheits- und Wellnesstourismus, Wintersport- und Fahrradtourismus sowie Religions- und spirituelles Tourismus.

6.3.3 Nachfrage durch ausländische Touristen in Frankreich (Inbound-Tourismus)

Im internationalen Vergleich wird Frankreich auch als Reiseweltmeister bezeichnet. Dies gilt allerdings „nur“ hinsichtlich der Ankunftszahlen von Touristen. Mit rund 87 Mio. Ankünften im Jahr 2017 empfängt das Land weltweit die meisten Touristen. Bezogen auf die Einnahmen liegen jedoch die USA und Spanien vor Frankreich (vgl. INSEE 2016c). Hinsichtlich der durchschnittlichen Ausgaben je Tourist ist China seit dem Jahr 2012 weltweit führend und Frankreich belegt diesbezüglich lediglich einen Platz im Mittelfeld (vgl. UNWTO 2015).

Die Entwicklung der Zahl internationaler Touristen in Frankreich ist nach dem Zweiten Weltkrieg durch eine nahezu durchgängige Zunahme geprägt und die Entwicklung der Zahl der Gesamtübernachtungen von ausländischen Touristen verläuft ähnlich positiv wie die der Ankünfte (vgl. Abb. 6.28), d. h. die durchschnittliche Aufenthaltsdauer der ausländischen Gäste variiert über die Zeit nur geringfügig und beträgt sowohl im Jahr 1950 als auch im Jahr 2015 etwa 7,1 Tage. Die kurzen Stagnationsphasen bzw. Rückgänge bei der Zahl der Auslandstouristen beruhen auf ökonomischen Krisen oder politischen Ereignissen: Beispiele sind die wirtschaftlichen Rezessionsphasen Mitte der 1980er und in der ersten Hälfte der 1990er Jahre sowie die kurzfristige Krise des internationalen Tourismus nach den Terroranschlägen vom 11. September 2001 oder die kurzzeitig auch für die Tourismuswirtschaft spürbaren Folgen der Finanzkrise des Jahres 2008 sowie der Terroranschläge der Jahre 2015 und 2016 in Frankreich. Im langjährigen Trend steigen die Zah-

|Tab. 6.9| *Jahr der Einrichtung, Lage (Region, Département) sowie terrestrische Fläche in Kern- und Randzone (in ha) der Nationalparks im Jahr 2015*

Parc National	Jahr der Einrichtung	Region	Département	Kernzone in ha	Randzone in ha
de Calanques	2012	Provence-Alpes-Côte d'Azur	Bouches-du-Rhône	8500	2630
de Cevennes	1970	Languedoc-Roussillon, Rhône-Alpes	Gard, Lozère, Ardèche	93 500	278 500
des Ecrins	1973	Provence-Alpes-Côte d'Azur, Rhône-Alpes	Hautes-Alpes, Isère	91 800	178 400
de la Guadeloupe	1989	Guadeloupe	Guadeloupe	18 800	94 120
Amazonien de Guyane	2007	Guyane	Guyane	2 028 126	1 359 078
du Mercantour	1979	Provence-Alpes-Côte d'Azur	Alpes-Maritimes, Alpes-de-Haute-Provence	68 500	146 500
de Port-Cros	1963	Provence-Alpes-Côte d'Azur	Var	700	2320
des Pyrénées	1967	Aquitaine, Midi-Pyrénées	Pyrénées-Atlantiques, Haute-Pyrénées	45 700	206 300
de la Réunion	2007	Réunion	Réunion	105 477	87 800
de la Vanoise	1963	Rhône-Alpes	Savoie	53 500	146 500

Quelle: Eigene Zusammenstellung nach Parcs nationaux de France 2016

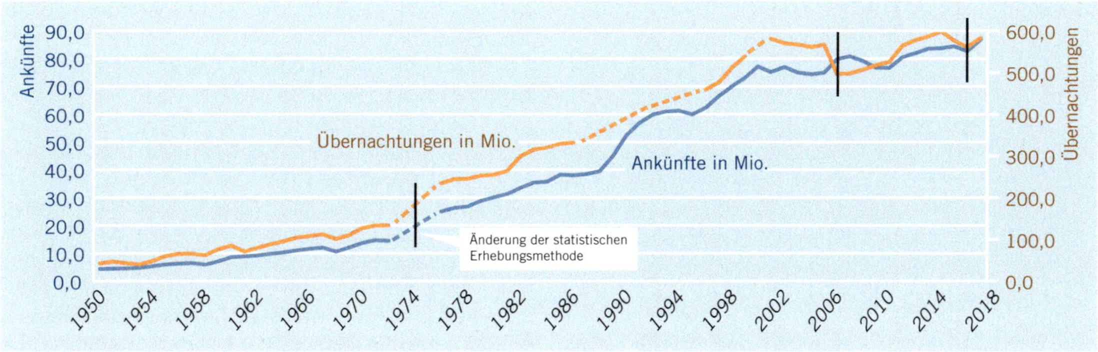

|Abb. 6.28| *Entwicklung der Zahl internationaler Touristen nach Ankünften und Übernachtungen (jeweils in Mio.) im Zeitraum 1950 bis 2017*

Quelle: Eigene Darstellung nach Cazes 1984: 23, 1989: 24, 1993: 20; Ginier 1969: 160ff., 1974:8; INSEE 1982: 554; Vlès 1996: 70; Mesplier 2001: 23; DGE 2003; DGE 2005; DGE 2006; DGE 2008; Antczak/Garrec 2009: 46; DGE 2010; DGE 2014; INSEE 2015e; Catalon 2016; Worldbank 2016; DGE 2016; Ministère de l'économie de l'industrie et du numérique: 2016 und 2018

len der Auslandstouristen aber weiter und erreichen im Jahr 2017 mit 86,9 Mio. ausländischen Touristen einen vorläufigen Höchststand. Starke Zuwächse im 21. Jahrhundert zeigen vor allem die Ankunftszahlen von Touristen aus den BRIC-Staaten (Brasilien, Russland, Indien und China). Ihr Anteil am gesamten Touristenaufkommen steigt von 1,5 % im Jahr 2004 auf rund 5 % im Jahr 2013 (vgl. Gitton 2015: 1). Zudem geben die Touristen aus diesen Staaten überdurchschnittlich viel Geld aus, insbesondere für Shopping, ihrer neben Städte- und Kulturbesichtigung zweithäufigsten Urlaubsaktivität.

Auch für die Zukunft wird seitens des französischen Staates eine weitere Steigerung der Zahl der internationalen Touristenankünfte angestrebt. Im Jahr 2015 gibt das für den Tourismus zuständige *Ministère des Affaires Étrangères et du Développement International* (MAEDI) das Ziel vor, die Zahl der ausländischen Touristen bis zum Jahr 2020 auf 100 Mio. zu steigern und stellt hierfür u.a. eine Milliarde für Investitionen in die touristische Infrastruktur bereit.

Der überwiegende Teil der Inbound-Touristen kommt aus dem europäischen Ausland (81,6 %). Wichtigste Quellmärkte für Frankreich sind Deutschland, Großbritannien und Belgien (vgl. Tab. 6.10). Die europäischen Touristen halten sich durchschnittlich zwischen 5,42 Tagen (Schweizer) und 7,93 Tagen (Niederländer) in Frankreich auf. Die außereuropäischen Gäste bleiben bis zu sieben Tagen (Touristen aus Afrika) länger, was sich u. a. durch den größeren zeitlichen und finanziellen Aufwand der Anreise erklärt.

Rund zwei Drittel der Übernachtungen ausländischer Touristen entfallen seit Jahren auf den gewerblichen Beherbergungssektor, wobei es zwischen

|Tab. 6.10| *Herkunft der internationalen Touristen nach Ankünften, Übernachtungen (jeweils in Mio.) und durchschnittlicher Aufenthaltsdauer (in Tagen) im Jahr 2015*

Herkunftsregion/-land	Ankünfte in Mio.	Übernachtungen in Mio.	Aufenthaltsdauer in Tagen
Gesamt	**83,8**	**599,0**	**7,15**
EU	60,7	410,2	6,76
–Deutschland	*12,7*	*86,4*	*6,80*
–Großbritannien	*11,8*	*79,7*	*6,75*
–Belgien	*10,7*	*65,9*	*6,16*
–Italien	*7,5*	*42,7*	*5,69*
–Spanien	*6,1*	*34,7*	*5,59*
–Niederlande	*5,5*	*43,6*	*7,93*
Übriges Europa	7,7	45,3	5,88
–Schweiz	*6,2*	*33,6*	*5,42*
Nord-/Südamerika	6,6	57,6	8,73
–USA	*1,0*	*11,0*	*11,00*
–Kanada	*3,2*	*27,6*	*8,62*
Asien/Ozeanien	6,3	51,2	8,13
–China	*1,7*	*10,8*	*6,35*
–Naher und Mittlerer Osten	*1,1*	*12,1*	*11,00*
Afrika	2,4	34,7	14,49

Quelle: Eigene Zusammenstellung und Berechnung nach INSEE 2016c

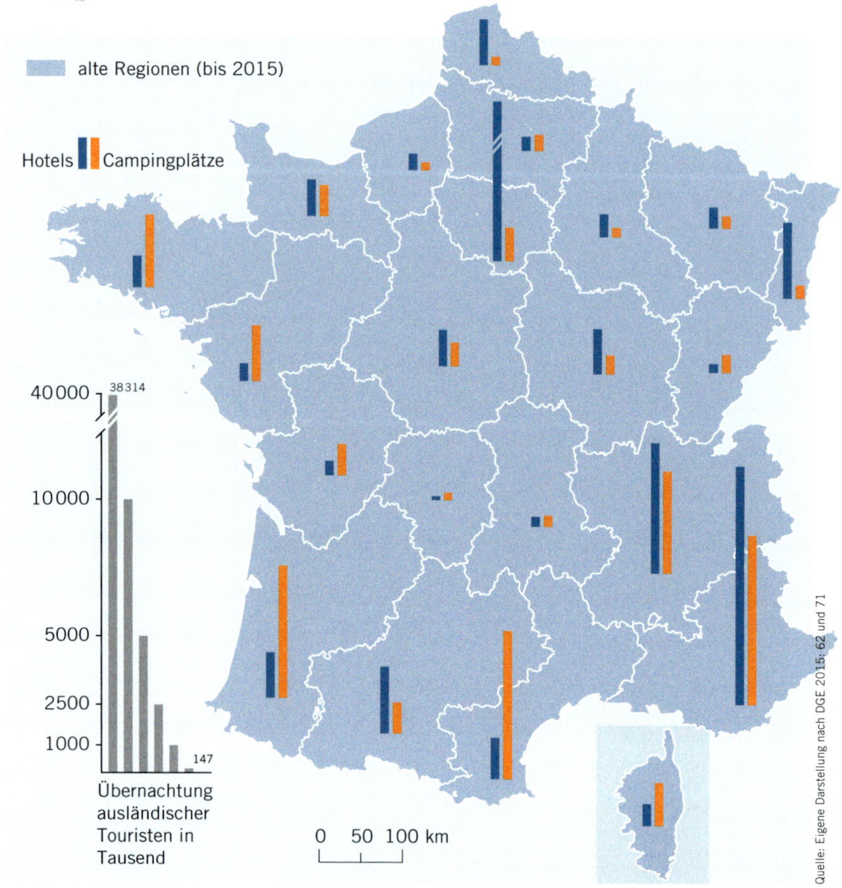

| Abb. 6.29 | *Verteilung der Übernachtungen ausländischer Touristen in Hotels und auf Campingplätzen nach Regionen im Jahr 2014*

den verschiedenen Nationalitäten unterschiedliche Präferenzen gibt: Während amerikanische Touristen in Frankreich primär die Hotellerie zur Übernachtung nutzen, sind Niederländer überproportional häufig auf Campingplätzen untergebracht. Auch regional sind deutliche Disparitäten bei der Wahl der Beherbergungsart festzustellen (vgl. Abb. 6.29): Mehr als die Hälfte aller Hotelübernachtungen der ausländischen Gäste entfallen auf die Region Île-de-France. Im Gegensatz dazu ist die räumliche Konzentration der Übernachtungen auf Campingplätzen deutlich geringer ausgeprägt und weist auch eine abweichende räumliche Verteilung auf. So dominieren hier die an der Mittelmeerküste gelegenen Regionen und die Region Aquitaine an der südlichen Atlantikküste.

Es zeigt sich in Frankreich, wie in vielen anderen Ländern mit hoher Bedeutung des Tourismus, dass es zu einer zunehmenden Differenzierung der Reisemotive kommt. Zwar sind die beiden wichtigsten Motive für die Reise nach Frankreich nach wie vor Erholung und Kultur (vgl. Abb. 6.30), doch weitere Motive wie Shopping, der Besuch von Events oder Freizeitparks haben in den letzten Jahren an Bedeutung gewonnen. Zudem ist zu berücksichtigen, dass neben dem Primärmotiv zunehmend auch sekundäre und tertiäre Motive für eine Reisentscheidung wesentlich sind.

6.3.4 Touristische Nachfrage der Bevölkerung Frankreichs

Die Partizipation der französischen Bevölkerung am Tourismus nimmt nach dem Zweiten Weltkrieg schnell zu. Mitte der 1960er Jahre unternimmt weniger als die Hälfte aller Franzosen eine mindestens fünftägige Reise, doch steigt der Anteil in den folgenden Jahrzehnten auf knapp 80 % an (vgl. Abb. 6.31). Dieser Anstieg der Reiseintensität geht auf die jüngeren Alterskohorten zurück, die bereits in den 1970er Jahren Partizipationsraten von über 65 % (20- bis 34-Jährige) bzw. über 70 % (unter 20-Jährige) aufweisen, während die Vorkriegsjahrgänge Raten von knapp unter 50 % erreichen. Ebenso herrscht ein seit langer Zeit zu beobachtender deutlicher Unterschied in der Reiseintensität nach den *catégories socioprofessionnelles*: Während Arbeiter und Rentner im Jahr 2012 nur zu 67,9 % bzw. 68,7 % am Reisegeschehen partizipieren, sind es bei den leitenden Angestellten und Beamten 93,2 %. Nach der Finanzkrise sinkt die Reiseintensität bis zum Jahr 2016 um gut 4 %-Punkte. Am stärksten nimmt die Bevölkerung aus den „reichen" Regionen Frankreichs am Reisegeschehen teil (Île-de-France: 82,6 und Rhône-Alpes: 80,7 %), während die von hoher Arbeitslosigkeit betroffenen Regionen die niedrigsten Partizipationsraten aufweisen (Nord-Pas-de-Calais: 59,2 %). Aus dem Binnenreiseverkehr resultieren im Jahr 2014 insgesamt knapp 200 Mio. Reisen (inkl. Geschäftsreisen, ohne Überseedépartements) mit 1,02 Mrd. Übernachtungen.

Auffällig hinsichtlich des Reisegeschehens der französischen Bevölkerung ist die geringe Bedeutung der Auslandsreisen. Gemessen an der Gesamtzahl der von der Bevölkerung Frankreichs im Jahr 2014 durchgeführten Reisen (226,2 Mio.) führen lediglich 12,3 % der Reisen ins Ausland. Auf Grund der höheren durchschnittlichen Aufenthaltsdauer bei Auslandsreisen erhöht sich dieser Anteil gemessen an den Übernachtungen (1261 Mio.) auf knapp 20 %. Die Ursachen für diese hohe Konzentration auf den Binnenreisemarkt sind zum einen im brei-

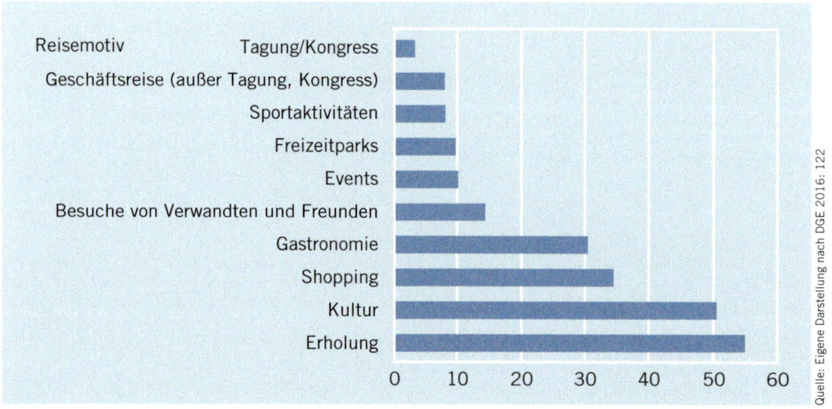

| Abb. 6.30 | *Motive der Inbound-Touristen für ihre Reise nach Frankreich (in %, Mehrfachnennungen) im Jahr 2014*

|Abb. 6.31| *Reiseintensität der französischen Bevölkerung (in %) im Zeitraum von 1964 bis 2016*

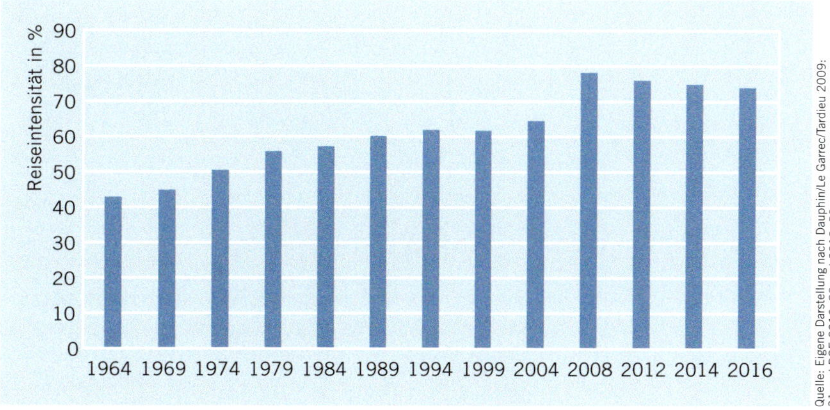

Quelle: Eigene Darstellung nach Dauphin/Le Garrec/Tardieu 2009: 31 und DGE 2016: 80 und 2018: 50

ten heimischen Angebot und dem verbreiteten Besitz von Zweitwohnsitzen, die als Feriendomizile genutzt werden, zu sehen, zum anderen wirken auch Sprachbarrieren als Hemmnis für den Auslandsreisemarkt. Innerhalb Frankreichs spielen Zielgebiete an der Küste – gemessen an den Übernachtungen – die wichtigste Rolle (vgl. Tab. 6.11). Dabei variiert die durchschnittliche Aufenthaltsdauer nach Typ des Zielgebiets deutlich: Während ein Aufenthalt an der Küste durchschnittlich 7,4 Tage dauert, verzeichnen Städte zwar den höchsten Anteil an allen Reisen, diese dauern aber durchschnittlich nur 3,9 Tage.

|Tab. 6.11| *Anteile des Binnentourismus an allen Reisen und Übernachtungen (in %) sowie durchschnittliche Aufenthaltsdauer (in Tagen) nach Zielgebietstypen im Jahr 2014*

Zielgebietstyp	Anteil an allen Inlandsreisen in %	Anteil an allen Übernachtungen in %	durchschnittliche Aufenthaltsdauer in Tagen
Küste	22,2	30,9	7,4
ländlicherRaum	22,7	19,5	4,5
Städte	31,2	23,1	3,9
Skigebiete	6,0	7,6	6,7
Berge (ohne Skigebiete)	14,3	14,8	5,4
keine Angabe	3,5	4,1	6,1
Gesamt	**100,0**	**100,0**	**5,3**

Quelle: Eigene Zusammenstellung nach Scherrer 2013: 23

Die regionale Verteilung der innerfranzösischen Tourismusströme zeigt deutliche räumliche Konzentrationen: Sowohl hinsichtlich der Zahl der Ankünfte als auch nach Zahl der Übernachtungen nehmen die Regionen Provence-Alpes-Côte d'Azur und Rhône-Alpes die Spitzenplätze ein, wobei in diesen Regionen sowohl der Badetourismus als auch der Sommer- und Wintertourismus in den Bergen sowie der ganzjährige Städtetourismus eine wichtige Rolle spielen. Weitere regionale Schwerpunkte des französischen Binnentourismus sind die Region Île-de-France (vor allem Kultur- und Geschäftsreisetourismus), die Region Pays-de-la-Loire (vor allem Kulturtourismus) sowie die Regionen Bretagne sowie Languedoc-Roussillon (jeweils vor allem Badetourismus) (vgl. Abb. 6.32).

Die Unterbringungsart unterscheidet sich grundlegend zwischen Inlands- und Auslandsreisen (vgl. Abb. 6.33). Bei Inlandsreisen erfolgt die Unterbringung nur zu einem Drittel in gewerblichen Beherbergungsbetrieben und nur 5,3 % aller Übernachtungen finden in Hotels statt. Wesentlich stärker genutzt werden der Aufenthalt im eigenen Zweitwohnsitz und insbesondere die Unterbringung durch die Familie. Dagegen entfallen bei Auslandsreisen zwei Drittel aller Übernachtungen auf den

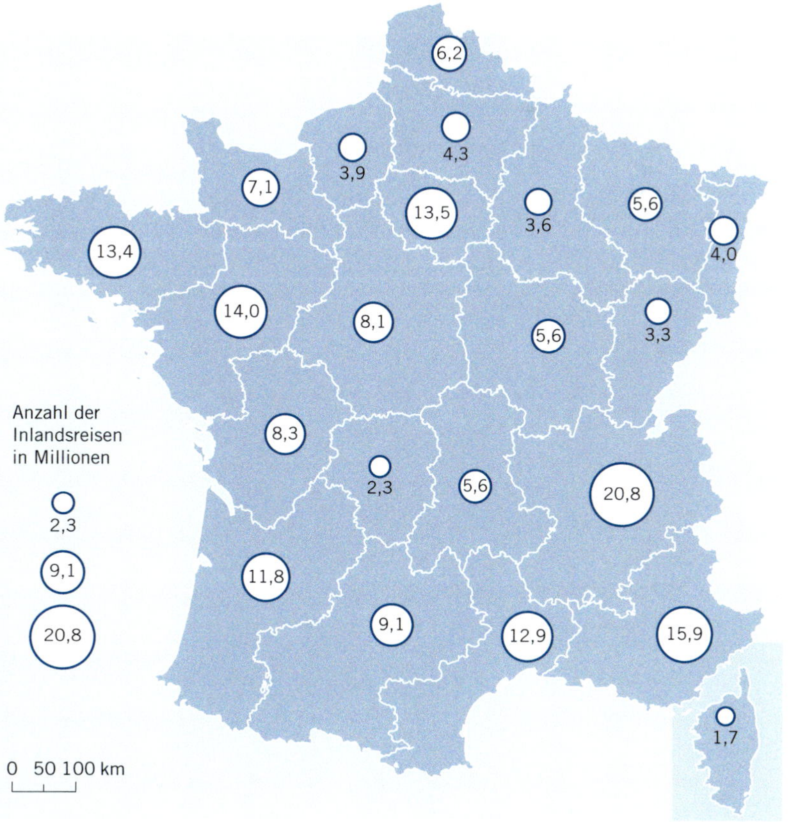

Quelle: Eigene Darstellung nach DGE 2016: 87

|Abb. 6.32| *Regionale Verteilung der Inlandsreisen der französischen Bevölkerung nach Regionen im Jahr 2014*

| Abb. 6.33 | *Verteilung der Übernachtungen französischer Touristen nach Beherbergungsarten (in %) im Inland (a) und Ausland (b) im Jahr 2013*

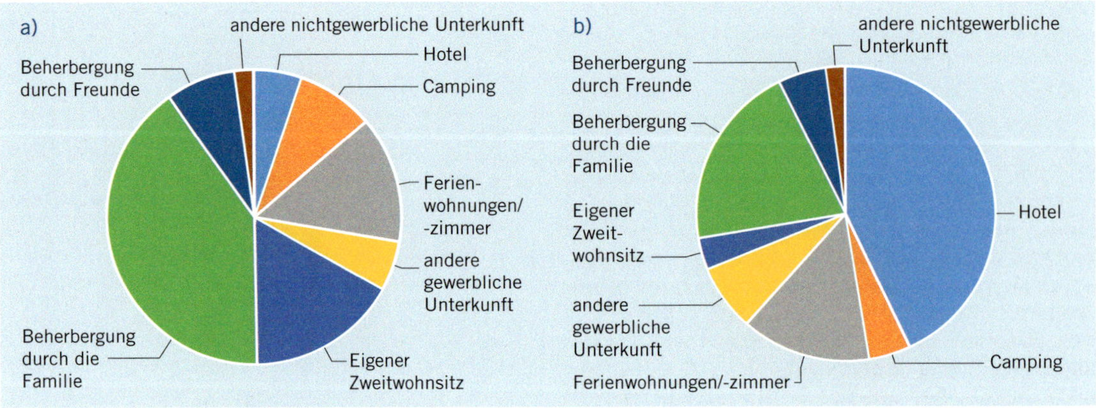

gewerblichen Beherbergungssektor und das Gros der Übernachtungen auf die Hotellerie (43 %). Die Zweitwohnsitze sind bei Auslandsreisen nur von untergeordneter Bedeutung, da sie sich zum überwiegenden Teil in Frankreich befinden.

Bei den Auslandsreisezielen favorisieren die Franzosen europäische Destinationen in den Nachbarländern Spanien und Italien sowie in Großbritannien, Belgien/Luxemburg und Deutschland. Sowohl beim Binnentourismus als auch bei den Auslandsreisen der Franzosen zeigt sich eine ausgeprägte Saisonalität mit einem jeweiligen absoluten Maximum im Monat August (vgl. Abb. 6.34). Die traditionell stark ausgeprägte Saisonalität ist auch damit zu begründen, dass die Reisen in den Sommermonaten eine höhere durchschnittliche Aufenthaltsdauer aufweisen als die Reisen in den übrigen Monaten des Jahres. Das führt dazu, dass die Auslastung der Beherbergungsbetriebe ihr Maximum im August erreicht (Hotels: 68,1 %; Campingplätze: 63,1 %). Eine Entzerrung der zeitlichen Konzentration durch eine regional differenzierte Ferienregelung gibt es lediglich für die Winter- und Frühjahrsferien (nach drei regionalen Zonen), Sommer-, Herbst- und Winterferien beginnen und enden landesweit jeweils zum gleichen Termin.

Am touristischen Geschehen im Winterhalbjahr nehmen rund 40 % der französischen Bevölkerung teil und 16 % der Gesamtbevölkerung üben dabei aktiv Wintersport aus. Die Wintersporttouristen in den französischen Skigebieten stammen zum überwiegenden Teil aus Frankreich (über 70 %), d. h. auch beim Winter(sport)tourismus spielt der Binnentourismus eine wichtige Rolle. Wichtigste Beherbergungsart sind dabei wiederum die Zweitwohnsitze mit mehr als 50 % aller Übernachtungen.

| Abb. 6.34 | *Verlauf der Übernachtungen im Binnentourismus und für Auslandsreisen nach Monaten im Jahr 2014*

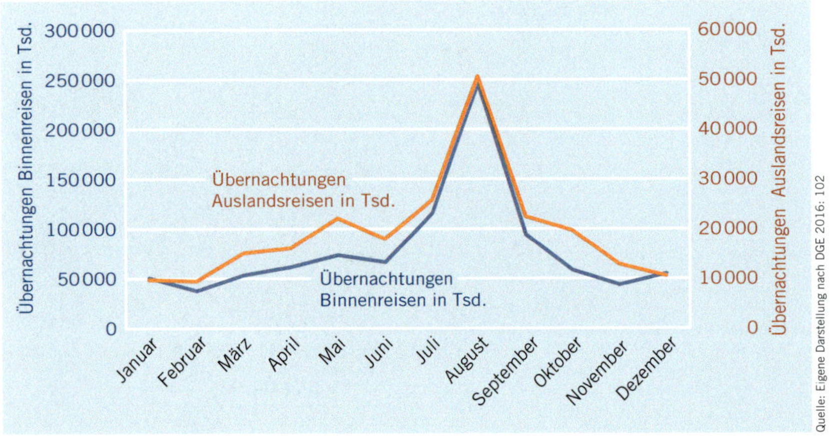

Zweitwohnsitze

Die Zweitwohnsitze (*résidences secondaires*) sind für den Binnentourismus in Frankreich von großer Relevanz. Dabei handelt es sich um nicht ganzjährig eigengenutzte Wohnungen. Der zeitliche Schwerpunkt der Nutzung fällt in die Freizeit (insbesondere an Wochenenden) und die Urlaubszeit. Hauptfunktion der *résidences secondaires* ist damit im Gegensatz zum Hauptwohnsitz die Grunddaseinsfunktion „sich erholen", daher wird als Synonym zum Begriff Zweitwohnsitz auch vom Freizeitwohnsitz gesprochen.

Die Zweitwohnungen finden in Frankreich etwa ab Mitte des 19. Jahrhunderts eine stärkere Verbreitung und haben damit eine längere Tradition sowie bis heute einen größeren Stellenwert als etwa in Deutschland. Die Bedeutung der Zweitwohnsitze nimmt vor allem nach dem Zweiten Weltkrieg weiter zu. Ihr Anteil am gesamten Wohnungsbestand steigt bis in die 1990er Jahre stark an, obwohl insgesamt der Wohnungsbestand deutlich wächst (allein zwischen 1982 und 1990 um ca. 2,5 Mio. Wohnungen). Nach einer kurzen Stagnationsphase in der ersten Hälfte der 1990er Jahre steigt die Zahl der Zweitwohnsitze bis zum Jahr 2018 auf rund 3,5 Mio. (vgl. Abb. 6.35). Für die rasante Zunahme sind insbesondere der nach dem Zweiten Weltkrieg in Westeuropa allgemein gestiegene Lebensstandard, die Zunahme der Freizeit, die erhöhte Mobilität und ein gestiegenes Erholungsbedürfnis verantwortlich. Daneben gilt es aber auch eine Reihe spezifisch „französischer Faktoren" zu berücksichtigen. Durch die vergleichsweise späte Urbanisierung und Umverteilung der Bevölkerung Frankreichs vom Land in die Stadt bestehen wesentlich länger als in den früher urbanisierten Ländern noch enge Beziehungen zum ländlichen Raum. Dies bedeutet zum einen, dass es sich bei den *résidences se-*

condaires häufig noch um alten Familienbesitz handelt. So beträgt im Jahr 1970 der Anteil der geerbten Zweitwohnsitze an allen *résidences secondaires* rund 50%. Zum anderen wird der Erwerb bzw. Besitz einer Immobilie von der überwiegenden Mehrzahl der Franzosen als beste Geldanlage angesehen. So ist Mitte der 1970er Jahre die Hälfte aller Vermögenswerte der französischen Haushalte in Immobilien (Haupt- und Zweitwohnsitze) investiert (vgl. Barbier 1990: 152). Damit wird der Zweitwohnsitz neben seiner Funktion als Konsumgut auch ein Investitionsgut. Schließlich spielen auch die in den französischen Großstädten zu dieser Zeit unbefriedigenden Wohnstandards eine Rolle für das zeitweise Ausweichen aus der Stadt in den ländlichen Raum, wobei der Mythos und das Image des idyllischen Landlebens in der französischen Gesellschaft durchaus bewusst gepflegt wird.

Der Anteil an Zweitwohnungsbesitzern korreliert dabei hoch mit der Zugehörigkeit zu den *catégories socioprofessionelles*. Während Unternehmer, leitende Angestellte und Beamte überproportional häufig im Besitz einer Zweitwohnung sind, fällt der Anteil der Arbeiter gemessen an ihrem Bevölkerungsanteil deutlich unterdurchschnittlich aus.

Die räumliche Verteilung der Zweitwohnungen konzentriert sich entsprechend auf den ländlichen Raum. Rund 44 % aller *résidences secondaires* sind im Jahr 2014 in *communes rurales* gelegen, also ländlichen Gemeinden mit bis zu maximal 2000 Einwohnern. Allerdings weist die Verteilung der Zweitwohnsitze nach Gemeindegröße seit Mitte der 1970er Jahre eine Verschiebung zugunsten der Gemeinden bis zu 100 000 Einwohnern auf: Ihr Anteil ist vom Jahr 1975 mit 26,1 % bis zum Jahr 2014 auf 38,4 % gestiegen (vgl. INSEE 2015b). Im Umland der größten Städte (Paris, Marseille, Lyon, Bordeaux) sind rund 18 % aller Zweitwohnsitze angesiedelt. Diese werden von der städtischen Bevölkerung in erster Linie an Wochenenden genutzt. Die regionale Analyse zeigt, dass die Gemeinden an der mediterranen Küste, an der Atlantikküste sowie in den französischen Alpen die größte Zahl an Zweitwohnsitzen aufweisen (vgl. Abb. 6.36). In den Regionen Provence-Alpes-Côte d'Azur, Rhône-Alpes und Languedoc-Roussillon befinden sich jeweils mehr als 300 000 Zweitwohnsitze. Die starke Konzentration auf „typische" Zweitwohnsitzgemeinden wird durch die Tatsache verdeutlicht, dass sich Mitte der 1970er Jahre rund 23 % aller Zweitwohnsitze in 1 % der französischen Gemeinden befinden (vgl. Barbier 1990: 150). Ein typisches Beispiel hierfür ist der Luberon im Département Vaucluse: Im Jahr 2012 liegt der Anteil der Zweitwohnsitze am gesamten Wohnungsbestand zwischen 30 % und 50 % (z. B. in Bonnieux 42,8 %, Gordes 40,4 %, Joucas 46,0 %, Lacoste 46,0%, Lourmarin 37,4 %, Ménerbes 34,9 %). Hierbei handelt es sich zum Teil um

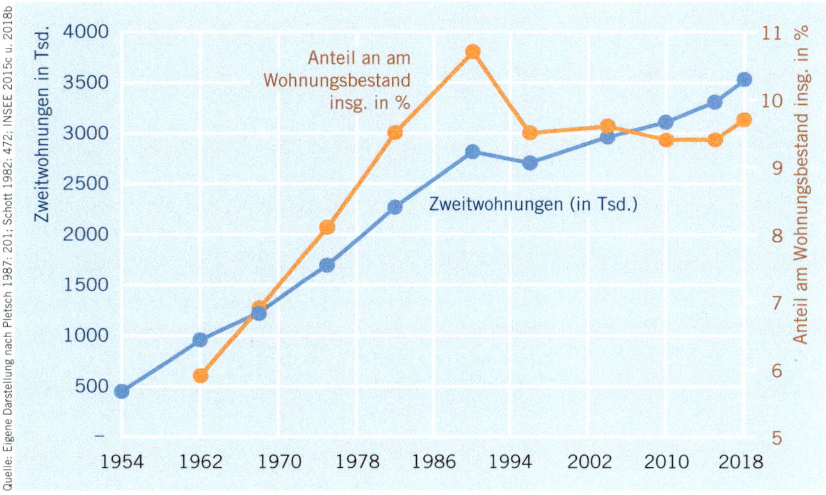

| Abb. 6.35 | *Entwicklung des Zweitwohnsitzbestandes (in Tsd.) und seines Anteils (in %) am gesamten Wohnungsbestand im Zeitraum 1954 bis 2018*

die Gemeinden, die mit dem Prädikat *Les Plus Beaux Villages de France* ausgezeichnet sind und touristisch besonders attraktiv und nachgefragt sind, was erhebliche Auswirkungen auf die lokalen Immobilienpreise hat (vgl. Schmude/Aevermann 2015: 7). Insgesamt zeigt sich für die Zweitwohnsitze ein deutlich anderes Standortmuster als für die Hauptwohnsitze (vgl. Abb. 6.37).

Die Nutzungshäufigkeit der Zweitwohnsitze korreliert mit der Distanz zwischen Haupt- und Zweitwohnsitz, d. h. je näher der Zweitwohnsitz gelegen ist, desto häufiger wird er genutzt. Die durchschnitt-

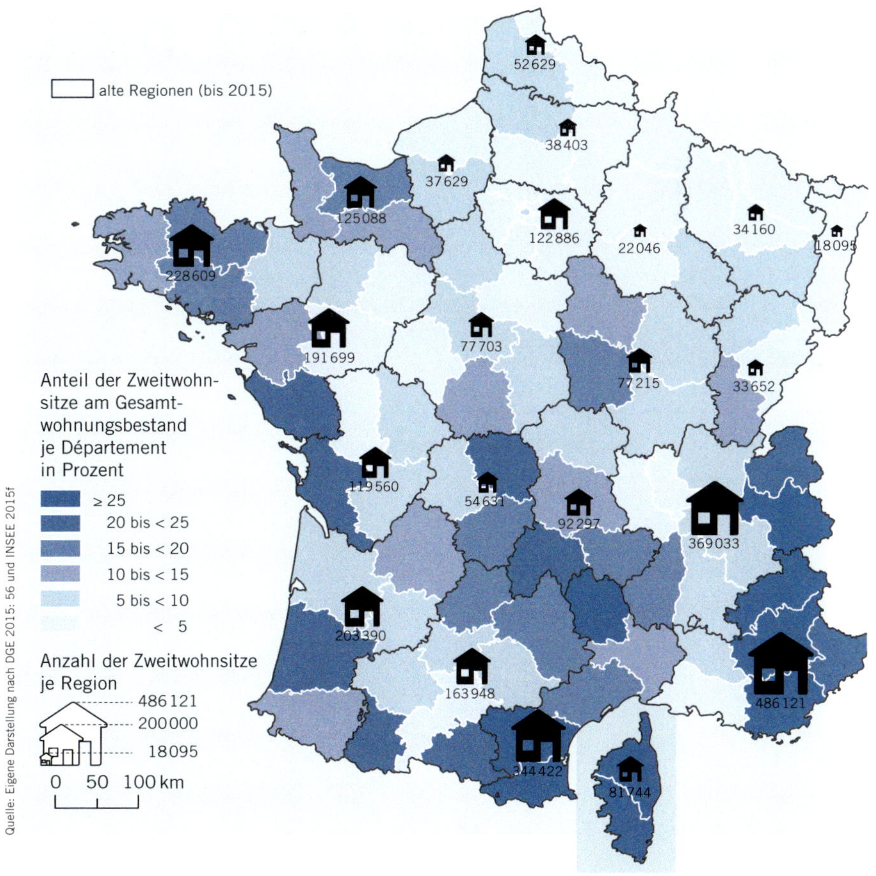

| Abb. 6.36 | *Verteilung der Zweitwohnsitze nach Zahl und Anteil am Gesamtwohnungsbestand (in %) nach Regionen bzw. Départements im Jahr 2012*

liche Distanz zwischen Haupt- und Zweitwohnsitz beträgt rund 360 km, der zeitliche Aufwand zur Anreise erfordert im Schnitt gut vier Stunden. Die Nutzung der Zweitwohnungen erfolgt nicht ausschließlich durch die Eigentümer, sondern sie werden auch anderen Familienangehörigen, Freunden und Bekannten zur Verfügung gestellt oder vermietet. Während sich die Eigentümer in ihren Zweitwohnsitzen durchschnittlich 6,6 Wochenenden und rund 2,5 Wochen im Urlaub aufhalten, nutzen Familienangehörige, Freunde und Bekannte die Zweitimmobilie an durchschnittlich 1,6 Wochenenden und 1,2 Wochen für den Urlaub. Damit werden die Zweitwohnsitze durchschnittlich insgesamt nur an rund 11,5 % aller Tage eines Jahres genutzt.

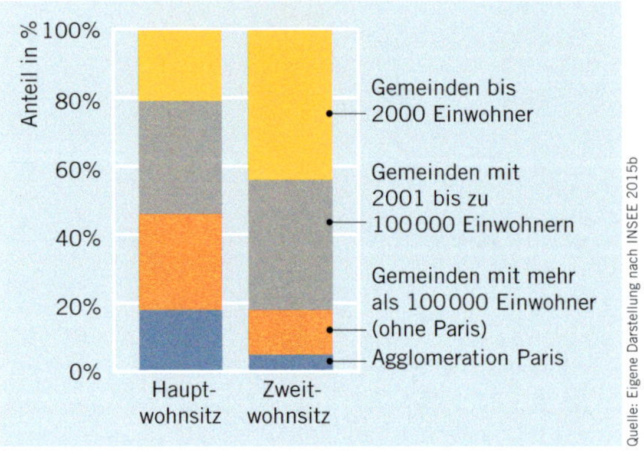

|Abb. 6.37| *Verteilung der Haupt- und Zeitwohnsitze (in %) nach Gemeindegrößenklassen im Jahr 2014*

|Abb. 6.38| *Zweitwohnsitze in St. Martin-de-Castillon*

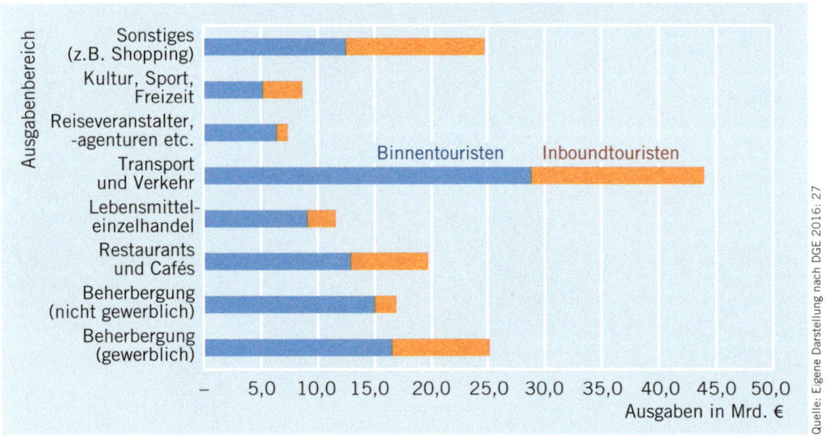

|Abb. 6.39| *Konsumausgaben von Binnentouristen und Inbound-Touristen (in Mrd. €) nach Ausgabenbereichen im Jahr 2014*

Hieraus ergeben sich erhebliche Einflüsse der *résidences secondaires* auf ihre Standortgemeinden, die in ihrer Intensität zum einen vom Konzentrationsgrad der Zweitwohnsitze abhängen, zum anderen vom Alter der Immobilien. Als gravierendste Einflüsse auf die Standortgemeinden gelten:

- Veränderung des physiognomischen Erscheinungsbildes der Standortgemeinde durch Neubauten oder Umbauten alter Bausubstanz (bei nicht regional angepasstem Baustil) sowie durch viele Leerstände (geschlossene Fensterläden) in der überwiegenden Zeit des Jahres,
- Kosten und Finanzierung der kommunalen Infrastruktur (Straßenbau, Ver- und Entsorgungsnetze etc.), die vor allem von der ortsansässigen Bevölkerung getragen werden müssen,
- Veränderung der Sozialstruktur durch den temporären Zuzug von Zweitwohnungsbesitzern, die sich aber nicht aktiv am Gemeindeleben beteiligen,
- Auswirkungen auf den ortsansässigen Handel und das Kleingewerbe durch zeitlich geringe Präsenz der Zweitwohnungsbesitzer, die zu saisonal unterschiedlich hoher Nachfrage führen,
- Veränderung der Bodenpreisstruktur mit Verdrängungseffekten für die ortsansässige Bevölkerung, die sich steigende Bodenpreise, Baukosten und Mietpreise nicht mehr leisten kann,
- Flächennutzungskonflikte durch konkurrierende Ansprüche von Einheimischen und Zweitwohnungsbesitzern, die im Extremfall auch zu politischen und ethnischen Auseinandersetzungen wie im Falle Korsikas führen können.

6.3.5 Konsumausgaben und Arbeitsmarkt

Die Konsumausgaben der inländischen und ausländischen Touristen belaufen sich im Jahr 2014 auf insgesamt 158,3 Mrd. €, von denen rund zwei Drittel auf den Inlandstourismus entfallen. Die höchsten Ausgaben werden im Verkehrs- und Transportsektor (Flug, Bahn, Straße, Schiff etc.) und im Beherbergungsbereich (gewerblich und nicht gewerblich) getätigt (vgl. Abb. 6.39). Gemessen an den Ausgabenanteilen leistet der Binnentourismus einen überdurchschnittlichen Beitrag zu den Konsumausgaben im Bereich der nicht-gewerblichen Beherbergung, was die hohe Bedeutung der Zweitwohnsitze und ihre Weitervermietung belegt. Die ausländischen Touristen konsumieren überproportional viel im Einzelhandel (ohne Lebensmittel).

Die hohe Bedeutung von Inbound- und Binnentourismus schlägt sich auch im Beitrag zum Bruttoinlandsprodukt (BIP) und in der Zahl der durch den Tourismus generierten Arbeitsplätze nieder. Im Jahr 2014 steuert der Tourismus einen Anteil von 3,6 % zum BIP Frankreichs bei, berücksichtigt man nur die direkten Effekte (z. B. Ausgaben für Beherbergungsleistungen). Bezieht man zusätzlich die indirekten (z. B. Ausgaben für vor- oder nachgelagerte Versorgungsleistungen für Touristen und touristische Betriebe) und induzierten (z. B. Ausgaben der im Tourismus Beschäftigten) Effekte, erhöht sich der Anteil auf 8,9 %. Für den Arbeitsmarkt fallen die Effekte noch höher aus: 4,1 % aller Arbeitsplätze werden direkt durch den Tourismus generiert, insgesamt kann aber nahezu jeder zehnte Arbeitsplatz der Tourismuswirtschaft zugerechnet werden (vgl. Tab. 6.12). Die Prognosen für das Jahr 2025 gehen davon aus, dass die Bedeutung des Tourismus in Frankreich weiter ansteigt und sich der Gesamtanteil am BIP auf 9,7 % und am Arbeitsmarkt auf 11,2 % belaufen wird (vgl. WTTC 2016).

Für den touristischen Arbeitsmarkt stellt der traditionelle Restaurationsbereich die mit Abstand meisten Arbeitsplätze und weist auch die größte Zahl der Betriebe auf (vgl. Abb. 6.40). Zweitwichtigster Arbeitgeber ist der Transport- und Verkehrssektor, der zwar über eine deutlich geringere Zahl an Betrieben verfügt, die aber je Betrieb durchschnittlich die höchste Zahl an Arbeitsplätzen stellen (44,8 Arbeitsplätze je Betrieb gegenüber 3,2 Arbeitsplätzen je Betrieb im Bereich der traditionellen Restauration). Ebenfalls kleinbetrieblich strukturiert ist das Beherbergungswesen (3,6 Arbeitsplätze je Betrieb), in dem 17 % der Arbeitsplätze angesiedelt sind. Stark an Bedeutung als Arbeitgeber hat der Bereich der Selbstbedienungsrestaurants (überwiegend Fast-Food-Gastronomie) gewonnen, wobei in diesem Bereich ein hoher Anteil der Arbeitsplätze (rund 25 % gegenüber 20% für alle Bereiche) durch Teilzeitbeschäftigte besetzt ist.

Regional hat der touristische Arbeitsmarkt seine größte Bedeutung in der Region Île-de-France mit rund 413 000 Beschäftigten, was einer Quote am gesamten regionalen Arbeitsmarkt von über 9,1 % entspricht (vgl. Abb. 6.41). Ähnlich hohe Anteile am regionalen Arbeitsmarkt werden in den Regionen Rhône-Alpes, Provence-Alpes-Côte d'Azur, Aquitaine, Languedoc-Roussillon und Elsass erreicht. Allerdings fallen die absoluten Zahlen der Arbeitsplätze in diesen Regionen im Vergleich zur Île-de-France deutlich geringer aus. Die absolut und relativ niedrigste Bedeutung hat die Tourismuswirtschaft für den Arbeitsmarkt der Region Franche-Comté.

6.3.6 **Ausblick und zukünftige Herausforderungen**

Die internationale Wettbewerbsfähigkeit der französischen Tourismuswirtschaft wird allgemein sehr hoch eingeschätzt. So rangiert Frankreich im Travel

|Tab. 6.12| *Direkte, indirekt und induzierte Effekte durch Tourismus am Bruttoinlandsprodukt (in Mrd. € und in %) und an den Arbeitsplätzen (in Mio. und in %) im Jahr 2014*

Effekt	Bruttoinlandsprodukt		Arbeitsplätze	
	Mrd. €	in %	Mio.	in %
direkt	77	3,6	1,133	4,1
indirekt	76	3,5	1,085	3,9
induziert	39	1,8	0,496	1,8
gesamt	**192**	**8,9**	**2,714**	**9,9**

Quelle: Eigene Zusammenstellung nach WTTC 2016

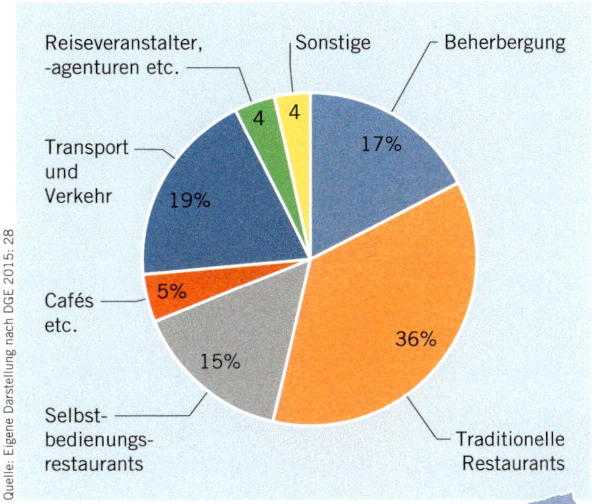

Quelle: Eigene Darstellung nach DGE 2015: 28

|Abb. 6.40| *Verteilung der Beschäftigten und der Betriebe nach tourismusspezifischen Bereichen im Jahr 2014 (Beschäftigte insgesamt: 1,11 Mio.; Betriebe insg.: 299 532)*

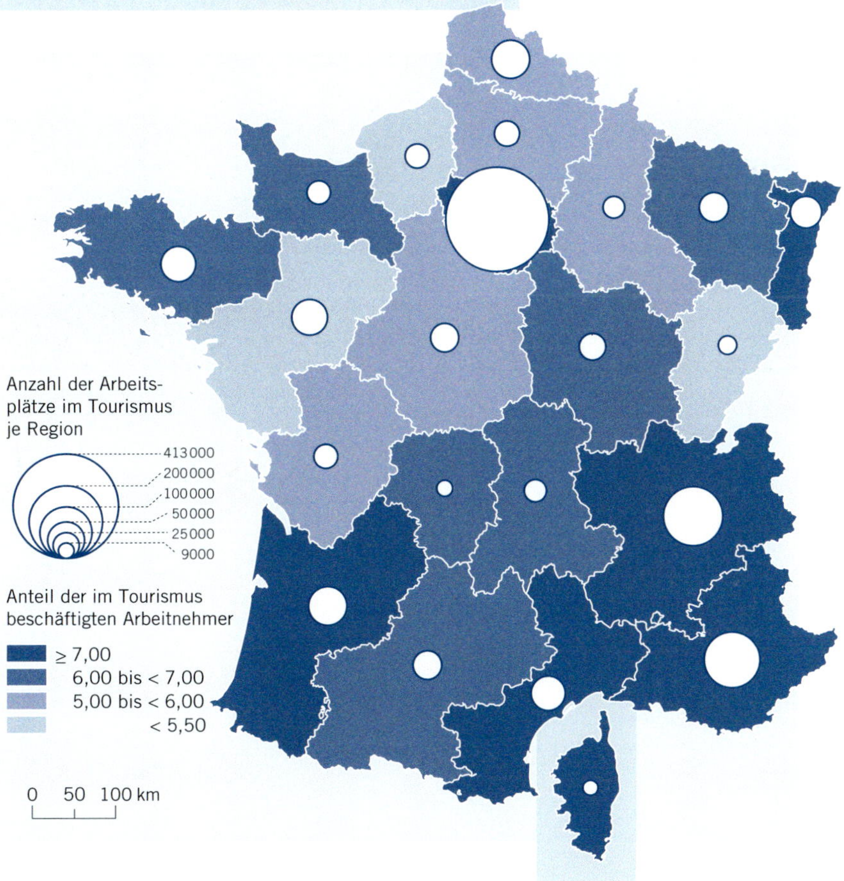

Quelle: Eigene Darstellung nach DGE 2016: 36

|Abb. 6.41| *Zahl der Arbeitsplätze in tourismusspezifischen Bereichen und ihr Anteil am regionalen Arbeitsmarkt (in %) nach Regionen im Jahr 2014*

|Tab. 6.13| *Entwicklung der Zahl der alpinen Skigebiete nach Départements bei einer Temperaturerhöhung von 1° C, 2° C und 4° C*

Département	Skigebiete im Jahr 2008	Skigebiete bei Erhöhung von 1 Grad C	Skigebiete bei Erhöhung von 2 Grad C	Skigebiete bei Erhöhung von 4 Grad C
Haute-Savoie	35	27	18	7
Isère	19	16	12	7
Savoie	42	40	38	30
Drôme	1	0	0	0
Hautes-Alpes	27	24	19	9
Alpes de Haute-Provence	10	9	7	1
Alpes-Martimes	9	7	2	1
gesamt	**143**	**123**	**96**	**55**

Quelle: Eigene Zusammenstellung nach Le Scouarnec/Martin 2008: 65

and Tourism Competitiveness Report des World Economic Forums hinter Spanien auf Platz zwei des 141 Länder umfassenden Rankings. Dabei gelten das kulturelle Potential und das Umfeld für den Geschäftsreisetourismus als größte Stärken, während das hohe Preisniveau als größte Schwäche ausgewiesen wird (vgl. WEF 2016).

Gleichwohl steht auch die französische Tourismuswirtschaft vor einer Reihe von Herausforderungen. Hierzu gehören veränderte Nachfragestrukturen aufgrund des demographischen Wandels in vielen Quellmärkten, die Frage der Sicherheit für die Touristen, die zunehmende Digitalisierung touristischer Produkte und Prozesse sowie der Klimawandel in den Destinationen (vgl. Schmude 2015).

Insbesondere durch den Klimawandel werden sich für einzelne Tourismussegmente und Destinationen die Rahmenbedingungen gravierend verändern, so dass das bisherige touristische Angebot angepasst werden muss, etwa durch Diversifizierung oder Schaffung neuer Angebote. Dies gilt etwa für den Wintersporttourismus, vor allem in niedrigen Lagen. Bei einer Temperaturerhöhung von 2 Grad Celsius wird ein wirtschaftlich erfolgreicher Betrieb von Skigebieten unterhalb von 1800 Metern auf Grund der abnehmenden Schneesicherheit und der geringeren Schneedeckenhöhe kaum mehr möglich sein. Dies betrifft vor allem die Skigebiete im Zentralmassiv, im Jura und den Vogesen. Aber auch in den französischen Alpen wird je nach Ausmaß der Temperaturerhöhung ein Teil der Skigebiete nicht überleben (vgl. Tab. 6.13), wenngleich die Folgen einer Temperaturerhöhung in den französischen Alpen geringer ausfallen als in den deutschen Alpen. Auch die anderen touristischen Destinationen in Frankreich sind von den Folgen des Klimawandels betroffen (z. B. Mittelmeerküste: Reduktion der Wasserverfügbarkeit durch erhöhte Verdunstung; Überseedépartements: Schädigung der Korallen durch Erhöhung der Meerwassertemperatur), wenngleich es bis zum Jahr 2030 nicht zu gravierenden Umlenkungen von Touristenströmen auf Grund des Klimawandels kommen wird, da die Wirkung anderer Einflussfaktoren (z. B. demographischer Wandel) stärker ausfällt (vgl. Reintinger et al. 2014).

Im Gegensatz zum langfristig wirksamen Klimawandel zeigt sich eine schon heute große Vulnerabilität der Tourismuswirtschaft durch Terrorismus: Nach den Anschlägen von Paris im November 2015 und in Nizza zum Nationalfeiertag im Jahr 2016 kommt es zu erheblichen Rückgängen der Touristenzahlen in beiden Städten: Im ersten Halbjahr 2016 sinkt die Zahl der Touristenankünfte um 10 %, die Hotelbuchungen im Juni 2016 weisen ein Minus von 12 %-Punkten gegenüber dem Vorjahr auf (vgl. Höhler et al. 2016), was insbesondere auf rückläufige Zahlen der amerikanischen und chinesischen Touristen zurückzuführen ist. Diese Rückgänge können nur teilweise durch den Anstieg der Touristenzahlen in anderen französischen Destinationen (z. B. Bretagne) kompensiert werden.

7. Die Überseedépartements: Frankreich außerhalb Europas

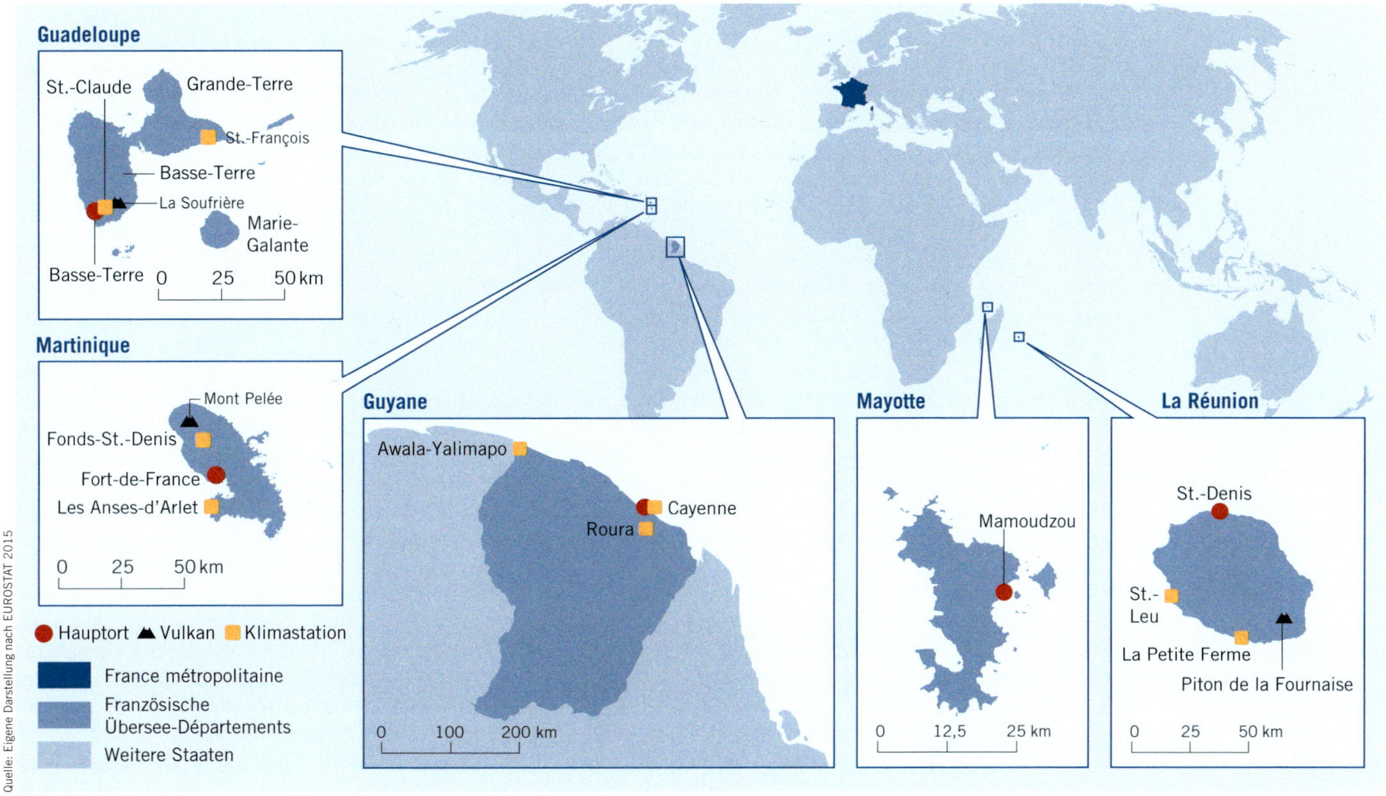

Quelle: Eigene Darstellung nach EUROSTAT 2015

|Abb. 7.1| *Lage der fünf Überseedépartements*

Übersicht

- Als Überseedépartements (*départements d'outremer, DOM*) sind Guadeloupe, Martinique, La Réunion und Guyane seit dem Jahr 1946 im Rahmen der *départementalisation* sowie Mayotte seit dem Jahr 2011 integraler Bestandteil des französischen Staates und gehören damit auch der Europäischen Union an.
- Vier der fünf Überseedépartements (DOMs) sind Inseln in der Karibik (Guadeloupe und Martinique) bzw. im Indischen Ozean (La Réunion und Mayotte). Auf dem südamerikanischen Kontinent liegt das Überseedépartement Guyane.
- Alle Insel-DOMs sind vulkanischen Ursprungs und auf drei der vier Inseln (Guadeloupe, Martinique und La Réunion) gibt es heute noch jeweils einen aktiven Vulkan. Diese drei DOMs sind regelmäßig auch von tropischen Wirbelstürmen betroffen.
- Die im 20. Jahrhundert noch stark angestiegene Bevölkerungszahl auf Guadeloupe und Martinique wächst nicht weiter an und stagniert auf hohem Niveau. Dagegen ist auf La Réunion und Mayotte sowie in Guyane aufgrund der hohen Geburtenraten nach wie vor eine deutliche Bevölkerungszunahme festzustellen, die sich auch in den nächsten Jahrzehnten fortsetzen wird.
- In allen DOMs hat die Landwirtschaft stark an Bedeutung verloren und die Wirtschaftsstruktur wird durch den Dienstleistungssektor dominiert. Der Arbeitsmarkt ist in allen DOMs durch eine hohe Arbeitslosenquote gekennzeichnet, die strukturell bedingt ist. Dies zeigt sich u.a. in einer hohen Jugendarbeitslosigkeit.
- In Guadeloupe, Martinique und La Réunion wird die Entwicklung des Tourismus bereits in den 1980er und 1990er Jahren forciert und die Touristenzahlen steigen deutlich an. Nach der Jahrtausendwende entwickeln sie sich jedoch eher rückläufig oder weisen stagnative Tendenzen auf. Auf Mayotte und Guyane steht die touristische Entwicklung im Gegensatz dazu noch eher am Anfang.

7.1 Frankreich in Übersee: Überblick über die fünf Überseedépartements

Mit den Überseedépartements Frankreichs werden häufig Begriffe wie Exotik und Fremdartigkeit assoziiert. Während über die karibischen DOMs Guadeloupe und Martinique in Europa außerhalb Frankreichs noch vage Vorstellungen bestehen (z. B. durch Bilder mit Traumstränden und Palmen), sind die DOMs im Indischen Ozean (La Réunion und Mayotte) und Guyane auf dem südamerikanischen Kontinent weitgehend „terra incognita". Auch in den bisher vorliegenden Länderkunden über Frankreich wird, wenn überhaupt, nur sehr kurz auf die französischen Überseedépartements eingegangen.

Guadeloupe und Martinique sind zwei benachbarte karibische Inseln, die zu den auf der Nordhalbkugel gelegenen Kleinen Antillen gehören. Neben der Hauptinsel Guadeloupe (*Guadeloupe continentale*), die die Form eines Schmetterlings mit den beiden Flügeln Grande-Terre und Basse-Terre aufweist, gehören auch die Dependenzen La Desirade, Marie-Galantes und Les Saintes zu diesem DOM (St. Barthelemy und St. Martin gehören seit dem Jahr 2007 nicht mehr zum DOM Guadeloupe, vgl. 1.1). Insgesamt umfasst Guadeloupe eine Fläche von 1628 km². Die „Schwesterinsel" Martinique, die südlich von Guadeloupe gelegen ist, weist mit 1128 km² eine geringere Fläche auf. Beide Inseln gehören zu den „Inseln über dem Wind" (*îles du vent*), die direkt dem Nordostpassat (*alizé*) ausgesetzt sind. Zudem sind beide Inseln vulkanischen Ursprungs, denn sie liegen wie die meisten Inseln der Kleinen Antillen mit ihrem westlichen Teil auf dem inneren karibischen Inselbogen (vgl. Abb. 7.2), wo sich auch die heute noch aktiven Vulkane Soufrière (1467 m) auf Guadeloupe und Mont Pelée (1397 m) auf Martinique befinden. Guadeloupe gehört zudem zu den wenigen Inseln, die sowohl auf dem inneren (Basse-Terre) als auch auf dem äußeren karibischen Inselbogen liegen (Grande-Terre). Die Inselanteile bzw. Inseln auf dem äußeren Inselbogen (z. B. Antigua und Marie-Galante) sind durch flache Kalkplateaus charakterisiert. Damit ist Guadeloupe mit dem gebirgigen Westflügel Basse-Terre und dem flachen östlichen Flügel Grande-Terre eine der vom Landschaftsbild abwechslungsreichsten Inseln der Kleinen Antillen.

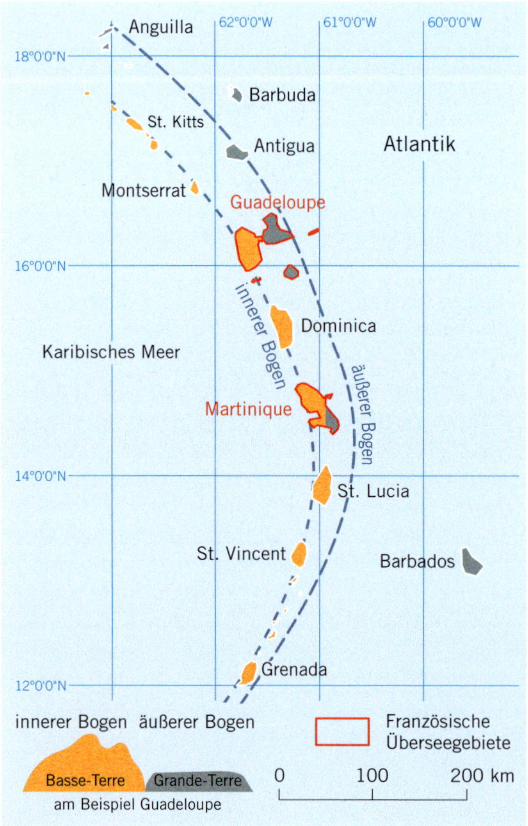

Quelle: Eigene Darstellung nach Miller/Miller 1993: 11

|Abb. 7.2| *Übersichtskarte der Kleinen Antillen mit Guadeloupe und Martinique sowie innerem und äußerem Inselbogen*

La Réunion und Mayotte befinden sich auf der Südhalbkugel im Indischen Ozean (vgl. Abb. 7.1). Während La Réunion rund 850 km östlich von Madagaskar liegt und zur Gruppe der Maskarenen-Inseln gehört (zusammen mit Mauritius und Rodrigues), ist Mayotte eine der nordwestlich von Madagaskar gelegenen vier großen Komoren-Inseln, zu denen als weitere Hauptinseln Grande Comore, Anjouan und Mohéli zählen. Im Gegensatz zu Mayotte gehören diese nicht zu Frankreich und sind seit dem Jahr 1975 unabhängig. La Réunion umfasst eine Fläche von 2503 km² und hat eine elliptische Form mit rund 70 km Länge und 50 km Breite. Die Insel ist dem Südostpassat ausgesetzt. Durch die beiden Massive des erloschenen Vulkans Piton des Neiges (3069 m) und des noch aktiven Vulkans Piton de la Fournaise (2631) herrschen deutliche klimatische Unterschiede zwischen der West- und Ostküste der Insel (vgl. Abb. 7.5). Rund zwei Drittel der Insel sind durch die Vulkane und ihre Talkessel (*cirques*) geprägt. Hierdurch ist das Landschaftsbild im Inselinneren durch eine extrem hohe Reliefenergie charakterisiert. Entsprechend befinden sich alle großen Städte und Siedlungen wie die Hauptstadt St. Denis an der Küste. Auch Mayotte ist vulkanischen Ursprungs und die älteste der Komoren-Inseln. Der höchste Punkt der Insel ist der nicht mehr aktive Vulkan Mont Bénara (660 m). Mayotte selbst besteht aus der Hauptinsel Grande-Terre mit der Hauptstadt Mamoudzou und der Nebeninsel Petite-Terre (*Pamanzi*) sowie mehreren kleinen unbewohnten Inseln (*îlots*) und ist mit 37,4 km² flächenmäßig das kleinste Überseedépartement.

Schließlich ist Guyane (Französisch-Guyana) das einzige DOM, das keine Insel ist, sondern im Nordosten des südamerikanischen Kontinents zwischen Brasilien und Surinam liegt. Das nördlich des Äquators gelegene Überseedépartment ist flächenmäßig mit 85 345 km² das größte Überseedépartement, das zum überwiegenden Teil (rund 90 %) mit tropischem Regenwald bedeckt ist. Die höchste Erhebung ist der Bellevue de l'Inini (831 m). Der größte Teil der Bevölkerung lebt an der rund 380 km langen atlantischen Küste, an der auch die Hauptstadt Cayenne gelegen ist.

7.2 Physisch-geographische Rahmenbedingungen: Vulkane und Klima

Die vier Insel-DOMs sind alle vulkanischen Ursprungs und auf drei der Inseln (Guadeloupe, Martinique und La Réunion) gibt es bis heute aktive Vulkane. Allerdings unterscheidet sich der Vulkanismus auf den beiden karibischen Inseln deutlich vom Vulkanismus auf La Réunion. Während die Soufrière (Guadeloupe) und der Mont Pelée (Martinique) einen explosiven Vulkanismus aufweisen, ist der Piton de la Fournaise (La Réunion) ein effusiver Vulkan. Die Vulkane prägen die Entwicklungsgeschichte der Inseln bis heute.

Guadeloupe und Martinque liegen an den Rändern der karibischen und atlantischen Platte. Die atlantische Platte taucht unter die karibische Platte ab und an dieser Subduktionszone, die dem inneren Inselbogen entspricht (vgl. Abb. 7.2), entstehen Vulkane mit meist explosivem Charakter. Die Lava ist zähflüssig, die Gase entweichen nur schwer und es entsteht oft ein Überdruck, der sich durch explosive Eruptionen entlädt. Eine Vorhersage zum Verlauf von Ausbrüchen dieser Vulkane ist äußerst schwierig. Dies gilt auch für den seit rund 300 000 Jahren aktiven Mont Pelée auf Martinique und die seit rund 200 000 Jahren aktive Soufrière auf Guadeloupe. Diese beiden Vulkane, die die Geschichte der Inseln bis in die Gegenwart mitprägen, sind im 20. Jahrhundert Auslöser schwerwiegender Katastrophen bzw. Krisen.

So ist der Mont Pelée im Jahr 1902 zwar seit Anfang April aktiv, aber es wird noch Ende April davon ausgegangen, dass kein schwerer Ausbruch bevorsteht und vom Gouverneur der Insel wird für die Bevölkerung Entwarnung gegeben. Am 8. Mai kommt es jedoch zu einem massiven explosiven Ausbruch, der die Spitze des Vulkans wegsprengt sowie eine Glut- und Aschewolke (*nuée ardente*) zur Folge hat, die über die westliche Flanke des Massivs die Hauptstadt St. Pierre erreicht und über 30 000 Todesopfer fordert. Die damalige Hauptstadt der Insel wird völlig zerstört und das weiter im Süden gelegene Fort-de-France wird zur neuen Hauptstadt von Martinique. Seit dem Jahr 1904 wird dieser hochexplosive Vulkanismus in der Wissenschaft auch als Peleanischer Vulkanismus bezeichnet. Der letzte Ausbruch des Mont Pelée im Jahr 1932, verläuft aber bei weitem nicht so dramatisch wie der des Jahres 1902.

Nicht zuletzt vor dem Hintergrund dieser Katastrophe findet knapp 75 Jahre später auf Guadeloupe eine weiträumige Evakuierung um die Hauptstadt Basse-Terre statt, weil die Soufrière ab dem 8. Juli 1976 verstärkt vulkanische Aktivitäten zeigt (starke Schwefeldampfentweichungen, Ascheregen) sowie Erdbeben bis zur Stärke 4,6 auf der Richter-Skala gemessen werden. Die Evakuierung betrifft insgesamt rund 70 000 Menschen. Die Soufrière-Krise dauert bis in den März 1977 an, erst dann dürfen die Menschen in ihre Häuser zurückkehren, da es nicht zu dem befürchteten explosiven Ausbruch kommt. In der Folge bleibt Basse-Terre zwar Hauptstadt, verliert aber viele Funktionen insbesondere an die heutige „funktionale Hauptstadt" Pointe-à-Pitre. Die Soufrière hat seitdem keine starken eruptiven Aktivitäten mehr gezeigt und ist heute beliebtes Ausflugsziel auf Guadeloupe.

Die Beobachtung und Überwachung der Vulkane wird auf beiden Inseln im Laufe des 20. Jahrhunderts immer weiter verbessert. So werden u. a. über verschiedene Messstationen auf beiden Inseln regelmäßig seismische Aktivitäten festgestellt (z. B. in den Jahren 1999 bis 2007 auf Martinique insgesamt sechs Beben mit Werten >5 auf der Richter-

Quelle: Aufnahmen Schmude 2007 und 2005

|Abb. 7.3| *Vulkan La Soufrière (Guadeloupe) (a) und Massiv des Mont Pelée (b) (Martinique)*

Quelle: Aufnahmen Schmude 1994 und 2012

|Abb. 7.4| *Blick in den Cirque de Mafate am Piton des Neiges (Guadaloupe) (a) und in die Caldera des Piton de la Fournaise mit dem Krater Bory (La Réunion) (b) sowie auf den Kratersee Dziani (Mayotte) (c)*

Skala). Dabei kommt es regelmäßig auch zu massiven Felsstürzen (z. B. im Jahr 2004 an der Westflanke der Soufrière).

Die Insel La Réunion entsteht vor rund drei Millionen Jahren am Rande der afrikanischen Platte durch den Vulkan Piton des Neiges, der sich vor rund 5 Mio. Jahren bildet und sich mehr als 7000 m über den Meeresgrund erhebt. Vor etwa vor 300 000 Jahren endet seine aktivste Phase, seit ca. 12 000 Jahren gilt er als erloschen. Charakteristisch für das Massiv des Piton des Neiges sind heute die drei Einbruchkessel Cirque de Mafate (vgl. Abb. 7.4), Cirque de Salazie und Cirque de Cilaos. Südöstlich dieses Vulkanmassivs taucht mit dem Piton de la Fournaise vor knapp 400 000 Jahren ein neuer Vulkan auf. Dieser Prozess wird auch als Beweis für die Hotspot-Theorie angesehen (vgl. Dannenmann 2011: 114 f.). Der Piton de la Fournaise gilt heute weltweit als einer der aktivsten Vulkane, der insgesamt vier Krater aufweist (vgl. Abb. 7.4). Da seine Ausbrüche effusiven Charakter haben, bei denen zumeist dünnflüssige, leicht entgasende Lava aufsteigt, sind sie weitgehend ungefährlich und ziehen immer wieder Schaulustige in großer Zahl an. Teilweise erreichen die Lavaströme des Piton de la Fournaise das Meer im Südosten der Insel und führen so zu einer Vergrößerung der Inselfläche (z. B. wird im Jahr 1986 die Küstenlinie auf einer Länge von 1,5 km um bis zu 200 m meerwärts verschoben). Dabei kommt es nur selten zu Schäden an der Infrastruktur (z. B. an Küstenstraßen) oder zu Evakuierungen, da die südöstliche Flanke des Massivs kaum besiedelt ist. Im langjährigen Schnitt werden etwa alle zwei Jahre Ausbrüche des Vulkans registriert und die letzten Eruptionen des Piton de la Fournaise datieren aus den Jahren 2005, 2007, 2009, 2010, 2014 und 2015. Die Massive des Piton des Neiges und des Piton de la Fournaise beeinflussen auf Grund ihrer Höhe die klimatische Situation auf der Insel bzw. sind für die Klimagegensätze von West- und Ostküste verantwortlich (vgl. auch Abb. 7.5). Sie nehmen ebenso Einfluss auf die wirtschaftliche Nutzung der verschiedenen Inselbereiche.

Auch die Insel Mayotte ist vulkanischen Ursprungs und gehört mit den anderen Komoren-Inseln zu den ältesten der Region (ca. 9 Mio. Jahre alt). Allerdings gibt es im Gegensatz zur Hauptinsel der selbständigen Union der Komoren (Grande Comore mit dem aktiven Vulkan Karthala) auf dem DOM Mayotte keinen aktiven Vulkan mehr, sondern „nur" erloschene Vulkane wie den Mont Bénara und den Dziani mit seinem Kratersee (vgl. Abb. 7.4).

Zum Überseedépartement Guyane gehören drei kleine, der Küste vorgelagerte Inseln vulkanischen Ursprungs, die Îles du Salut, deren Vulkane aber nicht mehr aktiv sind. Die Îles du Salut sind in den Jahren 1852 bis 1951 Strafkolonie und Gefängnisinseln und durch den Roman bzw. als Drehort für den Film *Papillon* erlangen sie einen größeren Bekanntheitsgrad. Auf dem Festland von Guyane existiert kein Vulkanismus.

|Abb. 7.5| *Klimadiagramme (mit Angabe der Klimaklassifikation nach Köppen-Geiger) für ausgewählte Orte in den Überseedépartements Frankreichs*

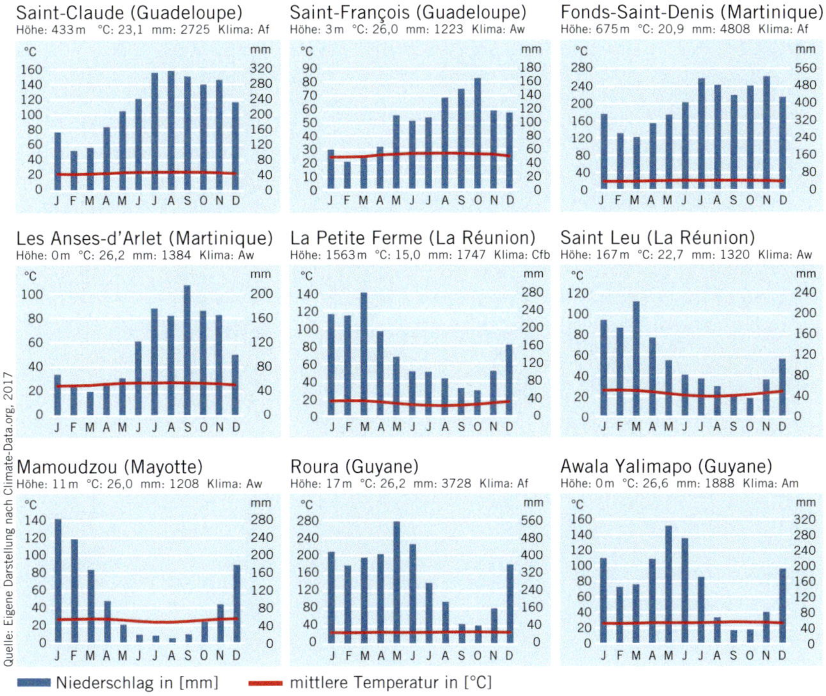

Quelle: Eigene Darstellung nach Climate-Data.org, 2017

Aus der räumlichen Verteilung der Überseedépartements folgt ihre Zugehörigkeit zu unterschiedlichen Klimazonen, wobei sich für einzelne Départements durchaus auch vergleichbare klimatische Grundstrukturen zeigen. Diese werden allerdings durch das Relief der vier Inseln sowie die große Fläche von Guyane differenziert.

Auf Guadeloupe und Martinique herrscht überwiegend ein tropisches Monsunklima (*climat tropical de la mousson*) (nach der Klimaklassifikation von Köppen-Geiger: Am), in Teilen auch ein tropisches Regenwaldklima (Af) (*climat de fôret tropical*) bzw. tropisches Savannenklima (Aw) (*climat tropical de savane*) (vgl. auch Abb. 7.5). Die klimatische Situation ist gekennzeichnet durch eine Trockenzeit (*carème*), die etwa von Januar bis April andauert, sowie durch die Regen- bzw. Winterzeit (*hivernage*) von Juli bis November. Die übrigen Monate werden als Übergangszeit (*mois de transition*) bezeichnet. Die durchschnittlichen Temperaturunterschiede zwischen Trocken- und Regenzeit fallen mit weniger als drei (Martinique) bzw. fünf (Guadeloupe) Grad Celsius relativ gering aus (vgl. Abb. 7.5), weshalb auf beiden Inseln auch von einem Tageszeitenklima gesprochen wird. Durch die Gebirgsmassive der Vulkane kommt es auf beiden Inseln an den Ostküsten (*côte au vent*) zum Aufstieg wasserdampfgesättigter Luftmassen, die der Passatwind (*alizé*) aus Nordosten bringt. Die Folgen sind orographisch bedingte Steigungsregen und meist sind die Gipfel der Vulkane wolkenverhangen. Entsprechend fallen die Niederschlagsmengen auf den Luv- und Leeseiten der Gebirgsmassive sehr unterschiedlich aus (vgl. Abb. 7.5). Die Regenzeit ist die Zeit der tropischen Zyklone (*saison cyclonique*), von denen beide DOMs wie alle Inseln der Kleinen Antillen, die über dem Wind liegen, immer wieder betroffen sind. Die tropischen Wirbelstürme (*cyclon*) entstehen u.a. südöstlich der Kleinen Antillen über der aufgeheizten Meereswasseroberfläche (25 bis 27 Grad Celsius) und bewegen sich in nordwestliche Richtung. Die seit dem Jahr 1944 mit Namen bezeichneten tropischen Stürme haben für die Inseln je nach Zugbahn (vgl. Abb. 7.6) mehr oder weniger gravierende Folgen, denn sie sind einerseits von ergiebigen Niederschlägen, anderseits von sehr starken Winden gekennzeichnet. Nach der Saffir-Simpson-Skala werden die tropischen Wirbelstürme in Bezug auf ihre höchste mittlere Windgeschwindigkeit in sieben Klassen vom tropischen Tief (bis 60 km/h) bis zum verwüstenden Wirbelsturm der Kategorie 5 (250 km/h und mehr) eingeteilt (vgl. Grass 2005: 166 ff). Entsprechend sind die höchsten je gemessenen Windgeschwindigkeiten auf beiden Inseln mit zyklonalen Ereignissen verbunden: Auf Guadeloupe wird während des Zyklons Hugo im September 1989 eine Maximalgeschwindigkeit von 270 km/h gemessen, auf Martinique liegt sie bei 220 km/h während des Zyklons David im August 1979 (vgl. Météo France 2016). Mittlerweile gibt es auf beiden Inseln ein zuverlässiges, dreistufiges Warnsystem. Hierdurch gelingt es, die Zahl der menschlichen Opfer durch Wirbelsturmereignisse zu minimieren. Trotzdem nehmen Schäden und Zerstörungen der Infrastruktur teilweise katastrophale Ausmaße an (z. B. durch Hurrikan David im Jahr 1979 auf Guadeloupe und Martinique oder durch

|Abb. 7.6| *Zugbahnen ausgewählter tropischer Wirbelstürme mit Einfluss auf die Kleinen Antillen*

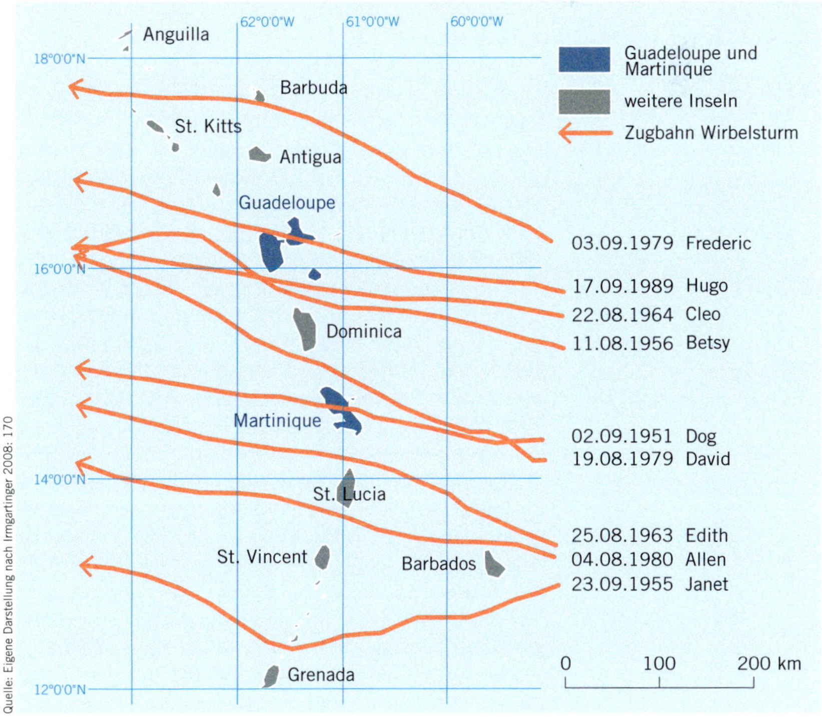

Quelle: Eigene Darstellung nach Irmgartinger 2008: 170

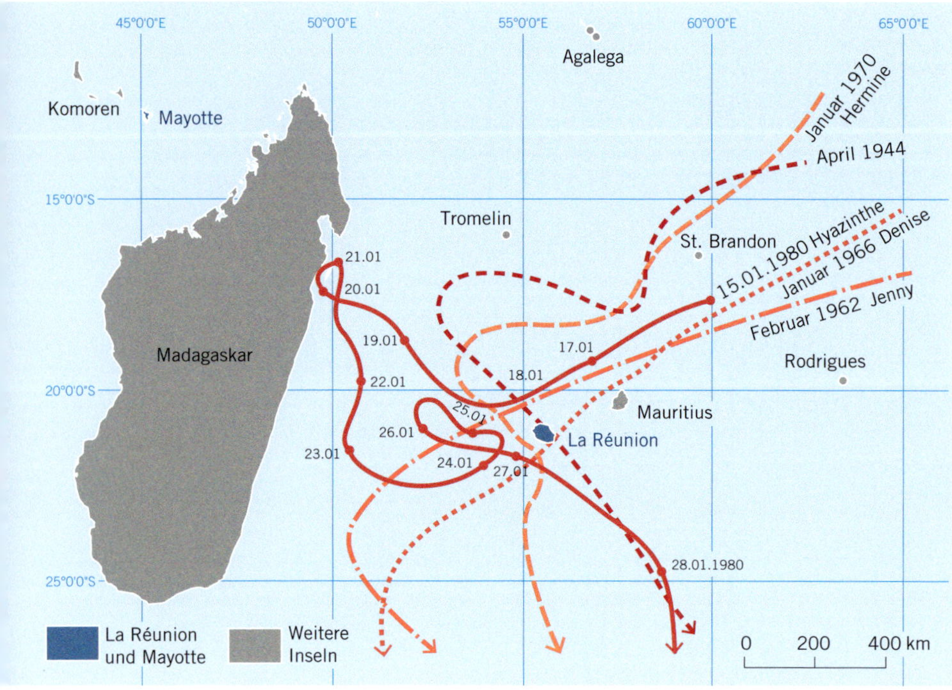

Quelle: Eigene Darstellung nach Hüser/Reinl 1987: 45

| Abb. 7.7 | *Zugbahnen ausgewählter tropischer Wirbelstürme im Indischen Ozean*

Hurrikan Hugo im Jahr 1989 auf Guadeloupe). Darüber hinaus lässt sich die Intensität der Wirbelstürme u. a. auch an den Ernteausfällen (vor allem bei Zuckerrohr oder Bananen) erkennen.

La Réunion und Mayotte sind primär durch ein feucht tropisches Savannenklima (*climat tropical de savane*) gekennzeichnet (nach der Klimaklassifikation nach Köppen-Geiger: Aw), kleinere Teile von La Réunion sind dem gemäßigt maritimen Klima (Cfb) (*climat océanique*) bzw. dem feuchten subtropischen Klima (*climat subtropical humide*) (Cfa) zuzurechnen.

Auf La Réuion werden zwei Jahreszeiten unterschieden: Die Regenzeit (*saison des pluies* oder *été austral*) von Januar bis März und die Trockenzeit (*saison sèche* oder *l'hiver austral*) von Mai bis November. Die Regenzeit auf Mayotte (*kashkasi*) dauert von Dezember bis März, die Trockenzeit (*kussini*) von Juni bis September. Die übrigen Monate bilden die Übergangszeit (*inter saisons* oder *matulahi*). Die Temperaturunterschiede zwischen Regen- und Trockenzeit betragen auf La Réunion und Mayotte maximal fünf Grad Celsius. Deutlichere Temperaturunterschiede herrschen auf La Réunion zwischen der Küste und den Hochlagen des Gebirgsmassivs (vgl. Abb. 7.5). Wie in den karibischen DOMs wird auch die Ostküste von La Réunion als „Küste im Wind" (*côte au vent*) bezeichnet und ist durch viel höhere Niederschläge gekennzeichnet als die windabgewandte, im Schutz der Gebirgsmassive liegende Westküste (*côte sous le vent*). Verantwortlich hierfür ist der Passat (*alizé*), der aus Südosten wehend auf die Insel trifft und am Gebirgsmassiv zu Staruregen führt. Auf Mayotte fällt deutlich weniger Niederschlag als auf La Réunion, wobei die Niederschlagsmengen im Inselinneren höher sind als an der Küste.

Ebenso wie die karibischen DOMs ist auch La Réunion immer wieder von Wirbelstürmen betroffen. Diese bilden sich vornehmlich in der Regenzeit über dem Indischen Ozean. Die extremen Regenfälle, die mit den Wirbelstürmen verbunden sind, treffen wieder insbesondere die Luv-Seite der Vulkanmassive des Piton de la Fournaise und des Piton des Neiges. So werden im Januar 1996 während des Wirbelsturms Denise innerhalb von nur 12 Stunden an der Messstation Foc-Foc 1144 mm Niederschlag gemessen, innerhalb von 24 Stunden fallen 1825 mm Niederschlag. Rekordniederschläge werden auch während des Wirbelsturms Gamède im Februar 2007 mit insgesamt 2489 mm bzw. 3930 mm Niederschlag innerhalb von 48 bzw. 72 Stunden registriert. Auch der Windrekord auf La Réunion wird mit 277 km/h im Januar 2002 durch einen Wirbelsturm (Dina) verursacht (vgl. Météo France 2016). Ebenso wie in den karibischen DOMs existiert auch auf La Réunion das dreistufige Warnsystem, das die Bevölkerung über drohende Wirbelsturmereignisse informiert und nach dem ab Warnstufe drei ein absolutes Ausgehverbot für die Bevölkerung verhängt wird. Im langjährigen Schnitt wird La Réunion von rund jedem neunten in der Region auftretenden Zyklon getroffen. Diese zyklonalen Ereignisse schlagen sich auch in schlechteren Ernteergebnissen nieder.

Die klimatischen Unterschiede fallen auf Mayotte als kleinstem DOM deutlich geringer aus als auf den anderen Übersee-Inseln und auch die Gefahr von Wirbelsturmereignissen ist auf Grund der nördlicheren Lage wesentlich geringer als für La Réunion. Gleichwohl ist die Insel verschiedentlich von Zyklonen betroffen, wobei sowohl die Windgeschwindigkeiten als auch die Regenmengen deutlich geringer ausfallen als auf La Réunion. So gelten der Zyklon Kamisy im April 1984 mit einer gemessenen Windgeschwindigkeit von 148 km/h und der Tropensturm Feliska im Februar 1985 mit einer Niederschlagsmenge von 200 mm innerhalb von 24 Stunden als schwerwiegendste Ereignisse (vgl. Météo France 2016). Die jüngsten größeren Schäden werden durch einen Tropensturm (Ernest) im Januar 2005 verursacht, der eine Windgeschwindigkeit von 98 km/h erreicht. Auch auf Mayotte werden durch Wirbelsturmereignisse Ernteausfälle verursacht (z. B. kommt es durch den Wirbelsturm Kamisy im Jahr 1984 zum kompletten Ausfall der Bananenernte).

Das Klima in Guyane ist durch die beiden Typen des tropischen Regenwaldklimas (*climat de fôret tropical*) (Af) und des tropischen Monsunklimas (*climat tropical de la mousson*) (Am) gekennzeichnet. Der Jahresgang weist vier Jahreszeiten auf: Die kleine Regenzeit (*la petite saison des pluies*) umfasst die Monate Dezember und Januar, ihr folgt die kleine Sommerzeit (*le petit été*) im Februar und März. Die folgenden drei Monate April bis Juni bilden die große Regenzeit (*la grande saison des pluies*), die von der Trockenzeit (*la saison sèche*) abgelöst wird und von Juli bis November andauert. Im Jahresgang fallen die Temperaturunterschiede wie in den anderen DOMs relativ gering aus, insbesondere an der Küste. Die Niederschlagsmengen nehmen von Norden bzw. Nordwesten nach Süden bzw. Südosten zu (vgl. Abb. 7.5). Aufgrund der in der Nähe des Äquators abnehmenden Corioliskraft ist Guyane nicht von tropischen Wirbelstürmen betroffen (vgl. Météo France 2016).

7.3 La Départementalisation: Von der Kolonie zum Département

Die französische Kolonialgeschichte lässt sich grob in zwei Perioden gliedern: Das erste Kolonialreich beginnt im Jahr 1534 mit der Eroberung Kanadas und endet zu Beginn des 19. Jahrhunderts mit dem haitianischen Unabhängigkeitskrieg, bei dem Frankreich seine größte und reichste Plantagenkolonie verliert (vgl. Lüsebrink 2011: 9f.). Während des zweiten Kolonialreichs, das im 19. Jahrhundert seinen Anfang nimmt, entwickelt sich Frankreich nach dem British Empire zur zweitgrößten Kolonialmacht der Welt: Durch die Berliner Afrikakonferenz im Jahr 1884 wird Frankreich wichtigste Kolonialmacht in West- und Zentralafrika, im Zuge des Versailler Vertrags im Jahr 1918 werden Kamerun, Syrien, Libanon und Marokko Protektoratsgebiete Frankreichs (vgl. Lüsebrink 2011: 9f.). Nach dem Zweiten Weltkrieg zerfällt das Kolonialreich jedoch schnell und Frankreich verliert viele seiner ehemaligen Kolonien, teilweise nach jahrelangen Kriegen, die mehrere Millionen Opfer fordern. Insbesondere der Algerienkrieg von 1954 bis 1962 wird zu einem lange verdrängten bzw. tabuisierten Thema, die Aufarbeitung dieses Teils der französischen Geschichte beginnt erst Jahrzehnte später und gilt bis heute als nicht abgeschlossen (vgl. Sold 2013).

Vom ehemaligen großen Kolonialreich verbleiben bis heute nur einige wenige außereuropäische Gebiete, die mit unterschiedlichem Status eine mehr oder weniger enge Zugehörigkeit zum französischen Staat aufweisen (vgl. 1.1). Im Jahr 2015 gehören fünf Überseedépartements zum französischen Staat.

Zwar sind alle fünf Überseedépartements erst nach dem Zweiten Weltkrieg französisches Staatsgebiet geworden, doch weisen sie eine relativ lange „französische Geschichte" auf. Die „europäische Entdeckung" der vier Inseln und von Guyane findet im ausgehenden 15. bzw. zu Beginn des 16. Jahrhunderts statt (vgl. Tab. 7.1). Es dauert aber noch bis ins 17. bzw. 19. Jahrhundert, bis der erste „Kontakt" mit Frankreich entsteht und die Kolonisierung der Gebiete durch Frankreich erfolgt.

Nach einer wechselvollen Kolonialgeschichte mit einer Blütezeit, insbesondere durch die Zuckerimporte ins Mutterland und wirtschaftlichen Depressionsphasen vor allem ab dem ausgehenden 19. Jahrhundert, findet nach dem Zweiten Weltkrieg im Rahmen der Dekolonialisierung eine *départementalisation* von zunächst vier ehemaligen Kolonien statt. Es kommt zur Übertragung der Strukturen des europäischen Frankreichs auf die DOMs (z. B. in Rechtsprechung, Bildungs- und Sozialwesen, Administration), sofern dies nicht schon während der Kolonialzeit geschieht. Ziel ist die Angleichung der Lebensverhältnisse zwischen Mutterland und (ehemaligen) Kolonien. Mit dem Gesetz vom 19. März 1946 (*Loi no. 46-451*) werden die ehemaligen französischen Kolonien Guadeloupe und Martinique, La Réunion und Guyane zu Überseedépartements erklärt und gehören seitdem als integraler Bestandteil zum französischen Staat. Alle fünf DOMs haben seit dem Jahr 1982 gleichzeitig auch den Status einer *région*.

Territoriale Veränderungen gibt es seitdem nur im Überseedépartement Guadeloupe. Im Jahr 2003 entscheidet sich die Bevölkerung der beiden zu Guadeloupe gehörenden Inseln St. Martin und St. Bathélemy in einem Referendum für eine größere Unabhängigkeit von Frankreich und beide verlassen das DOM Guadeloupe. Seit dem 15. Juli 2007 haben sie den Status einer *collectivité d'outre-mer* (vgl. auch 1.1). Auf der Hauptinsel *Guadeloupe continentale* entscheidet sich eine klare Mehrheit von 73 % gegen einen Statuswechsel.

Mit der Insel Mayotte wird schließlich zum 31. März 2011 ein weiteres ehemaliges Kolonialgebiet zum *département d'outre-mer* (zuvor seit dem Jahr 1976 Status als *territoire d'outre-mer* [TOM]), nachdem die Bevölkerung dies im Referendum vom 4. März 2009 mit der großen Mehrheit von 95,2 % befürwortet (vgl. Ministère des outre-mer 2016). Wie bereits in mehreren Vorgängerreferenden stimmt die Bevölkerung von Mayotte im Gegen-

|Tab. 7.1| *Größe (in km²) der Überseedépartements sowie Jahr ihrer europäischen Entdeckung mit Name des Entdeckers und Jahr des Erstkontakts mit Frankreich*

Département	Größe in km²	Jahr der europäischen Entdeckung – Entdecker	Erstkontakt mit Frankreich
Guadeloupe	1628	1493 – Kolumbus	1635
Martinique	1128	1502 – Kolumbus	1635
Guyane	83534	1498 – Kolumbus	1604
La Réunion	2503	1507 – Diego Fernandez Pereira	1638
Mayotte	374	1502/3 – Vasco da Gama	1841

Quelle: Eigene Zusammenstellung nach Revert 1955, INSEE 2016b und National Geographic o.J.

| Abb. 7.8 | *Forderungen nach mehr Mindestlohn (a), Versorgungsengpässe bei Lebensmitteln (b), blockierte Tankstellen (c), Straßensperre (d und e) sowie Titelseite der Tageszeitung France Antilles vom 23.2.2009 (f) und Sonderkräfte der Gendarmerie (g) beim Generalstreik auf Guadaloupe zu Jahresbeginn 2009*

Quelle: Aufnahmen Schmude 2009

satz zur Bevölkerung der übrigen Komoren-Inseln ausdrücklich der Integration in den französischen Staat zu. So lehnen beispielsweise im Referendum des Jahres 1974 auf Mayotte 63,8 % der Bevölkerung die Unabhängigkeit der Komoren ab, während die Bevölkerung auf den übrigen Komoren-Inseln mehrheitlich für eine Unabhängigkeit von Frankreich stimmt. Diese bilden seit dem Jahr 1975 eine unabhängige Insel-Union, die mit der Verfassung von 2001 die Staatsform einer Bundesrepublik hat. Entsprechend angespannt gestalten sich die politischen Beziehungen zwischen Mayotte und den übrigen Komoren-Inseln.

In den fünf DOMs existiert allgemein eine hohe Identifikation mit dem französischen Staat und es gibt allenfalls lokale, temporäre Unabhängigkeitsbestrebungen, die keinen großen, dauerhaften Rückhalt in der breiten Mehrheit der Bevölkerung erfahren. So entsteht beispielsweise auf La Réunion im Jahr 1981 der Radiosender FREE DOM, dessen Gründer Camille und Margie Sudre in den 1990er Jahren auch eine politische Bewegung bzw. Partei gleichen Namens initiieren, die sich für eine soziale Gleichberechtigung von La Réunion mit dem metropolitanen Frankreich einsetzt. Während der Radiosender, der keine Musik spielt und als eine Art rund-um-die-Uhr Talkformat, bei dem die Inselbewohner durch ihre Anrufe die Inhalte und Beiträge liefern, erfolgreich ist (im Jahr 2011 wird der Radiosender Free DOM II gegründet), hat die neue politische Kraft jedoch nur vorübergehenden Erfolg. Die Wahl von Camille Sudre zum Präsidenten des Regionalparlamentes im Jahr 1992 wird annulliert, da er aufgrund der Gründung eines illegalen Fernsehsenders in juristische Auseinandersetzungen verwickelt wird. Seine Frau Margie Sudre übernimmt seine politische Rolle, orientiert sich allerdings neu und nähert sich den Konservativen an. Sie wird von 1993 bis 1998 zur Präsidentin des Regionalparlamentes gewählt und im Zeitraum von 1999 bis 2009 sitzt sie als Abgeordnete im Europaparlament. Die ursprünglichen Absichten der Bewegung FREE DOM spielen heute keine große Rolle mehr.

Dies bedeutet nicht, dass das Verhältnis der Überseedépartements zum europäischen Frankreich und innerhalb der Gesellschaft in den DOMs problemlos ist. So kommt es auf La Réunion in den Jahren 1991 und 1992 sowie im Februar 2012 zu gewaltsamen Demonstrationen und Ausschreitungen zwischen Sicherheitskräften und Demonstranten. Ausgangspunkt ist oftmals der soziale Brennpunkt Chaudron, ein in den 1960er Jahren entstandenes Stadtviertel der Hauptstadt St. Denis mit rund 40 000 Einwohnern, das alle Probleme der prekären Viertel der *banlieues* französischer Städte in Europa aufweist und entsprechend auch als ZUS (*zone urbaine sensible*) ausgewiesen ist (vgl. hierzu 3.3.1). Hintergrund für die Konflikte sind die hohe Arbeitslosigkeit, die hohen Lebenshaltungskosten sowie soziale Spannungen zwischen den verschiedenen Bevölkerungsgruppen (vgl. hierzu 7.4), die auch in den anderen Überseedépartements auftreten.

Auf Guadeloupe kommt es zum Jahresanfang 2009 zu einem wochenlangen Generalstreik, der im Februar 2009, wenngleich in deutlich abgemilderter Form, auch auf das benachbarte Martinique sowie auf La Réunion und Guyane übergreift. Hintergrund sind die Forderungen nach einer Erhöhung der Mindestlöhne sowie nach Senkung der Preise für Lebensmittel und Steuern für Benzin. Durch den Streik auf Guadeloupe, der insbesondere auch den Hafen und damit die Warenimporte betrifft, kommt es zu Versorgungsengpässen (vor allem Benzin und Lebensmittel; vgl. Abb. 7.8). Die Staatsregierung in Paris reagiert zunächst nicht. Erst als der Streik zunehmend gewalttätig wird und es zu Straßensperren mit gewaltsamen Auseinandersetzungen kommt, in deren Verlauf der Gewerkschaftssekretär Jaques Bino von bewaffneten Jugendlichen erschossen wird, reagiert der damalige Staatspräsident Sarkozy. Im Abkommen *accord Bino* werden finanzielle Zugeständnisse gemacht, gleichzeitig werden Sondereinheitskräfte der Gendarmerie nach Guadeloupe geschickt, die den Streik innerhalb weniger Tage beenden.

Trotz solcher Auseinandersetzungen besteht aber in den DOMs kein grundsätzliches Interesse an einer Loslösung vom französischen Staat und einer politischen Unabhängigkeit. Vielmehr werden gelegentlich Forderungen nach größerer sozialer Gerechtigkeit und nach mehr Gleichbehandlung mit dem metropolitanen Frankreich gestellt, denn für die Überseedépartements gelten durchaus auch Sonderregelungen bzw. -gesetze (z. B. die im Vergleich zur *métropole* geringeren Sätze des Arbeitslosengeldes oder des Mindestlohnes), mit denen die kulturellen und ökonomischen Besonderheiten dieser Gebiete berücksichtigt werden sollen.

Der starke Wunsch der Zugehörigkeit zu Frankreich und zur Europäischen Union ist beispielsweise auch am Ergebnis des Referendums über die Maastricht-Verträge abzulesen, die im September des Jahres 1992 mit der knappen Mehrheit von 51,04 % durch die französische Bevölkerung bei einer Wahlbeteiligung von fast 70 % angenommen werden. Die höchsten Zustimmungsquoten erzielen dabei die Überseedépartements (Guadeloupe: 67,46 %, Martinique: 72,13 %, Guyane: 67,36 % und La Réunion: 74,42 %), allerdings bei einer sehr geringen Wahlbeteiligung (unter 30 %). Beim Referendum über den europäischen Verfassungsentwurf im Jahr 2005, der in Frankreich mit 54,67 % abgelehnt wird, stimmen wiederum alle damaligen vier DOMs und das damalige TOM Mayotte mit deutlicher Mehrheit für die Annahme des Verfassungsentwurfs (vgl. Politiquemania 2016). Diese Wahlergebnisse müssen nicht zuletzt auch vor dem Hintergrund der Tatsache gesehen werden, dass die Überseedépartements sehr stark von Förderprogrammen der Europäischen Union profitieren (z. B. vom Programm FEDER = *fonds européen de développement régional*), so dass die Identifikation der DOMs mit dem europäischen Frankreich und Europa sehr stark ökonomisch motiviert ist.

Das Festhalten an den Überseegebieten durch den französischen Staat basiert dagegen weniger auf ökonomischen als vielmehr auf geopolitischen Gesichtspunkten. Durch die territorialen Relikte aus der Kolonialzeit ist Frankreich in verschiedenen Regionen der Welt präsent. Dies ist sowohl aus geostrategischen Überlegungen von Bedeutung als auch zur Stärkung der Frankophonie. Frankreich hat sicherlich den Status einer führenden Weltmacht verloren und ist vielmehr als „Mittelmacht mit globalen Ansprüchen" (Kolboom/Stark 2005: 366) zu bezeichnen.

Kritiker, auch in der *métropole*, sehen im Verhältnis zwischen dem europäischen Frankreich und seinen DOMs teilweise nach wie vor koloniale Machtstrukturen, die etwa durch die Übertragung der politischen, administrativen oder rechtlichen Strukturen sowie in der wirtschaftlichen Abhängigkeit der DOMs (vgl. auch 7.4) vom ehemaligen Mutterland ihren Ausdruck finden. Befürworter hingegen verweisen darauf, dass der Lebensstandard in den DOMs im Vergleich zu den jeweiligen Nachbarstaaten deutlich höher ist. Dies kann etwa durch den Human Development Index (HDI), der neben ökonomischen auch sozio-demographische Variablen berücksichtigt (z. B. Bruttoinlandsprodukt, Lebenserwartung, Alphabetisierungsrate), belegt werden. Der HDI beträgt im Jahr 2013 für die *métropole* 0,888 und erreicht auf Guadeloupe und Martinique Werte von 0,842 bzw. 0,859, während die benachbarten, selbständigen Inseln Dominica und St. Lucia mit 0,724 bzw. 0,729 deutlich niedrigere Werte aufweisen. Auch die DOMs La Réunion mit 0,822 (zum Vergleich: Madagaskar: 0,510), Guyane mit 0,817 (zum Vergleich: Surinam: 0,714 und Brasilien: 0,755) und Mayotte mit 0,687 (zum Vergleich: Komoren: 0,503) erreichen höhere Werte als die benachbarten Länder (vgl. Avakov 2015: 62 ff. und DGVN 2015).

7.4 Demographische Strukturen und ihre Entwicklung

Die Bevölkerungsentwicklung zeigt in den fünf Überseedépartements nach dem Zweiten Weltkrieg unterschiedliche Verläufe und die Prognosen für die Zukunft gehen von einem unterschiedlich starken Wachstum aus.

Von allen Überseedépartements verzeichnet La Réunion die absolut höchste Bevölkerungszahl und nach dem Zweiten Weltkrieg die quantitativ größte Bevölkerungszunahme. Auf der Insel steigt die Bevölkerungszahl im Zeitraum von 1954 bis 2015 insgesamt um mehr als das Dreifache und nimmt nahezu linear zu. Erst seit 2000 verlangsamt sich das Bevölkerungswachstum und im Jahr 2015 zählt die Insel 843 529 Einwohner (vgl. Tab. 7.2). Die Bevölkerungsentwicklung ist primär durch ein natürliches Wachstum geprägt. Auch wenn die Geburtenrate sich nach dem Zweiten Weltkrieg deutlich rückläufig entwickelt, liegt sie im Jahr 2015 noch ca. 4 ‰-Punkte über der Geburtenrate im europäischen Frankreich (2015: 12,0 ‰). Zudem beträgt auf La Réunion der Saldo aus Geburten- und Sterberate mehr als 10 ‰ (vgl. Tab. 7.3). In der Folge handelt es sich um eine recht junge Bevölkerung, was auch daran sichtbar wird, dass der Anteil der unter 25-Jährigen auf der Insel knapp 8 %-Punkte über dem Wert in der *métropole* (2015: 30,1 %) liegt (vgl. Tab. 7.3). Entsprechend gehen die Bevölkerungsprognosen davon aus, dass die Bevölkerungszahl weiter steigt und im Jahr 2040 rund eine Million Menschen auf der Insel leben werden (vgl. Abb. 7.9).

Die stärkste relative Bevölkerungszunahme aller DOMs weisen Guyane, wo sich die Bevölkerung im Zeitraum von 1954 bis 2015 auf 254 541 Einwohner nahezu verzehnfacht hat, und Mayotte mit einer Zunahme um den Faktor 13 im gleichen Zeitraum auf (2015: 226 915 Einwohner). In beiden Überseedépartements wächst die Bevölkerung nach wie vor auf Grund der hohen Geburten- und niedrigen Sterberaten an. Guyane mit 49,4 % und Mayotte mit 60,6 % haben einen sehr hohen Anteil von unter 25-Jährigen an ihrer Bevölkerung. Sie weisen damit die jüngste Bevölkerungsstruktur aller französischen Départements auf (vgl. Tab. 7.3). In der Folge zeigen die Prognosen für die Bevölkerungsentwicklung eine weitere starke Zunahme, so dass im Jahr 2040 in Guyane eine Bevölkerungszahl von 574 000 Einwohnern und auf Mayotte von 421 000 Einwohnern erwartet wird (vgl. Abb. 7.9).

Die geringste absolute und relative Zunahme ihrer Bevölkerung weisen aktuell die beiden karibischen DOMs Martinique und Guadeloupe auf. Im Gegensatz zu den anderen drei Überseedépartements haben sie ihr vorläufiges Bevölkerungsmaximum bereits erreicht (Martinique im Jahr 2006 mit 397 732 Einwohnern, Guadeloupe im Jahr 2011 mit 404 635 Einwohnern). Obwohl der Saldo von Geburten- und Sterberate einen Geburtenüberschuss ausweist, nimmt die Bevölkerungszahl auf beiden Inseln wieder leicht ab, wofür ein negativer Wanderungssaldo verantwortlich ist. Der Anteil der unter 25-Jährigen an der Bevölkerung der beiden karibischen DOMs (vgl. Tab. 7.3) entspricht in etwa dem Wert des europäischen Frankreichs. Bis zum Jahr 2040 wird allerdings in beiden DOMs mit einem erneuten, leichten Anstieg der Bevölkerungszahlen gerechnet, die zu einer Einwohnerzahl von rund 404 000 auf Guadeloupe und etwa 423 000 Einwohner auf Martinique führen wird (vgl. Abb. 7.9). Von allen Überseedépartements entspricht die Altersstruktur der Bevölkerung auf den beiden karibischen DOMs am ehesten jener des europäischen Frankreichs.

|Abb. 7.9| *Entwicklung der Bevölkerungszahl in den Überseedépartements nach Ergebnissen aus den Volkszählungsjahren zwischen 1954 und 1999 sowie ihrer jährlichen Fortschreibung bis zum Jahr 2015 und der Prognose der Entwicklung bis zum Jahr 2040*

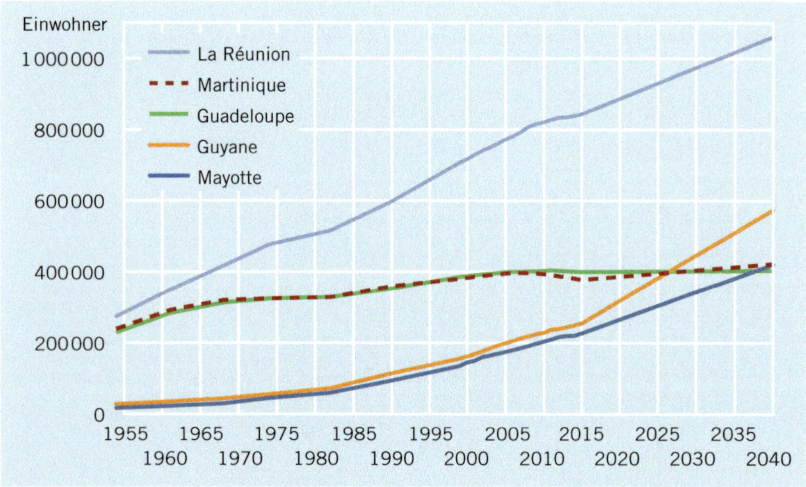

Quelle: Eigene Darstellung nach INSEE 2006, 2011 und 2016b

|Tab. 7.2| *Zahl der Einwohner und Einwohnerdichte im Jahr 2015 nach Überseedépartements und Anteil der jeweiligen Hauptstadt an der Gesamtbevölkerung*

Übersee-Département	Einwohnerzahl 2015	Einwohnerdichte 2015 (E/km²)	Hauptstadt	Anteil der Hauptstadt an der Gesamtbevölkerung 2015
Guadeloupe	400 132	245	Basse-Terre	2,7 %
Martinique	378 243	335	Fort-de-France	22,3 %
Guyane	254 541	3	Cayenne	21,6 %
La Réunion	843 529	337	St. Denis	16,8 %
Mayotte	226 915	606	Mamoudzou	27,0 %

Quelle: Eigene Zusammenstellung nach INSEE 2011 und INSEE 2016b sowie United Nations Department of Social Affairs 2016

Alle vier Insel-DOMs weisen eine deutlich höhere durchschnittliche Bevölkerungsdichte als das europäische Frankreich (2015: 118 Einwohner pro km²) auf. Dagegen ist Guyane als das flächenmäßig größte Überseedépartement mit einer durchschnittlichen Einwohnerdichte von 3 Einwohnern pro km² extrem dünn besiedelt (vgl. Tab. 7.2). Die Bevölkerung in allen fünf DOMs konzentriert sich an den Küsten. Wie es für zentralistisch geführte Länder sowie für Entwicklungsländer oftmals typisch ist, lebt ein hoher Anteil der Bevölkerung in der Hauptstadt (vgl. Tabelle 7.2). Eine Ausnahme bildet Guadeloupe, da die Hauptstadt Basse-Terre ihre wirtschaftliche, demographische und in vielerlei Hinsicht auch funktionale Bedeutung spätestens nach der Soufrière-Krise (vgl. 7.2) eingebüßt und an die „heimliche" Hauptstadt Pointe-à-Pitre verloren hat. Obwohl auch Pointe-à-Pitre (2014: 16 261 Einwohner) nicht die bevölkerungsreichste Stadt der Insel ist – das ist die bei Pointe-à-Pitre angesiedelte Schlafstadt Les Abymes mit 56 001 Einwohnern im Jahr 2015 – wird ihr die Funktion einer Primatstadt für Guadeloupe zugeschrieben (vgl. Ely 2005: 22 ff.).

Alle Überseedépartements weisen sowohl bei Männern als auch bei Frauen eine niedrigere Lebenserwartung als die Bevölkerung im metropolitanen Frankreich auf (im Jahr 2014: 79,3 Jahre für Männer und 85,4 Jahre für Frauen). Die größte Abweichung, d. h. die niedrigste Lebenserwartung (vgl. Tab. 7.3), hat die Bevölkerung von Mayotte mit einer rund fünf Jahren geringeren Lebenserwartung für Männer oder einer mehr als sieben Jahren geringeren Lebenserwartung für Frauen, was auf die (noch) geringeren hygienischen und medizinischen Standards im jüngsten DOM Frankreichs zurückzuführen ist. Das belegt auch die auf Mayotte deutlich höhere Kindersterblichkeitsrate (ca. drei Mal so hoch wie in der *métropole*) und die geringere medizinische Versorgungsrate (z. B. gemessen an der Zahl der Ärzte oder der Zahl der Krankenhausbetten je 100 000 Einwohner). In den anderen Départements beträgt die Differenz der Lebenserwartung im Vergleich zum europäischen Frankreich zwischen zwei und drei Jahren und die Kindersterblichkeitsrate fällt etwa doppelt so hoch aus.

Die Wanderungsbewegungen zwischen den Überseedépartements und dem europäischen Frankreich sind eine Form der Binnenwanderung und rein quantitativ stärker in Richtung Europa gerichtet als in Richtung der DOMs. Dies führt dazu, dass es in der *métropole* eine relativ große Bevölkerungsgruppe gibt, die ursprünglich aus den *départements d'outre-mer* stammt (im Jahr 2008: 365 000). Sie ist schwerpunktmäßig in der Region Île-de-France angesiedelt. Vor allem in Zeiten des Arbeitskräftemangels während der *trente glorieuses* (1945 bis 1975) werden gezielt Arbeitskräfte aus den Überseedépartements ins europäische Frankreich angeworben (vgl. Abb. 7.10). Hierfür wird u.a. die Einrichtung BUMIDOM (*bureau pour le développement des migrations dans les départements d'outremer*) geschaffen, über die im Zeitraum von 1963 bis 1981 insgesamt rund 70 000 Binnenwanderer angeworben werden. Insgesamt kommen in dieser Zeit rund 160 000 Menschen vornehmlich aus

|Tab. 7.3| *Geburten- und Sterberate (in ‰) sowie Lebenserwartung für Männer und Frauen (in Jahren) und Anteil der unter 25-Jährigen im Jahr 2014 bzw. 2015 nach Überseedépartements*

Übersee-Département	Geburtenrate 2014 (in ‰)	Sterberate 2014 (in ‰)	Lebenserwartung Männer (in Jahren) 2014	Lebenserwartung Frauen (in Jahren) 2014	Anteil der unter 25-Jährigen 2015 (in %)
Guadeloupe	12,5	8,2	76,1	83,4	31,9
Martinique	11,5	8,7	78,1	83,9	29,1
Guyane	26,2	3,1	76,7	83,1	49,4
La Réunion	16,8	5,2	77,1	83,7	37,9
Mayotte	32,7	7,7	74,1	77,9	60,6

Quelle: Eigene Zusammenstellung nach INSEE 2016a, 2016c, 2016d, 2016e

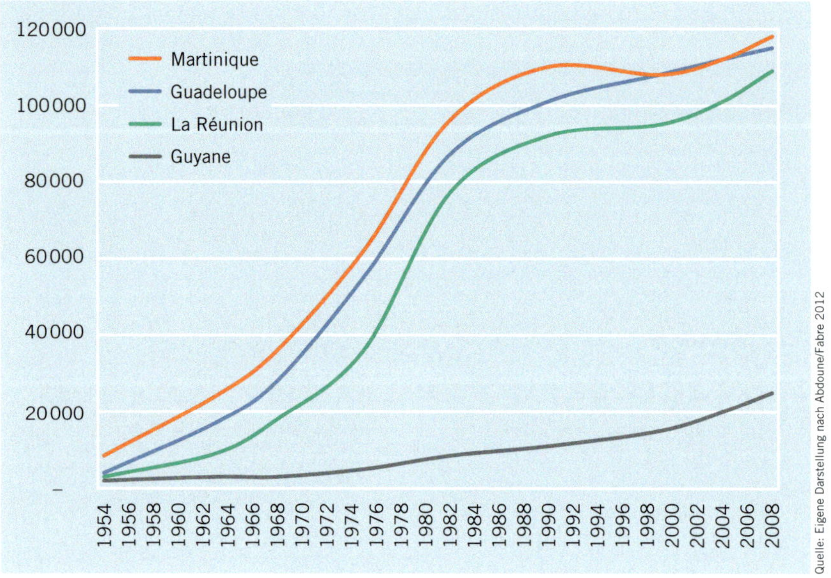

|Abb. 7.10| *Kumulierte Zahlen der Binnenwanderung aus den Überseedépartements Guadeloupe, Martinique, La Réunion und Guyane ins europäische Frankreich im Zeitraum von 1954 bis 2008*

den Überseedépartements Guadeloupe, Martinique und La Réunion ins europäische Frankreich. Diese Form des Arbeitskräfteimports wird vielfach als neue Form eines Kolonialismus kritisiert, der u. a. zu einem *brain drain* in den betroffenen DOMs führt. Befürworter weisen dagegen darauf hin, dass hierdurch der durch eine hohe Arbeitslosenquote gekennzeichnete problematische Arbeitsmarkt in den Überseedépartements (vgl. 7.5) entlastet wird und die aus den DOMs stammenden Binnenwanderer bis heute im Vergleich zu den Immigranten eine deutlich höhere Erwerbsquote aufweisen. Neben der Arbeitskräfteemigration spielt auch die Bildungsmigration eine wichtige Rolle, denn insbesondere die Möglichkeit eines Hochschulstudiums gibt es in den Überseegebieten erst seit Mitte der 1970er Jahre, wobei das Studienangebot fachlich eingeschränkt ist.

Als Folge der Kolonialgeschichte setzt sich die Bevölkerung in allen DOMs aus unterschiedlichen Ethnien zusammen, wobei der Diversifizierungsgrad zwischen den einzelnen Überseedépartements variiert. So gibt es z. B. auf La Réunion neben den europäischen Einwanderern seit Beginn der Kolonisation auch den Zuzug von Sklaven aus Madagaskar, die als *malgaches* bezeichnet werden. Insbesondere die DOMs Guadeloupe, Martinique und La Réunion zeigen eine ähnliche Entwicklung in der Kolonialzeit bis zur endgültigen Abschaffung der Sklaverei im Jahr 1848: Die Plantagenbesitzer setzen auf ihren Zuckerrohrplantagen vor allem afrikanische Sklaven als Arbeitskräfte ein, die auch als *cafres* bezeichnet werden. Nach der endgültigen Abschaffung der Sklaverei (*abolition de l'esclavage*) im Jahr 1848 werden diese afrikanischen Sklaven, die zum großen Teil in den DOMs verbleiben, von den Plantagenbesitzern durch angeworbene Arbeitskräfte (*coolies*) aus Indien ersetzt (z. B. auf Guadeloupe und Martinique ab dem Jahr 1854). Je nach Herkunftsregion in Indien werden diese Arbeitskräfte z. B. auf La Réunion als *z'arabes* (Nordindien) oder *malbars* bzw. *tamouls* (Südindien) bezeichnet. Diese ursprünglich auf Zeit verpflichteten Arbeitskräfte kehren aber oftmals nicht in ihre Heimat zurück und ihre Nachfahren sind Teil der Gesellschaft in den Überseedépartements. Sie tragen neben einer ethnischen auch zu einer Vielfalt der Religionen bei. So sind die aus Nordindien stammenden Einwanderer überwiegend muslimischen Glaubens, jene aus Südindien vorwiegend Hindus.

Daneben können je nach DOM weitere Einwanderungen festgestellt werden, die jedoch quantitativ deutlich geringer ausfallen: Auf La Réunion kommt es noch vor Abschaffung der Sklaverei, auf Martinique und Guadeloupe ab Ende der 1850er Jahre zur Immigration chinesischer Plantagenarbeiter (*chinois*). Die karibischen DOMs Guadeloupe und Martinique werden ab den 1870er Jahren Ziel von Einwanderern aus Syrien und dem Libanon (*syro-libanais*), die ihre Länder aus religiösen und politischen Gründen verlassen. Durch die verschiedenen Einwanderungsströme wird das Spektrum der in den DOMs vertretenen Religionen erweitert. So sind etwa die Nachfahren der chinesischen Einwanderer überwiegend buddhistischen Glaubens.

Bestandteil der ethnischen Vielfalt sind auch die Nachfahren der weißen Kolonialbevölkerung (*blancs créoles*). Handelt es sich um weiterhin einflussreiche und reiche Nachfahren aus den Familien der ehemaligen großen Plantagenbesitzer, werden sie auf Guadeloupe und Martinique als (*grandes) békés* oder auf La Réunion als *gros blancs* bezeichnet. Sind es hingegen Nachfahren der weißen Mittel- bis Unterschicht, die sich nach Abschaffung der Sklaverei oftmals ins bergige Hinterland zurückgezogen haben, werden sie als *petites békés* bzw. *petits blancs* oder *petits blancs des hauts* bezeichnet. Schließlich gibt es noch eine kleine Gruppe europäischer Franzosen aus der *métropole*, die oft nur für wenige Jahre in die DOMs kommen und entsprechend ihrer Herkunft auch als *métros* oder abfällig als *z'oreilles* bezeichnet werden.

Zwischen den verschiedenen Ethnien bestehen unterschiedlich starke Segregationstendenzen. So grenzen sich die *békes* bis heute deutlich von allen anderen Ethnien ab. Der unterschiedliche Grad der Durchmischung (*métissage*) und die unterschiedlichen Ausprägungen der Vermischung zwischen den Ethnien führt zu einer starken Ausdifferenzierung der Bevölkerung mit einer Vielzahl unterschiedlicher Bezeichnungen wie *mulâtre*, *câpre* oder *métis* (vgl. Munt 2008: 59). Obwohl diese multikulturellen Gesellschaften weitgehend friedlich zusammenleben, gibt es durchaus auch Spannungen, denn insbesondere die Nachfahren der weißen Kolonialherren (*békes* bzw. *gros blancs*) besetzen nach wie vor noch vielfach die politischen und wirtschaftlichen Schlüsselpositionen, was auch als Beleg für einen neuen Kolonialismus interpretiert wird. Diese Spannungen sind im Verbund mit der ökonomisch schwierigen Situation in den DOMs Hintergrund für immer wieder aufflammende Konflikte (vgl. hierzu auch 7.3).

Abb. 7.11 *Katholische Kathedrale in Fort-de-France (Martinique) (a), Tamilen-Tempel in Capesterre-Belle Eaux (Guadeloupe) (b), Pagode Guan Di in St. Pierre (La Réunion) (c) und muslimische Moschee in Passamainty (Mayotte) (d)*

Die Quantifizierung der verschiedenen Ethnien in der Bevölkerung der DOMs ist nur sehr vage möglich, da zur Vermeidung von Diskriminierung die Frage nach der ethnischen Herkunft in Volkszählungen nicht (mehr) gestellt wird. In der Regel haben die Nachfahren der unterschiedlichen Gruppen heute alle die französische Staatsangehörigkeit und sind auch nach ihrem eigenen Selbstverständnis Franzosen.

Folge dieser facettenreichen ethnischen Zusammensetzung ist u. a. eine kulturelle Vielfalt, die sich beispielsweise in den praktizierten Religionen und den dazugehörigen Bauten wie Kathedralen, Moscheen oder Pagoden zeigt (vgl. Abb. 7.11). Je nach DOM sind die Anteile der Kirchen unterschiedlich verteilt: Auf Guadeloupe, Martinique, La Réunion und in Guyane ist der überwiegende Anteil der Bevölkerung römisch-katholischen Glaubens (zwischen 85 % und 95 %), auf Mayotte hingegen ist die Bevölkerung nahezu vollständig muslimisch. In allen DOMs gilt die in der französischen Verfassung seit dem Jahr 1946 festgeschriebene Trennung von Staat und Kirche (*laïcité*).

Die ethnische Vielfalt schlägt sich auch in sehr unterschiedlich ausgerichteten Geschäften und Restaurants nieder: So gehört die Boulangerie als Folge des europäisch-französischen Einflusses in allen DOMs heute ebenso zum Straßenbild wie die diversifizierte Gastronomie mit einer Vielzahl unterschiedlicher „Küchen" (z. B. kreolisch, französisch, indisch oder chinesisch) und die verschiedenen lokalen Märkte (vgl. Abb. 7.12).

Ein weiteres Kennzeichen der Bevölkerung in den DOMs sind die bis weit ins 20. Jahrhundert hoch gebliebenen Analphabetenraten. Durch die Übertragung der Strukturen des Bildungswesens aus dem europäischen Frankreich in die Überseedéparte-

Quelle: Aufnahmen Schmude 1994, 2007 und 2012

Quelle: Aufnahmen Namberger 2007 und Schmude 2007

Quelle: Aufnahmen Namberger 2007 und Schmude 2007

|Abb. 7.12| *Boulangerie in Ste-Anne (a), Markt in Pointe-à-Pitre (b) (beide Guadeloupe)*

ments gelingt es nach dem Zweiten Weltkrieg die Schulbesuchsquoten zu steigern und in der Folge die Analphabetenraten zu senken, wenngleich diese in den Überseedépartements immer noch deutlich höher ausfallen als in der *métropole*. So haben im europäischen Frankreich nach einer Analyse des INSEE (2013) rund 7 % der Bevölkerung gravierende Probleme, einen Text zu lesen, zu schreiben und/oder zu verstehen, während dieser Anteil auf Martinique etwa doppelt so hoch und auf Guadeloupe, in Guyane und auf La Réunion noch deutlich höher ausfällt (vgl. Tab. 7.4). Erwartungsgemäß ist auf Mayotte als jüngstem Überseedépartement die (noch) höchste Analphabetenrate festzustellen (vgl. INSEE 2014b). Allgemein kann dazu festgehalten werden, dass Analphabetismus unter den älteren stärker als unter den jüngeren Bevölkerungsgruppen sowie bei Männern stärker als bei Frauen festzustellen ist.

|Tab. 7.4| *Analphabetenquote (in %) in den Überseedépartements im Jahr 2011 bzw. 2012 (Mayotte)*

Überseedépartement	Analphabetenquote
Guadeloupe	20,0%
Martinique	14,0%
Guyane	20,0%
La Réunion	26,6%
Mayotte	41,6%

Quelle: Eigene Zusammenstellung nach INSEE 2013 und 2014e

7.5 Wirtschaftliche Situation

Die wirtschaftssektorale Struktur ist in allen Überseedépartements durch die Dominanz des tertiären Sektors gekennzeichnet, der zwischen 77,8 % (Guyane) und 83,3 % (Mayotte) aller Arbeitsplätze stellt (vgl. Abb. 7.13). Innerhalb des Dienstleistungssektors ist der staatliche Verwaltungsbereich mit dem Bildungs- und Gesundheitswesen wichtigster Arbeitgeber. Die übrigen Wirtschaftssektoren zeigen eine nur geringe Variation zwischen den DOMs: Mit einem Anteil zwischen 5 % und 7 % an allen Arbeitsplätzen ist die Industrie nahezu ohne Bedeutung für die Ökonomie der DOMs und wird mit Ausnahme von Martinique vom Bausektor (zwischen 5 % und 10 %) übertroffen. Einen starken Bedeutungsverlust erfährt die Landwirtschaft nach dem Zweiten Weltkrieg. Den höchsten Anteil erreicht der primäre Sektor im Jahr 2014 mit noch 6,3 % in Guyane, während er auf Mayotte nur noch 1,4 % der Arbeitsplätze stellt. Entsprechend hat der Agrarsektor auch nur noch eine geringe wirtschaftliche Bedeutung für die Handelsbilanz der Überseedépartements mit dem europäischen Frankreich. In allen DOMs herrscht ein erheblicher Importüberschuss, insbesondere in den bevölkerungsstärksten Überseedépartements La Réunion, Guadeloupe und Martinique (vgl. Abb. 7.14).

Ursache hierfür ist die Tatsache, dass zur Versorgung der Bevölkerung nahezu alle Waren eingeführt werden müssen. Dabei ist für alle DOMs das europäische Frankreich wichtigster Importeur und auch größter Abnehmer der Exporte (z. B. für 75,8 % der Exporte von Martinique), gefolgt von Nachbarinseln bzw. anderen DOMs (z. B. gehen weitere 18,3 % der Exporte von Martinique nach Guadeloupe und Guyane) sowie in andere EU-Staaten (vgl. IEDOM 2015e: 50). Diese Import-Export-Verflechtungen ergeben sich aus der Mitgliedschaft der DOMs in der Europäischen Union, die den Handel mit Ländern außerhalb der EU erschwert. So ist beispielsweise der Handel für die beiden karibischen Überseedépartements Guadeloupe und Martinique aufgrund von Zollbestimmungen innerhalb der EU attraktiver als mit den räumlich näher gelegenen Mitgliedstaaten des karibischen Wirtschaftsverbundes CARICOM.

Das Handelsdefizit gilt für alle Warengruppen, auch für Produkte der Agrar- und Lebensmittelwirtschaft. Damit spielen die Überseedépartements kaum noch eine Rolle als Versorger des „Mutterlandes" mit Agrarprodukten (insbesondere Zucker) wie noch in der Zeit vom 17. bis 19. Jahrhundert.

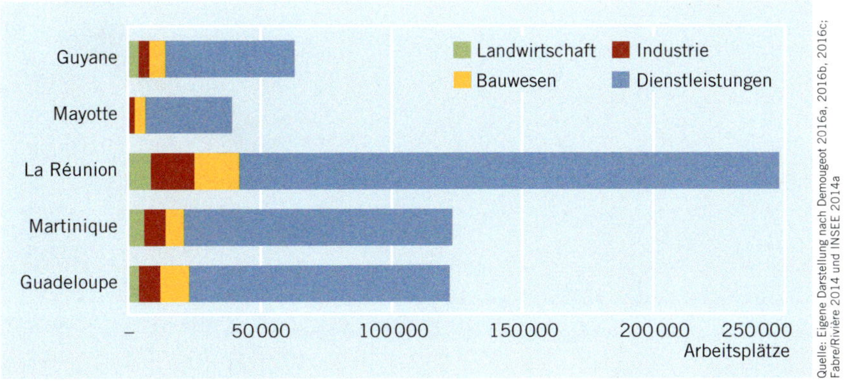

|Abb. 7.13| *Die wirtschaftssektorale Struktur in den Überseedépartements nach Zahl der Arbeitsplätze im Jahr 2013 (La Réunion und Mayotte) bzw. 2015 (Guadeloupe, Martinique und Guyane)*

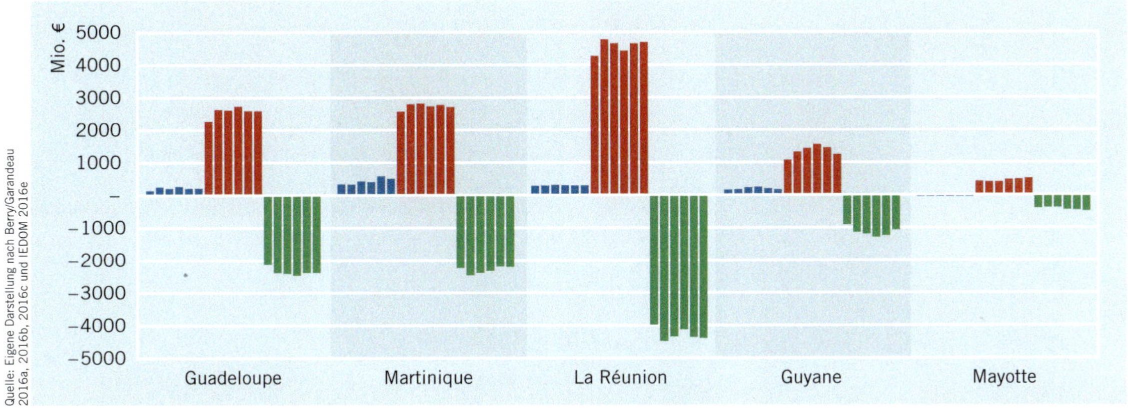

|Abb. 7.14| *Entwicklung der Importe (blau) und Exporte (rot) sowie ihrer Bilanz (grün) (jeweils in Mio. €) für die Überseedépartements in den Jahren 2010 bis 2015*

Die neben dem Importüberschuss zweite strukturelle wirtschaftliche Schwäche der Überseedépartements ist ihr Arbeitsmarkt. Die Erwerbs- und Beschäftigtenquoten liegen in allen Überseedépartements deutlich unter jenen des europäischen Frankreichs und erreichen auf Mayotte im Jahr 2016 mit 40,5 % bzw. 36,7 % ihren niedrigsten Wert. Die Probleme des Arbeitsmarktes werden in allen DOMs durch die hohen Arbeitslosenquoten sichtbar (vgl. Tab. 7.5), wobei – noch stärker als im europäischen Frankreich (vgl. 4.1.3) – auch in den Überseedépartements eine strukturelle Arbeitslosigkeit herrscht. Dies schlägt sich insbesondere in der hohen Jugendarbeitslosigkeit nieder: In allen DOMs liegen die Arbeitslosenquoten der 15–24-Jährigen deutlich über dem Durchschnittswert für die Gesamtbevölkerung. Zudem sind Frauen, mit Ausnahme von Martinique, stärker von Arbeitslosigkeit betroffen als Männer. Auch die Erwerbsquoten der Frauen sind durchweg niedriger als die der Männer.

Die hohe Arbeitslosigkeit soll durch die Schaffung neuer Arbeitsplätze, insbesondere im Dienstleistungssektor, bekämpft werden. Doch das Beispiel La Réunion zeigt ein weiteres Problem: Die neu geschaffenen Arbeitsplätze (zwischen 2001 und 2013 durchschnittlich 4600 neue Arbeits-

|Tab. 7.5| *Arbeitslosenquote (in %) insgesamt, für Männer bzw. Frauen und die Alterskohorte 15 bis 24 Jahre in den Überseedépartements sowie die Erwerbs- und Beschäftigtenquoten im Jahr 2016 und Anteil der Haushalte mit RSA-Leistungen 2014*

Übersee-Département	Arbeitslosenquote				Erwerbsquote	Beschäftigtenquote	Anteil der Haushalte mit RSA-Leistungen
	insgesamt	Männer	Frauen	15–24 Jahre			
Guadeloupe	23,7 %	21,6 %	25,7 %	55,2 %	50,2 %	38,3 %	12,1 %
Martinique	19,4 %	20,4 %	17,6 %	47,4 %	50,8 %	41,4 %	12,0 %
La Réunion	24,6 %	23,9 %	25,4 %	54,4 %	62,6 %	47,1 %	13,6 %
Guyane	21,9 %	17,8 %	26,6 %	40,0 %	53,7 %	45,9 %	8,9 %
Mayotte	27,1 %	18,0 %	32,6 %	47,2 %	40,5 %	36,7 %	2,5 %

Quelle: Eigene Zusammenstellung nach Demougeot 2016a, 2016b, 2016c; Fabre/Touzet 2016; FEDOM 2015: 21; Rivière 2016

|Abb. 7.15| *Anlieferung des Zuckerrohrs in der Zuckerfabrik Gardel bei Le Moule (a und c), Schornstein einer ehemaligen Zuckerfabrik bei Moule (b) und Lehrpfad in Les Pays de la Canne in Beauport (c) (alle Guadeloupe)*

Quelle: Aufnahmen Schmude 2007

plätze pro Jahr; vgl. INSEE/IEDOM/AFD 2015) reichen nicht aus, um die auf Grund des Bevölkerungswachstums auf den Arbeitsmarkt drängenden, mehrheitlich jungen Menschen aufzunehmen. Entsprechend fällt der Anteil der Haushalte, die eine Sozialleistung im Rahmen der RSA-Förderung (*revenue de solidaité active*) durch den Staat erhalten (vgl. 2.3), im Vergleich zum übrigen Frankreich überproportional hoch aus: So erhält auf Guadeloupe, Martinique und La Réunion im Jahr 2014 mehr als jeder zehnte Haushalt Sozialleistungen im Rahmen von RSA (vgl. Tab. 7.5). Lediglich auf Mayotte ist der Anteil RSA-geförderter Haushalte (noch) niedriger als im europäischen Frankreich, was darauf zurückzuführen ist, dass die Förderinstrumente im jüngsten Überseedépartement erst sukzessive eingeführt werden.

Während die Landwirtschaft als traditioneller Arbeitsgeber weiter an Bedeutung verliert und teilweise einen Strukturwandel durchläuft (vgl. 7.5.1), gilt insbesondere auf den großen Inseln Guadeloupe, Martinique und La Réunion die Tourismuswirtschaft als Hoffnungsträger für den Arbeitsmarkt (vgl. 7.5.2).

7.5.1 Landwirtschaft im Wandel

Auch wenn insbesondere in der zweiten Hälfte des 20. Jahrhunderts ein Rückgang der Anbauflächen für Zuckerrohr auf den DOMs zu beobachten ist und der Agrarsektor aus ökonomischer Sicht insgesamt stark an Bedeutung verloren hat, prägt er das Landschaftsbild insbesondere auf Guadeloupe, Martinique und La Réunion nach wie vor in starkem Maße, denn für den Anbau von Zuckerrohr (bzw. seit einigen Jahren Bananen) werden immer noch große Flächenanteile der Inseln genutzt. So wird beispielsweise auf La Réunion auf rund 10 % der Inselfläche nach wie vor Zuckerrohr angebaut, was

|Tab. 7.6| *Entwicklung der Zahl der Zuckerfabriken in den DOMs Guadeloupe, Martinique und La Réunion im Zeitraum 1946 bis 2015*

Überseedépartement	Zahl der Zuckerfabriken						
	1946	1950	1960	1970	1980	1997	2015
Guadeloupe	15	13	13	9	4	2	2
Martinique	15	12	9	0	2	1	1
La Réunion	20	13	12	9	7	3	2

Quelle: Eigene Zusammenstellung nach Desse 1997: 594 und eigene Recherchen

mehr als die Hälfte der gesamten landwirtschaftlichen Nutzfläche der Insel ausmacht.

Der zunehmende globale Wettbewerb und der weltweite Überschuss der Zuckerproduktion führen dazu, dass der Zucker aus La Réunion, Guadeloupe oder Martinique nur noch durch EU-Subventionen auf dem Weltmarkt konkurrenzfähig ist. Die durch die EU gewährten Subventionen entfallen zum 30. September 2017, die Produktionsmengen werden nicht mehr festgelegt, aber es gibt auch keine garantierten Abnahmepreise mehr.

Die zahlreichen ehemaligen Zuckerfabriken bzw. -mühlen sind Zeugen der „Zuckergeschichte" der Inseln, die auf Guadeloupe in einem eigens dafür konzipierten Erlebnispark (Les Pays de la Canne in der ehemaligen Zuckerfabrik Beauport) aufgearbeitet wird (vgl. Abb. 7.15). Die stark rückläufige Zahl der Zuckerfabriken (vgl. Tab. 7.6) erklärt sich mit ihrer technischen Weiterentwicklung, wodurch die Verarbeitung der gesamten Ernte auf den Inseln an wenigen Standorten möglich ist. Die mit Abstand größte Menge Zuckerrohr wird auf La Réunion geerntet (2014: 1,76 Mio. Tonnen), gefolgt von Guadeloupe (2014: 587 000 Tonnen) und Martinique (2014: 157 000 Tonnen). Neben dem Produkt Zucker wird aus einem Teil der Zuckerrohrernte direkt (*rhum agricole*) oder indirekt aus der Bagasse (*rhum industriel*) auch Rum produziert, wobei die maximal zu produzierende Menge wiederum durch EU-Richtlinien festgelegt ist (vgl. auch Schmude 2008).

Die Menge des produzierten Zuckers variiert von Jahr zu Jahr und hängt wesentlich von den jeweils herrschenden klimatischen Bedingungen (Niederschläge und Trockenheit) ab, die den Zuckergehalt des Zuckerrohrs beeinflussen (z. B. 2014 auf Guadeloupe: 9,2 %; auf La Réunion: 13,9 %), der wiederum für den Preis des geernteten Zuckerrohrs entscheidend ist. Da Zuckerrohr im Sinne der Weber'schen Standorttheorie ein Gewichtsverlustmaterial ist, erfolgt die Verarbeitung zu Zucker vor Ort in den DOMs, bevor der Zucker ins europäische Frankreich exportiert wird. Zucker ist allerdings nur noch auf La Réunion das wichtigste agrarische Exportprodukt.

Auf Guadeloupe und Martinique ist mittlerweile ein Strukturwandel im Agrarsektor zu beobachten, in dessen Folge Bananen für den Export eine größere Bedeutung haben (vgl. Abb. 7.16). Auf beiden Inseln ist eine erhebliche Ausweitung der Bananenanbaufläche und -produktion festzustellen. So werden im Jahr 2014 rund 73 000 Tonnen Bananen von Guadeloupe via Martinique und insgesamt 190 770 Tonnen von Martinique auf den europäischen Markt nach Frankreich exportiert, wobei die Produktionsmenge auch bei den Bananen von den klimatischen Bedingungen beeinflusst wird.

In Guyane und auf Mayotte wird die Landwirtschaft überwiegend als Subsistenzwirtschaft betrieben. Wichtigster Zweig der Agrarwirtschaft auf Mayotte ist die Holzwirtschaft, wobei auch hier die Importe von Holzprodukten (insbesondere Möbel aus China) die heimische Holzproduktion und den -export übersteigen.

Quelle: Aufnahmen Schmude 2012 und 2013

|Abb. 7.16| *Bananenplantage Plantation Grand Café auf Guadeloupe (a) und konfektionierte Bananenexporte von Guadeloupe und Martinique (b)*

Quelle: Aufnahmen Schmude 2007 und 2012

|Abb. 7.17| *Fischereihafen für die Küstenfischerei in Port Louis auf Guadeloupe (a) und La petite pêche bei Mamoudzou auf Mayotte (b)*

Auch die Fischerei hat in allen DOMs lediglich lokale Bedeutung und wird zum überwiegenden Teil als maximal eintägige Kurzzeitfischerei (*petite pêche*) oder Küstenfischerei (*pêche cotière*) mit Fangfahrten zwischen 24 und 96 Stunden betrieben (vgl. Abb. 7.17). Die Fangmengen müssen zur Deckung des lokalen Bedarfs auch in diesem Bereich durch Importe ergänzt werden.

7.5.2 Tourismus als Hoffnungsträger

Während der primäre Sektor stark an Bedeutung verloren hat, gilt im stark gewachsenen tertiären Sektor der Tourismus als zukunftsträchtiger Wirtschaftsbereich. Dabei entwickelt sich der Tourismus auf Guadeloupe, Martinique und La Réunion bereits seit den 1970er Jahren dynamisch und erreicht in den 1990er Jahren den vorläufigen Höhepunkt. Dagegen spielt der Tourismus in Guyane und auf Mayotte bis heute eine geringere Rolle, was insbesondere in Guyane auch an der lückenhaften statistischen Erfassung des Tourismus abzulesen ist. Die Entwicklung der Touristenzahlen zeigt in den fünf DOMs durchaus unterschiedliche Verläufe (vgl. Abb. 7.18) und es gibt strukturelle Unterschiede im touristischen Angebot und in der Nachfrage. Der jeweilige Verlauf wird einerseits durch internationale bzw. globale Entwicklungen beeinflusst, andererseits spielen auch die jeweiligen lokalen und regionalen Ereignisse eine Rolle und belegen die Verwundbarkeit dieses Wirtschaftszweiges.

So führen die Anschläge vom 11. September 2001 in New York zu Rückgängen der Touristenankünfte auf Guadeloupe und Martinique. Auf Guadeloupe wirken sich auch die SARS-Epidemie 2002 und der Irak-Krieg 2003 negativ auf die Touristenzahlen aus, während Martinique bereits wieder ab dem Jahr 2003 ansteigende Zahlen verzeichnen kann. Auf Guadeloupe setzt eine Erholung erst ab dem Jahr 2005 ein, doch führt der Generalstreik im Jahr 2009 (vgl. 7.3) erneut zu deutlichen Einbrüchen, der auf Martinique moderater ausfällt. Ab dem Jahr 2010 steigen die Ankunftszahlen von Touristen in beiden karibischen DOMs wieder an bzw. stagnieren bei rund 500 000 Ankünften pro Jahr. Zukünftig wird für beide Inseln mit einem moderaten Zuwachs der touristischen Nachfrage gerechnet.

Auf La Réunion erfolgen dagegen die größten Einschnitte in der touristischen Nachfrage zum einen um das Jahr 2006, da die Insel nach dem Auftreten des durch Stechmücken übertragenen Chikungunya-Virus von Erholungstouristen gemieden wird. Zum anderen führt auch die Hai-Krise (*crise requins*), in deren Verlauf es zwischen 2011 und 2014 zu rund 20 Hai-Angriffen auf Surfer an der Westküste der Insel mit acht Todesfällen kommt, zu einem Rückgang der Touristenzahl. Zwar steigt diese im Jahr 2015 wieder leicht an, aber im Februar 2017 kommt es zu einem weiteren tödlichen Angriff auf einen Surfer.

Eine deutlich geringere Nachfrage und folglich auch wesentlich geringere Schwankungen der Touristenzahlen weisen Mayotte und Guyane auf, wobei eine systematische touristische Erschließung dieser beiden DOMs allenfalls in Ansätzen zu erkennen ist. Dies erklärt sich u.a. auch durch das touristische Angebot bzw. die in den DOMs auftretenden Nachfragegruppen (vgl. Tab. 7.7).

Allen fünf DOMs ist gemein, dass ihr touristisches Klientel überwiegend aus dem europäischen Frankreich kommt: Damit herrscht eine hohe Abhängigkeit vom Binnenmarkt, der auf La Réunion, Guadeloupe und Martinique zwischen 78 % und 80 % des Touristenaufkommens ausmacht. Neben der *métropole* sind auch die jeweiligen Regionen der DOMs, d. h. ihre Nachbarinseln und -länder (bei Guyane werden auch Guadeloupe und Martinique dazu gezählt, für Mayotte ist La Réunion regionaler Quellmarkt), wichtige Rekrutierungsmärkte. Dies gilt am stärksten für die weniger entwickelten tou-

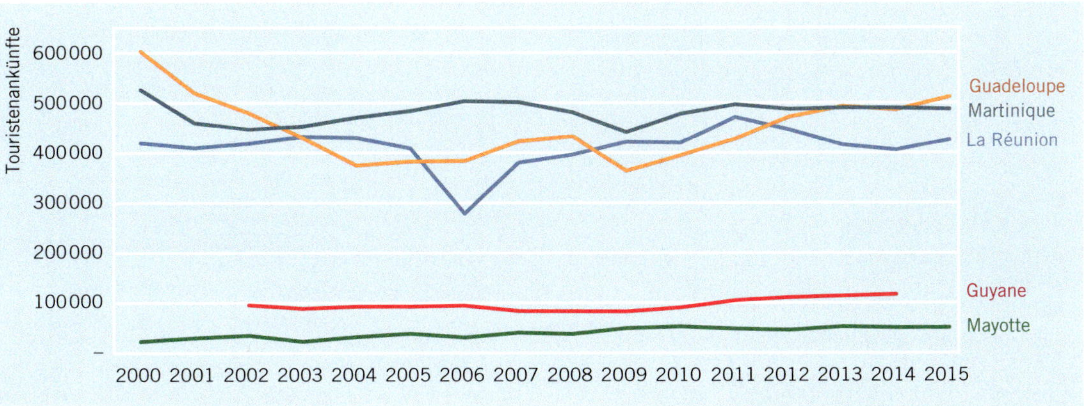

Quelle: Eigene Darstellung nach Camus/Neiss 2014: 2; Charles-Euphrosine/Charrier 2016: 27; IEDOM 2015d: 14; INSEE 2008: 1; Île de La Réunion 2014; Hadhurami 2016: 1; Legros 2016: 24; Theunissen 2005: 137

|Abb. 7.18| *Entwicklung der Ankunftszahlen von Touristen in den Überseedépartements von 2000 bis 2015 (Guyane 2002 bis 2014)*

ristischen Destinationen Mayotte und Guyane. Eine (noch) recht geringe Rolle als Quellmärkte des Tourismus spielen Europa und der Rest der Welt, deren Anteile jeweils unter 10 % betragen (vgl. Tab. 7.7). Als ein Grund für die geringe Bedeutung Europas (mit Ausnahme Frankreichs) und des nordamerikanischen Marktes wird häufig die Sprachbarriere angeführt, zudem ist das Preisniveau auf den französischen Inseln Guadeloupe, Martinique und La Réunion vergleichsweise hoch, was seine Begründung u. a. in den hohen Lohnkosten sowie den teuren Importen aus Europa findet.

Die Touristen in den DOMs können nach drei Typen unterschieden werden (vgl. Tab. 7.7), wobei einzig auf Martinique die Erhebung der Touristentypen nicht regelmäßig und in zu den anderen DOMs abweichender Form durchgeführt wird:

- Den Sockel der touristischen Nachfrage bildet der Touristentyp der Familien- und Verwandtenbesucher (*touristes affinitaires*), deren absolute Zahlen im langjährigen Verlauf die geringsten Schwankungen aufweisen. Dieser Touristentyp ist in allen DOMs durch die längsten Aufenthaltsdauern gekennzeichnet (z. B. 2015 auf Guadeloupe 25,7 Tage), gibt allerdings den geringsten Betrag pro Tag aller drei Touristentypen aus, da er häufig bei Familien oder Freunden untergebracht ist. Beispielsweise gibt ein *touriste affinitaire* im Jahr 2015 auf Guadeloupe während seines Aufenthalts durchschnittlich 972 € aus.
- Die Erholungstouristen (*touristes d'agrément*) sind für die touristisch besser entwickelten Inseln La Réunion, Guadeloupe und Martinique von größerer Bedeutung als für Mayotte und Guyane. Allerdings reagiert dieser Touristentyp relativ sensibel auf Krisen und ist primär für die Schwankungen der jährlichen Ankunftszahlen verantwortlich. Die Ausgaben eines Erholungstouristen pro Tag liegen deutlich über jenen des Familien- und Verwandtenbesuchers, allerdings weist er eine kürzere Aufenthaltsdauer (z. B. 2015 auf Guadeloupe 13,7 Tage) auf. Nach der Gesamtsumme der getätigten Ausgaben je Aufenthalt ist er jedoch der „attraktivste“ Touristentyp (z. B. auf Guadeloupe durchschnittlich 1442 € je Aufenthalt im Jahr 2015).
- Als dritter Touristentyp können die Geschäftsreisenden (*touristes d'affaires*) identifiziert werden. Dieser Typ gibt zwar den höchsten Betrag pro Tag während des Aufenthalts aus, allerdings hat er auch die kürzeste Aufenthaltsdauer aller drei Touristentypen (z. B. 2015 auf Guadeloupe 7,6 Tage), so dass die von ihm je Aufenthalt getätigten Gesamtausgaben am geringsten ausfallen (z. B. 2015 auf Guadeloupe 716 €). Bei den Ge-

|Tab. 7.7| *Strukturdaten der Touristen in den Überseedépartements 2009 (Martinique) bzw. 2015 (alle anderen)*

	La Réunion	Guadeloupe	Martinique	Guyane	Mayotte
Herkunft der Touristen					
Europäisches Frankreich	75 %	83 %	80 %	56 %	60 %
Region	14 %	5 %	11 %	32 %	29 %
Europa	8 %	5 %	6 %	8 %	4 %
Restliche Welt	2 %	7 %	3 %	4 %	7 %
Anteile Touristentypen					
Familien-/Verwandten-Besucher	47 %	20 %	81 %	33 %	64 %
Erholungstouristen	37 %	65 %		17 %	19 %
Geschäftsreisende	12 %	14 %	15 %	48 %	15 %
Übrige	4 %	1 %	4 %	2 %	2 %

Quelle: Eigene Zusammenstellung und Berechnung nach IEDOM 2010; Observatoire Régional du Tourisme 2016; Hadhurami 2016, Legros 2016

Quelle: Aufnahmen Schmude 2012 und 2013

|Abb. 7.19| *Kreuzfahrtterminal in Pointe-a-Pitre (a) und Costa Luminosa (b) auf Guadeloupe*

schäftsreisenden handelt es sich oft um Staatsbeamte und Beschäftigte aus dem europäischen Frankreich. Ihr hoher Anteil am Gesamtreisevolumen in Guyane geht auch auf das Raumfahrtzentrum in Kourou zurück.

Neben diesen Touristen, die einen mehr oder weniger längeren Aufenthalt in einem der DOMs verbringen (*touristes de séjour*), spielt auch der Kreuzfahrttourismus (*tourisme de croisière*) zumindest auf Guadeloupe und Martinique eine wichtige Rolle, während er auf La Réunion und Mayotte sowie in Guyane (noch) eher von untergeordneter Bedeutung ist (vgl. Abb. 7.19). Die Zahl der Kreuzfahrtschiffe, die Mayotte und Guyane ansteuern, bewegen sich im einstelligen Bereich und entsprechend fällt die Zahl der Kreuzfahrttouristen (*passagers de croisière*) in beiden Destinationen sehr gering aus (bis auf einzelne Ausnahmen weniger als 10 000 Touristen pro Jahr). Dies gilt für La Réunion auch bis zur Jahrtausendwende, anschließend steigen die Zahlen bis auf 25 000 Kreuzfahrttouristen pro Jahr an. Wesentlicher Grund für den schwach ausgeprägten Kreuzfahrttourismus dieser drei DOMs ist die Tatsache, dass sie nicht in „klassischen" Fahrgebieten von Kreuzfahrtschiffen liegen. Zu diesen zählt jedoch die Karibik und entsprechend sind auf Guadeloupe und Martinique wesentliche höhere Zahlen an Kreuzfahrttouristen festzustellen. Allerdings entwickeln sich diese in beiden Überseedépartements seit Mitte der 1990er Jahre für rund zehn Jahre stark rückläufig, was vor allem auf die starke Konkurrenz unter den karibischen Inseln um die Kreuzfahrtgesellschaften zurückzuführen ist. Insbesondere seit den 1990er Jahren bemühen sich immer mehr karibische Inseln darum, am wachsenden Kreuzfahrtmarkt zu partizipieren und bauen die dafür benötigte Infrastruktur massiv aus. Auch auf Guadeloupe wird im Jahr 2012 ein zweites Kreuzfahrtterminal in Betrieb genommen. Dennoch gehen Guadeloupe und Martinique aus dem Konkurrenzkampf als Verlierer hervor und gehören nicht mehr zu den Top-Destinationen der karibischen Kreuz-

|Abb. 7.20| *Entwicklung der Zahl der Kreuzfahrttouristen in den DOMs von 1995 bis 2015*

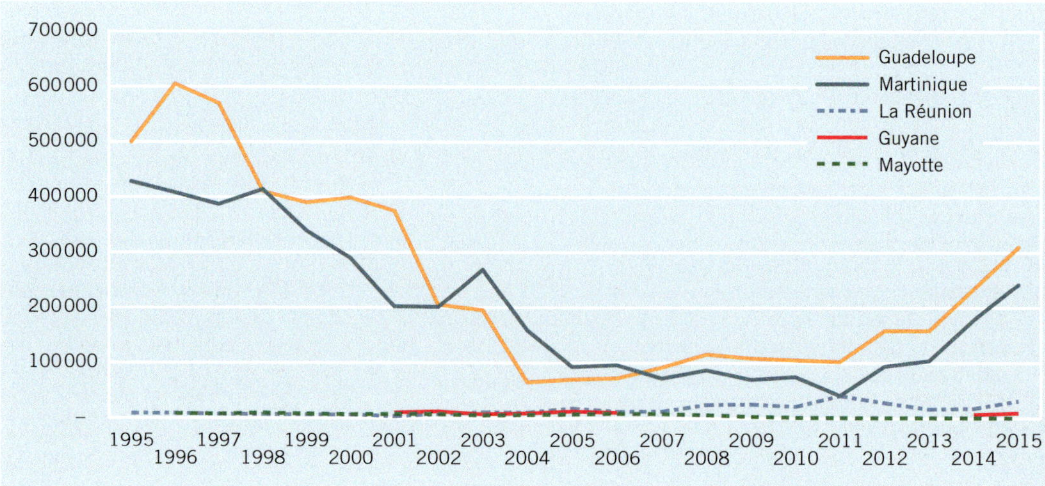

Quelle: eigene Darstellung nach Comité du Tourisme (2011); Direction du Tourisme 2007; Gay 1996; IEDOM 2015a, 2015b, 2015c, 2016d; Zinfos974.com 2016

Quelle: Aufnahmen Schmude 2009 und 2012

Quelle: Aufnahme Schmude 2009 und 2012

|Abb. 7.21| *Plage Caravelle in Ste-Anne (*tourisme bleu*) (a) und Regenwald auf Basse Terre (*tourisme vert*) (b)*

fahrtinseln. Erst ab dem Jahr 2011 nimmt die Zahl der Kreuzfahrtschiffe und in der Folge auch der Kreuzfahrttouristen wieder moderat zu, das Niveau der 1990er Jahre wird aber bei weitem nicht wieder erreicht. Obwohl die durch den Kreuzfahrttourismus ausgelösten ökonomischen Effekte einerseits wesentlich geringer als die der Aufenthaltstouristen ausfallen und andererseits auch eine höhere Saisonalität aufweisen, bemühen sich die regionalen Tourismusorganisationen aller fünf Überseedépartements darum, dieses Marktsegment zukünftig auszubauen und weiterentwickeln. So plant Guadeloupe ein neues Kreuzfahrtterminal mit einer Investition von 200 Mio. €, das in der Lage sein wird, drei Kreuzfahrtschiffe gleichzeitig aufzunehmen. Ziel ist es, die ökonomischen Effekte durch Steigerung der Passagierzahlen in diesem Marktsegment zu erhöhen.

Der Konkurrenzkampf beschränkt sich nicht allein auf das Segment des Kreuzfahrttourismus und auch nicht nur auf den karibischen Raum (so steht La Réunion vor allem im Wettbewerb mit seiner Nachbarinsel Mauritius), wenngleich er zwischen den karibischen Inseln besonders intensiv stattfindet. Auch im Erholungstourismus (*tourisme agrément*) konkurrieren die Destinationen in verstärktem Maße um Touristen. Vor diesem Hintergrund müssen die Bemühungen der Destinationen zur Diversifizierung ihres touristischen Angebots gesehen werden. Die touristisch schon früher entwickelten DOMs Guadeloupe, Martinique und La Réunion werden bis in die 1990er Jahre als reine Warmwasserziele vermarktet (*tourisme bleu*), sind damit aber auch leicht austauschbar (vgl. Abb. 7.21). Durch Schwächen im ursprünglichen Angebot (z. B. fehlende Sandstrände auf La Réunion im Vergleich zu Mauritius) und/oder im abgeleiteten Angebot (z. B. fehlende 5-Sterne-Hotels auf Guadeloupe und Martinique) sowie andere Wettbewerbsnachteile (z. B. höheres Lohnniveau in den DOMs im Vergleich zu ihren Konkurrenzstandorten, Sprachbarriere) erhöht sich der Druck zur Produktdifferenzierung in den Überseedépartements.

Als eine Folge dieser zunehmenden Konkurrenz wird der naturorientierte Wander- und Aktivtourismus (*tourisme vert*) entwickelt (vgl. Abb. 7.21). Hierzu nutzen die Destinationen ihr ursprüngliches Angebot, vor allem den Regenwald und die Vulkane im Landesinneren der DOMs. Hierdurch gelingt eine touristische Erschließung des Hinterlandes. Auch der Kulturtourismus (*tourisme culturel*) und der Kulinarik-Tourismus (*tourisme saveur*) versprechen weiteres Marktpotential und werden ebenfalls aktiv vermarktet. Zur Umsetzung dieser Strategie entwickelt beispielsweise die regionale Tourismusorganisation von Guadeloupe ein zentrales Logo für die Destination, das diese verschiedenen Markt-

ILES DE GUADALOUPE
COMITÉ DU TOURISME

Quelle: Aufnahme Schmude 2009

|Abb. 7.22| *Logo der Destination Guadeloupe*

a) b)

Quelle: Aufnahmen Schmude 1998 und 2017

|Abb. 7.23| *Qualitätslogo der Destination La Réunion 1996 (a) und 2013 (b)*

segmente symbolisiert, und vermarktet diese durch eigene Produktlinien (vgl. Abb. 7.22).

Außerdem versuchen die Destinationsmarketingorganisationen über Qualitätsoffensiven, das Niveau der touristischen Leistungsträger und ihrer Produkte zu verbessern. So erhalten z. B. auf La Réunion bereits seit Ende der 1990er Jahre qualitätszertifizierte touristische Betriebe ein entsprechendes Label. Seit dem Relaunch des Labels enthält dieses ein mit Guadeloupe vergleichbares Farbkonzept (vgl. Abb. 7.23).

Trotz dieser Bemühungen vergrößert sich die Differenz der Touristenzahlen zwischen den DOMs und ihren Konkurrenzdestinationen. So nehmen Martinique und Guadeloupe im Vergleich mit den anderen karibischen Inseln nach der absoluten Zahl der Touristen lediglich die Plätze 9 und 10 ein. Setzt man die Touristenzahl ins Verhältnis zur Zahl der Einwohner, fallen beide DOMs sogar auf die Plätze 15 (Martinique) bzw. 17 (Guadeloupe) zurück. Auch auf La Réunion entwickelt sich der Tourismus deutlich langsamer als auf der Nachbarinsel Mauritius: Während die Differenz der Touristenzahlen im Jahr 1990 zwischen Mauritius (291 000) und La Réunion (200 000 Touristen) noch relativ gering ausfällt, beträgt die Differenz zur Jahrtausendwende bereits mehr als 200 000 Touristen (0,65 Mio. zu 0,42 Mio.) und im Jahr 2015 empfängt Mauritius mit etwa 1,23 Mio. Touristen rund 800 000 Touristen mehr als das DOM La Réunion.

Die Struktur des Beherbergungsangebotes auf Guadeloupe, Martinique und La Réunion zeigt seit beginnt des 21. Jahrhunderts deutliche Umstrukturierungsprozesse. So verringert sich auf allen drei Inseln das Zimmerangebot der Hotellerie, z. B. auf Guadeloupe seit dem Jahr 2000 mit 5270 Hotelzimmern bis zum Jahr 2014 auf 4133 Zimmer. Das Hotelangebot ist durch den mittleren Qualitätsbereich (3-Sterne) dominiert, insbesondere im Hochpreissegment (5-Sterne) ist das Hotelangebot sehr gering. Dies schlägt sich entsprechend in den erzielten Erlösen nieder. Der durchschnittliche Zimmerpreis liegt in den karibischen DOMs (z. B. 94 €/Zimmer im Jahr 2014 auf Guadeloupe bzw. Martinique) deutlich unter dem durchschnittlichen Zimmerpreis aller karibischen Inseln (2014: 147 €/Zimmer). Im Gegenzug zu den verringerten Kapazitäten der Hotellerie erhöht sich das Angebot im Bereich der Parahotellerie (u. a. *gîtes*, *chambres d'hôtes*), was u. a. auch auf die Entwicklung des naturorientierten Tourismus zurückzuführen ist. Auf La Réunion entfallen im Jahr 2014 bereits rund 75 % der Bettenkapazität auf den Bereich der Parahotellerie (10 Jahre zuvor rund 50 %). Diese Umstrukturierung ist Folge einer gewandelten Nachfrage. Entsprechend entfallen im Jahr 2014 z. B. auf Guade-

a)

c)

b)

Quelle: Aufnahmen Schmude 2012, 2006 und 2007

|Abb. 7.24| *Parahotellerie in Ironi-Bé/Mayotte (a), kleinbetriebliche Hotellerie in Ste Anne/Guadeloupe (b) und gehobene Hotellerie in Ste Anne/Guadeloupe (c)*

|Tab. 7.8| *Wirtschaftliche Bedeutung des Tourismus gemessen am Anteil am Bruttoinlandsprodukt (BIP) sowie am Arbeitsmarkt in den Überseedépartements (in Klammern: Erhebungsjahre BIP/Arbeitsmarkt)*

	La Réunion (2012/2011)	Guadeloupe (2012/2013)	Martinique (2011/2013)	Guyane (2010/2015)	Mayotte (2015/2015)
Anteil am BIP	2,6 %	7,0 %	7,7 %	2,0 %	1,9 %
Anteil am Arbeitsmarkt	3,2 %	9,0 %	7,3 %	5,2 %	2,8 %

Quelle: Eigene Zusammenstellung nach Cour des Comptes 2014, IEDOM 2015b, 2016a, 2016b, 2016c und 2016e

loupe mit 40 % aller Übernachtungen bereits mehr Übernachtungen auf die Parahotellerie als auf die Hotellerie (34 %).

Auf Mayotte und in Guyane fällt das Beherbergungsangebot wegen des geringeren Touristenaufkommens wesentlich geringer aus, ist aber auch in diesen beiden DOMs von der Parahotellerie dominiert. So existieren beispielsweise im Jahr 2015 auf Mayotte 9 Hotels und 44 *gîtes* bzw. *chambres d'hôtes*, wobei sich die gesamte Bettenkapazität nach einer kurzen Wachstumsphase seit 2011 (1119 Betten) wieder rückläufig entwickelt (2015: 958 Betten). In Guyane, wo der Geschäftsreisetourismus u.a. auf Grund des Weltraumbahnhofs in Kourou von größerer Bedeutung ist als in den anderen DOMs, stellt dagegen im Jahr 2015 die Hotellerie (37 Hotels) rund zwei Drittel der gesamten Bettenkapazität (5657 Betten).

Abschließend wird festgestellt, dass der Tourismus die Rolle als Hoffnungsträger für die Wirtschaft in den Überseedépartements (noch) nicht erfüllt. Entsprechend gering fällt der Anteil der Tourismuswirtschaft am Bruttoinlandsprodukt bzw. am Arbeitsmarkt in allen fünf DOMs aus, wobei auf Guadeloupe und Martinique die höchsten Anteile am Bruttoinlandsprodukt bzw. am Arbeitsmarkt erreicht werden (vgl. Tab. 7.8). Gleichwohl wird der Tourissektor auf Grund der global weiter steigenden Touristenzahlen auch zukünftig als ein Hoffnungsträger zur wirtschaftlichen Entwicklung der DOMs eingeschätzt.

Literaturverzeichnis

Grosse, E.U./Lüger, H.-H. (2008): Frankreich verstehen. Eine Einführung mit Vergleichen zu Deutschland. Darmstadt.

Lüsebrink, H.-J. (2018): Frankreich. Wirtschaft, Gesellschaft, Politik, Kultur, Mentalitäten. Eine Landeskundliche Einführung. Stuttgart.

Pletsch, A. (1997): Frankreich. Wissenschaftliche Länderkunden. Darmstadt.

Pletsch, A. (2003): Frankreich. Wissenschaftliche Länderkunden. Darmstadt.

Wirth, E. (1985): Konzeptionelle Überlegungen für eine regionale Geographie. In: Tagungsberichte und wissenschaftliche Abhandlungen des 45. Deutschen Geographentages, Stuttgart, S. 146–162.

Frankreich – eine Annäherung

Adamovic, M. (2018): Europe: Crime/Safety Index by Country 2017. Abgerufen unter: https://www.numbeo.com/crime/rankings-by-country.jsp?titel=2017&region=150 am 22.8.2018.

Alertes Météo (2017): Les zones climatiques en France. Abgerufen unter: http://alertes-meteo.com/cartes/carte-zones-climatiques.php am 23.8.2017.

Auswärtiges Amt (2018): Klischees über Franzosen, Deutsche und die deutsch-französischen Beziehungen. Abgerufen unter www.deutschland-frankreich.diplo.de/Klischees-uber -Franzosen-Deutsche,6773.html am 22.8.2018.

Climate-data.org (2017): Les données climatiques pour les villes du monde entier. Abgerufen unter: http://fr.climate-data.org/ am 23.4.2017.

EEA (= European Environment Agency) (2012): DGM (Digitales Geländemodell) Europa. Abgerufen unter: https://www.eea.europa.eu/data-and-maps/data/eu-dem/Color-shaded-DEM-3035/eudem_color-shaded_3035_europe-tif.ovr am 31.1.2018.

EEA (European Environment Agency) (2017): Digital Elevation Model over Europe (EU-DEM). Abgerufen unter: https://www.eea.europa.eu/data-and-maps/data/eu-dem am 31.1.2018.

Fick, S.-E./Hijmans R.-J. (2017): Worldclim 2: New 1-km spatial resolution climate surfaces for global land areas. International Journal of Climatology.

Gehring, J.-M./Saint-Dizier, C. (1993): Unser Nachbar Frankreich. Braunschweig.

INSEE (2015): Exportations et importations par groupe de produit en 2014. Abgerufen unter www.insee/fr/fr/ffc/figure/NATTEF08464.xls am 16.4.2016.

IW (=Institut der deutschen Wirtschaft (2015): Noch ist Deutschland ein stabiles Land. Abgerufen unter https://www.iwkoeln.de/presse/pressemitteilungen/beitrag/arbeitskämpfe-im-internationalen-Vergleich-noch-ist-deutschland-ein-stabiles-land-231994.html am 22.8.2018.

Labrune, G./Juguet, I. (2014): La géographie de la France. Paris.

Lazarovic, S. (2013): Klischee und Alltag. Unsere französischen Freund. In: NTV am 22.1.2013. Angerufen unter: https://www.n-tv.de/politik/dossier/Unsere-franzoesischen-Freunde-article9982886.html am 22.8.2018.

Météo Express (2017): Ensoleillement annuel. Abgerufen unter: http://meteo-express.com/ensoleillement-annuel.html am 23.8.2017.

Météo France (2017): La France en cinq climats. Abgerufen unter: http://www.meteofrance.fr/documents/10192/48035765/carte-climat.png am 23.8.2017.

Météo Passion (2017): Cumul annuel de précipitations. Abgerufen unter: http://www.meteopassion.com/cumul-annuel-des-precipitations.php am 23.8.2017.

Pletsch, A. (2003): Frankreich. Wissenschaftliche Länderkunden. Darmstadt.

Pleye, M. (2018): Typisch französisch – Vorurteile und Wahrheit über Frankreich. Abgerufen unter https://www.paris360.de/magazin/typisch-franzoesich am 22.8.2018.

Wüpper, G. (2013). Frankreich will Image der Mittelmäßigkeit loswerden. In: Welt vom 30.1.2013 abgerufen unter https://www.welt.de/wirtschaft/ am 22.8.2018.

Kapitel 1

Ambafrance (2016): Nationale Symbole: Die Nationalhymne – Marseillaise. Abgerufen unter http://www.ambafrance-de.org/Nationalhymne-Die-Marseilleise am 1.8.2016.

Assemblée Nationale (2016): Liste des députées par région. Abgerufen unter http://www2.assemblee-nationale.fr/deputes/liste/regions am 9.4.2016.

Bahro, H./Bayerlein, B.M./Veser, E. (1986): Duverger's concept: semi-presidential government revisited. In: European Journal of Political Research, Vol. 34/2, 201–224.

Boniface,P./Védrine, H. (2011): Atlas de France. Paris.

Brücher, W. (1992): Zentralismus und Raum. Das Beispiel Frankreich. Stuttgart.

CGDD (=Commissariat général au développement durable) (2018): Chiffres clés du transport Édition 2018. Abgerufen unter http://www.statistiques.developpement-durable.gouv.fr/fileadmin/documents/Produits_editoriaux/Publications/Datalab/2018/datalab-31-chiffres-cles-transport-mars2018.pdf am 7.8.2018.

Crevel, P./Wagner, N. (2003): Dezentralisierung in Frankreich – ein großes Vorhaben der Regierung. Abgerufen unter http://www.kas.de/wf/doc/kas_1903-544-1-30.pdf?030613112556 am 11.4.2016.

Data.gouv.fr (2011): Communes nouvelles en 2011. Abgerufen unter http://www.data.gouv.fr/fr/datasets/communes-nouvelles-en-2011/ am 7.4.2016.

Data.gouv.fr (2012): Communes nouvelles en 2012. Abgerufen unter http://www.data.gouv.fr/fr/datasets/communes-nouvelles-en-2012/ am 7.4.2016.

Data.gouv.fr (2013): Communes nouvelles en 2013. Abgerufen unter http://www.data.gouv.fr/fr/datasets/communes-nouvelles-en-2013/ am 7.4.2016.

Data.gouv.fr (2014): Communes nouvelles en 2014. Abgerufen unter http://www.data.gouv.fr/fr/datasets/communes-nouvelles-en-2014/ am 7.4.2016.

Data.gouv.fr (2015): Communes nouvelles en 2015. Abgerufen unter http://www.data.gouv.fr/fr/datasets/communes-nouvelles-en-2015/ am 7.4.2016.

DGCL (=Direction Générale des Collectivités Locales) (2001): Les collectivités locales en chiffres 2001. Abgerufen unter https://www.collectivites-locales.gouv.fr/files/files/colloc_chiffres_2001_1.pdf am 25.7.2018.

DGCL (2004): Les collectivités locales en chiffres 2004. Abgerufen unter https://www.collectivites-locales.gouv.fr/files/files/colloc_chiffres_2004.pdf am 25.7.2018.

DGCL (2006): Les collectivités locales en chiffres 2006. Abgerufen unter https://www.collectivites-locales.gouv.fr/files/files/colloc_chiffres_2006_complet.pdf am 25.7.2018.

DGCL (2007): Les collectivités locales en chiffres 2007. Abgerufen unter https://www.collectivites-locales.gouv.fr/files/files/colloc_chiffres_2007_complet.pdf am 25.7.2018.

DGCL (2008): Les collectivités locales en chiffres 2008. Abgerufen unter https://www.collectivites-locales.gouv.fr/files/files/telecharger/CLENCH2008_00.pdf am 25.7.2018.

DGCL (2009): Les collectivités locales en chiffres 2009. Abgerufen unter https://www.collectivites-locales.gouv.fr/files/files/telecharger/publication_globale.pdf am 25.7.2018.

DGCL (2011): Les collectivités locales en chiffres 2011. Abgerufen unter https://www.collectivites-locales.gouv.fr/files/files/dgcl_v2/publication-globale.pdf am 25.7.2018).

DGCL (2012): Les collectivités locales en chiffres 2012. Abgerufen unter https://www.collectivites-locales.gouv.fr/files/files/dgcl_v2/Publication_globale36fd.pdf am 25.7.2018.

DGCL (2013): Les collectivités locales en chiffres 2013. Abgerufen unter https://www.collectivites-locales.gouv.fr/files/files/Publication_globale%281%29.pdf am 25.7.2018.

DGCL (2018): Les collectivités locales en chiffres 2018. Abgerufen unter https://www.collectivites-locales.gouv.fr/files/files/statistiques/brochures/les_cl_en_chiffres_2018.pdf am 18.7.2018.

Eurographics (2016): Topographic Data from Eurographics. Abgerufen unter http://www.eurogeographics.org/form/topographic-data-eurogeographics am 21.8.2016.

Französische Botschaft (2015): Reformagenda: Frankreich reduziert Zahl der Regionen. Abgerufen unter http://www.ambafrance-de.org/Reformaganeda-Frankreich-reduziert am 12.4.2016.

Französische Botschaft (2016): Wahlen und Wahlverfahren in Frankreich. Abgerufen unter http://www.ambafrance-de.org/wahlen-und-wahlverfahren-in-frankreich am 11.4.2016.

Grillmayer, D. (2016): Die Territorialreform in Frankreich: eine erste Bilanz. In: Deutsch-Französisches Institut (Hrsg.): Frankreich Jahrbuch 2015. Frankreich nach der Territorialreform. Wiesbaden, 17–28.

Grosse, E.U./Lüger, H.-H. (2008): Frankreich verstehen. Eine Einführung mit Vergleichen zu Deutschland. Darmstadt.

Gehring, J.-M./Saint-Dizier, C. (1993): Unser Nachbar Frankreich. Braunschweig.

Grüner, S./Wirsching, A. (2003): Frankreich: Daten, Fakten Dokumente. Tübingen/Basel.

Hollande, F. (2014): Réformer les territoires pour réformer La France. Abgerufen unter http://www.elysee.fr/communiques-de-presse/article/reformer-les-territoires-por-reformer-la-france/ am 29.5.2016.

INSEE (=Institut national de la statistique et des études économiques) (2008): Le code officiel géographique (COG) avant, pendant et autour. Version 3, volume 1. Abgerufen unter http://www.projectbabelk.org/gl/cog.pdf am 7.4.2016.

INSEE (2015a): Base chiffres clés: évolution et structure de la population 2012. Abgerufen unter http://www.insee.fr/fr/themes/detail.asp?reg_id=99&ref_id=base-cc-evol-struct-pop-2012 am 7.4.2016.

INSEE (2015b): Transport intérieurs de voyageurs par mode en 2014. Abgerufen unter http://www.insee.fr/fr/ffc/figure/NATTEF13627.xls am 11.4.2016.

INSEE (2016a): Communes nouvelles crées en 2015. Abgerufen unter http://www.insee.fr/fr/methodes/default.asp?page=nomenclatures/cog/communes-nouvelles-2015.htm am 2.8.2016.

INSEE (2016b): Téléchargement – Année 2015. Abgerufen unter http://www.insee.fr/fr/methodes/nomenclatures/cog/telechargement.asp am 7.4.2016.

INSEE (2017): Code officiel geographiques. Abgerufen unter https://www.insee.fr/fr/information/2114819 am 7.4.2016.

INSEE (2018a): Estimation de la population au 1er janvier 2018. Abgerufen unter https://www.insee.fr/fr/statistiques/1893198 am 18.7.2018.

INSEE (2018b): Communes nouvelles. Abgerufen unter https://www.insee.fr/fr/information/2549968 am 8.8.2018.

INSEE (2018c): Code officiel géographique au 1er janvier 2018. Abgerufen unter https://www.insee.fr/fr/information/3363419 am 8.8.2018.

INSEE (2018d): Transports intérieurs de voyageurs par mode en 2016. Abgerufen unter https://www.insee.fr/fr/statistiques/2016150 am 7.8.2018.

Köller, H./Töpfer, B. (1978): Frankreich – ein historischer Abriss. Köln.

Koltermann, U. (2009): Nummernschilder: Frankreich führt neue Kennzeichen ein. Abgerufen unter http://www.siegel/auto/aktuell/nummernschilder-frankreich-fuehrt-neue-kennzeichen-ein-a-619169.html am 8.4.2016.

Legifrance (2010): Projet de loi de réforme des collectives territoriales. Étude d'impact. Abgerufen unter http://www.legifrance.gouv.fr/content/download/1111/8526/version/1/file/ei_reforme_collectivites-territoriales.pdf am 2.8.2016.

Legifrance (2018): LOI n° 2012-1558 du 31 décembre 2012 de programmation des finances publiques pour les années 2012 à 2017. Abgerufen unter https://www.legifrance.gouv.fr/affichTexte.do?cidTexte=JORFTEXT000026871050&dateTexte=&categorieLien=id am 7.8.2018.

Lehnarzt, S. (2014): Hollande baut sich ein neues Frankreich. Welt Online vom 3.6.2014. Abgerufen unter http://www.welt.de/politik/ausland/article128673411/Hollande-baut-sich-ein-neues-frankreich.html am 8.4.2016.

Liehr, G. (2013): Frankreich. Ein Länderporträt. Berlin.

Marineregions (2016): Antarctica – Part of French Southern and Antarctic Lands (Overseas Territory). Abgerufen unter http://www.marineregions.org/gazetteer.php?p=details&id=20842 am 10.10.2016.

Mérienne, P. (2015): Atlas de l'histoire de France. Paris.

Pletsch, A. (2003): Frankreich. Wissenschaftliche Länderkunden. Darmstadt.

Schild, J./Uterwedde, H. (2006): Frankreich: Politik, Wirtschaft, Gesellschaft. Wiesbaden.

Schmidt, B./Doll, J./Felkl, W./Loewe, S. (1981): Grundlagen der Romanistik. Frankreich Lexikon, Band 1, Berlin.

Schmude, J. (1991): Zur demographischen, städtebaulichen und wirtschaftsstrukturellen Entwicklung Montpelliers nach 1945. Die Entwicklung von Heidelbergs Partnerstadt anhand ausgesuchter Beispiele. In: Ruperto Carola, Heft 83/84, 251 – 266.

Schubert, K./Klein, M. (2016): Das Politiklexikon. Bonn.

Senat.fr (2016): Liste par département. Abgerufen unter http://www.senat.fr/senateurs/senatl/html am 9.4.2016.

Seidendorf, S. (2015): Die Modernisierung Frankreichs steht im Mittelpunkt der Territorialreform. Abgerufen unter http://www.dfi.de/pdf/-Dateien/Jahrestagung/Bericht-de-2015.pdf am 12.4.2016.

SNCF (2016a): Carte interactive du réseau ferré francais. Abgerufen unter https://www.sncf-reseau.fr/fr/projets-chantiers-ferroviaires/cartes/carte-interactive-reseau-ferre-francais am 30.8.2016.

SNCF (2016b): Carte des destinations en France et en Europe. Abgerufen unter http://medias.sncf.com/sncfcom/pdf/destinations/Carte_ReseauTGV.pdf am 30.8.2016.

SNCF (2018): Le Réseau. Abgerufen unter https://www.sncf-reseau.fr/fr/le-reseau am 7.8.2018.

Vedel/Bauer/de Saint-Étienne (o. J.) Livre-atlas de géographie. Paris.

Zeit online (2014): Frankreich gibt sich neue politische Landkarte. Zeit online vom 17.12.2014. Abgerufen unter http://www.zeit.de/politik/ausland 2014-12/frankreich-regionen am 8.4.2016.

Kapitel 2

Baasner, F. (2009): Die Regionalsprachen. In: Aktuelle Frankreich-Analysen, 23/2009, S. 10 – 11.

Banque Mondial (2016): Population rural (% de la population totale). Abgerufen unter http://donees.banquemondiale.org/indicateur/SP.RUR.TOTL.ZS?page=6 am 29.3.2016.

Blohm, E. (1976): Landflucht und Wüstungserscheinungen im südöstlichen Massif Central und seinem Vorland seit dem 19. Jahrhundert. Trierer Geographische Studien 1. Trier.

Brücher, W. (1992): Zentralismus und Raum. Das Beispiel Frankreich. Stuttgart.

CAF (=Caisse d'allocations familiales) (2018): Rsa conjoncture. Abgerufen unter http://www.caf.fr/presse-institutionnel/recherche-et-statistiques/publications/rsa-conjoncture am 3.10.2018.

CLEISS (= Centre des Liaisons Européennes et Internationales de Sécurité Sociale)(2016): Das französische Sozialversicherungssystem, IV –Zweig „Familie". Abgerufen unter http://www.cleiss.fr/docs/regimes/regime_france/al_44.html am 6.4.2016.

Deleneuville, M. (2015): Salaire moyen en France en 2015: net, brut, par sex par CSP. In: Journal du Net vom 5.11.2015. Abgerufen unter http://www.journaldunet.com/economie/magazine/1166094-salaire-moyen/ am 3.4.2016.

DGCL (= Direction Général des Collectivités Locales) (2015): Les collectivités en chiffres 2015. Abgerufen unter http://www.collectivites-locales-gouv.fr/collectivites-locales-chiffres-2015 am 11.4.2016.

DGCL (2016): Les collectivités en chiffres 2016. Abgerufen unter https://www.collectivites-locales.gouv.fr/files/files/statistiques/brochures/publication_globale_0.pdf am 3.10.2018.

DGCL (2017): Les collectivités en chiffres 2017. Abgerufen unter http://104.199.35.159/phocadownload/publication_globale_1.pdf am 3.10.2018.

DGCL (2018): Les collectivités en chiffres 2018. Abgerufen unter https://www.collectivites-locales.gouv.fr/files/files/statistiques/brochures/les_cl_en_chiffres_2018.pdf am 3.10.2018.

Engler, M. (2007): Länderprofil Frankreich. Fokus Migration Nr. 2. Abgerufen unter http://www.focus-migration.hwwi.de/Frankreich1231.0.html am 7.4.2016.

Engler, M. (2012): Länderprofile Migration: Daten – Geschichte – Politik. Länderprofil Frankreich der Bundeszentrale für politische Bildung. Berlin. Abgerufen unter http://www.bpb.de/gesellschaft/migration/laenderprofile/135107/frankreich am 1.4.2016.

Ermacora, F. (1988): Der Minderheitenschutz im Rahmen der Vereinten Nationen. Wien.

EUROSTAT (2015a): Asyl in Europa. Pressemitteilung 53/2015 vom 20. März. Abgerufen unter http://ec.europa.eu/eurostat/documents/2995521/6751783/3-20032015-BP-DE.pdf/23ee1e9b-19e3-4453-9b2a-f810c03c4a22 am 6.4.2016.

EUROSTAT (2015b): Asylum quarterly report. Abgerufen unter http://ec.europa.eu/eurostat/statistics-explained/index.php/Asylum_quarterly_report am 6.4.2016.

EUROSTAT (2016): Europäischer Vergleich – Asylbewerber je 1.000 Einwohner 2015. Abgerufen unter http://www.proasyl.de/wp-content/uploads/2015/12/InternatPro1000Einw-2015-2.pdf am 3.8.2016.

Grosse, E.U./Lüger, H.-H. (2003): Frankreich verstehen. Eine Einführung mit Vergleichen zu Deutschland. Darmstadt.

Grosse, E.U./Lüger, H.-H. (2008): Frankreich verstehen. Eine Einführung mit Vergleichen zu Deutschland. Darmstadt.

Grüner, S./Wirsching, A. (2003): Frankreich: Daten, Fakten Dokumente. Tübingen/Basel.

Hanke, T. (2015): Grundsicherung in Europa und den USA. In: Handelsblatt vom 26.1.2015 abgerufen unter http://www.handelsblatt.com/politik/internationa/grundsicherung-europa-und-den-USA-frankreich-aehnliches-system-voellig-anderewirkung/10968098-6.html am 3.4.2016.

Höhn, C./Schubnell, H. (1986): Bevölkerungspolitische Maßnahmen und ihre Wirksamkeit in ausgewählten europäischen Industrieländern. In: Zeitschrift für Bevölkerungswissenschaft, 1/1986, S. 3 – 51 und 2/1986, S. 185 – 219.

INED (= Institut National d'Études Démographiques) (2016): Indicateur généraux de la situation démographique (Tableau 2). Abgerufen unter http://www.ined.fr/fichier/s_rubrique/192/irsocsd2013_t2_fm.fr.xls am 29.3.2016.

INSEE (= Institut National de la Statistique et des Études Économiques) (2010): Projection de population à l'horizon 2060. INSEE-Premières No 1320. Paris.

INSEE (2016l): Étrangers en 2016: comparaisons régionales et départementales. Abgerufen unter http://www.insee.fr/fr/themes/tableau.asp?reg_id=99&ref_id=TCRD_010#col_1=2 am 9.8.2016.

INSEE (2012): Le RMI, puis le RSA découragent-ils certains jeunes de travailler? Abgerufen unter http://www.insee.fr/fr/themes/documents.asp?reg_id=iana6 am 3.4.2016.

INSEE (2015a): Bénéficiaires des minima sociaux en 2014. Abgerufen unter http://www.insee.fr/fr/ffc/figure/NATSOS04604.xls am 3.4.2016.

INSEE (2015b): Niveau de vie médians selon la catégorie socioprofessionnelle en 2013. Abgerufen unter http://www.insee.fr/fr/themes/tableau.asp?reg_id=0&ref_id=NATnon04251 am 3.4.2016.

INSEE (2015c): Répartition des étrangères par nationalité en 2012. Abgerufen unter http://www.insee.fr/fr/themes/tableau.asp?reg_id=0&ref_id=etrangersnat am 1.4.2016.

INSEE (2016a): Structure de la population de 15 ans ou plus par catégorie socioprofessionnelle en 2013. Abgerufen unter www.insee.fr/fr/themes/tableau.asp?reg_id=99&ref_id=TCRD_005 am 9.8.2016.

INSEE (2016b): Composantes de la croissance démographique, France. Abgerufen unter http://www.insee.fr/fr/themes/detail.asp?reg_id=0&ref_id=bilan-demo&page=donnees-detaillees/bilan-demo/pop_age3.htm#evol-struct-pop-fe am 26.3.2016.

INSEE (2016c): Estimation de la population au 1er janvier par région, département, sex et âge de 1975 à 2015. Abgerufen unter http://www.insee.fr/fr/themes/detail.asp?reg_id=99&ref_id=estim-pop am 31.3.2016.

INSEE (2016d): Évolution des naissances, de la natalité et de la part des naissances hors mariage jusqu'en 2015. Abgerufen unter www.insee/fr/fr/ffc/figure/NATnon02231.xls am 31.3.2016.

INSEE (2016e): Évolution du taux de natalité et du taux de mortalité jusqu'en 2015. Abgerufen unter www.insee/fr/fr/ffc/figure/NATTEF02152.xls am 29.3.2016.

INSEE (2016f): Données historiques de la Statistique générale de France. Abgerufen unter http://www.bdm.insee.fr/bdm2/choixCriteres?codeGroupe=28 am 5.9.2016.

INSEE (2016g): Population au recensement – Départements et Collectivités d'Outre-Mer. Abgerufen unter http://www.bdm.insee.fr/bdm2/affichageSeries?idbank=001752335&idbank=001752336& idbank=001752337&idbank=001752338&idbank=001752339&idbank=001752340&idbank=001752341&bouton=OK&codeGroupe=64 am 26.3.2016.

INSEE (2016h): Population de 15 ans ou plus selon la catégorie socioprofessionnelle. Abgerufen unter www.insee/fr/fr/ffc/figure/NATTEF02135.xls am 3.4.2016.

INSEE (2016i): Population de 1968 à 2015: Comparaisons régionales et départementales. Abgerufen unter http://www.insee.fr/fr/themes/detail.asp?reg_id=99&ref_id=TCRD_004 am 26.3.2016.

INSEE (2016j): Population par sexe et âge au 1er janvier 2015: comparaisons régionales et départementales. Abgerufen unter http://www.insee.fr/fr/themes/tableau.asp?reg_id=99&refid=TCRD_021#col_1=7 am 4.4.2016.

INSEE (2016k): Population, superficie et densité des principaux pays du monde en 2015. Abgerufen unter http://www.insee.fr/fr/themes/tableau.asp?reg_id=98&ref_id=CMPTEF01105 am 29.3.2016.

INSEE (2016l): Étrangers en 2016: comparaisons régionales et départementales. Abgerufen unter http://www.insee.fr/fr/themes/tableau.asp?reg_id=99&ref_id=TCRD_010#col_1=2 am 9.8.2016.

INSEE (2017): Du nord au sud, les mouvements naturels et migratoires opposent les départements. Abgerufen unter https://www.insee.fr/fr/statistiques/3288449 am 3.10.2018.

INSEE (2018a): Estimation de la population au 1er janvier 2018. Abgerufen unter https://www.insee.fr/fr/statistiques/1893198 am 18.7.2018.

INSEE (2018b): Taux de natalité et taux de mortalité en 2017. Abgerufen unter https://www.insee.fr/fr/statistiques/2381868 am 30.9.2018.

INSEE (2018c): Bilan démographique 2017. Abgerufen unter https://www.insee.fr/fr/statistiques/1892259?sommaire=1912926 am 30.9.2018.

INSEE (2018d): Indicateur conjoncturel de fécondité en 2016. Comparaisons régionales et départementales. Abgerufen unter https://www.insee.fr/fr/statistiques/2012734 am 4.10.2018.

INSEE (2018e): Mortalité en 2016, Comparaisons régionales et départementales. Abgerufen unter https://www.insee.fr/fr/statistiques/2012741 am 30.9.2018.

INSEE (2018f): Naissances hors mariage en 2017. Abgerufen unter https://www.insee.fr/fr/statistiques/2381394 am 3.10.2018.

INSEE (2018g): Étrangers - Immigrés en 2015. Abgerufen unter https://www.insee.fr/fr/statistiques/3569322?sommaire=3569330&geo=FE-1 am 3.10.2018.

INSEE (2018h): Structure de la population de 15 ans ou plus par catégorie socioprofessionnelle en 2015. Abgerufen unter https://www.insee.fr/fr/statistiques/2012701 am 3.10.2018.

INSEE (2018i): Allocataires des minima sociaux en 2016. Abgerufen unter https://www.insee.fr/fr/statistiques/2411049 am 3.10.2018.

Journal du Net (2018): Les départements les plus riches de France en 2015. Abgerufen unter http://www.journaldunet.com/economie/impots/classement/departements/revenue-fiscal am 3.10.2018.

Lasserre, R./Schild, J./Uterwedde, H. (1997): Frankreich - Politik, Wirtschaft, Gesellschaft. Opladen.

Le Figaro (1989): Immigration en France: un poids inégal selon les régions. Ausgabe vom 6.12.1989, S. 10.

Le Figaro (2015): Quels sont les départements le plus pauvres de France? Abgerufen unter http://www.lefigaro.fr/conjoncture/2015/03/03/20002-20150303ARTFIG00182-quels-sont-les-departements-les-plus-pauvres-de-france.php am 3.4.2016.

Lüsebrink, H.-J. (2011): Einführung in die Landeskunde Frankreich. Stuttgart/Weimar.

Ministère de l'Intérieur (2016) : L'essentiel de l'immigration. L'immigration en France, données du recensement 2013. Abgerufen unter https://www.immigration.interieur.gouv.fr/Info-ressources/Actualites/Focus/L-immigration-en-France-donnees-du-recensement-2013 am 3.10.2018.

Ministère de l'Intérieur (2017) : L'essentiel de l'immigration n°2017-5. L'immigration en France, données du recensement 2014. Abgerufen unter https://www.immigration.interieur.gouv.fr/fr/content/download/105734/837699/file/Essentiel_immigration_recensement_2014.pdf am 3.10.2018.

Ministère de l'Intérieur (2018) : L'essentiel de l'immigration n°2018-20. L'immigration en France, données du recensement 2015. Abgerufen unter https://www.immigration.interieur.gouv.fr/content/download/112325/897153/file/Essentiel_population_RP2015.pdf am 3.10.2018.

Moseley, C. (2010): Atlas of the world's languages in danger. Paris. Abgerufen unter http://www.unesco.org/languages-atlas/en/atlasmap.html am 31.5.2016.

Noin, D./Chauviré, Y. (2002): La population de la France. Paris.

Observatoire des Inégalités (2018): 600.000 pauvres de plus en dix ans. Abgerufen unter https://www.inegalites.fr/600-000-pauvres-de-plus-en-dix-ans am 3.10.2018.

OECD (= Organisation for Economic Cooperation and Development) (2008): Mehr Ungleichheit trotz Wachstum. Einkommensverteilung und Armut in OECD-Ländern. Paris.

Pinchemel, P. (1987). France. A geographical, social and economic survey. London/New York.

Pitié, J. (1987): L'homme et son espace: l'exode rural en France du XVIe siècle à nos jours. Paris.

Pletsch, A. (1987): Frankreich. Länderprofile. Stuttgart.

Pletsch, A. (2003): Frankreich. Wissenschaftliche Länderkunden. Darmstadt.

Pumain, D./Saint-Julien, T. (1989): Atlas des villes de France. Paris.

Reitel, F. (1990): Entwicklung und Struktur der Bevölkerung. In: Maier, J./Wackermann, G. (Hrsg.) (1990): Frankreich. Ein regionalgeographischer Überblick. Wissenschaftliche Länderkunden, Band 35. Darmstadt. S. 54–63.

Sievert, S./Klingholz, R. (2009): Ungleiche Nachbarn. Die demographische Entwicklung in Deutschland und Frankreich verläuft gegensätzlich – mit enormen Langzeitfolgen. Diskussionspapier Nr. 2. Berlin-Institut für Bevölkerung und Entwicklung. Berlin.

Werner, H. (1983): Ausländerbeschäftigung und Ausländerpolitik in Frankreich. In: Mitteilungen aus der Arbeitsmarkt- und Berufsforschung, 4/1983, S.360–377.

Kapitel 3

Allianz Risk Pulse (2015): The megacity state: The world's biggest cities shaping our future. Abgerufen unter https://www.allianz.com/v_1448643898000/media/press/document/Allianz_Risk_Pulse_Megacities_20151130-EN.pdf am 7.10.2018.

Ambafrance (2016): Stadtentwicklungspolitik in Frankreich. Abgerufen unter http://www.ambafrance-de.org/Stadtentwicklungspolitik-in-Frankreich am 19.8.2018.

ANRU (=Agence nationale pour la rénovation urbaine) (2018): Etat d'avancement du programme - Février 2018. Abgerufen unter https://www.anru.fr/fre/content/download/22824/332813/file/Etat_du_Programme_National_pour_la_Renovation_Urbaine.pdf am 7.10.2018.

APUR (=Atelier parisien d'urbanisme) (2017): Recensement et dynamiques du parc de bureaux. À Paris et dans la Métropole du Grand Paris. Abgerufen unter https://www.apur.org/sites/default/files/documents/recensement_dynamique_parc_bureaux_paris_mgp.pdf am 6.10.2018.

Atkinson, R./Bridge, G. (2005): Gentrification in a global context: the new urban colonialism. New York.

Banque des territoires (2017): L'Anru 1 se finalise, l'Anru 2 démarre. Abgerufen unter https://www.caissedesdepotsdesterritoires.fr/cs/ContentServer?pagename=Territoires/Articles/Articles&cid=1250278464525 am 7.10.2018.

Batiactu (2017): l'urbanisation des territoires inquiète les aménageurs de l'espace rural. Abgerufen unter https://www.batiactu.com/edito/urbanisation-territoires-inquiete-amenageurs-espace-49302.php?MD5email=8a7cd0dbbc683f0744189295c8e379b8&utm_source=news_actu&utm_medium=edito&utm_contenct=article am 13.8.2018.

Barrère, P./Cassou-Monat, M. (1987): Les transformations récentes de l`armature urbaine francaise. In: Klasen, J./Nebel, J./Pletsch, A. (Hrsg.) (1987): Der städtische Raum in Frankreich und der Bundesrepublik Deutschland. Schriftenreihe des Georg-Eckert-Instituts, Band 50. Braunschweig. S. 95–102.

Bauhardt, Ch. (2010): Wohnungsbau und Stadtentwicklung in Frankreich – Eine intersektorale Analyse stadträumlicher Segregation. In: Reuschke, D. (Hrsg.): Wohnen und Gender. Theoretische, politische, soziale und räumliche Aspekte. Wiesbaden. S. 89–116.

Brücher, W. (1992): Zentralismus und Raum: Das Beispiel Frankreich. Stuttgart.

Caille, E. (2010): Umbau der Île de Nantes in Nantes. In: Bauwelt, Heft 43, S. 35.

Carmona, M. (1980): Le grand Paris. Paris.

Carpenter, J./Vergage, R. (2014): Lyon City Profile. In: Cities, Volume 38, S. 57–68.

Carré, D./Barbet-Massin, O. (2009) : Montpellier : Chroniques des Port Marianne, une histoire urbaine (1989–2009). Pamplona.

CCI Île-de-France (2017) : Le quartier d'affaires de la Défense. Abgerufen unter https://www.entreprises.cci-paris-idf.fr/web/cci92/paris-la-defense

Clichy-Batignolles (2016) : Clichy-Batignolles en bref. Abgerufen unter www.clichy-batignolles.fr/clichy-batignolles-en-bref am 15.8.2018.

Croze, M. (1988): Tableaux démographiques. La population en France: histoire et géographie. Paris.

Data.gouv.fr (2018): Liste des quartiers prioritaires de la politique de la ville. Abgerufen unter https://www.data.gouv.fr/s/resources/quartiers-prioritaires-de-la-plotique-de-la-ville-qpv/20180123-11480/liste_Quartiers_Prioritaires.csv am 9.8.2018.

Falkenberg, G. (1987): Die 5 Villes Nouvelles im Raum Paris. In: Geographische Rundschau, 12, S.682–687.

Fortin, J.-P. (1985): Das Unternehmen „Banlieues 89". In: Stadtbauwelt 86, S.148–155.

Fourcaut, A. (2008): Décret no 58-1464 relatif aux zones à urbaniser en priorité. Abgerufen unter https://francearchives.fr/commemo/recueil-2008/39542 am 9.8.2018.

Freytag, T. (2013): Frankreich –Raumstrukturelle Veränderungen und die persistente Vormachtstellung von Paris. In: Geographische Rundschau, Heft 5, S. 4–10.

Freytag, T./Volle, J.-P. (2013): Montpellier: Erfolgsmodell für eine zukunftsorientierte Stadtentwicklung? In: Geographische Rundschau, Heft 5, S. 12–18.

Ganiage, J. (1964): La population des grandes villes de France. In : Annales de démographie historiques, S. 281–285.

Glasze, G./Germes, M./Weber, F. (2009): Krise der Vorstädte oder Krise der Gesellschaft? In: Geographie und Schule, Nr. 177, S. 17–25.

Glasze, G./Weber, F. (2014): Die Stigmatisierung der banlieues in Frankreich seit den 1980er Jahren als Verräumlichung und Ethnisierung gesellschaftlicher Krisen. In: Europa regional, 1, S. 63–75.

Groneck, Chj. (2016): Die moderne französische Straßenbahn. Impulse für ÖPNV und Stadtentwicklung in Europa. In: Informationen zur Raumentwicklung, Heft 4, S. 412–436.

Große Beilage, J. (2011): Städtebauliche Integration von Tramprojekten in Frankreich. Abgerufen unter www.kooperative–stadtentwicklung.de/fileadmin/kongress/download/2011/2011grosseBeilage.pdf am 18.8.2018.

Hautreux, J./Rochefort, M. (1965): Physionomie générale de l`armature urbaine française. In: Annales de Géographie, Tome 74, 660–678.

INSEE (=Institut national de la statistique et des études économiques) (Hrsg.) (1991): Logements-population-emploi. Evolutions 1975–1982–1990. Recensement général de la population de 1990. Paris.

INSEE (Hrsg.) (1992): Annuaire statistique de la France 1991--92. Paris.

INSEE (1995): Les villes nouvelles en Ile-de-France. INSEE- Première 377. Paris.

INSEE (2011): Les ZUS franciliennes. Un paysage contrasté. Île-de-France à la page n°356 mai 2011. Abgerufen unter https://www.insee.fr/fr/statistiques/fichier/1293891/alap356.pdf am 7.10.2018.

INSEE (2017): Données harmonisées des recensements de la population à partir de 1968. Abgerufen unter https:// www.insee.fr/fr/statistiques/2414232 am 20.8.2018.

INSEE (2018a): Définitions. Abgerufen unter http://www.insee.fr/fr/metadonnees/definitions am 30.7.2018.

INSEE (2018b): Evolution et structure de la population en 2015. Abgerufen unter http://www.insee.fr/fr/statistiques/zones/3569168?geo=COM-75056&debut=0 am 30.7.2018.

INSEE (2018c): Population légales 2015. Abgerufen unter https:// www.insee.fr/fr/statistiques/3292701 am 13.8.2018.

INSEE (2018d): Séries historiques sur la population et de logement en 2015. Abgerufen unter http://www.insee.fr/fr/statistiques/zones/3569346?debut=0 am 13.8.2018.

INSEE (2018e): Dossier complet. Unité urbaine de Paris (00851). Abgerufen unter https://www.insee.fr/fr/statistiques/2011101?geo=UU2010-00851#chiffre-cle-10 am 7.10.2018.

Jahn, H.A. (2017): Straßenbahn in Frankreich – Montpellier. Abgerufen unter www.tramway.at/montpellier/index.html am 16.8.2018.

Jones Lang Lasalle (2014a): L'ambition urbanistique du Grand Paris doit s'appuyer sur la création ou le renforcement de grands pôles de compétivité, ou « cluster ». Abgerufen unter www.grand-paris.jll.fr/fr/projet-grand-paris/clusters am 22.8.2018.

Jones Lang Lasalle (2014b): The office market in the Greater Paris Region – overview and forecast for 2014.Paris.

Jones Lang Lasalle (2018): The "Paris-Saclay Territoire Sud" CDT. Paris.

Journal du Net (2018): Les villes les plus riches de France en 2015. Abgerufen unter http://www.journaldunet.com/management/ville/classement/villes/richesse am 7.10.2018.

Kain, R. (1982): Europe's model and exemplar still? The French approach to urban conservation 1962–1981. In: Town Planning Review, 53, S. 403–422.

KelQuartier (2017): Trouver le quartier ou habiter. Abgerufen unter www.kelquartier.com/languedoc_roussillon_herault_montpellier_quartier_port_marianne_34000-q110266/revenue_moyen.html

Kuchenbecker, T. (2009): Büromieter sagen Paris adieu. In Handelsblatt vom 26.4.2009. Abgerufen unter https://www.handelsblatt.com.finanzen/immobilien/umzug-ins-guenstigere-umland-buero-miter-sagen-paris-adieu/3164566.html?ticket=ST-1464580-4j3FPLveqw9qnYb0y7VE-ap4 am 20.8.2018.

Labasse, J. (1968): Die Entwicklungskrise der Städte in Frankreich. In: Münchener Studien zur Sozial- und Wirtschaftsgeographie, 4, S.43–56.

Lahmeyer, J. (2003): France. Historical demographical data of the urban centers. Abgerufen unter http://populstat.info/Europa/france.htm am 30.7.2018.

La Tribune (2018): Brexit : l'Autorité bancaire européenne va s'installer à La Défense. Abgerufen unter https://www.latribune.fr/entreprises-finance/banques-finance/brexit-l-autorite-bancaire-europeenne-va-s-installer-a-la-defense-790010.html am 7.10.2018.

Leclerc, J.-M. (2017) : Découvrez la carte des crimes et d´lits en France et dans le Grand Paris. Abgerufen unter http://plus.lefigaro.fr/page/jean-marc-leclerc am 20.8.2018.

Métropole du Grand Paris (2018a): La Métropole en action. Abgerufen unter www.metropolegrandparis.ft/scot/wp-content/uploads/2018/04/180305_MGP_PlaquettePresentation_Complet-BD.pdf am 21.8.2018.

Métropole du Grand Paris (2018b): Carte des territoires. Abgerufen unter http://www.metropole-grandparis.fr/fr/content/carte-des-territoires am 6.10.2018.

Merlin, P. (1998): Les banlieues des villes françaises. Paris.

Marotte, B. (2014): Le Grand Paris et le logement. In: Mines Revue des Ingénieurs, 471, S.50–52.

Ministère de la cohésion des territoires (2010): Atlas des Zones urbaines sensibles (Zus). Abgerufen unter https://sig.ville.gouv.fr/atlas/ZUS/ am 7.10.2018.

Ministère de la cohésion des territoires (2013): Présentation du Grand Paris. Abgerufen unter www.cohesion-territoires.gouv.fr/Presentation-du-Grand-Paris am 21.8.2018.

Ministère de la cohésion des territoires (2016): Les Écoquartiers. Abgerufen unter www.cohesion-territoires.gouv.fr/les-ecoquartiers am 18.8.2018.

Ministère de la transition écologique et solidaire (2011): Villes nouvelles francaises 2001-2005. Abgerufen unter www.cdu.urbanisme.developpement-durable.gouv.fr/la-politique-des-villes-nouvelles-a20692.html am 11.8.2018.

Pletsch, A. (1983): Die „Villes Nouvelles" in Frankreich. In: Geographische Rundschau, 9, S.425–432.

Pletsch, A. (1987): Die Städte in Frankreich und in der Bundesrepublik Deutschland–ein Vergleich aus deutscher Sicht. In: Klasen, J./Nebel, J./Pletsch, A. (Hrsg.) (1987): Der städtische Raum in Frankreich und der Bundesrepublik Deutschland. Schriftenreihe des Georg-Eckert-Instituts, Band 50. Braunschweig. S.26–30.

Pletsch, Alfred (2003): Frankreich. Wissenschaftliche Länderkunden. Darmstadt.

Pumain, D./Saint-Julien, Th. (1976): Fonctions et hiérarchies des villes françaises. Étude du contenu des classifications réalisées en France entre 1960 et 1974. In: Annales de Géographie, 85, S.385–440.

Pumain, D./Saint-Julien, Th. (1989): Atlas des villes de France. Paris.

Rey, H. (1996): La peur de banlieue. Paris.

Reyerson, K.-L. (1995): Society, law and trade in medieval Montpellier. Hampshire.

Roski, F.A. (2017): Frankreich: Der TGV bringt die Gentrifizierung nach Bordeaux. Abgerufen unter https://www.lok-report.de/news/europe/item/1836-Frankreich-der-tgv-bringt-die-gentrifizierung-nach-bordeaux.html am 15.8.2018.

Rougé, L. (2018): Périurbanisation. Abgerufen unter http://geoconfluences.ens-lyon.fr/informations-scientifiques/a-la-une/notion-a-la-une/notion-a-la-une-periurbanisation am 13.8.2018.

Rudoph, R./Manz, K./Burdack, J. (2001): Von La Défense nach Moskwa City: „Bürocities" als Wettbewerbsstrategien europäischer Metropolen. In: Europa Regional, 9(2), S. 58–69.

Sannwald, D. (1986): Antigone oder die Zukunft hat begonnen. In: Pflasterstrand, April 1986, 30–32.

Schmude, J. (1990): Zur Entwicklung Montpelliers seit 1975. In: HGG-Journal, 4/90, S. 34–44.

Schmude, J. (1991): Zur demographischen, städtebaulichen und wirtschaftsstrukturellen Entwicklung Montpelliers nach 1945. In: Ruperto Carola, 83/84, Oktober 1991, S. 251–266.

Steinberg, J. (2003): La périurbanisation en France (1998–2002). In : GeoINova 7, S. 75–86.

Sudouest (2017) : Cité du vin de Bordeaux : 270000 visteurs venus de 144 pays. Abgerufen unter https://www.sudouest.fr/2017/cite-du-vin-270000-visiteurs-venues-de144-pays-3090882-2780.php am 19.8.2018.

Tribollet, S. (2010): Les «tours» de Clichy-Batignolles énervent les riverains. Abgerufen unter https://paristribune.info/ Les-tours-de-Clichy-Batignolles-enervent-les-riverains_a2769.html am 16.8.2018.

Université de Cergy-Pontoise (2018): Chiffres clés UCP. Abgerufen unter https://www.u-cergy.fr/_ressources/Communication/Chiffres%2520cl%25C3%25A9s/Chiffre-cles-UCP.pdf?download=true am 13.8.2018.

Université Paris-Saclay (2018): Modèle d'université. Abgerufen unter https://www.universite-paris-saclay.fr/fr/université/modele-d-universite am 21.8.2018.

Vavasseur, S. (2016): Clichy-Batignolles: ein neues Ökoviertel im Herzen von Paris. Abgerufen unter https://wissenschaft-frankreich.de/umwelt/clichy-batignolles-ein-neues-oekoviertel-im-herzen-von-paris/ am 16.8.2018.

Vieli, I. (2016): ÉcoQuartier à la manière française. Abgerufen unter https://www.umweltnetz-schweiz.ch/Themen/2312-ecoquartier-a-la-maniere-francaise.html am 15.8.2018.

Volle, J.-P. (1996): Le paysage d'une ville millénaire. In: Pinot, J.-L. (Hrsg.): Atlas historique de villes France. Paris. S. 206–207.

Weber, F. (2016): Extreme Stadtlandschaften: Die französischen ‚banlieues'. In: Hofmeister, S./Kühne, O. (Hrsg.): StadtLandschaften. Die neue Hybridität von Stadt und Land. Wiesbaden, S. 85–109.

www.citypopulation.de (2018): Agglomerationen. Abgerufen unter http://www.citypopulation.de/France_d.html#agg_com am 30.7.2018.

Kapitel 4

Acatech (2015): Innovation-Indicator 2015. Abgerufen unter http://www.acatech.de/fileadmin/user_upload/Baumstruktur_nach_Website/Acatech/root/de/Publikationen/Kooperationspublikationen/Innovationsindikator_Englische_Fassung_Stand_171215.pdf am 18.4.2016.

Banque de France (2016): La balance de paiements et la position extérieure de la France. Premiers résultats 2015. Abgerufen unter http://www.banque-france.fr/fileadmin/user_upload/banque_de_france/Economie_et-Statistiques/base_de_donnes/Balance_des_paiements/CP-BDP2015-presentation.pdf am 1.6.2016.

Brücher, W. (1992): Zentralismus und Raum. Das Beispiel Frankreich. Stuttgart.

Chardon, O./Duguet, F. (2008): L'activité des femmes toujours sensible au nombre d'enfants. INSEE-Premières No 1171. Abgerufen unter http://www.insee.fr/fr/ffc/ipweb/ip1171/ip1171.pdf am 15.4.2016.

Cohen, E. (1992): Le Colbertisme „High-Tech". Economie des télécom et du grand projet. Paris.

Creditreform (2015): Unternehmensinsolvenzen in Europa. Neuss/Wien.

Deleneuville, M. (2015): Salaire moyen en France en 2015: net, brut, par sex par CSP. In: Journal du Net vom 5.11.2015. Abgerufen unter http://www.journaldunet.com/economiemagazine/1166094-salaire-moyen/ am 15.4.2016.

Forbes 2000 (2018): The World's Largest Public Companies 2018 Ranking. Abgerufen unter https://www.forbes.com/global2000/list/#country:France am 10.08.2018.

Gabel, M. (2014): Stärken und Schwächen des „Made in France". DGAPanalyse, 2/2014. Berlin.

Giebel, M. (2013): Im Schatten der großen Unternehmen. Chancen und Schwächen des Standorts Frankreich. Dossier Frankreich der Bundeszentrale für politische Bildung. Abgerufen unter http://www.bpb.de/internationales/europa/Frankreich/153307/standort-frankreich am 3.6.2016.

Goar, M. (2014): Précarité, emploi des femmes et des jeunes: trois deciennes de France en travail. In: Le Monde vom 29.1.2014. Abgerufen unter http://www.lemonde.fr/economie/article/2014/01/29/precarite-travail-des-femmes-et-des-jeunes-trois-decennies-de-france-au-travail_4356562_3234.html am 15.4.2016.

Gouvernement.fr (2017a): Gagner la bataille pour emploi. Les emplois d'avenir. Abgerufen unter https://gouvernement.fr/action/les-emplois-d-avenir am 23.8.2018.

Gouvernement.fr (2017b): Redonner la priorité à la jeunesse. La garantie jeunes. Abgerufen unter https://gouvernement.fr/action/la-garantie-jeunes am 23.8.2018.

Guggemos, F./Vidalenc, J. (2015): Une photographie du marché du travail en 2014. INSEE-Premières No 1569. Abgerufen unter http://www.insee.fr/fr/ffc/ipweb/ip1569/ip1569.pdf am 14.4.2016.

Handelsblatt (2014): „Ein Akt von industriellem Patriotismus". Ausgabe vom 21.1.2014. Abgerufen unter http://www.handelsblatt.com/unternehmen/industrie/peugeot-ein-akt-von-industriellem-patriotismus/9362160.html am 18.4.2016.

INSEE (2015a): Chômage. Abgerufen unter http://www.insee.fr/fr/themes/document.asp?reg_id=0&ref_id=T16F042 am 14.4.2016.

INSEE (2015b): Exportations et importations par groupe de produit en 2014. Abgerufen unter www.insee/fr/fr/ffc/figure/NATTEF08464.xls am 16.4.2016.

INSEE (2015c): Structure du système productif., Les entreprises en France, Edition 2015. INSEE-Références. Abgerufen unter http://www.fr.slideshare.net/mobile/polenumerique33/insee-les-entreprises-en-france-insee-rfrences-dition-2015 am 8.8.2016.

INSEE (2015d): Nombre de chômeurs et taux de chômage selon le sexe et l'âge en 2014. Abgerufen unter http://www.insee.fr/fr/themes/tableau.asp?reg_id=0&ref_id=NATCCF03338 am 14.4.2016.

INSEE (2015e): Structure de l'emploi total par grand secteur d'activité au 31 décembre 2014: comparaisons régionales et départementales. Abgerufen unter http://www.insee.fr/fr/themes/tableau.asp?reg_id=99&ref_id=TCRD_027#col_1=1 am 13.4.2016.

INSEE (2015f): Taux d'activité et taux d'emploi en 2014. Abgerufen unter http://www.insee.fr/fr/themes/tableau.asp?reg_id=0&ref_id=NATnon03168 am 13.4.2016.

INSEE (2015g): Taux d'activité selon le sexe et la configuration familiale en 2014. Abgerufen unter http://www.insee.fr/fr/themes/tableau.asp?reg_id=0&ref_id=NATnon03178 am 15.4.2016.

INSEE (2016a): Emploi par sexe. Abgerufen unter http://www.insee.fr/fr/themes/series-longues.asp?indicateur=emploi-total-sexe am 13.4.2016.

INSEE (2016b): Emploi total selon le secteur d'activité (%). Abgerufen unter http://www.insee.fr/fr/themes/series-longues.asp?indicateur=emploi-total-secteur am 13.4.2016.

INSEE (2016c) : L'emploie départemental et sectoriel (1989-2003) – Le chômage départemental (1982-2014). Abgerufen unter https://www.insee.fr/fr/statistiques/1406835?sommaire=1409948 am 23.10.2016.

INSEE (2016d): Population en emploi et taux d'emploi selon le sexe et l'âge en 2014. Abgerufen unter www.insee/fr/fr/ffc/figure/NATnon03171.xls am 15.4.2016.

INSEE (2016e): Population en emploi selon le sexe et la catégorie socioprofessionnelle. Abgerufen unter www.insee/fr/fr/ffc/figure/NATnon03173.xls am 15.4.2016.

INSEE (2016f): Salaires mensuels moyens net de tous prélèvements selon la catégorie socioprofessionnelles en 2013. Abgerufen unter http://www.insee.fr/fr/themes/tableau.asp?reg_id=0&ref_id=NATTEF04152 am 7.8.2016.

INSEE (2016g): Taux de chômage localisés du 1er trimestre 2016 (données CVS): comparaisons régionales et départementales. Abgerufen unter http://www.insee.fr/fr/themes/tableau.asp?reg_id=99&ref_id=TCRD_025 am 8.8.2016.

INSEE (2016h): Taux de chômage localisés du 2e trimestre régionales et d´partementales. Abgerufen unter http://www.insee.fr/fr/themes/tableau.asp?reg_id=99&ref_id=TCRD_025 am 21.10.2016.

INSEE (2016i): Taux de chômage, selon la catégorie socioprofessionnelle. Abgerufen unter http://www.insee.fr/fr/themes/series-longues.asp?indicateur=taux-chomages-sc am 14.4.2016.

INSEE (2016j): Les entreprises en France Édition 2016. Abgerufen unter https://www.insee.fr/fr/statistiques/fichier/2497179/ENTFRA16.pdf am 10.08.2018.

INSEE (2017a): Tableaux de l'économie française Édition 2017. Emploi par activité. Abgerufen unter https://www.insee.fr/fr/statistiques/2569348?sommaire=2587886 am 09.08.2018.

INSEE (2017b): Les entreprises en France Édition 2017. Abgerufen unter https://www.insee.fr/fr/statistiques/fichier/3152833/ENTFRA17.pdf am 10.08.2018.

INSEE (2017c): Principaux excédents et déficits bilatéraux de la France en 2016. Abgerufen unter https://www.insee.fr/fr/statistiques/2381426 am14.08.2018.

INSEE (2018a): Tableaux de l'économie française Édition 2018. Emploi par activité. Abgerufen unter https://www.insee.fr/fr/statistiques/3303413?sommaire=3353488 am 09.08.2018.

INSEE (2018b): Emploi selon le sexe et l'âge en 2017. Abgerufen unter https://www.insee.fr/fr/statistiques/2490449 am 09.08.2018.

INSEE (2018c): Tableaux de l'économie française Édition 2018. Salaires dans les entreprises. Abgerufen unter https://www.insee.fr/fr/statistiques/1906678?sommaire=1906743 am 09.08.2018.

INSEE (2018d): Emploi selon le sexe et l'âge en 2017. Abgerufen unter https://www.insee.fr/fr/statistiques/2490449 am 09.08.2018.

INSEE (2018e): Chômage selon le sexe et l'âge en 2017. Abgerufen unter https://www.insee.fr/fr/statistiques/2489498 am 10.08.2018.

INSEE (2018f): Tableaux de l'économie française Édition 2018. Emploi par activité. Abgerufen unter https://www.insee.fr/fr/statistiques/fichier/version-html/3361360/CP_TEF.pdf am 10.08.2018.

INSEE (2018g): TCRED - Emploi au 31 décembre. Séries chronologiques de 1989 à 2016. Abgerufen unter https://www.insee.fr/fr/statistiques/series/102738928 am 14.08.2018.

INSEE (2018h): Estimation de la population au 1er janvier 2018. Séries par région, département, sexe et âge de 1975 à 2018. Abgerufen unter https://www.insee.fr/fr/statistiques/1893198 am 14.08.2018.

Kimmel, A./Uterwedde, H. (2005): Länderbericht Frankreich. Bonn/Berlin.

Lüsebrink, H.-J. (2011): Einführung in die Landeskunde Frankreich. Stuttgart/Weimar.

Maurin, L (2014): L'emploi: du boom tertiaire à la panne des services. Abgerufen unter http://www.observationsociete.fr/node/29 am 13.4.2016.

Myrdal, G./Klein, V. (1960): Die Doppelrolle der Frauen in Familie und Beruf. Köln/Berlin.

Neumann, W./Schreiber, B. (2005): Jugendarbeitslosigkeit in Deutschland. In: Deutsch-Französisches Institut (hrsg.): Berufliche Bildung in Deutschland und Frankreich. Dossier für die Jahrestagung des Club d'Affaires Franco-Allemand, Heft 74, 34–39.

Observatoire des inégalité (2016): Un million de travailleurs pauvres en France. Abgerufen unter https://www.inegalites.fr/Un-million-de-travailleurs-pauvres-en-France?id_groupe=9&id_mot=76&id_rubrique=1 am 10.08.2018.

Observatoire des inégalité (2017): 600 000 pauvres de plus en dix ans. Abgerufen unter https://www.inegalites.fr/600-000-pauvres-de-plus-en-dix-ans am 10.08.2018.

Pletsch, A. (1997): Frankreich. Länderprofile. Stuttgart.

Pletsch, A. (2003): Frankreich. Wissenschaftliche Länderkunden. Darmstadt.

Randow, G.v. (2013): Unfaires Frankreich. In: ZEIT online (Hrsg.): So kommt die Jugend aus der Falle, 4.4.2013, 2-3. Abgerufen unter http://pdf.zeit.de/2013/15/jugendarbeitslosigkeit-spanien-italien-frankreich-slowenien.pdf am 14.4.2016.

Schild, J./Uterwedde, H. (2006): Frankreich: Politik, Wirtschaft, Gesellschaft. Wiesbaden.

Schubert, C. (2014): Alstom am Ende. FAZ.net vom 21.06.2014. Abgerufen unter http://www.faz.net/aktuell/wirtschaft/unternehmen/frankreich-alstom-am-ende-13001957.html am 3.6.2016.

Terrier, Ch. (1990): Les villes: toujours plus tertiaires. In: Economie et Statistique, 230, S. 55–64.

Tuppen, J. (1983): The economic geography of France. London.

Kapitel 5

Agence Bio (2018): La bio dans les territoires. Édition 2017. Abgerufen unter http://www.agencebio.org/sites/default/files/upload/documents/4_Chiffres/fiches_regionales_filieres_production.pdf am 15.9.2018.

Agreste (2007): Revenue agricoles. Résultats économiques de l'agriculture. Abgerufen unter agreste.agriculture.gouv.fr/IMG/pdf/Gaf07p044-053.pdf am 28.8.2018.

Agreste (2008a): Les rendements du blé et du mais ne progressent plus. Agreste Primeur No 210, Mai 2008. Abgerufen unter agreste.agriculture.gouv.fr/IMG/pdf/primeur210.pdf am 27.8.2018.

Agreste (2008b): Viticulture. Synthèses No 2008/36. abgerufen unter http://agreste.agriculture.gouv.fr/IMG/pdf/syntheseviti0807.pdf am 29.9.2018.

Agreste (2012): Viticulture. Synthèses No 2012/169. abgerufen unter http://agreste.agriculture.gouv.fr/IMG/pdf_synthese1691201.pdf am 29.9.2018.

Agreste (2013a): 12% des exploitations développent une activité para-agricole. Abgerufen unter http://agreste.agriculture.gouv.fr/IMG/pdf/primeur302.pdf am 28.8.2018.

Agreste (2013b): Résultats économiques de l'agriculture. Abgerufen unter agreste.agriculture.gouv.fr/IMG/pdf/Gaf13p058-061.pdf am 28.8.2018.

Agreste (2017a): Le territoire. Mémento 2017. Abgerufen unter agreste.agriculture.gouv.fr/IMG/pdf/memo17territoire.pdf am 27.8.2018.

Agreste (2017b): Viticulture. Infos rapides Novembre 2017. No 2017-168. Abgerufen unter http://agreste.agriculture.gouv.fr/IMG/pdf/2017_168_inforapviticulture.pdf am 29.9.2018.

Agreste (2018a): Enquête sur la structure des exploitations agricoles. Agreste Primeur No 350, Juin 2018. Abgerufen unter agreste.agriculture.gouv.fr/IMG/pdf/primeur350.pdf am 24.8.2018.

Agreste (2018b): Viticulture. Infos rapides Juillet 2018. No 2018-106. Abgerufen unter http://agreste.agriculture.gouv.fr/IMG/pdf/2018_106inforapviticulture.pdf am 29.9.2018.

AIF (= Alliance Industrie du Future): Alliance Industrie du Future. Abgerufen unter http://www.industrie-dufutur.org/aif/ am 30.9.2018.

Assistance scolaire (o.J.): La France agricole. Abgerufen unter https://www.assistancescolaire.com/enseignant/elementaire/ressources/base-documentaire-en-geographie/la-France-agricole-fde07gg14i01 am 2.9.2018.

Barbière, C. (2017): Frankreich streicht ab 2018 Subventionen für die boomende Bio-Landwirtschaft. Abgerufen unter https://www.euractiv.de/section/landwirtschaft-und-ernahrung/news/frankreich-streicht-ab-2018-subventionen-fuer-die-boomende-bio-landwirtschaft/ am 28.8.2018.

Braudel, F. (1986): L'idendité de la France. Les hommes et les choses. Band 3. Paris.

Brücher, W. (1971): Ziele und Ergebnisse der Industrialisierung in Frankreich. In: Raumordnung und Raumforschung, 1971/6, S. 265–273.

Brücher, W. (1992): Zentralismus und Raum. Das Beispiel Frankreich. Stuttgart.

Brücher, W./Grotz, R./Pletsch, A. (1991): Industriegeographie der BRD und Frankreichs in den 1980er Jahren. Braunschweig.

Brunet, P. (1984): Carte des mutations de l'espace rural français 1950–1980. Caen.

CCFA (= Comité des Constructeurs Français Automobiles) (2018): L'industrie automobile française. Analyse et statistiques 2018. Abgerufen unter http://ccfa.fr/wp-content/uploads/2018/09/analyse_statistiques_2018_fr.pdf am 1.10.2018.

Chambre d'Agriculture (2018): Accueil à la ferme. Abgerufen unter https://chambres-agriculture.fr/exploitation-agricole/developper-des-projets/accueil-a-la-ferme/ am 29.9.2018.

Cm2mecolemornant.fr (o.J.): L'agriculture en France: bocages, openfields et cultures délicates. Abgerufen unter http://cm2mecolemornant.eklablog.com/l-agriculture-en-france-bocages-openfields-et-cultures-delicates-geo10-a90165997 am 2.9.2018.

Commission des comptes de l'agriculture de la Nation (2016): Les résultats économiques des exploitations agricoles en 2015. Abgerufen unter agreste.agriculture.gouv.fr/IMG/pdf/comptes2016ricabspca.pdf am 28.8.2018.

Confédération des Coopératives Vinicoles de France (2017): Les chiffres de la coopération vinicole en 2014. Abgerufen unter http://www.vignerons-cooperateurs.coop/fr/la-cooperation-vinicole-en-france/les-chiffres-de-la-cooperation-vinicole-en-2014_21.html am 30.9.2018.

Cubillé, J. (2017): Baromètre développement durable d'EDF. Synthèse des résultats de la vague 2017 Abgerufen unter https://ppe.debatpublic.fr/sites/debat.ppe/files/synthese_bdd_france_2017_pour_ppe.pdf am 31.10.2018.

Deutscher Wirtschaftsrat (2013): Automobilindustrie Deutschland versus Frankreich. Abgerufen unter https://www.wirtschaftsrat.de/wirtschaftsrat.nsf/id/automobilindustie-deutschland-vs-frankreich-ein-leistungsvergleich--unterschiede-gruende-und-ausb am 1.10.2018.

Desriers, M. (2007): L'agriculture française depuis cinquante: des petites exploitations familiales aux droits à paiement unique. Abgerufen unter agreste.agricvulture.gouv.fr/IMG/pdf/AGRIFRA07c-2.pdf abgerufen am 27.8.2018.

Dézert, B. (1990): Struktur, Entwicklung und Probleme der Industrie in Frankreich. In: Maier, J./Wackermann, G. (Hrsg.): Frankreich. Ein regionalgeographischer Überblick. Darmstadt. S. 108–124.

DGE (= Direction Général des Entreprises) (2017): Tourisme rural. Abgerufen unter https://www.entreprises.gouv.fr/tourisme/tourisme-rural am 29.8.2017.

Durbiano, C./Reparaz, A. de (1987): Wein und Weinbau in Frankreich. In: Geographische Rundschau, 12/1987, S. 688–699.

Ecomento (2018): Renault: Frankreich wird „Kompetenzzentrum“ für Elektroautos. Abgerufen unter https://ecomento.de/2018/06/14/renault-frankreich-wird-kompetenzzentrum-fuer-elektroautos/ am 1.10.2018.

EDF (= Electricité de France) (2018): Carte de nos implantations industrielles en France. Abgerufen unter https://www.edf.fr/groupe-edf/nos-energies/carte-de-nos-implantations-industrielles-en-france#!field_poi_type_1%3D367%7Cid%3Drzr-poi-behavior-filter-form am 3.10.2018.

Europe1 (2016): Age, sexe, revenus: à quoi ressemble un agriculteur français aujourd'hui? Abgerufen unter www.europe1.fr/economie/age-sexe-revenue-a-quoi-ressemble-un-agriculteur-francais-aujordhui-2676031 am 28.8.2018.

Finkenzeller, K. (2018): 1.100 Euro im Monat für eine 80-Stunden-Woche. In: Zeit online vom 15.6.2018. Abgerufen unter https://zeit.de/wirtschaft/2018-06/landwirtschaft-frankreich-eu-agrarsubventionen am 28.8.2018.

FranceAgriMer (2015): Enquête sur la consommation de vin en France 2015. Abgerufen unter http://www.franceagrimer.fr/content/download/40653/378474/file/Enqu%C3%AAte%20sur%20la%20consommation%20de%20vin%20en%20France%20en%202015%20synth%C3%A8se%20V3.pdf am 29.9.2018.

FranceAgriMer (2017): Les chiffres de la filière viti-vinicole 2006/2016. Abgerufen unter http://www.franceagrimer.fr/content/download/54722/529426/file/chiffres-fili%C3%A8re-viti-vinicole-2006-2016.pdf am 29.9.2018.

FranceAgriMer (2018a): Les filières pêche et aquaculture en France. Edition avril 2018. Abgerufen unter m.franceagrimer.fr/content/download/56563/547778/file/CC_peche_%202018_%20FR.pdf am 28.8.2018.

FranceAgriMer (2018b): Vins et spiritueux. Commerce extérieur. Bilan 2017. Abgerufen unter http://www.franceagrimer.fr/content/download/55986/541637/file/SYN-VIN-2018-Commerce-exterieur-bilan%202017-A18M03.pdf am 29.9.2018.

France Comersis (2016): Carte gratuite des vignobles de France. Abgerufen unter: https://france.comersis.com/carte-de-france-gratuite.php#vignoble am 8.10.2018.

Forbes (2018): The world's largest publiccompanies 2017. Abgerufen unter https://www.forbes.com/global2000/list/26/#header:position am 1.10.2018.

Gehring, J.-M./Saint-Dizier, C. (1993): Unser Nachbar Frankreich. Braunschweig.

Gîtes de France (2018): Séjours à la ferme. Abgerufen unter https://www.gites-de-france.com/location-vacances-A-la-ferme.html am 29.9.2018.

Handelsblatt (2017): Frankreich könnte bis zu 17 Atomreaktoren abschalten. In: Handelsblatt vom 10.7.2017. abrufen unter https://www.handelsblatt.com/politik/international/energiewende-gesetz-frankreich-koennte-bis-zu-17-atomreaktoren-abschalten/20039830.html?ticket=ST-5009368-bsrralaix9vbaBWWMeD5-ap4 am 3.10.2018.

Heer, C. (2017): Frankreichs Autoindustrie automatisiert schneller als Großbritannien. Abgerufen unter https://www.presseportal.de/pm/115415/3636585 am 1.10.2018.

Hillengaß, C. (2011): Atomkraft und Protest. München.

IFR (= International Federation of Robotics) (2017): France outperforms Britain as robots transform car industry. Abgerufen unter https://ifr.org/ifr-press-releases/news/france-outperforms-britain-as-robots-transform-car-industry am 1.10.2018.

INSEE (= Institut National de la Statistique et des Études Économiques) (2016a): Pêche– Aquaculture. Abgerufen unter https://insee.fr/fr/statistiques/1906727?sommaire=1906743 am 28.8.2018.

INSEE (2016b): Pêche (types). Abgerufen unter https://insee.fr/fr/metadonnees/definition/c1819 am 28.8.2018.

INSEE (2016c): Tableau de l'économie française. Abgerufen unter https://insee.fr/fr/statistiques/1906726?sommaire=1906743 am 27.8.2018.

INSEE (2017a): Les comptes prévisionnels de l'agriculture pour 2017. INSEE Première No 1625. Abgerufen unter https://insee.fr/fr/statistiques/2525403?sommaire=2528915#tableau-Figure1 am 27.8.2018.

INSEE (2017b): Tableaux de l'économie française. Édition 2017. Paris.

INSEE (2018a): Estimations d'emploi en 2016. Abgerufen unter https://www.insee.fr/fr/statistiques/3524476?sommaire=3202716 am 10.9.2018.

INSEE (2018b): Pêches - Aquaculture. Abgerufen unter https://insee.fr/fr/statistiques/3303610?sommaire=3353488 am 28.8.2018.

INSEE (2018c): Production et valeur ajoutée agricoles. Abgerufen unter https://www.insee.fr/fr/statistiques/3303584?sommaire=3353488 am 9.9.2018.

INSEE (2018d): Tableaux de l'économie française. Édition 2018. Bilan énergétique. Abgerufen unter https://www.insee.fr/fr/statistiques/3303620?sommaire=3353488 am 3.1.2018.

IMF (= International Monetary Fund) (2018): IMF Data. Abgerufen unter https://www.imf.org/en/Data am 30.9.2018.

Jauréguy-Naudine, M. (2012): Verbotene Liebe. Eine französische Position zur Zukunft der Kernenergie. DGAPanalyse No 14. Berlin.

Knübel, H. (1964): Staatliche Dezentralisierungsbestrebungen in der französischen Industrie. In: Geographische Rundschau, 16, S. 411–413.

Le Figaro (2016): Crise du lait, de l'élevage, des céréales… L'agriculture française est en faillite. Abgerufen unter www.lefigaro.fr/conjuncture/2016/08/20/20002-20160820ARTFIG00036-crise-du-lait-de-l-elevage-des-cereales8230-l-agriculture-francaise-est-en-faillite.php am 27.8.2018.

Lefilliâtre, J. (2012) : Les vrais chiffres du nucléaire. Abgerufen unter https://www.challenges.fr/entreprise/les-vrais-chiffres-du-nucleaire_412 am 3.10.2018.

Legouy, F. (2014): La géohistoire de l'espace viticole français sur deux siècles (1808-2010): plusieurs cycles viticoles décryptés. Abgerufen unter https://www.espacestemps.net/articles/la-geohistoire-de-lespace-viticole-francais/ am 29.9.2018.

Le Monde (2016): Comprendre la crise agricole. Abgerufen unter https://www.lemonde.fr/economie/video/2016/02/28/comprendre-la-crise-agricole-conversation-avec-francois-purseigle_4873102_3234.html am 27.8.2018.

Le Monde (2016): Six chiffres-clés pour comprendre le suicide en France. Abgerufen unter https://www.lemonde.fr/les-decodeurs/2016/02/09/six-chiffres-cles-pour-comprendre-le-suicide-enfrance_4861662_4355770.html am 28.8.2018.

Lintern@ute (2018): Histoire du nucléaire. Abgerufen unter http://www.linternaute.com/histoire/nucleaire/67/a/1/3/3/ am 3.10.2018.

Ministère de la transition écologique et solidaire (2018): Bilan énergetique de la France métropolitaine en 2017. Abgerufen unter http://www.statistiques.developpement-durable.gouv.fr/fileadmin/documents/Produits_editoriaux/Publications/Datalab_essentiel/2018/datalab-essentiel-143-bilan-energetique-france-en-2017-avril2018.pdf am 3.10.2018.

Ministère de l'environment, de l'énergie de de la mer (2017): Chiffres clés de l'énergie. Abgerufen unter http://www.statistiques.developpement-durable.gouv.fr/fileadmin/user_upload/Datalab-13-CC-de_l-energie-edition-2016-fevrier2017.pdf am 3.10.2018.

OICA (= International Organization of Motor Vehicle Manufacturers) (2018): World Motor vehicle production 2017. Abgerufen unter http://www.oica.net/category/production-statistics/2017-statistics/ am 30.9.2018.

Philippe, M.-A./Polombo, N. (2009): Soixante années de remembrement: essai de bilan critique de l'aménagement foncier en France. Abgerufen unter https://halshs.archives-ouvertes.fr/halshs-00948894/document am 27.82018.

Philippe, M.-A./Polombo, N. (2013): Soixante années de remembrement. Abgerufen unter https://halshs.archives-ouvertes.fr/halshs-00948894/document am 27.8.2018.

Pletsch, A. (1987): Frankreich. Länderprofile. Stuttgart.

Pletsch, A. (2003): Frankreich. Wissenschaftliche Länderkunden. Darmstadt.

Pumain, D./Saint-Julian, Th. (1989): Atlas des villes de France. Paris.

Schmidt, K.-P. (1992): Abschied von Colbert? Frankreich und der europäische Binnenmarkt. In: Deutsch-Französisches Institut (Hrsg.): Frankreich-Jahrbuch 1992, S. 67–77.

Schwarzer, D. (2013): Frankreichs Industrie im europäischen und globalen Wettbewerb – auf der Suche nach den eigenen Stärken. In: ifo Schnelldienst 3/2013, S.9–12.

Sénat (2017): Taux de suicide chez les agriculteurs. 14e législature. Abgerufen unter https://www.senat.fr/questions/base/2017/qSEQ170124706.html am 28.8.2018.

TheGlobalEconomy.com (2018) : Frankreich : Kohleförderung. Abgerufen unter https://de.theglobaleconomy.com/France/coal_production/ am 30.9.2019.

Uterwedde, H. (2017): Frankreich – eine Länderkunde. Opladen, Berlin, Toronto.

Vin-Vigne (2015): Carte des Vignobles de France. Abgerufen unter http://www.vin-vigne.com/ am 29.9.2018.

Wirtschaftswoche (2010): USA und Frankreich sind Elektroauto-Vorreiter. Abgerufen unter https://www.wiwo.de/unternehmen/mckinsey-studie-usa-und-frankreich-sind-elektroauto-vorreiter/5637716.html am 1.10.2018.

Wirtschaftswoche (2018): Peugeot gründet Sparte für Elektro-Autos. Abgerufen unter https://www.wiwo.de/unternehmen/auto/elektromobilitaet-peugeot-gruendet-sparte-fuer-elektro-autos/21144874.html am 1.10.2018.

World Bank (2018): Data. GDP (current US $). Abgerufen unter https://data.worldbank.org/indicator/NY.GDP.MKTP.CD?year_high_desc=true am 30.9.2018.

Wüpper, G. (2015): Die letzte Chance für Frankreichs Industrie. Abgerufen unter https://www.welt.de/wirtschaft/article141494220/Die-letzte-Chance-fuer-Frankreichs-Industrie.html am 1.10.2018.

Kapitel 6

Allain, O./Cheval, M.-L./Erkel-Rousse, H. (2001): Les dépenses et les recettes de voyage de la France: une modalisation par la méthode des VAR cointégrés. Abgerufen unter http://www.tresor.economie.gouv.fr/file/326639 am 6.6.2016.

Antczak, M./Garrec, M.-A. (2009): Les visiteurs étrangers en France. In: INSEE (Hrsg.): Le tourisme en France, édition 2008. Paris, S. 41–51.

Arnaud, B. (2013): Le commerce alimentaire de proximité. Analyse de marché et évolution des plaintes de consommateurs. Abgerufen unter http://www.economie.gouv.fr/files/directions_services/dgccrf/documentation/dgccrf_eco/dgccrf_eco17.pdf am 23.4.2016.

Atout France/DGCIS (= Direction Générale de la Compétitivité, de l'Industrie et des Services) (2010): Évaluation de l'impact économique des résidences secondaires et analyse de leur mise en marché. Abgerufen unter http://www.adt-herault.fr/docs/1014-1-co-la-localisation-des-residences-secondaires-en-france-pdf.pdf am 11.6.2016.

Barbier, B. (1990): Zweitwohnsitze in Frankreich. In: Maier, J./Wackermann, G. (Hrsg.)(1990): Frankreich. Ein regionalgeographischer Überblick. Wissenschaftliche Länderkunden, Band 35. Darmstadt, S. 149–156.

Bastian, S. (2015): Top 10 des hypermarchés qui n'existent plus. Abgerufen unter http://www.topito.com/top-hypermarches-existent-plus am 20.4.2016.

Biscourp, P. (2015): La concurrence du hard disc: quels effets sur le prix et l'emploi. Document de travail, Insee. Abgerufen unter http://www.insee.fr/fr/publications-et-services/docs_doc_travail/E1501.pdf am 21.4.2016.

Catalon, J.-C. (2016): La France acceuilli 84,5 millions de touristes étrangers en 2015. In: Le Figaro vom 11.4.2016. Abgerufen unter http://www.lefigaro.fr/conjuncture/2016/04/08/20002-20160408ARTFIG00278-la-france-a-acceuilli-845-millions-de-touristes-etrangers-en-2015.phb am 8.6.2016.

Cazes, G. (1984): Le Tourisme en France. Paris.

Cazes, G. (1989): Le Tourisme en France. Paris.

Cazes, G. (1993): Le Tourisme en France. Paris.

Dauphin, L./Le Garrec, M.-A,/Tardieu, F. (2009): Les vacances des Français depuis 40 ans. In: INSEE (Hrsg.): Le tourisme en France, édition 2008. Paris, S. 31–40.

DGCIS (= Direction Générale de la Compétitivité, de l'Industrie et des Services) (2009): Chiffres-clés du commerce 2008. Abgerufen unter http://www.archives.entreprises.gouv.fr/20127www.pme.gouv.fr/economie/chiffresclefs/commerce.pdf am 5.6.2016.

DGE (= Direction Générale des Entreprises)(2003): Chiffres clés du tourisme. Édition 2002. Paris. Abgerufen unter http://www.entreprises.gouv.fr/etudes-et-statistiques/ciffres-cles-du-tourisme am 8.6.2016.

DGE (2005): Chiffres clés du tourisme. Édition 2004. Paris. Abgerufen unter http://www.entreprises.gouv.fr/etudes-et-statistiques/ciffres-cles-du-tourisme am 8.6.2016.

DGE (2006): Chiffres clés du tourisme. Édition 2005. Paris. Abgerufen unter http://www.entreprises.gouv.fr/etudes-et-statistiques/ciffres-cles-du-tourisme am 8.6.2016.

DGE (2007): Chiffres clés du tourisme. Édition 2006. Paris. Abgerufen unter http://www.entreprises.gouv.fr/etudes-et-statistiques/ciffres-cles-du-tourisme am 8.6.2016.

DGE (2008): Chiffres clés du tourisme. Édition 2007. Paris. Abgerufen unter http://www.entreprises.gouv.fr/etudes-et-statistiques/ciffres-cles-du-tourisme am 8.6.2016.

DGE (2010): Chiffres clés du tourisme. Édition 2009. Paris. Abgerufen unter http://www.entreprises.gouv.fr/etudes-et-statistiques/ciffres-cles-du-tourisme am 8.6.2016.

DGE (2014a): Bilan du tourisme en 2013. Abgerufen unter http://www.entreprises.gouv.fr/files/files/directions_services/etudes-et-statistiques/stats-tourisme/bilans/2014-11-Bilan-tourisme-2013.pdf am 11.6.2016.

DGE (2014b): Le memento du tourisme. Édition 2013. Paris. Abgerufen unter http://www.entreprises.gouv.fr/etudes-et-statistiques/memento-du-tourisme-edition-2013 am 8.6.2016.

DGE (2015): Le memento du tourisme. Édition 2014. Paris. Abgerufen unter http://www.entreprises.gouv.fr/etudes-et-statistiques/memento-du-tourisme-edition-2014 am 11.6.2016.

DGE (2016): Le memento du tourisme. Édition 2015. Paris. Abgerufen unter http://www.entreprises.gouv.fr/etudes-et-statistiques/memento-du-tourisme-edition-2015 am 7.6.2016.

DGE (2017): Le memento du tourisme. Édition 2016. Paris. Abgerufen unter http://www.entreprises.gouv.fr/etudes-et-statistiques/memento-du-tourisme-edition-2016 am 3.9.2017.

DGE (2018): Le memento du tourisme. Édition 2017. Paris. Abgerufen unter https://www.entreprises.gouv.fr/files/files/directions_services/etudes-et-statistiques/stats-tourisme/memento/2017/2017-11-MEMENTO-TOURISME-COMPLET.pdf am 4.10.2018.

Dumartin, S./Tomasini, M. (1993): Déclin de l'emploi industriel et tertiarisation accrue. In: Economie et Statistque, 1/1993, S. 33–44.

Dupré, J. (2015): Les hypermarchés en 2013. Abgerufen unter http://www.iriworldwide.fr/portals/0/articlePdfs/White_paper_IRI_HYPERMARCHES_juillet2013.pdf am 20.4.2016.

Ecommerce News (2014): Click & Drive extremly popular in France. Abgerufen unter http://www.ecommercenews.eu/click-drive-extremely-popular-in-france/ am 23.4.2016.

Ecostra (2016): Outles Centres in Europa 2016. Wiesbaden.

Ferrante, A. (2012): Grandes surfaces et réseau d'enseignes dominent le commerce de détail. INSEE-Première No 1404. Abgerufen unter http://www.insee.fr/fr/ffc/ipweb/ip1404/ip1404.pdf am 20.4.2016.

France Montagnes (2016): Ski resorts of France. Abgerufen unter http://en.france-montagnes.com/ski-resorts-france am 14.6.2016.

Ginier, J. (1969): Les touristes étrangers en France. Paris.

Ginier, J. (1974): Géographie touristique de la France. Paris.

Gitton, F.-P. (2015): Les classes aisées des économies émergentes – Brésil, Russie, Inde, Chine – stimulent le secteur du tourisme en France. Le quarte pages de la DGE, 42/2015. Abgerufen unter http://www.entreprises.gouv.fr/etudes-et-statistiques/4p-DGE/2015-03-4pages42-BRIC-tourisme.pdf am 12.6.2016.

Handelsblatt (2014): Rangliste der größten Einzelhändler. Abgerufen unter http://www.handelsblatt.com/unternehmen/handel-konsumgueter/rangliste-der-groessten-einzelhaendler-lidl-und-aldi-ruecken-vor/10760382.html am 21.4.2016.

Höhler, G./Krieger, R./Leitel, K./Louven, S./Schlautmann, C./Siebenhaar, H.-P. (2016): Gewinner und Verlierer des Terrors. Anschläge, Flüchtlingskrise und Währungsturbulenzen machen beliebte Reiseziele zu Ladenhütern. Urlaub zu Hause boomt. In: Handelsblatt vom 9. August 2016, S. 16–17.

INSEE (= Institut national de la statistique et des études économiques) (1982): Annuaire statisti que de la France 1982. Résultats de 1981. Paris.

INSEE (2006a): Le commerce de détail. Fiches thématiques. Abgerufen unter http://www.insee.fr/fr/ffc/docs_ffc/ref/comfra06bh/pdf am 5.6.2016.

INSEE (2006b): Le commerce en 2006. http://www.insee.fr/fr/ppp/sommaire/rap-com-211207d.pdf am 6.6.2016.

INSEE (2008): Le commerce en France, édition 2008. http://www.insee.fr/fr/statistiques/fichier/1373608/comfra10h.pdf am 2.9.2017.

INSEE (2014): Chiffres d'affaires en volume des petites et grandes surfaces alimentaires. Abgerufen unter http://www.insee.fr/fr/themes/series-longues.asp?indicateur=ca-surfaces-alimentaires am 5.6.2016.

INSEE (2015a): Le Commerce en 2014. INSEE-Première No 1556. Abgerufen unter http://www.insee.fr/fr/ffc/ipweb/ip1556/ip1556.pdf am 4.6.2016.

INSEE (2015b): Le parc de logements en France au 1er janvier 2014. INSEE Focus No 16. Abgerufen unter http://www.insee.fr/fr/themes/documents.asp?ref_id=if16 am 11.6.2016.

INSEE (2015c): Parc de résidences principales, secondaires ou logements vacants en habitat collectif ou individuel en 2015. Abgerufen unter http://www.insee.fr/fr/themes/tableau.asp?reg_id=0&ref_id=NATFPS05201 am 11.6.2016.

INSEE (2015d): Une photographie du marché du travail en 2014. INSEE-Première No 1569. Abgerufen unter http://www.insee.fr/fr/ffc/ipweb/ip1569/ip1569.pdf am 3.6.2016.

INSEE (2015e): Visiteurs internationaux en France en 2014. Abgerufen unter http://www.insee.fr/fr/ffc/figure/NATTEF13532.xls am 7.6.2016.

INSEE (2015f): Logement en 2012. Abgerufen unter https://www.insee.fr/fr/statistiques/2044713 am 18.1.2017.

INSEE (2016a): Dépenses des touristes étrangers en France. Abgerufen unter http://www.insee.fr/fr/ffc/tef/tef2016/T16F206/ASF_135DD8.xls am 8.6.2016.

INSEE (2016b): Emploi total au 31. Décembre – Par secteur d'activité, status et sexe. Abgerufen unter http://www.bdm.insee.fr/bdm2/coixCriteres?codeGroupe=1467 am 3.6.2016.

INSEE (2016c): Tourisme. Abgerufen unter http://www.insee.fr/fr/themes/document.asp?reg_id=0&ref_id=T16F206 am 5.6.2016.

INSEE (2016d): Fiches - Emploi – Emploi, chômage, revenus du travail – Insee Références – Édition 2016. Abgerufen unter https://www.insee.fr/fr/statistiques/fichier/2122743/EMPSAL16g_F1_emploi.pdf am 4.10.2018.

INSEE (2017): Fiches - Emploi – Emploi, chômage, revenus du travail – Insee Références - Édition 2017. Abgerufen unter https://www.insee.fr/fr/statistiques/fichier/2891738/ecrt17g-f1-emploi.pdf am 4.10.2018.

INSEE (2018a): Fiches – Emploi – Emploi, chômage, revenus du travail – Insee Références - Édition 2018. Abgerufen unter https://www.insee.fr/fr/statistiques/fichier/3573746/ecrt18-f1-emploi.pdf am 4.10.2018.

INSEE (2018b): Parc de résidences en habitat collectif ou individuel en 2018. Abgerufen unter https://www.insee.fr/fr/statistiques/2412780 am 4.10.2018.

Kleemann, G. (1973): Geplante Fremdenverkehrssiedlungen an der Côte d`Azur. In: Marburger Geographische Schriften, 59, S. 121–143.

Lavigne, M./Nauzet-Fichet, E. (1994): Le maxidiscompte. INSEE-Première No 339. Abgerufen unter http://www.epsilon.insee.fr/jspui/bitstream/1/9818/ip339.pdf am 21.4.2016.

Le Scouarnec, N./Martin, L. (2008): Effets du changement climatique sur le tourisme. In: INSEE (Hrsg.): Le tourisme en France, édition 2008. Paris, S. 61–71.

Linéaires (2016): Distribution : les chiffres clefs 2015. Abgerufen unter http://www.themavision.fr/jcms/rw_468677/distribution-les-chiffres-clefs-2015 am 14.1.2017.

May, H. D. (1972): Der Kulturlandschaftswandel an der Küste des Languedoc-Roussillon unter dem Einfluss des Fremdenverkehrs. In: Geographische Rundschau, 24/1972, S. 502–507.

Mesplier, A. (2001): Le Tourisme en France. Rosny.

Metton, A. (1990): Entwicklung, Struktur und Rolle des Handels. In: Maier, J./ Wackermann, G. (Hrsg.) (1990): Frankreich. Ein regionalgeographischer Überblick. Wissenschaftliche Länderkunden, Band 35. Darmstadt. S. 125–137 sowie Tabellenteil S. 351.

Ministère de l'économie de l'industrie et du numérique (2016): Le 4 pages de la DGE n°60. 84,5 millions de touristes étrangers en France en 2015. Abgerufen unter http://www.entreprises.gouv.fr/files/files/directions_services/etudes-et-statistiques/4p-DGE/2016-07-4p60-touristes-etrangers-2015.pdf am 20.1.2017.

Ministère de l'économie de l'industrie et du numérique (2018): Le 4 pages de la DGE n°84. 87 millions de touristes étrangers en France en 2017. Abgerufen unter https://www.entreprises.gouv.fr/files/files/directions_services/etudes-et-statistiques/4p-DGE/2018-07-4p-N84-EVE.pdf am 4.10.2018.

Monino, J.-L./Turolla, S. (2008): Urbanisme commercial et grande distribution. Étude empirique et bilan de la loi Raffarin. In: Revue française d'économie, 2/2008, S. 139–178.

o.V. (2014): Le commerce en France. Evolution des GSA en France. Abgerufen unter http://www.s7a73cba489b7b286.jimcontent.com am 20.4.2016.

Parcs nationaux de France (2016): Atlas de parcs nationaux. Abgerufen unter http://www.extranet.parcnational.fr/atlas2015/ am 7.6.2016.

Pletsch, A. (1987): Frankreich. Stuttgart.

Pletsch, A. (1997): Frankreich. Wissenschaftliche Länderkunden. Darmstadt.

Reintinger, Chr./Berghammer, A./Schmude, J./Joswig, D. (2014): Wohin geht die Reise. Multiagentensimulation als Instrument der Modellierung von individuellen Reiseentscheidungsprozessen unter dem Einfluss des globalen Wandels. In: Geographische Zeitschrift 2/2014, S. 106–121.

Scherrer, S. (2013): Le tourisme en France en 2012: autant de voyages, mais plus court. In: Francastel, S./Gonzales, C./Scherrer, S. (2013): Bilan de la demande touristique 2012. Paris, S. 19–27.

Schmude, J. (2015): Herausforderungen für die Tourismuswirtschaft im 21. Jahrhundert. In: Struck, E. (Hrsg.): Tourismus – Herausforderungen für die Region), Passauer Kontaktstudium Geographie, 13, Passau, S. 9–15.

Schmude, J./Aevermann, T. (2015): Tourismus und seine Folgen für die Menschen vor Ort. Beispiele aus Europa. In: Praxis Geographie, 11/2015, S. 4–8.

Schmude, J./Berghammer, A. (2015): Gletscher und Skitourismus: Eine Beziehung vor dem Aus? In: Lozàn, J.L./Grassl, D./Kassang, D./Notz, D./Escher-Vetter, H. (Hrsg.): Warnsignal Klima: Das Eis der Erde. Hamburg , S. 289–293.

Schott, C. (1982): Zweitwohnungen in Frankreich. In: Geographische Rundschau, 34/1982, S. 472–474.

Tarteret, O./Hanne, H. (2012): Grande distribution et croissance économique en France. Abgerufen umter http://www.economie.gouv.fr/files/directions_services/dgccrf/documentation/dgccrf_eco/dgccrf_eco11.pdf am 20.4.2016.

Tuppen, J. (1983): The economic geography of France. London.

UNESCO (2018): Properties inscribed on the World Heritage List. Abgerufen unter https://whc.unesco.org/en/statesparties/fr am 4.10.2018.

UNWTO (2015): Tourism highlights. Edition 2015. Abgerufen unter http://www.e-unwto.org/doi/book/10.18111/9789284416899 am 6.6.2016.

Vlès, V. (1996): Le projet de station touristique. Bordeaux.

Weisse, K. (2008): L'expansion des hypermarchés en France. Abgerufen unter http://www.distrepedie/spip.php?article540 am 20.4.2016.

WEF (=World Economic Forum)(2016): Travel and tourism competitiveness report 2015. Abgerufen unter http://reports.weforum.org/travel-and-tourism-competitiveness-report-2015/economies/#economy=FRA am 11.6.2016.

WTTC (=World Travel & Tourism Councli)(2016): Travel and Tourism: Economic impact 2015. France. Abgerufen unter https://www.wttc.org/-/media/files/reports/economic%20impact%20research/countries%202015/france2015.pdf am 10.6.2016.

Worldbank (2016): International tourism, number of arrivals. Abgerufen unter http://www.data.worldbank.org/indicator/ST.INT.ARVL am 8.6.2016.

Kapitel 7

Abdouni, S./Fabre, É. (2012): 365.000 domiens vivent en métropole. INSEE-Première No 1389. Abgerufen unter http://www.insee.fr/fr/themes/document.asp?reg_id=0&ref_id=ip1389#inter1 am 18.6.2016.

Avakov, A.V. (2015): Quality of life, balance of power and nuclear weapons: a statistical yearbook for statesmen and citizens. Abgerufen unter https://books.google.fr/books?id=hGAiCwAAQBAJ&pg=PA62&redir_esc=y#v=onepage&q&f=false am 20.6.2016.

Berry, J.-B./Garandeau, C. (2016a): Commerce extérieur. Échanges commerciaux en retrait. INSEE conjoncture Guayane No 2. Abgerufen unter http://www.insee.fr/fr/themes/documents.asp?reg_id=25&ref_id=24458 am 21.8.2016.

Berry, J.-B./Garandeau, C. (2016b): Commerce extérieur. Léger retrait des échanges commerciaux en valeur. INSEE conjoncture Martinique No 2. Abgerufen unter http://www.insee.fr/fr/themes/documents.asp?reg_id=23&ref_id=24454 am 20.8.2016.

Berry, J.-B./Garandeau, C. (2016c): Commerce extérieur. Stabilité des échanges commerciaux. INSEE conjoncture Guadeloupe No 2. Abgerufen unter http://www.insee.fr/fr/themes/documents.asp?reg_id=26&ref_id=24459 am 20.8.2016.

Camus, M./Neiss, M. (2014): Près de 500.000 touristes en Guadeloupe en 2013, un année record. INSEE Analyses No. 2, Septembre 2014, Pointe-a-Pitre.

Charles-Euphrosine, E./Charrier, R. (2016): Tourisme. Une fréquentation hôtelière en hausse. In: INSEE Conjuncture No. 2, Juin 2016, S. 28–29.

Climate-Data.org (2017): Les données climatiques pour les villes du monde entier. Abgerufen unter http://fr.climate-data.org am 14.2.2017.

Comité du Tourisme (2011) Cruises in southern Africa. Abgerufen unter http://at.media.france.fr/sites/default/files/document/press_kit/Mayotte%20-%20Presskit%20Cruises%20-%202015%20(EN).pdf am 22.2.2017.

Cour des comptes (2014): Rapport public annuel 2014. Abgerufen unter https://www.ccomptes.fr/content/download/64926/1553386/version/2/file/2_5_1_tourisme_en_outre_mer_Tome_I.pdf am 24.2.2017.

Dannenmann, M. (2001): Vulkanis und Geologie auf La Réunion. In: Schmude, J./Piermeier, A. (2001)(Hrsg.): La Réunion. Insel im Indischen Ozean. Arbeitsmaterialien Wirtschaftsgeographie Regensburg, 2. S. 113–120.

Demougeot, L. (2016a): Enquête emploi en continue en Guadeloupe. Stabilité du chômage en 2015. INSEE Flasch Guadeloupe No 38. Basse Terre.

Demougeot, L. (2016b): Enquête emploi en continue en Guyane. Stabilité du chômage en 2015. INSEE Flasch Guyane No 38. Cayenne.

Demougeot, L. (2016c): Enquête emploi en continue en Martinique. Stabilité du chômage en 2015. INSEE Flasch Martinique No 38. Fort-de-France.

Desse, M. (1997): La récente transformation des acteurs économiques dans les DOM: l'exemple de la Guadeloupe, Martinique et Réunion. In: Annales de Géographie, No 598, S. 592–611.

DGVN (=Deutsche Gesellschaft für die Vereinten Nationen e.V.)(Hrsg.)(2015). Bericht über die menschliche Entwicklung 2015. Abgerufen unter http://hdr.undp.org/sites/default/files/hdr_2015_web.pdf am 20.6.2016.

Direction du port de Mayotte (2008): Les statistiques portuaires de 2007. Abgerufen unter http://www.cg976.fr/services-en-ligne/ressources-documentaires/les-statistiques-portuaires am 24.4.2017.

Direction du port de Mayotte (2014): Les statistiques portuaires de 2013. Abgerufen unter http://www.cg976.fr/services-en-ligne/ressources-documentaires/les-statistiques-portuaires am 24.4.2017.

Direction du Tourisme (2007): Le tourisme dans l'outre-mer français. Abgerufen unter https://archives.entreprises.gouv.fr/2012/www.tourisme.gouv.fr/stat_etudes/etudes/territoires/outre-mer_octobre07.pdf am 21.2.2017.

Ely G. (2005): Siedlungsentwicklung auf Guadeloupe seit 1945. In: Schmude, J./Uebelacker, S. (2005)(Hrsg.): Guadeloupe und Martinique – ungleiche Töchter Frankreichs in der Karibik? Arbeitsmaterialien Wirtschaftsgeographie Regensburg, 12. S. 18–35.

EUROSTAT (2015): Gisco: Geographische Informationen und Karten. Staaten. 2013. 1:3 Mio. Abgerufen unter: http://ec.europa.eu/eurostat/web/gisco/geodata/reference-data/administrative-units-statistical-units/countries#countries14 am 10.8.2016.

Fabre, É./Rivière, J. (2014): Enquête emploi Mayotte 2013. INSEE Mayotte Analyses No 1. Mamoudzou.

Fabre, É./Rivière, J. (2015): Enquête emploi Mayotte. Une forte hausse du chômage en 2015. INSEE Flash Mayotte No 23. Mamoudzou.

Fabre, E./Touzet, C. (2016): Enquête emploi Mayotte 2016. Le département au taux de chômage le plus élevé. INSEE Flash Mayotte No 41. Mamoudzou.

FEDOM (= Fédération des Entreprises d'Outre-Mer) (2015): Tableau de bord FEDOM. Abgerufen unter http://www.fedom.org/wp-content/uploads/2015/03/TdB-03-Avril.pdf am 20.8.2016.

Gay, C. (1996): Les balbutiements du tourisme mahorais. Abgerufen unter http://www.mgm.fr/ARECLUS/page_auteurs/Gay34.html am 22.2.2017.

Grass, A. (2005): Klima der Französischen Antillen Guadeloupe und Martinique. In: Schmude, J./Uebelacker, S. (2005)(Hrsg.): Guadeloupe und Martinique – ungleiche Töchter Frankreichs in der Karibik? Arbeitsmaterialien Wirtschaftsgeographie Regensburg, 12. S. 160–172.

Guggemos, F./Vidalenc, J. (2015): Une photographie du marché du travail en 2014. INSEE-Première No 1569. Abgerufen unter http://www.insee.fr/fr/ffc/ipweb/ip1569/ip1569.pdf am 19.8.2016.

Hadhurami, B.A. (2016): Enquete flux touristiques. La fréquentation touristique stagne en 2015. INSEE Analyses Mayotte No. 10, Avril 2016, Mamoudzou.

Hüser, K./Reinl, T. (1987): Landnutzung tropischer Inseln: Réunion und Mauritius im Südindischen Ozean. In: Geographische Rundschau, 39, S. 44–51.

IEDOM (= Institut d'Émission des Départements d'Outre-Mer) (2010): Martinique. Rapport annuel 2009. Abgerufen unter http://www.iedom.fr/IMG/pdf/ra2009_martinique.pdf am 22.2.2017.

IEDOM (2015a): Le tourisme à la Guadeloupe. Vers un redémarrage durable du secteur. Abgerufen unter http://www.iedom/fr/IMG/pdf/ne305_eclairage_tourisme_guadeloupe.pdf am 24.8.2016.

IEDOM (2015b): Le tourisme à la Martinique. Un secteur à la recherche d'un nouveau souffle. Abgerufen unter http://www.iedom/fr/IMG/pdfne307_eclairage_tourisme_martinique.pdf am 22.2.2017.

IEDOM (2015c): Le tourisme à Mayotte. Un potentiel de développement limité à réaliser. Abgerufen unter http://www.iedom.fr/IMG/pdf/ne319_eclairage_tourisme_mayotte.pdf am 22.2.2017.

IEDOM (2015d): Le tourisme outre-mer. Une mutation nécessaire. Les notes de l'institut d'émission, Mars 2015, Paris.

IEDOM (2015e): Rapport annuel IEDOM Martinique. Abgerufen unter http://www.iedom/fr/IMG/pdf/ra2014_martinique.pdf am 25.8.2016.

IEDOM (2016a): Rapport annuel IEDOM Guadeloupe 2015. Abgerufen unter http://www.iedom/fr/MG/pdf.ra_2015_iedom_mar_.pdf am 24.2.2017.

IEDOM (2016b): Rapport annuel IEDOM Guyane 2015. Abgerufen unter http://www.iedom/fr/MG/pdf.ra_2015_iedom_mar_.pdf am 24.2.2017.

IEDOM (2016bc): Rapport annuel IEDOM La Réunion 2015. Abgerufen unter http://www.iedom/fr/MG/pdf.ra_2015_iedom_mar_.pdf am 24.2.2017.

IEDOM (2016d): Rapport annuel IEDOM Martinique 2015. Abgerufen unter http://www.iedom/fr/MG/pdf.ra_2015_iedom_mar_.pdf am 22.2.2017.

IEDOM (2016e): Rapport annuel IEDOM Mayotte 2015. Abgerufen unter http://www.iedom/fr/mayotte/publications/rapports-annuels-85/ am 21.8.2016.

Ile de La Réunion (2014): Fréquentation touristique 2013. Tourisme infos, édition spéciale 2014. St. Paul.

INSEE (2006): Tableau rétrospectifs départementaux et régionaux sur la population et le logement de 1962 à 1999. Abgerufen unter http://www.insee.fr/fr/themes/detail.asp?reg_id=99&ref_id=basecc-tab-retro am 15.6.2016.

INSEE (2008): Enquête flux touristiques: Mayotte a accueilli plus de 40.000 touristes en 2007. INSEE Infos No. 36, Octobre 2008, Mamoudzou.

INSEE (2011): Projections départementales et régionales de population à l'horizon 2040. Abgerufen unter http://www.insee.fr/fr/themes/detail.asp?reg_id=99&ref_id=proj-dep-population-2010 am 16.6.2016.

INSEE (2013): 116.000 personnes en situation d'illettrisme en 2011. INSEE-Partenaires No 27. Abgerufen unter http://www.insee.fr/fr/insee_regions/reunion/themes/insee_partenaires/ip27/ip27.pdf am 20.6.2016.

INSEE (2014a): Département de la Réunion (974) – Dossier complet. Abgerufen unter http://www.insee.fr/fr/themes/dossier_complet.asp?codgeo=DEP-974 am 20.8.2016.

INSEE (2014b): Quatre jeunes sur dix en grandes difficultés à l'écrit à Mayotte. Mayotte-Infos No 70. Abgerufen unter http://www.insee.fr/fr/themes/document.asp?reg_id=27&ref_id=20788 am 20.6.2016.

INSEE (2016a): Bilan économique 2015 - Guadeloupe. Abgerufen unter https://www.insee.fr/fr/stat

istiques/2018721?sommaire=2018724&q=croisi%c3%a8re#tableau-Figure_4 am 7.5.2017.

INSEE (2016b): Espérance de vie en 2014. Comparaison régionales et départementales. Abgerufen unter http://www.insee.fr/fr/themes/tableau.asp?reg_id=99&ref_id=TCRD_050 am 16.6.2016.

INSEE (2016c): Estimation de la population au 1er janvier par région, département, sex et âge de 1975 à 2015. Abgerufen unter http://www.insee.fr/fr/themes/detail.asp?ref_id=estim-pop&reg_id=99 am 15.6.2016.

INSEE (2016d): Mortalité en 2014. Comparaison régionales et départementales. Abgerufen unter http://www.insee.fr/fr/themes/tableau.asp?reg_id=99&ref_id=TCRD_048 am 16.6.2016.

INSEE (2016e): Population par sex et âge au 1er janvier 2015: comparaisons régionales et départementales. Abgerufen unter http://www.insee.fr/fr/themes/tableau.asp?reg_id=99&ref_id=TCRD_021#col_1=7 am 16.4.2016.

INSEE (2016f): Natalié en 2014. Comparaison régionales et départementales. Abgerufen unter http://www.insee.fr/fr/themes/tableau.asp?reg_id=99&ref_id=TCRD_053 am 16.6.2016.

INSEE/IEDOM/AFD (2015): Emploie et chômage: le paradoxe réunionnais. Abgerufen unter http://www.cerom-outremer.fr/IMG/pdf/cerom_emploie_et_chômage_le_paradoxe_réunionnais.pdf am 19.8.2016.

Irmgartinger,Cl. (2008): Klima auf Guadeloupe – Makro- und mesoklimatische Analyse. In: Schmude, J./Namberger, Ph. (Hrsg.): Die Inseln von Guadeloupe. Les îles de caractères. Beiträge zur Wirtschaftsgeographie Regensburg, Bd. 17, Regensburg, S. 167–179.

Kolboom, I./Stark, H. (2005): Frankreich in der Welt. Weltpolitik zwischen Anspruch und Wirklichkeit. In: Kimmel, A./Uterwedde, H. (Hrsg.): Länderbericht Frankreich. Bonn/Berlin, S. 365–383.

Legros, F. (2016): La fréquentation touristique 2015. La fréquentation touristique repart à la hausse. INSEE Analyses Réunion No. 16, Mai 2016, St. Denis.

Lüsebrink, H.-J. (2011): Einführung in die Landeskunde Frankreich. Stuttgart/Weimar.

Météo France (2016): Météo Outremer. Abgerufen unter http://www.meteofrance.gp/climat/description-du-climat am 24.8.2016.

Miller, N./Miller, A. (1993): Guadeloupe – Martinique. Köln.

Ministère des outre-mer (2016): Les outre-mer. Abgerufen unter http://www.outre-mer.gouv.fr/?presentation-saint-barthelemy.html am 16.6.2016.

Munt, I. (2008): Ethnische Differenzierung der Bevölkerung auf Guadeloupe (historisch und aktuell). In: Schmude, J./Namberger, Ph. (Hrsg.): Die Inseln von Guadeloupe. Les îles de caractères. Beiträge zur Wirtschaftsgeographie Regensburg, Bd. 17, Regensburg, S. 51–63.

National Geographic (o.J.): Vasco da Gama. Abgerufen unter http://www.nationalgeographic.de/reportagen/entdecker/vasco-da-gama am 14.2.2017.

Politiquemania (2016): Résultats du référendum de 1992. Abgerufen unter http://www.politiquemania.com/referendums-1992-departement.html am 16.6.2016.

Revert, E. (1955): La France d'Amérique. Martinique – Guadeloupe – Guyane – St-Pierre et Miquelon. Editions maritimes et coloniales. Paris.

Rivière, J. (2016): Enquête emploi en continue en 2015. L'emploi augmente et le chômage recule. INSEE Flash Réunion No 61. St-Denis.

Schmude, J. (2008): Rumproduktion auf Guadeloupe. In: Schmude, J./Namberger, Ph. (Hrsg.): Die Inseln von Guadeloupe. Les îles de caractères. Beiträge zur Wirtschaftsgeographie Regensburg, Bd. 17, Regensburg, S. 81–90.

Sold, K. (2013): Ein unvollendeter Aufarbeitungsprozess: Der Algerienkrieg im kollektiven Gedächtnis Frankreichs. Dossier Frankreich der Bundeszentrale für politische Bildung. Abgerufen unter http://www.bpb.de/internationales/europa/frankreich/152531/algerienkrieg am 22.6.2016.

Theunissen, S. (2005): Entwicklung des Tourismus auf Guadeloupe und Martinique. In: Schmude, J./Uebelacker, S. (2005) (Hrsg.): Guadeloupe und Martinique – ungleiche Töchter Frankreichs in der Karibik? Arbeitsmaterialien Wirtschaftsgeographie Regensburg, 12. S. 136–148.

United Nations Department of Social Affairs (2016): Population pyramid of Mayotte 2040. Abgerufen unter https://populationpyramid.net/mayotte/2016/ am 16.6.2016.

Zinfos974.com (2016): Les croisières ont de beau jours devant elles à la Réunion. Abgerufen unter http://www.zinfos974.com/Les-croisieres-ont-de-beaux-jours-devant-elles-a-la-Reunion_a102120.html am 22.2.2017.

Abbildungsverzeichnis

Tabellenverzeichnis

Stichwortverzeichnis